Walter Schweidler (Hg.)

Zeichen – Person – Gabe

ALBER PHILOSOPHIE

Was heißt es eigentlich, dass eines zugleich für alles zu stehen vermag, von dem es doch nur eines ist? Wenn beispielsweise ein Teil für ein Ganzes steht, ein Gefäß für seinen Inhalt, eine Ursache für die Wirkung oder die Art für die Gattung, so handelt es sich um eine Metonymie. Diese kann ähnlich wie die Metapher nicht nur als ein grundlegendes Prinzip sprachlicher Sinnstiftung verstanden werden, sondern auch als eine basale Denkfigur der philosophischen Argumentation. Durch die der Metonymie eigentümliche Stellvertretungsstruktur (etwas steht exemplarisch für etwas anderes) kann diese auch im Rahmen ethischer und politischer Überlegungen eine klärende Rolle spielen. Der Begriff der Metonymie eröffnet so einen weiten Spiel- und Denkraum auch für innovative interdisziplinäre Ansätze.

Über den Herausgeber:

Walter Schweidler war von 2000 bis 2009 Professor für Praktische Philosophie an der Ruhr-Universität Bochum. Seit 2009 ist er Inhaber des Lehrstuhls für Philosophie an der Katholischen Universität Eichstätt-Ingolstadt.

Walter Schweidler (Hg.)

Zeichen – Person – Gabe

Metonymie als philosophisches Prinzip

Verlag Karl Alber Freiburg/München

Originalausgabe

© VERLAG KARL ALBER
in der Verlag Herder GmbH, Freiburg / München 2014
Alle Rechte vorbehalten
www.verlag-alber.de

Satz: SatzWeise GmbH, Trier
Herstellung: CPI buch bücher.de GmbH, Birkach

Gedruckt auf alterungsbeständigem Papier (säurefrei)
Printed on acid-free paper
Printed in Germany

ISBN 978-3-495-48619-1

Inhalt

Vorbemerkungen des Herausgebers 7

Walter Schweidler: ZEICHEN – PERSON – GABE.
Zur philosophischen Bedeutung der Metonymie.
EINLEITUNG 9

I Zeichen

Annika Schlitte: Die Metonymie als Denkfigur –
 Versuch einer begrifflichen Abgrenzung 53

Michael Rasche: Die Metonymie in der antiken Tropenlehre . . 75

Daniel-Pascal Zorn: Stellvertretung und Verschiebung –
 Zur Strukturlogik metonymischer Verhältnisse 100

Martin Hähnel: Metonymie und das Rätsel der Koinzidenz . . 127

Konstantinos Masmanidis: Die Funktion des Bild-Begriffes
 in den Spätwerken Johann Gottlieb Fichtes 156

II Person

Walter Schweidler: Wahrheit und Person 173

Katharina Bauer: Metonymische Herausforderungen in der
 Wahrnehmung und Darstellung von Personen –
 Fragmentierung und Ganzheit, (Un)Mittelbarkeit und
 (Un)Vergleichbarkeit 191

Inhaltsverzeichnis

Franziskus von Heereman: Der Eine für den Anderen.
　　Der Mensch als Metonymie 214

Robert Meißner: Welt verstehen 231

III Gabe

Florian Bruckmann: *hingegeben für die vielen* –
　　Stellvertretung zwischen Metonymie und Kontiguität . . 267

Peter Morsbach: Die Gabe des Anderen als Schöpfung
　　des Geringsten 298

Robert Ziegler: Von verschrobenen Menschen, ersetzbaren
　　Dingen und den Namen der Eisblumen.
　　Metonymie und Metapher bei Lacan 321

Lasma Pirktina: Der metonymische Augenblick.
　　Ein Augenblick, der für das ganze Leben steht, bei
　　Walter Schweidler und das gesättigte Phänomen als
　　Moment für eine endlose Hermeneutik bei
　　Jean-Luc Marion 351

Adrian Navigante: Das ökonomische Problem der Gewalt:
　　Metonymische Aspekte in René Girards
　　mimetischer Theorie 370

Kurzbiographien 397

Vorbemerkungen des Herausgebers

Nach Platons berühmtem Wort bricht sich ein philosophischer Gedanke seine Bahn in den ihn unverlierbar wahrenden Augenblick hinein gerade nicht in Form schulmäßiger Ausdrücke, sondern blitzartig als die Entladung der Spannung und die Erhellung der Verbindung, die sich in einem langen freundschaftlichen Gespräch unter denen angesammelt haben, die von diesem Gedanken, wenn er sich denn ausspricht, schließlich erfahren, was sie zusammengeführt hat. Die Hingabe an ein solches Gespräch und die Kompetenz, es zu führen, benennen wir bis heute nach dem Ort, an dem dieses Wort seine Bedeutung erhalten hat, als akademisch. Das Wort »führen« hat hierbei schon eine es präzise kennzeichnende Ambiguität in sich. Das philosophische Gespräch ist von allen an ihm Beteiligten gleichermaßen zu führen und dabei doch ein von dem, der die anderen in es gebracht hat, immer schon geführtes. In der Philosophie, nicht als Universitätsfach, sondern als akademische Disziplin betrachtet, gibt es keine Kollegialität, keinen Wettbewerb, keinen Beifall, keinen Konsens und kein Projekt, sondern sie ist von Anfang bis Ende ein akademisches Lehrer-Schüler-Verhältnis, und sie würde es auch bleiben, wenn das Akademische und das Universitäre – zum Schaden des Letzteren – einmal getrennte Wege gehen sollten. Philosophie bedeutet Weitergabe eines Uneinholbaren, in deren Vollzug alle, die es weiterzugeben lernen, miteinander und jedem sie je es Lehrenden gleichziehen, ohne das an ihm, was sich in ihm und nur ihm weiterzugeben vermag, in es einholen zu können. Insoweit lebt der akademische Diskurs von Autorität, nicht der eines Amtes oder seines Inhabers, aber der Sache des Denkens, die dieses seiner innersten Natur nach zu einem Geschehen der Antwort macht, die es jeden von uns auf sich zu geben heißt.

Die hier entfaltete gemeinsame philosophische Denkbemühung ist eine in dem skizzierten Sinne akademische Angelegenheit, die abseits aller drittmittelrelevanten Pseudointerdisziplinarität, zwangskollektivierten Promotionsstudiengänge und geisttötenden Antragstüfte-

Vorbemerkungen des Herausgebers

lei über lange Jahre Lehrer und Schüler so zusammengeführt hat, wie es ihnen gefiel und wie die Sache es erforderte. Wir wissen, dass es nicht selbstverständlich ist, diese in vielfacher Hinsicht heterogenen und weiterer Ausarbeitung harrenden Beiträge, deren inneres Band sich uns aber doch in einer in manche Richtungen hinein fortsetzbaren Weise nunmehr geknüpft zu haben scheint, an so renommierter Stelle der Öffentlichkeit zu übergeben und danken dem Verlag Karl Alber und namentlich Herrn Lukas Trabert sehr dafür, dass uns dies möglich gemacht worden ist.

Als Herausgeber danke ich der Ruhr-Universität Bochum und der Katholischen Universität Eichstätt für die Gewährleistung jenes nicht selbstverständlichen akademischen Freiraums, in dem das Philosophieren als Urform entweltlichten humanen Daseins heute fast ausschließlich lebt und in absehbarer Zeit auch allein überleben können wird, ganz besonders aber all den langjährigen Mitstreitern, die dieses Gespräch weit über den Kreis der hier versammelten Beiträge hinaus miteinander geführt haben, und namentlich Frau Dr. Annika Schlitte und Herrn Tobias Holischka, deren tatkräftige Freude an der Sache mir immer Ansporn und Rückhalt gewesen ist.

Walter Schweidler

Zeichen – Person – Gabe.

Zur philosophischen Bedeutung der Metonymie. Einleitung

Walter Schweidler (Eichstätt)

Philosophie kann ihren Gegenstand nicht fassen, ohne über sich selbst nachzudenken. Diese Grundeinsicht darf einen nicht dazu verleiten, in endlose methodologische Selbstreflexion abzutauchen, statt zur Sache zu kommen. Aber sie bedeutet, dass man zu dieser eben nicht kommt, wenn man in ihr nicht die »Sache des Denkens« in dem in diesem Genitiv gewahrten, prinzipiell doppeldeutigen Sinne auffasst. Es geht um eine Sache, die unserem Denken auf- und damit in bestimmter Weise vorgegeben ist, die also nicht etwa durch es erzeugt oder auch nur »konstituiert« wird, und in der wir doch zugleich mit ihr auch es selbst als ihr schon zugehörig und innewohnend wiederfinden. Mit diesem essentiell paradoxen Urzusammenhang zwischen dem philosophischen Denken und seinem es erst zu sich wendenden und es sich in ihm doch als ihm schon innewohnend zu erkennen gebenden Gegenstand haben wir bereits die ganze Pointe bezeichnet, welche dem Unternehmen einer philosophischen Rekonstruktion des Metonymischen als einer Grundgestalt unserer denkenden Übersetzung des Wirklichen in Sprache seinen Sinn und sein Recht gibt.

Wir finden die Metonymie nicht als ein Objekt auf der Straße unserer »Forschung« liegen, auf der wir uns als die sie treibenden Subjekte in den Methodenvehikeln entlang bewegen, die wir nach vorausgegangener Projektplanung zusammengezimmert und für deren Einsatz wir uns womöglich dann auch erst noch entschieden hätten, sondern wir erblicken in ihr als vor unseren Augen auftauchend Stapfen einer Spur, die uns zu dem zurückzuführen vermag, wodurch und woraus unserem Philosophieren und unserem Denken überhaupt die Sicht auf das Wirkliche eröffnet worden ist – jenes Wirkliche, das jedem unserer Versuche spotten würde, uns seiner auf »methodische« Weisen zu bemächtigen, wenn diese allein den Weg, auf dem wir es erst aufzuspüren im Begriff sind und nicht vielmehr immer schon denjenigen markieren würden, auf dem es uns zu sich geführt hat. Das heißt: Wenn und insoweit die Metonymie unserem seiner Spur folgenden Denken zugänglich werden sollte, muss und wird sich zeigen, was an diesem Denken und damit auch an den Apostrophierungen, die wir oder andere ihm begründet zu geben vermögen, selbst das essentiell Metonymische ist.

Erst unter dieser Voraussetzung kann in den folgenden Ausgangsbestimmungen unseres Gegenstandes von Grundkonzepten der methodischen und begrifflichen Selbstreflexion des Philosophierens wie Phänomenologie, Hermeneutik und Strukturalismus die Rede sein. Wir kennzeichnen mit ihnen nicht das, dessen wir uns von vornherein sicher gewesen wären oder zu sein hätten, um unsere hier verfolgte Spur zur Sache unseres Denkens zu bahnen, sondern das, dessen wir dadurch versichert worden sind, dass diese uns auf ihr zu sich geführt hat.

1. Die Metonymie als symbolische Form und philosophische Denkfigur

Der primäre philosophische Zugang zur Metonymie, der sie als eine rhetorische und dichterische Stilfigur in den Blick nimmt, ist ein *hermeneutischer*. Wir finden sie als originären Gegenstand einer langen, mindestens bis in die Poetik der Antike zurückreichenden Reflexion des »übertragenen« Redens, also einer Kunst, deren sich sei jeher der dichterische und der alltägliche Sprachgebrauch offenbar in Wechselwirkung bedient haben. Vom poetologischen zum genuin philosophischen Gegenstand wird diese Kunst, wenn man sich nach der Eigenart und den Bedingungen der Möglichkeit dessen fragt, was mit dem Moment des »Übertragens« genau gemeint ist. Von einem sprachlichen Ausdruck in einen anderen übertragen werden kann offenbar die Bedeutung, die beide in sich tragen und die allein die Kriterien dafür liefern kann, ob und warum die Übertragung zwischen ihnen gelingt und worin genau sie besteht. Rede auf ihre Bedeutung hin zu bedenken heißt, sie »auszulegen«, was aber selbst ein sprachliches Geschehen ist, dem wiederum eine für es spezifische Kunst innewohnt, die somit gegenüber der Ebene ihrer Objekte einschließlich der Kunst des übertragenen Redens, auf einer Metaebene angesiedelt ist. Hermeneutik im weitesten und wohl ursprünglichsten Sinn ist eben diese Kunst – oder »Kunstlehre« – des Auslegens, mit der wir etwas zur Sprache bringen können, das wir auf der Objektebene, auf die wir sie anwenden, schon sprachlich zum Ausdruck gebracht finden. Als solche hat es, wenngleich natürlich nicht so unvordenklich lange wie die Kunst der übertragenen Rede, auch die Hermeneutik gegeben, bevor die Philosophie auf die Bedeutung aufmerksam wurde, welche sie ihrerseits noch für sie hat. Was aber ist nun das, worauf diese Aufmerksamkeit sich richtet? Wodurch wird »Hermeneutik« zu einer Angelegenheit der Philosophie? Unsere die hier vorgelegte Denkbemühung rechtfertigende These ist: durch das Metonymische an ihr, das heißt präzise: an beiden. Mit dem Metonymischen an sich richtet die Philosophie ihre Aufmerksamkeit auf einen für sie selbst fundamental bedeutsamen Kernaspekt der hermeneutischen Kunst, der ein unaufhebbar und prinzipiell *paradoxer* ist.

Man muss sich, um diesen paradoxen Kernaspekt in den Blick zu bringen, nur von einer einseitigen, aufs bloß Methodische eingeengten Auffassung des Begriffs lösen und sich klarmachen, dass das »Hermeneutische«, das unsere Kunst der Auslegung begründet, nicht erst durch sie erzeugt oder auch nur konstituiert wird, sondern dass es das Wesen der Objekte selbst ausmacht, auf die sie sich richtet.[1] Ob es sich um eine Kirche, einen Roman, eine Verfassung oder auch eine Unternehmensform, eine Verhaltenstherapie, ein Flugblatt oder ein Begräbnisritual handelt: In alledem präsentiert sich die Auslegung, die eine sie hervorbringende Kultur ihrem Verständnis von dem gegeben hat, was menschliches Dasein heißt. Der hermeneutische Interpret wendet sich in diesen Gegenständen nicht Fragen zu, die ihm zur Beantwortung übergeben wären, sondern Antworten selbst, die er noch einmal auszulegen beansprucht. Das gerade ist es, was ihn von dem Naturwissenschaftler unterscheidet, der mit den »Naturgesetzen« die Antwort auf Fragen formuliert, die er an sie, nicht aber die Natur an sich selbst gestellt hat. Die Weisen, in der Kultur sich ausdrückt, sind bereits Antworten auf die Frage, in der Kant den Horizont allen Philosophierens verkörpert sah: Was ist der Mensch? Der Hermeneutiker sucht nicht nach einer Erklärung für diese Antworten, sondern er will noch einmal verstehen, worin die Erklärungen bestehen, die mit ihnen gegeben

---

[1] Vgl. zum Folgenden, insbesondere auch der hier skizzierten Beziehung zwischen Hermeneutik und Phänomenologie Walter Schweidler, »D'une herméneutique de la culture à son fondement phénoménologique«, in: *Cinquant'anni di Colloquio Castelli* (*Archivio di filosofia* LXXIX.2011.n.2), Roma 2011, S. 93–98.

Walter Schweidler

sind, was natürlich Kritik und Distanz ihnen gegenüber nicht aus-, sondern unbedingt einschließt; auch diese aber wiederum vermag er nicht auf ein Erkenntnisreservoir zu stützen, das jenseits des Gegenstandsfeldes zu erschließen wäre, dem die so ausgelegten Erklärungen ihre Kraft und ihren Ursprung verdanken.

Diese so altbekannte wie immer wieder neu präzisierungsbedürftige[2] »zirkuläre« Konstellation des hermeneutischen Gegenstandsbezuges soll und kann in unserer Denkbemühung nicht umfassend thematisiert, sondern nur auf den einen Kernaspekt hin beleuchtet werden, der uns für sie doch in wesentlichem Maß erhellend zu sein scheint, eben den des Metonymischen. Dazu müssen wir uns nun der unaufhebbar und prinzipiell paradoxen Konstitution zuwenden, mit der er allein präzise zu fassen und die am klarsten in Goethes berühmter Definition des *Symbols* zur Sprache gebracht worden ist: »Es ist die Sache, ohne die Sache zu sein, und doch die Sache; ein im geistigen Spiegel zusammengezogenes Bild, und doch mit dem Gegenstand identisch.«[3] Diese Kennzeichnung ist für alles, was wir im Zuge unserer Denkbemühung zu sagen haben werden, von unerschöpflichem Wert, wir müssen nur versuchen, diesen in einer nach dem anderen nachvollziehbaren Schritten zu bestimmen.

Bleiben wir zunächst bei der Problematik, die dem Objektbezug des »hermeneutischen« Erkenntnisanspruchs eingeschrieben ist. Wenn der Interpret die Antwort, die eine Kultur in ihren symbolischen Ausgeburten auf die Frage nach dem menschlichen Dasein gibt, nicht aus einem ihm jenseits seines Gegenstandsfeldes zugänglichen Erkenntnisreservoir rekonstruieren, sie durch seine Auslegung also nicht ersetzen oder ableiten kann, was gibt es dann für ihn überhaupt an Erkenntnis zu beanspruchen? Warum lässt er die Sache nicht für sich selber sprechen? Vielleicht besteht die Kunst des Geisteswissenschaftlers sogar darin, eben dies zu tun und nur dafür zu sorgen, dass man die Sache für sich selber sprechen hört; dann allerdings bekommt er sie als die »Sache des Denkens«, um die es der Philosophie geht, nicht in den

---

[2] Immer noch lesenswert als Bündelung der Einwände gegen das Konzept des »hermeneutischen Zirkels« ist Wolfgang Stegmüller, *Das Problem der Induktion: Humes Herausforderung und moderne Antworten – Der sogenannte Zirkel des Verstehens*, Darmstadt 1986.
[3] Goethe, »Nachträgliches zu Philostrats Gemälde«, in: Weimarer Ausgabe [WA] 1887–1919, Abt. I, Bd. 49, S. 142; vgl. Wilhelm Emrich, *Die Symbolik von Faust II. Sinn und Vorformen*, Berlin 1943, S. 47.

Blick. Denn diese hat ihren ganzen paradoxen Gehalt in der *Problematik* jenes Deckungsverhältnisses, das Goethes Symbolbegriff bezeichnet: Wenn und insoweit zu einem Gegenstand, auf den sich unser Denken richtet, wesentlich die Zeichen gehören, in denen er sich zu verstehen gibt, wohnt ihm prinzipiell ein Anspruch inne, der durch die Form seiner Verlautbarung nicht nur nicht erschöpft werden kann, sondern den diese sogar ihrer Natur nach zum Schweigen zu bringen angelegt ist. Das ist die Urkonstellation am Kreuzungspunkt zwischen Natur und Kultur: So wie die Tatsache, dass der Mensch von Natur aus ein sprechendes Wesen ist, sich allein im Ensemble der kulturell konstituierten und historisch gewachsenen Verständigungssysteme, deren jedes jeweils für die es als Kinder erlernenden Menschen die »Muttersprache« bedeutet, und also gerade nicht in einer »natürlichen« Sprache zeigen kann, so gehört es zur spezifischen, nämlich der *symbolischen* Form, in der allein das menschliche Dasein seiner Natur den kulturellen Ausdruck zu verleihen vermag, dass diese das in ihr Ausgedrückte selbst, also den Übergang von Natur in Kultur, nicht unmittelbar in sich einzuholen vermag, sondern es vielmehr prinzipiell und unaufhebbar nur *indirekt*, im Verhältnis zu den an es wie aneinander überhaupt angrenzenden, ein nicht auf fundamentalere Faktoren zurückführbares Ensemble bildenden Erscheinungsweisen, in deren Reihe sie als eine unter ihnen allen gehört, zu erkennen geben kann.[4] Das ist es, was ganz präzise in Goethes Bild vom Wesen des Symbolischen wie auch des dichterischen Umgangs mit diesem bezeichnet ist: Es kann in allem, das es abbildet, das Abgebildete nicht in sich selbst einholen, sondern es nur spiegeln in seinesgleichen,[5] indem es sich also als das eine unter all dessen anderen Abbildern, das es so wie sie alle und doch anders als jedes von ihnen nun einmal *ist*, sich zu diesen, nicht jenem, verhält. Was es im Verhältnis zu ihnen und nur ihnen bedeutet, das

---

[4] Dies ist einer der tragenden Gedanken im Hermeneutik-Konzept Ricœurs; vgl. insbes. seinen Aufsatz: »The Hermeneutics of Symbols and Philosophical Reflection: I«, trans. by Denis Savage, in: Paul Ricœur: *The Conflict of Interpretations*, ed. by Don Ihde (Evanston. Northwestern University Press, 1974), S. 296.

[5] Daher auch die entscheidende methodische Konsequenz: »Da sich gar manches unserer Erfahrungen nicht rund aussprechen und direkt mitteilen läßt, so habe ich seit langem das Mittel gewählt, durch einander gegenüber gestellte und sich gleichsam in einander abspiegelnde Gebilde den geheimeren Sinn dem Aufmerksamen zu offenbaren.« (Goethe an Iken, 27.9.1827, zitiert nach Johann Wolfgang von Goethe, *Faust. Texte*, hrsg. von Albrecht Schöne, Frankfurt am Main 1999, S. 119 f.)

lässt das von ihm Abgebildete nicht in dem, was es von ihm in seine Bedeutung einzubeziehen vermag, sondern vielmehr indem es schlicht *ist*, was es ist, in seinem Dasein als eines unter seinesgleichen also, noch einmal da sein. So ist es nicht die Sache und doch die Sache noch einmal, und in diesem Nocheinmalsein, das sein ihm nicht vorausgegangenes Sein doch wieder-holt, liegt der innerste, nämlich *zeitliche* Grund der Paradoxie des Metonymischen begründet.

Worin besteht die Konsequenz, die diese Aufmerksamkeit auf die urparadoxe Konstitution des hermeneutischen Denkanspruchs nun für unser eigenes Nachdenken über uns selbst, also für unseren Philosophiebegriff hat? Keiner hat sie wohl so klar formuliert wie der Denker, der wie kein zweiter Goethes Definition des Symbolischen zum Leitprinzip der Verhältnisbestimmung zwischen Philosophie und Kultur gemacht hat. Ernst Cassirer beschließt die einleitende Explikation des Grundbegriffs seiner *Philosophie der symbolischen Formen* mit der Devise: »Wenn alle Kultur sich in der Erschaffung bestimmter geistiger Bildwelten, bestimmter symbolischer Formen wirksam erweist, so besteht das Ziel der Philosophie nicht darin, hinter all diese Schöpfungen zurückzugehen, sondern vielmehr darin, sie in ihrem gestaltenden Grundprinzip zu verstehen und bewußt zu machen«, was, wie er wenige Zeilen später hinzufügt, bedeutet: sie »versetzt […] sich mitten in ihre Aktivität selbst«.[6] Die Philosophie versetzt sich also in die Aktivität, mit welcher die Sache unseres Denkens den Zeichen, ohne die es sie nicht gäbe, nicht eine über sie hinaus noch sichtbar zu machende Fortsetzung *hinzu-* oder Erklärung *voraus-*, sondern, um auf das berühmte Wort Fichtes zurückzugreifen[7], *das Auge ein*setzt, das uns erlaubt, ihren Blickwinkel auf jenes Zentrum, das sie eben aufgrund ihrer zeichenhaften Natur als einen in dem sich durch sie aufspannenden Horizont untergehenden blinden Fleck unsichtbar zu machen begriffen ist, zurückzurichten.

Für die hermeneutische Kunst bedeutet dies, dass sie dort, also an dem Ort, an dem sie von der poetologischen zur philosophischen Methode wird, gerade jene konstitutive Doppeldeutigkeit der symboli-

---

[6] Ernst Cassirer, *Philosophie der symbolischen Formen. Erster Teil: Die Sprache*, Darmstadt 1977, 51. Auch dies deckt sich mit der tragenden Ausgangsbestimmung des hermeneutischen Denkens bei Ricœur, »The Hermeneutics of Symbols and Philosophical Reflection: I«, S. 288.
[7] Vgl. dazu Dieter Henrich, *Fichtes ursprüngliche Einsicht*, Frankfurt am Main 1967 (= Wissenschaft und Gegenwart, Heft 34), Abschnitt IV.

schen Formen zu explizieren hat, welche die Sache des Denkens zugleich zu einem unter all ihren unüberschaubar vielen Gegenständen und zu dem einen unter ihnen macht, in dem der Grund, aus dem sie hervorgegangen sind, noch einmal und erst sich ereignend unter ihnen erscheint. Nicht das Paradoxe dieser Konstellation, wohl aber das scheinbar Irrationale an ihr verschwindet, wenn man sich entschieden gegen die immer in der szientistischen Luft liegende Zumutung zur Wehr setzt, wo von einem »Grund« die Rede ist, nach Ursachen zu suchen. »Die Menschen«, so lesen wir in Makariens Archiv,[8] »sind durch die unendlichen Bedingungen des Erscheinens dergestalt obruiert, daß sie das Eine Urbedingende nicht gewahren können«[9]: Das ist der anthropologische Horizont, vor dem Goethes Definition des Symbols in seinem *Phänomen*begriff erst die präzise philosophische Begründung erhält: »Der denkende Mensch irrt besonders, wenn er sich nach Ursach' und Wirkung erkundigt: sie beide zusammen machen das unteilbare Phänomen. Wer das zu erkennen weiß, ist auf dem rechten Wege zum Tun, zur Tat.«[10] Der Ort, an dem der Übergang der menschlichen Natur in die symbolische Form, in der ihr eine Kultur ihren originären Ausdruck verleiht, in ihr selbst zur Erscheinung zu kommen vermag, ist nicht einer, von dem aus ein Kausalzusammenhang, auf den wir hinter diese Erscheinung zurückzugehen hätten, seinen Ausgang genommen hat, sondern er ist derjenige, an dem dieser Übergang hier und jetzt vor unseren Augen und Ohren noch und erst einmal so in Erscheinung tritt, dass er sich zugleich singulär und exemplarisch für alles seiner Art zu diesem Ausdruck bringt. Als der Entdecker dieses »philosophischen« Orts[11], an dem wir nicht an der Kette unserer Erklärungen ein weiteres Glied anbringen, sondern an dem sich zu zeigen vermag, was uns zu seinem Erklären bringt, meinte Goethe sich von den »Philosophen Dank« versprechen zu dürfen, weil er derjenige ist, an den es gilt, »die Phänomene bis zu ihren Urquellen zu verfolgen, bis dorthin, wo sie bloß erscheinen und sind, und wo sich nichts weiter an ihnen erklären läßt«[12]. Mit der Wendung hin zu diesem Ort mündet das hermeneutische Paradox in die Aufgabe, den sie

---

[8] Goethe, *Wilhelm Meisters Wanderjahre oder Die Entsagenden*, in Werke. Hamburger Ausgabe in 14 Bdn. München, 1982, Bd. VIII, S. 475.
[9] WA II, 11, S. 120.
[10] WA I, 42, 2, S. 260.
[11] Vgl. Emrich, *Die Symbolik von Faust II*, S. 50.
[12] WA II.1, S. XXXVI, vgl. Emrich: Symbolik von Faust II, S. 50.

Walter Schweidler

hervorbringenden Übergang innerhalb des Ensembles der symbolischen Formen unseres kulturellen Daseins als unter ihnen noch und erst mit erscheinend, das heißt: als Phänomen, das selbst nur eines ist wie all die anderen, die wir durch ihn in Sprache zu fassen vermögen, zu dieser zu bringen.

Damit ist bereits der entscheidende Reflexionsschritt getan, der uns von der hermeneutischen Seite unserer Denkbemühung auf ihre *phänomenologische* zu sprechen zu kommen zwingt. Wenn es kein uns im Philosophieren gesondert zugängliches Erkenntnisreservoir gibt, aus dem die uns aufgegebene Erklärung des Übergangs von Natur in Kultur abzuleiten wäre, dann können als »wir«, denen sich die genannte Aufgabe stellt, nicht der im *pluralis majestatis* auftretende Schreiber dieser Zeilen und auch nicht seine philosophierenden Mitschreiber oder -leser bezeichnet sein, sondern nur die kulturell konstituierte Gemeinschaft, auf deren symbolische Formen die Aufmerksamkeit, die mit der hier vorgelegten Denkbemühung erzeugt werden soll, sich richtet; nicht sie, die Aufmerksamkeit und die sie erzeugende Denkbemühung als solche also weisen uns den Weg zur Erfüllung unserer Aufgabe, sondern ihr, das heißt der ihnen gleichermaßen gemeinsame Gegenstand – in unserem Kontext also die Metonymie. Alles was im Kontext unserer Aufgabe Lösung ist, kann nur das kulturelle Werk unserer Gesellschaft, alles was die Philosophie zu ihm beitragen kann, allenfalls Aufklärung über das dieser Lösung zugrunde liegende Problem sein. Wir können in der Philosophie das Phänomen, das uns über den Grund seines wie des Erscheinens überhaupt belehrt, nicht rekonstruieren, sondern nur auf es aufmerksam werden als eines, das wie alle vor unser wie aller Augen liegt.

Nicht die Paradoxie dieser Aufgabenbestimmung, aber der Anschein der Passivität, mit der sie unser Denken zur abhängigen Variablen eines es einbegreifenden sozialen »Systems« umzufunktionieren droht, lässt sich beheben, wenn man den Genitiv »Werk der Gesellschaft« in der Doppeldeutigkeit der beiden in ihm gewahrten Richtungen zu hören bereit ist: Die Gesellschaft antwortet mit ihren Antworten ja immer auch auf die für sie konstitutive Problemfrage, wie sie den Ursprung, aus dem sie dieses Werk schöpft, in den symbolischen Formen, in denen es sich ausdrückt, als diejenigen unter ihnen zu bewahren vermag, in denen ihr eigenes Hervorgehen aus diesem Ursprung noch und erst an dem es bildenden Werk wirkend und in ihm begriffen ist. Wenn aber die Beziehung zu ihrem Ursprung immer auch selbst die

Sache ist, um die es im Werk der Gesellschaft geht, dann muss auch diese originäre Dimension noch innerhalb der symbolischen Weltbezüge, in denen sie ihr Werk expliziert, phänomenal aufweisbar sein. Und der so erhobene Anspruch ist, bei Licht besehen, kein anderer als die konsequente Radikalisierung des originären Programms der Phänomenologie selbst: in der Sache ihres Denkens zu den »Sachen selbst« zu kommen, dies aber *so restlos, dass* sie selbst sich als eine unter ihnen in ihr Ensemble fügt und *wir in ihr das innere Band aller Phänomenalität nirgendwo anders als in einem Phänomen selbst verkörpert finden.*

Als ein solches hermeneutisch exemplarisches Phänomen also wird uns hier die Metonymie zum Gegenstand. Warum und inwiefern gerade sie?

Was die Metonymie dazu qualifiziert, uns innerhalb des unüberschaubaren Gebiets der symbolischen Formen unseres kulturellen Daseins in eine zugleich und speziell für alle philosophische Reflexion exemplarische Denkfigur zu versetzen, versuchen, jeder auf seine Weise, die Beiträge in diesem Band aufzuzeigen. Fast überall spielt dabei die Abgrenzung gegen ihre »Geschwister«, mit denen zusammen der Metonymie in der poetologischen Tradition ihre Eigenart zugewiesen worden ist, eine herausragende Rolle,[13] wobei wiederum vor allem Unterschied und Nachbarschaft zu ihrer »großen Schwester«, der Metapher, richtungweisend ist.[14] Beides lässt sich unter einem Gesichtspunkt fassen, der für den Zusammenhang, den wir zwischen den philosophisch relevanten Dimensionen des Metonymischen herstellen wollen, bereits der eigentlich ausschlaggebende ist und der sich formal primär als eine Art »produktiver Mangel« verstehen lässt,[15] das heißt als ein Spielraum, den die Metonymie gegenüber der Metapher durch das erlangt, was sie, verglichen mit jener, *nicht* kann und soll.

Eines fällt ja sofort auf: Während das Interessante an der metaphorischen Rede gerade die Einsicht ist, die sie über die »eigentliche« Bedeutung der in ihr verwendeten Ausdrücke hinaus bietet, was seit Aristoteles[16] auf verborgene Ähnlichkeitsbeziehungen zurückgeführt

---

[13] Vgl. zur geschichtlichen Entwicklung dieser Tradition besonders den Beitrag von Michael Rasche.
[14] Vgl. besonders die Beiträge von Annika Schlitte und Katharina Bauer.
[15] Vgl. dazu den Rückbezug auf Lacan (»Das Begehren ist eine Metonymie«) in dem Beitrag von Robert Ziegler in diesem Band.
[16] Aristoteles, *Rhetorik*, übers. und hg. von Franz G. Sieveke (Uni-Taschenbücher 159), München ⁵1995, S. 194f. (1412a). »Man muß [...] Metaphern bilden [...] von verwand-

worden ist, die durch sie sichtbar gemacht werden und aufgrund derer man sich durchaus fragen kann, ob die metaphorische nicht im Grunde selbst die »eigentliche« Rede ist,[17] kommt der Metonymie keinerlei vergleichbarer Erkenntnisanspruch zu.[18] Wer von Aristoteles als »dem Stagiriten« spricht, der teilt nichts über ihn mit, sondern er *nennt* ihn so. Er setzt voraus, dass der Gesprächspartner davon nicht überrascht ist; käme eine Rückfrage, wer denn da gemeint sei, wäre die genuin metonymische Verwendung des Ortsnamens nicht gelungen und der Sprechakt fehlgeschlagen. Wer an der Wand gleich »den Ruisdael« begrüßt, der dort hängt, kann damit über sich als Kenner oder auch als Wichtigtuer manches zu erkennen geben, aber er kann über das Gemälde selbst damit nichts aussagen, das er nicht genau so gut ohne die tropische Figur ausdrücken könnte: es ist ein von Ruisdael gemaltes Bild. Mit der Figur bedient er sich aber dessen, was ja im Wortsinn des »Metonymischen« selbst liegt: einer *Namens*verschiebung[19], hier derjenigen vom Künstler auf sein Werk. Was bringt ihm und uns eine solche Verschiebung? Gemessen allein am genuinen Erkenntniswert der Metapher bliebe die Metonymie nur Spiel, ein Schnörkel gewissermaßen, mit dem die Sprache nicht arbeitet und noch nicht einmal feiert, sondern allenfalls herumtrödelt. Will man begreifen, warum sie sehr viel mehr ist, dann muss man aber seine Aufmerksamkeit auf das richten, was bei ihr *an der Stelle* steht, die derjenigen entspricht, an der die Metapher ihren Erkenntniswert gewinnt. Dies erfordert nun den Blick aus der Sprache heraus auf die Wirklichkeit, um die es in beider Verwendung geht und auf die ihre Charakterisierung als »übertragene« Rede Bezug nimmt.[20]

Wer etwa metaphorisch sagt, Religion sei »Opium des Volks«[21]

---

ten, aber auf den ersten Blick nicht offen zutage liegenden Dingen, wie es z. B. auch in der Philosophie Charakteristikum eines richtig denkenden Menschen ist, das Ähnliche auch in weit voneinander entfernt liegenden Dingen zu erkennen.« Vgl. dazu Paul Ricœur, *Die lebendige Metapher*, München ²1991, S. 181.

[17] Vgl. dazu Hans Lipps, »Die Verbindlichkeit der Sprache«, in: Ders.: *Werke IV*, 5 Bde., Frankfurt am Main ³1977.

[18] Vgl. den Beitrag von Florian Bruckmann, Abschnitt 2.

[19] Genauer: Eine Benennungsverschiebung, vgl. den Beitrag von Annika Schlitte in diesem Band, FN 19.

[20] Vgl. den Beitrag von Annika Schlitte, Abschnitt 4.

[21] Karl Marx, »Zur Kritik der Hegel'schen Rechts-Philosophie. Einleitung«, in *Deutsch-Französische Jahrbücher*, hg. v. Arnold Ruge, Karl Marx (Paris: Bureau der Jahrbücher, 1844), S. 71–85 (S. 71–72).

oder *Dallas* »Kaugummi fürs Auge«, spricht nicht direkt, sondern eben nur im übertragenen Sinn über das, was Opium und Kaugummi in Wirklichkeit sind; wer hingegen einen Ruisdael einen »Ruisdael« nennt, bezieht sich auf Ruisdael gerade als den, der wirklich dieses Bild gemalt hat, das heißt er überträgt nicht eine Kennzeichnung, sondern eine *Nennung,* er wiederholt den wirklichen Vorgang, durch den der Maler seinen Namen erhielt, in demjenigen, mit dem er ihn auf das Bild überträgt. Die Wirklichkeit der Nennung wird nicht in die von etwas anderem hinein *über*setzt, sondern sie wird als die, die sie war und ist, in einen angrenzenden Wirklichkeitsbereich hinein *fort*gesetzt. Damit entfällt zwar einerseits der Erkenntniswert der metaphorischen Assoziation: Ob Religion »Opium des Volks« ist, darüber kann man nachdenken und streiten wie über eine von aller übertragenen Rede freie sachliche These auch, während in der metonymischen Verschiebung des Namens »Ruisdael« an die Stelle des Titels eines seiner Bilder nur Bekanntes anders benannt wird. Es wird damit aber andererseits eine Dimension ins Spiel gebracht, die zwar nicht *in* ihm, aber *durch* all unser Erkennen *hindurch* zum Ausdruck kommt. »Wenn das Wahre das Begründete ist, dann ist der Grund nicht wahr, noch falsch«, so hat diese Dimension Wittgenstein markiert.[22] Wenn die genuine Leistung, also die unseren Weltbezug spezifisch bereichernde »Zulage«[23] der Trope im Fall der »Ruisdael«-Metonymie offenbar nicht in einer Mitteilung besteht, die sie uns über den Maler oder sein Bild oder beide zu machen hätte, müssen wir unseren Blick auf das richten, was eine sprachliche Mitteilung jenseits dessen ist, was ihr den mitgeteilten Gehalt gibt, also auf die Eigenart dessen, was durch sie – hindurch – *geschieht.* Damit sind wir nicht nur im Sinne Goethes auf dem »Wege zum Tun, zur Tat«, sondern auch zu dem Sprechen, das im Sinne von Lévinas[24] »rein« gerade nicht ist *in,* sondern *von* dem darin Mitgeteilten und so in einem Akt übertragenen Redens das zur Erscheinung zu bringen vermag, was gerade durch das gelingende Übertragen des einen Bedeutungsgehalts in einen anderen zwischen beiden unterzugehen und von ihnen verdeckt zu werden angelegt ist, nämlich den *Übergang,* der sich im Mitgeteilten sonst immer als getaner nur schon zei-

---

[22] Ludwig Wittgenstein, *Über Gewißheit,* Frankfurt am Main, 1984, § 205.
[23] Zu dieser Übersetzung von ἐπιφορά vgl. den Beitrag von Michael Rasche, Abschnitt 1, FN 2.
[24] Vgl. den Beitrag von Katharina Bauer in diesem Band, FN 18.

gen und nicht als geschehender erst aussprechen kann. Das Unmittelbare, das so durch die »Verschiebungstrope«[25] zur Sprache kommt, ist der Übergang selbst, durch den hindurch alles je Mitgeteilte nicht einholen, sondern immer nur etwas fortsetzen kann, was durch unsere sich in ihm aussprechenden Zeichen sich in es hinein zu übertragen noch im Begriff ist. Und was es da und sich durch es fortsetzt, hat wesentlich mit seinem, also des Mitteilens *Ursprung* zu tun.

Den »Mangel«, durch den der Metonymie die spezifisch metaphorische Erkenntnisleistung verwehrt ist, zu dem Schlüssel zu wenden, der uns ihre philosophische Bedeutung erschließt: das ist recht eigentlich die Aufgabe, vor die wir uns damit gestellt sehen. Der Grundbegriff, auf den sich dieser Mangel indirekt bringen lässt, ist der des *tertium comparationis:* an ihm mangelt es, im Gegensatz zur Metapher, der Metonymie. Die Metapher schafft den »Sprung«[26], durch den sich zwischen zwei Ausdrücken, deren Bedeutung wir doch schon kannten, eine semantische Überschneidung zeigt, die wir ohne ihn nicht wahrgenommen hätten. Diese semantische Überschneidung muss eine reale Entsprechung haben, welche dem metaphorischen Sprung objektiv zugrunde liegt und aus der sich dessen Erkenntnisleistung ergibt. Wie sich dieses *tertium*, das unseren sprachlichen Vergleich in der Sache begründet, seinerseits sprachlich fassen lässt, ist noch einmal eine eigene Frage, der wir an dieser Stelle nicht nachgehen können. Wir haben schon erwähnt, dass seit Aristoteles zu ihrer Kennzeichnung wesentlich der Ähnlichkeitsbegriff dient.[27] Zumindest ist klar, dass, wenn jeder Vergleich einen Rest an Unvergleichbarkeit des Verglichenen impliziert und wenn die Ähnlichkeit den ihr auch unter szientistischem Vorzeichen von Denkern wie Hume bis zu Carnap und Quine immer zugestandenen Status eines nicht hintergehbaren Ausgangspunktes sprachlichen Weltbezuges hat, die metaphorische kein bloßer Ersatz für eine statt ihrer mögliche von aller Bildhaftigkeit freie und zur totalen »Repräsentation« der Objekte durchdringende Rede sein kann. Wie immer also die objektive Entsprechung der semantischen Überschneidung, auf die sich eine Metapher bezieht, zu explizieren sein mag, müssen wir jedenfalls davon ausgehen, dass es sie gibt und wir über sie noch

---

[25] Vgl. den Beitrag von Florian Bruckmann in diesem Band.
[26] Vgl. die Beiträge von Annika Schlitte Abschnitt 1 b und Florian Bruckmann, Abschnitt 2.
[27] Vgl. oben, FN 16.

einmal sprechen können. Sie ist es, wodurch uns die Verbindung der beiden Glieder des Vergleichs möglich und vorgegeben ist. »Wir«, egal ob damit die Poeten, die sie erstmals ins Wort gefasst haben oder alle diejenigen, die sich ihrer im alltäglichen Sprachgebrauch bedienen oder auch die gesamte kulturelle Gemeinschaft, in deren Kontext sie nur gefunden werden konnte, bezeichnet sind, *folgen* ihr.

Was aber setzt die Metonymie, wenn eben dieses *tertium comparationis* es ist, woran es ihr im Unterschied zur Metapher ermangelt, an seine Stelle? Die poetologische wie auch die linguistische Antwort auf diese Frage lautet: Kontiguität. Doch was bedeutet hier diese ja selbst metaphorische Rede von »Berührung« genau? Inwiefern berühren sich denn das »Weiße Haus« mit der Regierung in Washington, der »Ruisdael« an der Wand mit seinem Maler, der »Stagirite« mit seiner Heimatstadt und das »Schnitzel« an Tisch 20 mit dem von ihm bestellten Gericht? Hilft es, auf den Begriff zurückzugehen, der in der poetologischen Tradition den ursprünglichen Gegenpol zur metaphorischen *similitudo* markierte, also die *vicinitas*, die »Nähe«?[28] Wir kommen dadurch nur dann nicht auf einen Abweg, wenn wir die Disjunktion zwischen beidem unbedingt bewahren, also »Nähe« nicht doch als eine Beziehung begreifen, die wir durch die Fortsetzung der Benennung vom einen auf den anderen, ihm »nahen« Bezirk in eine Kennzeichnung überführen könnten. Das heißt: Wir dürfen die metonymische *Namens*übertragung ebenso wenig wie mit der metaphorischen mit einer *analogen* Bedeutungsüberschneidung verwechseln. »Nähe« im metonymischen Sinne ist nicht das, was nach dem klassischen Beispiel des Aristoteles uns erlaubt, analog zur Rede von einem »gesunden Menschen« auch von einer »gesunden« Gesichtsfarbe, einem »gesunden« Spaziergang oder »gesundem« Essen zu sprechen.[29] Es ist *keine* analoge Beziehung, die uns die amerikanische Regierung als das »Weiße Haus« oder den Patienten in Zimmer 50 als den »Herzinfarkt« zu benennen erlaubt.

»Nähe« wird also nur dann eine hilfreiche Kategorie sein, wenn wir die eigentlich entscheidende Differenz nicht aus dem Auge verlieren, welche die Metonymie auch von der Analogie trennt. Wiederum können wir diese Differenz zunächst nur negativ markieren. Die meto-

---

[28] Vgl., mit Verweis u. a. auf Augustinus, den Beitrag von Michael Rasche in diesem Band.
[29] Vgl. Aristoteles, *Metaphysik* IV.2 (1003a 32 ff.).

nymische hat den Sinn nicht, den die analoge zwar in anderer Weise als die metaphorische, beide aber letztlich doch gemeinsam mit jeglicher auf Erweiterung unserer Erkenntnis gerichteten Wortverwendung teilen: sie ist, obwohl sie auf vielfältige Weise in deren Kontext eingesetzt wird und mit ihm verwoben ist, *nicht* selbst eine *Kennzeichnung*. Und – womit wir nun endlich über die bloß negative Charakterisierung ihres Wesens hinaus geleitet werden – sie ist dies nicht deshalb nicht, weil ihr zu einer solchen etwas fehlt, sondern weil sie etwas leistet und tut, das alle Kennzeichnung immer zwar voraussetzt, aber in sich nicht einholen kann und was sie sogar, wie wir anfangs sagten, zum Verschwinden zu bringen tendiert. Was ist dies? Die Antwort, von der unser ganzer nun weiter folgender Gedankengang seinen Ausgang nimmt, ist: Die Metonymie ist die originäre Weise, in der in unserem Sprechen sich noch zu präsentieren vermag, was in den noch so vielfältigen und komplexen Weisen, in denen wir darin die Dinge und Ereignisse bei ihren Namen nennen und das so Benannte in seinen Zusammenhängen und Besonderheiten, seinen Ursachen und Wirkungen, seinen Bedeutungen und Veränderungen sprachlich kennzeichnen, zum Verschwinden gebracht ist, nämlich das allem so unübersehbar komplexen Namensgebrauch mit kontingenter Notwendigkeit vorausgesetzte, in ihm immer nur als vergangenes abwesend anwesende Geschehen der Names*gebung*. In der Metonymie finden wir als seine Verschiebung wieder, was in der Gebung eines Namens, also *im Nennen selbst*, sich ereignet.

Wir müssen es an dieser Stelle zunächst einmal mit der Markierung der Signifikanz bewenden lassen, welche die Differenz von Name und Kennzeichnung für die Eigenart der metonymischen gegenüber den anderen Bedeutungsverschiebungen innerhalb unseres sprachlichen Weltzugangs hat. Die Metonymie bezieht ihren Erkenntniswert nicht, wie die Metapher, aus dem semantischen Potential der durch sie zusammengeschauten Kennzeichnungen, sondern aus einer Denotationsdynamik, die offenbar spezifisch für die semantische Leistung von Namen ist. Wofür ein Name steht, wird nicht nur in dem Wirklichkeitsbereich entschieden, in dem er originär seine Bedeutung erhält, sondern es zeigt sich über die Grenzen hinweg, an denen dieser Bereich sich mit anderen berührt, die ihm in einem Sinne benachbart sind, der nicht auf die Relation der Ähnlichkeit zurückgeführt werden kann. Der Vorgang, durch den der Maler sein Bild hervorbringt, ist dem, durch den er auf seinen Namen getauft wurde, in keiner Weise, die für den

Zusammenhang zwischen beiden relevant wäre, ähnlich; und dennoch entsteht durch eine bestimmte Gestaltung seines Lebens, zu der seine Ausbildung, seine Arbeit und eben die Hervorbringung des hier an der Wand hängenden Gemäldes gehören, eine Beziehung, in und mit der sich erst noch entscheidet, was man eigentlich seinerzeit mit dem ihm in der Taufe – und durch diese hindurch zurück noch mit dem wie ihm schon seinen Vorfahren – gegebenen Namen alles benannt hat. Die Bedeutung des Namens stellt sich mit dem es uns durch ihn zu benennen gebenden Werk noch mit ein als mit dem, der es vollbringt, durch es erst mit verliehen. Und doch muss sie, damit sie das kann, auch schon gegeben sein mit den soziokulturellen Institutionen, ohne die weder die ursprüngliche noch die ins ihm entsprungene Werk hinein fortgesetzte Namensgebung möglich wäre.

Die Abgrenzung gegen ihre »große Schwester«, die Metapher, konfrontiert uns so mit zwei zunächst ganz gegensätzlich scheinenden Grundaspekten, unter denen wir die Bedeutung metonymischen Redens zu verstehen haben: Auf der einen Seite ist es eben nicht ein vom Künstler oder vom »Volksmund« erschautes und dann *von uns* übernommenes *tertium comparationis*, das der metonymischen Verschiebung zugrunde liegt, sondern, wie die Literaturtheorie offenbar recht einmütig sagt,[30] eine Berührung, die zwischen bestimmten Bereichen *der Wirklichkeit selbst* besteht – auf welche Weise »Berührung« hier auch immer zu explizieren sein mag. Auf der anderen Seite wirkt aber, wenn und insofern es tatsächlich das Ereignis der Namensgebung ist, das in der Überschreitung der diese Berührung konstituierenden Grenzen noch präsent ist, in der metonymischen Übertragung ein soziokulturell geregelter Vorgang weiter, der uns in viel spezifischerer Art als jede poetische oder anderweitig symbolische Form sprachlichen Weltbezugs auf die Lebensformen verweist, die den impliziten Hintergrund bilden, den wir immer schon und eben auch im Philosophieren in Anspruch nehmen, wenn wir von »uns« sprechen. Diese beiden scheinbar so weit voneinander entfernten Explikate des metonymischen Phänomens selbst noch auf einer phänomenal ausweisbaren Ebene in »Berührung« zu bringen: Das ist im Folgenden unsere Aufgabe. Es gilt dafür zunächst und vor allem, dass wir die philosophische Relevanz der Metonymie prinzipiell nicht auf der Ebene

---

[30] Vgl. hierzu im Einzelnen die Nachweise bei Annika Schlitte: Die Metonymie als Denkfigur – Versuch einer begrifflichen Abgrenzung, in diesem Band.

der Erkenntnis*erweiterung*, sondern auf der der Erkenntnis*begründung* zu suchen haben – und dass die Vermischung zwischen diesen beiden Ebenen womöglich zu den Hauptquellen der Missverständnisse gehört, deren Überwindung den Sinn philosophischer Denkfiguren stiftet. Sodann kommt es darauf an, dass wir im Terminus »Begründung« den genuin zeitlichen, geschichtlichen Sinn zu hören vermögen, in dem man etwa sagt, dass seinerzeit eine Freundschaft, ein Bündnis oder eine Gemeinschaft »begründet« worden sei. Diesen wird es schließlich so auszulegen gelten, dass er sich für die Rekonstruktion des Zusammenhangs fruchtbar machen lässt, von dem unsere ganze Denkbemühung und die durch sie auf ihn gerichtete Aufmerksamkeit noch getragen sind, des eben gerade nicht als einer von »Ursach' und Wirkung« konstituierten Übergangs von Natur in Kultur und der Bedeutung, in welcher er in den Namen unserer Sprache und ihren Verschiebungen noch originär gewahrt ist.

2. Die Metonymie als Bild zeichenhaften Lebens

Wie weit wir von der Aufklärung unseres Phänomens noch entfernt sein mögen, eines wird uns mit dem Blick auf die dafür offenbar relevante Differenz von Name und Kennzeichnung und auf die soziokulturelle Realität der für die Namensgebung konstitutiven Lebensformen unserer Sprachgemeinschaft deutlich: Unser Thema ist alles andere als ein hermeneutisches Randphänomen, sondern es hat uns in den innersten Kernbereich der philosophischen Rekonstruktion des menschlichen Weltzugangs katapultiert. Die eigentliche, an der Oberfläche unserer alltäglichen Redeweisen gar nicht sichtbare, sondern nur durch logische Analyse der Systematik (der »Tiefengrammatik«, wie Wittgenstein dann sagte) der Sprache zu rekonstruierende Grenze zwischen Kennzeichnung und Eigenname freizulegen: das war einer der ganz originären Ausgangspunkte des von Russell initiierten sprachanalytischen Programms, dessen uneingeholte Vorentscheidungen richtungsgebend für eine mehr als ein halbes Jahrhundert währende Auseinandersetzung gewesen sind, in deren Verlauf sie schließlich überwunden und revidiert wurden.[31] Den Markstein dieses Überwindungsgesche-

---

[31] Vgl. zum Gesamtzusammenhang Wolfgang Carl, *Existenz und Prädikation*, München 1974.

hens dokumentiert Saul A. Kripkes epochaler Vortrag *Naming and Necessity* von 1972. In der Berufung auf »die natürliche Intuition, wonach die Namen der gewöhnlichen Sprache starre Bezeichnungsausdrücke«[32], *rigid designators*, sind, trat Kripke darin der seit Russell herrschenden Auffassung entgegen, nach der Namen, bis auf einen ganz spezifischen, im normalen Sprachgebrauch so gut wie unsichtbaren Rest, nichts anderes als Abkürzungen oder Synonyme für Kennzeichnungen seien. »Aristoteles« wäre demnach ein Ausdruck, der seine Bedeutung durch die wesentlichen Eigenschaften und Lebensumstände der mit ihm bezeichneten Person gewinnt, soweit sie dem, der diesen Ausdruck verwendet, bekannt sind oder sein könnten. Was in der Alltagssprache als Name fungiert, wäre somit eine verkappte Kennzeichnung, würde also die Eigenschaften seines Trägers benennen und nicht diesen selbst. Alles Bezeichnen hätte mit dem Bezeichneten das *tertium comparationis* gemeinsam, das wir in den Kennzeichnungen, die wir von ihm geben können, repräsentiert finden. Wirkliches zu repräsentieren hieße durchgängig, es zu beschreiben, *knowledge by description*. Das gilt nach Russell jedenfalls bis zu der einen Grenze, jenseits derer wir die einzigen wirklichen, die »logischen Eigennamen« finden und verwenden können, die in unserer Sprache, wenn wir sie logisch zu Ende analysiert haben, übrig bleiben: Demonstrativpronomen wie »dieses« oder »jenes«.[33] Nur in ihnen und der für ihre Verwendung konstitutiven Situation, nämlich der des momentan präsenten und in seiner Bedeutung unmittelbar evidenten Zeigens auf ..., berührt unser Sprechen und indirekt damit auch unser Denken überhaupt die Wirklichkeit und lehrt sie uns kennen: *knowledge by acquaintance*. Kennen und Erkennen sind vermittelt im Kontinuum des Übergangs allen Bezeichnens in das hier und jetzt evidente Benennungserlebnis, und das logische Element dieses Kontinuums ist die Kennzeichnung.

Im Gegenzug dazu steht Kripkes Theorie des Namens als »starrer Designator«. »Starr« in Bezug worauf? Antwort: auf die Geschichte, die zwischen seiner *Gebung* und heute verlaufen ist. Der Name »Aristoteles« steht nicht für eine Kennzeichnung wie »der Philosoph, der die *Nikomachische Ethik* geschrieben hat«, auch nicht für ein »Büschel«, ein *cluster* mehrerer Kennzeichnungen (»der Erzieher Alexanders des

---

[32] Saul A. Kripke, *Bedeutung und Notwendigkeit*, Frankfurt am Main 1981, S. 11.
[33] Vgl. ebd., S. 36 f. FN 4.

Großen«, »der Gründer des Peripatos« etc.), er steht überhaupt nicht für das, wohinein man ihn durch logische oder sonstige sprachliche Operationen transformieren kann, sondern er steht für: Aristoteles. Der, den wir heute »Aristoteles« nennen, wenn wir über den Erzieher Alexanders des Großen und den Gründer des Peripatos etc. sprechen, wäre ein und derselbe Mensch gewesen, auch wenn er seinen Geburtsort nie verlassen, Platon nie getroffen, Alexander nicht erzogen und den Peripatos nicht gegründet hätte. Würden wir zu der Erkenntnis kommen, dass auf den Mann, den wir »Aristoteles« nennen, all das gar nicht zutrifft, dann würde das bedeuten, das *wir* uns über ihn *getäuscht* hätten, nicht aber, dass *er* gar nicht der so Benannte *gewesen* wäre. Wer das verkennt, verwechselt schlicht die Erkenntnis, die man von bestimmten Tatsachen hat, mit den Tatsachen selbst. Eine Beschreibung kann wahr oder falsch sein, eine Benennung nicht; dass sie, wenn sie es denn hat, stattgefunden hat, ist eine Tatsache. Dass wir mit dem Namen »Aristoteles« den bezeichnen, auf den all die bekannten Kennzeichnungen zutreffen, ändert nichts daran, dass nichts von dem, was wir mit ihnen beschreiben, notwendig eintreten musste. Es mag sein, dass die Kunde von dem Träger dieses Namens, wenn all das auf ihn nicht zuträfe, nie zu uns gelangt wäre, aber das ist eine ganz andere Frage; es ist eine Frage danach, *ob* wir sonst von Aristoteles noch reden würden, aber als solche hat sie nichts mit der Frage zu tun, *worauf* sich sein Name bezieht. Für die Antwort auf diese letztere Frage ist absolut nicht entscheidend, was wir jetzt noch über Aristoteles neu erfahren könnten, sondern allein, dass er *damals*, als man ihn ihm gab, diesen Namen erhielt. Was wir jetzt mit der Verwendung des Namens »Aristoteles« benennen, das »repräsentiert« nicht unseren oder sonst jemandes momentanen, vergangenen oder künftigen Erkenntnisstand, sondern darin wird re-präsentiert das damalige Ereignis, durch welches er von den dafür zuständigen Instanzen diesen Namen erhielt. Die damalige Namensgebung wird nicht in eine erst noch zu verifizierende Beschreibung *über*setzt, sondern von uns in der Weitergabe des originären Gebungsgeschehens *fort*gesetzt. Und diese Differenz zwischen Benennung und Kennzeichnung ist eben nicht im Russellschen Sinne kontinuierlich vermittelt, sondern strikt disjunktiv. Die Gebung des Eigennamens ist schon in ihrem Ursprung etwas ganz anderes als eine Beschreibung des Benannten. Die uralte, noch von Platon im »Kratylos« aufgenommene Frage nach dem »eigentlichen« oder »wahren« Namen ist das Zeugnis des Missverstehens eben dieser Urdistinktion zwischen Name und Kennzeichnung – eines Missverstehens, das sich im Kern noch bis in Russells Programm der Reduktion allen sprachlichen Benennens auf die »logischen Eigennamen« als seinen einzig nicht weiter auflösbaren Rest zieht.

Ohne auf die für die Destruktion einer ganzen Reihe empiristischer und positivistischer Dogmen richtungweisenden Implikationen der Kripkeschen Namenstheorie eingehen zu können,[34] sollen uns hier nur zwei Aspekte beschäftigen, die für den Anschluss an unseren bisherigen Gedankengang von wesentlicher Bedeutung sind. Der eine betrifft unmittelbar unsere Frage, was es bedeutet, wenn von der »Berührung« von Wirklichem als Sinngrund der metonymischen Namensverschiebung gesprochen wird. In zumindest einer fundamentalen Hinsicht ist der geschichtliche Horizont, in dem wir die Antwort auf diese Frage zu suchen haben, bei Kripke klar zu finden, und zwar sogar in einem weit mehr als metaphorischen, sondern in hohem Grade buchstäblichen Sinn, wenn er von der ursprünglichen »Taufe«[35], in welcher das Ereignis der Namensgebung erfolgt, und der kausalen »Kommunikationskette«[36] spricht, durch die diese sich in ihrer Übernahme durch die sich fortan des Namens bedienenden Sprachteilnehmer fortsetzt – bis zu uns, wenn wir den betreffenden Namen hier und jetzt gebrauchen. Taufe und Kommunikation, wie immer die sie tragenden sozialen Regeln im einzelnen aussehen mögen, sind eingebettet in soziale, kulturelle, jedenfalls *kollektive* Lebensformen, und diese wiederum bilden genau den Hintergrund, von dem her wir verstehen können, worin die Vorurteile wurzeln, die im Russellschen Programm wirksam waren. Denn auch Russell hatte ja eine Vorstellung von der »Berührung« mit der Wirklichkeit, die unsere Sprache dem verdankt, was der Name im Unterschied von allen Kennzeichnungen leistet. Was die Demonstrativpronomen zu jenen »logischen Eigennamen« macht, die jenseits allen bloß beschreibenden Zugangs zur Welt die reale »Bekanntschaft« mit ihr begründen, ist jener *per definitionem* mit ihnen verknüpfte demonstrative Akt, das hier und jetzt im aktuell gegebenen Moment eindeutig situierte *Zeigen*, das für alle an dieser Situation be-

---
[34] Vgl. dazu Wolfgang Stegmüller, *Hauptströmungen der Gegenwartsphilosophie*, Bd. 2, Stuttgart 1975.
[35] Ebd., S. 154; zur Differenz zwischen der Taufe mittels einer kennzeichnenden Beschreibung und dem Namen, der etwas anderes als eine beschreibende Kennzeichnung ist, vgl. ebd., S. 112 f. FN 42.
[36] Vgl. ebd., S. 106 ff.

teiligten Personen evident gegenwärtig ist. Im Hintergrund der logischen Konzeption der Namensgebung als momentaner Ostension steht eine empiristisch-positivistische Erkenntnistheorie von der Art, wie sie am konsequentesten dann von Carnap in seinem *Logischen Aufbau der Welt* als die Forderung nach einer »eigenpsychischen Basis« für die Bedeutungsfestlegung aller wissenschaftlich akzeptablen Begriffe expliziert worden ist.[37] Für deren Sichtweise von Zeit und Subjektivität gilt: Die Wirklichkeit sprachlich direkt berühren kann nur ein sich die Relation zwischen Zeichen und Bezeichnetem zu unmittelbar gegenwärtiger Evidenz bringendes Erkenntnissubjekt, das sich im augenblicklich gegebenen Zeitpunkt mit seinem Objekt in einer intersubjektiv nachvollziehbaren Wahrnehmungsbeziehung befindet. Es ist das physikalistische Schema von der Subjekt-Objekt-Konstellation in einem zifferblattmäßig isoliert vorgestellten Zeitpunkt, welches exakt jenes »Fleisch der Zeit«[38] zum Verschwinden bringt, durch das unseren Bezeichnungen immer nur von ihrem meist unvordenklichen Ursprung her und über ihre Weitergabe bis zu uns die Bedeutung zugewachsen ist, in der allein ihre je aktuell-gegenwärtige Verwendung ihren geschichtlichen Leib wie eine Haut zu überspannen vermag. Dieses geschichtliche Element aber ist es, von dem her wir die »Berührung« mit der Welt zu begreifen haben, durch die in den Namen unserer Sprache jenseits aller uns über ihre Träger möglicherweise noch zuwachsenden Erkenntnis das Ereignis re-präsentiert wird, dem sie ihre Bedeutung verdanken. Zwar ist uns damit noch nicht der ganze Sinn einholbar geworden, in dem wir das Element der Metonymie im Gegensatz zum sie vermittelnden Tertium bei der Metapher als das der unmittelbaren »Berührung« zwischen Wirklichkeits*bereichen* zu begreifen versuchen; aber es ist uns ein entscheidender Hinweis auf die Richtung gegeben, in der wir ihn zu suchen haben werden. Wenn wir dem empiristisch-positivistischen Schema von der Konstitution unseres Weltzugangs durch die in unseren Zeichen präsente Bedeutung, die ihnen von einem isolierten Subjekt und seine Wahrnehmung des ihm gegenübergestellten Objekts verliehen wird, entkommen wollen, dann müssen wir uns der Instanz zuwenden, mit der wir uns als hier und jetzt sprechende und denkende Individuen ebenso wenig identisch set-

---

[37] Rudolf Carnap, *Der logische Aufbau der Welt* (1928), Hamburg ²1961, §§ 5, 54, 59.
[38] Maurice Merleau-Ponty, *Das Sichtbare und das Unsichtbare*, München ²1994, S. 150.

zen wie wir uns ihr gegenüberstellen können und an deren welterschließender Bedeutung insofern das ganze Subjekt-Objekt-Schema vollumfänglich abgleitet, nämlich der geschichtlich gewachsenen und gewordenen Sprach*gemeinschaft*, der wir nicht nur all die Namen der Dinge und Ereignisse verdanken, mit denen das Netzwerk ihrer uns jemals zugänglich werdenden Kennzeichnungen geknüpft ist, sondern sogar noch *unseren eigenen* Namen, den ja keiner von uns sich aussuchen kann – der prinzipiell und unaufhebbar kollektiven Instanz also, die uns zu den Zeichen, denen wir unseren Weltzugang verdanken, womöglich nicht nur verhilft, sondern uns zu solchen *macht*.

Damit ist aber auch schon der Hinweis erreicht, der uns auf den zweiten, noch entscheidenderen Aspekt hinlenkt, unter dem Kripkes Konzept der starren Designatoren sich als ein Leitmotiv unseres Gedankengangs entpuppt. Allerdings kompliziert sich unsere Problemschraube damit noch um eine weitere Drehung, denn nun kommt eine ganz entscheidende Wechselbeziehung zwischen Name und Kennzeichnung ins Spiel. Die eigentliche Pointe von Kripkes Vortrag war ja die Wiederentdeckung des Umstands,»daß bestimmte generelle Termini, nämlich diejenigen für natürliche Arten, enger mit Eigennamen verwandt sind, als gewöhnlich erkannt wird«[39]. Ebenso wenig wie wir durch neue Erkenntnisse darüber belehrt werden könnten, dass »Aristoteles« gar nicht Aristoteles war, könnte sich jemals herausstellen, dass die Wesen, die wir bislang »Löwen« genannt haben, in Wirklichkeit gar keine Löwen sind. Sogar wenn sich zeigen würde, dass die »Löwen« nicht einmal Säugetiere sind, sich nur scheinbar geschlechtlich fortpflanzen, ihre Jagdbeute gar nicht als Nahrung benötigen usw., könnte unsere Konsequenz nicht lauten, es habe sich gezeigt, dass sie gar keine Löwen sind oder waren. Wir könnten ihnen natürlich einen neuen, anderen Namen geben; der aber wäre Ausdruck nicht einer Erkenntnis, sondern einer Entscheidung. Der Artname »Löwe« ist ebenso wenig eine Kennzeichnung wie ein Personenname, weshalb auch umgekehrt gilt, dass ein nicht durch »Taufe«, sondern durch Fiktion gegebener Artname sich niemals als Bezeichnung von etwas Wirklichem herausstellen könnte. Ebenso wenig wie sich jemals zeigen könnte, dass Lord Peter Wimsey (von dem ja bekanntlich im Balliol College in Oxford sogar ein Bild hängt) tatsächlich existiert hat – vorausgesetzt, Dorothy Sayers hat die Figur an ihrem Schreibtisch erfunden –, könn-

---

[39] Kripke, *Bedeutung und Notwendigkeit*, S. 153.

ten wir eines Tages einen Wolpertinger oder ein Einhorn »entdecken«. Das Gebungsereignis, egal ob es in einer realen oder einer fiktiven »Taufe« besteht, hält gewissermaßen die Grenzlinie, über die hinweg der Name die Wirklichkeit ein für allemal berührt hat, vollumfänglich besetzt und gibt sie nicht wieder frei. Insofern besteht zwischen Art- und Personenname Parallelität, und bei deren Feststellung ließ Kripke es in seinem seinerzeitigen Vortrag auch bewenden. Dabei war er damit einem Zusammenhang auf die Spur gekommen, der auf dem Feld, dessen Bedeutung er letztendlich genau so profund ignorierte wie Russell und die Positivisten, nämlich dem der Kulturanthropologie, schon in ungleich tiefgründigerer Weise analysiert worden war; diesem müssen wir uns nun endlich zuwenden, was allerdings von uns auch verlangt, nach Hermeneutik und Phänomenologie noch ein letztes methodologisches Stereotyp anzusprechen, nämlich das des »Strukturalismus«.

Zehn Jahre vor *Naming and Necessity* hat nämlich Lévi-Strauss in *La pensée sauvage* genau an der Stelle, an der Kripkes philosophisches Interesse endet, den Ausgangspunkt der anthropologischen Rekonstruktion des Zusammenhangs zwischen Art- und Personennamen angesetzt. Die »Wurzel des Irrtums, dem sowohl Peirce wie Russell verfielen«, so heißt es am Ende des Kapitels »Das Individuum als Art«, bestand in der Annahme, »daß der Akt des Benennens in einem Kontinuum liegt, in dem sich der Übergang vom Akt des Bezeichnens zum Akt des Zeigens unmerklich vollzieht. Wir hingegen hoffen bewiesen zu haben, daß dieser Übergang diskontinuierlich ist, wenn auch jede Kultur die Schwellen anders festsetzt.«[40] In unserem Kontext können wir den Beweis, den Lévi-Strauss hier als Ergebnis seiner kulturanthropologischen Forschungen am Menschen im archaischsten uns noch zugänglichen Gesellschaftszustand – dem »Primitiven«, wie man einst im Zeichen des geistigen Kolonialismus sagte[41] – reklamiert, weder wiedergeben noch prüfen, sondern nur versuchen, dieses Ergebnis in seiner originären Relevanz für unser Thema aufzuzeigen. Entscheidend ist dafür die Grenze, welche nach Lévi-Strauss zwischen allem sprachlichen Bezeichnen (inklusive dem Benennen) einerseits und aller davon diskontinuierlich getrennten bloßen Ostension andererseits ver-

---

[40] Claude Lévi-Strauss, *Das wilde Denken*, Frankfurt am Main 1973, S. 250.
[41] Von welchem Zeichen der Begriff freilich abgelöst werden kann; vgl. die Bemerkungen zu seiner Verteidigung bei Mary Douglas, *Reinheit und Gefährdung. Eine Studie zu Vorstellungen von Verunreinigung und Tabu*, Berlin 1985, S. 121 f.

läuft. Denn die durch diese Grenze konstituierte Diskontinuität ist gewissermaßen die Rückseite einer Kontinuität, die zwischen dem Bezeichnen und dem Benennen besteht.

Man muss sich hier die Differenz zu Russell ganz klarmachen: Lévi-Strauss bezieht sich auf dieselbe Grenze, die auch nach Russell konstitutiv für die Bedeutung ist, die innerhalb unseres sprachlichen Bezeichnens der Welt dem Namen zukommt, also die Grenze, jenseits derer Wörter in ihrer Bedeutung nur noch ostensiv bestimmbar sind. Aber im strikten Gegensatz zu Russell verortet er das für die Namensgebung konstitutive Feld nicht jenseits, sondern diesseits dieser Grenze. Die für die Eigenart des Benennens ausschlaggebende Diskontinuität ist zwar die, welche zwischen unserem Bezeichnen und dem bloßen Zeigen besteht; aber sie ist es nicht deshalb, weil das Benennen auf die Seite des Zeigens gehört, sondern im Gegenteil, weil es auf die andere Seite, also die gehört, in dem es sich mit dem Kennzeichnen zu dem ergänzt, was wir übergreifend als das Bezeichnen fassen können. Darauf aber, was hier »ergänzt« heißt, kommt nun alles an. Um in unserem Bild vom »Fleisch der Zeit« zu bleiben: auf der Haut, als die sich die uns je gegenwärtig zur Verfügung stehenden Wortverwendungen über es spannen, besteht zwischen Name und Kennzeichnung Komplementarität: Eine Bezeichnung ist entweder das eine oder das andere, wobei die Grenze bis zu einem gewissen Grad variabel ist, also eine Kennzeichnung etwa dazu dienen kann, die Referenz einer Person so festzulegen, wie es auch ihr Eigenname täte (»Der hundertste Besucher der Ausstellung erhält einen Blumenstrauß ...«). In dem von dieser Haut überspannten und sie nährenden, oft unübersehbar komplexen und bis zu einem gewissen Grad unvordenklichen geschichtlichen Leib unserer sprachlichen Bezeichnungsweisen hingegen besteht zwischen dem Benennen und dem, woraus es hervor- und wo hinein es wiederum übergeht, ein originär symbiotisches Wechselverhältnis, es herrscht die gewachsene Dynamik eines beständigen und für die geschichtliche Identität jeder menschlichen Sprachgemeinschaft konstitutiven Übergangsgeschehens. Dieser Übergang zwischen dem Bezeichnen im Allgemeinen und dem Benennen im Besonderen leistet genau das, was das bloße Zeigen nicht leisten kann, und zwar aus einem für unseren Kontext schlechthin entscheidenden Grund, nämlich weil dieses Übergangsgeschehen eine unreduzierbar logisch konstituierte und ontologisch begründete Operation beinhaltet, die man nicht ostensiv ausdrücken kann: die *Klassifikation*. »In jedem System stellen«, so Lévi-

Strauss' sprachanthropologische Grundthese, »die Eigennamen *Signifikationsquanta* dar, unterhalb derer nur noch gezeigt wird.«[42] Das heißt, sie signifizieren das Ende, bis zu dem eine Sprachgemeinschaft die Gliederung der ihr zugänglichen Welt in klassifizierende Strukturen getrieben hat, sie bilden

»den Saum eines allgemeinen Klassifizierungssystems: sie sind zugleich dessen Verlängerung und Grenze. Wenn sie auf die Bühne treten, hebt sich der Vorhang vor dem letzten Akt der logischen Vorstellung. Doch die Länge des Stückes und die Zahl der Akte sind Tatsachen der Zivilisation, nicht der Sprache. Der mehr oder weniger ›eigene‹ Charakter der Namen ist nicht immanent bestimmbar, er hängt von dem Augenblick ab, da eine Gesellschaft ihr Klassifizierungssystem für vollendet erklärt. Wenn man sagt, ein Wort werde als Eigenname wahrgenommen, so sagt man, daß es auf einer Ebene liegt, jenseits derer zwar nicht absolut, aber innerhalb eines umgrenzten kulturellen Systems keine Klassifizierung erforderlich ist. Der Eigenname bleibt immer auf der Seite der Klassifizierung«[43]

– und *steht* damit eigentlich sogar – man kann an die Analogie zum Grenznutzen und -kostenkriterium in der Ökonomie denken – als »Verlängerung und Grenze«, also als dessen letzte Maßeinheit gewissermaßen selbst metonymisch *für* das gesamte Feld unserer denkenden Übersetzung der Gliederung des Wirklichen in die unseres Sprechens.

Damit sind wir nun im »strukturalistischen« Grund der als ihre Spur verfolgten Sache unseres Denkens angelangt und stehen, wie es sich für das lohnenswerte Fährtenlesen gehört, vor der Entdeckung dessen, was die ganze Zeit vor unser Augen lag und uns doch erst nun mit einem Schlag wie Schuppen von ihnen fällt. Die Klassifizierung, also *die Gliederung der Wirklichkeit in Glieder, die für je ihre Klasse stehen*, ist jenes welteröffnende Auge, das unserer sprechenden Tätigkeit eingesetzt – gerade *nicht*, woran ja auch Fichte in seiner »ursprünglichen Einsicht« unbedingt festgehalten hat,[44] *wird*, sondern –

---

[42] Lévi-Strauss, *Das wilde Denken*, S. 250.
[43] Ebd., S. 249 f.
[44] Vgl. Henrich, *Fichtes ursprüngliche Einsicht*, S. 26: »Diese Nuance verschärft den Sinn seiner neuen Formel. Sie betont, daß die Tätigkeit immer nur zusammen mit dem Auge gefunden werden kann: *Wird* das Auge eingesetzt, so geht die Tätigkeit voraus, ehe sie das Auge erhält. *Ist* das Auge eingesetzt, so sind Auge und Tätigkeit zusammen eines Wesens. Das Auge verhält sich zum Tun nicht wie ein Schmuck zum Körper, sondern wie das Herz zum Leben.« In diesen Zeilen ist im Grunde die gesamte Bedeutung konzentriert, welche die »Ausschmückung« (Aristoteles, *Rhetorik* 1404 b, vgl. den

ist. Damit uns nun auch hier, in diesem philosophischen Gedankengang, das Auge aufgeht, müssen wir uns die beiden radikalen Kehrtwendungen der Richtung vor es bringen, denen wir bis hierher durch die Richtung unseres Denkens unvermerkt auf der Spur gewesen sind. Denn lange noch nicht, wo sie hinführen, aber langsam doch zumindest, wovon sie uns losreißen, ist uns jetzt klar geworden, und von diesem aus können wir sie nunmehr markieren. Zum ersten: Das Auge, das unserem zeichenhaften Dasein durch die Gliederung der Wirklichkeit in Glieder, die für je ihre Klasse stehen, eingesetzt ist, ist das der Sprache und somit ein prinzipiell nicht »privates«; dieses Auge ist nie allein meines, also nicht das eines isolierten, präsenten, den »Objekten« gegenüberstehenden »Subjekts«, sein Blick weder der eines transzendental hypostasierten Denk- noch der eines wissenschaftlich protokollierten Erlebnisvorgangs. Es ist *unser* Auge in jenem komplexesten geschichtlichen Sinne, in dem zu den »unsrigen« durchaus auch die Toten gehören, denen wir unser Leben verdanken. Zwar ist der Blick, der durch dieses Auge auf die Weltgliederung fällt, seinerseits in vielfacher Weise metonymisch geschichtet, so dass er in manch wesentlichen Hinsichten tatsächlich der des Wissenschaftlers sein mag; doch wenn und insoweit er es ist, liegt der Grund dafür nicht in dem diesem durch ihn bescherten Erlebnis, sondern in dem ihm durch uns zu dessen Einholung erteilten Auftrag. Wer von uns wem was zu zeigen bevorrechtigt ist, entscheidet sich nicht in der *er*lebten Evidenz privilegierter Erfahrungen, sondern durch die *ge*lebte Sicherheit unserer Formen der »linguistischen Arbeitsteilung«[45]. Hinter allem, worauf einer von uns, und vielleicht nur er, nur hier und jetzt, zu zeigen vermag, steht das Leben, dem er als Mensch und damit als Sprecher seiner Sprache die Formen verdankt, in denen sich ihm das, worauf er zeigt, doch immer schon als es selbst zu zeigen gegeben haben muss. Sie bilden den so unvordenklichen wie unwegdenkbaren Grund, ohne den alles, was sich *als es selbst allein und nur so wie uns* als Re-präsentanten des gesamten Menschheitsleibes zu zeigen vermag, Russells wie jedes anderen List spotten würde, es uns nicht von ihm, sondern von uns her auf es zeigend zu präsentieren. Sie sind das Spezifikum unseres, des Daseins

---

Beitrag von Michael Rasche zu diesem Band, FN 11) in seinem Sprechen für den Leib der Menschheit hat.
[45] Hilary Putnam; »The Meaning of Meaning«, in: Ders.: *Philosophical Papers*, Bd. II: *Mind, Language and Reality*, Cambridge 1975.

des zeichenhaften Lebewesens, was sich ja auch so simpel wie augenfällig daran zeigt, dass Tiere nicht auf etwas zeigen können. Wovon wir uns letztlich und eigentlich abkehren müssen, um dem empiristisch-positivistischen Schema von privater Zeichenhaftigkeit zu entkommen, ist das es und insbesondere seine Verwechslung von Gründen mit Ursachen tragende Bild der Zeit. *Der Grund unseres Erkennens geht diesem nicht es bewirkend voraus, sondern stellt sich ihm sich voraussetzend durch es ein.* Das bedeutet, dass wir diesen Grund wesentlich nicht zum Gegenstand unseres Erkennens machen, sondern dieses selbst nur als seine ihn immer schon als solchen wieder-holende Auslegung verstehen können. Wir stoßen hier auf eine Sphäre der Zeit, die nur in der Reihe ihrer je aufeinander folgenden Momente, nicht jedoch in einem von ihnen mehr als in irgendeinem anderen präsent ist, sondern sich zu diesen wie ein von jedem unendlich weit und insofern äquidistant entfernter Fluchtpunkt verhält.[46] Ricœur hat sich, um diese Konstellation zu markieren, an einer zentralen Stelle seines »Konflikts der Interpretationen« ein Zitat von Lévi-Strauss zu eigen gemacht, das, wenn man so will, die geschichtliche Begründung des Strukturalismus enthält:

»Gleich in welchem Augenblick und unter welchen Umständen sie auf der Stufe des animalischen Lebens aufgetreten ist: die Sprache konnte nicht anders als mit einem Schlag entstehen. Die Dinge konnten nicht beginnen, progressiv Bedeutung anzunehmen […]. Es besteht also in der Geschichte des menschlichen Geistes ein grundlegender Gegensatz zwischen dem Symbolismus, der einen diskontinuierlichen Charakter besitzt, und der Erkenntnis, die das Merkmal der Kontinuität trägt …«[47]

Wie immer der Übergang in unser sprachliches Dasein zustande gekommen sein und ausgesehen haben mag, er liegt als dieser Übergang nicht wie die Ursachen, die zu ihm geführt haben mögen oder müssen, den unserer Kennzeichnung zugänglichen Ereignissen und Zusammenhängen des uns umgreifenden Weltganzen voraus, sondern ist in ihnen re-präsentiert als sich in allen Inhalten unseres Erkennens wie

---

[46] Vgl. hierzu Walter Schweidler, »Denken ist Zeit«, in: Ders. (Hrsg.): *Zeit: Anfang und Ende. Time: Beginning and End*, Sankt Augustin 2004, S. 269–304, hier S. 286 f.
[47] Ein Zitat aus Claude Lévi-Strauss, »Introduction à l'oeuvre de Marcel Mauss«, in: Marcel Mauss: *Sociologie et anthropologie*, Paris 1950, S. 42 bei Paul Ricoeur, »Die Frage nach dem Subjekt angesichts der Herausforderung der Semiologie«, in: Ders.: *Der Konflikt der Interpretationen. Ausgewählte Aufsätze (1960–1969)*, Freiburg 2010, S. 84–119, hier S. 109 FN 18.

auch insbesondere in deren Revision[48] immer noch und erst wiederholender Ursprung unserer und mit ihr aller Zeichenhaftigkeit überhaupt.[49] Damit aber zeigt sich uns der zeitliche Grund der Paradoxie des Metonymischen, die wir im Innersten unseres zeichenhaften Daseins wiedergefunden haben, als der Inbegriff der Formen, in denen die Lebenspraxis einer geschichtlich gewordenen Sprachgemeinschaft im Übergang *vom* Bezeichnen zum Benennen noch den originären Übergang wieder-holt, der *in* allem Bezeichnen, ohne ihm je vorausgegangen zu sein, immer schon begründet – nicht wird, sondern – ist.

Erst der nun noch geforderte zweite Schritt kann aber die Abkehr vom positivistischen Kausalismus bis in dessen Wurzeln hinein vollenden. Die Einsicht, dass das Auge, das unserem Sprechen durch die Gliederung der Wirklichkeit in metonymisch für ihre Klassen stehende Glieder eingesetzt ist, prinzipiell kein individuelles, sondern ein gemeinschaftliches ist, muss sich immer noch gegenüber dem szientistischen Instinkt bewähren, der uns eine Antwort auf die Frage abzunötigen scheint, wodurch uns denn die Strukturen, die wir in der Gliederung der Dinge und Ereignisse des uns umfassenden Weltganzen vorfinden, nachvollziehbar und in unsere Symbolik übersetzbar geworden sind und weiter werden – also auf die Frage nach dem *tertium comparationis*, das den Text der Welt und seine Lesbarkeit für uns zu vermitteln vermag. Die philosophische Bedeutung der Metonymie, der wir in diesem gesamten Gedankengang auf der Spur sind, konzentriert sich in der Einsicht, dass die vollumfänglich adäquate Weise, dieser Frage zu antworten, nicht in Worten, sondern in einer Tat besteht, nämlich in ihrer *Zurückweisung*. Man könnte diesen für die Philosophie schlechthin konstitutiven Akt[50] den der *metonymischen Rever-*

---

[48] Vgl. zu diesem Zusammenhang Walter Schweidler, »Die Entscheidung der Wahrheit. Zum Grundverhältnis von Natur und Wissen«, in *Archivio di Filosofia/Archives of Philosophy*, Bd. 80, Nr. 1–2, Rom 2012, S. 77–90.
[49] Vgl. zu diesem Zusammenhang auch Walter Schweidler: »The Self-Repeating Origin«, in: Ingolf U. Dalferth/Marlene Block (Hrsg.): *Hermeneutics and Philosophy of Religion: The Legacy of Paul Ricoeur. Claremont Studies in the Philosophy of Religion*, Conference 2013, Tübingen 2013.
[50] Vgl. in entsprechenden Zusammenhängen Walter Schweidler, *Der gute Staat. Politische Ethik von Platon bis zur Gegenwart*, Wiesbaden ²2014, S. 117; Ders., *Wittgensteins Philosophiebegriff*, Freiburg i. Br./München 1983, S. 83; Ders., »Menschenrechte und kulturelle Identität«, in: Ders. (Hrsg.): *Menschenrechte und Gemeinsinn – westlicher und östlicher Weg?* Sankt Augustin 1988, S. 15–38, hier S. 17 ff.; Ders., *Geistesmacht und Menschenrecht. Der Universalanspruch der Menschenrechte und das Pro-*

sion nennen, denn die präsente Zurückweisung einer Frage, die einer jener profunden Konfusionen unseres zeichenhaften Daseins im Verhältnis zu sich selbst entspringt, ohne die das Philosophieren keinen Gegenstand hätte, re-präsentiert in dem Augenblick, in dem die zurückgewiesene Frage verschwindet, auf diesen zurück-weisend und ihn so wieder-holend den Ursprung, in dem die Gliederung der Wirklichkeit in Glieder, die für ihre Klasse stehen, in unsere Zeichen überzugehen im Begriff befindlich ist, das heißt: begreift ihn *als diesen Übergang und nichts außerdem*. Die konstitutive Ambiguität des Begriffs »Zurückweisung« drückt also nur die Übersetzung von Sukzession in Simultaneität aus, durch die sich die metonymische Reversion als ein *Bild* definiert,[51] als *das Bild unseres zeichenhaften Seins, in dem das diesem eingesetzte Auge seiner selbst gewahr wird.*

Die metonymische Reversion der Frage nach dem *tertium comparationis*, das als das beiden gemeinsame Vermittlungsglied den Übergang der Weltgliederung in die unserer Zeichen begründet, lautet daher schlicht: Es ist den beiden überhaupt nicht etwas gemeinsam, sondern sie sind miteinander vereinigt durch ihren Übergang selbst und nichts außerdem! Der Übergang erfüllt genau die Kennzeichnung, die Aristoteles vom Verhältnis zwischen Vermögen und Verwirklichung im Unterschied zur in zeitlichen Folgezuständen gereihten Bewegung gegeben hat:[52] Indem wir ihn tun, ist er uns schon geschehen, das heißt er lässt sich vollumfänglich und also originär nur wieder-holen als der, der sich mit kontingenter, rückwirkender Notwendigkeit zugleich mit seinem Dasein als gewesener, gewesen sein müssender, setzt.[53] Als das *Metonym einer Vergangenheit, die nie Gegenwart war*, ist er das eigentliche Prinzip und die Pointe strukturalistischen Den-

---

blem der Ersten Philosophie, Freiburg i. Br./München 1994, S. 317; Ders., *Die Überwindung der Metaphysik. Zu einem Ende der neuzeitlichen Philosophie*, Stuttgart 1987, S. 208.
[51] Vgl. zur Konstitution von Bildsein als Übersetzung von Sukzession in Simultaneität Walter Schweidler, »Das Bild der Wirklichkeit und die Perspektive der Freiheit«, in: Ders. (Hrsg.): *Weltbild – Bildwelt*, Sankt Augustin 2007, S. 21–58, hier S. 27.
[52] Aristoteles, *Metaphysik* IX.6 (1047 b); vgl. dazu auch meinen Beitrag: »Wahrheit und Person«, in diesem Band.
[53] Von hier aus führt auch die Brücke zu Schellings Zeitauffassung in den »Weltaltern«; vgl. dazu Axel Hutter, »Metaphysik als Metachronik. Zu Schellings Philosophie der Zeit«, in: Walter Schweidler (Hrsg.): *Zeit: Anfang und Ende*, S. 257–267 und Walter Schweidler, »Ontological Aspects of Absolute Past« (Konferenz der International Society for the Study of Time), Alisomar/Kalifornien 2007.

kens.⁵⁴ Kein anderer als Merleau-Ponty, dessen Foto ja, wie Aufnahmen zeigen, auf Lévi-Strauss' Schreibtisch stand, hat diesen metonymischen Kern des Strukturbegriffs in der bis heute wohl immer noch klarsten Weise gekennzeichnet. Es »erscheint«, so sagt er in der kleinen Abhandlung *Von Mauss zu Lévi-Strauss,* »auf dem Boden der sozialen Systeme eine formale Infrastruktur, man ist versucht zu sagen: ein unbewußtes Denken, eine Antizipation des menschlichen Geistes, als ob unsere Wissenschaft schon in den Dingen fertig vorhanden wäre«⁵⁵; tiefer in den Kern unseres Themas können wir gar nicht geführt werden als durch diese so vorsichtige wie faszinierende Charakterisierung, deren Begründung einige Seiten zuvor schon mit ganz expliziter Bezugnahme auf Marcel Mauss und den Zentralbegriff seiner Forschungen festgehalten ist: Die Wende, die Mauss in die Lehre von der Gesellschaft gebracht hat, bestand nach Merleau-Ponty – womit er notabene fast wörtlich an die von uns eingangs angeführte Methodenreflexion Cassirers anschließt – genau in der Umkehr ihrer Fixierung auf ein von ihr vermeintlich überflogenes »Objekt« hin zum »Eindringen in den Gegenstand, die Verständigung mit ihm«, in der wir ihn allein als ihn selbst wieder finden, das heißt wieder-holen können. Mauss kam es »darauf an, denkend in das Phänomen einzudringen, es zu lesen und zu entziffern. Diese Lektüre besteht jeweils darin, die Art des Austauschs zu erfassen, den die Institution zwischen den Menschen zustande bringt, dazu die Verknüpfungen und Äquivalenzen, die sie stiftet, […] gerade so, wie die Sprache den Gebrauch der Phoneme, Morpheme, des Vokabulars und der Syntax regelt.«⁵⁶

Hier, mit der Markierung des Austauschs als des Ortes der *metonymischen Urrelation zwischen Sprache und Gesellschaft,* ist der Ausgangspunkt unserer Spur und damit der Endpunkt ihrer Rückverfolgung erreicht. Wir sind mit diesen theoretischen und, isoliert betrachtet, programmatischen Bestimmungen freilich den konkreten Phänomenen, auf die wir uns ja berufen wollen und müssen, enteilt.

---

⁵⁴ Zur Annäherung an diesen Topos von anderer Seite vgl. Walter Schweidler, »Der Ort des Gewesenen. Zu Ricœurs Ontologie des Vergessens«, in: Hünefeldt, Thomas/Romic, Daniel/Schlitte, Annika/van Loon, Joost (Hrsg.): *Philosophie des Ortes. Reflexionen zum Spatial Turn in den Sozial- und Kulturwissenschaften,* Bielefeld 2014, S. 213–230.
⁵⁵ Maurice Merleau-Ponty, »Von Mauss zu Claude Lévi-Strauss«, in: Alexandre Métraux/Bernhard Waldenfels (Hrsg.): *Leibhaftige Vernunft. Spuren von Merleau-Pontys Denken,* München 1986, S. 13–28, hier S. 19.
⁵⁶ Merleau-Ponty, »Von Mauss zu Claude Lévi-Strauss«, S. 14.

Walter Schweidler

Bevor wir endlich auf sie zurückzukommen versuchen, lassen wir uns das Erreichte nur noch einmal resümieren: Es ist der *Austausch* ihrer Glieder, *nicht das in ihnen Ausgetauschte*, der die metonymische Relation definiert. Und eben darin bildet diese Relation den Schlüssel zum Strukturbegriff, wie er ja originär, eben von ihr her aber über sie hinausreichend, auf der Ebene der Sprachtheorie eingeführt worden ist als ein, so Merleau-Ponty nun sein eigenes philosophisches Herz in die Waagschale werfend,

»inkarniertes System. Als Saussure die These aufstellte, das Sprachzeichen sei diakritisch – es sei wirksam aufgrund seiner bloßen Differenz, eines bestimmten Abstandes zwischen ihm und den anderen Zeichen, und nicht zunächst dadurch, daß es eine positive Bedeutung hervorrufe –, entwickelte er eine Anschauung von einer Einheit der Sprache unterhalb der Schwelle expliziter Bedeutungen, einer Systematisierung, die sich in der Sprache abspielt, bevor ihr ideelles Prinzip erkannt ist. Für die Sozialanthropologie besteht die Gesellschaft aus Systemen solcher Art.«[57]

3. Die Metonymie als ontologische Struktur

Mit dem Rückgriff auf die irreduzible Funktion, die der »bestimmte Abstand« zwischen ihnen für die implizite, Sprache und Gesellschaft originär verknüpfende Bedeutung der sie konstituierenden Sprachzeichen hat, bringt sich nun doch wieder die Kategorie der »Nähe« als struktureller Explikationsaspekt der Rede von der metonymischen »Berührung« zwischen Bereichen der Wirklichkeit in Erinnerung. Eine kulturell gestaffelte Näheordnung gehört ja zu den elementarsten Gliederungsprinzipien der konkreten Formen gesellschaftlichen Lebens.[58] Wer man im soziokulturellen Gefüge wird und ist, entscheidet sich wie durch kaum etwas anderes dadurch, wem man nahe kommt, wen man und wer einen also in einem letztlich rituell begründeten, in mehr oder weniger fest geregelten Formen des »Kennenlernens« metonymisch konzentrierten Sinne *kennt*. »Ich kenne euch nicht!« ist das

---

[57] Ebd., S. 16.
[58] Vgl. dazu Walter Schweidler, *Geistesmacht und Menschenrecht. Der Universalanspruch der Menschenrechte und das Problem der Ersten Philosophie*, Freiburg i. Br./ München 1994, §40 und Walter Schweidler, »Das Uneinholbare«, in: Ders.: *Das Uneinholbare. Beiträge zu einer indirekten Metaphysik*, Freiburg i. Br./München 2008, S. 383–396, hier S. 391f.

Urteil, mit dem Christus im Evangelium denen, welche die Geringsten nicht als für ihn stehende erkannten und sie entsprechend behandelten, den Himmel verwehrt, und der Horror der Namenlosigkeit gehört zu den Urformen, in denen der Mensch die Macht seiner Gesellschaft spürt, ihm den sozialen Tod zu bereiten.[59] Dass er einen und welchen Platz er in der Ordnung der sozialen Nähebeziehungen hat, ist für den Menschen eine Lebens- und als solche auch eine Namensfrage. Denn so fundamental wie die Staffelung der Nähe und also des Abstands für unser kulturelles Dasein, so lebenswichtig ist für es die Begründung der Formen, in denen wir sie auszudrücken und uns mit der für alle soziale Ordnung konstitutiven Sicherheit über sie zu verständigen vermögen. Für uns als zeichenhafte Wesen heißt dies wiederum: Es muss ein symbolisches Reservoir geben, dem wir den Code entnehmen, der diese Verständigung regelt und, in einem irreduzibel geschichtlichen Sinne, originär begründet. Anspruch und Inhalt von Lévi-Strauss' *La pensée sauvage* muß man wesentlich als die einer kulturanthropologischen Rekonstruktion und Theorie eben dieses symbolischen Reservoirs im Ursprung zeichenhaften Daseins verstehen. Wenn und insoweit sie das ist, hat sie ihren systematischen Schlüssel aber in jener logischen Operation, durch die sich das Bezeichnen einerseits vom bloßen Zeigen diskontinuierlich abhebt und durch die sich in ihm andererseits die kontinuierliche Symbiose zwischen Kennzeichnen und Benennen gestaltet: der Klassifikation. In ihr wiederum findet unsere wie jede menschliche Gesellschaft die uns als zeichenhaften Wesen letztlich allein mögliche Dimension ihrer Begründung, nämlich die *ontologische*. Die Klassifikation, der wir den Code entnehmen, in dem sich die uns soziokulturell situierende und damit wesentlich definierende Ordnung ausdrückt, kann die Sicherheit, die allein uns in dieser Ordnung zu finden, zu bewegen und sie weiterzugeben erlaubt, nur von dem her beziehen, wodurch ihr Ursprung jeder Willkür und jeder Infragestellung entzogen ist, mit der ihr aus unserer Mitte heraus der Boden entzogen werden könnte. Das heißt: sie kann nur und muss die Klassifikation sein, die gar nicht unsere, sondern die der gesamten uns umgreifenden und uns in ihr situierenden *Wirklichkeit*, also die nicht unserer, sondern *ihrer* Gliederung verdankt und geschuldet ist.

---

[59] Vgl. dazu Jan Assmann, »Tod und Konnektivität«, in: Walter Schweidler (Hrsg.): *Wiedergeburt und kulturelles Erbe*, Sankt Augustin 2001, S. 35–47, hier S. 38.

Walter Schweidler

»Das Individuum als Art«: In dieser Überschrift des wichtigsten Kapitels von *La pensée sauvage* ist Lévi-Strauss' Antwort auf die Frage nach dem symbolischen Reservoir im Ursprung unseres gesellschaftlichen Daseins konzentriert. Gewiss ist es eine Antwort, die aus einem umgrenzten und, rein quantitativ betrachtet, höchst marginalen Forschungsfeld gewonnen ist, dem der im letzten Augenblick vor ihrem Verschwinden noch dokumentierten Lebensformen des »primitiven« gesellschaftlichen Daseins, das aber eben durch das mit dieser Antwort gewonnene Ergebnis in der Wesenskonstitution aufgewiesen wird, die es über sich hinaus für das gesamte menschliche Dasein Aussagekraft gewinnen und insofern metonymisch für es stehen lässt: seiner Zeichenhaftigkeit. Nur in dieser ist ja beides: die uns vom »primitiven« Dasein wie weit auch immer entfernende Differenz genauso wie die Gemeinsamkeit mit ihm, die es der diese Ferne allein und überhaupt erst vergegenwärtigenden Forschung zugänglich macht, begründet. Weil in ihrem Sprechen, das heißt in dessen Übersetzbarkeit in unseres und damit erst auch das ihres Beobachters, der Ursprung, dem sich ihr Dasein verdankt, noch ebenso re-präsentiert ist wie der des unsrigen Sprechens in diesem, ist uns die soziokulturelle Identität aller Menschen, wie weit sie geschichtlich auch von uns entfernt sein mögen, auf eine Weise nahe, die sich von unserem gesamten übrigen Weltzugang prinzipiell und diskontinuierlich unterscheidet; sie ist uns, anders als etwa die jedes uns zum Objekt der Namensgebung werdenden Tieres, als die zugängliche, die sie sich selbst zuschreiben. Konkret gesagt: Wir kennen die Wesen unserer Art mit *ihren eigenen*, nicht unter Namen, die wir ihnen geben. Wir müssen uns deshalb das symbolische Reservoir, aus dem sie diese Namen beziehen, nicht zu eigen machen, aber es in seiner Bedeutung für unseren sprachlichen Weltbezug durchaus bedenken. Das ist der Ausgangspunkt für die Rekonstruktion des originären Verhältnisses von natürlichen Art- und menschlichen Personennamen im »wilden Denken«.

Deren Ergebnis aber lautet, auf eine Kurzformel gebracht: *Im Ursprung sind menschliche Namen soziokulturell transformierte natürliche Artbezeichnungen.* Der Mensch im Schwellenzustand seines Übergangs ins kulturelle Dasein hat schlicht kein anderes Reservoir der symbolisch codierten Identifikation seiner selbst und der Seinigen als die Gliederung, die ihm die ihn umgebende und umgreifende Natur im Gefüge der sie bildenden Arten und der je zu diesen gehörenden und für sie stehenden Individuen bereit hält. Auch dieses Reservoir hat er aber nur aufgrund der Bedeutung, die dessen Glieder in Bezug aufeinander durch die Differenz gewinnen, die allein sie voneinander trennt und zueinander ordnet. Es ist das Geflecht der durch das Gefüge der Glieder verfügbaren Differenzen, das er nützt, um es in gewisser Weise zur Spiegelschrift der Identität zu machen, in der er sich zusammen mit und im Unterschied zu den seinigen vorfindet. Die totemistische Identifikation des Verbandes »Hund« gegenüber dem der »Schlange« etwa entspringt weder einer Ähnlichkeit, in der sich seine Mitglieder mit der sie benennenden Tierart noch einer Erzählung, durch die sie sich in mythischem Aberglauben mit dieser verbunden sehen; sie entspringt dem Unterschied, den sie sich gegenüber der anderen Gruppe ihrer, der menschlichen Art nur vermöge des symbolischen Reservoirs zuschreiben können, das sie der Auswertung der in der Natur vorgefundenen Differenzen als lebenswichtiger Konstitutionsbedingung ihrer zeichenhaften Selbstidentifikation verfügbar gemacht haben. Darum eben bedeutet der menschliche Name originär eine kulturelle Transformation, insofern auch tatsächlich eine Funktion, aber keineswegs eine Konklusion oder Rekonstruktion natürlicher Kennzeichnungen. »Sitting Bull«, »Red Cloud« oder »Black Kettle« sind als Namen genauso wenig Kennzeichnungen der sie tragenden Personen wie »Henry Kissinger« oder »James Baker«, und zwischen den natürlichen und den kulturellen Mitteln, die zu ihrer Bezeichnung dienen, besteht ein kontinuierlicher Übergang. Der Büffel, die Wolke, der Kessel, die fränkische Stadt Kissingen oder ein ehrbares Handwerk wohnen dem geschichtlichen Leib inne, der diese Namen nährt, als solche aber markieren sie nicht die Eigenart ihrer Träger, wohl aber Beziehungen, die etwas über Gemeinsamkeiten und Unterschiede erkennen lassen, die innerhalb ihrer Gesellschaft und zwischen dieser und anderen ihrer Art bestehen. Ebenso wie sie sind die »Strukturen des Widerspruchs«, auf die das soziokulturelle menschliche Dasein in seinem Ursprung zurückgreifen muss, um sich zu realisieren, die Spur seines natürlichen Ursprungs nicht vermöge ihres Inhalts, sondern ihrer Vielfältigkeit und Transformierbarkeit und zuletzt eigentlich dank der Tatsache, dass es sie gibt: »Der Gegenstand der Widersprüche zählt weniger als die Tatsache, dass überhaupt Widersprüche existieren«[60]. Der »bestimmte Abstand«, in dem sich die symbolische Transformation der Glieder der natürlichen Weltgliederung in die Mit-glie-

---

[60] Lévi-Strauss, *Das wilde Denken*, S. 115.

der der kulturellen Relation, der wir die für uns spezifischen Formen unseres Lebens verdanken, konkretisiert, drückt jene »reine« Aktivität aus, die wir als seinen Grund in den Inhalten unseres Denkens prinzipiell nicht wiederfinden, sondern nur fortwährend wieder-holen können.

»Die Natur ist nicht widerspruchsvoll in sich; sie kann es nur innerhalb der besonderen menschlichen Tätigkeit sein, die sich ihr aufprägt; und die Eigenschaften der Umwelt erlangen je nach der historischen und technischen Form, die diese oder jene Art von Tätigkeit in dieser Umwelt annimmt, verschiedene Bedeutungen.«[61]

Woraus lässt sich nun die Logik der »Bestimmung« jenes »Abstands«, in der sich die Welt- zum Zeichen unserer je konkreten gesellschaftlichen Lebensgliederung transformiert, theoretisch rekonstruieren? Die Frage formulieren wir nur noch als Gegenprobe für den, der, wenn er unserem bisherigen Gedankengang gefolgt ist, verstanden hat, dass sie zurückgewiesen gehört. Wer hier noch nach kausalen Determinanten sucht, trägt nicht zu dem bei, was Philosophie zu leisten, sondern leidet an dem, was sie zu behandeln hat.[62] Von der naiven Ableitung der »Volkscharaktere« aus dem Klima bis zu den subtilsten Insinuationen des Sozialkonstruktivismus tut sich darin nur die Unfähigkeit kund, auch und gerade das kollektive Verhalten des Menschen zum Grund seiner Lebensweise als Geschehen nicht des Übergangs aus, sondern in Differenz zu begreifen, das heißt: als Inkarnation von – prinzipiell gemeinsamer, in kontingenter Notwendigkeit mit den Seinigen geteilter – *Freiheit*.[63] Die Bestimmung des kulturellen Abstands, den wir und die Unsrigen zu den anderen unserer Art ein- und wahrnehmen, lässt sich nicht in den Kategorien von Bewegung innerhalb eines dieser gegenüber indifferenten, ihren Stationen ein *tertium comparationis* un-

---

[61] Ebd., S. 114.
[62] Vgl. Ludwig Wittgenstein, *Philosophische Untersuchungen*, Kritisch-genetische Edition, hg. v. Joachim Schlute, Frankfurt 2001, § 255: »Der Philosoph behandelt eine Frage; wie eine Krankheit«; das Semikolon macht hier das – metonymische – Wesen der Aussage aus.
[63] Zu den begrifflichen Implikationen der hier einschlägigen Verwendung des Begriffs vgl. Walter Schweidler: »Die göttliche Freiheit. Zu einem Grundmotiv der politischen Metaphysik«, in: Ders.: *Das Unantastbare. Beiträge zur Philosophie der Menschenrechte*, Münster 2001, S. 23–72; »Die Menschenrechte als metaphysischer Verzicht«, in: ebd., S. 73–100; Ders., »What is positive Freedom?«, in: *Obirin Review of International Studies*, No. 11, 1999, S. 7–24.

terschiebenden natürlichen Raumes, sondern nur in den Existenzialien der Genese und Fortpflanzung des geschichtlichen Ortes explizieren, der sich allein aus der das zu ihm führende Leben noch mit dessen darin sich wieder-holenden Ursprung verbindenden Weitergabe ins andere seiner selbst ergibt. Die metonymische Pointe des Strukturalismus ist daher eine ganz andere als etwa der aus der Ideologiekritik bekannte banale Topos der Korrelation zwischen Weltbild und sozialer Ordnung, also beispielsweise der Abhängigkeit eines deistischen Modells des Universums von in es hinein projizierten absolutistischen Herrschaftsformen etc.[64] Es gibt eine geradezu versteckte Stelle, an der Lévi-Strauss im *Wilden Denken* in einem Relativsatz den strikten Gegensatz gegen alles funktionalistische, konstruktivistische und anderweitige die freie Spontaneität des symbolischen Weltzugangs kausalistisch verstellende Denken auf den Punkt gebracht hat: »Der Irrtum Mannhardts und der naturalistischen Schule«, so heißt es da, »bestand in der Auffassung, dass die Naturerscheinungen das sind, *was* die Mythen zu erklären suchen: während sie doch viel eher das sind, *mittels dessen* die Mythen Realitäten zu erklären suchen, die selbst nicht natürlicher, sondern logischer Ordnung sind.«[65] Nicht von sozialer, sondern von logischer Ordnung ist hier die Rede: Die Realitäten, um die es geht, sind nicht die, welche wir vermöge unserer symbolischen Transformation der Textur der Weltgliederung geschaffen haben, sondern die, die uns dies zu tun erlaubten und erlauben. Das Wesenselement, als das uns das Zeichen, das wir sind, den Ursprung noch zu bezeichnen erlaubt, aus dem wir stammen, besteht gerade nicht in einer determinativen Funktion[66], sondern im Gegenteil: Der Mensch nimmt die Strukturen seiner natürlichen Umwelt »nicht bloß passiv wahr, er löst sie in einzelne Teile auf, nachdem er sie auf Begriffe reduziert hat, um daraus ein System abzuleiten, das niemals im voraus determiniert ist: vorausgesetzt, die Situation ist die gleiche, bestehen immer verschiedene Möglichkeiten, sie in ein System zu fassen«.[67]

---

[64] Klassischer Text dazu ist immer noch Ernst Topitsch, *Vom Ursprung und Ende der Metaphysik. Eine Studie zur Weltanschauungskritik*, Wien 1958.
[65] Lévi-Strauss, *Das wilde Denken*, S. 114.
[66] Explizit wendet sich Lévi-Strauss an der genannten Stelle (S. 114) gegen die mögliche Unterstellung, »einen alten geographischen Determinismus neu beleben« zu wollen. Vgl. auch die wichtige Abgrenzung zu Durkheim (S. 248).
[67] Ebd.

Walter Schweidler

Damit ist klar gesagt, dass es für die Bestimmung jenes Abstandes, der die Zeichen unserer Sprache zum metonymischen Code unserer Lebensformen zu transformieren erlaubt, eine aus einem ihm vor- oder übergeordneten theoretischen Erkenntnisreservoir schöpfende Ableitung nicht geben kann, sondern dass sie immer die Sache der kulturell gewachsenen Gemeinschaften bleiben wird, die mit ihr den geschichtlichen Ort einnehmen, der allein als solcher ihnen ihre und also auch uns die unsrige kollektive Identität verleiht.[68] Sie, die über die für unsere Namen, Rollen und Lebensaufgaben konstitutiven Nähebeziehungen entscheidenden Kollektive, antworten in dem Übergang vom Bezeichnen zum Benennen, in den Zeichen, als die wir durch ihn für sie stehen, auf *ihre eigene* Lebensfrage. Das ist es, was sich an der »primitiven« Gesellschaft noch in besonders purer Ursprünglichkeit zeigt als die Kostbarkeit, als die das symbolische Reservoir dieses für den vom natürlichen ins kulturelle Dasein überhaupt stehenden Übergangs wie ein Schatz gehütet wird, und zwar in beiden Richtungen, also ebenso was die Bezeichnungen der natürlichen Arten wie die Regulierung der gesellschaftlich erlaubten Namen angeht. Die Klassifikation ist offenbar die Achse, um die sich das Rad von Bezeichnen und Benennen in den beiden ihm durch seinen zeitlichen Durchmesser eröffneten Richtungen dreht. Nur von daher wird die Tatsache begreiflich, dass auf der Ebene der Klassifikation die Mühe, aber auch die Leistung des archaischen Menschentums im Umgang mit der Benennung der Strukturen seiner Umwelt jeden Horizont, den man durch natürliche Bedürfnisse wie Nahrung oder Heilung erklären könnte, weit überschreitet. Als westliche Biologen mit der verblüffenden Leistungsfähigkeit des taxonomischen Systems indigener Völker konfrontiert wurden, mussten sie feststellen, dass diese offenbar in der normierten Sorgfalt wurzelte, mit der die »primitiven« Indianer ihren Stammesrat versammelten, »um die Ausdrücke festzulegen, die am besten den Merkmalen der Arten entsprachen, wobei sie mit großer Genauigkeit die Gruppen und Untergruppen bestimmten«[69]. Der Übergang vom Bezeichnen zum Benennen, dem diese Menschen ihren Namen verdanken, setzt also seinerseits ihren sozial geregelten und umfassend organisierten »Willen zum Wissen«, die originäre Einordnung der ihnen begegnenden Phänomene in ein Gesamtsystem von gegliederter Welt voraus,

---

[68] Vgl. ganz explizit ebd., S. 248.
[69] Lévi-Strauss, *Das wilde Denken*, S. 59.

für das sie selbst zugleich als Benennende und als Benannte stehen. Denn auch in der anderen Richtung gehört die bis ins kleinste geregelte Verleihung des Namens am Anfang und meist auch in den verschiedenen Etappen des Lebens zu den ursprünglichsten Weisen, in denen der Mensch von seiner Gesellschaft an den Ort, dem er sein soziales Dasein zu geben hat, eingesetzt wird. Die »Logik« dieser Einsetzung ist keine andere als die der Übersetzung eines ununterbrochenen und grenzenlosen Lebensvorgangs in ein begrenztes Ganzes einander zugeordneter und gegenseitig lesbar machender Relata: »Durch ihre Regeln und Bräuche legt jede Gesellschaft nur ein strenges und diskontinuierliches Netz über den kontinuierlichen Fluß der Generationen, dem sie auf diese Weise eine Struktur aufzwingt.«[70]

Es ist also der menschliche Name nicht erst auf der Ebene seiner tropischen Übertragung, sondern in seinem kulturellen Ursprung selbst bereits das Werk einer Verschiebung. Die Kompetenz im Umgang mit der natürlichen ist metonymisch verknüpft mit dem Werk der sozialen Gliederung. So klar diese Feststellung durch die anthropologische Forschung bestätigt wird, so wenig beantwortet sich durch sie aber die Frage, warum diese Kompetenz erstrebt wird. Es hat einige Zeit gebraucht, um das dem geistigen Kolonialismus entsprungene Schema vom »primitiven Wilden« umzustoßen, der in jenem Kernbereich seines Daseins, in dem es ums Überleben geht, die Nische der Rationalität entwickelt und also erforscht und aufzeichnet, was sich essen und wodurch sich heilen lässt, während er alles, was diese Nische umgibt, mit den Augen des Phantasten sieht und mythisch-magischen Zaubervorstellungen nachläuft. Wenn wir uns aber über die Implikationen der Überwindung dieses Vorurteils klar werden wollen, werden wir in der Rekonstruktion der Urbeziehung zwischen Bezeichnen und Benennen nicht auf der Ebene der Gesellschaften stehen bleiben können, die selbst die Kulturanthropologie noch zu bloßen Objekten unseres Nachdenkens macht. Das bedeutet dann, wenn unser hermeneutisches Prinzip in Kraft bleibt, wonach wir die geschichtlich konstituierte Antwort auf die Lebensfrage der menschlichen Gesellschaft nicht ableiten, sondern nur auslegen können, dass wir durch den Blick auf das »primitive« hindurch unseren Blick indirekt auch auf unser eigenes kulturelles Dasein zu wenden haben.

---

[70] Ebd., S. 232.

Auch dafür gibt *La pensée sauvage* in beeindruckender Klarheit den Schlüssel in die Hand. Er liegt in nichts anderem als der strukturellen Grundfunktion, für welche die Transformation der natürlichen Artbezeichnung in den Namen menschlicher Individuen ihrerseits noch metonymisch steht. In deren Licht zeigt sich nämlich die »Klassifikation« noch in einem dritten Kernbezug: nicht nur als reales Verhältnis in der ihr gemäß gegliederten Wirklichkeit sowie als dessen Transformation in die Identifikationsbedingungen des zeichenhaften Wesens Mensch, sondern auch noch als dessen wiederum in deren Zeichen noch fassbar werdender Übergang aus seiner Individualität *in eine Konstitution von der Art der Arten*. Hier sind wir nun dem Proprium des Begriffs auf der Spur, der nach unserem eigenen, dem »modernen« Selbstverständnis die für das menschliche Dasein konstitutive Relation als die in jedem ihrer Glieder metonymisch re-präsentierte Verbindung zu seinem Ursprung bezeichnet: des Begriffs der *Person*. Personalität ist ja etwas anderes als die biologische Relation, gemäß derer jeder von uns als Individuum der Art Mensch unterfällt, und dennoch besteht zwischen ihrer Konstitution und unserer Natur eine essentielle Verbindung.[71] Welcher Art ist diese Verbindung? Die Frage sprengt unseren hier thematischen Kontext bei weitem, aber von ihm her können wir zumindest neu und besser verstehen, warum die Art von Nähe zueinander, der wir als Personen den kategorialen und unüberbrückbaren Unterschied zu allen anderen natürlichen Wesen verdanken, nicht mit Kategorien der Ähnlichkeit oder eines *tertium comparationis*, in dem wir einander gleichen, einholbar ist. Ein Vogel baut sein Nest womöglich genau gleich wie sein Artgenosse, doch er baut nicht dasselbe Nest; aber Menschen, die eine Rechnung zum richtigen Ergebnis bringen, rechnen dieselbe Rechnung. Was einer tut, gleicht hier nicht, sondern steht für das, was jeder seiner Art tut und lässt ihn insofern für diese, die Art selbst stehen.

Hier sind wir an der Wurzel des Paradoxes angelangt, dem unser gesamter Gedankengang sich verdankt und das wir schon in der hermeneutischen Grundkonstitution unseres Gegenstandes, der »Sache des Denkens« gefunden haben: Es ist das Spezifikum des *animal symbolicum* Mensch, dass er das Verhältnis, in dem er wie jedes andere natürliche Wesen als Individuum für seine Art steht, in symbolischer

---

[71] Vgl. Robert Spaemann, *Personen. Versuche über den Unterschied zwischen ›etwas‹ und ›jemand‹*, Stuttgart 1996.

Form so umzukehren vermag, dass nicht mehr nur *es sich*, sondern auch *er es* in seinem Dasein zum Ausdruck bringt und es so, eben aufgrund der soziokulturell konstituierten Vielfalt der Formen dieses Ausdrucks, vom zwingenden Gesetz zum befreienden Zeichen umgeartet wird. Wie das Kästchen in der »Neuen Melusine« finden wir die Artengliederung des uns umfassenden Weltganzen durch ihre symbolische Transformation gewechselt in eine Gestalt wieder, die nun uns fassbar und, uns damit freilich auch Verantwortung für sie abverlangend, zuhanden ist. Im Rechnen, Sprechen, Denken sind wir nicht mehr nur Individuen, die ihrer Art in ähnlicher oder auch gleicher Weise unterfallen, sondern Wesen, in denen die Art als sie selbst vervielfältigt, in jedem von denen sie als eben diese da und doch noch einmal ist. Das heißt: Wir sind *Wesen von der Art der Arten*, und wir sind es *durch sie und nichts außerdem*. Was wir in Bezug auf uns mit unserer »Art« meinen, ist somit nicht nur die eine unter all den Klassen lebendiger Individuen, welcher wir unterfallen; sondern es steht metonymisch für das gesamte Überkreuzungsverhältnis der beiden Richtungen des Übergangs von natürlicher Gliederung und sie wieder-holender kultureller Verkörperung, das uns zu je individuellen Verkörperungen dessen macht, was überhaupt »Arten« sind: »Der Begriff der Art hat also eine innere Dynamik: als Sammlung, die zwischen zwei Systemen steht, ist die Art der Operator, der es erlaubt (sogar dazu zwingt), von der Einheit einer Mannigfaltigkeit zur Vielfalt einer Einheit überzugehen.«[72] Damit aber ist nicht weniger erreicht als jene in Goethes Symbolbegriff präzise markierte Deckung des Selben mit sich, die in ihrem Unterschied vom bloßen Übereinstimmen des Gleichen die unvergleichliche Eigenart des zeichenhaften Seins ausmacht: Die metonymische Verschiebung des Namens ist der Ort in unserem Sprechen, an dem wir die Umwandlung wieder-holen, die aus unserem zeichenhaften Sein, nicht hervor-, sondern als es in ihm vor sich geht. Wir heben, so könnte man im Anklang an Hegel sagen, die Natur, sie in unser Zeichensein verwandelnd, in Kultur auf – im dreifachen Sinne, der im Wort »aufheben« gewahrt ist; und zwar »wir« nicht als spekulative Denker, sondern als Mit-glieder jener soziokulturellen Relation, die uns den Respekt vor dem Unersetzlichen an jedem von uns abverlangt. Unsere Art ist die der Individuen, die als solche nicht nur für sie, sondern für das Artsein überhaupt stehen, das

---

[72] Lévi-Strauss, *Das wilde Denken*, S. 160.

heißt der Personen. Das lernen wir hier von dem »Strukturalisten« Lévi-Strauss, und berührender als er kann man den phänomenalen Grundinhalt bis hin zu den metaphysischen Implikationen dessen, was wir als die Würde der Person empfinden, wohl kaum erschließen:

»Aus biologischer Sicht sind die Menschen [...] Specimen einer Abart oder Unterabart; desgleichen sind alle Mitglieder der Art Homo sapiens logisch vergleichbar mit den Mitgliedern einer beliebigen Tier- oder Pflanzenart. Und doch bewirkt das soziale Leben in diesem System eine merkwürdige Umwandlung, denn sie veranlasst jedes biologische Individuum zur Entwicklung einer Persönlichkeit, ein Begriff, der nicht mehr das Specimen innerhalb der Abart evoziert, sondern vielmehr einen Typ der Art oder Abart, [...] den man ›mono-individuell‹ nennen könnte. Das, was verschwindet, wenn eine Persönlichkeit stirbt, besteht in einer Synthese von Vorstellungen und Verhaltensweisen, die ebenso exklusiv und unersetzbar ist wie jene, die von einer Blumenart hervorgebracht wird ... Der Verlust eines Angehörigen oder einer öffentlichen Persönlichkeit [...] berührt uns also auf die gleiche Weise, wie wir den unwiderruflichen Verlust eines Duftes empfinden würden [...] Alles geht so vor sich, als hätte in unserer Zivilisation jedes Individuum seine eigene Persönlichkeit zum ›Totem‹: sie ist das Bezeichnete seines bezeichneten Seins.«[73]

Wir müssen am Ende dieser Überlegungen auf den phänomenalen Urbestand der metonymischen Sprachverwendung zurückkommen, zu dem ja als eines seiner eigentümlichsten und dem ganzen Rest nicht leicht zuzuordnenden Elemente die Synekdoche, also insbesondere die Figur des *pars pro toto*, gehört.[74] Was sie offenbar mit dem Rest teilt, ist das ihr sinngebende Prinzip der Kontiguität, also der Berührung im Unterschied zur Similarität bei der Metapher und Kontrarietät bei der Ironie; was sie in diesem Rest jedoch wiederum nicht einfach aufgehen lässt, ist, dass sie sich an ihn zwar einerseits anreiht, ihn andererseits aber auch in gewisser Weise umfasst. Für das Verständnis dieses ambivalenten Zusammenhangs ist die Spur, die wir vom in unserer Sprache präsenten Phänomen der tropischen Namensübertragung zurück zum darin noch re-präsentierten Übergang von Welt- in Namensgliederung durch die für unser zeichenhaftes Dasein originäre Operation der Klassifikation verfolgt haben, zweifellos erhellend. Noch einmal unser Bild bemühend kann man sagen, dass auf der Haut des Leibes unserer Zei-

---

[73] Ebd., S. 249.
[74] Vgl. dazu in diesem Band die Beiträge von Katharina Bauer und Annika Schlitte, dort insbes. 2 b).

chenverwendung die explizite *pars pro toto*-Figur nur eine unter all den anderen metonymischen Übertragungen ist. Das Glas, das einer »trinkt«, oder der Name »Ruisdael« für das Bild an der Wand stehen nicht als Teile für ein Ganzes; doch die Relation, die sie strukturell konstituiert, ist eben die des »Stehens für« und impliziert als solche einen Horizont, der, gerade wenn er nicht durch ein ihm und seinen Faktoren noch hinzugefügtes Tertium definiert sein soll, ja nur als der gedacht werden kann, der den Inbegriff der Orts- und Näherelationen konstituiert, die darüber entscheiden, was wofür stehen kann und wofür nicht. Wenn und insoweit aber dieser Horizont originär erblickt ist durch das dem unüberschaubaren und bis zu einem gewissen Grad unvordenklichen Leib, der die Haut unseres augenblicklich gegenwärtigen Sprechens geschichtlich nährt, eingesetzte Auge der Klassifikation, dann ist die synekdochische genau die Beziehung, die dieses Grundverhältnis von geschichtlich immerfort re-präsentiertem Leib, Auge und Horizont des Augenblicks unseres Weltzugangs in die ihn umschließende Haut so einfügt, dass sie sich zu einem Bild öffnet, das seinerseits nun sie umschließt, und zwar dergestalt, dass der von ihr umspannte Leib sich in ihm erblickt als der, der nach Bergsons schönem Wort »bis zu den Sternen reicht«[75], in deren Licht ihm der Himmel seine Vergangenheit bis hin zum Ursprung alles darin Gewahrten lesbar macht.[76]

Der Blick auf das Verhältnis von Metonymie und Synekdoche ist daher geeignet, die fundamentale Beziehung zu erhellen, die aufgrund des für uns originären *zeitlichen*, also des geschichtlichen Faktors das zeichenhafte Dasein mit dem für es spezifischen *Bild* verbindet. Es ist der für das Metonymische konstitutiven Relation wesentlich, dass sie innerhalb des es einander berührend bildenden Ensembles ihrer Mitglieder, wenn überhaupt, dann nur als eines unter ihnen erscheinen kann, das wie jedes andere auch zu ihnen gehört und zugleich doch das Bild dessen ist, was sie alle zu diesem Ensemble fügt und dieses bildet. Eben diese Rolle spielt die Synekdoche, indem sie das Wirkliche im Zeichen seines Gegliedertseins in Teil und Ganzes bezeichnet. In

---

[75] Maurice Merleau-Ponty, *Das Sichtbare und das Unsichtbare gefolgt von Arbeitsnotizen*, München 1994, S. 83.
[76] Vgl. hierzu auch Alfred Schmid, »Der Himmel als Präsenz des Ursprungs. Intentionen antiker Physiko-Theologie«, in: Emil Angern (Hrsg.): *Anfang und Ursprung. Die Frage nach dem Ersten in Philosophie und Kulturwissenschaft*, Berlin/New York 2007, S. 61–83.

Form der Beziehung zwischen Synekdoche und Metonymie zeigt sich insofern der ontologische Grund, aus dem der geschichtliche Leib unseres zeichenhaften Daseins gewissermaßen geboren ist, wie ein Abkömmling seiner selbst unter all den durch ihn begründeten.Phänomenen als eines, das nicht anders als sie alle zu ihnen gehört. Was in dieser quasi sich selbst generierenden Urbeziehung als Metonym des Metonymischen aufscheint, ist die Notwendigkeit des Bildes als der spezifisch zeitlichen Bedingung, unter der ein Zeichen Zeichen des Zeichenseins sein kann; und was da aufscheint, ist wohl auch nahe dem, wovon Fichte einst als Inhalt seiner ursprünglichen Einsicht träumte.[77]

---

[77] »Den 18. August. In den Ferien. In einem Traum(e) erschien mir die Aufgabe sehr leuchtend hervor. Das Sehen sei ein sich sehendes Auge ... Sich sehendes Auge = Reflexion eines Lebens, eines sich selbst Offenbarens, das eben in sich selbst und seiner Faktizität bleibt.« Berliner Nachlaß, Kapsel IV, S. 7. Zitiert nach Henrich, Fichtes ursprüngliche Einsicht, S. 28; nunmehr auch neu ediert: »In einem Traume schien mir eine Aufgabe sehr leuchtend hervor. Das Sehen sey ein sich sehendes Auge. [...] sich sehendes Auge = Reflexion eines Lebens, eines sich selbst offenbarens, das eben in sich selbst u. seiner Faktizität bleibt. [...] Im Traum. Durch das Ich werde ihm erst Auge eingesezt« (J. G. Fichte: Diarium II den 18. August. In den Ferien, in: GA II/16, S. 209).

I ZEICHEN

Die Metonymie als Denkfigur –
Versuch einer begrifflichen Abgrenzung

Annika Schlitte (Eichstätt)

1. Das Problem der Metonymie

Johann Georg Sulzer schreibt in seiner *Allgemeinen Theorie der Schönen Künste*, es sei wichtig

»für den Gebrauch des Philosophen, wenn aus allen Sprachen alle Arten der Metonymie gesammelt würden, weil daraus die mannichfaltigen Wendungen des menschlichen Genies in Verbindung der Begriffe am besten erkennt werden können«[1].

Diese Mühe scheinen sich die Philosophen nach ihm jedoch kaum gemacht zu haben, jedenfalls nimmt die Metonymie in der Philosophiegeschichte bis heute keinen prominenten Platz ein.

Anders als ihre »große Schwester«[2] (Burkhardt), die Metapher, die zum einen in der kognitiven Linguistik zu einem zentralen Untersuchungsgegenstand geworden ist[3] und der zum anderen in der philosophisch-hermeneutischen Tradition einige Aufmerksamkeit zuteil wird[4], so gilt selbst für die Linguistik, dass »semantische Struktur, kommunikative Leistung und kognitiver Wert der Metonymie in der Forschung vergleichsweise wenig Aufmerksamkeit gefunden«[5] haben.

Harald Weinrich greift bei der Kennzeichnung des Verhältnisses von Metapher und Metonymie ironischerweise ebenfalls zu einer Ver-

---

[1] Johann Georg Sulzer, *Allgemeine Theorie der schönen Künste*, Dritter Teil, Frankfurt und Leipzig ³1798, S. 427.
[2] Armin Burkhardt, »Zwischen Poesie und Ökonomie. Die Metonymie als semantisches Prinzip«, in: *Zeitschrift für germanistische Linguistik* 24 (1996), S. 175–194; hier S. 175.
[3] Die Diskussion entscheidend geprägt hat hier George Lakoff/Mark Johnson, *Leben in Metaphern: Konstruktion und Gebrauch von Sprachbildern*, Heidelberg ⁶2008.
[4] Vgl. bspw. Paul Ricœur, *Die lebendige Metapher*, München ³2004.
[5] Burkhardt, »Zwischen Poesie und Ökonomie. Die Metonymie als semantisches Prinzip«, S. 175.

wandtschafts-*Metapher*, bei der wiederum die letztere hinter der ersteren zurückstehen muss: Im Vergleich zur Metapher, der »Königin der Tropen«, sei die Metonymie nämlich »nur eine nachgeborene Prinzessin«[6]. Als »kleine Schwester« und »nachgeborene Prinzessin« fristet die Metonymie also offenbar ein Schattendasein, obwohl der Begriff in der Rhetorik schon seit der Antike bekannt ist. Als Tropus der »Namensvertauschung« findet sich die Metonymie dem Wort nach in lateinischen Rhetoriken und hat in späteren Tropenkatalogen ihren festen Platz, doch bleibt der Begriff damals wie später einigermaßen unbestimmt[7]. Nicht nur steht die Metonymie im Schatten der großen Schwester, der Metapher, sie wird auch allzu oft mit ihrer anderen Schwester, der Synekdoche, verwechselt. Die mangelnde Aufmerksamkeit, die der Metonymie zuteil wurde, hat daher sicherlich auch mit den Schwierigkeiten der Begriffsbestimmung zu tun.

Nachdem eine Definition der Metonymie also offenbar einige Schwierigkeiten bereitet, soll dieser Beitrag in einem ersten Überblick versuchen, die Metonymie von ihren Nachbarbegriffen her einzugrenzen, um so entlang der Trennlinien zu den Begriffen der Metapher, der Synekdoche und schließlich zum Symbolbegriff zu einem deutlicheren Umriss zu kommen. Dabei steht immer die Frage nach einer philosophischen Bedeutung der Metonymie im Hintergrund. Gesucht wird ein Weg, das Metonymische nicht nur als eine Spielart bei der Gestaltung der literarischen Rede, sondern als ein Grundmuster des Denkens zu verstehen.

Ansätze zu einer solchen Ausweitung des Verständnisses sind zumindest in der sprachwissenschaftlichen Diskussion schon erkennbar. Wie die Metapher wird die Metonymie innerhalb der kognitiven Linguistik heute zusehends nicht mehr als rein sprachliches Phänomen, sondern als grundlegendes kognitives Muster betrachtet[8], dem zum

---

[6] Harald Weinrich, »Zur Definition der Metonymie und zu ihrer Stellung in der rhetorischen Kunst«, in: Arnold Arens (Hrsg.): *Text-Etymologie, Festschrift für Heinrich Lausberg zum 75. Geburtstag*, Stuttgart 1987, S. 105–110; hier S. 105.

[7] Vgl. Hendrik Birus, Art. »Metonymie«, in: Weimar, Klaus (Hrsg.): *Reallexikon der deutschen Literaturwissenschaft*, Neubearb., 3 Bde., Berlin/New York 1997–2003 (zit. als RLL), Bd. 2, S. 588–591.

[8] Vgl. Friedrich Ungerer/Hans-Jörg Schmid, *An Introduction to Cognitive Linguistics*, Harlow, UK, [2]2006, S. 154: »metonymies can be understood as cognitive instruments, or less technically, as a way of thinking«.

Die Metonymie als Denkfigur – Versuch einer begrifflichen Abgrenzung

Teil eine gegenüber der Metapher noch elementarere Bedeutung zugeschrieben wird.[9] Der Eintritt rhetorischer Begriffe in andere wissenschaftliche Disziplinen lässt sich dabei auch als Erweiterung der Rhetorik selbst verstehen – nicht die Begriffe sind ausgewandert, sondern das Gebiet hat sich vergrößert. In der Tat nimmt z. b. Andreas Hetzel für die Gegenwart einen regelrechten »rhetorical turn« an[10], der die rhetorische Tradition auch für die Wissenschafts- und Kulturtheorie fruchtbar zu machen sucht und von der Grundannahme ausgeht, dass *jeder* Diskurs notwendigerweise rhetorischen Charakter hat.[11] Die Tropen sind in dieser Vorstellung nicht als eine Art künstlichen Schmuckes zu verstehen, mit dem eine von seinem Gebrauch unabhängige Bedeutung ausgestattet wird, die genauso gut »direkt« ausgesagt werden könnte. Durch den Gebrauch von rhetorischen Stilmitteln sind wir vielmehr in der Lage, auf eine andere als die gewohnte Weise auf einen Gegenstand Bezug zu nehmen. Wir stellen eine Beziehung her und gewinnen so ein neues Verständnis des Gewohnten; wir sehen einen Gegenstand in neuem Licht. Wie wir etwas sagen und was wir sagen ist aber letztendlich nicht zu trennen. Wenn wir etwas auf eine andere Weise sagen als vorher, dann sagen wir etwas Anderes.[12] Tropen und rhetorische Figuren sind daher nicht nur Redeschmuck, sondern notwendiges Werkzeug der Rede und des Denkens und wie die Sprache selbst an der Modellierung dessen, was wir unsere Realität nennen, maßgeblich beteiligt. Den Tropen käme infolgedessen eine weitaus fundamentalere Rolle für unsere Welterkenntnis zu als traditionell angenommen. So räumte Hans Blumenberg 1960 der Metapher einen ausgezeichneten Platz in der philosophischen Untersuchung ein, indem er davon ausging, Metaphern könnten »auch *Grundbestände* der philosophischen

---

[9] Vgl. Klaus-Uwe Panther/Günter Radden (Hrsg.), *Metonymy in Language and Thought*, Amsterdam/Philadelphia 1999, s. darin insbes. dies., »Introduction«, S. 1–14; hier S. 1: »it has become increasingly apparent that metonymy is a cognitive phenomenon that may be even more fundamental than metaphor.«
[10] Vgl. Andreas Hetzel, *Die Wirksamkeit der Rede*, Bielefeld 2011, S. 21–28.
[11] Daniel Chandler, *Semiotics: The Basics*, London/New York ²2007, S. 124: »all discourse is unavoidably rhetorical.«
[12] Als Ausdruck eines »rhetorical turn« findet sich das Insistieren auf der Untrennbarkeit von Form und Inhalt z. B. 1980 beim amerikanischen Literaturtheoretiker Stanley Fish, wo es heißt: »it is impossible to mean the same thing in two (or more) different ways«, zit. nach Chandler, *Semiotics*, S. 79.

Annika Schlitte

Sprache sein, ›Übertragungen‹, die sich nicht ins Eigentliche, in die Logizität zurückholen lassen«.[13] Ob dies auch für die Metonymie gelten kann, muss in weiteren Einzelstudien erkundet werden. Erste Überlegungen zu einer möglichen philosophischen Auswertung der Metonymie sollen im Folgenden nun dadurch versucht werden, dass diese in Beziehung zur allgemeinen Zeichentheorie gesetzt wird. Dabei orientiert sich die Darstellung an drei Thesen:
1. Die Metonymie ist ursprünglich ein Tropus. Ihre Eigenart erschließt sich daher zunächst in Abgrenzung zu anderen Tropen – insbesondere zu Metapher und Synekdoche.
2. Die metonymische Relation wird vielfach mit dem Begriff der *Kontiguität* erläutert. Ein angemessener Begriff der Metonymie basiert daher auf dem Verständnis von Kontiguität.
3. Die metonymische Relation ist nicht nur auf der innersprachlichen Ebene von Belang, sondern sie kann dazu dienen, nichtsprachliche Zeichenbeziehungen zu erläutern – die *indexikalische* (nach Peirce) und die *symbolische* Beziehung (in der klassisch-idealistischen Tradition).

2. Abgrenzung der Metonymie von Nachbarbegriffen

a) Die Metonymie als Tropus

Der Begriff der Metonymie hat seinen Ursprung im Kontext der Tropenlehre in der antiken Rhetorik. Wie die übrigen Tropen bezeichnet die Metonymie einen Prozess, bei dem ein Ausdruck durch einen anderen ersetzt wird. Man kann diesen Prozess auch als Bedeutungsübertragung verstehen, wobei ein Ausdruck, der eigentlich für ein bestimmtes Referenzobjekt verwendet wird, auf ein anderes Objekt übertragen wird. Die Tropen erscheinen nach dieser Vorstellung als Formen der »uneigentlichen Rede«[14]. Anders als bei den rhetorischen Figuren im engeren Sinne, welche die Anordnung der Elemente im

---

[13] Hans: Blumenberg,»Paradigmen zu einer Metaphorologie«, in: *Archiv für Begriffsgeschichte* 6 (1960), S. 7–142; hier S. 9.
[14] Vgl. Gerhard Kurz, *Metapher, Allegorie, Symbol*, Göttingen 1982, S. 7–23.

Die Metonymie als Denkfigur – Versuch einer begrifflichen Abgrenzung

Satz betreffen, geht es bei den Tropen einem weit verbreiteten Verständnis nach darum, einen Ausdruck durch einen anderen zu ersetzen.[15] Die Einteilung der verschiedenen Substitutionstropen erfolgt dann in den antiken Rhetoriken anhand der Beziehung, in welcher der ersetzende und der ersetzte Ausdruck stehen.

Wirft man jedoch zunächst einen Blick auf Aristoteles' *Poetik*, so zeigt sich, dass bei ihm die verschiedenen Tropen zwar ihrer später gebräuchlichen Bedeutung nach vorkommen, die Bezeichnungen, die er verwendet, weichen jedoch von dem heutigen Sprachgebrauch ab. Hier fungiert die Metapher als Oberbegriff, dem dann verschiedene Bedeutungsbeziehungen untergeordnet werden, die wir heute mit den Begriffen Metonymie/Synekdoche ansprechen. Die Metapher wird definiert als »Übertragung eines andersartigen Wortes«, die dann entweder »von der Gattung zu einer Art«, »von der Art zur Gattung«, »von der Art zu einer (anderen) Art« oder »gemäß der Analogie« erfolgen kann.[16] Metaphern werden von Aristoteles also als Prozesse der Übertragung von Bedeutung verstanden, die von einem je nach Unterkategorie verschiedenen Prinzip getragen werden. Dies kann man eher als eine allgemeine Beschreibung der Tropen verstehen, denn im späteren Verständnis bezeichnen nur die letzten beiden Übertragungsformen (von einer Art zu einer anderen und insbesondere diejenige gemäß der Analogie) eine Metapher im engeren Sinne, die ersten beiden (Gattung-Art/Art-Gattung) wären der Synekdoche zuzuordnen oder der Metonymie im weiteren Sinne. Festzuhalten bleibt jedenfalls, dass sich eine Abgrenzung der drei Begriffe Metapher, Metonymie und Synekdoche, die hier als Phänomene unter dem Oberbegriff der Metapher auftreten, an der Beziehung zwischen den an der Bedeutungsübertragung beteiligten Gliedern orientieren muss. Auf die Bestimmung der Art dieser Beziehung kommt es bei der Definition der Metonymie also wesentlich an, weswegen im Folgenden gefragt werden soll, wie das Spezifische der metonymischen Beziehung in rhetorischen Abhandlungen der Antike weiterhin charakterisiert wird.

In der griechischen Rhetorik wird die Metonymie zwar der Sache nach erwähnt, der Begriff ist jedoch erst in lateinischen Rhetoriken

---

[15] Art. »Trope«, in: Günther Schweikle/Irmgard Schweikle (Hrsg.): *Metzler Literatur Lexikon*, Stuttgart/Weimar ²1990, S. 657.
[16] Aristoteles, *Poetik*, Stuttgart 1991, S. 67.

belegt.[17] Allerdings finden sich bei den verschiedenen Autoren zahlreiche lateinische Entsprechungen wie »denominatio« (Namensvertauschung) in der Rhetorica ad Herennium[18] oder »immutatio« bei Cicero, der aber auch den griechischen Begriff der Metonymie[19] verwendet. So spricht Cicero davon, die Rhetoriker nennten diese Form der Rede »hypallage«, weil Wörter gegen andere Wörter vertauscht würden (»quia quasi summutantur verba pro verbis«), die Grammatiker sprächen dagegen von »metonymia«, weil es um eine Übertragung der Benennung gehe (»quod nomina transferuntur«).[20] Doch es bleibt zu klären, nach welchem Prinzip diese Vertauschung oder Bedeutungsübertragung[21] erfolgt.

Eine Möglichkeit der Klassifikation der Tropen stellt die Unterscheidung von Grenzverschiebungstropen und Sprungtropen dar; je nachdem, ob beide Ausdrücke in einer sachlichen Beziehung stehen oder ob zwei Bereiche erst durch einen Sprung im Denken miteinander verbunden werden.[22]

Die Metonymie ist nun offenbar zur ersten Klasse zu zählen, denn hier wird ein gebräuchlicher Ausdruck für einen Gegenstand durch einen anderen ersetzt, der »von naheliegenden, verwandten Dingen abgezogen«[23] wird, wie es in der *Rhetorik an Herennius* heißt oder der von einer benachbarten Sache (»res consequens«) stammt[24], wie bei Cicero beschrieben. Auf diese Weise erfolgt dann auch die Abgrenzung der Metonymie (als »Grenzverschiebungstropus«) von der Metapher (als »Sprungtropus«), denn der Verknüpfung eines Wortes mit einem anderen, das eine benachbarte Sache bezeichnet, stellt Cicero

---

[17] Für Belege s. Heinrich Lausberg, *Handbuch der literarischen Rhetorik*, Stuttgart ⁴2008, S. 292–295 (§§ 565–571).
[18] *Rhetorica ad Herennium*, hrsg. von Theodor Nüsslein, München/Zürich 1994; hier Buch IV, 32, 43.
[19] In der wörtlichen Bedeutung »Namensvertauschung«/»Umbenennung«; vgl. Birus, Art. »Metonymie«, S. 589.
[20] Cicero, *Orator*, hrsg. von Bernhard Kytzler, München 1975; hier 27, 93.
[21] Zur Frage des Verhältnisses von Substitution und/oder Übertragung vgl. Ekkehard Eggs, Art. »Metonymie«, in: Gert Ueding (Hrsg.): *Historisches Wörterbuch der Rhetorik* (zit. als HWR), Bd. 5, Tübingen 2001, Sp. 1196–1223.
[22] Vgl. Heinrich Lausberg, *Elemente der literarischen Rhetorik*, München ⁵1976, S. 64.
[23] »Denominatio est, quae ab rebus propinquis et finitimis trahit orationem, qua possit intellegi res, quae non suo vocabulo sit appellata«, *Rhetorica ad Herennium* IV, 32, 43.
[24] Cicero spricht von Wörtern »in quibus pro verbo proprio subicitur aliud quod idem significet sumptum ex re aliqua consequenti«, s. Cicero, *Orator*, 27, 92.

an dieser Stelle die Übertragung »per similitudinem« gegenüber, welche der Metapher entspricht.

Während beide Glieder der Bedeutungsübertragung bei der Metapher erst durch ein *tertium comparationis* verbunden werden und zuvor gerade nichts miteinander zu tun hatten, stehen beide Glieder der Metonymie vorher schon in einer engen Beziehung. Die Metonymie unterscheidet sich von der Metapher also dadurch, dass die Beziehung zwischen beiden Ausdrücken bei der Metapher aufgrund einer *semantischen Überschneidung* zustande kommt, bei der Metonymie dagegen sollen ersetzender und ersetzter Ausdruck in einer – noch genauer zu klärenden – *realen Beziehung* zueinander stehen.[25] Diese »reale Beziehung« kann sich jedoch im eigentlichen Sinne nicht auf die Wörter beziehen, sondern auf die von ihnen im normalen Sprachgebrauch bezeichneten Gegenstände. Eggs schlägt daher vor, die entsprechenden Stellen nicht »sprachimmanent«, sondern »begriffsrealistisch« zu verstehen und davon zu sprechen, dass »die Wahl des metonymischen Wortes dadurch legitimiert ist, daß es ›von Haus aus‹ eine Sache bezeichnet, die mit der gemeinten Sache in einer *realen* Beziehung steht«[26].

Diese Beziehung kann verschiedener Art sein; so finden sich immer wieder die Verhältnisse Ursache-Wirkung, Autor-Werk, Gefäß-Inhalt, Substanz-Form oder Ort-Institution. In der *Rhetorik an Herennius* werden auch Erfinder-Erfundenes, Werkzeug-Benutzer und Gott-Zuständigkeitsbereich genannt. Cicero zählt u. a. auch die Ersetzung einer Sache durch das zugehörige Symbol zu den metonymischen Beziehungen.[27]

Handelt es sich bei der Beziehung um eine Teil-Ganzes-Beziehung oder eine Beziehung zwischen Gattung und Art, so wird diese Bedeutungsübertragung mit dem Terminus »Synekdoche« bezeichnet, wobei diese oft als Unterform der Metonymie verstanden wird.[28] Der

---

[25] Von der »realen Beziehung« spricht Lausberg, *Handbuch der literarischen Rhetorik*, S. 292 (§ 565); vgl. auch Andreas Pronay/Hans Schwarz, Art. »Metonymie«, in: Joachim Ritter/Karlfried Gründer (Hrsg.), *Historisches Wörterbuch der Philosophie* (zit. als HWPh), Bd. 5, Sp. 1386–1387.
[26] Eggs, Art. »Metonymie«, Sp. 1199.
[27] Z. B. »Toga statt Frieden«, s. Cicero, *De oratore*, lt.-dt., übers. u. hrsg. von Harald Merklin, Stuttgart 1976; hier Buch III, 167.
[28] Zumindest die Pars-Totum-Synekdoche, vgl. Lausberg, *Handbuch der literarischen Rhetorik*, S. 295 (§ 572), wo die Synekdoche als »die Metonymie quantitativer Bezie-

Autor der *Rhetorik an Herennius* kennt die »intellectio«, bei der »das Ganze aus einem kleinen Teil oder aus dem Ganzen ein Teil erkannt wird«[29]. Bei der Synekdoche wird der erste Ausdruck durch einen anderen engeren oder weiteren Ausdruck ersetzt, der zu demselben Begriffsfeld gehört.[30] Es sind die also im engeren Sinne quantitativen Beziehungen *(ein Teil steht für das Ganze/das Ganze für ein Teil, die Art steht für die Gattung/die Gattung für die Art* und *der Singular steht für den Plural/der Plural für den Singular)*, die der Synekdoche zugeschrieben werden. Eine bekannte Form ist die Figur des *pars pro toto*.[31]

b) Metapher vs. Metonymie

Aus diesen ersten Bestimmungen lässt sich eine vorläufige Abgrenzung der Tropen untereinander vornehmen, die bis ins 20. Jahrhundert hinein bestimmend geblieben ist und sich auch in aktuellen Handbüchern wiederfinden lässt. Zu den Substitutionstropen zählen traditionell insbesondere die Figuren Metapher, Metonymie und Synekdoche. Diese drei werden später – z. B. bei Vico[32], aber auch bei Autoren des 20. Jahrhunderts –, zusammen mit der Ironie als die vier Haupttropen betrachtet, aus denen sich alle übrigen ableiten lassen sollen. Als Prinzipien der Beziehung, in welcher der ersetzende und der zu ersetzende Begriff stehen können, wird bei der Metapher die Ähnlich-

---

hungen« bestimmt wird. Eine Unterordnung der Synekdoche unter die Metonymie erfolgt auch in Roman Jakobsons bekannter Unterscheidung von Metapher und Metonymie, vgl. Roman Jakobson, »Zwei Seiten der Sprache und zwei Typen aphatischer Störungen«, in: ders., *Aufsätze zur Linguistik und Poetik*, hrsg. und eingeleitet von Wolfgang Raible, München 1974, S. 117–141; zur Abgrenzungsfrage vgl. Peter Koch/Esme Winter-Froemel, Art. »Synekdoche«, in: HWR Bd. 9, Sp. 356–366.

[29] »Intellectio est, cum res tota parva de parte cognoscitur aut de toto pars«, *Rhetorica ad Herennium*, IV, 33, 44.

[30] Üblicherweise zählen dazu drei Typen von Beziehungen, nämlich Pars-Totum-Beziehungen, Genus-Species-Beziehungen und Numerusbeziehungen.

[31] Vgl. Koch/Winter-Froemel, Art. »Synekdoche«, hier Sp. 364.

[32] Vgl. Giovanni Battista Vico, *Prinzipien einer neuen Wissenschaft über die gemeinsame Natur der Völker*, hrsg. von Vitorio Hösle, 2. Teilband, Hamburg 1990, S. 195 (§ 409), wo die Rede ist von »alle[n] Tropen (die sich sämtlich auf diese vier zurückführen lassen)«.

Die Metonymie als Denkfigur – Versuch einer begrifflichen Abgrenzung

keit genannt, bei Metonymie und Synekdoche die räumliche oder zeitliche Berührung und bei der Ironie der Gegensatz (Kontrarietät).[33] Während es bei der Metapher relativ unstrittig ist, dass die Beziehung zwischen ersetztem und ersetzendem Ausdruck auf dem *Similaritäts*prinzip basiert, d. h. dass ein Verhältnis der Ähnlichkeit, eine semantische Überschneidung besteht, so erweist sich die Klärung der Relation zwischen beiden Gliedern bei der Metonymie als schwieriges Problem. Die »reale Beziehung«, auf welcher die Metonymie beruhen soll, wird im 20. Jahrhundert unter Bezugnahme auf Roman Jakobson mit der Vorstellung von *Kontiguität* in Verbindung gebracht, die jedoch selbst in hohem Maße klärungsbedürftig ist.[34]

Abgesehen von der Vorstellung der vier Haupttropen ist im 20. Jahrhundert vor allem die Gegenüberstellung von auf Ähnlichkeit basierender Metapher und auf Kontiguität basierender Metonymie einflussreich geworden. Seit Roman Jakobson ist es üblich, Metapher und Metonymie als polare Figuren zu verstehen, die auf zwei einander entgegengesetzten Funktionsweisen von Sprache beruhen.[35] Dadurch wird die Metonymie, die zuvor meistens nur eine unter vielen Tropen war, in ihrer systematischen Bedeutung enorm aufgewertet. In der kognitiven Linguistik erfolgten daher in letzter Zeit einige Untersuchungen zur Metonymie, die sich besonders im Bereich der Frame-Semantik bewegen.[36]

Roman Jakobson unternimmt den Versuch, die Tropen auf Metapher und Metonymie als zwei konkurrierende Grundfunktionen von Sprache zurückzuführen, wobei die Synekdoche als eine Unterform der Metonymie betrachtet wird. Stellt man also Metapher auf der einen

---

[33] Thomas Schirren, »Tropen im Rahmen der klassischen Rhetorik«, in: Ulla Fix/Andreas Gardt/Joachim Knape (Hrsg.): *Rhetorik und Stilistik, Ein internationales Handbuch historischer und systematischer Forschung*, Bd. 2, Berlin/New York 2009, S. 1485–1498; hier S. 1486.
[34] Grundlegend für die Begriffsgeschichte der Kontiguität ist der folgende Aufsatz mit zahlreichen Belegen: Harald Haferland, »Kontiguität. Die Unterscheidung vormodernen und modernen Denkens«, in: *Archiv für Begriffsgeschichte* 2009, S. 61–104.
[35] Roman Jakobson, »Zwei Seiten der Sprache und zwei Typen aphatischer Störungen«, in: Ders., *Aufsätze zur Linguistik und Poetik*, hrsg. u. eingeleitet v. Wolfgang Raible, München 1974, S. 117–141.
[36] Vgl. bspw. Günter Radden/Zoltán Kövecses, »Towards a Theory of Metonymy«, in: Panther/Radden, *Metonymy in Language and Thought*, S. 17–59; Friedrich Ungerer/Hans-Jörg Schmid, *An Introduction to Cognitive Linguistics*, Harlow, UK, ²2006, S. 114–162.

Annika Schlitte

und Metonymie/Synekdoche auf der anderen Seite gegenüber, so ergibt sich auf der Ebene der Bedeutungsbeziehung die Opposition zwischen Similarität und Kontiguität, aber auch die zwischen Paradigma und Syntagma. Insofern die Metapher durch das Prinzip der Ähnlichkeit den Blick auf mögliche einzusetzende »Äquivalente« eines Ausdrucks lenkt, kann man sie der paradigmatischen Ebene der Sprache zuordnen; die Metonymie dagegen muss, da sie sozusagen linear auf die Berührung in Raum und Zeit ausgerichtet ist, der syntagmatischen Ebene zugeordnet werden. Metapher und Metonymie werden so, indem sie dazu dienen, grundlegende Funktionsweisen von Sprache überhaupt zu beschreiben, aus dem Bereich der Rhetorik im engeren Sinne herausgeführt. Im Kontext der strukturalistischen Linguistik und auch allgemeiner in der vom Strukturalismus inspirierten Zeichentheorie werden die beiden Tropen zu grundlegenden Prinzipien der Bedeutungsgenerierung, die nicht mehr nur auf Sprache oder gar einen rhetorischen Spezialdiskurs beschränkt bleiben.[37]

So stimulierend Jakobsons Gegenüberstellung auch gewesen ist, so bleibt sie eine befriedigende Klärung der metonymischen Beziehung letztlich doch schuldig. Zu Recht wird vielfach bemerkt, dass sich die Charakterisierung der Beziehung zwischen den beiden Gliedern der Metonymie heute wie in der antiken Rhetorik in einer bloßen Aufzählung von Beispielen erschöpft. Bei Jakobson ist es das Prinzip der Kontiguität, welche als »lineare Berührung« der »Gleichartigkeit (Similarität)«[38] als metaphorischem Prinzip gegenübersteht und die Metonymie repräsentiert. Doch ist mit dem begrifflichen Rekurs auf »Kontiguität« nicht viel gewonnen. Wie Kubczak konstatiert, bleibt »Kontiguität« selbst ein zu klärender Begriff. Er selbst schlägt daraufhin vor, die Kontiguitätsbeziehung solle man »einfach als den Umstand explizieren, »daß A mit B ›etwas zu tun hat‹«[39], und zählt daraufhin

---

[37] Jacques Lacan z. B. bringt die Metapher mit dem Freudschen Prinzip der Verdichtung in Zusammenhang, die Metonymie dagegen mit der Verschiebung; vgl. Jacques Lacan, »Das Drängen des Buchstabens im Unbewussten oder die Vernunft seit Freud«, in: Ders.: *Schriften II*, Olten 1975, S. 15–55; hier S. 36.
[38] Jakobson, »Zwei Seiten der Sprache und zwei Typen aphatischer Störungen«, S. 128.
[39] Hartmut Kubczak, »Metapher und Metonymie unter besonderer Berücksichtigung der metonymischen Sinnerzeugung«, in: *Zeitschrift für romanische Philologie* (ZrP), Band 119 (2003), Heft 2, S. 203–221; hier S. 212.

Die Metonymie als Denkfigur – Versuch einer begrifflichen Abgrenzung

16 verschiedene Bedeutungstypen der Metonymie auf, was dann aber doch wie eine recht willkürliche Zusammenstellung erscheint – angefangen bei den häufig aufgeführten Beziehungen Autor-Werk und Form-Inhalt bis hin zur Relation Besteller-Bestelltes und der Beziehung einer Person zu einem gewohnheitsmäßig von ihr Gesagten. Wäre die Liste nicht beliebig fortzusetzen, wenn es nur darum geht, dass eine Sache etwas mit einer anderen Sache zu tun hat? Was berechtigt zu der jeweiligen metonymischen Sprechweise, woran liegt es, dass wir einen metonymischen Ausdruck verstehen, wenn das Bezeichnete doch mit unendlich vielen Gegenständen »etwas zu tun« hat?

Ungewiss ist zum Beispiel wie bereits angedeutet die Frage, ob es sich hier um eine Beziehung zwischen sprachlichen Elementen handelt oder um eine gedankliche Assoziation oder ein Verhältnis außersprachlicher Entitäten. Kubczak resümiert daher: »Insgesamt ist festzuhalten, daß eine gute und anerkannte Definition der Kontiguität fehlt und daß auf der Ebene der einzelnen Kontiguitätsbeziehungen fast alles der Klärung bedarf.«[40]

3. Das Prinzip der Kontiguität

Blickt man auf die Geschichte des Kontiguitätsbegriffs, so stößt man auf die aristotelische Behandlung des Kontinuums im Kontext seiner Theorie der Bewegung im fünften Buch der *Physik*[41]. Dabei geht es zuerst um die verschiedenen Möglichkeiten, wie sich Körper räumlich zueinander verhalten können. Hier unterscheidet er »beisammen« als sich an *einem* Ort befindend von »getrennt« als an verschiedenen Orten seiend und »berührend«. Von »berühren« spricht Aristoteles hier bei Dingen, »deren Ränder beisammen sind«[42]. Es gibt nun drei verschiedene Grade des Zusammenhängens von Körpern:
1. »In der Reihe folgend« sind zwei Gegenstände, zwischen die kein weiterer Gegenstand derselben Gattung treten kann.
2. »Anschließend« ist dagegen dasjenige, »was in Reihe folgt und in Berührung steht.«

---

[40] Ebd.
[41] Vgl. Aristoteles, *Physik, Vorlesung über die Natur*, übersetzt von Hans Günter Zekl, in: Ders., *Philosophische Schriften in sechs Bänden*, Hamburg 1995, Bd. 6, Buch V, 226b-227a.
[42] Aristoteles, *Physik*, V, 226b.

Annika Schlitte

3. »Zusammenhängend« ist schließlich dasjenige, bei dem »die Grenze beider, da wo sie sich berühren, eine und dieselbe geworden ist«[43].

Das, was hier als »anschließend« bezeichnet wird, lässt sich als eine erste Beschreibung der Kontiguitätsbeziehung verstehen. Kontiguität wäre demnach eine räumliche Beziehung, die dann vorliegt, wenn sich zwei ausgedehnte Körper berühren (darin unterscheidet sich die Kontiguität von der Folge), aber nicht miteinander zusammenhängen oder ineinander übergehen (darin besteht der Unterschied zur Kontinuität)[44]. Während die Kontiguität hier also auf räumliche Verhältnisse beschränkt ist und der Kontinuität gegenübergestellt wird, erfährt der Begriff später eine Ausweitung auf die Berührung in Raum und Zeit. Für die aristotelische Naturphilosophie ist es von entscheidender Bedeutung, dass die hier analysierten Beziehungen »nicht als Problem einer mathematischen Strukturtheorie [...], sondern als Grundstruktur der vorgegebenen, *anschaulichen* Welt«[45] thematisiert werden. Aufeinanderfolgen, Berührung und Kontinuität sind Relationen, in denen Dinge einer Gattung zueinander stehen können.

Interessant ist in diesem Zusammenhang auch eine weitere Passage aus der *Physik* des Aristoteles. Im Zuge der Behandlung des Raumes (bzw. des Ortes) im Rahmen der *Physik* geht es dort um die verschiedenen Bedeutungen, in denen »der Ausdruck ›eines in einem Anderen‹ ausgesprochen wird«[46]. Diese Liste lässt sich ohne große Schwierigkeiten auf die verschiedenen Ausformungen der Metonymie und Synekdoche beziehen. Die einzelnen Arten, auf die etwas in einem anderen sein kann, sind: 1. der Teil ist im Ganzen enthalten, 2. das Ganze besteht nur in seinen Teilen, 3. Die Art ist in der Gattung enthalten, 4. die Gattung ist in der Artbestimmung (als Definition) enthalten, 5. die Form ist im Stoff, 6. die Wirkung in der Ursache, 7. der Sinn einer Handlung in ihrem Zweck, 8. etwas ist in einem Gefäß enthalten bzw. an einem Ort. Die Bedeutung der Liste an dieser Stelle ist nicht ganz klar, jedenfalls lässt sie sich mit anderen Versatzstücken der aris-

---
[43] Ebd., V, 226b-227a.
[44] Vgl. Aristoteles, *Physik*, V, 226b-227a.
[45] Wolfgang Wieland, »Das Kontinuum in der Aristotelischen Physik«, in: Gustav Adolf Seeck (Hrsg.): *Die Naturphilosophie des Aristoteles*, Darmstadt 1975, S. 251–300; hier S. 255.
[46] Aristoteles, *Physik*, IV, 210a.

totelischen Philosophie wie der Vier-Ursachen-Lehre in Verbindung bringen und scheint hier dazu zu dienen, das angemessene Verständnis des Ortes im Sinne der Gefäß-Inhalt-Beziehung vor den anderen auszuzeichnen.[47]

War die Kontiguität bei Aristoteles noch im Kontext der Naturlehre angesiedelt, so tritt sie bei Hume, der für den Kontiguitätsbegriff häufig in Anspruch genommen wird, im Bereich der Psychologie auf. Harald Haferland weist darauf hin, dass der Begriff der Kontiguität als physische Berührung, wie er im Anschluss an Aristoteles auch im Mittelalter noch Verwendung findet, von der Verwendung des Kontiguitätsbegriffs im Kontext der neuzeitlichen Bewusstseinsphilosophie deutlich zu trennen ist.[48] Prägend für die neuzeitliche Philosophie und auch Psychologie ist die Einteilung, die sich in klassischer Form bei David Hume finden lässt, bei der die Kontiguität das zweite der drei Prinzipien der Assoziation bildet.

Hume geht im dritten Abschnitt der *Enquiry concerning human understanding* davon aus, dass die Vorstellungen bei ihrem Erscheinen im Gedächtnis untereinander verknüpft sind, so dass wir gleichsam automatisch von einer Vorstellung zur anderen übergehen. Diese Verknüpfung erfolgt durch die Einbildungskraft nach bestimmten Prinzipien, deren er drei unterscheidet und mit Beispielen versieht: 1. die Ähnlichkeit, die unsere Gedanken bei einem Gemälde zu dem abgebildeten Gegenstand führe, 2. die Kontiguität (Berührung in Zeit und Raum), durch welche die Erwähnung eines Zimmers in einem Gebäude das Gespräch auf die anderen Zimmer dieses Gebäudes bringe, und 3. Ursache und Wirkung, wenn uns die Vorstellung einer Wunde auch an den Schmerz denken ließe.[49]

Wenn Hume sich im Folgenden der Kausalität zuwendet, die für ihn ein rein aus der Erfahrung stammendes Prinzip darstellt, das wir gewinnen, »indem wir finden, daß gewisse Gegenstände beständig in Zusammenhang stehen«[50], dann zeigt sich, dass bei ihm Kontiguität und Kausalität letztlich eng verknüpft sind. So führt er als Beispiel für

---

[47] Vgl. dazu Hans Günter Zekl, *Topos. Die aristotelische Lehre vom Raum*, Hamburg 1990, bes. S. 118–123.
[48] Vgl. Haferland, »Kontiguität. Die Unterscheidung vormodernen und modernen Denkens«, S. 69.
[49] Vgl. David Hume, *Eine Untersuchung über den menschlichen Verstand*, hrsg. v. Jens Kulenkampff, Hamburg 1993, S. 25.
[50] Ebd., S. 37.

Annika Schlitte

einen Kausalzusammenhang, den wir immer nur gewohnheitsmäßig feststellen können, an: »Wir wissen, daß tatsächlich die Hitze beständig die Flamme begleitet; was aber die Verknüpfung zwischen ihnen ausmacht, das auch nur zu vermuten oder zu ersinnen fehlt uns jeder Anhalt.«[51] Humes Kausalitätsvorstellung soll hier nicht weiterverfolgt werden, der Begriff der »Kontiguität« hat aber in der Assoziationspsychologie des 19. Jahrhunderts und später auch in der behavioristischen Theorie seinen festen Platz.

In der Philosophie benutzt Husserl – möglicherweise von Hume inspiriert – den Begriff der »Präsentation durch Kontiguität«, um zu beschreiben, dass etwas Wahrgenommenes auf etwas Mitgemeintes verweist, das selbst nicht wahrnehmbar ist, aber sich räumlich unmittelbar an das Wahrgenommene anschließt wie die unsichtbare Rückseite eines Würfels.[52]

Humes Kontiguitätsbegriff taucht im 20. Jahrhundert aber noch in einem anderen Kontext wieder auf, nämlich in der Ethnologie, wo er zur Kennzeichnung des magischen Denkens dient. So baut James George Frazers Unterscheidung zweier Arten von Magie, der imitativen und der Berührungsmagie, auf den Prinzipien Similarität und Kontiguität auf, die er in der zeitgenössischen Assoziationspsychologie vorfindet.[53] Marcel Mauss spricht in seinem *Entwurf einer allgemeinen Theorie der Magie* von 1904 von einem »Gesetz der Kontiguität«[54], das »durch eine vorgängige Beziehung des Ganzen zum Teil oder durch direkte Berührung realisiert wird«[55] und das es ermöglicht, durch einen Teil der Person (Zähne, Haare, Speichel) oder durch mit der Person in Berührung stehende Gegenstände (z. B. Essensreste) auf die Person selbst einzuwirken. Der Rekurs auf Kontiguität ist hier so stark, dass Harald Haferland hierin »eine zwar graduelle, aber gleich-

---

[51] Ebd., S. 78.
[52] Edmund Husserl, *Wahrnehmung und Aufmerksamkeit, Texte aus dem Nachlass (1893–1912)*, hrsg. von Thomas Vongehr und Regula Giuliani (Husserliana Bd. XXXVIII), S. 35–37, §9 (»Präsentation durch Kontiguität und Präsentation durch Ähnlichkeit«); s. auch ders., *Logische Untersuchungen*, Zweiter Band, Zweiter Teil, hrsg. von Ursula Panzer (Husserliana XIX/2), S. 623, §26.
[53] Vgl. Haferland, »Kontiguität. Die Unterscheidung vormodernen und modernen Denkens«, S. 62 f.
[54] Marcel Mauss, *Entwurf einer allgemeinen Theorie der Magie*, in: Ders.: *Soziologie und Anthropologie Bd. 1*, München 1974, S. 43–179; hier S. 97 f.
[55] Ebd., S. 99.

Die Metonymie als Denkfigur – Versuch einer begrifflichen Abgrenzung

wohl zentrale Differenz vormodernen und modernen Denkens«[56] sieht. Hier ist allerdings zu betonen, dass es keineswegs das Prinzip der Kontiguität als solches ist, welches das vormoderne Denken auszeichnet, sondern die enge Verknüpfung von Kontiguität und Kausalität, auf die Haferland selbst hinweist.[57]

Ähnlich argumentiert bereits Ernst Cassirer, der sich im zweiten Band der *Philosophie der symbolischen Formen* auf Humes Verständnis von Kausalität und Kontiguität bezieht, um den Unterschied zwischen mythischem und wissenschaftlichem Denken deutlich zu machen. Hume habe, »indem er scheinbar das Kausalurteil der Wissenschaft analysierte, vielmehr eine Wurzel aller mythischen Welterklärung aufgedeckt«[58]. Das Prinzip der Kausalität werde im mythischen Denken unmittelbar aus der Kontiguität abgeleitet:

»Jede Gleichzeitigkeit, jede räumliche Begleitung und Berührung schließt hier schon an und für sich eine reale kausale ›Folge‹ in sich. Man hat es geradezu als Prinzip der mythischen Kausalität und der auf sie gegründeten ›Physik‹ bezeichnet, daß hier jede Berührung in Raum und Zeit unmittelbar als ein Verhältnis von Ursache und Wirkung genommen wird.«[59]

Sowohl räumliche als auch zeitliche Berührung gilt als ausreichender Grund für die Annahme einer Kausalbeziehung:

»Neben dem Prinzip des ›post hoc, ergo propter hoc‹ ist insbesondere auch das Prinzip des ›iuxta hoc ergo propter hoc‹ für das mythische Denken bezeichnend. So ist es einem diesem Denken geläufige Ansicht, daß die Tiere, die in einer bestimmten Jahreszeit auftreten, die Bringer, die Urheber derselben sind: für die mythische Ansicht ist es tatsächlich die Schwalbe, die den Sommer macht.«[60]

Die kausalen Verknüpfungsmöglichkeiten sind dadurch vielfältiger, hier »kann noch alles aus allem w e r d e n, weil alles mit allem sich zeitlich oder räumlich berühren kann«[61]. Aus der mythischen Fassung

---

[56] Vgl. Haferland, »Kontiguität. Die Unterscheidung vormodernen und modernen Denkens«, S. 61.
[57] Vgl. ebd., S. 66.
[58] Ernst Cassirer, *Philosophie der symbolischen Formen, Zweiter Teil: Das mythische Denken*, Hamburger Ausgabe, hrsg. von Birgit Recki, Bd. 12, Hamburg 2001, S. 57.
[59] Ebd., S. 56.
[60] Ebd., S. 56.
[61] Ebd., S. 58.

des Kausalbegriffs resultiert aber auch ein besonders Verhältnis von Teil und Ganzem, so dass Cassirer auch das »pars pro toto«[62] – also eine Form der Synekdoche – als ein Grundprinzip des mythischen Denkens anspricht:

> »Für unsere empirische Auffassung ›besteht‹ das Ganze aus seinen Teilen; für die Logik der Naturerkenntnis, für die Logik des analytisch-wissenschaftlichen Kausalbegriffes ›resultiert‹ es aus ihnen; für die mythische Auffassung aber gilt im Grunde sowenig das eine wie das andere, sondern hier herrscht noch eine wirkliche Ungeschiedenheit, eine gedankliche und reale ›Indifferenz‹ des Ganzen und der Teile. Das Ganze ›hat‹ nicht Teile und zerfällt nicht in sie; sondern der Teil i s t hier unmittelbar das Ganze und wirkt und fungiert als solches.«[63]

Wenn demnach das Prinzip der Kontiguität als typisch für eine mythisch-magische Denkweise angesehen wird, würden Metonymie und Synekdoche – wenn man diese nicht als Unterart jener verstehen will – zu charakteristischen Ausprägungen der mythischen Denkform. Auch Lausberg weist darauf hin, dass die Metonymie mit der Betonung einer realen Beziehung etwas Magisches an sich hat. Dieses Verständnis führt aber dazu, dass die Metonymie aus dem Bereich der Sprache und des Denkens hinausweist auf Strukturen in der Wirklichkeit. Das magische Denken bestehe gerade darin, Metaphern nicht als verkürzte Vergleiche und somit als nur gedankliche Beziehungen zu verstehen, sondern als einen realen Zusammenfall.[64]

Zu den Prinzipien des mythischen Denkens wird die Kontiguität, und damit ebenfalls die Metonymie, auch bei Lévi-Strauss gezählt, der in seiner Untersuchung der Logik totemistischer Klassifikationen von Roman Jakobson beeinflusst worden ist.[65] Die Rolle, welche die Metonymie hier bei der »Übersetzung« des Systems natürlicher Differenzen in eine kulturelle und soziale Ordnung spielt, wäre näher zu untersuchen. Die Metonymie rückt damit aber in einen Bereich vor, in dem

---

[62] Ebd., S. 62.
[63] Ebd., S. 61 f.
[64] »In magischer Auffassung allerdings liegt der metaphorischen Benennung durchaus eine reale Partizipation zugrunde, da Achill als ›Löwe‹ wirklich Löwennatur angenommen hat [...], so daß die Metapher eine magische Metonymie darstellt«, Lausberg, *Elemente der literarischen Rhetorik*, S. 77.
[65] Vgl. bspw. Claude Lévi-Strauss, *Das wilde Denken*, Frankfurt am Main 1973, S. 79.

andere, nicht-sprachliche Zeichen wie das Symbol ihren angestammten Platz haben.[66]

4. Die Metonymie und nicht-sprachliche Zeichenbeziehungen: Index und Symbol

Den Unterschied zwischen Metapher und Metonymie kann man nicht nur als Differenz zwischen Similaritäts- und Kontiguitätsrelation in der Sprache fassen, sondern beide können auch als Erklärungsprinzipien der Zeichenrelation bei anderen, nicht notwendigerweise sprachlichen Zeichen dienen. Dabei entsteht die Vorstellung, dass beide auch hinsichtlich des Grades ihrer »ontologischen Sättigung« voneinander abweichen.

Wenn man sich mit der Frage nach einer semiotischen Dimension der Metonymie beschäftigt, stößt man auf die Überlegungen von Charles S. Peirce zur Typologie der Zeichen. Peirce bringt den Tropus der Metonymie in eine Verbindung mit der indexikalischen Zeichenrelation, bei welcher ein direkter Konnex zwischen Zeichen und Bezeichnetem in der Wirklichkeit besteht, wie z. B. beim Rauch als Anzeichen für Feuer. Anders als beim ikonischen Zeichen, das auf Ähnlichkeit beruht, und beim symbolischen Zeichen, das auf Konvention basiert, ist es beim Index das Vorliegen einer realen Verbindung, welches die Zeichenfunktion begründet. Daniel Chandler schreibt in seiner *Einführung in die Semiotik* über die Metonymie: »metonyms may be treated as ›directly connected to‹ reality in contrast to the mere iconicity or symbolism of metaphor.«[67] Man könnte also annehmen, dass die metonymische Beziehung eine Affinität zu anderen Zeichenformen hat, die ebenfalls auf eine »reale Beziehung« verweisen, dabei aber über die Ebene der Sprache hinausgehen.

Die Parallele zur Metonymie wird daraus ersichtlich, dass Peirce ausdrücklich davon spricht, das indexikalische Zeichen beruhe auf Assoziation durch Kontiguität[68], im Hinblick auf eine philosophische

---

[66] Es ist allerdings unbedingt zu beachten, dass der Symbolbegriff bei Cassirer unter dem Einfluss Goethes anders besetzt ist.
[67] Chandler, *Semiotics*, S. 131.
[68] Charles S. Peirce, *Collected Papers*, hrsg. von Charles Hartshorne und Paul Weiss, Cambridge/Massachusetts 1978, S. 172 [2306]: »the action of indices depends upon as-

Auswertung hat das indexikalische Zeichen aber das Problem, dass es gar keine Aussage über das Bezeichnete macht, sondern lediglich als Anzeichen auf dieses hinweist.[69] Der Index wäre so weniger interpretationsbedürftig als andere Zeichen und als Thema der Semiotik weniger komplex, weil er nichts Neues über sein Bezeichnetes zu sagen hat, sondern bloß dazu dient, die Aufmerksamkeit auf es zu lenken.

Die Opposition Similarität vs. Kontiguität spielt aber noch in anderen Begriffstraditionen eine wichtige Rolle. Will man nicht beim indexikalischen Zeichen im Peirceschen Sinne bleiben, so bietet sich hier eine Untersuchung des Verhältnisses von Symbolbeziehung und metonymischer Beziehung an, die nun kurz in einem zweiten Schritt angedeutet werden soll. Der Symbolbegriff entstammt, anders als die Metonymie, nicht der rhetorischen Tradition, sondern kommt aus der antiken Rechtspraxis.[70] Im Mittelalter konnte das Symbol dann auch als »spezifisches Darstellungs- und Erkenntnismittel«[71] fungieren. Unter dem Einfluss des Neuplatonismus herrschte ein sehr weites Bedeutungsspektrum vor, wodurch das Symbol sich vielfach mit der Allegorie überschnitt.[72] Eine zentrale Bedeutung gewinnt das Symbol besonders im Zeitalter des Weimarer Klassizismus und dann in Idealismus und Romantik.

Die Bevorzugung des Symbols in der idealistischen Ästhetik ist auch im Zusammenhang mit der Ablehnung der Rhetorik zu sehen, welche sich in dieser Zeit vollzog. Gegen die Rhetorik wandte sich die idealistische Ästhetik aufgrund der Ablehnung, die sie gegenüber

---

sociation by contiguity, and not upon association by resemblance or upon intellectual operations.«

[69] »Indices may be distinguished from other signs, or representations, by three characteristic marks: first, that they have no significant resemblance to their objects; second, that they refer to individuals, single units, single collections of units, or single continua; third, that they direct the attention to the objects by blind compulsion.« Peirce, *Collected Papers I*, S. 172 [2.306].

[70] Walter Müri unterscheidet für gr. *symbolon* drei Bedeutungen, nämlich den »dinglichen Ausweis der Gastfreunde«, die »Benennung des griechischen Rechtshilfevertrages« und die Bedeutung »Zeichen«; vgl. Walter Müri, »Symbolon. Wort- und sachgeschichtliche Studie«, in: Ders.: *Griechische Studien. Ausgewählte Wort- und sachgeschichtliche Forschungen zur Antike*, hrsg. von Eduard Vischer, Basel 1976 (Schweizerische Beiträge zur Altertumswissenschaft Heft 14), S. 1–44; hier S. 1.

[71] Stephan Meier-Oeser/Oliver R. Scholz/Martin Seils, Art. »Symbol«, in: HWPh Bd. 10, Sp. 710–739; hier Sp. 713.

[72] Ebd., Sp. 714.

Die Metonymie als Denkfigur – Versuch einer begrifflichen Abgrenzung

Zweckorientierung, Regelhaftigkeit und Erlernbarkeit der Kunst hegte.[73] Der zentrale Konkurrenzbegriff zum Symbol ist zu dieser Zeit die Allegorie.[74] Der Metaphernbegriff taucht zwar auch in dieser Zeit bei einigen Autoren auf, aber seine eigentliche Karriere beginnt erst in der zweiten Hälfte des 20. Jahrhunderts.[75]

Was macht nun das Symbol in diesem klassisch-idealistischen Verständnis aus? Vorläufig könnte man sagen, in der idealistischen Ästhetik werde angenommen, dass die Beziehung zwischen Symbol und Symbolisiertem nicht nur auf einer Konvention beruht, sondern auf einer inneren Verwandtschaft, die letztlich dem Ineinsfallen von Zeichen und Bezeichnetem zustrebt. Der Gedanke der Identität von Bedeutung und Bedeutungsträger, der beim Symbol im Hintergrund steht, ist in der Goethezeit das Abgrenzungsmerkmal zur Allegorie, die eine Bedeutung nur vertritt.[76]

Worin diese Verwandtschaft, die dem idealistischen Symbol zugesprochen wird, besteht, wird jedoch auf unterschiedliche Weise erklärt. Bei Kant wird der Zusammenhang zwischen Bezeichnendem und Bezeichnetem beim Symbol als Analogiebeziehung beschrieben[77], daneben finden sich aber noch weitere Möglichkeiten, die Beziehung zwischen Symbol und Symbolisiertem zu fassen, die (trotz der Kritik an der Rhetorik) letztlich auf die rhetorische Tradition zurückgreifen. Man kann die Symbolbeziehung nämlich auch anhand von Metonymie und Synekdoche denken. In der Tat wird die Teil-Ganzes-Beziehung vor allem in der Goethezeit zu einer der zentralen Bestimmungen des Symbolbegriffs, so dass laut Gerhard Kurz die »Verbindung von Sy-

---

[73] Vgl. Tzvetan Todorov, *Symboltheorien*, Tübingen 1995, Kapitel 3, »Das Ende der Rhetorik«, S. 79–106.
[74] Vgl. dazu Michael Titzmann, »Allegorie und Symbol im Denksystem der Goethezeit«, in: Walter Haug (Hrsg.): *Formen und Funktionen der Allegorie*, Stuttgart 1979, S. 642–665.
[75] Vgl. Eckard Rolf, *Metaphertheorien. Typologie – Darstellung – Bibliographie*, Berlin/New York 2005, darin: Einleitung. Zur Geschichte der Metaphertheorien, S. 1–8.
[76] Zur romantischen Symboltheorie vgl. z. B. Friedrich Creuzer, *Symbolik und Mythologie der alten Völker, besonders der Griechen*, 1. Band, Leipzig und Darmstadt 1810, hier S. 83: »Hieraus ergibt sich sofort der Unterschied zwischen symbolischer und allegorischer Darstellung. Diese bedeutet blos einen allgemeinen Begriff, oder eine Idee, die von ihr selbst verschieden ist, jene ist die versinnlichte, verkörperte Idee selbst. Dort findet eine Stellvertretung statt.«
[77] Immanuel Kant, *Kritik der Urteilskraft*, hrsg. von Heiner F. Klemme, Hamburg 2001, §59.

nekdoche und Analogie [...] als die Grundfigur des klassischen Symbolbegriffs angesehen werden«[78] kann.

Diesen Gedanken könnte man nun weiterverfolgen und versuchen, verschiedene Symbolkonzeptionen daraufhin zu befragen, ob sie die Symbolbeziehung eher als Analogie- bzw. Ähnlichkeitsbeziehung oder als Teil-Ganzes- oder eben Kontiguitätsbeziehung denken[79].

Diese Überlegungen zur Rolle der Metonymie als motivierendes Moment der Symbolbeziehung wären insbesondere im Hinblick auf die Unterscheidung von metonymischen und im engeren Sinne synekdochischen Beziehungen zu präzisieren.

Im Hinblick auf das Verhältnis von Metonymie und Symbol könnte man versuchen, von hier aus zu einer Art Skala der »ontologischen Sättigung« zu kommen, innerhalb derer Metapher, Metonymie und Symbol einen je verschiedenen Platz einnehmen. Grob vereinfacht ließe sich der Vorgang der Bildung von Bedeutung jeweils wie folgt darstellen:
1. Die Metapher spricht über eine Beziehung, die es in der außersprachlichen Realität *nicht gibt*.
2. Die Metonymie spricht über eine Beziehung, die es in der außersprachlichen Realität *gibt*.
3. Das Symbol *spricht* nicht über eine Beziehung, die es in der außersprachlichen Realität gibt, sondern *ist* diese Beziehung oder verkörpert sie.[80]

5. Ausblick

Die Metonymie ist zwar ihrem begrifflichen Ursprung nach ein rhetorisches Phänomen, aber ihr wohnt durch das Prinzip der Kontiguität

---

[78] Kurz, *Metapher, Allegorie, Symbol*, S. 76.
[79] Wenn man an die Differenz zwischen Kant und Goethe in der Frage, ob die symbolische Beziehung im Subjekt oder im Objekt anzusiedeln ist, denkt, so liegt der Verdacht nahe, dass die Unterschiede der beiden Standpunkte auch damit zusammenhängen, dass Kant das Symbol an eine subjektive Analogiebeziehung bindet, während es bei Goethe eher um eine Teil-Ganzes-Beziehung zu gehen scheint, die auch für die Natur insgesamt wichtig ist.
[80] Vgl. auch Friedrich W. J. Schelling, *Philosophie der Kunst*, Reprint der Ausgabe von 1859, Darmstadt 1960, S. 51: »Diejenige Darstellung, [...] wo weder das Allgemeine das Besondere noch das Besondere das Allgemeine bedeutet, sondern wo beide absolut eins sind, ist das Symbolische.«

Die Metonymie als Denkfigur – Versuch einer begrifflichen Abgrenzung

eine Tendenz inne, aus der Sprache hinauszuweisen und einen Bezug zur außersprachlichen Realität zu eröffnen, den die Metapher nicht garantieren kann. Sie ist nicht bloßer Redeschmuck, sondern eine grundlegende Denkfigur, welche Gegenstände in einer Ordnung der Kontiguität präsentiert. Wenn aber, wie Cassirer sagt, auf der Basis der Kontiguität »alles aus allem werden« kann, »weil alles mit allem sich zeitlich oder räumlich berühren kann« (s. o.), was kann die Berufung auf die Kontiguität dann zum Verständnis der Metonymie Klärendes beitragen?

Festhalten lässt sich am Begriff der Kontiguität die Verbindung mit Zeit und Raum. »Nachbarschaft«, »Angrenzung«, »Berührung« haben etwas mit räumlichen Beziehungen zu tun. Eggs spricht davon, der Metonymie läge eine reale Beziehung zwischen zwei Sachen in einem »homogenen Raum« zugrunde, der Metapher eine Beziehung in »heterogenen Räumen«[81]. Selbst wenn in der Kognitiven Linguistik von »Frames« die Rede ist, handelt es sich um ein räumliches Modell der Wissensorganisation. In einer Extremposition wie sie Hume vertritt, werden auch die Kausalbeziehungen auf Berührung in Raum und Zeit zurückgeführt. Beim Prinzip der Ähnlichkeit, das die Metapher auszeichnet, scheinen Raum und Zeit dagegen nicht fundamental zu sein. Am Schluss möchte ich daher zwei Vorschläge machen, wie das Nachdenken über räumliche und zeitliche Beziehungen mit dem Konzept der Metonymie verknüpft werden könnten, um so einerseits zur Erhellung der metonymischen Beziehung beizutragen, andererseits aber auch durch die Beschäftigung mit metonymischen Ausdrucksformen unser Raum- und Zeitverständnis zu präzisieren.

1. Zur Abgrenzung von Synekdoche und Metonymie muss über die Frage nachgedacht werden, wie sich Berührung, Subsumption und Teil-Ganzes-Beziehungen zueinander verhalten. Wenn bei der Kontiguitätsbeziehung tatsächlich die Berührung im Zentrum steht, dann könnte eine Theorie der Räumlichkeit hier möglicherweise weiterführen.
2. Wenn die zeitliche Berührung für die Metonymie ebenfalls eine zentrale Rolle spielt, dann könnte man metonymische Beziehungen mit Theorien der Narrativität in Verbindung setzen. Hier könnte man einen Gedanken aufgreifen, der sich bei Jakobson findet, aber auch schon bei Hume. Jakobson weist die beiden Tropen

---

[81] Eggs, Art. »Metonymie«, Sp. 1199.

ja nicht nur den beiden Achsen der Sprache zu, sondern er ordnet die Metapher der Poesie zu, die Metonymie der Prosa. Hume verdeutlicht die verschiedenen Arten der Verknüpfung von Vorstellungen ebenfalls am Beispiel der Dichtung, denn auch der Schriftsteller muss einen Plan haben, wie er Ereignisse verknüpft, und diese Verknüpfung kann auf dem Prinzip der Ähnlichkeit, der Kontiguität oder der Kausalität beruhen.[82]

Dies ist lediglich ein erster Verdacht. Wenn man bei dieser Gegenüberstellung von Metapher und Metonymie bleiben will, welche der Metonymie eine Ordnung der Narrativität zuweist, dann kann man in der anfangs zitierten Schilderung des »tropischen Königshauses« bei Harald Weinrich auch einen metonymischen Zug wieder finden. Dort wird zwar das Verhältnis zwischen Metonymie und Metapher mittels einer Metapher veranschaulicht, darauf folgt aber eine kurze Erzählung. Nicht nur die Tatsache, dass diese kleine Geschichte erzählt wird, sondern auch die erwähnte »Reihe von Tropen und Figuren« evoziert das Konzept der Kontiguität. Die Metonymie ist zwar nur eine nachgeborene Prinzessin, »wenn sie überhaupt von Adel ist«, aber:

»Aus diesem vergleichsweise niederen Stand ist sie vor einer Reihe von Jahren durch Roman Jakobson erlöst worden, der wie ein Prinz an der langen Reihe von Tropen und Figuren vorbeigegangen ist und von ihnen allen nur die Metapher und die Metonymie, und zwar gleichen Ranges, vorgezogen und in den Mittelpunkt einer umfassenden Sprach- und Zeichentheorie gestellt hat«[83].

Leider ist dies für die Metonymie nur ein vorläufiges Happy End. Es scheint, als gäbe es bei der Geschichte der metonymischen Denk- und Sprachform noch einiges zu klären.

---

[82] Vgl. Hume, *Eine Untersuchung über den menschlichen Verstand*, S. 26 f.
[83] Weinrich, »Zur Definition der Metonymie und zu ihrer Stellung in der rhetorischen Kunst«, S. 105.

Die Metonymie in der antiken Tropenlehre

Michael Rasche (Eichstätt)

I. Das Tropische

Quintilian, einer der großen antiken Rhetoriklehrer, bezeichnet die Formulierung der Rede in ihrem Schmuck und ihrer äußeren Verfasstheit als die »schwierigste Aufgabe« eines Rhetors.[1] Folgerichtig stellt dieses Kapitel das umfangreichste der antiken Rhetorik dar, und nicht immer konnten die Rhetoriklehrer der Versuchung widerstehen, sich in endlosen Reihen und Aufzählungen zu verlieren. Den Mittelpunkt dieser rhetorischen Sprach- bzw. Stillehre *(elocutio)* stellen die Tropen dar, zu denen auch die Metonymie zählt. Im Ursprung der Tropenlehre steht eine Definition aus der *Poetik* des Aristoteles, der sich begrifflich noch mit einer Trope begnügen kann, der Metapher:

»Eine Metapher ist die Zulage eines fremden Namens (der somit in uneigentlicher Bedeutung verwendet wird), entweder von der Gattung auf die Art oder von der Art auf die Gattung oder von der Art auf die Art oder gemäß der Analogie.«[2]

Die in den Klammern eingefügte Parenthese stammt aus der Übersetzung von M. Fuhrmann und weist auf einen Sprachgebrauch hin, der zumindest mit Blick auf Aristoteles nicht mehr unumstritten ist: die Entsprechung des »Fremden« mit dem »Uneigentlichen«, das den Gegensatz zum »eigentlichen« Namen darstellt. Damit wird ein Gegensatz in einer begrifflichen Schärfe vorausgesetzt, der erst in der späteren *verbum-proprium*-Lehre der lateinischen Rhetorik ausformuliert

---

[1] Vgl. Quintilian, *Ausbildung eines Redners*, Bd. 1–2, hrsg. und übers. von Helmut Rahn, Darmstadt 1988, Inst. VIII Prooem. 13.
[2] Aristoteles, *Poetik*, übers. u. hrsg. von Manfred Fuhrmann, Stuttgart 1982, 1457b: »Μεταφορὰ δέ ἐστιν ὀνόματος ἀλλοτρίου ἐπιφορὰ ἢ ἀπὸ τοῦ γένους ἐπὶ εἶδος, ἢ ἀπὸ τοῦ εἴδους ἐπὶ τὸ γένος, ἢ ἀπὸ τοῦ εἴδους ἐπὶ εἶδος, ἢ κατὰ τὸ ἀνάλογον.«

wurde und bei Aristoteles in dieser eindeutigen Form nicht auffindbar ist.³ Aristoteles selbst hat den »fremden Namen« (ὄνομα ἀλλότριον) als eine Abweichung gegenüber dem dargestellt, was er unmittelbar vor der Metaphern-Definiton als »üblichen Namen« (κύριον ὄνομα)⁴ bezeichnet hatte. An anderer Stelle grenzt er den fremden Ausdruck gegenüber dem Namen ab, der einer Sache »von Hause aus« (ὀκεῖος) zukommt: »Man benennt etwas mit dem fremden Ausdruck und verneint eines der Merkmale, die diesem Ausdruck von Hause aus zukommen.«⁵ Eher selten – und nicht mit positiver Konnotation – gebraucht Aristoteles das Wort, das der späteren *verbum-proprium*-Lehre am ehesten entsprechen würde: das Wort »*idion*« (ἴδιον), das »Eigene«. Als Bezugspunkt der tropischen Verfremdung spricht Aristoteles nicht von einer Eigentlichkeit im Sinne der späteren Rhetorik, sondern von einer »Üblichkeit«:

»Die vollkommene sprachliche Form ist klar und zugleich nicht banal. Die sprachliche Form ist am klarsten, wenn sie aus lauter üblichen Wörtern besteht. Aber dann ist sie banal. ... Die sprachliche Form ist erhaben und vermeidet das Gewöhnliche, wenn sie fremdartige Ausdrücke verwendet. Als fremdartig bezeichne ich die Glosse, die Metapher, die Erweiterung und überhaupt alles, was nicht üblicher Ausdruck ist.«⁶

Diese Üblichkeit ist es, die einen »eigentlichen« Begriff schafft, von dem sich die anderen Begriffe als Tropen absetzen. Ein Wort – insofern es eine Bedeutung hat – ist daher ursprünglich immer tropisch und stellt gleichzeitig die Basis eines neuen tropischen Begriffs dar, der zum alten, »eigentlichen« Begriff »uneigentlich« ist. Gustav Gerber, in der Sprachlehre eine wichtige Quelle für Nietzsche, hat dieses Ge-

---

³ Vgl. Gerald Posselt, *Katachrese. Rhetorik des Performativen*, München 2005, S. 106 ff.
⁴ Vgl. Aristoteles, *Poetik* 1457b: »Λέγω δὲ κύριον μὲν ᾧ χρῶνται ἕκαστοι ...«
⁵ Aristoteles, *Poetik* 1457b: »προσαγορεύσαντα τὸ ἀλλότριον ἀποφῆσαι τῶν οἰκείων τι.« Vgl. auch Aristoteles, *Rhetorik*, übers. u. hrsg. von Gernot Krapinger, Stuttgart 1999, 1404b: »τὸ δὲ κύριον καὶ τὸ οἰκεῖον καὶ μεταφορὰ μόναι χρήσιμοι πρὸς τὴν τῶν ψιλῶν λόγων λέξιν. σημεῖον δέ, ὅτι τούτοις μόναις πάντες χρῶνται· πάντες γὰρ μεταφοραῖς διαλέγονται καὶ τοῖς οἰκείοις καὶ τοῖς κυρίοις.«
⁶ Aristoteles, *Poetik* 1458a: »Λέξεως δὲ ἀρετὴ σαφῆ καὶ μὴ ταπεινὴν εἶναι. Σαφεστάτη μὲν οὖν ἐστιν ἡ ἐκ τῶν κυρίων ὀνομάτων, ἀλλὰ ταπεινή. ... Σεμνὴ δὲ καὶ ἐξαλλάττουσα τὸ ἰδιωτικὸν ἡ τοῖς ξενικοῖς κεχρημένη· ξενικὸν δὲ λέγω γλῶτταν καὶ μεταφορὰν καὶ ἐπέκτασιν καὶ πᾶν τὸ παρὰ τὸ κύριον.«

schehen in seinem Werk *Die Sprache als Kunst* zusammengefasst (»die letzte verständliche Darstellung dieses Zusammenhangs«[7]):

»Wir erörterten im ersten Bande dieser Schrift [...] wie die Wörter in Bezug auf ihre Bedeutung an sich selbst Tropen sind. Im Leben der Sprache gibt der usus den Bedeutungen einen gewissen Halt, und diese erhalten dadurch ein Anrecht, als die eigentlichen (κύρια καὶ κοινὰ ὀνόματα) zu gelten, wogegen, wenn die dem Lautbilde eigene Natur des τρόπος in einer Umwandlung der Bedeutung wieder hervortritt, dieses Neue als das Uneigentliche (ἄκυριον) erscheint.«[8]

Die Banalität des Üblichen, so Aristoteles, soll durch die Fremdheit der Metapher oder anderer Ausdrücke durchbrochen werden. In der Auflösung dieser Fremdheit wird die Klarheit des Ausdrucks wiederhergestellt. Aristoteles vergleicht diesen Vorgang mit der Lösung eines Rätsels: »Denn das Wesen des Rätsels besteht darin, unvereinbare Wörter miteinander zu verknüpfen und hiermit gleichwohl etwas wirklich Vorhandenes zu bezeichnen.«[9] Damit entsteht durch die Metapher ein rhetorischer Mehrwert. In seiner Definition in der *Poetik* spricht Aristoteles von einer »Zulage« (ἐπιφορά) der Metapher, nicht nur von einer »Übertragung«, wie häufig übersetzt wird. Die Trope bildet ein Supplement, das sowohl etwas Leeres oder Fehlendes ersetzt, als auch etwas Neues hinzufügt und einen neuen Wert schafft, der aufgrund der Zeichen- und Bildhaftigkeit des Supplements allerdings dem Repräsentierten äußerlich bleibt.[10] Diese verfremdende Übertragung, eine gewollte Abweichung, dient dem Schmuck der Formulierung:

»Von den Nomen und Aussagewörtern machen die üblichen Ausdrücke (die Rede) klar; nicht banal aber, sondern geschmückt wird sie durch die anderen Ausdrücke, von denen in der Poetik die Rede war; denn das Abweichen erweckt den Anschein des Erhabeneren.«[11]

---

[7] Anselm Haverkamp, *Metapher – Die Ästhetik in der Rhetorik*, München 2007, S. 31.
[8] Gustav Gerber, *Die Sprache als Kunst*, Bd. 1–2, Berlin 1885 (Nachdr. 2005), Bd. 2, S. 19.
[9] Aristoteles, *Poetik* 1458a: »]Αἰνίγματός τε γὰρ ἰδέα αὕτη ἐστί, τὸ λέγονα ὑπάρχοντα ἀδύνατα συνάψαι«
[10] Vgl. Jacques Derrida, *Grammatologie*, Frankfurt am Main 1983, S. 250 f.
[11] Aristoteles, *Rhetorik* 1404b: »τῶν δ' ὀνομάτων καὶ ῥ᾿ημάτων σαφῆ μὲν ποιεῖ τὰ κύρια, μὴ ταπεινὴν δὲ ἀλλὰ κεκοσμημένην τἆλλα ὀνόματα ὅσα εἴηται ἐν τοῖς περὶ ποιητικῆς· τὸ γὰρ ἐξαλλάξαι ποιεῖ φαίνεσθαι σεμνοτέραν.«

Michael Rasche

Aristoteles selbst, wie auch seine direkten Nachfolger, begnügen sich mit der tropischen Metapher, der Gattungsbegriff »Trope« wird noch nicht gebraucht und ist auch noch nicht nötig. Ab dem 1. Jahrhundert v. Chr. ist in der stoischen Rhetorik eine breit angelegte Tropenlehre vorhanden, ihre genauen Ursprünge liegen aufgrund der schlechten Überlieferungssituation im Dunkeln, und jeder Rekonstruktionsversuch dieser Anfänge muss ein solcher bleiben. Barwick hat in seiner Untersuchung die stoische Wortschöpfungslehre als Entstehungsort der Tropenlehre vorgeschlagen. Zu Recht verweist er auf die Grundausrichtung der stoischen Lehre, die sich in bis dahin nicht gekannter Weise um die Durchdringung des Sprachgeschehens bemühte.[12] Quintilian berichtet in der Einleitung seiner Tropenlehre »von einem unentwirrbaren Ringen zwischen den Sprach- und Literaturlehrern untereinander sowie gegenüber den Philosophen«.[13] Vieles spricht dafür, die Ursprünge der Tropenlehre nicht in der stoischen Rhetorik selbst, sondern in der Grammatik zu suchen. Ein notwendiger Bestandteil dieser Durchdringung der Sprache war die etymologische Rückführung der Worte auf ihre Ursprünge. Origenes schreibt im 3. Jahrhundert über die Stoiker, dass sie

»einen natürlichen Ursprung (der Sprache) haben, wonach die ersten Laute die Dinge, für die die Namen bestimmt waren, nachgeahmt hätten, weshalb sie auch gewisse Grundlehren der Worterklärung nach Wurzeln oder Stämmen einführen.«[14]

Diese »ersten Laute« (πρῶται φωναί) sind die Grundlage einer jeden Begrifflichkeit. Martianus Capella, ein spätantiker Autor, hat diesen Vorgang der Entstehung neuer Begriffe aus den ersten Lauten wie folgt dargestellt:

»Dies sind Worte, die wir als natürlich und sogar als eigentlich bezeichnen, wie Stein, Holz usw. Fremd sind diejenigen, die durch die Vernunft irgendwo verändert wurden oder aufgrund einer Notwendigkeit oder wegen des

---

[12] Vgl. Karl Barwick, »Probleme der stoischen Sprachlehre und Rhetorik«, in: *Abhandlungen der sächsischen Akademie der Wissenschaften in Leipzig*, Berlin 1957, S. 88 ff.
[13] Quintilian, Inst. VIII 6,1: »circa quem inexplicabilis et grammaticis inter ipsos et philosophos pugna est«.
[14] Origenes, *Gegen Kelsos*, eingel. und übers. von Paul Koetschau, München 1986, C. Cels. I 24: »... ἤ, ὡς νομίζουσι οἱ ἀπὸ τῆς Ζτοᾶς, φύσει, μιμουμένων τῶν πρώτων φωνῶν τὰ πράγματα καθ' ὧν τὰ ὀνόματα, καθὸ καὶ στοιχεῖά τινα ἐτυμολογίας εἰσάγουσιν.«

Die Metonymie in der antiken Tropenlehre

Schmuckes [...] Zu dieser Art gehören auch jene, die aus dem Ganzen einen Teil darstellen oder aus einem Teil das Ganze in dieser Weise, oder die als Schmuck eine Nachbarschaft zu den Worten besitzen.«[15]

Aus der Heterogenität der Veränderung bzw. Verschiebung eines Urwortes zu einem anderen Wort hin ergibt sich eine immer weiter ausfächernde Differenzierung dieser unterschiedlichen Entstehungen der Worte. Die Grundfrage stammt bereits aus dem platonischen Dialog *Kratylos*, der ebenfalls verschiedene Erklärungen für diese Verschiebungen nennt.[16] Augustinus spricht im 4. Jahrhundert in seiner Schrift *De dialectica* von drei Motiven der Verschiebung: die Ähnlichkeit (»*similitudo*«), die Nachbarschaft (»*vicinitas*«) oder die Gegensätzlichkeit (»*contradictio*«).[17] Für Barwick stellt diese kleine Schrift des Augustinus ein wichtiges Standbein seiner These vom stoischen Ursprung der Tropenlehre dar. Er sieht *De dialectica* in klarer Abhängigkeit von Varros Dialektik und damit als legitimen Zeugen stoischer Sprachlehre. Die von Augustinus beschriebenen Prinzipien der Wortentstehung bzw. der Verschiebung von Urwort zu neuem Wort seien auch die Prinzipien der Tropenlehre. Von Augustinus aus weist Barwick dann auf Ps.-Plutarch und seine Schrift *De Homero* hin. Dort werden acht Tropen genannt, die sich den von Augustinus genannten Prinzipien klar zuordnen ließen: die Onomatopöie, die den Urworten entsprächen, und die Katachrese, die Ersetzung durch einen neuen Ausdruck; dann die Tropen im engeren Sinne: die Metapher und die Metalepse, die nach dem Prinzip der *similitudo* funktionierten, dann Synekdoche, Metonymie und Antonomasie, gemäß der *vicinitas*, und schließlich die Antiphrasis, gemäß der *contradictio*. Barwick überträgt also das etymologische Verfahren der Stoiker auf die Tropenlehre, sieht in ihr ein Verfahren der Wortbildung, das aus der Vergangenheit in die Gegenwart transportiert wurde. Für diese Herleitung wurde Barwick stark kritisiert. So ist zu fragen, ob die augustinische Schrift *De dialectica*

---

[15] Martianus Capella, ed. von Adolf Dick, Leipzig 1925, 358 ff.: »rebus sunt verba, quae naturalia atque etiam propria dicimus, ut lapis lignum et cetera. aliena sunt, quae ratione aliqua mutantur vel propter necessitatem vel propter decorem. ... ex hox genere sunt etiam illa, quae ex toto partem aut ex partem totum significant in hunc modum; ut decenter verborum habeant propinquitatem; haec enim similitudinis genere placuit includere.«
[16] Vgl. Platon, *Kratylos*, in: *Werke in 8 Bänden, griechisch und deutsch*, Darmstadt 1974, 397c-410e.
[17] Vgl. Augustinus, *De Dialectica* (PL 32) 6.10.

Michael Rasche

in der Tat derart eng an Varro angegliedert ist, dass sich aus ihr eine stoische Wortbildungslehre konstruieren lässt.[18] Entsprechend schwierig ist es auch, die Kriterien der augustinischen Schrift auf die Tropen in Ps.-Plutarchs *De Homero* anzuwenden, zumal diese in der Schrift selbst vom Autor mit keinem Wort erwähnt werden.[19] Barwicks These leidet an der nicht zu überwindenden Aporie, im Detail eine stoische Wortbildungslehre nachzeichnen zu wollen, sich aber nur auf Quellen stützen zu können, die viele Jahrhunderte später entstanden sind. Auch wenn die von Barwick versuchte Präzision in der Herleitung der Tropenlehre nicht möglich ist, so muss man dennoch ihren Ursprung in der stoischen Sprachlehre verorten. Ruef weist auf eine Stelle bei Diogenes Laertius hin, in der im Rahmen der Schilderung der stoischen Erkenntnislehre die Prinzipien *similitudo*, *vicinitas* und *contradictio* benannt werden,[20] so dass man in der Tat von einer Verbreitung dieser Prinzipien ausgehen muss. Es ist eindeutig, dass es in der Stoa intensive Bemühungen gab, die Sprache etymologisch zu durchdringen, ihre Funktionsweise freizulegen und auch für die aktuelle Bildung von Sprache, für die Rhetorik, fruchtbar zu machen. In diesem Geschehen sind die Ursprünge der Tropenlehre anzusetzen, was auch für die antiken Autoren offensichtlich war.[21]

Die Übertragung der etymologischen Verschiebung in die aktuelle Rhetorik folgt einer sprachwissenschaftlichen Notwendigkeit, darauf basierend, dass – so die Stoa – diese Verschiebung nicht durch eine willentliche Setzung, sondern durch einen Zwang der Natur vollzogen

---

[18] Vgl. Hans Ruef, *Augustin über Semiotik und Sprache: Sprachtheoretische Analysen zu Augustins Schrift »De Dialectica«*, Bern 1981, S. 134 f.
[19] Vgl. Michael Hilgruber, *Die pseudoplutarchische Schrift De Homero*, Teil 1–2, Stuttgart/Leipzig 1994; Teil 1, S. 68. Hilgruber weist auch darauf hin, dass sich nicht alle Tropen auf die augustinischen Kriterien übertragen lassen, so z. B. die Emphase, die Barwick folgerichtig einer anderen Quelle und nicht Ps.-Plutarch selbst zuschreibt.
[20] Diogenes Laertius, *Leben und Meinungen berühmter Philosophien*, übers. und eingel. von Otto Apelt, Stuttgart 1988, VII 52: »... denn bei dem, was durch Denken erkannt wird, liegt die Anregung zum Denken teils in zufälligen Umständen, teils in der Ähnlichkeit, teils in der Analogie, teils in der Versetzung, teils in der Zusammensetzung, teils in der Entgegensetzung.«
[21] Vgl. Quintilian, Inst. I 8,16; Sextus Empiricus, *Adversus Grammaticos*, ed. von Hermann Mutschmann, Leipzig 1954, Adv. Gramm. 248 f. Vgl. auch Pierre Fontanier, »Commentaire raisonné sur Les Tropes de Dumarsais«, in: César-Chesneau Dumarsais/Pierre Fontanier (Hrsg.): *Les Tropes*, Genf/Paris 1984 (Neudruck der Aufl. von 1818), S. 22 ff.; Richard E. Volkmann, *Die Rhetorik der Griechen und Römer in systematischer Übersicht*, Leipzig 1885 (Nachdr. 2005), S. 416.

wird. Damit positioniert sich die Stoa gegen Aristoteles, der die Wortentstehung und die Eigentlichkeit bzw. Üblichkeit des Begriffs als Folge eines gesellschaftlichen Konsenses beschrieb, aber nicht als natürliche Notwendigkeit. Neben der offenen Frage, ob ein fehlender Begriff durch die Natur oder durch den Menschen geschaffen ist, darf ein weiterer Aspekt bei der Entstehung der Tropen nicht vergessen werden, den bereits Aristoteles ausgeführt hat: ihr Charakter als willentlich herbeigeführte Ausschmückung eines Gedankens. Beide Aspekte, die »Notwendigkeit«, einen fehlenden Begriff zu ersetzen, und der »Schmuck«, einen bereits existierenden Begriff zu ersetzen, konstituieren eine Trope. Das Verhältnis von »Notwendigkeit« und »Schmuck« wird unterschiedlich beschrieben: Cicero sieht in der Notwendigkeit den ursprünglichen Charakter einer Trope, der dann die schmuckhafte Prägung hinzugefügt wird,[22] der Grieche Tryphon stellt Notwendigkeit und Schmuck hingegen gleichberechtigt gegenüber.[23] Auch Quintilian, sonst oft abhängig von Cicero, setzt diese als gleichwertig voraus.[24] Er definiert die Trope als »mit Tugend« hergestellt, also als einen ethisch oder auch künstlerisch positiv zu deutenden Akt: »Ein Tropus ist die mit Tugend hergestellte Vertauschung der eigentlichen Bedeutung eines Wortes oder Ausdrucks mit einem anderen.«[25] Die Entstehung der Tropenlehre stellt sich als außerordentlich vielschichtiges Geschehen der stoischen Sprachlehre dar: Im verstehenden Nachvollzug des sprachlichen Geschehens, wie es Hauptanliegen der Stoa war, öffnet sich schließlich der Blick für die Produktion der Sprache in der Rhetorik, aus der Rezeption von Sprache wird ihre Konstruktion.

Die einzelnen beschriebenen Tropen orientieren sich an der Verschiebung bzw. Vertauschung, die in der ursprünglichen Wortbildung

---

[22] Vgl. Cicero, *De oratore*, übers. und hrsg. von Harald Merklin, Stuttgart 1976, De or. III 38,155: »Sie hat der Zwang des Mangels und der Enge hervorgebracht, dann aber das Vergnügen und der Reiz vermehrt. Denn wie man das Gewand zuerst erfand, um sich der Kälte zu erwehren, dann aber anfing es auch anzuwenden, um dem Körper Schmuck und Würde zu verleihen, so wurde auch die Übertragung eines Wortes aus Mangel eingeführt, doch zum Vergnügen häufig wiederholt.«
[23] Vgl. Tryphon, *Tropoi*, in: Rhetores Graeci, Bd. 3, ed. von Leonhard Spengel, Leipzig, 1856, Trop. 191,12: »τρόπος δέ ἐστι λόγος κατὰ παρατροπὴν τοῦ κυρίου λεγόμενος κατά τινα δήλωσιν κοσμιωτέραν ἢ κατὰ τὸ ἀναγκαῖον.«
[24] Vgl. Quintilian VIII 6,6: »id facimus, aut quia necesse est aut quia significatus est aut, ut dixi, quia decentius.«
[25] Quintilian, Inst. VIII 6,1: »Τρόπος est verbi vel sermonis a propria significatione in aliam cum virtute mutatio.«

festgestellt wurde. Eine wirkliche Systematik der Tropen entsteht in der Antike nicht. Die Autoren reihen oftmals die Tropen aneinander, häufig ohne auch nur zu versuchen, einen Zusammenhang zwischen diesen herzustellen oder sie zu sortieren;[26] die genannten Tropen wechseln, die Anzahl ist unterschiedlich: Quintilian nennt beispielsweise 14 Tropen, Tryphon (mit Untergruppen) 38 Tropen, in der *Rhetorik an Herennius* werden 10 Tropen aufgezählt. An der Spitze der Tropenlisten stehen gewöhnlich die Onomatopöie, die Selbstbildung eines Wortes, dem Urwort entsprechend, sowie die Katachrese, die einen fehlenden Begriff ersetzt. Beide tropischen Figuren – die streng genommen selbst keine Tropen sind – geben damit das in der stoischen Sprachlehre erkannte ursprüngliche Geschehen der Wortbildung wieder: den eigentlichen Begriff und die notwendige Füllung eines bis dahin nicht existierenden Begriffs. Dann folgen die einzelnen Tropen, die durch eine wie auch immer geartete Verschiebung vom eigentlichen Begriff entstehen. Tryphon, dessen Schrift »die Grundlage für die Compilationen späterer Rhetoren«[27] ist, nennt (neben Onomatopöie und Katachrese) als Haupttropen Metapher, Allegorie, Ainigma, Meta-lepse, Metonymie, Synekdoche, Periphrase, Anastrophe, Hyperbaton, Pleonasmus, Ellipse und Parapleroma.[28] Näher geordnet oder systematisiert werden diese Listen nicht, auch nicht bei Tryphon, gewöhnlich werden sie – wie hier bei Quintilian – mit einer kurzen Definition eingeleitet, die auf alle Tropen zutreffen kann:

»Es ist also ein Tropus eine Redeweise, die von ihrer natürlichen und ursprünglichen Bedeutung auf eine andere übertragen wird, um der Rede als Schmuck zu dienen, oder, wie die Grammatiklehrer meist definieren, ein Ausdruck, der von der Stelle, bei der er eigentlich gilt, auf eine Stelle übertragen wird, wo er *nicht eigentlich ist.*«[29]

---

[26] Eine Ausnahme ist hier der Rhetoriker Kokondrios, der die Tropen in drei Kategorien einteilt. Er unterscheidet zwischen den Tropen, die sich auf ein Wort, einen Satz oder auf beides beziehen (Spengler III, S. 230). Hierzu ist anzumerken, dass die Grenzen zwischen den rhetorischen Tropen und den Figuren bei vielen antiken Rhetoren noch nicht klar definiert sind.
[27] Volkmann, *Die Rhetorik der Griechen und Römer in systematischer Übersicht*, S. 417.
[28] Vgl. Tryphon, Trop., 191 ff.
[29] Quintilian, Inst. IX 1,4: »Est igitur τρόπος sermo a naturali et principali significatione translatus ad aliam ornandae orationis gratia, vel, ut plerique grammatici finiunt, dictio ab eo loco, in quo propria est, translata in eum, in quo *propria non est.*« Vgl. auch

Die Metonymie in der antiken Tropenlehre

Unabhängig von der in der Antike vieldiskutierten Frage, ob eine eigentliche Bezeichnung durch die Natur gegeben oder durch einen gesellschaftlichen Konsens herbeigeführt wird, stellt die Tropenlehre die Ausdifferenzierung eines Geschehens dar, welches eine Beziehung darstellt bzw. nachvollzieht zwischen einem eigentlichen und einem von diesem abhängigen, uneigentlichen Ausdruck. In dieses Geschehen lassen sich die einzelnen Tropen zwar in mehr oder weniger lockerer Form einordnen, eine genaue Systematik der Tropenlehre ist jedoch nicht möglich, zumindest nicht auf der Basis der antiken Tropenlehre.

II. Die Metonymie als Trope

Auch wenn sich die Bezeichnung »Metonymie« erst im Laufe der Zeit durchsetzt, so ist das durch diesen Begriff Benannte unverzichtbares Element aller Tropenlisten. Die älteste bekannte Definition der Metonymie befindet sich in der *Rhetorik an Herennius* aus dem beginnenden 1. Jahrhundert v. Chr. Der unbekannte Autor, lange mit Cicero identifiziert, spricht von der *denominatio* (Umbenennung):

»Die Umbenennung ist das Stilmittel, welches von benachbarten und angrenzenden Dingen einen Ausdruck herholt, durch welchen das Ding verstanden werden kann, ohne dass es mit seiner eigentlichen Bezeichnung benannt wäre.«[30]

Cicero kennt für diese Trope zwei Bezeichnungen, die Hypallage und die Metonymia:

»Das nennen die Rhetoren Hypallage (Vertauschung), weil man gewissermaßen Worte miteinander vertauscht, während die Grammatiker es als Metonymia (Umbenennung) bezeichnen, weil Bestimmungen übertragen werden.«[31]

Inst. VIII 6,5–6; Isidor, *Origines*, PL 81, Or. I 37,1: »fiunt autem a propria significatione ad non propriam similitudinem.«

[30] *Rhetorica ad Herennium*, hrsg und übers. von Theodor Nüßlein, Düsseldorf/Zürich 1994; Her. IV 32,43: »Denominatio est, quae ab rebus propinquis et finitimis trahit orationem, qua possit intellegi res, quae non suo vocabulo sit appellata.«

[31] Vgl. Cicero, *Orator*, übers. und hrsg. von Harald Merklin, Stuttgart 2004; Or. 27,93: »hanc ὑπαλλαγὴν rhetores, quia quasi summutantur verba pro verbis, μετωνυμίαν grammatici vocant, quod nomina transferunter.«

Michael Rasche

Cicero ist der einzige Zeuge für diese begriffliche Zuordnung, die daher schwer einzuschätzen ist. Interessant ist sie aber auf jeden Fall, da sie noch einmal den engen Zusammenhang zwischen dem etymologisch-grammatischen und dem rhetorischen Wesen der Tropenlehre andeutet. Die Trope schlechthin ist die Metapher. Zu ihr ist die Metonymie abzugrenzen, was Cicero im *Orator* unmittelbar vor oben zitierter Stelle auch tut:

»übertragen nenne ich [...] die Worte, die durch Ähnlichkeit von einer anderen Sache oder um der Annehmlichkeit oder aus einem Mangel heraus übertragen wurden; vertauscht nenne ich die, bei denen für ein Wort ein anderes eingesetzt wird, welches die gleiche Bedeutung hat und aus einem benachbarten Bereich entnommen ist.«[32]

Die metaphorische Verschiebung basiert auf dem Prinzip der Ähnlichkeit: ein Begriff kann durch einen anderen ersetzt werden, wenn eine Ähnlichkeit zwischen beiden vorhanden ist, die gemäß dem Sinn des Ausgesagten erkannt werden kann. Demgegenüber funktioniert die Metonymie nach dem Prinzip der »Nachbarschaft«: Ein Begriff kann dann durch einen anderen ersetzt werden, wenn er sich in einer wie auch immer gearteten realen Beziehung oder Nachbarschaft befindet. Es muss – im Unterschied zur Metapher – einen realen Berührungspunkt zwischen eigentlichem und uneigentlichem Begriff geben. Damit befindet sich die Metonymie in der Nähe der Synekdoche:

»Nicht fern der Synekdoche steht die Metonymie, das heißt die Setzung einer Benennung für eine andere, (deren Benennung darin liegt, statt dessen, wovon man spricht, den Grund einzusetzen, weswegen man davon spricht).«[33]

Im Unterschied zur Synekdoche (Teil-Ganzes-Beziehung), die eine Schnittmenge zwischen eigentlicher und uneigentlicher Benennung vorsieht, ist die Metonymie auf einen Berührungs*punkt* beschränkt. Lausberg zieht folgende Synthese:

»Die Metonymia [...] besteht darin, dass für das verbum proprium ein anderes Wort gesetzt wird, dessen eigentliche Bedeutung mit dem okkasionell

---

[32] Cicero, Or. 27, 92: »tralata dico, ut saepe iam, quae per similitudinem ab alia re aut suavitatis aut inopiae causa transferuntur; mutate, in quibus pro verbo subicitur aliud quod idem significet sumptum ex re aliqua consequenti.«
[33] Quintilian, Inst. VIII 6,23: »Nec procul ab hoc genere discedit metonymia, quae est nominis pro nomine positio, (cuius vis est, pro eo, quo dicitur, causam, propter quam dicitur, ponere).«

gemeinten Bedeutungsinhalt in einer realen Beziehung (res consequens), also nicht in einer Vergleichsbeziehung (similitudo) wie bei der Metapher steht.«[34]

Jede Trope wird definiert durch die Art ihrer Verschiebung oder Veränderung gegenüber dem Urwort bzw. eigentlichen Ausdruck. Lausberg hat – basierend auf Beda Venerabilis[35] – insgesamt fünf Arten (species) der Metonymie klassifiziert:[36]
Die wohl umfangreichste und gebräuchlichste Metonymie ist die »*Person-Sache-Beziehung*«. Eine Sache wird durch ihren Erzeuger oder Erfinder ausgedrückt,[37] aufgrund des starken mythologischen Bezugs der antiken Rhetorik werden oft die Götternamen für ihren Funktionsbereich genannt: Mars für den Krieg, Ceres für das Getreide, Liber für den Wein, Neptun für das Meer.[38] Wie bei allen tropischen Formulierungen ist der schmale Grad zu beachten, der eine gelungene Wendung von einer lächerlich anmutenden Phrase unterscheidet: Quintilian ist hier gewohnt skeptisch.[39] Autoren werden für ihre Werke genannt (Vergil für seine Bücher[40]), Werkzeuge für ihre Benutzer (»Nicht so schnell bemächtigten sich die makedonischen Lanzen«[41]).

Die »*Gefäß-Inhalt-Beziehung*« ist eng mit der »Person-Sache-Beziehung« verwandt, teilweise sogar mit ihr identisch. Lausberg schlägt das Verhältnis »Eigentümer/ Einwohner für Eigentum/ Wohngebiet«[42] zwar der Person-Sache-Beziehung zu, aber schon das in der Rhetorik häufig genannte Vergil-Zitat: »als nächstes brennt Ucagelon (Personenname, hier aber das »Haus Ucagelon«)«[43] zeigt auf, dass zwischen diesen beiden Definitionen eine große Schnittmenge liegt. Die Gefäß-Inhalt-Beziehung gilt in beiden Richtungen, der Inhalt kann durch das Gefäß ausgesagt werden (»Durch Waffen kann Italien nicht

---

[34] Heinrich Lausberg, *Handbuch der literarischen Rhetorik*, Stuttgart 2008, S. 292.
[35] Vgl. Beda, *Liber de schematibus et tropis*, ed. von Karl Halm, Leipzig 1863, S. 612,29.
[36] Vgl. Lausberg, *Handbuch der literarischen Rhetorik*, S. 294 ff.
[37] Tryphon, Trop. p. 195,24: »ἀπὸ τῶν εὑρόντων τὰ εὑρήματα«; Quintilian, Inst. VIII 6,23: »inventas ab inventore«.
[38] Cicero, De or. III 42,167.
[39] Quintilian, Inst. VIII 6,24: »aber Liber und Ceres für Wein und Brot geht weiter, als es der ernste Ton des Forums erträglich findet.«
[40] Vgl. Quintilian, Inst. VIII 6,26.
[41] Her. IV 32,43.
[42] Quintilian, Inst. VIII 6,25: »a possesore quod possidetur.«
[43] Vergil, Äneis, hg. von Gian Biagio Conte, Berlin 2009, Än. II 311: »iam proximus ardet Ucalegon.« Vgl. Quintilian, Inst. VIII 6,25; Isidorus, or. I 37,8 u. a.

besiegt werden«), sowie das Gefäß durch den Inhalt (»Gold oder Silber für Reichtum«).[44]

Auch die »*Grund-Folge-Beziehung*« hat eine hohe Schnittmenge mit der »Person-Sache-Beziehung«. Der häufig genannte »Hephaistos« kann sowohl als Gott des Feuers als auch als bewirkende Ursache des Feuers metonymisch eingesetzt werden. Auch hier sind die Autoren für ihre Werke zu nennen.

Die »*Abstractum-Concretum-Beziehung*« setzt Tugenden oder Laster für die tugend- oder lasterhaften Personen: die Treue, die sich durchgesetzt hat oder die Gerechtigkeit, die ihr Werk getan hat.[45]

Schließlich die sog. »*Symbol-Beziehung*«: Cicero nennt die »Toga« für den Frieden oder »Waffen und Wehr« für den Krieg. Lausberg nennt diese Beispiele zwar metonymisch,[46] die offene Frage ist jedoch, ob man die »Symbol-Beziehung« als eigenständige Art der Metonymie zählen muss. Sämtliche Beispiele zeigen Begriffe auf, die aufgrund einer »Grund-Folge-Beziehung« oder einer anderen bereits genannten Beziehung *auch* einen symbolischen Charakter haben. Das Symbolische an sich, unabhängig von obigen Beziehungen, ist nicht metonymisch und daher als Charakterisierung einer metonymischen Species eher ungeeignet.

Nicht nur die Übergänge zwischen den einzelnen metonymischen Species, sondern auch die Übergänge zu anderen Tropen, wie der Synekdoche oder der Metapher, sind fließend. In der *Rhetorik an Herennius* wird bei der Erläuterung der Synekdoche folgendes Beispiel genannt: »Haben die Hochzeitsflöten dich nicht an diese Ehe erinnert?«[47] Wenn die Hochzeitsflöten als ein Teil der ganzen Feierlichkeit verstanden werden, ist der Satz – wie in der Rhetorik geschildert – synekdotisch, wenn sie allerdings nicht als Teil, sondern als Symbol begriffen werden, metonymisch oder – wenn man das Symbolische nicht als eigenständige Species der Metonymie wertet – sogar metaphorisch. Quintilian nennt ein ähnliches Beispiel, stellt aber kommentierend mit einer gewissen Resignation fest, dass es sich um »Feinheiten« handelt, deren Erforschung eine Sorgfalt verlangen würde, »die

---

[44] Vgl. Her. IV 32,43.
[45] Vgl. Cicero, De or. III 42,168.
[46] Lausberg, *Handbuch der literarischen Rhetorik*, S. 294.
[47] Her. IV 33,44: »Non illae te nuptiales tibiae eius matrimonii commonebant?«

Die Metonymie in der antiken Tropenlehre

selbst dann zu kleinlich wäre, wenn es nicht darum ginge, einen Redner anzuleiten«.[48]

Auf die in der *Rhetorik an Herennius* genannten Beispiele der Metonymie folgt ein viel sagender Hinweis auf einen wichtigen Charakterzug der antiken Rhetorik:

»Für alle diese uneigentlichen Benennungen ist die Einteilung in eine Anleitung schwieriger als ihr Auffinden beim Suchen, deshalb weil der Gebrauch derartiger uneigentlicher Benennungen nicht nur bei Dichtern und Rednern, sondern auch in der alltäglichen Sprache häufig ist.«[49]

Diese Sätze weisen auf das topische Wesen der antiken Rhetorik hin, auf ihre Abhängigkeit von der Topik. Die Tropenlehre ist Teil der Konstruktion einer Rede, der Ausschmückung *(elocutio)* des Gedankens. Das Konstruierende darf jedoch nie isoliert betrachtet werden, sondern ist immer an die Topik gebunden, an die Betrachtung bzw. Reflexion des bereits Gegebenen in Sprache und Dichtung. Die Metonymie ist daher – wie auch die anderen Tropen – nicht primär eine Konstruktion, sondern eine Re-Konstruktion, insofern sie eine bestimmte Art der Veränderung eines Ausdrucks erkennt *und dann* benennt.

Die griechischen Beschreibungen der Metonymie sind den lateinischen prinzipiell ähnlich,[50] einen anderen, sehr interessanten Akzent setzt aber Tryphon: »Die Metonymie ist eine Formulierung, die von einem mehrdeutigen Ausdruck (Homonymie) auf einen gleichbedeutenden Ausdruck (Synonymie) verweist.«[51] Diese Definition, die von anderen Autoren übernommen wird,[52] ist im Zusammenhang zu sehen

---

[48] Vgl. Quintilian, Inst. VIII 6,28.
[49] Her. IV 43: »Harum omnium denominationum magis in praecipiendo divisio quam in quaerendo difficilis inventio est, ideo quod plena consuetudo est non modo poetarum et oratorum, sed etiam cottidiani sermonis huiusmodi denominationum.«
[50] Gregor v. Korinth, *Tropoi* (Spengler III) p. 220,9 f.: »Μετωνυμία ἐστὶ μέρος λόγου ἐφ' ἑτέρου μέν τινος κυρίως κείμενον, ἕτερον δὲ σημαῖνον κατὰ τὸ οἰκεῖον.« Ps.-Plutarch, *De vita et poesi Homeri*, ed. von Gregorios Bernadakis, Leipzig 1896, vit. Hom. II,23: »Μετωνυμία: λέξις ἐπ'ἄλλου μὲν κυρίως κειμένη, ἄλλο δὲ κατὰ ἀναφορὰν σημαίνουσα.« Kokondrios, *Tropoi* (Spengler III), p. 233,21 f.: »Μετωνυμία δέ ἐστιν λέξις ἀντὶ ἑτέρας λέξεως παραλαμβανομένη, κατά τινα κοινωνίαν τῶν πραγμάτων.«
[51] Tryphon, Trop. p. 195, 20 f.: »Μετωνυμία ἐστὶ λέξις ἀπὸ τοῦ ὁμωνύμου τὸ συνώνυμον δηλοῦσα.«
[52] Vgl. Anonymus, *Tropoi* (Spengler III), p. 209,8 f.: »Μετωνυμία δέ ἐστι λέξις 'διὰ τῆς ὁμωνυμίας τὸ συνώνυμον δηλοῦσα.« Vgl. auch Georg Choiroboskos, Trop. p. 250,20 f.

mit der Definition einer anderen Trope, der Metalepse, die Tryphon als Umkehrung der Metonymie kennzeichnet: »Die Metalepse ist eine Formulierung, die aus einem gleichbedeutenden Ausdruck (Synonymie) auf einen mehrdeutigen Ausdruck (Homonymie) verweist.«[53] Tryphon nennt als Beispiel die »steilen Inseln« (νῆσοι ὀξεῖαι), die bei Homer zu den »schnellen Inseln« (νῆσοι θοαί)[54] werden. Aristoteles hatte Homonyme definiert als »Dinge, die nur den Namen gemein haben, während der zum Namen gehörige Wesensbegriff verschieden ist«, Synonyme seien »Dinge, bei denen sowohl der Name gemeinsam, wie der zum Namen gehörige Wesensbegriff derselbe ist«.[55] Bei der Metalepse gibt es also – nach Tryphon – zwei gleichbedeutende Ausdrücke (»schnell« und »steil« bezogen auf Geschwindigkeit), die auf einen anderen Begriff, einen homonymen Ausdruck (Insel), bezogen und ausgetauscht werden. In der Metonymie vollzieht sich dieses Geschehen in umgekehrter Weise: Es gibt einen homonymen Ausdruck, von dem eine bestimmte Eigenschaft herausgenommen wird, die den alten Ausdruck ersetzt und die ihm – aufgrund dieser Eigenschaft – synonym ist. Bezogen auf das Insel-Beispiel würde dies bedeuten, dass sich in der Metonymie nicht die Beschreibung der Insel ändern würde (von »steil« zu »schnell«), sondern der Insel-Ausdruck selbst aufgrund einer Eigenschaft dieser Insel. Tryphon greift zur Erläuterung wieder auf Homer zurück, der für das »Feuer« den Gott »Hephaistos« gesetzt hat, welcher der Erfinder des Feuers ist.[56] Metalepse wie Metonymie verfügen über einen Hebel, einen Kontaktpunkt, um den herum sich die Formulierung verschiebt; bei der Metalepse ist dieser Punkt extern: die Geschwindigkeit von »steil« und »schnell«, die mit der Insel eigentlich nichts zu tun hat,[57] bei der Metonymie ist sie intern, die Erfindung

---

[53] Tryphon, Trop. 195, 10f.: »Μετάληψίς ἐστι λέξις ἐκ συνωνυμίας τὸ ὁμώνυμον δηλοῦσα.«
[54] Vgl. Homer, *Odyssee* XV,299.
[55] Aristoteles, Kat. I 1a: »Ὁμώνυμα λέγεται ὧν ὄνομα μόνον κοινόν, ὁ δὲ κατὰ τοὔνομα λόγος τῆς οὐσίας ἕτερος. ... συνώνυμα δὲ λέγεται ὧν τό τε ὄνομα κοινὸν καὶ ὁ κατὰ τοὔνομα λόγος τῆς οὐσίας ὁ αὐτός.«
[56] Vgl. Homer, *Ilias* II,426.
[57] Diese Tatsache machte die Metalepse für Komödien interessant. Sie scheint aber bei den Griechen populärer gewesen zu sein als bei den Lateinern (Quintilian, Inst. VIII 6,37): »Dieser Tropus ist äußerst selten und ungezogen, bei den Griechen jedoch häufiger [...] Das Wesen der Metalepse liegt darin, dass sich zwischen dem, was übertragen wird, und dem, worauf es übertragen wird, eine Art Mittelstufe findet, die selbst nichts bezeichnet, sondern nur einen Übergang bietet.«

des Feuers durch Hephaistos, die auch in den anderen Definitionen erwähnte Nachbarschaft und Nähe, die nicht durch den Wortlaut, sondern durch den Verstand erkannt wird.[58] Gerber kritisierte die Definition des Tryphon und warf ihm vor, das Wesen einer Trope zu verkennen, das im »Schaffen eines Bildes« bestünde:

»Der Tropus vertauscht eben das *nicht* Synonyme, macht sich nur für einen bestimmten Zusammenhang der Rede zu einem Synonym und Polynym, während Polyonymie ... ursprünglich gegeben ist und eine Verwechslung ihrer Ausdrücke nur deshalb zulässt, weil diese schon an sich eine Richtung auf dieselbe Bedeutung haben. Tropen erfordern eine Anerkennung vor dem Forum der Phantasie, Synonyma eine Unterscheidung durch den Verstand.«[59]

Tryphon sagt, der Austausch von »Feuer« durch »Hephaistos« ist die Veränderung eines homonymen Begriffs zu einem Synonym einer gleichen Eigenschaft oder Nachbarschaft. Gerber merkte an, dass diese Kennzeichnung dem tropischen Wesen der Metonymie nicht angemessen sei, das eben in der phantasievollen Kreation einer tropischen Figur besteht und nicht in Veränderungen, die sich grammatisch bzw. verstandesgemäß ausdrücken lassen. Tryphon entwickelt allerdings nicht – wie von Gerber vorgeworfen – eine tropische Figur aus der Grammatik heraus, sondern er nutzt die Begrifflichkeiten der Grammatik, eine bereits existierende tropische Figur zu beschreiben. Die Tropen*lehre* entstand wahrscheinlich in der stoischen Grammatik, nicht die Tropen selbst bzw. das, was erst in der Lehre als eine tropische Figur erkannt wurde. Die Tropenlehre in ihrer Abhängigkeit von der Topik hat insofern einen rezeptiven Grundzug, als dass sie nicht neue Figuren schafft, sondern bereits existierende Figuren erkennt und diese kreativ einsetzt. Was Tryphon liefert, ist daher keine Begründung im Sinne eines Vollzugs der Entstehung der Metonymie, sondern der Versuch einer nachträglichen Kategorisierung.

Das nicht nur von Tryphon, sondern auch von vielen anderen Rhetorikern genannte Beispiel von »Feuer« und »Hephaistos« ist metonymisch aufgrund der Ursache-Wirkung-Beziehung der beiden Be-

---

[58] Vgl. auch Georg Choiroboskos, *Tropoi* (Spengler III), p. 250: »Μετωνυμία ἐστιν, ὅταν ἐκ τῶν περιεχόντων τὰ περιεχόμενα μετονομάσωμεν κατὰ τὴν θείαν γραφήν.« Cornificius, IV,32: »denominatio est, quae ab rebus propinquis et finitimis trahit orationem, qua possit intellegi res, quae non suo vocabulo sit apellata.«
[59] Gerber, *Die Sprache als Kunst*, Bd. 2, S. 51.

griffe. Wenn eine solche Beziehung nicht gegeben ist bzw. im neuen und uneigentlichen Begriff nicht sofort ersichtlich ist, handelt es sich nicht um eine metonymische Beziehung, auch wenn die Begriffe unter Umständen identisch sind. Sextus Empiricus berichtet im 2. Jahrhundert, dass Prodikos, ein Sophist und Zeitgenosse des Sokrates, gelehrt habe, der Gott Hephaistos sei entstanden, weil die Menschen die Kraft des Feuers und ihren Nutzen gesehen und diese dann mit einem göttlichen Namen versehen hätten. Prodikos (oft auch als Atheist geltend) habe also eine Erklärung für die Entstehung der Götter geliefert: Hephaistos als Produkt des Feuers.[60] Dieser Vorgang ist nicht metonymisch, da keine wirkliche Beziehung zwischen zwei Entitäten vorliegt, sondern einfach eine Zuschreibung (»Hephaistos«) erfolgt, die nicht tropisch ist, sondern eher als allegorisch zu bezeichnen wäre. In der Schilderung des Sextus Empiricus hat der Begriff »Hephaistos« eine andere Funktion, da er nicht den Gott und Urheber des Feuers bezeichnet, sondern einen bloßen Namen oder eine Erfindung.

In der Schilderung der Metonymie in der *Rhetorik an Herennius* taucht eine Figur auf, die – nach der Definition des Tryphon – metaleptisch ist. Dort heißt es, es sei metonymisch »wenn man das, was bewirkt, nach dem, was bewirkt wird, benennt, z. B. wenn man die Kunst müßig nennt, weil sie die Menschen zu Müßiggängern macht, und die Kälte träge, weil sie die Menschen träge macht.«[61] Der gemeinsame Bezugspunkt ist nicht beiden gemeinsam – Kälte und Trägheit berühren sich nicht –, sondern liegt extern, nämlich im Menschen. Dieses Beispiel verweist auf die nahe Verwandtschaft von Metonymie und Metalepse, aber auch auf die mangelnde Fähigkeit der antiken Autoren, diese eindeutig abzugrenzen.

Wie auch die anderen Tropen ist die Metonymie selbst in ihrem konkreten Gebrauch ein sich stets veränderndes Geschehen. Als Trope ist die Metonymie immer zu sehen in Abhängigkeit vom eigentlichen Ausdruck, dem *verbum proprium*. Der uneigentliche Ausdruck ist im Idealfall eine Neuschöpfung und damit konkreter Akt der Metonymie.

---

[60] Sextus Empiricus, Adv. Math. IX 51 f.: »Prodikos von Keos sagt, die Sonne, den Monde, die Ströme, die Quellen, überhaupt alles in seinem Leben Nützliche, haben die Alten wegen seines Nutzens für eine Gottheit gehalten, wie z. B. die Ägypter den Nil. Deshalb habe das Brot als Demeter, der Wein als Dionysos, das Wasser als Poseidon, das Feuer als Hephaistos gegolten und so alles Wohlverwendbare.«
[61] Her. IV 32,43: »aut si quod facit ab eo, quod fit, ut cum desidiosam artem dicimus, quia diciosos facit, et frigus pigrum, quia pigros effecit.«

Die Metonymie in der antiken Tropenlehre

Im wiederkehrenden Gebrauch einer metonymischen Formulierung verändert sich auch »das Metonymische«: Lausberg spricht hier von »Habitualisierungsgraden«.[62] Durch den fortgesetzten Gebrauch der metonymischen Formulierung – durch die Steigerung der Habitualisierung – wird diese zur Katachrese und verliert damit streng genommen ihren tropisch-metonymischen Charakter. Das Tropische (in diesem Fall Metonymische) ist nicht die äußere Form, die feste Formulierung, sondern der Akt des Formulierens, die metonymische Intention des Formulierenden, die sich dann in das Katachretische hinein auflöst, ohne die äußere Form zu verändern. Quintilian hat dies mit Blick auf die Metapher dargestellt:

»Daher ist die missbräuchliche Benennung, die sogenannte Katachrese, unvermeidlich. Die Übertragung, in dem ja wohl der wichtigste Schmuck der Rede besteht, macht Worte für Dinge passend, die es eigentlich nicht sind. Deshalb bezieht sich die eigentliche Bedeutung des Ausdrucks nicht auf die Benennung, sondern auf die Kraft zu kennzeichnen, und lässt sich nicht nach dem Klang, sondern nach dem Sinn abwägen.«[63]

Wenn eine tropische Formulierung sich derart eingebürgert hat, dass sie als solche nicht mehr wahrgenommen wird, sei sie metaphorisch, synekdotisch oder metonymisch, dann wird dasjenige, was im Ursprung eine Verschiebung von einem eigentlichen Begriff darstellt, selbst zu einem eigentlichen Begriff. Quintilian erläutert diese Veränderung mit dem Wort »Wirbel«. Ursprünglich sei dieses Wort gebraucht worden für den Wirbel im Wasser. Schließlich bürgerte es sich auch ein, vom Wirbel der Haare zu sprechen und auch diese Zuordnung ist irgendwann als »eigentlich« zu bezeichnen.[64] Im Falle der Metonymie handelt es sich dann um eine »metonymische Katachrese«, die als Katachrese zu einem eigentlichen Ausdruck geworden ist, ohne ihr metonymisches Wesen zu verlieren.[65] Wie schmal der Grad zwi-

---

[62] Vgl. Lausberg, Handbuch der literarischen Rhetorik, S. 297 f.
[63] Quintilian, Inst. VIII 2,5–6: »Unde abusio, quae κατάχρησις dicitur, necessaria. translatio quoque, in qua vel maximus est orationis ornatus, verba non suis rebus accommodat. quare proprietas non ad nomen, sed ad vim significandi refertur, nec auditu, sed intellectu perpendenda est.«
[64] Vgl. Quintilian, Inst. VIII 2,4–7; vgl. auch Tryphon, Trop. p. 192,26.
[65] Vgl. Posselt, Katachrese. Rhetorik des Performativen, S. 19: »Die Katachrese steht unentscheidbar zwischen dem gewöhnlichen Wort und der Metapher. Sie ist ein gewöhnlicher Ausdruck, da sie eine ursprüngliche und genuine Bezeichnung ist; sie ist eine Metapher, da sie auf Übertragung und Ähnlichkeit beruht. Kurz, die Katachrese

Michael Rasche

schen Metonymie und Katachrese ist, wird auch in der Metonymie-Definition des Martianus Capella deutlich, der Metonymie und Katachrese als ein Geschehen ansieht.[66]

III. Die Veränderung der Tropen

In der Antike werden die Tropen beschrieben als Übertragungen von Begriffen, immer ausgehend von einem eigentlichen und ursprünglichen Begriff, dem *verbum proprium*. Diese Verschiebungen werden durchgeführt aufgrund der Notwendigkeit, einen fehlenden Begriff zu ersetzen oder aufgrund von ästhetischen Gesichtspunkten. Die Relativität der Tropen zum eigentlichen Begriff definiert ihre Identität, also nicht der ersetzte Begriff selbst, sondern das Verhältnis des bewegten Begriffs zu diesem, seinem Ursprung.[67] Die antike Beschreibung des tropischen Geschehens lebt von Voraussetzungen, die dem modernen Denken zumindest nicht mehr selbstverständlich sind und deren Überwindung oder Weiterführung zu einer Veränderung der Tropenlehre führen muss. Das der Trope vorausgesetzte eigentliche Wort ist nicht die Entsprechung eines modernen Literalsinns, sondern bereits eine vollgültige und definitive Aussage. Blumenberg hat diesen Zusammenhang in dem nüchternen Satz: »Kosmos und Logos waren Korrelate«[68] zusammengefasst. Daraus ergeben sich mehrere Konsequenzen: Zum einen schaffen die Tropen keinen wirklichen Mehrwert einer Sache. Die Trope kann die rhetorische Wirkung einer Aussage steigern, aber nicht deren Gehalt. Zudem ergibt sich hieraus die Unmöglichkeit der Antike, eine systematische Tropenlehre zu entwerfen, welche die einzelnen Tropen für sich definieren und gegenseitig abgrenzen könnte. Die Tropen stellen eine Abweichung gegenüber der in den aristote-

---

ist ein eigentlicher Ausdruck, da es keinen anderen Ausdruck gibt, der eigentlicher wäre, und doch ist sie figurativ, da sie immer auf einer tropologischen Bewegung basiert.«

[66] Martianus Capella, De rhetorica, in: *Rhetores latini minores*, hg. von Karl Halm, Leipzig 1863, rhet. 32: »hunc tropum metonymian grammatici memorarunt, catachresin etiam graeci, quam nos abusionem dicimus, ut cum perhibemus naturam deorum pro substantia.«

[67] Vgl. Lausberg, *Handbuch der literarischen Rhetorik*, S. 283.

[68] Hans Blumenberg, *Paradigmen zu einer Metaphorologie*, Frankfurt am Main 1998, S. 8.

lischen Kategorien beschriebenen Ontologie dar. Wheelwright sprach hier von einer »ontologischen Metapoetik«,[69] die aber letztlich eine illegitime Ontologie neben der eigentlichen Ontologie darstellt und damit – so Aristoteles – nicht für sich diskussionsfähig ist:

»Wenn man aber nicht in Metaphern disputieren darf, so darf man offenbar auch nicht in Metaphern und metaphorischen Ausdrücken definieren. Denn wenn man es täte, so müsste die Folge sein, dass man auch in Metaphern disputierte.«[70]

Durch das Abweichen von den aristotelischen Kategorien der Ontologie ist eine Trope nicht wahrheitsfähig, und somit sind auch keine definitiven Aussagen über Tropen möglich.[71] Die Beziehung zwischen der Trope und dem eigentlichen Ausdruck ist nicht definierend einzugrenzen, sondern lässt – so Cicero – alle Möglichkeiten offen.[72] Indem die Tropen seit der Definition des Aristoteles nicht als Redeweise, sondern als Wortfiguren beschrieben werden, kann man sie zwar theoretisch so weit ausfächern wie es Worte gibt, aber es ist unmöglich, sie in ihrer Gesamtheit als ein System zu beschreiben.[73] Die Trope bleibt an ihren Bezugspunkt gebunden, und der besteht nicht in einer Funk-

---

[69] Vgl. Philip Wheelwright, »Semantics and Ontology«, in: Basil Cottle/Lionel Charles Knights (Hrsg.): *Metaphor and Symbol*, London 1962, S. 1–9.
[70] Vgl. Aristoteles, An. post. 97b: »εἰ δὲ μὴ διαλέγεσθαι δεῖ μεταφοραῖς, δῆλον ὅτι οὐδ᾽ ὁρίζεσθαι οὔτε μεταφοραῖς οὔτε ὅσα λέγεται μεταφοραῖς· διαλέγεσθαι γὰρ ἀνάγκη ἔσται μεταφοραῖς.« Vgl. auch Top. 139b.
[71] Vgl. Christian Strub, »Ordo troporum naturalis. Zur Systematisierung der Tropen«, in: Jürgen Fohrmann (Hrsg.): *Rhetorik. Figuration und Performanz*, Stuttgart 2004, S. 7–28; hier S. 7: »Die Ontologie zeigt in der semantisch korrekten Form dieses Sprechens, die seine Wahrheitsfähigkeit garantiert. Tropisches Sprechen hingegen ist per se nicht wahrheitsfähig, weil es auf der wörtlichen Ebene Unzulässiges […] produziert.« Vgl. auch Christian Strub, *Kalkulierte Absurditäten*, Freiburg/München 1991, S. 287 ff.; Detlev Otto, *Wendungen der Metapher. Zur Übertragung in poetologischer, rhetorischer und erkenntnistheoretischer Hinsicht bei Aristoteles und Nietzsche*, München 1998, S. 68 ff.
[72] Vgl. Cicero, De or. III 40,161: »Es gibt nämlich nichts auf der Welt, dessen Bezeichnung, dessen Namen wir nicht in anderem Zusammenhang gebrauchen können. Aus derselben Quelle, aus der man ein Gleichnis ableiten kann – man kann es aber überall –, lässt sich auch ein einzelnes Wort gewinnen, das ein Element der Ähnlichkeit enthält und dessen übertragene Anwendung Klarheit in die Rede bringen kann.«
[73] Vgl. Paul Ricœur, *Die lebendige Metapher*, München 1986, S. 21: »Diese Eingrenzung der Metapher auf den Bereich der Wortfiguren gibt gewiss Anlass zu höchst subtilen systematischen Einteilungen. Dafür ist jedoch ein hoher Preis zu zahlen: die Unmöglichkeit, die Einheit einer bestimmten Funktionsweise zu erkennen.«

Michael Rasche

tionsweise oder einer einheitlichen Formel, sondern im jeweiligen Wort. Haverkamp spricht mit Blick auf den Metaphern-Begriff des Quintilian von einer »Text-Marginalität« und einer »Rhetorik-Zentralität«: Die Metapher als die Trope schlechthin stellt bei den antiken Rhetoren keine sprachliche Funktionsweise dar, sondern eine rhetorische.[74]

Die abhängige Distanz zum Wort verleiht der antiken Rhetorik einen rezeptiven Grundzug, da das in der Rhetorik Geschaffene nur als etwas ontologisch Abhängiges gesehen werden kann. Diese Rezeptivität kommt auch dadurch zum Ausdruck, dass neben der *elocutio*, der Ausschmückung der Rede in der Figuren- und Tropenlehre, die *inventio*, die Stoffauffindung in der Topik, unverzichtbares und am ausführlichsten bearbeitetes Element der antiken Rhetorik ist, genauer der *officia oratoris*, welche schrittweise die Ausarbeitung einer Rede darstellen. Konstruktion und Rezeption sind aufeinander verwiesen und in dieser gegenseitigen Verwiesenheit Kennzeichen der antiken Rhetorik. In der Tropenlehre geht es – in Abhängigkeit von der Topik – weniger um eine unabhängige Konstruktion, sondern um den Nachvollzug von Sprache in Grammatik und Dichtung, aus dem heraus dann eine (Re-)Konstruktion »neuer« Gebilde möglich wird.

Für das Verständnis des topischen Grundzugs der antiken Rhetorik und des Einflusses der Topik auf die Tropenlehre ist es wichtig, sich in Erinnerung zu rufen, dass die Antike – wie auch das Mittelalter – keinen Fortschritts- oder Neuheitsbegriff im modernen Sinne kannte. Natürlich wurden Entwicklungen wahrgenommen oder sogar – wie bei der Bildung – angestrebt, aber diese fanden im Rahmen eines in sich unveränderlichen Kosmos statt, der sich zyklisch entwickelt oder ontisch nichts Neues darbieten kann. Diese allgemein übliche Weltsicht wurde gerade durch Philosophen wie Platon und Aristoteles noch einmal bestärkt und intellektuell neu verankert.[75] Rhetorik bestand also

---

[74] Vgl. Haverkamp, *Metapher – Die Ästhetik in der Rhetorik*, S. 26: »In derselben Weise, wie die Metapher die Funktion der Tropen und Figuren darstellt, machen die Tropen- und Figurenkapitel die Funktion der Begriffe in der *Institutio oratoria* insgesamt exemplarisch, so dass man unterscheiden muss, dass die Metapher bei Quintilian nicht in dem, was und wie sie wirkt, zentral ist (dies gerade nicht), sondern durch das, was an ihrer Funktionsweise abgelesen werden kann. Als Tropus text-marginal, ist die paradoxe Randlage der Metapher selbst rhetorik-zentral.«

[75] Vgl. Eric Robertson Dodds, *Der Fortschrittsgedanke in der Antike*, Zürich/München 1977, S. 22 f.: »Für Platon besteht jeder Fortschritt in der Annäherung an ein existieren-

nicht darin, etwas zu erfinden, sondern bereits Existierendes zu erkennen: das Überzeugende, das der Redner für den Erfolg seiner Rede benötigt.[76] Bezogen auf die Tropenlehre bedeutete dies, dass die tropischen Figuren in der rhetorischen *inventio* nicht *er*funden, sondern *ge*funden und dann in der rhetorischen *elocutio* formuliert wurden, nicht als Herstellung von etwas Neuem, sondern als Rekonstruktion bzw. Aktualisierung des bereits Erkannten, sei es in der gesprochenen Sprache oder in der Dichtung. Die *inventio* befasste sich mit Orten *(topoi)*, an denen sie ihren Inhalt entdeckt, nicht erschafft. Die Tropen wurden nicht als Verfahrensweise zur Herstellung von etwas Originellem genutzt, sondern waren vorgegebene Figuren, die nur in Abhängigkeit und Relation zu etwas bereits Existierendem zu sehen waren.

In der Moderne verschieben sich die ontologischen Fundamente der Rhetorik, damit – fast unmerklich – der Charakter der Rhetorik selbst und mit ihr die Tropenlehre. Die einzelnen Tropen werden nicht mehr in Abhängigkeit von einem eigentlichen Ausdruck gesehen, sondern in ihnen wird ein unabhängiges Sprachgeschehen erkannt, das es zu systematisieren gilt. An die Stelle der einen metaphysischen Ontologie tritt eine Vielfalt von Ontologien: Sprache löst sich nicht nur von dem einen ontologischen Ursprung, sie wird selbst Träger eines vielschichtigen letztbegründenden Geschehens. Mit verändertem Interesse werden die Tropen behandelt, die zum konstituierenden Teil dieses Geschehens werden:

»Die Tropen erhalten [...] eine neue Funktion: Sie sind nicht mehr Gewand eines eigentlich Gemeinten, sondern Verfahrensweisen, mit denen man das Konzept des ›eigentlich Gemeinten‹ gerade unterlaufen kann.«[77]

Indem die Tropen nicht mehr eine Verschiebung oder Verzerrung des Eigentlichen darstellen, sondern für sich betrachtet als relevant für den erkenntnistheoretischen Diskurs angesehen werden, rücken sie unter

---

des Modell; das Modell hat existiert und wird in alle Ewigkeiten existieren, in der unwandelbaren Welt der transzendenten Ideen. Es gibt also genau genommen keine offene Zukunft und keine ›Erfindung‹, was wir ›Erfindung‹ nennen, ist bloß die Rückerinnerung an eine Realität, die bereits vorhanden ist – nichts völlig Neues kann jemals entstehen.«

[76] Vgl. Aristoteles, Rhet. 1355b: »Die Rhetorik sei also als Fähigkeit definiert, das Überzeugende, das jeder Sache innewohnt, zu erkennen. [...] Die Rhetorik scheint sozusagen an dem, was ihr vorgegeben ist, das Überzeugende sehen zu können.«

[77] Strub, *Ordo troporum*, S. 9.

Michael Rasche

einer neuen Perspektive in den Fokus der Aufmerksamkeit und werden auf die Möglichkeit hin untersucht, selbst ein System darzustellen mit klaren Abgrenzungen und Definitionen der einzelnen Tropen. Eine große Gefahr liegt in der Versuchung, die antiken Tropen nach den Kriterien der modernen Sprachwissenschaft zu beurteilen und ein System in der Tropenlehre nachzuvollziehen, das es in ihrer Entstehung nie besessen hat.[78] In der Fixierung auf die Tropenlehre und ihrer Lösung vom eigentlichen Ausdruck besteht zudem die Gefahr, die antike Einheit von *inventio* und *elocutio* aufzugeben oder zumindest zu vernachlässigen. Indem eine metaphorische oder metonymische Sprachfigur nur als konstruierendes Geschehen gesehen wird, aber nicht auch in ihrer topischen Rezeptivität, wird sie zu etwas Anderem, allerdings unter Beibehaltung der äußeren Hülle der alten Begrifflichkeit. Barthes hat diesen Prozess als »Tod der Rhetorik«[79] bezeichnet und hat insofern Recht, als dass in der Tat eine alte Form der Rhetorik an ihr Ende gelangt war. Rhetorische Figuren – wie die Metonymie – hatten ihren Gehalt verloren, sind zu äußeren Hüllen geworden, um deren neue Verwendung noch immer gerungen wird. Dass in diesem Ringen auch neues Potential freigesetzt werden kann, zeigt auch das Beispiel der Metonymie.

IV. Die neue Metonymie

Aus den Veränderungen der ontologischen Grundlage der Tropenlehre ergeben sich notwendigerweise auch Konsequenzen in der Erforschung des Metonymie-Begriffs. Die Systematisierung des Tropischen selbst wird möglich in der Distanzierung von der antiken, nach-aristotelischen Tropenlehre, genauer der in der Stoa entwickelten Tropenlehre. Ricœur hatte bei Aristoteles noch ein Interesse gefunden, das in der nachfolgenden antiken Rhetorik verschüttet worden ist, das Interesse

---

[78] Haverkamp, *Metapher. Die Ästhetik in der Rhetorik*, S. 35: »Es ist deshalb wenig sinnvoll, die neuen linguistischen Parameter zurückzuschreiben und der Tradition hinterrücks überzustülpen. [...] Er (erg. Quintilian) hatte jeden Anflug meta-theoretischer Quasi-Rationalität abgewiesen, wiewohl man ihn so erst wieder lesen lernen und von den jahrhundertealten dogmengeschichtlichen Übermalungen seiner Rezeption befreien muss.«

[79] Roland Barthes, *Die alte Rhetorik*, in: *Das semiologische Abenteuer*, Frankfurt am Main 1988, S. 15–101; hier S. 45 ff.

an der Bewegung des Tropischen selbst,»ein Interesse an der Bewegung der Übertragung selbst, an den Prozessen statt an den Klassen. Dieses Interesse lässt sich folgendermaßen formulieren: was heißt es, den Sinn der Worte zu übertragen?«[80] Wenn die antike Tropenlehre zu verstehen ist als ein *Nach*vollzug des Gesprochenen, so ist zu fragen, was sich im Vollzug selbst ausdrückt. Die moderne Tropenlehre ihrerseits darf sich nicht begreifen als Reflexion der antiken Tropenlehre, sondern muss diese betrachten als eine frühere Reflexion performativer Sprache und diese in die eigene Reflexion einordnen. Die Erforschung des Metonymischen muss darauf schauen, inwiefern dieser Begriff in der antiken Rhetorik ein Geschehen ausdrückte, das in der modernen Sprachwissenschaft nicht identisch mit dem antiken Begriff sein kann. Die Metonymie wird nicht mehr nur als Verschiebung eines eigentlichen Begriffs betrachtet, sondern als Teil eines allumfassenden Sprachgeschehens, das nicht mehr über das gleiche metaphysische Fundament verfügt. Die Relativierung des Begriffs der antiken tropischen Metonymie kann die hinter diesem Begriff liegende sprachliche Funktionsweise wieder freilegen, die auf diese Weise die Bindung an die *Wort*figur aufgibt und das gesamte Sprachspiel einbeziehen kann. Roman Jakobson hat diesen Weg beschritten und in der Sprache zwei tropische Funktionsweisen erkannt: die Metapher als Prinzip der Ähnlichkeit und die Metonymie als Prinzip der Angrenzung.[81] Hierbei kann er insofern auch auf antikes Denken zurückgreifen, als dass bereits Aristoteles die Ähnlichkeit als Prinzip der einzigen Trope Metapher erkannt hat,[82] und er der metaphorischen Ähnlichkeit des Aristoteles mit der metonymischen Angrenzung ein bipolares Prinzip hinzufügt. Jakobson führte diese Bipolarität auf de Saussure zurück, der in der Sprache »syntagmatische« und »assoziative« Beziehungen erkannte, der »zwei Arten unserer geistigen Tätigkeit« entsprechen würden.[83] Damit gibt de Saussure die entscheidende Richtung vor, in der Jakobson die Dualität von metaphorischer und metonymischer

---

[80] Ricœur, *Die lebendige Metapher*, S. 22.
[81] Vgl. Roman Jakobson, »Zwei Seiten der Sprache und zwei Typen aphatischer Störungen«, in: ders., *Aufsätze zur Linguistik und Poetik*, hrsg. und eingeleitet von Wolfgang Raible, München 1974, S. 117–141; hier S. 119 ff.
[82] Vgl. Marsh McCall, *Ancient Rhetorical Theories of Simile and Comparison*, Cambridge (Mass.) 1969.
[83] Ferdinand de Saussure, *Grundfragen der allgemeinen Sprachwissenschaft*, Berlin ³2001, S. 147.

Sprachfunktion beschreiben kann. Diese Dualität findet sich bereits bei Leibniz,[84] der aber wohl keinen direkten Einfluss auf Jakobson ausübte. Die große Stärke von Jakobsons Modell ist zugleich seine Schwäche: indem Sprache auf zwei tropische Funktionen reduziert und das Tropische endlich systematisiert wird, wird die antike Tropenlehre selbst als solche zerstört – oder bleibt davon unberührt, dass die Titel zweier Tropen in einen anderen Zusammenhang gesetzt werden. So notwendig die Lösung von der antiken Tropenlehre für die Erforschung des hinter dem Tropischen Liegenden auch sein mag, so sehr bedeutet sie auch einen Verlust, den Barthes mit seinem Sprechen vom »Tod der Rhetorik« andeutet. Der neue Zusammenhang eröffnet der Metapher und der Metonymie gigantische Perspektiven: Sie werden zu neuen Begriffen sprachlicher Funktion, verlassen aber ihre tropische Herkunft.[85] So faszinierend der Blick auf die in den tropischen Figuren liegende Bewegung als der Funktionsweise von Sprache ist, so wenig hat sie noch mit den tropischen Figuren gemein, die eben *Wort*figuren waren.

Im Mittelpunkt der modernen Beschreibung der Metonymie – wohl erst seit Anfang des 20. Jahrhunderts[86] – steht der Begriff der »Kontiguität«, beschrieben als reale Beziehung zweier Entitäten, im Fall der Metonymie des eigentlichen und uneigentlichen Begriffs, der aus diesem abgeleitet wurde und den Gegenpart der metaphorischen Similarität darstellt. Tryphon kann mit seiner Beschreibung der Metonymie den die Metonymie definierenden Kontiguitätsbegriff erweitern oder sogar durch etwas Neues ablösen. Indem er die Metonymie als Polarität zur Metalepse definiert, beschreibt er auch die metonymische Berührung nicht nur als etwas nebeneinander Liegendes, sondern als einen Hebel, um den herum sich ein neuer Sinn konstruiert. Erst dadurch stellt die Metonymie nicht nur eine Gattung der Synekdoche dar,

---

[84] Vgl. Rüdiger Campe, »Rhetorische Perspektive: Metapher und Metonymie bei Leibniz«, in: Anselm Haverkamp (Hrsg.): *Die paradoxe Metapher*, Frankfurt am Main 1995, S. 332–357; hier S. 341.
[85] Vgl. Ricœur, *Die lebendige Metapher*, S. 171: »Die tropologische Unterscheidung liefert somit das Vokabular, nicht jedoch den Schlüssel; denn die beiden Tropen werden im Lichte einer Unterscheidung neu interpretiert, die auf dem abstraktesten Niveau herrscht, das der linguistischen Analyse zugänglich ist: dem beliebiger linguistischer Identitäten oder Einheiten.« Vgl. auch Haverkamp, *Metapher – Die Ästhetik in der Rhetorik*, S. 82 ff.
[86] Vgl. Marc Bonhomme, *Linguistique de la métonymie*, Bern 1987, S. 12, Anm. 9.

als kleinste denkbare Möglichkeit einer Teil-Ganzes-Beziehung, sondern ein eigenständiges tropisches Geschehen. Bereits die antike Rhetorik hat in ihrer Beschreibung der Metonymie nicht nur auf die Nachbarschaft des eigentlichen und uneigentlichen Begriffs geachtet, sondern beide Begriffe in ein größeres sprachliches Geschehen eingeordnet. In dieser Ambivalenz kann der antike Begriff auch für die moderne Durchdringung der Metonymie eine wichtige Funktion erfüllen, trotz und wegen der Veränderung der ontologischen Grundlagen der Rhetorik.

Stellvertretung und Verschiebung: Zur Strukturlogik metonymischer Verhältnisse

Daniel-Pascal Zorn (Eichstätt)

Die Grundfrage, die sich jede Auseinandersetzung mit abstrakten Konzepten stellen muss, ist, in welchem Sinne man sich mit einem Konzept auseinandersetzt. Nähert man sich *dem Metonymischen* als *Metonymisches*, als *Metonymie* oder als *metonymisches Verhältnis?* Trifft man noch das, was ursprünglich damit gemeint war, wenn man das Konzept erweitert oder eingrenzt? In der Perspektive der vorliegenden Untersuchung sind solche Fragen selbst Effekte derjenigen Struktur, die noch so etwas wie Metonymie oder ein metonymisches Verhältnis denken lässt. Sie fragen nach dem wahren Grund, dem ursprünglichen Sinn, dem Prinzip, der Form oder dem eigentlichen Gedanken, *für den das Konzept* ›Metonymie‹ *steht*. Anstatt diese Fragen zu stellen, die unweigerlich dazu führen, alle Teile, alle Aspekte der Metonymie zusammenzustellen, um aus ihnen in einem überblickenden Reflexionsschritt ein Ganzes, Ursprüngliches, Erstes der Metonymie zu bilden, möchte ich eine Reihe philosophischer *Entscheidungen* treffen, die sich gegen die Tendenz solcher Fragen stellen. Die erste Entscheidung ist bereits angeklungen, als der Verdacht geäußert wurde, dass diese Tendenz der Fragestellung selbst ein Effekt dessen sein könnte, wonach gefragt wird. Daraus ergibt sich die zweite Entscheidung, Fragen nach einem wirklichen oder wahrhaftigen, also: inhaltlichen Verständnis der Metonymie zu suspendieren, und zwar zugunsten einer Untersuchung der Struktur metonymischer Verhältnisse. Damit ist die dritte Entscheidung angesprochen, die ebenfalls eine Suspendierung oder Abblendung, diesmal der Relate eines metonymischen Verhältnisses zugunsten einer Relationsstruktur oder Relationierungsbewegung vorsieht. Die vierte und letzte Entscheidung ergibt sich aus den drei vorangegangenen und insbesondere daraus, unter Metonymie nicht einfach nur ein Konzept, sondern einen Begriff zu verstehen, der ein Verhältnis oder eine *Verhältnis*struktur begreift, die als *metonymisch* beschrieben wird – der also selbst *als das, wovon* er Begriff ist, *indem* er dieses Wovon begreift, *zugleich* in eben diesem Verhältnis *selbst* noch steht.

Im Folgenden werde ich mich dieser Struktur über mehrere Stationen annähern: Im ersten Teil der vorliegenden Untersuchung werde ich mich mit der groben Unterscheidung zweier metonymischer Verhältnisse befassen, von denen das eine eher als statisches, das andere als dynamisches metonymisches Verhältnis bestimmt werden soll. Unter ersterem kann im Wesentlichen das rhetorische Verständnis der Metonymie gefasst werden, insofern dieses in den beiden Verhältnissen von *pars pro toto* und *totum pro parte* exemplifiziert ist. Letzteres ist mit einer, von Ferdinand de Saussure zu Roman Jakobson sich vollziehenden, theoretischen Ausformung derjenigen Struktur verbunden, die dann von letzterem theoretisch als Metonymie gefasst wird. Diese beiden groben Strukturen, die für weitere stehen, die nur angesprochen, nicht jedoch untersucht werden können, werden zusammengeführt in der Bestimmung der Metonymie, die Walter Schweidler in seinem Beitrag *Wahrheit und Person*[1] in dem vorliegenden Band vorgenommen hat.

Vor dem Hintergrund eines auf diese Weise philosophisch aufgeladenen Begriffs von Metonymie[2] möchte ich dann die These aufstellen, dass der Rückbezug einer Metonymie nicht so etwas wie *an sich* metonymisch ist, sondern immer in einer bestimmten *Hinsichtnahme* steht. Exemplarisch für den Nachweis einer solchen Hinsichtnahme möchte ich das scheinbar metonymische Verhältnis zwischen Moment und Struktur untersuchen, wie Heinrich Rombach es im ersten Teil seiner *Strukturontologie*[3] beschreibt. Die Konsequenzen, die sich daraus auch für das Verhältnis System-Element ergeben, können wiederum nur angezeigt, nicht aber ausgeführt werden, bzw. bleiben einer anderen Arbeit vorenthalten.

Ist der Aspekt der Hinsichtnahme formuliert, möchte ich dann im zweiten Hauptteil der vorliegenden Untersuchung, der als Analyseteil

---

[1] Walter Schweidler, »Wahrheit und Person«, in diesem Band.
[2] Zu einem Überblick der wichtigsten Metonymietheorien im englischen und französischen Theoriediskurs, sowie umfassenden Begriffsreflexionen, vgl.: Beate Kern, *Metonymie und Diskurskontiniutät im Französischen*, Berlin/New York 2010, S. 15–60. Weitere grundlegende Arbeiten zur Metonymie sind: Marc Bonhomme, *Linguistique de la métonymie*, Bern 1987 und Ders., *Le diskurse métonymique*, Bern 2006.
[3] Heinrich Rombach, *Strukturontologie. Eine Phänomenologie der Freiheit*, Freiburg/München ²1988.

konzipiert ist, die Struktur philosophischer Reflexionen mit derjenigen des metonymischen Verhältnisses vergleichen. Dabei soll gezeigt werden, dass das metonymische Verhältnis ein Spezialfall einer weiteren Struktur ist, die es mit philosophischen Reflexionen teilt – von der genau gegenüberliegenden Perspektive her gefasst: dass philosophische Reflexionen immer in einem metonymischen Verhältnis zu derjenigen Struktur stehen, deren Ausfaltung sie darstellen. Damit ist schließlich der Versuch gemacht, erste relationslogische Untersuchungen zu einer weiter zu fassenden Architektonik philosophischer Reflexionen zu leisten.

1. Das metonymische Verhältnis, der Teil und das Ganze

Das bekannteste – und von den meisten Autoren auch aufgegriffene – Beispiel für ein metonymisches Verhältnis ist eine *pars-pro-toto-* bzw. *totum-pro-parte-*Relation. Weitere Verhältnisse sind etwa Gefäß und Gefäßinhalt (hier ist der Wein *im* Becher, steht der Becher aber für den Wein, den er enthält) oder Person und Sache (der Name einer Person steht für das Haus, *in* dem sie wohnt oder die Sache, die sie gemacht hat).[4] Allen diesen Konzepten ist gemeinsam, dass sie bestehende Relationen ausdrücken: Der Wein ist im Becher, das Wasser ist im Glas, die Person wohnt im Haus. Diese feste, gleichsam räumliche Zuordnung, Verortung der Relate zueinander kann am Beispiel der Relation *Teil und Ganzes* näher gefasst werden, sofern diese in der speziellen Form des *pars-pro-toto* bzw. *totum-pro-parte* auch als Synekdoche, als Bedeutungsverschiebung verstanden werden kann. Ohne auf den fließenden Übergang von metonymischem und synekdochischem Verhältnis eingehen zu können, lässt sich doch bemerken, dass bei ersterem der Fokus eher in einer Seitenbewegung (Kontiguität) und die Anzeige dieser Seitenbewegung, bei letzterem eher in einer Vertikalbewegung, einer Generalisierung (z. B. zum genus proximum) liegt.[5]

Um über die betreffende Strukturlogik von *Teil* und *Ganzem* sprechen zu können, muss zunächst entschieden werden, *von welchem Ort*

---

[4] Vgl. zur historischen Herleitung der Metonymie als rhetorischer Tropus den Beitrag von Michael Rasche in diesem Band.
[5] Vgl. zu tiefergehenden mereologischen Überlegungen den Beitrag von Martin Hähnel in diesem Band.

Stellvertretung und Verschiebung: Zur Strukturlogik metonymischer Verhältnisse

aus gesprochen wird. Das Ganze etwa lässt sich nämlich auf zweierlei Weise fassen: (1) als ein Ganzes, das in einem größeren Ganzen, das seinen Horizont bildet (z. B. die Welt) selbst noch enthalten ist, so dass wir uns von einer dem Ganzen transzendenten Position aus auf es gleichsam von außen beziehen können und (2) als ein Ganzes, in dem wir selbst enthalten sind und dessen Außen *Nichts* ist, also *nicht* ist, das in einem gewissen Sinne kein Außen hat, so wie wir dem immanenten Ganzen äußerlich sein können, sondern nur eine Grenze hin zu dem, wo negativ *kein* Innen mehr ist.[6]

Dabei ergeben sich folgende mögliche Fallstricke: Wird das Ganze immanent genommen, wie z. B. im Fall einer Linie [0;1], dann ergeben sich Probleme der [immanenten Unendlichkeit], wie sie etwa im Kontinuumsbegriff ausgedrückt ist: die unendliche Teilbarkeit der Teile eines Ganzen. Wird das Ganze als eine transzendente, also zumindest mich als Einzelwesen überschreitende, Größe genommen [8], so ergibt sich das Problem einer diskreten Größe in einem transzendenten Ganzen und seiner Verhältnisbestimmung zu diesem Ganzen[7].

Damit ist zugleich auch die Problematik des Teils angesprochen. Ist das Teil das Teil eines immanenten Ganzen, zu dem ich mich zugleich wie zum Ganzen verhalten kann, ist das Ganze logisch vorausgesetzt, das Teil als Fragment dieses Ganzen genommen. Die Relation Teil-Ganzes ist eine Relation, zu der ich mich noch einmal, wie zum Teil selbst und zum Ganzen selbst, verhalten kann – und schon verhalten habe, sobald ich etwas als ›Teil‹ oder ›Ganzes‹ thematisiere. Das Ganze ist dann genau deswegen nicht die Summe seiner Teile, weil es nur dann das Ganze ist, wenn es nicht *geteilt* ist. Das bedeutet: Wenn die Grenze, die es von außen als Ganzes konstituiert, nicht durch es

---

[6] Der Wechsel vom substantiellen Nichts zum privativen nicht- ist eine – hier als Darstellung – beabsichtigte Folge einer Verschiebungsbewegung, die zugleich eine Bändigung des Nichts darstellt. Platon hat dies für das privative nicht- vollbracht, Kant schließlich auch für Nichts als Gegenstand. Vgl. Daniel-Pascal Zorn, »Vor der Morgenröte. Das Ringen mit dem Nichts um das Erscheinen des Denkens«, in: *Nebulosa* 1 (2012), S. 44–57.

[7] Man nehme einfach einmal den Maßstab eines 1,80 m großen Menschen und setze ihn in Beziehung zuerst zu seinem Kontinent, dann zu seinem Planeten, diesen zu der Sonne, um die er kreist, diese Sonne zu ihrer lokalen Gruppe, die lokale Gruppe zu einem interstellaren Nebel, diesen Nebel zu einer Galaxie, die Galaxie zu ihrer lokalen Gruppe, diese Gruppe zu ihrem Superhaufen und diesen schließlich zu dem sogenannten großen Attraktor, um die Dimension zu begreifen, um die es in der Beziehung Mensch – All nach dem aktuellen Stand der astronomischen Forschung geht.

verläuft und es so in zwei Teile teilt, von denen wieder jedes als Ganzes verstanden werden kann. Für das Ganze muss zu den Teilen die Teilung hinzugenommen werden. Ein Teil ist damit immer schon auf das bezogen, *wovon* es Teil ist, es verweist also bereits als Begriff auf das Ganze. Der Unterschied zwischen Ganzem und Teil besteht dann nicht etwa in der Unvollständigkeit des letzteren (außer in der Hinsicht auf das Ganze, als Teil-Ganzes), sondern in der Eigenständigkeit des Teils, insofern es durch eine Trennung von mindestens einem anderen Teil entsteht und damit eine Grenze besitzt, die nicht die Grenze des Ganzen, sondern eine Grenze *im* Ganzen ist. Das Teil (unter anderen Teilen) ist also das Ergebnis einer Differenzierung des Ganzen, d. h. aber: eines Bezugs auf das Ganze als das Ganze, das geteilt wird (und nicht als das Ganze, das unteilbar ist). Ganzes und Teil stehen also hier in einem *reflexionslogischen Bedingungsverhältnis* zueinander. Das soll weiter unten ausformuliert werden.

Problematischer ist die Situation, wenn das Ganze kein immanentes, sondern ein transzendentes Ganzes sein soll. Markus Gabriel[8] hat darauf hingewiesen, dass der Weltbegriff nicht einfach der Inbegriff dessen ist, was es gibt, sondern selbst in dem enthalten ist, was es gibt, einfach, indem man ihn gebraucht. Das bedeutet, dass sich der Begriff des Ganzen in eben dem Moment entzieht, wenn man ihn fasst und er entzieht sich in das hinein, das er bezeichnen sollte, aber eben immer nur immanent bezeichnen kann und damit genau dann, wenn er es bezeichnet, nicht bezeichnet bzw. nur in der »Pluralität unserer Versuche zur Erscheinung komm[t], zu ergreifen, was sich uns – gottseidank – verwehrt.«[9]

Steht also ein Teil für ein Ganzes, so ist stets auf ein Ganzes verwiesen, das mit diesem Teil und durch seinen Verweis auf es stets bereits als ein Ganzes bestimmt ist. Umgekehrt verweist ein Ganzes genau dann auf ein Teil, wenn dieses Teil, sofern es Teil dieses bestimmten Ganzen ist, ebenso bestimmt ist, je schon bestimmt ist, als Teil dieses (und keines anderen Ganzen). Inwiefern der Versuch, ein unendliches Ganzes in einem Teil repräsentiert zu sehen, in eine

---

[8] Markus Gabriel, »*Warum es die Welt nicht gibt.* Bonner Chronik des akademischen Jahres 2008/2009, Festrede zur Eröffnung des akademischen Jahres«, hrsg. vom Rektor der Rheinischen Friedrich-Wilhelms-Universität, Bonn 2009, 29–36. Vgl. auch: Ders.: *Warum es die Welt nicht gibt,* Berlin 2013.
[9] Gabriel, *Festrede,* S. 36.

Aporie führt, das metonymische Verhältnis also auf eine Bestimmtheit angewiesen ist, das der Bezugslogik seiner Relate innewohnt, möchte ich weiter unten am Beispiel von Heinrich Rombachs *Strukturontologie* kurz erläutern. Die Fassung des metonymischen Verhältnisses, so könnte man zusammenfassen, das mit seiner Erscheinung als *pars-pro-toto*-Struktur korrespondiert, scheint auf eine bestimmte Weise an die reflexionslogische Beziehung der beiden Begriffe *Teil* und *Ganzes* geknüpft zu sein. Die Frage bleibt offen, ob es sich mit allen metonymischen Relaten so verhält. Zumindest aber hinsichtlich einer Innen-Außen-Relation, die unverkennbar in der Teil-Ganzes-Relation spielt (und durch die Verknüpfung eines immanenten und eines transzendenten Aspekts das Reflexive der Reflexionsbegriffe anzeigt) lässt sich diese These halten: Der Becher kann sinnvoll für den Wein nur stehen, wenn er ihn mit einschließt, ihn enthält – die Person nur für ihre Sache, wenn sie sie gemacht hat (wie die gebräuchlichste Metonymie und ihre anonymen Irritationen in der Philosophie: die Bindung des Werks an einen Namen – »den Kant vielmals gelesen« – zeigt). Trotzdem scheint diesen Bezügen ein weiteres Verhältnis zugrunde zu liegen, das sich nicht mehr nur in den jeweils hinsichtlich bestimmten Begriffen (Innen-Außen, Teil-Ganzes) zeigt, sondern noch deren strukturellen Bezug bildet. Dieser Bezug könnte noch erweitert werden, und zwar durch den nicht-rhetorischen Bezug auf die Metonymie, wie ihn Jakobson in seinem Aufsatz *Zwei Seiten der Sprache und zwei Typen aphatischer Störungen*[10] entwickelt.

2. Das metonymische Verhältnis und die Verschiebung

Um Jakobsons linguistisch verfassten Metonymiebegriff nachvollziehen zu können, muss kurz auf dessen theoriegenetisch vorgelagerten Bezug, die Semiologie Ferdinand de Saussures eingegangen werden.
   Bekanntlich hat dieser das berühmte und einflussreiche Buch *Cours de linguistique* nicht selbst verfasst. Dass sein Name für die in seinen Vorlesungen eher im Sinne von Arbeitshypothesen entwickel-

---

[10] Roman Jakobson, »Zwei Seiten der Sprache und zwei Typen aphatischer Störungen«, in: Ders.: *Aufsätze zur Linguistik und Poetik*, hrsg. v. Wolfgang Raible, München 1974, S. 117–141.

ten Unterscheidungen zwischen *signifié* und *signifiant*, *langue* und *parole* und *syntagmatisch* und *assoziativ* steht, ist daher eine Art metonymische Ironie der geisteswissenschaftlichen Rezeptionsgeschichte. Ohne auf den komplexen (und in den Notizbüchern zu einem großen Teil überarbeiteten und teilweise sogar verworfenen) Theorieapparat Saussures einzugehen, sollen kurz diejenigen Unterscheidungen hervorgehoben werden, die für Jakobsons Metonymiebegriff entscheidend sind:

Jakobson unterscheidet zunächst zwei (in sich verdoppelte) Systemanordnungen sprachlicher Zeichen: (1) Kombination und Kontextbildung und (2) Selektion und Substitution. Die Verdoppelung in dieser Alternative gibt bereits implizit zwei verschiedene Perspektiven an: Kombination und Selektion sind Aktionen, die sich auf die einzelnen Zeichen als Systemelemente richten und die sich noch einmal dialektisch – nämlich als synthetisches und analytisches Verfahren (Identifikation bzw. Verschiebung hin zu einem Allgemeineren und Differenzierung, Unterscheidung)[11] – gegenüberstehen. Kontextbildung und Substitution wiederum sind als reflexive, rückbezügliche Operationen gefasst, die sich hinsichtlich ihrer Operationsebene unterscheiden. Kontextbildung »heißt, dass jede sprachliche Einheit zugleich [!] als Kontext für einfachere Einheiten dient« – das entspricht also einer Verschiebung hin zu einem größeren oder weiteren Zusammenhang (das Zeichen in einem Kontext) oder zu Zeichen als einem Zusammenhang (Zeichen als Kontext für andere Zeichen), also hin zu einer Ebene, die *immer schon mit da ist*. Die Substitution kann, versteht man Kontextbildung als quasi-horizontale Bewegung, als vertikale Ersetzung eines Zeichens durch ein anderes auf derselben Ebene des Kontextverhältnisses verstanden werden.

Die für Jakobson entscheidenden Theorieoptionen in Saussures Theorieapparat ergeben sich aus den beiden Dimensionen des Zeichenwertes, der *syntagmatischen* und der *assoziativen* Dimension. Diese Dimensionen lassen sich wie folgt in aller Kürze entwickeln: Das faktische Zeichen ist aus einem Lautbild und einer Bedeutungsvorstellung, dem *signifiant* und dem *signifié*, zusammengesetzt. Indem deren Zuordnung zueinander wesentlich arbiträr ist, d.h. durch keine angebbare Regel, sondern nur den tatsächlichen Sprachgebrauch vermittelt

---

[11] Auch auf dieser Stufe wiederholt sich die Unterscheidung von *genus proximum* und *differentia specifica*.

Stellvertretung und Verschiebung: Zur Strukturlogik metonymischer Verhältnisse

ist, gewinnt Saussure bekanntlich zwei Dimensionen der Sprache, die er *langue* und *parole* nennt. Diese beiden Dimensionen der Sprache, das stets abwesende, virtuelle Sprachsystem und der stets anwesende, sich aktualisierende Sprachgebrauch wiederholen sich in den beiden Dimensionen des Zeichenwertes: Die *assoziative* Dimension verweist auf die abwesende, virtuelle Dimension der *langue*, die *syntagmatische* Dimension auf die anwesende, aktuale Dimension der *parole*.

Neben diesem metatheoretischen Verweis sind die beiden Dimensionen wie folgt bestimmt: Die *syntagmatische* Dimension ergibt sich aus einer zeitlich-immanenten Perspektive, indem dieser Aspekt des Zeichenwerts also immer auf ein Zeichen verweist, das *noch nicht oder nicht mehr* aktual ist. In dieser Dimension ergibt sich der zeitliche Verlauf aus einer immanenten Perspektive des Vergangenen und Zukünftigen und einem immer sich verschiebenden ›Jetztpunkt‹, dem *Vollzug* der sprachlichen Zeitlichkeit. Die *assoziative Dimension* ist dagegen als eine eher räumliche Dimension angelegt, also ein begrenztes Kontinuum bestehender sprachlicher Einheiten. Unschwer lässt sich hier die Verschiebung des Bezugsrahmens von *syntagmatischer* hin zu *assoziativer* Dimension als eine Bewegung von der immanenten Beobachterposition – die nur ihren eigenen Vollzug, ihr Kontinuum »in praesentia« feststellt – hin zu einer transzendenten Beobachterposition – die sich zu abgeschlossenen Kontinua bzw. virtuellen, nichtaktualisierten sprachsystematischen Einheiten »in absentia«[12] verhalten kann.

Jakobson ordnet die beiden Sprachwertdimensionen nun seiner operativen Doppelunterscheidung zu: Die Systemanordnung der *Kombination* verweist auf die *syntagmatische* Dimension, insofern »die einzelnen Größen entweder im Kode und der Mitteilung oder nur in der Mitteilung in Verbindung treten.«[13] Die Systemanordnung der *Selektion* hat es dagegen »mit Größen zu tun, die im Kode, aber nicht in einer gegebenen Mitteilung in Verbindung stehen«[14] und ist so mit der *assoziativen* Dimension verknüpft. Entsprechend werden auch die beiden Doppel von Kombination und Selektion, Substitution und Kontextbildung, den beiden Dimensionen zugeordnet: »Die Bestandteile des Kontextes stehen miteinander im Kontiguitätsverhältnis [...],

---

[12] »*in praesentia*« – »*in absentia*«: Jakobson bezieht sich hier in einem wörtlichen Zitat auf den *Cours de linguistique*.
[13] Jakobson, *Zwei Seiten der Sprache*, S. 122.
[14] Ebd.

während bei dem Substitutionsverhältnis die Zeichen durch verschiedene Grade der Gleichartigkeit [...] miteinander in Verbindung stehen.«[15] Die Relationierung wird (in einem Parallelbezug auf Charles Sanders Peirce) noch deutlicher, wenn Jakobson analog formuliert:

»Um ein Zeichen zu interpretieren, kann man sich sowohl auf den Kode als auch auf den Kontext [...] beziehen. In beiden Fällen steht das Zeichen zu einer Gruppe anderer sprachlicher Zeichen in Beziehung, im ersten Falle als eine alternative Beziehung und im zweiten Falle als lineare Zuordnung.«[16]

Betrachtet man diesen komplexen Theorieweg voller einander wiederholender Verhältnisbeziehungen, dann kommen einem die Chiffren *Metapher* und *Metonymie*, die Jakobson schließlich durch die phänomenologischen Umleitung über die *Similaritätsstörung* und die *Kontiguitätsstörung* gewinnt, seltsam unterdeterminiert vor. Philosophische (und als solche: problematische) Perspektivwechsel wie Virtualität und Aktualität, Zeitvollzug und Zeitverlauf oder Immanenz und Transzendenz scheinen sich in der Begriffsgenese von Jakobsons Metonymiebegriff abzuwechseln und doch eine Struktur aufzuzeigen, die sich zugleich als Positionsunterscheidung und als Positionsverschiebung auf allen Ebenen, inhaltlich wie formal, wiederholt.

In Abhebung vom ersten Versuch, das Immanenz-Transzendenz-Verhältnis der Reflexionsbegriffe *Teil* und *Ganzes*, wie es im rhetorischen Verständnis der Metonymie z. B. als *pars pro toto* angezeigt ist, zu bestimmen, zeigt sich nun ein weiterer Aspekt, der im doppelten Sinne (und hier vollzieht sich eine *metonymische Kontamination*[17] sogar in der vorliegenden Untersuchung) *weiter* ist: Erstens, indem er als Ansatz noch die Immanenz-Transzendenz-Relation in sich eingeholt hat und zweitens, indem sich in dieser Einholung eine, die erste Position noch bewahrende, Verschiebung zeigt.

In der Formulierung, die Schweidler vorgeschlagen hat, findet sich scheinbar vor allem die Verhältnisbestimmung des ersten Anlaufs, der statische Aspekt des metonymischen Verhältnisses, ausgedrückt:

---

[15] Ebd.
[16] Ebd.
[17] Vgl. dazu Jacques Derrida, *Schibboleth. Für Paul Celan*, Wien ²1996, S. 47; ders., »Die Tode des Roland Barthes«, in: Hans-Horst Henschen (Hrsg.): *Roland Barthes*, München 1988, S. 31–73; hier S. 42.

Stellvertretung und Verschiebung: Zur Strukturlogik metonymischer Verhältnisse

»Etwas steht als Zeichen für alles durch es Bezeichnete, ist aber zugleich eines unter alledem, was durch es bezeichnet wird. Es bezeichnet in allem durch es Bezeichnete hindurch auch noch sich selbst.«[18]

Wendet man allerdings diese Formulierung auf den Zeichenwert an, insofern das Zeichen nicht in der assoziativen, sondern der syntagmatischen Dimension erscheint, wird der dynamische Aspekt deutlich: Ein Zeichen verweist aktual auf alle anderen Zeichen, die vor ihm gewesen sind und *indem* es für diese Zeichen steht, verschiebt sich der Fokus auf das ihm nachfolgende Zeichen, das dann wieder für alle vorhergehenden Zeichen inklusive seines direkten Vorgängers steht und *indem* es dies tut, erneut von einem weiteren Zeichen bezeichnet wird usw. D. h.: Indem das Zeichen durch alle anderen Zeichen, für die es steht, noch sich selbst bezeichnet, verschiebt es sich in diese Zeichen hinein, wird es für ein anderes Zeichen zu einem Bezeichneten und verschiebt sich der Fokus auf dieses andere, weitere Zeichen. Damit ist noch die Verschiebung gedacht, insofern das ›Zugleich‹ in Schweidlers Definition und das ›Indem‹ in der Anwendung auf das Zeichen den Umschlagpunkt, die *metanoia* seiner Struktur anzeigt.

Im Folgenden soll unter dem metonymischen Verhältnis vor allem ein solches Verhältnis, wie es Schweidler formuliert, verstanden werden, insofern sein Definitionsvorschlag beide Aspekte – wenn auch nur von einer Position aus – zu fassen vermag. Zugleich kommt darin auch eine mögliche Strukturlogik zum Vorschein, die, leitet man sie gewissermaßen in die komplexe Verhältnisbeziehung auf, selbst noch einmal diejenige beider Metonymieaspekte ist. Bevor ich auf diese Struktur selbst eingehen kann, möchte ich noch einmal auf ein Problem eingehen, das bereits bei Jakobson in der Doppelstruktur seiner Systemanordnungen, genauer: in den Begriffen Kontextbildung und Substitution, angezeigt wurde. Es scheint nämlich, als benötige nicht nur das Zeichen selbst, sondern noch die Formulierung seiner Theorie eine Art Hintergrund, der jeweils nur als bestimmter und d. h. begrenzter Hintergrund denkbar ist. Wenn dies zutrifft, dann ist ein metonymisches Verhältnis zu einem transzendenten Ganzen nicht oder nur noch als symbolischer Bezug möglich. Diese Aporie einer Repräsentation eines transzendenten Ganzen soll am Beispiel von Heinrich Rombachs *Strukturontologie* und ihren Bestimmungsversuchen von Struktur und Moment deutlich gemacht werden.

---

[18] Schweidler, »Wahrheit und Person«, in diesem Band, S. 135.

Daniel-Pascal Zorn

3. Das metonymische Verhältnis und die Notwendigkeit der Hinsicht[19]

In Rombachs *Strukturontologie* geht es, wie der Titel schon sagt, um eine Ontologie, die auf einem wohlreflektierten Strukturbegriff aufbaut. Wie eng dieses Thema mit dem hier verhandelten des metonymischen Verhältnisses verbunden ist, zeigt ein Abschnitt, in dem Rombach offensichtlich so etwas wie Kontiguität – und zwar ontologisch – zu denken versucht. Dankbarerweise ist sein Versuch auch noch an einem Beispiel angelegt, das bereits zu Beginn wiederum als Beispiel für ein metonymisches Verhältnis genannt wurde:

»Es gibt weder ein ›Wesen des Bechers‹ noch ein ›Wesen des Weins‹, sondern das Wesen ist hier die Zuordnung, die ›Brauchbarkeit‹, die nicht selbst wieder etwas für sich ist, sondern als Nichts dazwischen beides in seiner Unmittelbarkeit in Verbindung bringt. Das Nichts macht, daß in dieser Verbindung jedes dem anderen vorangeht. Das Wesen des Nichts ist die Unmittelbarkeit (Vorgeordnetheit) des Verbundenseins der Dinge.«[20]

Rombach formuliert damit einen Übergang hin zu einer Ontologie, die (1) die *Relationierung* der Relate zueinander in den Vordergrund rückt und die (2) noch die Relate aus ihrer *Differenz* zu anderen Relaten her verstehen will. Die Unmittelbarkeit von Wein und Becher wird durch diesen vorgängigen Verweisungszusammenhang gestiftet, den Rombach im Folgenden aus den Begriffen ›Struktur‹ und ›(Struktur-)Moment‹ entwickeln will. Dabei muss sich klären, was Rombach mit dem Nichts meint, das ja offensichtlich eine besondere Verbindung zwischen Becher und Wein stiftet, die ebenso offensichtlich zwar nicht ist – Un-mittelbarkeit – aber auch nicht *nicht ist*. Um eine positive Formulierung dieses im Bezug der Dinge aufeinander gestiftete Nicht-Verhältnis zu gewinnen, vollzieht Rombach nun eine Bewegung auf den

---

[19] Ich beziehe mich im Folgenden auf die Ausarbeitung der Reflexivitätsstruktur durch Urs Schällibaum, dem meine philosophische Arbeit grundlegende Einsichten verdankt. In meiner Dissertation zu »Denkfiguren und reflexiven Figurationen bei Martin Heidegger und Michel Foucault« werde ich detailliert auf Schällibaums Arbeit eingehen. In der vorliegenden Untersuchung steht diese vor allem für die Betonung der Hinsicht und die Struktur von Reflexivität in philosophischen Reflexionen, die Schällibaum an mannigfaltigen Beispielen in seinem Hauptwerk *Reflexivität und Verschiebung* entwickelt. Vgl. Urs Schällibaum, *Reflexivität und Verschiebung*, Wien 2001 (zur Bedeutung der Hinsicht, vgl. ebd. S. 89–90, 109).
[20] Rombach, *Strukturontologie*, S. 11.

Stellvertretung und Verschiebung: Zur Strukturlogik metonymischer Verhältnisse

größeren Zusammenhang: »Die Welt ist hier das Wesen [...], wenn das Wesen [...] vom Nullpunkt (›Nichts‹) eines zentrierten *Zusammenspiels* verstanden wird.«[21] Die Wechselseitigkeit von Becher und Wein wird nun verstanden als ein Zusammen, eine *symploké* von Dingen, die vom Nichts zugleich ermöglicht und zusammengehalten wird. Zugleich ist dieses *Zusammen* ein Spiel, ein dynamischer Verweisungszusammenhang. Schritt für Schritt, Bezugsrahmen für Bezugsrahmen, verschiebt Rombach seine Perspektive, bis er den Schritt von einem System aus Elementen hin zu einer Struktur machen kann, die aus Momenten besteht:

»Ein Netz von Funktionalitäten zwischen fixierten Elementarpunkten nennen wir System. Von einer Struktur sprechen wir erst dann, wenn die Primordialität der Funktion [d. h. der Relation zu anderen Elementen/Momenten, D. P. Z.] gegenüber dem Moment so radikal gedacht ist, dass es nur noch Beziehungen von Bezogenheiten gibt.«[22]

Mit dieser Bestimmung der Struktur ist das äußerste Verhältnis zwischen Moment und Struktur erreicht: Das Moment ist nun »voll und ganz durch die besondere Konstellation seiner Nachbarmomente bestimmt« und bildet »gleichsam das Negativ seiner Nachbarmomente.«[23] Damit ist nicht mehr nur die Differenz zwischen Momenten gedacht, sondern diese Differenz noch als Verweisung auf andere Momente, die ihrerseits auf andere Momente verweisen. Aus dieser Bestimmung leitet Rombach nun den sogenannten *Grundsatz der Funktionenontologie* ab: »Es besteht lückenlose und genaue Identität zwischen einem Moment des Ganzen und dem Ganzen selbst.«[24] Dies ergibt sich aus den Bestimmungen: Insofern jedes Moment durch alle Relationen zu allen anderen Momenten der Struktur bestimmt ist, stellt es in sich diese Relationen dar, die es erst zu dem Moment machen, das es ist. Zugleich ist die Darstellung aller Relationen zu allen anderen Momenten ja die Darstellung des Systems, insofern dieses nur aus den Momenten und ihren Relationen besteht:

»Unterschiede gibt es nur zwischen Moment und Moment, nicht dagegen zwischen Moment und Ganzem. Da (funktionale) Erkenntnis immer Unterschiedserkenntnis ist, gibt es (funktionale) Erkenntnis nur im Hinblick auf

---

[21] Ebd.
[22] Ebd., S. 29.
[23] Ebd., S. 33.
[24] Ebd., S. 34.

die Unterschiede der Momente und auf den Grund der Identität dieser Momente mit dem Ganzen des Zusammenhangs.«[25]

Um die Kombinatorik der Momente zu gewährleisten führt Rombach schließlich noch eine Regel ein,

»welche angibt, welche Formulierungen innerhalb eines Ganzen möglich sind [...] [Diese Regel] kann ›Formel‹ heißen. Die Formel ist die allgemeine Bestimmung der Funktion, durch die ein Moment mit einem anderen unter der Bedingung der Identität des Ganzen verbindbar ist.«[26]

Rombach versucht also offensichtlich konsequent diejenige Relation zu denken, die bereits zu Beginn als Teil-Ganzes-Relation thematisiert wurde und er versucht sie radikalisiert differentiell zu denken, so dass jedes Moment immer zugleich auf alle anderen und damit sich selbst und damit die Struktur verweist. Nach der Definition von Schweidler, die oben zur Synthese des statischen und des dynamischen Aspekts gewählt wurde, liegt also hier eigentlich ein metonymisches Verhältnis vor. Ich möchte im Folgenden zeigen, dass Rombachs Struktur-Moment-Konstruktion sich in Widersprüche verstrickt und daraus folgern, dass zu der Definition von Metonymie ein Detail hinzugefügt werden muss, um sie philosophisch zu *befestigen*.

Die Überlegung lautet wie folgt: Da jedes Moment nur bestimmt ist durch seine Relationierung mit allen anderen Momenten – und insofern es eigentlich deswegen mit der Struktur identisch ist, weil es in seiner Relationierung schon die Struktur *ist* (es ist nicht ein Moment und noch daneben ein Ganzes) – können *Unterschiede* nur in der Verschiedenheit der Momente zueinander gedacht werden. D. h. dass z. B. Moment 1 nicht Moment 2 ist, weil seine Relationierung es erst ermöglicht, dass Moment 1 und Moment 2 voneinander unterschieden werden können. Indem ein Moment als ein bestimmtes Moment angesprochen wird, ist es damit bereits *als* ein Bestimmtes angesprochen. Das heißt aber dann auch: Einerseits muss es eine endliche Zahl bereits unterschiedener, in eins mit der Aufstellung der Struktur schon bestimmter, Momente geben, oder das Denken erreicht noch nicht einmal so etwas wie ein Moment 1, weil alle Momente nur dahingehend unterschieden werden können, dass sie *nicht* alle anderen sind. Andererseits muss es unendlich viele Momente geben, denn eine Begrenzung

---

[25] Ebd., S. 38.
[26] Ebd., S. 35.

der Momente müsste bereits eine unvollständige Relationierung einzelner Momente voraussetzen und damit ist der Grundsatz der Funktionenontologie nicht mehr erfüllt. Daraus ergibt sich ein wesentlicher Kritikpunkt an Rombachs Konstruktion: Eine bestimmte Struktur wäre eine begrenzte Struktur, in der aber dann die Momente dieser Struktur unvollständig verknüpft sind, also mit der Struktur nicht-identisch sind – oder gar keine Struktur, weil eine vollständige Struktur, in der alle Momente mit allen anderen verknüpft sind, kein Kriterium der Begrenzung enthält und also unbegrenzt, nicht mehr als Struktur bestimmbar ist. Sind alle Momente mit allen anderen verknüpft, dann ist eine Unterscheidung von Momenten und Struktur unmöglich, gerade *weil* dann das Ganze in jedem Moment gegeben, aber unendlich, unbestimmt wäre.

Die erste Voraussetzung, dass jedes Moment mit dem Ganzen insofern identisch ist, als es alle anderen Relationen in sich darstellt, lässt sich für eine unendliche Anzahl von Momenten nicht denken. Eine Struktur kann nicht aus unendlich vielen Momenten bestehen, da sich dann kein Moment von einem anderen unterscheiden ließe und diese fehlende innere Unterscheidung mit der fehlenden äußeren Unterscheidung der Struktur von etwas, das Nicht-Struktur ist, korrespondiert.[27] Eine unendliche Struktur hat keine Momente und ist daher nicht Struktur und daher Nichts.

Ist dagegen eine endliche Anzahl von Momenten gegeben, die innerhalb einer Struktur (oder auch nur in Bezug auf sie) als verschiedene Momente unterscheidbar sind, können diese Momente die Struktur (die Relationen zu allen anderen Momenten) nur noch insofern in sich darstellen, als sie sie *von dem Ort aus* darstellen, an dem sich die Momente jeweils befinden. Jedes Moment bildet sich damit zu einem individuellen Moment mit einer individuellen Perspektive aus, die jeweils die Struktur nur in der eigentümlichen Verzerrung der eigenen Perspektive aus betrachten kann. Damit ist aber das Moment wieder zu einem Element geworden, die Struktur wieder System.

Das bedeutet umgekehrt: Wenn so etwas wie ein Etwas gedacht werden soll, das für alles steht, was durch es dargestellt wird – hier:

---

[27] Diese Korrespondenz ist, positiv betrachtet, der Grundgedanke der Systemtheorie, vgl. z. B. Niklas Luhmann, *Die Gesellschaft der Gesellschaft,* Frankfurt a. M. 1997, S. 76–77: »Die Grenze des Systems ist nichts anderes als die Art und Konkretion seiner Operationen, die das System individualisieren.«

ein Moment, der für alle anderen Momente steht, die sich zu ihm verhalten –, sich also zu einer Gesamtheit verhält (die durch es dargestellt wird) und dessen Teil es zugleich ist und sich darin noch durch die Gesamtheit hindurch sich selbst darstellt, dann muss dieses Etwas notwendig sich auf alles von ihm Bezeichnete wie auf die Gesamtheit dessen und in der Folge auch auf sich selbst *in einer bestimmten Hinsicht* beziehen. Damit ist aber eine unendliche Gesamtheit aus den eben genannten Gründen davon ausgeschlossen, widerspruchsfrei durch eines seiner Teile, Momente, Elemente usw. dargestellt werden zu können. Mehr noch bedeutet dies, dass das jeweilige Etwas eben wegen seiner Jeweiligkeit noch seine Darstellung des Ganzen in sich darstellen muss, konkret: *seine Perspektive, in der es zum Ganzen steht, notwendig in seine Darstellung einbinden muss*. Weil es sich aber noch im Bezug auf das Ganze auf sich selbst bezieht, besteht auch dieser Selbstbezug bereits immer in einer bestimmten Hinsicht. Mit anderen Worten: Das metonymische Verhältnis ist entweder in seiner Verhältnismäßigkeit durch eine dreifache Hinsicht – des Etwas (1) auf sich selbst und (2) noch auf das Ganze, in dem es enthalten ist, und in eins damit (3) auf die Konkretheit seines Bezugs, auf die Bestimmtheit seiner Hinsichtnahme –, notwendig reflexiv in *dieser* Hinsichtnahme, oder es ist kein metonymisches Verhältnis.

Dabei gibt es scheinbar eine Ausnahme, die von de Saussure über Freud bis zu Heidegger zu finden ist: Das jeweils Bestimmte steht für das, woher es seine Bestimmung erfährt, wobei dieses Bestimmende stets in dem Zusammenhang des Bestimmten aufgeht: Die Differenz zwischen Sein und Seiendem besitzt in sich die Struktur der Verbergung des Seins, die über die Verbergung der Differenz noch bis hin zur Verbergung dieser Verbergung reicht[28]; das Unbewusste wird stets nur in seinen Äußerungen manifest und entzieht sich, einmal festgestellt, in der Bewegung der Verdrängung und Verschiebung[29]; das Sprachsystem ist nur als Virtuelles, d.h. als Immer-noch-Unbestimmtes denkbar, jede seiner Aktualisierungen ist genau das, nämlich die Aktualisierung des Sprachsystems, das notwendig uneinholbar bleibt.

---

[28] Vgl. Martin Heidegger, *Der Spruch des Anaximander*, in: Ders.: *Holzwege* (GA 5), Frankfurt a.M. ²2003, S. 323–373; hier S. 336.
[29] Vgl. Sigmund Freud, *Über den Traum*, in: Anna Freud/Ilse Grubrich-Simitis (Hrsg.): *Sigmund Freud*. Werkausgabe in zwei Bänden, Bd. 1, Elemente der Psychoanalyse, Frankfurt a.M. 2006, S. 77–114; hier S. 91ff.

Stellvertretung und Verschiebung: Zur Strukturlogik metonymischer Verhältnisse

Solche Formulierungen müssen sich aber dennoch erstens mit der Darstellung des Ganzen zunächst als unbestimmtes Ganzes bescheiden, das so zum Horizont wird, der sich notwendig entzieht, wenn man versucht, ihn in sich selbst einzuholen – und zweitens stellt es sich ja eben trotzdem bestimmt dar, als ›Sein‹ oder dessen ›Entzug‹, als Unbewusstes oder dessen Uneinholbarkeit. An dieser Stelle gerät das Denken also an die *Grenze seiner selbst*, wie es sich bereits weiter oben im Nachdenken über den *Teil* und das *Ganze*, freilich viel unscheinbarer noch, gezeigt hat.

Schließlich kann man noch in dem gesamten Weg, den Rombach geht – von den Einzeldingen über das Nichts und die Unmittelbarkeit zwischen ihnen bis hin zu den Elementen einer Struktur – diejenige Verschiebung sehen, die ihm zugleich seine Unterscheidungen erlaubt und seine Rede schließlich in die Aporie treibt. Was seine Rede ermöglicht, führt sie schließlich in die Irre. Das anfängliche Nichts, das die Unmittelbarkeit stiftet, wird im Rückbezug der Momente auf die Struktur – Rombachs Identitätsbehauptung – für seine gesamte Überlegung virulent. Offensichtlich hat diese Verschiebung nicht nur einen Ausgang. Um ihre Struktur soll es nun im folgenden Teil gehen.

4. Das Metonymische des Reflexiven

Ich möchte nun eine Skizze der Grundstruktur philosophischer Reflexionen ausführen, die insofern nur als Skizze zu verstehen ist, als noch andere Phänomene hinzukommen müssen, die eine philosophische Reflexion auszeichnen. Grundlegend ist hier aber die Strukturierung der Verhältnisse untereinander, von denen die übrigen Phänomene nur Effekt sind.[30] Ich gehe also im Folgenden auf die abstrakten Verhältnisse ein und stelle jedem Schritt die analoge Position in einer philosophischen Reflexion zur Seite. Dabei muss immer bedacht werden, dass ich bereits von der Struktur einer philosophischen Reflexion ausgehe, sie also gewissermaßen zum besseren Verständnis aufbauend rekonstruiere. So lässt sich etwa die Schrittfolge denken, an deren Ende beispielsweise eine philosophische Reflexion stehen kann.[31]

---

[30] Diese These werde ich u. a. in meiner Dissertation vertreten.
[31] Vgl. Schällibaum, *Reflexivität und Verschiebung*, S. 135–137.

(1)   A verhält sich zu B

Dieser Bezug A → B, bleibt unsagbar, solange er von dem A aus formuliert werden muss, das sich bezieht: das ›bezieht sich‹ ist nicht abgebildet. Diese Position ist hier explizit nicht reflexiv, noch nicht. Dass A sich auf B bezieht ist in dem Satz (1) gesagt, aber von welcher Stelle aus gesagt? Um diese Stelle sichtbar zu machen, erfordert es einen weiteren Satz.

In einer philosophischen Reflexion entspricht dieses Verhältnis keiner eigenen Position oder vielmehr nur einem Aspekt einer Position, nämlich dem Bezug der philosophischen Reflexion zu ihrem Thema, was gleichzeitig meint: nicht zu ihrer Sache.

(2)   A verhält sich dazu, dass sich A zu B verhält

Damit ist die Position, von der aus (1) bereits schon geäußert wurde, eingeholt. Zugleich verdoppelt sich A in das A, das sich auf B bezieht und das A, das sich darauf noch beziehen kann. Doch auch dieser Satz (2), der Satz (1) voraussetzt, aber in jenem schon seltsam enthalten war, wurde bereits von einer Position formuliert, die er selbst nicht angibt.

Das Verhältnis, das Satz (2) zum Ausdruck bringt, entspricht in einer philosophischen Reflexion demjenigen doppelten Verhältnis, das wir normalerweise als Reflexion kennzeichnen: Wir verhalten uns noch einmal dazu, dass wir uns zu etwas verhalten. Satz (1) und Satz (2) sind notwendig miteinander verbunden, denn wenn ich nicht einfach – und das meint: unreflektiert – über ein Thema anhebe zu sprechen, ohne das Sprechen darüber noch zu thematisieren, dann werden die Verhältnisse, die Satz (1) und Satz (2) vereinzelt formulieren, stets gemeinsam auftreten. Satz (2) folgt einer Iterationslogik, die scheinbar nur noch einmal das Verhältnis von A nach B um einen weiteren Referenzrahmen auf derselben Ebene erweitert.

Wie muss nun Satz (3) lauten? Ist dieser nicht einfach die Iteration von (2), die einen infiniten Regress einläutet?

(3)   A verhält sich dazu, dass sich A zu B verhält *und zugleich* dazu, dass sich A dazu verhält, dass sich A zu B verhält

Eine Iterationslogik würde sich nur ergeben, wenn Satz (1) dadurch, dass er scheinbar in Satz (2) enthalten ist, in diesem aufgeht. Dem ist aber nicht so: Vielmehr stellt Satz (2) einfach die explizite Fassung von Satz (1) dar, zwischen beiden gibt es eine *Verschiebung vom Impliziten ins Explizite*. Die reflexive Struktur des Verhältnisses von (1) und (2) ist keine Iterationsbewegung, insofern Satz (2) nur auf Satz (1) und das in ihm implizite Verhältnis zu seinem Ort der Äußerung verweist, Satz (1) aber dabei bestehen bleibt. Das ›und zugleich‹ drückt diese Irreduzibilität zweier Sätze unterschiedlicher Reflexionsniveaus durch eine *Gleichzeitigkeit* aus. Das heißt: Die Entfaltung von Satz (1) nach Satz (2) ist eine, die nur logisch sukzessiv auseinander rekonstruiert wird. Tatsächlich handelt es sich um ein und dieselbe Relation. Satz (3) expliziert dann das Verhältnis auf diese *Verbindung* zwischen (1) und (2), die hier als Explikation gefasst wurde und in der zugleich (1) und (2) – eben als diese beiden unterschiedlichen Sätze – in einer *Differenz* zueinander stehen.

In einer philosophischen Reflexion ist diese Position diejenige der methodischen Reflexion und damit der Rechtfertigung der Herangehensweise. Auf dieser Position bezieht sich die Reflexion darauf, dass sie sich auf ein Thema bezieht und zugleich darauf, dass und inwiefern, in welcher Hinsicht sie sich auf das Thema bezieht.

Indem Satz (3) die Möglichkeit einer ›*3. Position*‹ formuliert hat, die sich zu den zwei anderen noch einmal verhält, muss nun noch der Ort angegeben werden, von dem aus Satz (3) noch geäußert wurde.

(4) A verhält sich als Ganzes zu (A auf B) und noch dazu, dass A sich zu (A auf B) verhält und dazu, dass A sich dazu verhält, dass sich A zu (A auf B) und noch einmal dazu verhält, dass sich A zu (A auf B) verhält

Diese Position lässt sich von dem Verhältnis her bestimmen, das der Leser einer philosophischen Reflexion an ihr wahrnehmen kann: Das Verhältnis, das die philosophische Reflexion selbst – als Ganzes, mir Vorliegendes – noch einmal zu demjenigen Verhältnis einnimmt, in dem sie sich zugleich zu Thema und Thematisierungsweise verhält (und letztere meistens auch zu begründen sucht)[32]. Das heißt: An jeder

---

[32] In einer solchen Begründung, sofern diese dann die Bedingungen der Möglichkeit der eigenen, jeweiligen Thematisierung von Thema und Thematisierungsweise noch betrifft, *kann* eine philosophische Reflexion so mit ›sich selbst‹ übereinstimmen, dass sie die Grenze ihrer eigenen Reflexion expliziert. Wird diese Grenze nicht als Begriff vergegenständlicht, sondern als Struktur, Differenz oder eben, wie hier, als Bewegung verstanden, wird sie gleichwohl diese Thematisierung, abhängig von dem Logos, der zu ihr führt, als bestimmte durchgeführt haben. Insofern ist Letztbegründung möglich – aber immer nur in Bezug auf den Logos, der sie formuliert. Es ist aber anzunehmen, dass in

Daniel-Pascal Zorn

Reflexion, die in ihrer Reflexion eines Themas auch immer zugleich ihre Thematisierungsweise reflektiert, lassen sich Verhältnisse beschreiben, die nicht aus dieser Reflexion inhaltlich abgeleitet werden können, die aber mit dieser Reflexion insofern verbunden sind, als solche Phänomene die Struktur anzeigen, die das Denken von Reflexion als Begründung von Philosophie selbst erst möglich macht. Welche Verhältnisse sind gemeint? Diejenigen, die in der Betrachtung des eben beschrittenen Weges bis zur vierten Position in der Verschiebungsbewegung als Komplikation reflexiver Strukturen beobachtet wurden. Das formuliert Satz (5), der gewissermaßen die qualitative Bestimmung dessen erlaubt, was von Satz (4) aus formulierbar wird. Zugleich enthält er auch die Position der vorliegenden Untersuchung:

(5) A verhält sich zu (A auf B) und dazu dass sich A zu (A auf B) verhält und zugleich dazu, dass sich A zugleich zu (A auf B) und zu A auf (A auf B) verhält *und* A verhält sich dazu, dass sowohl das Verhältnis (A auf B), als auch das Verhältnis (A auf (A auf B)) als auch das Verhältnis (A auf ((A auf B) und A auf (A auf B))) unterschiedliche Verhältnisse sind und zugleich durch eine eigentümliche Verschiebung auseinander miteinander vermittelt werden.

Mit diesem komplexen Satz ist die Position der vorliegenden Darstellung erreicht. Das Movens der Komplikation reflexiver Strukturen liegt in einer Verschiebungsbewegung, die keineswegs eine unendliche ist. Die Bewegung ist dann unendlich, wenn Satz (2) iteriert wird, also behauptet wird, Satz (3) sei einfach die Anwendung der Struktur von Satz (2) auf sich selbst. Richtig ist aber: Satz (3) ist die Anwendung der Bewegung von Satz (1) auf Satz (2) *und noch* auf das Verhältnis der Sätze (1) und (2). Diese Bewegung ist aus der kritischen Explikation einer bestehenden Reflexion bekannt: Ein Kritiker kann an einer Letztbegründung noch deren Struktur thematisieren und in Frage stellen. Diese Verbindung kann aber die kritisierte Reflexion schlechterdings nicht vollständig einholen – weil sie sie ja dann, aus der Sicht des Kritikers, schon eingeholt hätte –, weswegen der Kritiker, nimmt er nicht die reflexionsimmanente Position an, stets Recht behalten kann. Dieser Streit zwischen einer kritischen und konstitutiven Philosophie, die sich

diesem ›Ankommen bei sich selbst‹ der eigentliche Charakter philosophischer ›Selbstverwirklichung‹ liegt.

Stellvertretung und Verschiebung: Zur Strukturlogik metonymischer Verhältnisse

z. B. in der Gegenstellung einer Hermeneutik des Vertrauens und einer Hermeneutik des Verdachts zeigt, lässt sich so als ein Movens der philosophischen Gedankenentwicklung begreifen.

In Satz (4) werden die einzelnen Positionen über zweierlei vermittelt: über die Positionen selbst mit ihrer ihnen eigenen Strukturlogik und die Verschiebungsbewegung, die Satz (4) als Reflexion über die Sätze (1), (2) und (3) vollzogen hat. Damit ist die Idee einer Verhältnisbestimmung von Verhältnisbestimmungen, einer koinonia der möglichen Positionen einer reflexivitätslogischen Reihe, angesprochen und zugleich ist angesprochen die Logik einer differentiellen Verschiebung, die ihre Unterscheidung als Positionen erst ermöglicht, so wie sie die Positionen selbst in der Ausfaltung ihrer selbst erst konstituiert. Das, was sich an jeder Position neben der ihr eigenen Logik zeigt, ist, dass sie von allen anderen Positionen verschieden ist. Diese Verschiedenheit spielt aber nur an bereits bestehenden Positionen, an bereits geäußerten Sätzen eine Rolle und gewinnt daher keineswegs die Durchschlagskraft des Nichts in einer unvermittelten Differenz, auch wenn dieses in der Form eines regressus ad infinitum durch die falsche Abzweigung der Iterationslogik drohte. Mit diesem Einschließen der Verschiedenheit wird die Rede über sie erst möglich und sie selbst konstitutiv für diese Rede. Damit ist die Position erreicht, die Platon im Mittelteil des Sophistes als Dialektik und genauer: als koinonia der megista gene entwickelt und so nicht nur das Problem des Nichtseienden löst, sondern noch seine eigene Rede sichert, die er bis dahin geführt hat.[33]

In der *symploké* der philosophischen Rede erblickt Derrida schließlich diejenige Struktur, die diese Verschiedenheit, die zwischen den Reflexionsbegriffen haust, selbst noch ermöglicht: die Verschiedenheit als Verschiebung, insofern diese als Entfaltung philosophische Unterscheidungen hervorbringt. Derridas Beschreibung der *différance*, die sich selbst voraussetzt, damit von ihr gesprochen werden kann, als ein Zugleich von Verschiedenheit und Verschiebung, erfasst noch den reflexiven Charakter an der Unterscheidung der einzelnen Positionen.[34]

---

[33] Vgl. Platon, *Soph 254e* ff. Zitiert nach: Platon: *Sophistes*. Griechisch-deutsch, Kommentar von Christian Iber, Frankfurt a. M. 2007. Vgl. dazu Schällibaum, *Reflexivität und Verschiebung*, S. 25–30.
[34] Vgl. Jacques Derrida, *Die différance*, in: Ders.: *Die Schrift und die Differenz*, Stuttgart 2004, S. 110–149.

5. Das Reflexive des Metonymischen

Wie lassen sich die Probleme, die sich durch die mereologische Reflexion ergeben und die in Abschnitt 1 der vorliegenden Untersuchung angesprochen wurden, elegant umschiffen und wie lässt sich zugleich etwas über eine Relation aussagen, die in dem Verhältnis *pars pro toto* oder auch *totum pro parte* (das, wie wir sehen werden, keine einfache Umkehrung der Relate ist, sondern vielmehr eine Umkehrung der Relationierung dieser Relate) exemplifiziert ist?

Ich möchte vorschlagen, sich zunächst auf die Struktur des *pro* zu konzentrieren, um aus dieser unscheinbaren Struktur des einen-*für-ein-anderes* die Strukturlogik des Metonymischen zu gewinnen. Dabei beziehe ich mich erneut auf die Struktur von Metonymie, so wie sie Schweidler vorgeschlagen hat, allerdings erweitert um die dreifache Hinsicht ihres Verhältnisses:

A steht für B

Dieser Satz ist der erste Versuch, das metonymische Verhältnis auf eine seiner Grundstrukturen herunter zu brechen. Allerdings erscheint diese Formulierung zu mehrdeutig. So könnte hier etwa eine Stellvertretung gemeint sein, die allerdings voraussetzungsvoller ist, als es die Darstellung einer Grundstruktur beabsichtigt. Eine Stellvertretung impliziert nämlich zunächst, dass sich ein Abbild für ein Urbild, eine Kopie für ein Original ausgibt. Dann bezeichnet aber Stellvertretung auch explizit, dass es dieses Verhältnis ist, das angezeigt werden soll (wie etwa der Papst nicht selbst Christus ist, sondern eben *Vicarius Iesu Christi*), dass der Stellvertreter sich nicht für das ausgibt, wofür er stellvertretend ist. Diese Position, die noch diese Struktur mit der Position, die sie repräsentiert, verbinden kann, lässt sich aber nicht von einem der beiden Relate von Satz (1) her bilden. Schließlich drückt sich in der Stellvertretung auch immer, eben durch den Verweis auf das Original, eine Beziehung der Vorläufigkeit, der Suspendierung des Originals aus, die wiederum auf eine Wiederkunft oder auf eine Rückkehr verweist.[35] Um all diese Implikationen zu vermeiden, weil sie in

---

[35] Michel Foucault hat in *Die Ordnung der Dinge* darauf hingewiesen, dass die Logik des verlorengegangenen Ursprungs, dessen Rückkehr erwartet wird, eng verbunden ist mit der Doppelbeziehung zwischen einer souveränen Subjektposition, die zugleich eine unterworfene Objektposition ist, nämlich genau dann, wenn die Position ihr eigenes

Stellvertretung und Verschiebung: Zur Strukturlogik metonymischer Verhältnisse

ihren Vorwegnahmen den Blick auf die Strukturierung der gesuchten Struktur verstellen können, möchte ich eine Umformulierung vorschlagen, die auch noch die Frage, ob A nun extern oder intern von B gedacht ist, zunächst unentschieden lässt:

(1) A verhält sich zu B

Dieses Verhältnis von A zu B lässt sich nun im metonymischen Verhältnis auf zweierlei Weise spezifizieren:

(3) A verhält sich zu B insofern, als es in B enthalten ist

(4) A verhält sich zu B insofern, als es sich zu B als einem anderen verhält

Die Formulierung ›insofern, als es‹ lässt hier die beiden Aspekte dieses Doppelverhältnisses erkennen: Erstens verhält sich A zu B immer in einer bestimmten Hinsicht und zweitens erscheint das A im ›es‹ eigentümlich verdoppelt. Diese Verdoppelung ist aber ein Schritt, der ausgelassen wurde, so dass sich der Satz (2) indirekt formulieren lässt:

(2) A verhält sich dazu, dass sich A zu B verhält (nämlich insofern es in B enthalten ist *und zugleich* insofern es von B verschieden ist)

Damit ist auch das letzte Strukturmoment des metonymischen Verhältnisses benennbar:

(5) A verhält sich, indem es sich zu B in der Weise verhält, dass A in B enthalten ist, zu sich selbst

In Satz (5) ist nun das erste Verhältnis von A zu B (nämlich das Enthaltensein) angesprochen. Wie aber ist das A von B unterschieden? Das lässt sich erst in der Struktur des metonymischen Verhältnisses fassen:

(6) A verhält sich dazu, dass es sich auf doppelte Weise zu B verhält (insofern es in B enthalten ist und insofern es sich auf B als ein anderes bezieht) und damit zu der gesamten Struktur, die A in sich noch einmal als seinen eigenen komplexen Bezug zu B repräsentiert.

Objekt bildet. Unschwer lässt sich darin das Verhältnis zwischen den Sätzen (1) und (2) im vorangegangenen Teil erkennen. Vgl. Michel Foucault, *Die Ordnung der Dinge*, Frankfurt a. M. 1974, S. 396–403.

A ist nur dann noch einmal als Eigenständiges gedacht, wenn es sich nicht nur auf sich selbst bezieht (das tut es ja, indem es sich darauf bezieht, dass es in B enthalten ist), sondern noch auf diejenige Struktur, die *zugleich* den Bezug auf die eigene immanente und transzendente Position denken lässt. Diese Struktur ist einerseits das metonymische Verhältnis selbst – insofern also ein Metonym noch einmal metonymisch für das eigene Verhältnis zu dem, wovon es Metonym ist, steht – und andererseits aber die stets aufrechterhaltene Differenz in der Verschiebungsbewegung, die erst zum Metonym führt. Das Metonym *wandert* gewissermaßen, während es verschoben wird, aus dem immanenten Verhältnis in ein transzendentes Verhältnis, von dort auf eine Position, von der aus beide Verhältnisse noch repräsentierbar sind, schließlich als Repräsentation der eigenen konstitutiven Verschiebungsbewegung selbst in diese Verschiebung eines Differenten zu einem anderen Differenten. Es *wandert*, das heißt auch: Es stellt all diese Verhältnisse auf dieser Wanderung erst her. Das Metonym verweist so nicht nur auf das, wovon es Metonym ist, sondern noch auf die Struktur dieser Verweisung und auf sich als diese Struktur der Verweisung und damit auf den eigenen Verweisungszusammenhang, der es auf das Nachfolgende hin selbst überschreitet. Das Metonym verweist auf seine eigene Genese als ›*Metonym*‹.

Reformuliert man diese abstrakte Bewegung noch einmal im Hinblick auf die Begriffe *Teil* und *Ganzes*, wird der gesamte Umfang der *zugrundeliegenden* (wenn das hier ein sinnvolles Prädikat ist) Struktur deutlich:

(1) Ein Teil verhält sich zu einem Ganzen

(2) Ein Teil verhält sich dazu, dass es sich zu einem Ganzen verhält

Diese Bewegung ergibt sich aus dem Satz (1), insofern dieser Satz bereits in dem Term ›verhält sich‹ die reflexive Beziehung von Teil und Ganzem implizit enthält. Damit ist auch deutlich: *Teil* und *Ganzes* werden nicht etwa ontologisiert und als objektiv vorhandene, vom Menschen nur aufzufindende Verhältnisse gefasst, sondern ganz im Gegenteil als reflexionslogische Bestimmungen von Verhältnissen. *Teil* und *Ganzes* sind damit erkenntnis- oder reflexionslogische Begriffe.

(3) Ein Teil verhält sich zu einem Ganzen insofern, als es, wenn es Teil dieses Ganzen ist, im Ganzen enthalten ist

Stellvertretung und Verschiebung: Zur Strukturlogik metonymischer Verhältnisse

(4) Ein Teil verhält sich zu einem Ganzen insofern, als es soeben als Teil angesprochen vom Ganzen unterschieden wurde

In Satz (4) zeigt sich nun, dass sich das metonymische Verhältnis aus dem Nachdenken über das Verhältnis Teil-Ganzes ergibt, weil – ebenso wie in Satz (1) – die Position dieses Denkens direkt in die Verhältnisbestimmung eingreift. Erst aber die letzten beiden Positionen ermöglichen ein metonymisches Verhältnis:

(5) Ein Teil verhält sich zu einem Ganzen so, dass es *zugleich* Teil dieses Ganzen ist und vom Ganzen verschieden ist

(6) Ein Teil verhält sich zu einem Ganzen so, dass es zugleich Teil dieses Ganzen ist und sich auf sich selbst als Teil des Ganzen bezieht, wie es das Ganze (und das meint: *seine* immer schon bestimmte Relation *zum* Ganzen) in sich selbst darstellt oder enthält.

(7) Ein Teil verweist in diesem reflexiven Verhältnis auf andere Teile des Ganzen, mindestens jedoch auf ein anderes[36]

Oder, zu guter Letzt, mit dem Begriff des Zeichens:

(1) Ein Zeichen verhält sich zu allem von ihm Bezeichneten

(2) Ein Zeichen verhält sich dazu, dass es sich zu allem von ihm Bezeichneten verhält (sonst wäre es als Zeichen gar nicht wahrnehmbar, sondern nur als das von ihm Bezeichnete!)

(3) Ein Zeichen verhält sich zu allem von ihm Bezeichneten, insofern, als es, wenn es selbst unter die Bezeichneten fällt, in dem enthalten ist, was es bezeichnet

(4) Ein Zeichen verhält sich zu allem von ihm Bezeichneten, insofern, als es als Zeichen von den von ihm Bezeichneten unterschieden wurde

(5) Ein Zeichen verhält sich zu allem von ihm Bezeichneten, so, dass es zugleich das Zeichen des von ihm Bezeichneten ist und als Zeichen in dem von ihm Bezeichneten enthalten ist.

---

[36] Eine ähnliche Bewegung vollzieht Plessner in *Die Stufen des Organischen* mit dem Begriff des Aspekts. Vgl. Helmuth Plessner, *Die Stufen des Organischen und der Mensch*, Berlin/New York 1975, S. 99.

(6) Ein Zeichen verhält sich zu allem von ihm Bezeichneten, so, dass es durch den doppelten Bezug zugleich *sich selbst* bezeichnet und zwar als Zeichen unter anderen Zeichen und indem es dies tut, auf die Struktur verweist, die es zum Zeichen macht[37]

Dem ließe sich, mit Blick auf Jakobson, hinzufügen:

(7) Ein Zeichen verhält sich zu allem von ihm Bezeichneten zugleich auch insofern, als dieses Verhältnis zugleich das zu anderen Zeichen ist

(8) Ein Zeichen weist durch genau diejenige Struktur, die es konstituiert, über sich auf andere Zeichen hinaus

6. Schluss

Wie die vorangegangenen Überlegungen gezeigt haben, eröffnet die philosophische Befragung der Metonymie aus einer bestimmten Perspektive heraus – die durch die philosophischen Entscheidungen zu Beginn angedeutet wurde – einen wesentlich weiteren Horizont, der bis in Theoriestrategien und Theoriearchitekturen und möglicherweise bis in die Struktur philosophischer Reflexionen selbst hineinreicht. Allerdings ist eine Frage ungeklärt geblieben: Wenn es sich bei dem metonymischen Verhältnis mindestens in einem Aspekt um eine dynamische Verschiebungsbewegung handelt, wie erklärt sich dann die Möglichkeit einer rhetorischen Metonymie? Dieses Problem ist m. E. eng damit verbunden, wie die Grenze einer Struktur verstanden wird, die eine Unterscheidung von Momenten in ihr zuallererst erlaubt. So müssten die Verweisungszusammenhänge einem zeitweiligen Stopp

---

[37] Mit Blick auf das weiter oben angesprochene Verhältnis der ›Stellvertretung‹ ist dieses als das spezifisch Menschliche reformuliert worden, z. B. bei Lévinas: »Die Menschlichkeit, die Subjektivität – das ausgeschlossene Dritte, ausgeschlossen von überallher, Nicht-Ort – bedeuten [...] der-Eine-an-der-Stelle-des-Anderen – Stellvertretung – Bedeutung in ihrer Bedeutsamkeit als Zeichen, früher als das sein, früher als die Identität.« Vgl. Emmanuel Lévinas, *Jenseits des Seins oder anders als Sein geschieht*, übers. v. Thomas Wiemer, Freiburg/München 1992, S. 49. Vgl. Walter Schweidler, »Absolute Passivität«, in: Ders.: *Das Uneinholbare. Beiträge zu einer indirekten Metaphysik*, Freiburg/München 2008, S. 366–382, hier S. 376 ff. – Vgl. zum *Eintreten-für-den-Anderen*, das zugleich eine *Unvergleichbarkeit-mit-dem-Anderen* konstitutiv voraussetzt, den Beitrag von Katharina Bauer in diesem Band.

Stellvertretung und Verschiebung: Zur Strukturlogik metonymischer Verhältnisse

der Verschiebungsbewegung unterliegen, die Reflexion müsste an einer Stelle kontingent aufhören, sich weiter reflexiv zu brechen. Dieselbe Stelle war erreicht, als in der reflexiven Struktur die Position des Denkens erreicht war, das seine eigene Position nicht mehr transzendieren kann und damit schließlich die letztmögliche Relationierung der Struktur nur noch indirekt erlaubt, indem es ihre Verschiebungsbewegung, aber stets in der Hinsicht der bisherigen Explikation, an ihr wahrnimmt.

Die rhetorische Metonymie scheint dadurch zu entstehen, dass die Verschiebungsbewegung gestoppt und so in ihren beiden Aspekten der stetig verweisenden Verschiebung und der statischen repräsentierenden Stellvertreterposition wahrgenommen werden kann. Das eine ist ihr Vollzug, das andere die Struktur dieses Vollzugs, insofern diese von einer bestimmten Stelle aus expliziert wird: Die Hinsichtnahme wird dann genau deswegen notwendig, weil die Perspektivität des Standortes unausweichlich ist; der letzte Grund der metonymischen Verschiebungsbewegung liegt nicht jenseits einer Grenze oder in ihr selbst, sondern allein in der Faktizität ihres Bestehens. Der Anfang ist je schon gemacht, »›Ich‹ kann nicht gesagt sein, ohne eben dass ›Ich‹ nicht bereits *gesagt* ist.«[38]

Der rhetorische Einsatz ergibt sich freilich nicht erst aus dieser Reflexion des Metonymischen, sondern aus der reflexiven Verfasstheit alles Denkbaren, das in sich den Anspruch erhebt, in einem anderen, Bezeichneten zu enden. Es ist dieser Stopp der Bewegung, der in der philosophischen Reflexion als ein (ihr) Ende erscheint, und der mit dem Bewusstsein der Endlichkeit jeder Darstellung verbundene Anspruch auf Begründung bzw. Konstitution, der Metonymie wie Reflexion überhaupt erst funktionieren lässt.

Ebenso, wie alle bestimmten philosophischen Reflexionen sich metonymisch – und zwar genau in dem oben bestimmten Sinne – zu der Struktur verhalten, die ihre Reflexionsstruktur bedingt und damit jede philosophische Reflexion streng genommen zugleich ein neuer Anfang und eine Entfaltung dieser stets impliziten Struktur ist, ist das metonymische Verhältnis nur denkbar vor dem Hintergrund einer reflexiven Verschiebung, die ihre Funktion von einem Redeschmuck zu einer subversiven Praxis bis hin zur Phänomenalität von Sprache selbst verschiebt. Die Metonymie ist damit ein nichtphilosophischer Aus-

---

[38] Schällibaum, *Reflexivität und Verschiebung*, S. 287.

druck derselben Struktur, wie sie auch philosophische Reflexionen besitzen, und kann daher die Proportion philosophischer Reflexionen zu ihrer Grundstruktur bedeuten. Diese Ausfaltung muss dabei immer als Ausfaltung in einer bestimmten Hinsicht verstanden werden, so dass eine Typologie philosophischer Reflexionen sich alleine vor dem Hintergrund einer strukturlogischen Untersuchung formulieren könnte. Die Einzigartigkeit philosophischer Reflexionen muss so nicht wegen einer falsch verstandenen Authentizität oder Originalität, wegen eines sich stets entziehenden Ursprungs oder einer verborgenen Wahrheit gewahrt bleiben, sondern weil ihre Ausfaltung als je bestimmte philosophische Reflexionen genau diesen Bezug erfordern: Eine philosophische Position wird von genau dieser und keiner anderen Stelle ihren Anfang nehmen und nur, weil sie es ist, die ihren Weg auf sich (und zu sich) nimmt, wird sie sich zu ihrer eigenen Struktur genau so verhalten, dass sie sich in diesem Verhältnis noch zu sich selbst und das heißt: zu ihrer Einzigartigkeit als Faktum ihres Gegebenseins verhält. Ein philosophischer Gedanke, einmal verfolgt, gedacht und niedergeschrieben, bleibt irreduzibel er selbst – solange er eben die Struktur teilt, die alle anderen auch teilen.

Metonymie und das Rätsel der Koinzidenz

Martin Hähnel (Eichstätt)

Der folgende Aufsatz möchte sich vornehmlich der Frage zuwenden, *was eine Sache zur Sache macht* bzw. welches Verhältnis zwischen den Teilen und einem Ganzen (Mereologie), das durch ebendiese Teile bestimmt ist, besteht. Auf einer formalontologischen Ebene werden zunächst verschiedene Konstitutionsansätze besprochen, die später auf einer semiotischen Ebene verhandelt, kritisiert und erweitert werden sollen. Zu Beginn wird dabei das »Rätsel der Koinzidenz« diskutiert, wonach – so ein berühmtes Beispiel – eine Statue und das Stück Bronze – der Stoff, aus dem die Statue besteht – in einer bestimmten Relation, die es zu analysieren gilt, zueinander stehen. In einem nächsten Schritt schauen wir auf einen möglichen Lösungsweg, der in verschiedenen materiell-quantitativen Konstitutionsansätzen, die kurz vorgestellt werden sollen, gesucht wird. Daraufhin soll geprüft werden, ob diese Begründungsmodelle überhaupt argumentativ tragfähig sind. Es wird sich daher als notwendig erweisen, auf die Figur der Metonymie einzugehen, um zu zeigen, dass materialistische, also streng konstitutionstheoretische Modelle auf einem (onto-)logischen Isomorphismus beruhen, der davon ausgeht, dass Entitäten – in unserem Fall die Statue und der Bronzeklumpen – umkehrbar aufeinander abgebildet werden können, selbst wenn Identitätskriterien außen vor gelassen werden. Der hier vorgestellte metonymische Ansatz bildet deshalb eine Kritik an diesen Modellen, insofern er die konstitutionstheoretische Möglichkeit einer Darstellung dieses Zusammenhanges zwischen distinkten Entitäten nicht leugnet, sondern anderweitig wiedergibt.[1]

---

[1] Die bis heute kaum rezipierte Konstitutionslehre von Hans-Eduard Hengstenberg (1904–1998), auf die wir im Verlauf noch eingehen werden, stellt dabei eine thematische Brücke zwischen metaphysisch-kategorialen und metonymisch-transentitativen Sinnbildungskonzepten dar.

In diesem Sinne beschreibt die Metonymie einen bestimmten Komplex aus Sachen (= Sachverhalt) *faktisch unvollständig* und *ontologisch vollständig*, indem eine Sache aus diesem Komplex, der für sich ein Bedeutungsuniversum darstellt, herausgenommen wird und diesen vollständigen Sachverhalt zu vertreten beansprucht, ohne dass sich dabei der Erklärungswert des ersetzten vollständigen Sachverhaltes verändert. Die in der Metonymie ausgedrückte Kontiguitätsbeziehung – die *Berührung* der herausgenommenen Sache mit dem Bedeutungsuniversum des vollständigen Sachverhalts – soll dabei verdeutlichen, dass das »Rätsel der Koinzidenz« im Grunde genommen gar nicht existiert. Die Metonymie veranschaulicht damit paradigmatisch, dass Entitäten auf natürliche Weise miteinander verwandt sind, noch bevor sie in ontologische oder semiotische Zusammenhänge gestellt werden können.[2]

1. Die Entwicklung materiell-quantitativer Konstitutionsansätze in der gegenwärtigen analytischen Ontologie

In der heutigen analytischen Ontologie hat sich ein breites Forschungsfeld geöffnet, welches der Frage nachgeht, ob und – wenn ja – wie gewöhnliche Objekte aufgebaut sind.[3] Dabei versuchen deren Vertreter den klassischen aristotelischen Hylemorphismus einseitig aufzulösen oder in Form komplexer Konstitutionstheorien zu rekonstruieren. Infolgedessen kreisen alle Theorien um das so genannte »Rätsel der Koinzidenz«, welches zum Inhalt hat, dass gewöhnliche Objekte mit einem bestimmten Zustand ihrer selbst korrelieren bzw. mit diesem in irgendeiner Weise zusammenfallen.[4] Um diesbezüglich eine korrekte

---

[2] Die Nähe zum Konzept der Familienähnlichkeiten bei Wittgenstein ist unbestreitbar. Im Unterschied zu dem differentialistischen Konzept Wittgensteins, das keine durchgängig gemeinsamen Merkmale zwischen den Sprachspielen festlegt, versucht die metonymische Beschreibung eine eigentümliche Verbindung (Kontiguität) zwischen Zeichen und Bezeichnetem zu begründen, ohne jedoch deren Differenz damit aufzuheben.
[3] Gewöhnliche Objekte (*engl.* »objects of common sense«) sind keine wissenschaftlichen Untersuchungsobjekte, sondern Gegenstände der alltäglichen Erfahrung. Fraglich ist jedoch, ob die systematische Analyse solcher gewöhnlichen Objekte diese nicht zwangsläufig wieder zu wissenschaftlichen Objekten macht.
[4] Vgl. den Überblicksbeitrag von Pedro Schmechtig, »Grundfragen der speziellen Metaphysik«, in: Peggy Breitenstein/Johannes Rohbeck (Hrsg.): *Philosophie. Geschichte – Disziplinen – Kompetenzen*, Stuttgart 2011, S. 141–146.

Bestimmung gewährleisten zu können, halten sich die Konstitutionstheoretiker dabei an bestimmte Regeln, die sie von logischen Gesetzen der Identitätsrelation – Reflexivität ($x = x$), Symmetrie (wenn $x = y$, dann $y = x$) und Transitivität (wenn $x = y$ und $y = z$, dann $x = z$) – ableiten. Da die Konstitutionstheorie schlechterdings eine Relation beschreibt, die vorsätzlich von einer Nicht-Identität ausgeht, müssen sich jene Entwürfe von Anfang an als Alternativen zu Identitätskonzepten positionieren, welche ihrerseits behaupten, dass Entitäten mit sich selbst oder mit all ihren Zuständen zu jeder Zeit und an jedem Ort identisch sind und somit explizite Fragen nach dem Aufbau eines Dinges nicht zwingend erfordern.[5] So gilt im Allgemeinen, dass Konstitution *strictu sensu* nicht den klassischen Identitätsregeln folgen kann, also nicht reflexiv ist ($x \neq x$, d.h. das Konstituens wird nicht durch sich selbst konstituiert), sich asymmetrisch aufbaut ($x \neq y$, keine Reziprozität von Konstituens und Konstitutum) und Transitivität ermöglicht.

Die überwiegende Mehrheit aktueller Konstitutionsansätze verabschiedet also die strikte Identitätsauffassung, insofern sie eine ausgewiesene Konstituens-Konstitutum-Relation aufstellt.[6] Mit Hilfe

---

[5] Strikte Identitätstheorien werden vertreten durch: Michael B. Burke,»Preserving the Principle of One Object to a Place: A Novel Account of the Relations Among Objects, Sorts, Sortals, and Persistence Conditions«, in: *Philosophy and Phenomenological Research* 54/3 (1994), S. 591–624 und Roderick Chisholm,»The Agent as cause«, in: Myles Brand/Douglas Walton (Hrsg.): *Action Theory*, Dordrecht 1976, S. 199–211. Diese Identitätstheorien gehen auf Grundlage des Leibnizschen Gesetzes zur Identität des Ununterscheidbaren davon aus, dass z.B. die Statue und der Bronzeklumpen in ihren Eigenschaften identisch sind. Max Black hat allerdings gezeigt, dass die Identität des Ununterscheidbaren nicht gültig sein muss, wenn man annehme, dass zwei in den Eigenschaften ununterscheidbare Kugeln die einzigen Gegenstände in einem symmetrisch angelegten Universum wären und somit auch die gleichen räumlichen Relationen besäßen. Ungeachtet dieser durchaus vorsorglichen Bestimmungen finden wir *nolens volens* weiterhin zwei verschiedene Kugeln vor (vgl. Max Black,»The Identity of Indiscernibles«, in: *Mind* 61 (1952), S. 153–164). Daraus ließe sich nun ableiten, dass das entscheidende Unterscheidungskriterium nicht in der voneinander differierenden Lage im Raum, sondern in den verschiedenen Orten, an denen die Kugeln »auftauchen«, besteht. Deshalb ist auf die Idee einer Identität mit sich selbst trotz der Bedenken Wittgensteins (vgl. *Tractatus* 5.5303) zurückzugreifen. So bemerkt unter anderem Aristoteles, dass es eine Identität eines Dinges mit sich selbst gebe, wenngleich es dann so aussehe, als spräche man von zwei Dingen (vgl. *Metaphysik*, V 9, 1018 10 f.).

[6] Diese Theorien verstoßen gegen die von Quine aufgestellte Forderung, dass es keine Entität ohne Identität (»No entity without identity!«) geben kann. Allerdings könnte man die Annahme teilen, dass für eine Entität, die mit sich selbst identisch ist, nach-

dieses zumeist sehr komplexen Relationsansatzes möchten sich die Vertreter einer strengen Konstitutionstheorie insbesondere von naiven atomistischen Konzepten abgrenzen, welche ihrerseits behaupten, eine Statue sei nichts anderes als eine Ansammlung von so genannten »simples« und existiere als solche nicht wirklich.[7] Unsere Ausführungen befassen sich allerdings vorzugsweise mit konstitutionstheoretischen Ansätzen, welche die Annahme teilen, dass Entitäten eine komplexe interne relationale Struktur besitzen, also die Realität von Konstitutionsverhältnissen beglaubigen. Konstitution wird dabei bestimmt als Verhältnis einer Sache zu dem, was sie konstituiert, d. h. zu dem, was diese Sache zu dem macht, was sie ist.[8] Sie ist somit die verallgemeinerte Form einer Teil-Ganzes-Beziehung, wobei der Teil gleichsam Konstituens für das Ganze, das seinerseits das Konstitutum darstellt, wird.[9] In unserem Falle ist Bronze also kein Teil der Statue, sondern Konstituens derselben. In ähnlicher Weise sind die menschlichen Organe auch keine Teile des Körpers, sondern sie *konstituieren* ihn, d. h. sie transzendieren bloße quantitative Bestimmungen.

Einige konstitutionstheoretische Ansätze können zwar strenge identitätstheoretische Bestimmungen umgehen, lassen sich aber dennoch gegen atomistische Interpretationsweisen nicht vollständig immunisieren. So plädiert Lynne Rudder Baker beispielsweise dafür, dass Entitäten nicht mit sich selbst identisch sein können, sondern nur durch andere Entitäten – darunter fallen atomare und subatomare Ele-

---

weislich keine Identitätskriterien anzugeben sind, d. h. eine Identifizierung nicht durchgeführt werden muss, da diese als Selbstanzeige des Gegenstandes schon vorliegt. Aristotelisch gesprochen ist das Ding bereits mit sich identisch, indem es eine Einheit bildet.

[7] Vgl. Trenton Merricks, *Objects and Persons*, Oxford 2001; Gideon Rosen/Cian Dorr, »Composition as a fiction«, in: Richard Gale (Hrsg.): *A Blackwell Guide to Metaphysics*, Oxford 2002, S. 151–174; Peter Inwagen, *Material Beings*, Ithaca 1990.

[8] Thomas Buchheim hat in seinem Kommentar zur Neuausgabe von Aristoteles' *De generatione et corruptione* (Berlin 2010) »Konstitution« weniger im Sinne der Untersuchung des statischen Aufbaus von Dingen als vielmehr im Horizont eines Geschehens, dank dessen Dinge überhaupt existieren, gedeutet. Diese Perspektive scheint mir übrigens sehr aussichtsreich zu sein, um die einseitige Dingorientierung materialontologischer Ansätze, welche jene *Vorgänge*, die zu Dingen führen, ausblendet, neu zu hinterfragen.

[9] Der Konstituentenbegriff umfasst mehr als der Begriff eines Teiles. Uwe Meixner bestätigt dies, indem er »den Konstituentenbegriff als eine Verallgemeinerung des Teil-Ganzes-Begriffes auffasst« (ders., *Einführung in die Ontologie*, Darmstadt 2004, S. 26).

mente – konstituiert werden können.[10] Letztlich kann so das Konstitutum *qua* Konstitutum kein einheitliches Ganzes sein, sondern nur ein Aggregat aus einzelnen, miteinander nicht identischen Konstituentien bilden. Wurde bei Aristoteles das Ganze als Summe der Teile noch durch die Form *(morphé)* zu einem Ganzen, oder besser zu einer Einheit,[11] so muss dieser Gedanke bei den Konstitutionstheoretikern wegfallen, weil die aristotelische Idee einer Gestalt gebenden Form nach deren Ansicht nicht zum Ding selbst gehört, d. h. nicht Moment der immanenten Dingkonstitution sein kann. So vermag das funktionalistische Modell einiger Konstitutionstheoretiker zwar durchaus zu erklären, wie eine materielle Konstitution abläuft und unterscheidet sich dadurch von Ansätzen, die für Konstitution ausschließlich eine raumzeitliche Koinzidenz annehmen, ist aber leider nicht dazu imstande uns zu verdeutlichen, was das Ganze ist bzw. inwieweit es überhaupt zu seinen Teilen *gehört*. Es ist demnach eher anzunehmen, dass für Lynne Rudder Bakers Nicht-Identitätsauffassung Aspekte der Ganzheit überhaupt keine Rolle spielen. So erscheinen die Konstituentien bei Baker nach eingehender Betrachtung ebenso als »simples«, die keinen Eigenwert besitzen, sondern durch die Angewiesenheit auf andere »simples« eine spezifische kausale Rolle übernehmen. Baker lehnt zwar in ihrem Modell die Nichtverstehbarkeit der Nichtidentität von Bronzeklumpen und Statue ab[12] – die Statue hat ihrer Ansicht nach essentiell relationale Eigenschaften, die das Bronzestück auf den ersten Blick nicht hat, z. B. kann sie als Kunstwerk betrachtet werden[13] –, die Feststellung, dass ein solcher Unterschied besteht, kann uns aber letztlich nicht sagen, was Konstitution selbst ist. Im Falle, dass man eine Definition fände, d. h. einen einheitlichen Konstitutionsbegriff aufzustellen vermochte, müsste man wohlgemerkt wieder auf Identitätsannahmen, die Baker für die Beschreibung von Konstitutionsverhältnissen bekanntlich nicht vorsieht, zurückgreifen. Somit stellt Konstitution für Baker letztlich eine hypothetische »Zielrelation, [...] die sich in mancherlei Hinsicht nach Identitätsgesetzen verhält, dies aber nicht not-

---

[10] Lynne Rudder Baker, »Why Constitution is Not Identity«, S. 621, in: *The Journal of Philosophy*, Vol. 94, Nr. 12 (1997), S. 599–621.
[11] Aristoteles, *Metaphysik* 1041bff.
[12] Baker, »Why Constitution is Not Identity«, S. 621 (Übersetzung M. H.).
[13] Ebd.

wendig tut«[14], dar. Welchen philosophischen Mehrwert dies bei aller argumentativen Redlichkeit haben soll, bleibt also dahingestellt.

Nun gibt es neben Bakers Ansatz noch weitere Versuche, die Konstitutionstheorie zu interpretieren. Unter anderem unternimmt Judith Jarvis Thomson die Anstrengung, das Konstitutionsverhältnis entgegen der Generalisierungsthese wieder auf Teil-Ganzes-Beziehungen zurückzuführen.[15] Ihrer Ansicht zufolge steht das Konstituierende in großer Nähe zum Teil, sodass es eher *Bestandteil* ist und nicht selbst ein partizipierendes Ganzes im Sinne eines Konstituierten sein kann. Ihrer Auffassung nach kann der Körper niemals Konstituens der Person sein, insofern die Person bereits ihr Körper ist.[16] Nur Teile, die selbst kein Konstituiertes sind, können wahre Konstituentien sein. Das heißt folglich nichts anderes, als dass der Körper, so absurd dies auch klingen mag, nur aus »Fleischportionen« *(portions of flesh)* bestehen kann. Wir hatten indes bereits gesehen, dass die Konstitution eine verallgemeinerte Form der Teil-Ganzes-Beziehung darstellt, die erweiterte Annahmen ermöglicht und einen großen Phänomenbereich abdeckt. Die von Thomson vorgenommene Rücknahme dieser Verallgemeinerung beruht indes auf der Einschränkung, dass die Philosophin nur materielle Objekte für Teil-Ganzes-Beziehungen zulässt. Propositionen, natürliche Arten, Ereignisse etc. sind ihrer Ansicht nach keine Kandidaten für den Aufbau von Teil-Ganzes-Beziehungen.[17] Das hat wiederum zur Folge, dass der Erklärungswert dieses offensichtlich reduktionistischen Konstitutionsmodells identisch mit dem Erklärungswert atomistischer Modelle ist.[18] Quantitative Teil-Ganzes-Relationen lassen sich allein auf künstliche Ganzheiten beziehen und nicht auf lebendige Organismen.[19] Thomson wird hier »Opfer« eines *mereologischen Fehlschlusses*, d. h. einer inkorrekten Zuschreibungsrelation,

---

[14] Ebd., S. 612.
[15] Vgl. Anm. 9.
[16] Judith Jarvis Thomson, »The Statue and the clay«, S. 169, in: *Noûs* 32 (1998), S. 149–173.
[17] Ebd., S. 155.
[18] Das konstituierte Konstitutum, das als einheitliches Ganzes bestimmt wird, zeichnet sich nach Thomas von Aquin durch eine höhere Organisation und differenziertere Binnenstruktur als das bloße Konglomerat aus (vgl. ders., *De Spiritualibus Creaturis*, 4). Der Aufbau des menschlichen Organismus ist in Analogie dazu zweifellos komplexer als die einfache materielle Zusammensetzung einer Statue.
[19] Es ist abermals Thomas von Aquin, der explizit natürliche Ganzheiten *(totum naturale)* wie Organismen von künstlichen Ganzheiten *(totum compositione tantum)* wie

die fälschlicherweise ein Ganzes durch einen bestimmten Teil zu definieren vorgibt.

Ein anderes gängiges Konstitutionsmodell finden wir im Rahmen der sogenannten *Destruktionsthese* vorgeführt. Demnach gibt es Entwürfe, die zeigen wollen, dass ein Konstituierendes x ein Konstituiertes y nur bilden kann, wenn von y zu einem bestimmten Zeitpunkt etwas zerstört wird, das es ermöglicht, x daraus hervorgehen zu lassen.[20] Beispielsweise ist hier die Frage, ob Paul, wenn er keine Hirnaktivitäten mehr zeigt, immer noch Paul ist und nicht bloß sein Körper. Im Rahmen der Destruktionsthese wäre der Körper das Konstitutum, welches aus der Destruktion von Pauls Personalität, die scheinbar allein aus Hirnaktivitäten abgeleitet wird, hervorgeht. Dass diese Konstitutionsauffassung offenkundig wirklichkeitsfremd ist und in verdeckter Weise ebenso dem mereologischen Fehlschluss zum Opfer fällt, braucht nicht weiter nachgewiesen zu werden. Außerdem erheben sich hier ernste sachliche Einwände: So gibt es bekanntlich auch die Möglichkeit einer totalen Zerstörung, woraus letztendlich nichts hervorgehen kann oder übrig bleibt. Hier bleibt für die Destruktionstheoretiker – angenommen, dass nur die Form zerstört würde und das Material weiterhin bestünde – lediglich die Möglichkeit zu einer Rekonfiguration des Vorhandenen.[21] Die so verstandene »Zerstörung« ist deshalb keine wirkliche Vernichtung, sondern beruht auf der temporären Auflösung einer bestimmten Anordnung bzw. Struktur. Genuine Prozesse von Werden und Vergehen können damit überhaupt nicht in das Blickfeld des erkenntnistheoretischen Interesses geraten.[22]

Wir können bereits an dieser Stelle sehen, dass sich zahlreiche

---

ein Haus (vgl. ders., *De anima*, 10) unterscheidet. Während der Organismus eine unteilbare Substanz ist, ist das Haus ein durch Zusammensetzung gewonnenes Ganzes.

[20] Frederick Doepke, »Spatially Coinciding Objects«, in: *Ratio* 24 (1982), S. 45–60; Peter Simons, *Parts: A Study in Ontology*, Oxford 1997.

[21] »What is meant by ›total destruction‹ varies according to context. We describe a wall as partly destroyed or demolished when some of its parts are no longer in wall configuration but others are, and totally destroyed when none are left in the right configuration. To totally demolish a stone wall it suffices to take each stone apart from all the others and lay them flat on the ground, or to knock the whole lot over. There is no need to go to the lengths of pulverizing each stone« (Simons, *Parts: A Study in Ontology*, S. 239f.).

[22] Diese Auffassung deckt sich daher nur scheinbar mit der aristotelischen Werdenstheorie in der Darstellung von Thomas Buchheim, der zufolge jedes Werden von etwas immer ein Vergehen bzw. »Kaputtgehen« von etwas anderem einschließt.

Martin Hähnel

Theorien zur materiellen Konstitution entweder in Aporien verstricken oder sich durch sachliche Unangemessenheit auszeichnen. Dies gibt unter anderem Anlass zur Mutmaßung, dass einer Konstitutionstheorie höchstens eine *explanatorische Rolle* in der Beantwortung der Frage nach dem Wesen der Koinzidenz zuzukommen habe. Hinsichtlich der Beschränkung von Konstitution auf ihre Erklärbarkeitsfunktion würde sich Konstituierendes zum Konstituierten zunächst wie das Explanans zum Explanandum verhalten. Sicherlich ließe sich Konstitution in dieser Form als explanatorisches Verhältnis angemessen deuten, doch bleibt weiterhin unklar, um welche Form der Relation es sich handelt und ob das Konstituierte durch das Konstituierende überhaupt *sufficienter* erklärt werden kann. Denn woher soll man wissen, dass für die Bestimmung des Explanandums auch alle Kriterien vorhanden sind? Ist es nicht zu grob zu sagen, eine Person sei erst tot, wenn alle Explanantia für die Feststellung ihres Todes vorliegen? Wie verhält es sich darüber hinaus mit gänzlich erklärungsunbedürftigen Sachverhalten? Beispielsweise kann ich auf die Erklärung für die Tatsache, *dass ich ein Gehirn habe*, trotz vieler hilfreicher Erklärungsmomente auch verzichten. Für selbsterklärende Tatsachen, d. h. natürliche Tatsachen, ist dieses Modell daher völlig ungeeignet. Außerdem sagt mir das Erklärte noch lange nicht, ob ich dessen Inhalt auch verstanden habe.

Weitaus radikaler ist dagegen die Auffassung, dass es Konstitution weder als explanatorische noch als spezifisch ontologische Relation gibt, sondern nur als Koinzidenz.[23] Dieses auf Sparsamkeit angelegte Konstitutionskonzept gibt also vor, dass das »Rätsel der Koinzidenz« in erster Linie auf alltagssprachlichen Missverständnissen beruhe, die eine Ontologie unnötig belasten. Eine solche *deflationäre Theorie* bezweifelt – ohne dementsprechende Identitätsauffassungen zu bestätigen – offenbar die Idee, etwas würde aus etwas bestehen bzw. durch etwas konstituiert. Damit teilt sich diese Theorie ein Bestimmungsmoment mit der auf Kontiguitätsbeziehungen beruhenden Metony-

---

[23] Ryan Wassermann, »The Constitution Question«, S. 705, in: *Nous* 38/4 (2004), S. 693–710. Wassermann hält sich an die Auffassung von David Lewis, wonach materielle Konstitution in großer Nähe zur Identitätsrelation steht, aber auch ohne diese auszukommen vermag (vgl. David Lewis, »Many, but Almost One«, S. 177, in: Ders., *Papers in Metaphysics and Epistemology*, Cambridge 1999). Diese These, welche besagt, dass materielle Konstitution als *vollkommenes* Teil-Ganzes-Verhältnis so etwas wie Identität beanspruchen könne, werden wir mit dem Metonymiekonzept kritisieren.

mie, wenngleich bei der Metonymie die Referentialität zwischen Gegenständen und Ausdrücken, die diese repräsentieren, nicht aufgehoben, sondern nur anders aufgefasst wird.

2. Globale Probleme materiell-quantitativer Konstitutionstheorien

Nun sind bereits in den Annahmen der Konstitutionstheoretiker einige lokale Schwierigkeiten erwähnt worden – allen voran die Frage nach der Identität –, die eine angemessene Bestimmung der Dinge einschließlich ihrer inneren Gliederung und äußeren Einbettung in ontologische Zusammenhänge erschweren. Wir haben gesehen, dass strikte Identitätstheoretiker Konstitutionsverhältnisse ablehnen, während ausgewiesene Konstitutionstheoretiker Nicht-Identitätsauffassungen vertreten. Allerdings kann das Identitätsproblem auch geschickt umgangen werden, insofern das Konstituierte und ebenso das Konstituierende als mit sich identisch aufgefasst werden, d.h. subsistieren. Dem würde zwar *prima facie* das logische Postulat der Nicht-Reflexivität widersprechen, jedoch wird an der Stelle des Konstituierenden nichts konstituiert, denn dieses Konstituierende ist selbst schon ein Konstituiertes, d.h. als Teil ist es bereits schon ein Ganzes, sozusagen ein »Teilganzes« oder partizipierendes Ganzes. Das Verhältnis von »Teilganzem« zu »Ganzganzem« – das selbst wieder ein hypothetisches »Teilganzes« für ein Ganzes bilden könnte – ist aber primär kein Verhältnis der Identität, sondern eben der Konstitution. Gegenüber unpopulären platonischen Konstitutionstheorien, die Identitätsbestimmungen dieser Art relativ unkritisch aufnehmen, sind materielle Konstitutionstheorien *sui generis* dem Kompositionsprinzip verpflichtet und damit *per se* nicht mit Identitätsforderungen kompatibel. Eine Konstitutionstheorie wie beispielsweise jene von Thomson interpretiert materielle Zusammenhänge stets quantitativ mereologisch, wobei man hierbei notwendig zu der Feststellung gelangen muss, dass der Sandhaufen als *totum quantitativum* letztlich identisch ist mit seinen akkumulierten Teilen, den Sandkörnern, was aus physikalistischer Sicht zwar »richtig« ist, unter quantenmechanischer und phänomenologischer Perspektive aber keineswegs bestätigt werden kann.[24] Deshalb

---

[24] Thomas von Aquin unterscheidet dabei ein homogenes von einem heterogenen Gan-

Martin Hähnel

gilt es hier zu bedenken, ob man kompositionale Aspekte als Reaktion auf diese Einsicht nicht lieber gleich völlig ausblenden sollte, um Konstitution ausschließlich als reines Verursachungsprinzip denken zu können. Aristoteles hat übrigens gezeigt, dass Konstitution sinnvoll nur als Stoff-Form-Verhältnis beschrieben werden kann, wonach die auf einem Zugrundeliegenden beruhende Materie ihr Sein durch das »Erleiden« einer Form erhält. Aristoteles versucht mit dieser Idee der Entelechie, die hier nicht ausführlich vorgestellt werden kann, auf relativ einfache Weise das Kompositions- mit dem Verursachungsprinzip zu versöhnen. Zwar sind diese Implikationen der aristotelischen Theorie grundsätzlich metaphysischer Natur, sie zeigen aber vorbildlich, dass gewöhnliche Objekte keiner prüfenden Zerlegung bedürfen, um zu erkennen, wie bzw. was sie eigentlich sind.

Eine weitere Schwierigkeit besteht in der Forderung, dass Konstitutionsverhältnisse asymmetrisch sein müssen, was bereits in der Verwendung distinkter Begriffe für distinkte Objekte verbürgt scheint: Wir haben den Ausdruck »Statue« und in Differenz dazu den Ausdruck »Bronzeklumpen«. Diese Unterscheidung, die übrigens nur in der Vorstellung, wo der Bronzeklumpen von der Skulptur gedanklich unterschieden werden kann, präsent ist, ist auch eine *örtliche*. Bronzeklumpen und Skulptur können nur dort thematisch werden, wo sie einen eigenen, voneinander abweichenden Ort einnehmen können. Ansonsten würden sie in der ursprünglich gedachten Identitätslage verharren und die Konstitutionsfrage ließe sich damit gar nicht erst stellen. Materielle Konstitution ist deshalb immer auch der Versuch, im Begriff und in der Vorstellung Entzweites wieder zusammenzuführen bzw. auf *ein* Prinzip zurückzubinden. Wir werden aber sehen, dass die Metonymie dieses Problem ungleich eleganter löst, denn es gibt noch eine weitere Möglichkeit, die Asymmetrie zu begründen: Und zwar gehen wir intuitiv davon aus, dass sich die Statue »vor uns« von dem Bronzeklumpen, der sie auch sein kann, unterscheidet. Letztendlich ist dies aber eine Frage des persönlichen Urteils. Es wäre doch gerade von ästhetischer Seite her denkbar, dass jemand die Statue weiterhin als

---

zen (vgl. S. th. I, 11, 2, 2). Während bei einem homogenen Ganzen die Teile ähnlich sind (z. B. die Sandkörner), liegen bei einem heterogenen Ganzen unähnliche Teile vor, z. B. ist der menschliche Leib ein heterogenes Ganzes, d. h. der Kopf ähnelt offensichtlich nicht dem Fuß. Beide sind aber Teile eines heterogenen Ganzen, d. h. sie bestehen in diesem Ganzen. Dass etwas erst »ganz Teil sein kann«, wenn es in einem Ganzen verbunden wurde, zeigt übrigens die Metonymie.

Bronzeklumpen wahrnimmt bzw. nie darauf kommen würde, den wohlgeformten Bronzeklumpen als Statue zu identifizieren.[25] Hier wird nun folglich die These der materialen Identität gegen jene der empirischen Asymmetrie ausgespielt. Möglicherweise ließe sich hier das Problem durch eine begriffliche Asymmetrie und empirische Reziprozität umgehen. Zum Beispiel ist der lebendige Organismus, der Zellen zu seiner Erhaltung braucht, solch ein »System«, d. h. wo es Konstituierendes (Zellen) nicht ohne Konstituiertes (Organismus) und Konstituiertes nicht ohne Konstituierendes gibt.[26]

Schließlich sei zur Transitivität – der letzten Bedingung dafür, dass wir von Konstitution sprechen dürfen – noch Folgendes gesagt: Wenn Protonen und Neutronen Atome konstituieren, so konstituieren sie auch den physikalischen Körper. Allerdings ist eine explanatorische Berufung auf das logische Gesetz der Transitivität für unsere Belange nur wenig informativ, da deren Geltung je nach Wissensstand hypothetisch bleibt und gegenüber direkten Wirk- und Zuordnungsverhältnissen indifferent ist. Außerdem existieren ontologische Gebilde, welche auf die Transitivitätsforderung verzichten können und vielmehr einem teleologischen Prinzip folgen, welches nahelegt, dass die niederen Schichten aufgrund der ihnen unterlegten absoluten Richtung bereits die Bestimmung zur Höherentwicklung in sich tragen. Demgegenüber gilt für dezidiert antiteleologische Schichtenmodelle (z. B. klassischerweise von Nicolai Hartmann) genau der umgekehrte Fall, d. h. die höheren Schichten determinieren hier die niederen. Übrigens versuchen aktuelle Supervenienzkonzepte diese Gedanken ebenfalls aufzugreifen und verschiedenartig weiterzudenken.

Nun entstehen neben den eben genannten Bestimmungserschwernissen im Zusammenhang mit identitätstheoretischen Fragen noch weitere Erklärungsnöte, die außerhalb des eben angeführten Bedingungskataloges stehen. Und zwar ist die Idee, dass Konstitution an sich eine »is-made-of-relation«[27] darstellt, von Grund auf problematisch. Demnach erscheint das Konstitutum immer als (fertiges) Produkt von etwas, kann also nie als identisch mit sich selbst gedacht werden

---

[25] Man denke hier an die amorphen Bronzeskulpturen von Henry Moore, wo Gestaltkonkretion und Formgenese nicht voneinander zu unterscheiden sind.

[26] Vgl. Hans-Eduard Hengstenberg, *Freiheit und Seinsordnung*, Dettelsbach 1998, S. 225.

[27] Simons, *Parts: A Study in Ontology*, S. 233.

und darf somit auch selbst kein Faktor für ein anderes darstellen. Dazu kommt die Frage nach der Zeit: Sobald Konstitution mit Zeit in Verbindung gebracht wird, stellt sich auch die Frage nach der Persistenz. Ohne sich auf die Existenz von überzeitlichen Universalien berufen zu dürfen, müssen komplexe Identitätsbestimmungen konstruiert werden, die dem jeweiligen zeitontologischen Framework zu entsprechen haben.[28] Das hat wiederum zur Folge, dass sich das Konstitutionsproblem verstärkt mit der Frage beschäftigen muss, zu welchem Zeitpunkt in welcher Weise eine Koinzidenz stattfindet. Die Verlagerung der Problematik von einer materiellen Konstitution hin zu einer Ontologie der Zeit eröffnet ein neues Feld, das aber leider nicht Gegenstand unserer Untersuchungen sein kann.[29]

3. Hans-Eduard Hengstenbergs ontologische Kategorienlehre

Eine ausgefeilte Konstitutionstheorie, die ungeachtet und abseits der vorgestellten analytischen Entwürfe entstanden ist, stammt von dem hierzulande relativ unbekannten Philosophen Hans-Eduard Hengstenberg.[30] Dieser hat eine formalontologische Konstitutionslehre entwickelt, welche in Ansätzen bereits bei Edmund Husserl in den *Logischen Untersuchungen* angedacht wurde[31] und sich weitestgehend aus transzendentalphilosophischen Vorüberlegungen speist: »Unsere Position erklärt sich so, dass der transzendentalphilosophische Konstitutionsbegriff von Kant bis zum späten Husserl ins Ontologische gewendet wurde. Konstitution ist nun keine Kategorie mehr, die im Verhältnis von erkenntnistheoretischem Subjekt und ›konstituiertem‹ Gegenstand gilt, sondern eine solche, die *innerhalb* eines Seienden oder Ganzen gilt, mag dieses nun ein ›Subjekt‹ oder ›Objekt‹ sein. Das sei-

---

[28] Schmechtig, »Grundfragen der speziellen Metaphysik«, S. 144.
[29] Vgl. Nathan Oaklander, *The Ontology of Time*, Amherst 2004.
[30] Hengstenberg gibt eine ausführliche Darstellung seiner Theorie in: »Was ist ontologische Konstitution?«, S. 218 ff., in: Hengstenberg, *Freiheit und Seinsordnung*.
[31] Vgl. Edmund Husserl, *Logische Untersuchungen* 2/1, Halle 1913, S. 225–293: »Mit dem Gedanken der Konstitution ist ein gewisses Novum in die Ontologie gekommen. Dass dieses Novum Wegbereiter, vor allem die Phänomenologie (wir denken besonders an die Lehre über Ganzes und Teile in Husserls Logischen Untersuchungen […]) […] voraussetzt, soll hier nur als selbstverständlich erwähnt werden« (vgl. Hengstenberg, *Freiheit und Seinsordnung*, S. 219).

ende Ganze bzw. Konstitutum ›besteht‹ aus Teilen, Elementen, Aufbauprinzipien usw.«[32] In den Grundzügen geht seine Theorie von folgenden Punkten aus:
a) Seiendes ist in sich selbst unterschieden, verliert aber nicht seine Einfachheit.
b) Es besteht eine partielle Eigenaktivität der Teilbestände (Konstituentien), deren gemeinsamer »Wesensbestand« durch einen ontologischen Akt *(actus essendi)* affiziert und aktualisiert wird.
c) Das Bestehen der Konstituentien untereinander ist nur kraft der Relation zueinander (= Konstitution) möglich. Die Konstitution ist dabei *eine* interne Beziehung zwischen drei Typen von Teilbeständen (als *ternäre* Relation).
d) Die Konstituentien verhalten sich zum Konstitutum in reziproker Weise.

Zur Erklärung von a) müssen folgende Anmerkungen gemacht werden: Identität wird bei Hengstenberg als einfache Selbigkeit verstanden, d. h. ein Ding kann identisch genannt werden, wenn es mit sich selbst identisch ist. Allerdings führt Hengstenberg hier noch die Idee einer Binnenrelation ein. Seiendes ist zwar einfach, aber dennoch in sich unterschieden. Zum Kriterium der Einfachheit sei zudem die Bemerkung erlaubt, dass sich Hengstenberg eindeutig von dem Kompositionsprinzip distanziert, welches davon ausgeht, dass im Rahmen einer »is-made-of-relation« die Summe der Teile die Ganzheit bildet.[33]

---

[32] H.-E. Hengstenberg, *Seinsüberschreitung und Kreativität*, Salzburg 1979, S. 41. Zur Geschichte des phänomenologischen Konstitutionsbegriffes: Martin Hähnel, »Analyse des Problembegriffs der Konstitution anhand von Edith Steins Philosophie der Person«, S. 73–83, in: Hanna-Barbara Gerl-Falkovitz/René Kaufmann/Hans Rainer Sepp (Hrsg.): *Europa und seine Anderen. Emmanuel Lévinas – Edith Stein – Józef Tischner*, Dresden 2010.

[33] In dem für die moderne Ontologie überaus wichtigen Buch *Parts – A study in ontology* (Oxford 1997) hat Peter Simons ebenso wie Hengstenberg Komposition von Konstitution unterschieden. Während Komposition nach Ansicht von Simons meint, dass z. B. Steine als identifizierbare Komponenten eine Mauer bilden, so lässt sich dieses Prinzip bei dem Beispiel einer Kiste, die zu einem Stuhl umgebaut wird, nicht mehr annehmen, obzwar beide, Kiste und Stuhl, aus Holz zusammengesetzt sind: »Note, however, that we can say the box constitutes a chair, so ›constitutes‹ is in this respect more general than ›composes‹« (ebd., S. 233). Geht man zudem davon aus, dass nur *bestimmte* Teile als Komponenten für ein Ganzes fungieren können, so müsste man auch die Frage beantworten, wieso die Vorderhälfte des Autos zwar Teil, aber nicht *ein* Teil des Autos wie beispielsweise die Kofferraumklappe ist? (vgl. ebd., S. 235). Nach

Hengstenberg bezeichnet diesen Vorgang als »und-hafte Admassierung«[34]. Das Kompositum (= Sandhaufen), das faktisch vollständig, aber ontologisch unvollständig ist, lässt sich als Gesamtanzahl seiner Teile bzw. Komponenten (= Sandkörner) beschreiben, ohne dass wir von einem Konstitutum (faktisch und ontologisch vollständig) sprechen können. Außerdem kann im Rahmen der kompositionalen Auffassung der Gedanke einer Reziprozität von Konstituentien und Konstitutum – als gegenseitige Begründung der Relate – nicht gewährleistet werden, weil der zusammengesetzte Sandhaufen nicht notwendigerweise die Sandkörner mitkonstituiert: »Das Kompositum ist einseitig *consequens* und nicht gleichzeitig auch, unter anderem Gesichtspunkt, *antecedens*.«[35] Oder mit den Worten von Peter Simons: »We cannot say, the snow is made up by the snowball.«[36] Hengstenberg wird im Rahmen seiner Theorie und dabei im Gegensatz zu jenen materiell-quantitativen Entwürfen, die Reziprozität *per se* nicht erlauben, Konstitution dennoch wechselseitig denken, insofern er sich auf die Beschreibung lebendiger Organismen als in sich dynamische Strukturgebilde konzentriert.

Zum Punkt b) müssen zunächst einmal zwei Fragen beantwortet werden: 1. Was begründet das Eigensosein der einzelnen Teilbestände? 2. Was bedeutet gemeinsamer »Wesensbestand«? Zum ersten Aspekt: Hengstenberg geht davon aus, dass es sogenanntes »Selbstandseiendes« gibt. Analog zum Begriff der Substanz – ursprünglich dasjenige, was in keinem anderen ist und auch keine Teile hat –, aber diesen noch ergänzend, meint »Selbstandseiendes« etwas, das unabhängig von Eigenschaftsänderungen sich zeitlich und wesentlich durchhält; d. h. es selbst bleibt während des Fortlaufens der Dinge bestehen, aber in einer spezifischen Weise. Im Unterschied zur aristotelischen Substanz-

---

Simons gilt zusätzlich, dass Konstitution eher als Komposition Einbußen von Teilen in Kauf nimmt und damit zerstörungsresistenter als Komposition ist. Wenn man den Menschen beispielsweise als Kompositum (Ansammlung von Haut, Blut, Haare, Knochen, Organen etc.) betrachtet und nicht als lebendigen Organismus versteht, dann müssten Eingriffe wie Blutabnahme, totale Haarentfernung etc. dem Kompositionstheoretiker wie irreversible Zerstörungen vorkommen. Das ist aber absurd, sodass hier wohl der Satz von Thomas von Aquin gilt: *Calvi non dicuntur colobi*/»Kahlköpfe heißen nicht Krüppel« (ders., *In duodecim libros Metaphysicorum Aristotelis expositio*, IV, 21, 1118, 2).

[34] Hengstenberg, *Freiheit und Seinsordnung*, S. 85.
[35] Ebd., S. 225.
[36] Simons, *Parts: A Study in Ontology*, S. 238.

definition, die nur *ex negativo* bestimmt ist, definiert Hengstenberg auf Basis seiner Konstitutionslehre Substantialität positiv als etwas, das »in Teilen bzw. Teilprinzipien konstituiert [ist] und *zugleich* sich selbst in ihnen konstituiert«[37]. Genauer: »Die Selbständigkeit von Seiendem drückt sich positiv darin aus, dass es sich zu sich selbst verhält und in diesem Selbstverhalten das Verhältnis seiner Teile aktiv zueinander bestimmt, was wir später unter dem Begriff des Existierens näher erläutern wollen. Zu-sich-selbst-Verhalten ist aber zugleich eine Selbststrukturierung in den Teilen und ein Selbstverfügen über diese. Dabei ist in diesem Zu-sich-selbst-Verhalten ein Verhalten zu anderen selbständig Seienden eingeschlossen. Diese Koexistenzialrelation darf bei der Bestimmung des selbständig Seienden nicht ausgelassen werden.«[38] Die besagte Selbständigkeit steht damit aber nicht gleich in Opposition zum Gedanken der Abhängigkeit: »Ich als Person weiß mich abhängig von anderen Seienden und vor allem von Mitpersonen. Aber das schließt doch nicht aus, dass ich *selbständig* zu diesem anderen Seienden Stellung nehme und auch noch zu meiner Abhängigkeit von ihnen selbständig Stellung nehme. Selbständigkeit und Abhängigkeit sind durchaus vereinbar, vorausgesetzt, man bleibt sich dessen bewusst, in welchem Sinne man von Selbständigkeit und welchem man von Abhängigkeit spricht. Die Gleichsetzung von Selbständigkeit (als Substanzsein) und Unabhängigkeit hat seit Descartes und vor allem Spinoza bis in die neuere Zeit hinein eine verhängnisvolle Rolle gespielt.«[39] Hier zeigt sich, dass der Gedanke des Selbststandes eng gekoppelt ist an die Idee eines Selbstseins von Personen.[40]

Zum zweiten Gesichtspunkt: Das Personalitätsprinzip ist es auch,

---

[37] Hengstenberg, *Seinsüberschreitung und Kreativität*, S. 41.
[38] Ebd., S. 40.
[39] Ebd., S. 41. In *Autonomismus und Transzendenzphilosophie* (Dettelsbach 1996) zeichnet Hengstenberg ausführlich den Verlust der Selbstandkategorie in der Philosophiegeschichte bei Aristoteles (S. 108–113), Kant (S. 110 f., S. 258–260) und Hegel (S. 263–266) nach. Dass der Trend von der Substanz hin zur Relation führt, bestätigt auch Heinrich Rombach in seinem großen Werk *Substanz, System, Struktur*, Freiburg 2010. Dieser ist aber im Gegensatz zu Hengstenberg an einer modernen Reformulierung des Substanzbegriffes nicht interessiert. Leider geht Hengstenberg nicht auf Ansätze ein, die versuchen, den aristotelischen Substanzbegriff als sortalen Ausdruck zu interpretieren.
[40] Paul Ricœur hat ähnlich wie Hengstenberg einfache Selbigkeit *(idem)* und reflexive Selbstheit *(ipse)* unterschieden. Allerdings verbindet Ricœur beide Momente nicht zu einem Selbstandseienden, sondern zu einer reflektierten Einheit, die er Selbst bzw. im

Martin Hähnel

was uns zum Gedanken eines »Bandes«[41] hinführt, welches letztlich die Einzelbestände irgendwie zusammenhalten soll.[42] Der *actus essendi* scheint der Garant für das Bestehen einer Beziehung zwischen den Einzelseienden zu sein. Durch ihn werden die Einzeldinge überhaupt erst »ins Dasein gerufen« und auf ein Ziel hin geordnet. Ob nun an dieser Stelle die empirische Existenz eines »Bandes«, das alles zusammenhält, angenommen werden muss, ist umstritten. Würden wir beispielsweise einen Geist in Form einer *qualitas occulta* annehmen, welche alles »durchwaltet«, so würden wir die Einheit der Natur um eine merkwürdige Entität namens »Geist« ergänzen müssen. Gilbert Ryles berühmtes »Gespenst in der Maschine« gibt von dieser Unmöglichkeit, Natur und Geist zusammen denken zu können, ausdrücklich Kunde. Anscheinend leiden bis heute viele zeitgenössische Philosophen an dieser Unvereinbarkeit, sodass diese immer wieder zahlreiche Instrumente zur Überwindung der ontologischen Kluft ersinnen, z. B. jene bereits erwähnten Supervenienztheorien. Solche nicht-reduktionistischen Überbautheorien täuschen aber nur vor, dass geistige Eigenschaften als von materiellen Eigenschaften unabhängig angenommen werden. Für eine ordentliche Bestimmung des Verhältnisses scheint mir hier wohl eher ein rehabilitierter Begriff des *Lebens*, das als bestehendes Band bekanntlich von Descartes in Form der Leib-Seele-Dichotomisierung auseinander gerissen wurde, sinnvoll. Wenn wir beispielsweise

---

Kontext der personalen Identität »narratives Selbst« nennt (vgl. ders., »Narrative Identity«, in: *Philosophy Today* 1991, S. 73–81).

[41] Vgl. Peter Simons, »The ties that bind. What holds individuals together«, S. 229–244, in: Käthe Trettin, *Substanz: neue Überlegungen zu einer klassischen Kategorie des Seienden*, Frankfurt 2005. In diesem Beitrag versucht Simons den Zusammenhang, der durch das »Band« gestiftet wird, in Form einer Bündeltheorie zu rekonstruieren. Dabei sind nicht die klassischen Universalien, sondern so genannte Tropen, Nachfolger der aristotelischen Akzidentien, kopräsente Konstituentien dieser Bindung. Diese Tropen sind individuelle Qualitäten, Eigenschaftskollektoren, die sich nach Simons selbst zusammenhalten. Das gelingt allerdings nur, wenn Simons auf Husserls Idee der »Fundierung« (vgl. Husserl, *Logische Untersuchungen* 2/1, S. 264) zurückgreift. Das Bindungsproblem als Fundierungsproblem zu formulieren, verlagert aber den Sachverhalt nur und zeigt, dass die Frage nach dem Charakter des »Bandes« auch unter Zuhilfenahme tropentheoretischer Überlegungen nicht beantwortet werden kann.

[42] Vgl. Hengstenberg, *Seinsüberschreitung und Kreativität*, S. 44. Seit Platon gibt es die Rede von einem »Band« (δεσμός), welches sich selbst und auch die Vielheit zu einem Ganzen zusammenhält (vgl. Platon, *Timaios*, 31 c). In diesem Zusammenhang tritt bei Aristoteles auch das Kontinuum (συνεχές) als das zusammenhaltende Band auf (Aristoteles, *Metaphysik* V. Buch, 26, 1023 b 26 ff.).

das natürliche Leben und damit auch die Person selbst als geistinduziert verstehen, erübrigt sich die Annahme, dass es irgendwelche externen Einflussentitäten wie »Geister« oder teleologische Wirkfaktoren, wie sie Hans Driesch beispielsweise angenommen hat, gibt. Um so eine »Dialektik von Spiritualismus und Naturalismus« (Robert Spaemann) unterlaufen zu können, müssen wir »Leben« als etwas Undefinierbares ansehen, das mithin kein System bilden kann, sondern diesem System als Erstbekanntes immer schon vorausliegt bzw. diesem eine Richtung gibt, die es nicht integrieren kann. Die Erkennbarkeit dieses lebendigen »Bandes« beläuft sich hier freilich nicht auf die Erkennbarkeit von Epiphänomenen – wie der Rauch, welcher eine kausale Wirkung des Feuers ist, aber für das Bestehen des Feuers unbedeutend ist –, sondern resultiert aus der Konformität von Sein und Leben.

Die Punkte c) und d) versuchen zu guter Letzt die Art der Konstitutionsrelation näher zu bestimmen. Die Idee einer ternären Relation, die hier expliziert wird, hat offensichtlich einen theologischen Hintergrund. Hengstenberg hat bis zum Ende seines Lebens an einer *analogia trinitatis* gearbeitet, die in der hier gebotenen Kürze nicht vorgestellt werden kann.[43] Zum Gesichtspunkt der Reziprozität sind wir bereits auf das Phänomen des Lebens eingegangen, mit dessen Hilfe wir erklären wollten, worin eigentlich das »Band« zwischen den Einzelseienden besteht. Mit der Idee der Reziprozität führt – wie bereits angedeutet – Hengstenberg allerdings ein Prinzip ein, das in diesem Kontext Gefahr läuft, systemtheoretisch interpretiert zu werden. Der Reziprozitätsgedanke dient hier zwar der Kohärentisierung der Konstitutionsidee, gleichzeitig befördert er aber dessen Perpetuierung in Form eines rein immanenten, deterministischen Strukturprinzips.[44] Durch diese Form der Zusammenhangsbildung, welche eine Einseitig-

---

[43] Hengstenbergs ambitioniertes Projekt, das Trinitätsprinzip mit Hilfe der Analogie in philosophische Kategorien zu übersetzen *(analogia trinitatis)*, gleicht in seinen Auswüchsen zwar dem Vorhaben Hegels, orientiert sich aber eher an den spekulativen Gedanken von Augustinus in *De trinitate* (vgl. Hans-Eduard Hengstenberg, *Sein und Ursprünglichkeit*, München 1958, S. 168–175 und ders., *Freiheit und Seinsordnung*, S. 222 f.).

[44] Vor allem in seiner Spätphilosophie war sich Hengstenberg dieses Problems durchaus bewusst. Für eine ontologische wie explanatorische Vervollständigung und gegen eine systemtheoretische Lesart bedarf es nach Ansicht Hengstenbergs deshalb auch eines so genannten transentitativen Momentes. Da »unser Bild der Welt nicht aus lauter Sein zu bilden ist« (Maurice Merleau-Ponty), müssen Faktoren einbezogen werden, die gemäß einer Statusbestimmung ein Transentitatives kennzeichnen, das nicht identisch mit

Martin Hähnel

keit der Konstitutionsrichtung verhindert, lassen sich Entitäten auch als Momente eines selbstorganisierten Prozesses begreifen, mit dem Ergebnis, Emergenzphänomene zuzulassen. Dies kann fälschlicherweise zu der Annahme führen, hier handle es sich bereits um eine befriedigende Erklärung dessen, was »Leben« sei. Setzte man nämlich den Prozess der *autopoiesis* mit »Leben« gleich, so könnte man zwar theoretisch auf die Idee der *clara et distincta perceptio* verzichten, vergäße dabei aber, das der nicht zum System gehörige Beobachter selbst auch lebendig sein müsste. »Leben« ist daher weder nur bewusstes Leben noch in Form einer organismischen Systemtheorie zu beschreiben.[45]

Nachdem wir die Grundbestimmungen der Konstitutionslehre von H.-E. Hengstenberg erörtert haben, können wir noch kurz einige »Anwendungsfelder« seiner Theorie ausfindig machen: In der Anthropologie liefert die Konstitutionslehre ein begriffliches Instrumentarium, um den Aufbau der menschlichen Person zu beschreiben. Mittels der Konstitutionslehre könnte in der Philosophie des Geistes zudem das Leib-Seele-Verhältnis neu bestimmt werden. Im Rahmen der Sozialphilosophie bzw. -ontologie zeigt uns diese Theorie zusätzlich Wege auf, die beschreiben, wie Personen zueinander gestellt sind bzw. sein können, um Gemeinschaft(en) zu konstituieren. Auf dem Gebiet der Ethik könnte schließlich die Frage besser beantwortet werden, inwiefern Tugenden als Teile zu einem Gelingen des Lebens als Ganzem beitragen.

Hengstenbergs Konstitutionsmodell, so ließe sich ein Zwischenresümee ziehen, folgt eindeutig dem identitätsstiftenden teleologischen Prinzip einer Hinordnung, d. h. Konstituentien bestehen nur in Hinordnung auf das Konstitutum. Dies erinnert stark an Kants Überlegungen zum Naturzweck, die er in seiner *Kritik der Urteilskraft* entwickelt hat. Jedoch sind Hengstenbergs Gedanken auch dem deterministischen Schichtenmodell seines Lehrers Nicolai Hartmann ver-

---

Sein ist, aber dennoch nicht nichts ist (vgl. Hengstenberg, *Seinsüberschreitung und Kreativität*, S. 52–77).
[45] Michel Henrys Idee einer Selbstaffektion steht nun gewissermaßen zwischen einer bewusstseins- und systemtheoretischen Position. Indem Henry Leben aber nicht als emergentes Phänomen verstanden wissen möchte, sondern vielmehr in der Erfahrung einer vorintentionalen Selbstgebung thematisiert, kann er erlebtes Leben nur als etwas bestimmen, das sich letztlich einem absolutem Leben zu verdanken hat: Vgl. ders., *Radikale Lebensphänomenologie. Ausgewählte Studien zur Phänomenologie*, Freiburg 1992.

pflichtet. So setzt Hengstenberg in seinen Überlegungen kein transzendentales Subjekt voraus, das womöglich diese teleologischen Strukturen in das Konstitutionsgeschehen hineinzulegen vermöchte, aber selbst nicht beansprucht, Teil dieses Konstitutionszusammenhanges zu sein. Vielmehr ähneln die Gedanken Hengstenbergs systemtheoretischen Positionen, die sich neuerdings auch bei Kant finden lassen sollen.[46] Doch anders als die Systemtheoretiker nimmt Hengstenberg immer auch ein materielles und unteilbares Substrat, ein »Selbststandseiendes«, an, das unableitbare Voraussetzung für jedes Konstitutionsgeschehen ist. Indes wäre hier wohl noch genauer zu prüfen, ob Hengstenberg nicht sogar den gesamten Konstitutionsprozess als ein Substrat (im Sinne des »Gefüges« bei Nicolai Hartmann) begreift. So bleibt es auch fraglich, inwieweit die von ihm eingeführte Kategorie des Transentitativen plausibel machen kann, inwieweit es sich bei Konstitution nicht um künstliche Abbildprozesse natürlicher Vorgänge handelt, da das »Band«, das alles untereinander verbindet, weder empirisch festzustellen noch gedanklich einzuholen ist. Hengstenbergs Versuch, Konstitution jenseits funktionalistischer Konzepte zu denken, ist und bleibt aber überaus bemerkenswert. Die Bestimmung der Konstitution als qualitative Koexistentialrelation leistet damit eine wertvolle Vorarbeit für unsere kommenden Ausführungen zur Metonymie.[47]

---

[46] Jüngst wurde ein Band vorgestellt, in dem die Teleologiekonzeption Kants als Grundlage für systemtheoretische Erklärungsmodelle des Naturzwecks herangezogen wurde (Tobias Schlicht, *Zweck und Natur. Historische und systematische Untersuchungen zur Teleologie*, München 2011). Dass damit Kants Warnung, es gebe keinen »Newton des Grashalms«, ignoriert wird, ist evident. Die Idee, Finalursachen ontologisch zu verstehen – eine Frage, die Kant unbeantwortet ließ – wird somit vollkommen geleugnet, indem ihre Möglichkeit einfach theoretisch wegerklärt wird.

[47] Die Konstitutionstheoretiker einschließlich Hengstenberg konnten uns zeigen, wie man auf kategoriale Weise den Aufbau des Seienden beschreiben kann. Der Eindruck, dass es sich dabei um eine zufriedenstellende Darstellung qualitativer Relationen handelt, lässt sich in dieser Weise noch nicht vermitteln. Qualitäten lassen sich in Konstitutionsverhältnissen nur schwerlich einfangen, weil die Frage nach der Identität zum Zwecke der analytischen Darstellung zugunsten der Nicht-Identität beantwortet werden muss. Allerdings scheint die Nicht-Identität auch keine Voraussetzung dafür zu sein, um Analogie- und Stellvertretungsverhältnisse beschreiben zu können. Analogate und Stellvertretervariablen müssen ihrerseits gewisse Identitätskriterien erfüllen, damit sie in konstitutive Zusammenhänge gestellt werden können. Auch bleibt es fraglich, ob ontologische Konstitutions-Modelle überhaupt pragmatische Schnittstellen besitzen. Eine Übersetzung konstitutionstheoretischer Einsichten in praktische Handlungsvollzüge scheint nahezu unmöglich. In diese Richtung weitergedacht scheint Konstitu-

4. Der metonymische Ansatz als semiotische Konstitutionstheorie

In diesem Abschnitt gehen wir nun der Frage nach, inwiefern die rhetorische Figur der Metonymie nicht nur einen erhellenden Blick auf den Aufbau semantischer Bedeutungseinheiten zu werfen vermag, sondern auch, ob sich aus diesen linguistischen Analysen Erkenntnisse für eine ontologische Konstitutionsproblematik ergeben. Zeigt uns die Sprache vielleicht das, was uns die Wirklichkeit verbirgt oder sollten wir eher vom Gegenteil sprechen?

Im heutigen sprachwissenschaftlichen Diskurs finden wir zahlreiche Definitionen für die Metonymie: kognitivistische, pragmatische, kausalistische usw.[48] Vermisst werden allerdings Konzepte, die Metonymien genauer auf Teil-Ganzes-Strukturen hin beleuchten. Wir wissen bisher, dass Metonymien im Vergleich zu Metaphern eine Bedeutungsübertragung auf der Grundlage der Kontiguität gewährleisten.[49] Der metonymische Gebrauch ist dabei verbunden mit einer referentiellen Ersetzung, d. h. etwas steht für etwas anderes, wobei Ersetzendes und Ersetztes semantisch irgendwie zusammenhängen. Wesentlich an all jenen Darstellungen zum Charakter der Metonymie ist, dass es sich um eine eigene Art der Substitution handelt, wenngleich die Metonymie kein reines Ersetzungsverfahren darstellt. Die Metonymie in unserer Deutung kennzeichnet in erster Linie einen spezifischen Transfer

---

tion zwar eine Erklärung für den Aufbau des Seienden zu liefern, aber noch keine, die man auch verstehen kann bzw. die unserem natürlichen Empfinden entspräche. Es bleibt deshalb lediglich bei Modellen, die keine eigene Hermeneutik »mitliefern« und schlussendlich konkrete Repräsentationen der Gegenstände mit abstrakten Abbildern dieser Gegenstände verwechseln.

[48] Eine Übersicht über verschiedene Metonymiedefinitionen: Beate Kern, *Metonymie und Diskurskontinuität im Französischen*, Berlin 2010, S. 35 ff.

[49] Der Kontiguitätsbegriff hat eine bemerkenswerte Geschichte. Hierzu: Harald Haferland, »Kontiguität. Die Unterscheidung vormodernen und modernen Denkens«, in: *Archiv für Begriffsgeschichte* 51 (2009), S. 61–104. Die Kontiguitätsbeziehung scheint eine genuine Möglichkeit zu sein, um das »Rätsel der Koinzidenz« aufzulösen. Sie ähnelt zwar einer deflationären Konzeption, unterstellt aber im Vergleich zu diesem Verfahren dem Ersetzten eine ausdrückliche Relation zum Ersetzenden, ohne spezielle Entitäten wie »Verbinder« (bei der Metapher ist das tertium comparationis ein solcher) einzuführen.

Metonymie und das Rätsel der Koinzidenz

(1) zwischen zwei Wörtern/Bedeutungen/Begriffen,
(2) wobei sich Ersetzendes und Ersetztes in einer kausalen, räumlichen oder zeitlichen Verbindung oder Beziehung befinden können und
(3) diese Verbindung oder Beziehung zwischen Ersetzendem und Ersetztem innerhalb eines sprachlich-kognitiven Rahmens (Konzeptes, Vorstellungsfeldes) besteht.[50]

Im Übrigen stellt es für die Metonymie kein Problem dar, dass sich Identisches auch berühren kann. Schon Aristoteles stellte fest, dass sich nicht nur geschiedene Größen berühren können. So gibt es auch zwischen Entitäten, die sich vollständig decken, echte Berührung.[51] Letztere ist aber keine wechselseitige, sondern eine metonymische Berührung. Wir verwenden hier also einen um den Koinzidenzgedanken erweiterten Begriff der Kontiguität. In diesem Sinne »berührt« der Anfangspunkt einer Linie die Linie selbst, deren Teil dieser Punkt ja wiederum ist.

Eine spezifische Möglichkeit der Beschreibung des Substitutionssachverhalts, d. h. die Frage nach der Art der Beziehung zwischen Ersetzendem und Ersetztem, kann nun in Annäherung an die vormals behandelten Konstitutionstheorien der materiellen Ontologie vorzugsweise in Form des Teil-Ganzes-Verhältnisses geschehen, wobei das Ersetzende Teil des Ersetzten, des Ganzen, ist. Die Teil-Ganzes-Beziehung scheint möglicherweise auch die prototypische Basiskategorie einer Metonymiebildung zu sein[52], mit der notwendigen Erweiterung, dass für die Teil-Ganzes-Beziehung unter dem Gesichtspunkt der Metonymie eine verlustfreie qualitative Substitution möglich ist. Zunächst müssen wir jedoch angeben, was allgemein unter Mereologie zu verstehen ist: Mereologie ist eine Theorie der Teilhabebeziehung,

---

[50] Vgl. Hans-Harry Drößiger, »Bemerkungen zur kommunikativen und kognitiven Charakteristik der Metonymie im Deutschen«, S. 29, in: *Studies about languages* Nr. 5 (2004), S. 29–40.
[51] Vgl. Thomas Buchheim, »Einleitung«, S. 144, in: *Über Werden und Vergehen. De generatione et corruptione*, Werke in deutscher Übersetzung: Bd. 12/IV, kommentiert von Thomas Buchheim, Berlin 2010.
[52] Das bestätigt auch Ken-Ichi Seto und schließt damit die Synekdoche als Kandidaten für die vorbildliche semantische Exemplifizierung von Teil-Ganzes-Beziehungen aus: Ders., »Distinguishing metonymy from synecdoche«, S. 114, in: Klaus-Uwe Panther/ Günther Radden (Hrsg.): *Metonymy in language and thought*, Philadelphia 1999, S. 91–120.

d. h. im Speziellen der Beziehung des Teils zum Ganzen und der Beziehung zwischen den Teilen innerhalb eines Ganzen.[53] Für die Metonymie werden wir uns vorrangig auf den zweiten Aspekt konzentrieren, d. h. auf die Verhältnisbestimmung zweier Referenten (= metonymische Teile) innerhalb eines Sinnbezirks (= metonymisches Ganzes). Beginnen wir mit dem trivialsten Konzept der Anwendung des Teil-Ganzes-Verhältnis auf sprachliche Ausdrücke: der Meronymie. Meronyme bezeichnen nun eine semantische Teil-Ganzes-Relation, die sich nur auf Nomina und Konkreta bezieht, z. B. »Finger« ist dabei das Meronym von »Hand«. Bei der Meronymie wird sich also nur auf direkt zugängliche und empirisch verifizierbare Gegebenheiten gestützt, wobei die Begriffe vom Inhalt und Umfang identisch mit den Gegenständen, die sie bezeichnen, sein müssen, folglich auch keine Äquivokationen zulassen dürfen. Außerdem findet bei der Meronymie noch keine Substitution statt.[54] Parallelen zur kompositional-quantitativen Konstitutionstheorie sind offensichtlich. Allerdings kann eine Teil-Ganzes-Beziehung über meronymische Kategorien hinaus, d. h. in unserem Fall nun metonymisch, bestimmt bzw. veranschaulicht werden.[55]

---

[53] Seit der Antike werden Teil-Ganzes-Beziehungen eingehend untersucht. Im *Parmenides* von Platon gibt es eine ausführliche Diskussion dazu. Ebenso hat sich Aristoteles damit beschäftigt. Allerdings treten bei ihm mereologische Gesichtspunkte hinter Überlegungen zur Entelechie zurück. Dennoch gilt bis heute die aristotelische Maxime: »Das Ganze ist notwendig früher als die Teile.« Eine interessante Vertiefung des Problems der Mereologie liefert der Parmenides-Schüler Zenon. Sein berühmtes Paradoxon, wonach Achilles die Schildkröte niemals einholen kann, wenn man davon ausgeht, dass die Wegstrecke (als Ganzes) in unendlich viele Teile zerlegt werden kann, zeigt die Hinfälligkeit der Idee eines Ganzen, das genau aus den Teilen, die es bilden, besteht. Folgt man dem Paradoxon weiter, so werden das Ganze und seine Teile vielmehr füreinander indifferent. Im Gegenzug kann aber dadurch Bewegung gewährleistet werden. Das Beispiel zeigt also ausdrücklich, dass eine vollständige Identität der Teile mit dem Ganzen nicht möglich ist. Durch den atomisierenden Akt der Teilung ist eine Wiedergewinnung des Ganzen aus dem eben Geteilten erfolglos. Wenn wir das Ganze aber nicht aufgeben wollen, dann können wir es womöglich nur als Kontinuum denken.
[54] Substitution ist für Teil-Ganzes-Beziehungen übrigens auch im Rahmen quantitativer Konstitutionstheorien nicht möglich, da Teile als Teile niemals das Ganze ersetzen können. Angenommen sie könnten es, dann wären sie aber keine Teile.
[55] Metonymische »Teile« als semantische Einheiten sind vorzugsweise als Regionen zu betrachten, wobei es keine definitiven Grenzen gibt. Überhaupt muss man fragen: Gibt es überhaupt »Teile«, die keine definitiven Grenzen haben? Ja, z. B. Körperteile. Ich kann niemals definitiv sagen, wo genau mein Bauch aufhört. Ein Einwand könnte hier zwar lauten: Doch du kannst es, denn die angrenzende Brust gehört nun wirklich nicht mehr zum Bauch, also gibt es irgendwo eine definitive Grenze. Möglicherweise gibt es

Metonymie und das Rätsel der Koinzidenz

Im Unterschied zur Meronymie findet bei der Metonymie eine qualitative Substitution statt, die daraus resultiert, dass der Bedeutungsüberschuss, der aus der asymmetrischen Relation zwischen Zeichen und Bezeichneten entsteht, nicht in Form eines *tertium comparationis* ausgelagert wird, sondern in den metonymischen Sinnbezirk wieder hineingenommen werden kann und ihn dadurch exemplarisch ausfüllt. Bekanntlich gibt es zwei Formen, wie das Teil-Ganzes-Verhältnis im Rahmen des Metonymiekonzeptes bestimmt werden kann:[56] Der Teil ersetzt entweder das Ganze *(pars pro toto)* oder das Ganze steht für den Teil *(totum pro parte)*. Zur Illustration dienen uns Metonymien, bei denen Körperteile für die Person bzw. das gesamte Lebewesen oder für eine Eigenschaft oder Fähigkeit stehen: »Bruno war der Kopf der Bande« oder »Petra war das Herz der Gruppe« *(pars pro toto)*. Im zweiten Fall von *totum pro parte* kann das Körperteil auch für die Funktion des Körperteils stehen: »Wir reden mit jedem Demokraten. Aber Sie wollen ja auf etwas anderes hinaus: Lafontaine ist ein kluger Kopf.« »Kopf« referiert hier beispielsweise auf höhere geistige Tätigkeiten und Zustände: Der eine Kopf, genauer der kluge Kopf, steht für eine invariante Eigenschaft, hier die Klugheit. Übrigens ist die Tatsache, dass das Ganze auch für den Teil stehen kann, im Rahmen einer materiellen Konstitution nicht denkbar. An dieser Stelle erinnern wir daran: »We cannot say, the snow is made up by the snowball.«[57]

Es lässt sich aber bereits erkennen, dass *pars-pro-toto*-Beziehungen vorzugsweise statischer Natur sind. Dass die Meronymie, die wir vorher behandelt hatten, schon ein solches statisches Verhältnis bezeichnet hatte, ist nicht weiter erläuterungsbedürftig. Es muss daher

---

auch diese Grenze, aber eben nicht als lokalisierbare. Z. B. zeigt der uns wohlbekannte, nicht exakt lokalisierbare, »diffuse Schmerz in der Magengegend« an, dass wir den Körperteilen niemals in präziser Weise entsprechende Empfindungen zuordnen können. Lokalisierbare Grenzen sind demnach immer gesetzte Grenzen. Ähnlich wie Landesgrenzen gesetzte Grenzen sind. Dennoch: Auch wenn ich oben Landesgrenzen fahre, dann ändert sich nicht plötzlich alles, z. B. der Dialekt und das Aussehen der Menschen, die Architektur der Häuser etc. Es gibt also Übergänge. Diese Übergänge sind allerdings keine bestimmbaren Schnittstellen, sondern Regionenränder, die sich »berühren«.

[56] Eine ausführliche sprachwissenschaftlich orientierte Arbeit über Teil-Ganzes-Metonymien finden wir bei Hans-Harry Drößiger, »Zur semantisch-kognitiven Struktur der Ganzes-Teil-/Teil-Ganzes-Metonymie im Deutschen«, in: *Studies about languages* Nr. 9 (2006), S. 5–10.
[57] Siehe Anm. 36.

angenommen werden, dass es auch dynamische Meronymie- und Metonymiekonzepte gibt. Allerdings sind dynamische Meronymie- und Metonymiekonzepte eindeutig in der Minderheit: Die statischen Metonymien bilden nach einer statistischen Zählung mit 802 Fällen (95,8 %) gegenüber 25 Fällen (4,2 %) der dynamischen Metonymien die übergroße Mehrheit.[58] Dennoch schauen wir uns die dynamischen Konzepte einmal näher an. Ein dynamisches Meronymiekonzept bildet z. B. die Idee der *Kollokation* (Wortanhäufung semantisch benachbarter Begriffe), allerdings nur unter der Annahme, dass das Bedeutungsfeld, innerhalb dessen benachbarte Begriffe sich gruppieren, sich ständig verändert, d. h. sich vor allem erweitert. Man denke hier zum Beispiel an technisches Alltagsvokabular, das eine ständige Erweiterung erfährt. Dynamische Metonymiekonzepte im Rahmen einer Teil-Ganzes-Betrachtung stützen sich stärker als das meronymische Aggregationsgefüge vor allem auf konstitutive Prozessvariablen: Prozessträger (Erzeuger für Produkt), -umstände (Ort für Ereignis), -resultat (Objekt für Benutzer). Durch diese Möglichkeit einer dynamischen Bedeutungsverschiebung, die die Referenz zwischen Ersetzendem und Ersetztem beibehält, können Erfahrungsgehalte aus den Begriffen gewonnen werden, die wie der Begriff selbst formalisierungsresistent sind. Die Dynamik des Begriffes garantiert so die »Lebendigkeit der Bedeutung«.

Diese linguistischen Einsichten lassen sich rückwirkend ontologisch-mereologisch interpretieren. »Komposition« ist, wie wir bei Hengstenberg bereits sehen konnten, Ausdruck einer »und-haften Admassierung«: Die Sandkörner bilden zusammen den Sandhaufen, d. h. das Ganze ist die Summe seiner Teile. So entspricht der Kollokation auf dem linguistischen Feld die Idee der Klassifikation auf dem ontologischen. Teile sind nichts anderes als klassifizierbare Elemente einer Menge oder Knotenpunkte innerhalb eines bestimmten Algorithmus. Klassifikationstheorien nehmen dabei fälschlicherweise an, mit ihrer Hilfe könne die gesamte Vielfalt der Erscheinungen abgedeckt werden. Alfred North Whitehead nennt dieses Problem bekanntlich *fallacy of misplaced concreteness* und kritisiert insbesondere die abstrakte Idee

---

[58] Vgl. Drößiger, »Zur semantisch-kognitiven Struktur der Ganzes-Teil-/Teil-Ganzes-Metonymie im Deutschen«, S. 34. Es handelt sich um 837 Fälle metonymisch verwendeter Substantive in 338 Texten, wobei manche Substantive im gleichen Korpus mehrfache Verwendung fanden.

der Klasse.⁵⁹ Dabei versucht er unter Einsatz mereologischer Mittel abstrakte Gegenstände unter Bezugnahme auf ausgedehnte Entitäten zu rekonstruieren. Ungeachtet dieses komplexen Versuches von Whitehead liegt bereits in der Qualifikation der Teile als *Elemente von etwas* das Problem. *Elemente von etwas* sind immer Objekte für jemanden, und zwar für denjenigen, der die Klassifizierung vornimmt. Ein qualitativer Zugang betrachtet den Teil deshalb nicht als Element, sondern als Individuum. Husserl hat in seinen Untersuchungen zum Verhältnis der Teile zum Ganzen auf die Selbst- oder Unselbstständigkeit der Teile gegenüber dem Ganzen hingewiesen.⁶⁰ Ein Individuum ist *qua* Individuum deshalb auch resistent gegenüber der Eingliederung in eine Menge genauso wie der Teil als Teil auch frei gegenüber dem Ganzen sein kann.

Um nun noch etwas anschaulicher zeigen zu können, wie Metonymie als semiotische Konstitutionstheorie eine seinstheoretische Relevanz erhält, können wir uns hier eines bekannten Bildes bedienen⁶¹: Zwar ist das Segel immer zuerst auch Teil des Schiffes (»Komposition«), allerdings infolge der legitimen Bedeutungsverschiebung kann es auch das Schiff selbst ersetzen, ohne eine komplette Reorganisation seiner Determinanten vornehmen zu müssen. Der Vorschlag von Walter Schweidler, das Segel deshalb als *Faktor* zu benennen, erscheint hilfreich. Ist das Segel aber Faktor in der Bestimmung des Schiffseins

---

⁵⁹ Diese Kritik findet sich auch bei Wittgenstein, der an einer Stelle im Nachlassregister schreibt: »Die Klasse der Katzen ist keine Katze.« Im Gegensatz zur Klasse ist nun die Ordnung nicht identisch mit einer sortierten Menge, weil innerhalb der taxonomischen Struktur zu jeder Mengenbezeichnung auch ein Stellenwert gehört. Hierarchische Modelle sind aber nicht mit Schichtenlehren und bestimmten Architekturen zu verwechseln. Innerhalb einer Rangordnung hat jeder Stellenwert eine bestimmte Dignität. Rangordnungen bauen sich dabei nicht kausal oder nach Vorstellung von Schichtmodellen oder algorithmischen Baumstrukturen auf. In jedem »Teil« ist immer auch das gesamte Gefüge, die vollständige Rangordnung, gegenwärtig. Der strukturalistische Typ der »Konfiguration«, der nun von der Möglichkeit einer ständigen Reorganisation ausgeht und die Idee einer Ordnung negiert, ist hingegen nicht nur am statischen, quantitativen Aufbau der Teile interessiert, sondern an der Anordnung derselben innerhalb einer ganz bestimmten ephemeren Konstellation. Entitäten sind in diesem Falle nur Repräsentationen von bestimmten Strukturelementen und können beliebig angeordnet und aufgelöst werden.

⁶⁰ Vgl. Husserl, *Logische Untersuchungen 2/1*, S. 242–244.

⁶¹ Hartmut Kubczak, »Metapher und Metonymie unter besonderer Berücksichtigung der metonymiespezifischen Sinnerzeugung«, S. 217, in: *Zeitschrift für Romanische Philologie* 119.2 (2003), S. 203–221.

Martin Hähnel

oder nur in Bezug auf sich selbst als »Teilganzes«? Die Metonymie ermöglicht indes beides: Das Segel als Teil des Ganzen im empirischen Sinne, als Meronym, und das Segel als »Teilganzes« in metonymischer Bedeutungsabsicht können durch den einheitlichen ontologischen Verhältnisausdruck »Faktor« angemessen wiedergegeben werden. Die Mereologie in metonymischer Bedeutungsabsicht bietet hier also eine beachtenswerte Alternative zu bekannten Verhältnisbestimmungen zwischen verschiedenen Referenten. Das gibt uns die Möglichkeit, drei Merkmale mereologischer Verfahren in metonymischer Bedeutungsabsicht zu beschreiben: eine *konstitutive, identifizierende* und *falsifizierende Funktion*.

So ist in praktisch-ethischer Hinsicht das Verhältnis der Tugenden zum Gelingen des Lebens als Ganzem nicht in erster Linie eine Mittel-Zweck-Beziehung, sondern vielmehr eine *konstitutive* Teil-Ganzes-Relation. Im Bezug auf ein gelingendes Leben ist das Mittel dabei kein Teil des Zweckes, welcher mit dem Ganzen zu identifizieren wäre.[62] Demzufolge kann der Einsatz bestimmter Mittel zu irgendeiner Vervollständigung, d. h. Erreichung eines Ganzen, durchaus problematisch werden.[63] Das Mittel kann sich zum Zweck daher niemals so verhalten wie das Teil zum Ganzen. Betrachte ich z. B. die Besonnenheit als Mittel, um Glück zu erlangen, so sagt dies noch lange nichts darüber aus, ob sie auch als Teil, d. h. in Form eines habituellen Zuges, in mein Leben integriert ist. Neben dieser konstitutiven Funktion können mereologische Verfahren auch Zugehörigkeitsrelationen identifizieren.[64] So taugen diese Konzepte in der metonymischen Verwen-

---

[62] Der Endzweck versucht die Idee eines Zweckes mit der Idee einer Ganzheit, d. h. als Vollendung zu verbinden. »Endzweck« ist aber ein Pleonasmus, der die Idealisierung des Zweckes befördert. Totalität und Zweck müssen daher auseinander gehalten werden.
[63] Solcherlei Mittel – zur Herstellung eines Ganzen vorgesehen – gehen aus der »Heiligung« dieses Ganzen (als Endzweck) hervor. Sie folgen dem Motto »Was nicht passt, wird passend gemacht«, das unverhohlen vorgetragen schon öfter eine Legitimationsbasis für zahlreiche Schandtaten war.
[64] Zugehörigkeit meint nicht Zuordnung. So ist die Spezies dem Genus *zugehörig*, nicht *zugeordnet*. Die Schichtenontologie Nicolai Hartmanns kennt eine solche Artzugehörigkeit im Sinne sortaler Terme nicht, wenn ihr zufolge »die Beziehung zum Realen [...] nicht in der Zugehörigkeit, sondern in der Zuordnung [liegt]« (ders., *Der Aufbau der realen Welt*, Berlin 1940, Kap. 22c). Zuordnung meint eher sortale Dependenz, wohingegen Zugehörigkeit eine Form der sortalen Relativität beschreibt, die beispielsweise für selbständige Entitäten wie Ereignisse gilt. Hans-Georg Gadamer hat die

dung für die Kennzeichnung personaler Eigenschaften. Kehren wir zum Beispiel der Körperbezeichnungen zurück, so können wir Folgendes feststellen: Der Kopf ist zwar Teil des Körpers, d. h. ein anatomischer Bestandteil, allerdings wie verhält es sich, wenn eine Person einer anderen Person unversehens ins Gesicht schlägt? Nach der kompositorischen Auffassung hätte die schlagende Person bloß den Kopf geschlagen, d. h. die Person des vom Schlage Getroffenen müsste mit relativer Gleichgültigkeit reagieren und sagen:»Du hast *meinen Kopf* geschlagen!« Das ist aber kontraintuitiv, denn obwohl der Angreifer jemandem faktisch ins Gesicht geschlagen hat, hat er dennoch *die ganze Person* getroffen, die eher antworten müsste »Warum hast Du *mich* geschlagen?« Wir sehen also, dass in diesem Fall der Kopf bzw. das Gesicht metonymisch die Person vertritt. Mereologische Verfahren haben in diesem Kontext deshalb auch eine *identifizierende Funktion*, mit deren Hilfe bestätigt werden soll, *was wohin und wozu etwas gehört.* Die Kehrseite davon ist natürlich der missbräuchliche Einsatz mereologischer Konzepte. So sprechen Bennett und Hacker im Kontext der modernen Neurowissenschaften vom bereits ins Feld geführten »mereologischen Fehlschluss«[65]. Damit ist gemeint, dass man *einem* Teil des Körpers die Fähigkeit zur Wahrnehmung oder zum Bewusstsein zuschreibt. In seinen *Philosophischen Untersuchungen* machte Wittgenstein dazu folgende profunde Bemerkung:»nur vom lebenden Menschen, und was ihm ähnlich ist, kann man sagen, es habe Empfindungen, es sähe, sei blind, sei taub, sei bei Bewusstsein, oder bewusstlos«[66]. Für das menschliche Gehirn sei dies aber auszuschließen, will Wittgenstein damit sagen. Diese *falsifizierende Funktion* mereologischer Verfahren in metonymischer Bedeutungsabsicht ist deshalb so wichtig, weil damit vor falschen Identifizierungsurteilen gewarnt wer-

---

hermeneutisch-sprachphilosophische Dimension der Zugehörigkeit eindrucksvoll herausgearbeitet. So gibt es zwischen dem Wort und dem Gesagten eine unauflösbare Zugehörigkeit, die nur metonymisch beschrieben werden kann. Diese Zugehörigkeit ermöglicht uns erst ein Vorverständnis in Bezug auf semantische Sachverhalte, sie verweist auf »das was, von der Anrede der Überlieferung erreicht wird« (ders., *Wahrheit und Methode,* Tübingen 2010, S. 467).

[65] Maxwell R. Bennett/Peter M. S. Hacker, *Philosophical Foundations of Neuroscience,* Oxford 2003, S. 71.
[66] Ludwig Wittgenstein, *Philosophische Untersuchungen,* § 281.

Martin Hähnel

den kann: Was auch immer man mir einzureden versucht, *ich bin nicht mein Gehirn*.[67]

Wir können an diesen mehr oder weniger einleuchtenden Beispielen erkennen, dass Teil-Ganzes-Beziehungen in metonymischer Bedeutungsabsicht gewissermaßen semantische Sachverhalte fundieren, wenngleich sie diese nicht gänzlich exemplifizieren. Es scheint immer ein ungenügender Rest übrig zu bleiben bzw. ein innerbegrifflicher Überschuss zu existieren. Jede Metonymie bedarf daher immer der »Mitarbeit« im Sinne der Ausdeutungsbedürftigkeit oder Katalyse dieses Überschusses. Die Metonymie ist also semantisch unabgeschlossen und offen für Interpretationsüberraschungen.

5. Ein Forschungsdesiderat: Die metonymische Begründung einer Ontologie der Zugehörigkeit

Metonymien können uns auf Bedeutungsverschiebungen hinweisen, die anzeigen, dass der propositionale Gehalt einer Aussage nicht mit seiner semantischen Bedeutung identisch ist. Vor allem zeigen katachretische Metonymien an, dass in der Sprache Bereiche verdeckt sind, die sich einer formalsemantischen Analyse entziehen, aber dennoch Eingang in unseren alltäglich verwendeten Sprachschatz finden. Mit Hilfe der Metonymien können wir deshalb abstrakte Konstitutionserklärungen besser verstehen. Die von uns für eine Darstellung bevorzugte Mereologie ist dabei eine Methode, um das Verhältnis von Ersetzendem und Ersetztem genauer zu bestimmen und dabei vor allem vor Fehlschlüssen zu warnen. Mereologische Erklärungen sind somit das explanatorische Verbindungsglied zwischen Sein und Sprache. In Verbindung mit der Metonymie zeigen mereologische Erklärungen überdies auf, dass die Welt niemals nur aus atomaren Tatsachen bestehen kann, sondern durch gewisse Bindungsaffinitäten, die mal stärker und mal schwächer sein können und sich nach Nähe und Ferne differenzieren lassen, qualifiziert wird. Die Metonymie liefert als Alternative zu formalontologisch-holistischen Modellen eine Theorie, die Sachverhalte anders als in quantitativ-kompositionaler Weise zu konzeptualisie-

---

[67] Näheres zum »mereologischen Fehlschluss« und der fragwürdigen Annahme, dass das Gehirn das Erbe des Subjektes anzutreten habe: Thomas Fuchs, *Das Gehirn – Ein Beziehungsorgan*, Stuttgart 2009, S. 65–67.

ren imstande ist. Metonymische Strukturen des Seienden lassen sich daher exemplarisch in Lebensvorgängen und phänomenalen Ereignissen, Sinnbeziehungen und symbolischen Formen entdecken. Die Metonymie ist somit ein wichtiger Eckstein für die Begründung einer *Ontologie der Zugehörigkeit*. Eine solche *Ontologie der Zugehörigkeit* mündet nicht zwangsläufig in einen nezessitaristischen Strukturalismus, sondern bestimmt ein Seiendes so, dass keines seiner Teile abhanden kommen kann. Eine solche integrale Ganzheit, der keines ihrer *wesentlichen* Teile fehlen sollte und welche mit ihren Teilen »in Berührung stehen« sollte, ist zum Beispiel der Mensch. Und nicht zuletzt lässt sich daran auch mustergültig zeigen, dass dem Menschen zu seiner Ganzheit etwas verliehen wurde, das er trotz zahlreicher Bedrohungen nicht verlieren kann, *weil es zu ihm gehört*. Und diesen Sachverhalt nennen wir bekanntlich »seine Würde«.[68]

---

[68] Vgl. zum Zusammenhang von Metonymie und Menschenwürde: Walter Schweidler, *Über Menschenwürde. Der Ursprung der Person und die Kultur des Lebens*, Wiesbaden 2012, S. 127 ff.

Die Funktion des Bild-Begriffes in den Spätwerken Johann Gottlieb Fichtes.

Konstantinos Masmanidis (Eichstätt)

Absicht dieses Aufsatzes ist es, den Bild-Begriff – wie Johann Gottlieb Fichte ihn in seinem Spätwerk und insbesondere in der Wissenschaftslehre von 1812 verwendet – darzustellen und zu analysieren; Ziel ist es, die Funktion des Bildes im philosophischen System des Denkers zu erhellen und durch diese Erhellung das metonymische Denkmotiv, das in diesem Band ausführlich besprochen wird, hervorzuheben.[1] Wichtig ist zu betonen, dass *Metonymie* hier als ein philosophischer Begriff verwendet wird. Das metonymische Denkmotiv wird vor allem im Verhältnis des Begriffspaares Absolutes-Bild verortet.

Zurück zu Fichtes Bild-Begriff: Die erste Frage, die sich auch aufgrund des Titels unmittelbar stellt, ist, warum hier vom Spätwerk die Rede ist und was eigentlich den Unterschied zu seinem Frühwerk ausmacht. Die Fichte-Forschung ist hier geteilter Meinung: Einige Forscher vertreten die These, dass Fichte von Anfang an eine durch Kontinuität charakterisierte philosophische Argumentation verfolgt, andere dagegen sehen einen Bruch in seiner geistigen Entwicklung (die meistens rund um 1800 gesetzt wird).[2] Welche Rolle spielt der Bild-Begriff in dieser Auseinandersetzung? Der Bild-Begriff gewinnt tatsächlich erst nach 1800 an Bedeutung[3] und erhält eine wesentliche

---

[1] Die Begriffsbestimmung der Metonymie wird ausführlich in dem Beitrag von Annika Schlitte in diesem Band hervorgehoben und von den Nachbarbegriffen der Metapher und der Synekdoche abgegrenzt.

[2] Vgl. Peter Oesterreich, »Fünf Entdeckungen auf dem Wege zu einer neuen Darstellung der Philosophie Fichtes«, in: *Fichte-Studien*, Bd. 20 (2003), S. 181–184, hier S. 182. Vgl. auch Hartmut Traub, »Transzendentales Ich und Absolutes Sein. Überlegungen zu Fichtes »veränderter Lehre««, in: *Fichte-Studien*, Bd. 16 (1999), S. 39–56. Vgl. auch Vadim Murskiy, »Fichtes Spätwerk in Bezug auf das Problem der Einheit und der Veränderung seiner Lehre«, in: *Fichte-Studien*, Bd. 30 (2006), S. 49–56. Nennenswert ist auch die Arbeit von Andreas Schmidt: *Der Grund des Wissens. Fichtes Wissenschaftslehre in den Versionen von 1794/95, 1804/11 und 1812*, Paderborn 2004.

[3] Drechsler vertritt die Meinung, dass der Bild-Begriff auch in den Frühwerken eine

Rolle nicht nur in Fichtes theoretischen Werken, sondern kann auch als Verbindungsglied zu seinen politischen Werken betrachtet werden, insbesondere durch das Begriffspaar Bild-Bildung. Bildung im Fichteschen Sinne bedeutet politische Bildung; Bildung, die im Staat stattfindet. Der Staat soll die Verantwortung dafür tragen, alle Individuen so zu bilden, dass sie sich als Bilder des Absoluten erkennen und gleichzeitig auch bilden. Ziel der politischen Bildung ist es, dass alle Individuen sich in sich – also in einer reflexiven Bewegung – als das erkennen, was sie sind, nämlich Bilder. Die Frage, die sich direkt stellt, ist, ob dieses Sich-Erkennen als Bild in der Realität praktisch umsetzbar ist. Fichte ist sich der Tatsache bewusst, dass das Erreichen des Zustandes, in welchem alle sich als Bilder des Einen (Absoluten) erkennen, nicht einfach ist. Für die Funktion des Staates ist dies aber auch nicht die erste Priorität. Was Fichte als grundsätzlich für die Funktion eines Staates betrachtet, ist die Bildung zum Recht. Was bedeutet Bildung zum Recht? Das zwischenmenschliche Leben soll auf den Grundlagen der Rechtslehre gründen: Jeder soll seine Freiheit als Recht in der Gemeinschaft erhalten. Der Rechtszustand soll hier als Mittel zur Erreichung eines »höheren Zieles« dienen, was für Fichte die sittliche Gemeinschaft wäre. In dieser wird der Zustand erreicht, in welchem alle sich als Bilder des Absoluten erkennen. Schottky unterstreicht diesbezüglich: »Als notwendige Bedingung und also notwendiges Moment des Menschseins im höheren ethischen Sinne wird die absolute politische Freiheit hier vom Sittengesetz geboten.«[4]

Klar ist aber, dass für Fichte der Rechtszustand unabhängig von seinem medialen Charakter auch an sich von sehr großer Bedeutung ist, denn Recht hat einen Bildungscharakter, es soll zur Sittlichkeit bilden.

Die Bildung als *Erziehung* gedacht, wird in den *Reden an die Deutsche Nation* untersucht. In diesem Text wird Fichtes Forderung nach einer Bildung zur Freiheit bzw. einer ›neuen‹ Bildung deutlich, die zum *vollkommenen Menschen* führen soll. Die Aufgabe der ›neuen‹ Bildung besteht darin, jeden Einzelnen dazu zu befähigen, selbsttätig Bilder zu entwerfen. Das höchste Ziel der *neuen* Erziehung soll das Sich-Bilden zum Bild des Absoluten sein. Günter Zöller unter-

---

wichtige Rolle gespielt hatte. Für Drechsler ist das Bild der zentralste Begriff im System Fichtes.

[4] Vgl. Richard Schottky, *Untersuchungen zur Geschichte der staatsphilosophischen Vertragstheorie im 17. und 18. Jahrhundert*, Amsterdam-Atlanta GA 1995, S. 162.

streicht, dass die Erziehung zur theoretischen Erkenntnis einen konstitutiven Teil der Fichteschen Konzeption von politischer Bildung ausmacht.[5] Durch diese Erziehung beabsichtigt Fichte, die Menschen umzubilden. Und durch diese Umbildung wiederum erhofft sich der Philosoph, dass die *höhere* Freiheit, die in der *Rechtslehre* von 1812 in der Sittlichkeit verortet wurde, im *Diesseits* realisiert werden kann. Die Verbindung zur Sittlichkeit soll im letzten Teil dieses Aufsatzes deutlicher dargestellt werden.

Zurück zum eigentlichen Thema dieses Aufsatzes. Ich möchte mich insbesondere auf die Wissenschaftslehre von 1812 beziehen, die vor zwei Jahren ihr zweihundertjähriges Jubiläum hatte, um die Position und die Funktion des Bildes für Fichtes theoretische Philosophie herauszuarbeiten.

Warum spielt der Bild-Begriff in der späten Philosophie Fichtes eine besondere Rolle? Was ist überhaupt unter *Bild* zu verstehen? An dieser Stelle müsste man etwas weiter ausholen, um überhaupt den Gebrauch des Bildes bei Fichte zu verstehen. Der Bild-Begriff gehört, wie Christoph Asmuth betont,

»zu den wohl ältesten und wirkungsmächtigsten Bestimmungen des Denkens. Wenn etwas ein Bild ist, so ist es Bild von Etwas, von einem Abgebildeten, dessen Bild es ist. Bild-sein verweist daher auf eine Relation: Das Abgebildete ist das Erste, Primäre, Prinzipielle, Ursprüngliche und das Bild das Zweite, Dependente, Prinzipiierte. Zugleich ist das Abgebildete im Bild anwesend, gegenwärtig und zugänglich. Das Abgebildete offenbart sich im Bild – oder wird durch das Bild verstellt«[6].

Das wäre eine allgemeine Beschreibung des Bildes und seiner Funktion. Um Fichtes Bild-Begriff bzw. seine Bedeutung in seinem System angemessen zu erfassen, soll zunächst einmal das Verhältnis von Sein und Bild so wie es in der WL-1812 dargestellt wird, kurz erläutert werden.

Fichte verwendet in der Einleitung der WL-1812 die Philosophie Spinozas als Beispiel und erkennt zwischen ihr und seiner Philosophie

---

[5] Vgl. Günter Zöller, »Menschenbildung. Staatspolitische Erziehung beim späten Fichte«, in: Axel Hutter/ Markus Kartheinigger (Hrsg.): *Bildung als Mittel und Selbstzweck*, Freiburg 2009, S. 42–62, hier S. 55.

[6] Christoph Asmuth, »Die Lehre vom Bild in der Wissenstheorie Johann Gottlieb Fichtes«, in: Ders. (Hrsg.): *Sein – Reflexion – Freiheit. Aspekte der Philosophie Johann Gottlieb Fichtes*, Amsterdam/Philadelphia 1997, S. 269–299, hier S. 269.

zunächst Ähnlichkeiten. Sein wird sowohl bei Spinoza als auch bei Fichte als »absolute Negation des *Werdens*« betrachtet: »In ihm, dem Einen, alles, in ihm keins. – ▌.▌ Selbstständigkeit, eine Negation. Wandellosigkeit gleichfalls: hieraus *Einheit* u. die andern Sätze.«[7] Durch das reflexive Erkennen dieses Satzes entsteht gleichzeitig ein Widerspruch, den beide Philosophen zu lösen versuchen;[8] dies wird als Aufgabe der Philosophie betrachtet. Welcher ist dieser Widerspruch? »Ausser ihm [dem Einen, dem Absoluten, ist, KM] *kein Seyn:* aber der Begriff ist, und *ist* ausser ihm. Protestatio facto contraria. Indem gesagt wird; es sey nichts ausser ihm, ist etwas, eben dieses Sagen, ausser ihm.«[9]

Beide Denker setzen außer dem Einen, das als absolut betrachtet werden soll, etwas, das nicht in diesem Einen ist, aber dennoch selber *ist*. Für Fichte ist dieses Etwas der *Begriff*, für Spinoza ist es die *Welt*.[10] Die Frage, die man beiden Philosophen hier stellen sollte und die sich Fichte auch stellt, ist folgende:

»Wie wissen wir daß ein Begriff ist? Dadurch eben daß er für uns ist: daß wir von ihm wissen: ein bewußtes: das Wissen bürgt für sein Seyn u. durchaus *nichts andres.* Das was wir oben nannten ein *faktisches Seyn.* Eben so: woher weiß Sp. daß eine Welt ist: D[adur]ch daß er es eben weiß, das Wissen davon bürgt für das Seyn: u. giebt das Seyn: also und *faktisch:* – so wie wir.«[11]

Fichte unterscheidet hier zwischen dem faktischen Wissen und dem Wissen des Wissens, das das transzendentale Wissen ist. In der Einleitung beschreibt er die Aufgabe der Wissenschaftslehre wie folgt: Sie soll ein »Darüberschweben« über das faktische Sein werden; sie soll

---

[7] WL-1812, GA II/13, S. 51. Es wird nach der Gesamtausgabe der Bayerischen Akademie der Wissenschaften zitiert, unter zusätzlicher Angabe des jeweiligen Werktitels.
[8] Man könnte natürlich, so Fichte, diesen Widerspruch auch ungelöst lassen. Das würde aber zu einem Mystizismus führen, der alles in Gott sieht. Warum ist es dann von Bedeutung, diesen Widerspruch zu lösen? »Es das Interesse des Verstandes der Klarheit (ebd., S. 54).
[9] Ebd., S. 52.
[10] Vgl. Günter Schulte, *Die Wissenschaftslehre des späten Fichte*, Frankfurt am Main 1971, S. 105–106: »Auch Spinoza kennt noch vom Absoluten unterschiedenes faktisches Sein, nämlich das Sein der Welt, das sich im natürlichen Sehen, auf das er ja nicht reflektiert, vorfindet (…) Spinoza macht also das Absolute nicht selbst zum faktischen und damit wandelbaren Sein. Aber er bringt doch so etwas wie Faktizität in das Absolute und also Unwandelbare hinein, indem er das Absolute in absolut notwendiger, d. h. gesetzlicher Weise so sein läßt, wie es sich am Faktischen bekundet.«
[11] WL-1812, GA II/13, S. 53.

dazu beitragen, dass man sich dessen bewusst wird, was dem gewöhnlichen Bewusstsein unsichtbar bleibt, oder, wie Fichte es mit eigenen Worten beschreibt, es soll erfolgen: »eine Er⟨weiter⟩ung der LichtWelt, ein Sehen gegen die Natur«[12].

Zurück aber zum Widerspruch, der durch die Annahme eines Seins außerhalb des *einen* Seins zustande gekommen ist. Welche Wege gibt es, aus diesem Widerspruch herauszukommen? Nach Fichte gibt es zwei Wege, diesen Widerspruch zu lösen, obwohl er den ersten eigentlich als keine richtige Lösung empfindet. Welcher wäre dieser erste Weg? Dies wäre die Mitteilung des Grundcharakters des einen Seins an das faktische Sein. Diese Lösung müsste vom Absoluten stammen: Das Absolute müsste sich perfekt im Faktischen wiederholen, also noch einmal ganz setzen, was aber bedeuten würde, dass in ihm Genesis und Wandel stattfinden würde, was wiederum einem Absoluten nicht gemäß wäre.[13] Denn Genesis und Wandel würden die Absolutheit des Einen aufheben. Ein anderer Vorschlag wäre, das Absolute an sich als ein Mannigfaltiges zu betrachten, also zugleich auch als ein Faktisches.[14] Diese Lösung war nach Fichtes Auffassung Spinozas Weg, diesen Widerspruch zu lösen:

»Nach ihm [Spinoza, KM] ist das Eine Absolute schlechthin mannigfaltig: *Denken, u. Ausdehnung*: die wieder ihre Formen, u. Bestimmungen haben. Nicht es *wandelt* sich, u. *wird*; sondern so *ist's*, absolut. u. alles, was es in jenen beiden Grundformen noch weiter ist, *ist* es absolut. Eigentlich aufgenommen in das absolute Seyn: keinen *Wandel*«[15].

Fichte findet diese Art, den Widerspruch zu lösen, nicht vollständig.[16] Sein Vorschlag geht in eine andere Richtung: Man sollte »dem fak-

---

[12] Ebd., S. 49.
[13] Vgl. WL-1812, GA II/13, S. 54.
[14] Ebd.
[15] Ebd., S. 54–55.
[16] Vgl. WL-1812, GA II/13 S. 55: »Warum nun grade in diese beiden Grundformen[?] ... Offenbar nach einem *Gesetze*: es muß s, u. kann nicht anders. *Notwendigkeit*. Ist es denn sodann absolut durch u. von sich selbst was es ist? Nein: es ist eben unterworfen diesem Gesetze: Selbstständigkeit, Leben, u. Freiheit (in diesem Sinne) ist ausgetilgt. Wir haben zwei absolute. Ein *bestimmendes*: jenes durchaus von sich keine Rechenschaft geben könnendes Gesez: u. ein bestimmtes, in seiner Freiheit des Seyns beschränktes. Nicht alles, sondern nur das nach einem ⟨zweiten⟩ Gesetze der Möglichkeit – mögliches Seyn. [/] Notwendigkeit durchaus, weil er zugleich das absolute darunter bringt.«

Die Funktion des Bild-Begriffes in den Spätwerken Johann Gottlieb Fichtes

tischen Sein das eigentl. Seyn, die Art u. Weise des Seyns des Absoluten ganz absprechen, u. ihm eine andere« beilegen.[17] Für seine Wissenschaftslehre ist folgender Satz von Bedeutung: »Eins *ist*, und ausser diesem Einen *ist* schlechthin nichts«.[18] Fichte will damit bewirken, dass das Absolute in seinem System ein »καθεαυτό« bleibt. Alles was sich außerhalb des Absoluten befindet, muss als eine andere Form des Seins wahrgenommen werden. Das bedeutet, dass der Begriff, den Fichte als das, was außerhalb des Absoluten da seiend ist, erkannt hatte, eine andere Form des Seins haben muss, also die des Absoluten an sich.[19]

An dieser Stelle wird der Bild-Begriff eingeführt (bzw. Schema oder Erscheinung). Der Begriff, der außerhalb des Absoluten sich befindet, soll als »Seyn ausser seinem Seyn, [als ein, KM] entäussertes« verstanden werden: »Das Bild des Seyns ist unabhängig vom Seyn, u. dieses von jenem«[20]. Fichte beabsichtigt hier, die Singularität des Absoluten zu verteidigen, worin er nach Wolfgang Janke auch Erfolg hat, weil er das Bild nicht als seienden Teil des Absoluten wahrnimmt, sondern schlechthin als Bild.[21] Mit der Einführung des Bild-Begriffs glaubt Fichte das anfängliche Problem gelöst zu haben: Das absolute

---

[17] WL-1812, GA II/13, S. 56.
[18] Vgl. ebd.: »(Gemerkt: u. nie irgendeinen Ausdruck der W.L. so genommen, als ob diesem Satze widersprochen werden sollte.) Nicht damit verwechselt Sätze, denen die W.L. eben widerspricht, und die sie als den Grund aller Irrthümer u. Verworrenheit erkennt: Ἐν καὶ πᾶν. alles in dem Einen. – Alles: die Summe des Mannigfaltigen? Wer sagt denn, daß in dem Einen ein Mannigfaltiges sey, wer könnte es nur verstehen: u. vollends ein geendetes beschränktes Mannigfaltiges: eben der Sp. Widerspruch.«
[19] Hier wird ein für das metonymische Denken wichtiger Aspekt angedeutet: die Teil-Ganzes-Relation, die im Beitrag von Daniel-Pascal Zorn in diesem Band ausführlich behandelt wird (Zorn, S. 77 f.; auch Schlitte, S. 54).Vgl. den Beitrag von Daniel-Pascal Zorn, S. 79: »Die Relation Teil-Ganzes ist eine Relation, zu der ich mich noch einmal, wie zum Teil selbst und zum Ganzen selbst, verhalten kann. Das Ganze ist dann genau deswegen nicht die Summe seiner Teile, weil es nur dann das Ganze ist, wenn es nicht geteilt ist. [...] Ein Teil ist damit immer schon auf das bezogen, wovon es Teil ist, es verweist also bereits als Begriff auf das Ganze. Der Unterschied zwischen Ganzem und Teil besteht dann nicht etwa in der Unvollständigkeit des letzteren (außer in der Hinsicht auf das Ganze, als Teil-Ganzes), sondern in der Eigenständigkeit des Teils, insofern es durch eine Trennung von mindestens einem anderen Teil entsteht und damit eine Grenze besitzt, die nicht die Grenze des Ganzen ist.«
[20] WL-1812, GA II/13, S. 57.
[21] Vgl. Wolfgang Janke, *Vom Bilde des Absoluten*, Berlin/New York 1993, S. 129–30.

Sein wird nicht vervielfältigt und verteilt, sondern bleibt in dem Einen.[22]

Das Absolute erscheint im Bild als Ganzes; dieses nennt Fichte ein Urbild. Wie kann man dieses Urbild verstehen? Fichte lässt im Urbild (nur) das innere Wesen des Absoluten und seine Bildlichkeit erscheinen:[23]

»Dieses Bild *ist* da[,] sagten wir: keinesweges etwa: es *wird* innerhalb seiner selbst. In ihm drum eben kein Wandel, Veränderung, Mannigfaltigkeit, sondern es ist absolut Eins, u. sich selbst gleich, eben so wie das in ihm abgebildete.«[24]

Fichtes Absicht ist es, die Erscheinung des Absoluten (also des Bildes) als notwendig darzustellen und nicht als eine von vielen möglichen Erscheinungen.[25] Wenn das Absolute im Bild erscheint, soll es immer die Erscheinung dieses Einen, Absoluten sein und Aufgabe der Wissenschaftslehre ist es, zu zeigen, dass es kein anderes Bild (bzw. Da-Sein) des Absoluten geben kann. Es ist das, was Walter Schweidler in der Einleitung dieses Bandes mit Goethes Worten zur Sprache bringt: »Es ist die Sache, ohne die Sache zu sein, und doch die Sache; ein im geistigen Spiegel zusammengezogenes Bild, und doch mit dem Gegenstand identisch«[26]. Man kann dies als ein metonymisches Verhältnis verstehen: Metonymie als symbolische Form nennt es Schweidler. Bild bei Fichte wäre in diesem Zusammenhang »das Einzelne als unersetzbarer Faktor des Allgemeinen, aus dem es sich erklärt, aber aus dem es nicht stammt« (Schweidler). Fichte erkennt an dieser Stelle wieder Ähnlichkeiten zu Spinoza. Die Wissenschaftslehre funktioniert hier wie das System von Spinoza innerhalb des Seins. Dies soll hier kurz erläutert werden:

»Also – die W.L. geht innerhalb der Erscheinung ganz so zu Werke, wie Sp innerhalb des Seyns. – Dasselbe, was Eins ist, und ewig Eins bleibt, ist, ohne seine Einheit zu verlieren, auch ein vielfaches, u. ins unendliche Mannigfal-

---

[22] Vgl. WL-1812, GA II/13, S. 58: »Bild: formaliter durch u. durch: nichts denn Bild u. Schema: also nicht ein minimum von *Seyn* selbst.«
[23] Ebd.
[24] Ebd.
[25] Ebd., S. 59. Vgl. ebd., a. a. O.: »Sie [die Erscheinung, KM] müste, um zu einer solchen Behauptung zur berechtigen, noch besonders bewiesen werden, als das *einzig mögliche Daseyn*.«
[26] Schweidler, »Einleitung«, in diesem Band (FN 3).

tiges [,] u. ohne seine Mannigfaltigkeit zu verlieren, Eins. Es ist schlechthin durch sein Seyn in diesen beiden Formen.«[27] Was Spinoza auf das Absolute anwendet, wendet Fichte auf das Bild (die Erscheinung) des Absoluten an. Der Gedanke des ῎Εν καὶ πᾶνί wendet Fichte auf die eine Erscheinung an, auf das was er als »Schema I« bezeichnet. In dieser Erscheinung findet das Leben statt und nicht im absoluten Sein.[28] Dieses Bild ist, so Fichte, einerseits sich selbst gleich, andererseits aber ist es ein Mannigfaltiges. Wie kann man dies verstehen? »Wir sind mit der Erscheinung überhaupt aus dem Gebiete des reinen Denkens gekommen in das der Fakticität, in ein Gegebenseyn durch unmittelbares Bewußtseyn, u. Seyn auf den Kredit desselben.«[29] Nach Fichte befinden wir uns in der Erscheinung (im Bild, wir sind Bild), also im faktischen Sein. Günter Schulte beschreibt das wie folgt: »In uns fanden wir die Erscheinung innerhalb eines Erscheinens, d. h. in einem schematisierenden Leben.«[30] Die Erscheinung erscheint sich selbst, das bedeutet, dass ihr faktisches Dasein ihre Voraussetzung ist. Um diesen Gedanken kurz zusammenzufassen: Diese erste Erscheinung (Schema I) ist nichts durch sich, sondern sie entnimmt ihr Da-Sein vom Absoluten her. Dieses Sein ist unwandelbar und unveränderlich; dieses Unwandelbare und Unveränderliche soll aber nun in einem neuen Bild erscheinen: »In dem ersten ist kein Wandel: in dem zweiten, dem neuen Bild von dem dauernden Urbilde, mag wohl ein unendlicher Wandel seyn.«[31] Durch die Einführung des Bild-Begriffes als Erscheinung des Absoluten erreicht Fichte sein anfängliches Ziel, nämlich Einheit und Mannigfaltigkeit, Unveränderlichkeit und Wandelbarkeit zusammen zu bringen, was im absoluten Sein nicht realisierbar war.[32] Die ganze Argumentation zielt letztendlich auf die eigentliche Aufgabe der

---

[27] WL-1812, GA II/13, S. 59.
[28] Ebd., S. 60.
[29] Ebd., S. 61.
[30] Vgl. Schulte, *Die Wissenschaftslehre des späten Fichte*, S. 113.
[31] WL-1812, GA II/13, S. 62. Vgl. auch Janke (1993): »Soll Klarheit über das wahre Sein und menschliche Wesen in die Welt kommen, dann muss dem Dasein sich über sich selber klarwerden. Der Mensch also soll nicht so dasein, wie er sich vorfindet, nämlich bedingt durch die Dinge und eingebunden in die sinnliche Welt, er soll sich als Da-sein des wahren, übersinnlichen Seins ergreifen.«
[32] Vgl. ebd., a. a. O.: »Das Seyn des Bildes ist Eins; ein insofern starres u. unveränderliches Seyn: dieses ist nun zugleich ein sich *abbildendes* Leben, sich in jenem unveränderlichen Seyn. Das Bild ist in sich selbst nicht lebendig, noch selbstständig, sondern es ist, wie es ist, durch Gott. Das Leben, u. zwar keinesweges ein reales, sondern nur ein

Wissenschaftslehre, so wie sie Fichte darstellt, etwa die »*Analyse dieser zweiten Form, des SichErscheinens der Erscheinung*«[33] (welche das Schema II bildet), denn bei diesem ersten Bild, dieser ersten Erscheinung des Absoluten kann man noch nicht von einem realen Wissen sprechen, was für den Gedankengang Fichtes von großer Bedeutung ist.

Wir wollen hier Fichtes Gedankengang kurz zusammenfassen: Das Absolute erscheint zunächst in einem Bild, welches der Philosoph als Schema I bezeichnet. Dieses Bild (diese Erscheinung A) bleibt das, was es durch Gott und sein Erscheinen in ihm/ihr ist: »Nur in diesem Sinne ist sie [Erscheinung, KM], und es tritt in ihren Umkreis keine Genesis ein.«[34] In diesem Bild findet auch kein Wandel statt, dennoch »*lebt es bildend* u. erscheinend: also sich abbildend in seiner Ganzheit u. Unwandelbarkeit.«[35] Das Schema II wäre demnach das Bild des Schema I; das, was Fichte vorher als die Form des Sicherscheinens genannt hat.[36] Warum wird diese für die wahre Aufgabe der Wissenschaftslehre gehalten? In dieser Form tritt das reale Leben ein, oder, wie Cassirer es nennen würde, die *Aktivität*[37]; in der Sicherscheinung

---

schematisirendes Leben tritt zu jenem ersten Seyn hinzu, u. empfängt von ihm das Gesez. Es kann nicht bilden, ausser nach dem Urbilde.«

[33] Ebd., a.a.O.

[34] Ebd., S. 69.

[35] Ebd., a.a.O. Vgl. auch Christoph Schönborn, *Die Christus-Ikone. Eine theologische Hinführung*, Wien 1998, S. 40: »Das ist der Sinn der überraschenden Definition des Bildes: »Es ist dasselbe wie das Urbild, auch wenn es etwas anderes ist.« Der Sohn ist also wirklich Bild *des Vaters*, auch wenn er »etwas anderes« ist, nämlich eine eigene Hypostase. Denn da er eine eigene Hypostase ist, kann er der Ausdruck, der Charakter der Hypostase des Vaters sein. Die Bildhaftigkeit wäre nicht gewahrt, wenn das Bild einfach mit dem Urbild identisch wäre. Nun ist es aber dasselbe wie das Urbild, nämliche Schönheit von Schönheit, Gott von Gott, Licht vom Lichte, auch wenn es »etwas anderes« ist, nämlich »gezeugt« und nicht ursprunglos. Wollte man aus der Wendung; »Er ist der Ausdruck seiner Hypostase« schließen, daß allein der Vater eine Hypostase hätte, so würde man den Sohn abstreiten, wirklich »das Bild des unsichtbaren Gottes« zu sein.«

[36] Vgl. WL-1812, GA II/13, S. 70: »Es demnach [,] dieses so seyende A. u. kein fremdes an seiner Stelle bildet sich ab, ganz wie es ist. Es ist drum im Sch.2 ganz, wie es zu seyn ⟨vermag⟩ im Bilde, und durch nichts anderes, als eben durch das Wesen des Bildes afficirt: Sein Bild (Schema II.) ist sein Urbild, wahres, getroffenes Bild, so wie es selbst ist Urbild, wahres u. getroffenes Bild des absoluten.«

[37] Vgl. Schweidler, »Einleitung«, in diesem Band (FN 6); vgl. Ernst Cassirer: *Philosophie der symbolischen Formen, Erster Teil, Die Sprache*, Hamburg 2010, S. 49: »Die Negation der symbolischen Formen würde daher in der Tat, statt den Gehalt des Lebens zu erfassen, vielmehr die geistige Form zerstören, an welche dieser Gehalt sich für uns

Die Funktion des Bild-Begriffes in den Spätwerken Johann Gottlieb Fichtes

befindet sich nach Günter Schulte unser »Augpunkt«, weder in der Erscheinung A (Schema I) noch in Gott:

»Alles Wissen, das sich als Wissen von dem unterscheidet, was es weiß – dergestalt, daß es dies selbst nicht ist, liegt im Schema II, also auch das Wissen der WL. Innerhalb der Sicherscheinung ist erst der Einheitsbegriff des Wissens möglich, den die WL bildet, denn dieser Begriff ist Bild, dessen Bestimmtheit als Bild für das Abgebildete Einheit bedeutet, also Begriff.«[38]

Um die Funktion des Bildes in Schema II besser zu verstehen: Das Absolute und sein Bild (Schema I) fallen nicht in die Zeit; »Zeit ist die Form der bestimmten Sicherscheinung« also des Schema II.[39]

Welche Anwendung – wenn überhaupt – könnte diese Schematisierung, wie sie im Kontext der WL-1812 durchgeführt wurde, in Fichtes System der Sittenlehre finden? Wir wollen dies kurz in Hinblick auf die Sittenlehre von 1812 untersuchen.

Meiner Auffassung nach wendet Fichte die Schematisierung, die er in dieser späten Fassung der Wissenschaftslehre erarbeitet hat, in seiner Sittenlehre an – indem er das Schema II bzw. die Sicherscheinung als absolut setzt!

Wie soll die Tatsache verstanden werden, dass Fichte den Begriff (also das Bild) in der Sittenlehre jetzt doch als ein Absolutes setzt? Was bedeutet dies konkret? *Er setzt den Begriff absolut* bedeutet, dass er ihn

---

notwendig gebunden erweist. Geht man dagegen den umgekehrten Weg – verfolgt man nicht das Ideal einer passiven Schau der geistigen Wirklichkeiten, sondern versetzt man sich mitten in ihre Aktivität selbst – faßt man sie nicht als die ruhende Betrachtung eines Seienden, sondern als Funktionen und Energien des Bildens, so lassen sich zuletzt an diesem Bilden selbst, so verschieden und ungleichartig die ßW_Gestalten_Wß sein mögen, die aus ihm hervorgehen, doch gewisse gemeinsame und typische Grundzüge der ßW_Gestaltung_Wß selbst herausheben.«

[38] Vgl. Schulte, *Die Wissenschaftslehre des späten Fichte*, S. 114.
[39] Ebd., S. 109. Vgl. Christoph Asmuth, *Bilder über Bilder, Bilder ohne Bilder. Eine neue Theorie der Bildlichkeit*, Darmstadt 2011, S. 88: »Das Bild als Bild des Absoluten hat also eine doppelte Bedeutung: Einerseits ist das Bild Abbild des Absoluten. Das Absolute ist Prinzip, das Bild Prinzipiat. Das Bild ist das abgebildete Absolute, ist dessen Schatten, keinesweges jedoch das Absolute selbst. Andererseits ist das Bild Bilden des Lichts. Erst im Bild scheint das Licht des Absoluten auf. Hier ist das Bild das Erste, zu dem das Licht (Absolute) als Zweites hinzutritt. Fichtes Theorie vom Bild vereinigt beide Bewegungen. Das Bild ist einerseits ein aus dem Absoluten und in dem Absoluten Gesetztes, ein Bild, das sich leidend verhält, andererseits jedoch ist das Bild ein Setzendes, das im Setzen tätig ist.«

als Grund der Welt oder des Seins betrachtet.[40] Das Ich ist demzufolge aufgefordert, sich als Leben des absoluten Begriffs – also als Bild – (Schema II) zu erfassen (Ivaldo spricht von einer »Inkarnation«[41] des Begriffs). Jedes Individuum soll sich als Da-sein des Begriffs (des Bildes) wahrnehmen und zugleich erscheinen. Diese Wahrnehmung ist nur durch die reflexive Tätigkeit des Selbstbewusstseins möglich, indem es sich als Bild des Begriffs (Bildes) versteht.

Die Erkenntnis, dass außer dem Absoluten nichts *ist* bzw. nur in der Form des Bildes *sein* kann – die in der WL-1812 gewonnen wurde – soll hier, so Fichte, *vergessen* werden; denn Sein kann im Kontext dieser späten Sittenlehre, nur als das Sein – das aus dem Begriff (Bild) erschaffen wird – verstanden werden.[42]

Um es kurz zu wiederholen, in der Sittenlehre ist der Begriff (der eigentlich in der WL nur Abbild der Seins ist) Grund alles Seins: »*Alles Seyn: es ist keines, ausser durch ihn. In der Sittenlehre [ist] die Welt des Begriffs, des Geistes die erste, einzige wahre. Die des Seyns nur die zweite.*«[43]

Die Frage, die sich an dieser Stelle stellt, ist, warum der Philosoph im Rahmen der Sittenlehre den Begriff (das Bild) als Grund des Seins betrachtet, was er in der WL-1812 nicht tat.

Wir wollen versuchen, eine Antwort auf diese Frage zu finden. Fichtes Grundthese, wie oben gezeigt wurde, besteht in der Aussage, dass der Begriff, also das Bild, in diesem Kontext Grund des Seins ist;

---

[40] Das, was Fichte hier zu unterstreichen beabsichtigt, ist die Tatsache, dass die Sittenlehre kein anderes Sein kennt, als das durch den Begriff begründete Sein, welches ein geistiges ist (SL-1812, GA II/13, S. 307). Vgl. auch Franziskus von Heereman, *Selbst und Bild. Zur Person beim letzten Fichte (1810–1814)*, Amsterdam/New York 2010, S. 91–97.

[41] Marco Ivaldo, »›Das Wort wird Fleisch‹. Sittliche Inkarnation in Fichtes später Sittenlehre«, in: Hans Georg Manz/Günter Zöller (Hrsg.): *Fichtes Praktische Philosophie*, Hildesheim/Zürich/New York 2006, S. 175–198, hier S. 175.

[42] Denn um den Begriff als Bild Gottes wahrzunehmen, bedarf man eines höheren Reflexionsstandpunktes, welcher in der Sittenlehre nicht erreicht ist und auch nicht erreicht werden kann: »Aber die Sittenlehre kann u. soll davon [von Gott, KM] nichts wissen: auf dem Reflexionspunkte, wo sie steht, ist dies nicht: nur diesen spricht die Sittenlehre aus; u. eine andere Behandlung des Wissenschaften ist Verwirrung« (SL-1812, GA II/13, S. 308).

[43] Ebd., S. 309.

Die Funktion des Bild-Begriffes in den Spätwerken Johann Gottlieb Fichtes

von großer Bedeutung für den Philosophen ist jedoch, dass der Begriff Grund des Seins ist und sich dessen auch bewusst wird.[44] Warum ist dieses Sich-bewusst-Werden von großer Bedeutung? Was ist mit diesem Bewusstsein gemeint? Fichte erklärt, dass der Begriff nur in der Form des Bewusstseins Grund werden kann, denn »Grundsein« setzt ein reflexives Denken voraus: »Das Seyn ist eigentlich nur im Reflexe, u. als seine Projektion: und [/] der Reflex eben ein realer das Sein setzender.«[45]

Die Tatsache, dass der Begriff Grund des Seins ist, kann also nur im Bewusstsein generiert werden, als ein Übergang vom Nichtsein (denn als Grund *ist* er nicht) zu einem Sein, welches das Grundsein ist (d. h. zur Kausalität).[46] Der Begriff wird zum Grund seiner selbst, indem er sich unmittelbar anschaut.[47] Wichtig zu betonen ist Folgendes: Das Bild bzw. der Begriff kann Grund des Seins nur im Menschen werden. Der Begriff erhebt sich zur Wirklichkeit, so Fichte, indem er sich bestimmt, bzw. er muss sich bestimmen, damit er zum Grund wird. Der Begriff ist also durch sein bloßes Sein »potenzieller« Grund, welcher nur durch absolute Selbstbestimmung sich verwirklichen kann; d. h. es macht sich »zu einem wirklichen und absolut freien Leben«.[48] Nach Ivaldo ist er »eine durchaus praktische Selbstsetzung der sicherscheinenden Erscheinung«.[49]

Was bedeutet aber: *Der Begriff wird zum Grund des Seins?* »Es wird da stehen außer dem Begriffe u. seinem Leben ein Abdruck des

---

[44] Vgl. ebd., S. 310.
[45] Ebd., S. 311. Vgl. auch Giovanni Cogliandro, »L'originario e la comunità. L'etica del 1812 tra ontologia trascendentale e assolutizzazione dell'invito«, in: *Leggere Fichte Volume II. Filosofia pratica e dintorni teorici: antropologia, etica, diritto, politica,religione, estetica*, EuroPhilosophie 2009, Fichte Online: www.europhilosophie.eu, S. 29–72.): »È il riflesso a consentire la riflessione, e quindi l'autocoscienza muove dal riflesso. Il riflesso è il movimento dell'assoluto, che proprio in quanto ab-solutus non può essere inteso come oggetto: l'assoluto è luce, è agilità, e la sua dinamica inizia dal riflesso« (ebd., S. 33).
[46] Konstantinos Masmanidis, *Struktur und Entwicklung von Fichtes Begriff der politischen Philosophie, insbesondere im Spätwerk*, Diss. Eichstätt Ingolstadt, Eichstätt 2012, S. 211.
[47] Ebd.
[48] Ebd., S. 212.
[49] Marco Ivaldo, »Sittlicher ›Begriff‹ als wirklichkeitsbildendes Prinzip in der späten Sittenlehre«, in: Ders./Hartmut Traub (Hrsg.): *Fichte-Studien*, Bd. 32, *Fichtes Spätwerk im Vergleich*, Amsterdam/New York 2009, S. 189–200, hier S. 192.

Begriffes, u. seiner Wirksamkeit: [etwas,] das vorher nicht da stand, indem der Begriff bloß war in ihm selbst innerlich.«[50]
Demzufolge erscheint der Begriff zweifach; einmal rein und einmal objektiv: In der ersten Form der Erscheinung ist er Grund seiner selbst und in der zweiten Objekt, denn er schaut sich als »Abbild eines von ihm unabhängigen Seins« an.[51] *Der Begriff ist Grund seiner selbst* heißt mit anderen Worten, er kann ein Bild seines inneren Wesens außer sich stellen: »Ein Leben = das Vermögen sich selbst innerlich zu bestimmen, u. zufolge dieser Selbstbestimmung Grund zu seyn, absolut schöpferischer eines Seyns außer sich.«[52]

Interessant im Rahmen der Sittenlehre Fichtes ist zu untersuchen, was er unter Freiheit versteht: »Freiheit liegt als Vor-Bild im reinen und absoluten Begriff. Vor-Bild im Sinne eines noch nicht gewordenen Bildes.«[53]

Um meine Überlegungen hier abzuschließen, möchte ich kurz auf die Rolle des Ich eingehen, durch welches erst der Begriff erscheinen kann: »Das Ich, so Fichte, ist als eine »Kraft« zu verstehen, der »ein immerfort sie begleitendes Auge eingesetzt ist« (SL-1812, S. 317). »Das Ich verwirklicht die absolute Identität des Sehens und des Lebens. Das Leben des Begriffs, welcher Kausalität hervorbringt, muss und kann nur im Ich erscheinen«[54].

Der Begriff (das Bild) als ideales Sein kann also nicht Grund werden. Dies kann er nur durch das Ich erreichen: »Das Ich ist ganz u. gar der Ausdruk, u. Stellvertreter des Begriffs; um ihm zu verschaffen, was er durch sich, als ideales, nicht vermag.«[55] Die sittliche Aufforderung besteht eigentlich darin, dass jeder Mensch sich als Stellvertreter des Begriffs verstehen soll:[56] »Das Ich muß sich bewußt seyn seiner Be-

---

[50] SL-1812, GA II/13, S. 315.
[51] Vgl. Masmanidis, *Struktur und Entwicklung von Fichtes Begriff der politischen Philosophie, insbesondere im Spätwerk*, S. 223.
[52] SL-1812, GA II/13, S. 316.
[53] Masmanidis, *Struktur und Entwicklung von Fichtes Begriff der politischen Philosophie, insbesondere im Spätwerk*, S. 223.
[54] Masmanidis, *Struktur und Entwicklung von Fichtes Begriff der politischen Philosophie, insbesondere im Spätwerk*, S. 224. Vgl. Schweidler, »Einleitung«, in diesem Band (FN 7).
[55] SL-1812, GA II/13, S. 322.
[56] »Dieses Soll ist das innere Wesen, und der Sinn seines Daseins« (ebd., S. 322).

stimmung, als Grund seines Daseyns, dies zu wollen, u. zu vollbringen, u. es muß sich bewußt seyn, daß es lediglich dieser Einsicht zu Folge wolle.«[57]

---

[57] Ebd., S. 323.

II PERSON

Wahrheit und Person[1]

Walter Schweidler (Eichstätt)

Was ist Wahrheit? Es lohnt sich, volle Aufmerksamkeit auf die Frage selbst zu verwenden, bevor man an ihre Beantwortung geht. Denn diese Frage ist von ganz eigentümlicher Konstitution. Wer sie stellt, fragt nach einer Antwort. Es sei denn, er stellt sie gar nicht wirklich, sondern wie Pilatus, also rhetorisch, um zu demonstrieren, dass es für ihn keine Antwort auf sie gibt und es folglich auch keinen Sinn hat, sie zu stellen. Doch selbst darin tritt indirekt noch jene eigentümliche Konstitution der Frage ans Licht, auf die man stößt, wenn man sie wirklich stellt und wenn man die eigene Aufmerksamkeit auf das richtet, was geschieht, indem man sie stellt.

Also: Wer diese Frage wirklich stellt, erwartet eine Antwort. Diese kann wahr oder falsch sein. Ist sie wahr, dann ereignet sich mit der Antwort auf die Frage, was Wahrheit ist, etwas, das sich immer und in jedem Fall ereignet, wenn eine Frage wahr beantwortet wird. Und zwar ereignet es sich ganz so wie in jedem anderen Fall, also nicht in irgendeiner herausgehobenen Weise. Keine wahre Antwort auf die Frage, was Wahrheit ist, wird uns davon entbinden, all die anderen Fragen zu stellen, auf die es wahre oder falsche Antworten gibt. Die Frage: Was ist Wahrheit? steht zu der ganzen Vielfalt der Fragen, auf die wir uns wahre Erkenntnis in Bezug auf Tatsachen und Zusammenhänge unserer Welt erwarten, nicht in einem Verhältnis gesteigerter Integration oder Reduktion – also nicht so wie beispielsweise die Theorie der Atomgewichte gegenüber der Klassifikation der chemischen Elemente steht und wie vielleicht eines Tages eine physikalische Weltformel ihrerseits gegenüber der Theorie der Atomgewichte stehen wird. Wie immer wir die Frage, was Wahrheit ist, beantworten mögen, es wird uns die Suche nach der Weltformel oder sonst irgendeinem wahren

---

[1] Weitgehend übernommener Text der Antrittsvorlesung an der Katholischen Universität Eichstätt-Ingolstadt im November 2009.

Zusammenhang im Universum nicht abnehmen; es wird die Wahrheit*en*, auf die wir durch unser Nachdenken stoßen, nicht übergreifen. Die eigentümliche Konstitution der Frage, was Wahrheit ist, wird also nicht in der Antwort auf sie fassbar werden – wohl aber in ihrer *Beantwortung*.

Denn indem wir sie beantworten, richten wir unsere Aufmerksamkeit auf das, wodurch es uns überhaupt erlaubt ist, Fragen wahr zu beantworten – und stellen uns damit wirklich, anders als mit der schließlichen Antwort, in einen Zusammenhang, der alle anderen wahr beantwortbaren Fragen in gewisser Weise in sich enthält. Welches ist diese Weise? Nicht die Weise der Integration oder Reduktion, sondern eine Weise, die bereits entscheidend ist für die Richtung, in welcher wir die Antwort auf die Frage, was wahr ist, werden suchen müssen. Es ist, wie ich sie in einem germanistisch nicht ganz präzisen Sinne nennen möchte, die metonymische Weise. Ich verstehe darunter den Zusammenhang, durch den die symbolische Bezugnahme auf einen Gegenstand zugleich für diesen und für das steht, was ihn uns zu symbolisieren erlaubt. Etwas steht als Zeichen für alles durch es Bezeichnete, ist aber zugleich eines unter alledem, was durch es bezeichnet wird. Es bezeichnet in allem durch es Bezeichnete hindurch auch noch sich selbst. Die Beantwortung der Frage, was wahr ist, schließt die Beantwortung all unserer anderen Fragen nicht ein und macht sie nicht überflüssig, aber sie steht zur Beantwortung jeder anderen wahr beantwortbaren Frage in einem Verhältnis des *pars pro toto*. Wonach sie fragt, passiert, indem sie beantwortet wird. Sie beschreibt nicht, was in der wahren Beantwortung aller anderen Fragen vor sich geht, sondern sie *verkörpert* es, indem sie es so vor sich gehen lässt, dass es in ihr noch einmal da ist, ganz so wie es ist, und dass es zugleich, da es eben doch *in ihr* da ist, sich von dem, was alles auch ohne sie war und wäre, unterscheidet.

Es ist also so, dass die Frage, was Wahrheit ist, sich von all den Fragen nach Wahrheiten, die wir uns stellen können, dadurch unterscheidet, dass sie das, was in ihrer aller – und damit auch ihrer eigenen – Beantwortung vor sich geht, zum Gegenstand hat. Sie lenkt damit, wie ich schon sagte, die Aufmerksamkeit auf das, was in der Beantwortung all der anderen – und also auch in ihrer eigenen Beantwortung – vor sich geht, was aber auch, wie ich nun hinzufügen muss, in der Beantwortung all der anderen ausgeblendet und sogar zum Verschwinden gebracht wird. Denn wer sich, wenn er irgendeine Frage stellt, danach fragt, wie es möglich ist, dass wir überhaupt nach etwas fragen und eine wahre Antwort erwarten können, der kommt so wenig zu der Antwort, um die es ihm ging wie einer, der vor dem Aufstehen anfängt darüber nachzudenken, wie es möglich ist, dass wir unsere Glieder bewegen, aus dem Bett kommt. Die Frage: Was ist Wahrheit? ist eben eine und vielleicht die philosophische Frage schlechthin,[1] und damit gilt für sie das Platonische Wort, dass Philosophie mit dem Staunen beginnt. Die Aufmerksamkeit auf das zu richten, was im Leben nur funktioniert, weil wir es als selbstverständlich nehmen und nicht darauf aufmerksam sind, das heißt ja genau im philosophischen Sinne zu staunen.

Gelingender Ausdruck des philosophischen Staunens sind die großen Formeln, mit denen das Rätselhafte dessen, was uns im Alltag selbstverständlich ist, unverlierbar festgehalten wird. Eine solche Formel ist die, wonach Wahrheit in der Übereinstimmung von Denken und Sein besteht. Sie ist ganz adäquat, um das Problem, auf das sich unsere Aufmerksamkeit hier richtet, zu formulieren; sie ist also absolut nicht seine Lösung, sondern allenfalls der fundamentale Ausgangspunkt für den Umgang mit diesem Problem. Denn alles an dieser Formel gibt uns Rätsel auf: Was heißt »Denken«, was heißt »Sein«, und worin kann zwischen beidem eine »Übereinstimmung« bestehen? Geht man diesen Rätseln nach, dann zeigt sich, dass zwischen der Antwort auf die Frage: Was ist Wahrheit? und der Formel, dass Wahrheit in der Übereinstimmung zwischen Denken und Sein besteht, keine Einbahnstraße verläuft. Weder was wir mit »Denken« noch was wir mit »Sein« meinen, noch worin wir uns eine »Übereinstimmung« zwischen beidem denken sollen, lässt sich sagen, ohne den Begriff und den Anspruch der Wahrheit vorauszusetzen, so dass also beide Seiten der Formel nur in reziproker Weise gegenseitig geklärt und erklärt werden können. Um diesen reziproken Zusammenhang soll es in meinen folgenden Bemerkungen nun gehen.

Was ist Denken? Mit dieser Frage befinden wir uns auf schrecklich versumpftem Gelände, an dessen Oberfläche man nicht bleiben darf, ohne Schaden zu nehmen. Wittgenstein spricht von der »Tiefengrammatik«, zu der man durchdringen muss, um sich vom sprachlichen

---

[1] Vgl. hier weiter Walter Schweidler, »Die Entscheidung der Wahrheit. Zum Grundverhältnis von Natur und Wissen«, in: La Decisione, *Archivio di Filosofia/Archives of Philosophy*, Pisa/Rom 2012, Bd. LXXX, S. 77–90.

Schein nicht die Gedanken verhexen zu lassen. Was heißt das konkret? Nun, dass die Frage »Was ist Denken?« oberflächlich einer Frage gleicht wie »Was ist Schwitzen?« oder »Was ist Schlafen?« Lässt man sich von dieser Oberflächenparallele verwirren, dann entsteht einem das Bild vom Denken als einem, freilich unsichtbaren Vorgang, der sich, wie auch immer das zu verstehen sein mag, in unserem »Inneren« abspielt. Und dann tauchen sofort die philosophischen Gespenster auf, wenn man nur die simple Frage stellt, was mit dem »Inneren« hier gemeint ist. Ist es das Innere unseres Körpers? Dann fände das Denken offenbar im Gehirn – früher hätte man gesagt: im Herzen – statt. Das aber führt, eben wenn man den Aspekt der Übereinstimmung mit dem Sein, also den Aspekt der Wahrheit, ins Spiel bringt, in offenkundige Absurditäten. Denn das Denken hat ja immer seinen Inhalt. Man denkt immer etwas, an etwas, über etwas nach. Niemand kann einfach nur »denken«, nicht einmal ein Philosoph wie Heidegger, von dessen Haustür einmal ein Besucher von Frau Heidegger mit den Worten abgewiesen wurde: »Es geht jetzt nicht, mein Mann denkt …« Wenn man aber immer »etwas« denkt, dann versetzt einen jeder Gedanke in den ganzen Zusammenhang, innerhalb dessen »etwas« überhaupt nur dasjenige ist, was es ist, also in den Zusammenhang des Seienden, soweit es uns gedanklich zugänglich ist. In diesem Zusammenhang aber finden wir auch uns selbst vor, mitsamt unserem Körper und also auch unserem Gehirn. Und daraus ergibt sich dann, dass wir, wenn denn unser Denken »im« Gehirn stattfinden soll, in diesem Hirn uns mitsamt seiner selbst, dem Hirn wiederfinden. Was daraus folgt, lässt sich exemplarisch an bestimmten Beiträgen zur sogenannten »Hirnforschungs«-Debatte ablesen, etwa in dem Buch »Das Gehirn und seine Wirklichkeit« von Philipp Roth, der die folgende Überlegung anstellt: »Ich kann meinen Körper betrachten und ebenso den Raum mit den Dingen, die meinen Körper umgeben. Gleichzeitig muss ich als Neurobiologe annehmen, dass sich diese ganze Szene in meinem Gehirn abspielt, das sich in meinem Kopf befindet. Also befindet sich mein Gehirn in meinem Kopf, der sich zusammen mit meinem Körper in einem Raum befindet, und dies alles wiederum befindet sich in meinem Gehirn. Wie kann aber das Gehirn ein Teil der Welt sein und sie gleichzeitig hervorbringen?«[2] Seine »Lösung« der Paradoxie besteht dann darin,

---

[2] Gerhard Roth, *Das Gehirn und seine Wirklichkeit. Kognitive Neurobiologie und ihre philosophischen Konsequenzen*, Frankfurt am Main 1997, S. 22.

dass Roth zwischen der Wirklichkeit und einer ihr zugrunde liegenden »Realität« unterscheidet. Während die Wirklichkeit ein Konstrukt unseres Gehirns ist, besteht die »Realität« unabhängig von diesem Gehirn und hat es vielmehr mitsamt der von ihm konstruierten Wirklichkeit hervorgebracht. Nun ist allerdings auch dieser Gedanke, der Gedanke einer hirnunabhängigen Realität, ja wieder in meinem Gehirn entstanden. Wenn er sich nicht genauso aufheben soll wie der erste, dann muss wenigstens diesem sekundären Gedanken die Objektivität zugestanden werden, die dem angeblichen Konstrukt »Wirklichkeit« verwehrt blieb. Das heißt, es muss so etwas wie ein Gehirn »an sich« geben, in dem die gesamte Erscheinungswelt einschließlich meinem erscheinenden Gehirn erzeugt wird und das die Korrelation zwischen Gehirn und Welt sicherstellt, die sich auflöst, sobald man den Konstrukteur in das Konstrukt hineinzudenken versucht: »Die Paradoxie, dass mein Gehirn ein Teil der Welt ist und sie gleichzeitig hervorbringt, wird durch die Unterscheidung zwischen realem und wirklichem Gehirn gelöst. Vom realen Gehirn nehmen wir an, dass es die Wirklichkeit hervorbringt, in der es wirkliche Organismen mit wirklichen Gehirnen gibt, die mir anschaulich gegeben sind ... Die *wirklichen* Gehirne enthalten aber nicht wieder die wahrgenommene Welt und bringen sie auch nicht hervor, sondern sind ein Teil von ihr.«[3] Und so landet der nüchterne Wissenschaftler mit der Differenz von »wirklich« und »real«, über die noch jeder Sophist geschmunzelt hätte, genau dort, wo nach Nietzsche und Wittgenstein alle schlechte Metaphysik hinführt: bei der Verdoppelung der Welt aufgrund sprachlicher Verwirrung.

Aus der Schwierigkeit, die allerdings ganz objektiv hinter diesem Akt der Sprachverwirrung steckt, kommt man auch nicht heraus, wenn man statt der Wirklichkeit selbst nur angebliche »Bilder« von ihr im Gehirn verorten will, Bilder also, die auf irgendeine Weise von »außen« in unser »Inneres« gelangt sein, dort auf noch undurchsichtigere Weise verdaut oder »verarbeitet« werden und so schließlich darin »gespeichert« sein sollen. Denn erstens handelt man sich mit der Kategorie »Bild« genau dieselbe Schwierigkeit ein wie mit dem Begriff des Denkens als solchem, weil ein Bild eben immer auch ein Bild von etwas ist und wir irgendwann wieder auf die Frage stoßen würden, woher denn nun das Bild von uns als Wesen, die in sich Bilder der Welt tragen, in

---

[3] Ebd., S. 363.

uns gekommen und wovon es wiederum ein Bild sei; zweitens aber und vor allem kann man von einem »Bild« nur sinnvoll sprechen, wenn es irgendeine Möglichkeit gibt, festzustellen, dass es wirklich ein Bild ist, es also mit dem zu vergleichen, wovon es ein Bild sein soll. Für einen solchen Vergleich, ohne den, wie gesagt, das Wort »Bild« ganz leer bleibt, bräuchten wir aber wieder irgend eine Vermittlungsinstanz zwischen der angeblichen »Außenwelt« und unserem Hirn, die dann jedoch mitsamt den Bildern in dieses Hirn eingetreten sein müsste und nicht selbst noch einmal nach der Art eines »Bildes« gedacht werden könnte. Worauf eine Übereinstimmung zwischen unserem Denken und dem, was ist, auch immer beruhen mag, wir werden sie mit der so unweigerlichen wie selbstverständlichen Einsicht versöhnen müssen, dass die Welt nicht in uns ist, sondern wir in ihr sind.

Damit ist übrigens auch das dialektische Gegenstück zum Hirn als *container* der Wirklichkeit, sein Schwestergespenst gewissermaßen, zu vertreiben. Dieses Gegenstück entsteht, wenn wir jenes »Innere«, in dem die angebliche »Außenwelt« auf irgend eine Weise noch einmal da sein soll, in einem Raum von anderer als physikalischer, nämlich psychischer Art verorten, in dem sich dann doch als Ensemble unsichtbarer, immaterieller Vorgänge jene Reproduktion des Seienden abspielen soll, die wir einem materiellen Organ wie dem Gehirn nicht ernsthaft zuschreiben können. Für die sprachliche Zimmerung dieses immateriellen Schattenraums muss heute meist das Wort »Bewusstsein« herhalten, das in seiner alltäglichen Verwendung einen klaren und weitgehend präzisen Sinn hat, das aber philosophisch im Zuge des spiritualistischen Konzepts vom Ich als einem »denkenden Ding«, wie vor allem Descartes es weiten Strecken des neuzeitlichen Denkens aufgeprägt hat, in die Position eines Erben des klassischen Begriffs der vernünftigen Seele gerückt wurde, mit der es prinzipiell überfordert ist.

Natürlich setzt die Übereinstimmung unseres Denkens mit dem, was ist, voraus, dass wir uns ihrer bewusst werden können und dass wir uns ihrer auch tatsächlich bewusst werden. Unser Bewusstsein ist, wie unser Leben und wie die ganze Evolution des Universums, aus der es hervorgegangen ist, eine *conditio sine qua non* jeder gelingenden oder vermeintlichen Übereinstimmung zwischen der Welt und dem, was wir über sie denken. Aber wir können das Bewusstsein nicht, ohne wiederum in sprachliche Verwirrung zu stürzen, als jene *hinreichende* Bedingung begreifen, in der solche Übereinstimmung selbst besteht.

Gerade in dem, worin er sich vom klassischen Topos der vernünftigen Seele unterscheidet, ist dem Begriff des Bewusstseins die Grenze gezogen, die es uns verwehrt, ihn zur Charakterisierung dessen heranzuziehen, was Wahrheit konstituiert. Eben weil wir unter »Bewusstsein« einen Zustand verstehen, den wir erleben und der sich durch die Momente der Zeit hindurch fortsetzt, der aber auch immer wieder unterbrochen wird, der verloren gehen kann und der mich immer auch von allen anderen, die alle ihr eigenes Bewusstsein haben, trennt, kann die Übereinstimmung zwischen Denken und Sein nicht in dem Moment, nicht in dem Vorgang und auch nicht in dem Erlebnis bestehen, worin sie uns bewusst wird. Insofern es aber die Möglichkeit dieser Übereinstimmung ist, wodurch unser Denken immer erst als Denken von »etwas« und damit als es selbst konstituiert wird, kann auch es, das Denken, nicht in seinem Bewusstwerden bestehen.

Es gehört zu unserer Natur, dass uns das, was wir denken, bewusst werden muss und dass es trotzdem nicht in dem Bewusstsein, durch das wir seiner gewahr werden, besteht. So gesehen, ist das Denken gar nichts Einmaliges im Kontext dieser Natur. Auch der Hunger wird uns bewusst als etwas, das wir schon haben, wenn es uns bewusst wird. Für Schmerzen, Erinnerungen und vieles andere, sogar für das Glück gilt, was für unsere Gedanken gilt: Wir werden uns ihrer bewusst als desjenigen, was dieses Bewusstwerden herausfordert und es hervorbringt. Deswegen ist es ja auch eine der intensivsten und authentischsten Formen des Denkens, wenn man »mit sich zu Rate geht«, wenn man sich die Zeit nimmt und die Anstrengung macht, sich zu fragen, was man über eine Sache eigentlich denkt. Denkend erfährt man etwas nicht über das Bewusstsein, sondern über einen selbst als den, der dieses Bewusstsein hat. Man kann sich und anderen etwas »ins Bewusstsein rufen«, so wie man auch etwas »in Erinnerung rufen« kann, aber Bewusstsein oder Erinnerung sind so wenig Behälter, in denen sich Gedanken oder Bilder der Welt tummeln wie die Acht, »in« die man sich nehmen oder andere sich zu nehmen auffordern kann.

Wie soll dann aber die Beziehung, die zwischen unseren Gedanken und dem Seienden besteht, gefasst werden? Was ist, ungeachtet der Gemeinsamkeit mit solchen anderen Zeugnissen unserer Natur wie Schmerz und Hunger, dann doch das Eigentümliche des Denkens? An diesem Punkt müssen wir nun die Reziprozität ins Spiel bringen, von der ich anfangs sprach. Wir werden nicht erfahren, was Wahrheit ist, indem wir zuerst die Eigentümlichkeit des Denkens im Unterschied zu anderen Zeugnissen unserer Natur bestimmen und dann darauf schließen, inwiefern es nun mit der Wirklichkeit übereinstimmen könne oder auch nicht. Vielmehr besteht die Eigentümlichkeit des Denkens genau darin, dass *in ihm und als es uns die Wahrheit* und damit, soweit wir diese Formel als Markierung des Zusammenhangs akzeptiert haben, *unsere* Übereinstimmung mit dem Sein *vorgegeben* ist. Das Denken ist definiert durch das, wonach es sich zu richten hat. Wir stoßen hier mit den Worten »vorgegeben« und »sich richten nach« auf eine ganz bestimmte Art von *zeitlichem* Zusammenhang. Genau dieser Zusammenhang ist es, der verfehlt wird, wenn man die Beziehung zwischen dem Denken und dem, der denkt, als eine Beziehung des räumlichen, sich präsentisch von Moment zu Moment fortsetzenden Enthaltenseins des einen im anderen zu begreifen versucht. *Was ich denke, ist vor mir, wenn und indem ich es denke, schon da als dasjenige, was mich dazu bringt, es zu denken.*

Diese Art von Anwesenheit im Werden seiner selbst lässt sich prinzipiell nicht als Vorgang fassen, und genau darin wurzelt der Irrtum seiner physikalistischen oder neurophysiologischen nicht weniger als seiner psychologistischen Interpretation. Gilbert Ryle hat in seinem Klassiker *The Concept of Mind* den sprachlichen Unsinn Revue passieren lassen, der sich einstellt, wenn man Denkleistungen als unsichtbare Vorgänge verstehen will, etwa nach der Art: »*John Doe could and should sometimes be described as [...] sitting on a fence, alternately whistling and deducing*«.[4] Denken ist durch Wahrheitsbezug definiert, und Wahrheit ist kein Vorgang, sondern ein Verhältnis, in das man, indem man es herbeiführt, zugleich als zuvor schon bestanden habendes eintritt. Dieser für unsere menschliche Natur schlechthin fundamentale Zusammenhang ist es, den Aristoteles in der *Metaphysik* genau als den Unterschied bezeichnet hat, den man verkennt, wenn man unser Denken – und letztlich auch unser Sein – als einen Vorgang verstehen will: Es ist der Unterschied zwischen Bewegung und Verwirklichung. »Jede Bewegung«, so heißt es bei Aristoteles, »ist nämlich unvollendet, z. B. Abmagerung, Lernen, Gehen, Bauen. Dieses sind Bewegungen, und zwar unvollendete; denn einer kann nicht zugleich gehen und gegangen sein, oder bauen und gebaut haben, oder werden und geworden sein, oder sowohl bewegt werden als auch bewegt worden sein, sondern ein anderes bewegt und ein anderes hat bewegt.

---

[4] Gilbert Ryle, *The Concept of Mind*, London/New York, S. 267.

Dagegen kann dasselbe Wesen zugleich sehen und gesehen haben, zugleich denken und gedacht haben. Einen Vorgang von dieser Art nenne ich [...] [Wirklichkeit], einen von jener Art Bewegung.«[5] Was unser Denken zu etwas anderem macht als einem Vorgang, ist daher wesentlich konstituiert durch die ihm als einer Wirklichkeit, das heißt die seiner Verwirklichung entsprechende *Möglichkeit*. In ihr werden wir die Antwort auf die Frage suchen müssen, worin die Eigentümlichkeit des Denkens im Unterschied zu Schmerz und Hunger besteht. Was also ist die für das Denken konstitutive Möglichkeit? Nun, eben die Wahrheit. Und was macht diese zur Möglichkeit? Offenbar ganz wesentlich ihr Verhältnis zu ihrem Gegenteil: der Unwahrheit. Was aber definiert die Grenze und den Gegensatz zwischen beiden? Wenn wir bei unserer Ausgangsformel bleiben, müssen wir sagen: die Übereinstimmung mit dem, was ist. Die Differenz von Wahrheit und Unwahrheit ist dasjenige, was sich in unserem Denken im Unterschied zur Empfindung von Schmerz oder Hunger nicht als ein körperlicher oder mentaler Zustand zu Bewusstsein bringt, sondern als der Zusammenhang all der Tatsachen und Ereignisse der Welt, in der wir leben. Zur Wirklichkeit des Denkens gehört es gerade, dass sie mit der dieses Zusammenhangs nicht identisch ist: Wir können uns etwas ausdenken, das keineswegs wirklich ist, und wir können mit unserer Sprache Zusammenhänge ausdrücken, die nicht einmal möglich sind. Aber auch dabei, in der freien Imagination, in der sprachlichen Assoziation und auch in der Lüge, bei dieser sogar ganz eminent, sind wir darauf angewiesen, dass wir in dem, was wir denken und sagen, zunächst einmal nach der Welt, wie sie ist, richten. Wer uns verstehen will, auch wenn wir uns irren oder lügen, phantasieren oder assoziieren, muss mit uns das Vermögen teilen, das, was ist, so wiederzugeben, wie es ist. Und daher ist das der Wirklichkeit unseres Denkens entsprechende Vermögen mit dem, was überhaupt wirklich ist, nicht identisch, aber durch es konstituiert.

Damit sind wir nun an der entscheidenden Schaltstelle angelangt, an welcher Wahrheit und Person einander bedingen. Das der Wirklichkeit unseres Denkens entsprechende Vermögen soll also mit dem, was an Wirklichem in unserer Welt ist, nicht identisch, aber durch es konstituiert sein. Was heißt hier »konstituiert«? Wir haben gesehen, dass

---

[5] Aristoteles, *Metaphysik*, übersetzt v. Hermann Bonitz, München 1966, Buch IX, S. 201, 1048b 29–33.

man Schiffbruch erleidet, wenn man dieses Konstitutionsverhältnis als eines denkt, das die Welt in uns enthalten sein lässt statt uns in ihr. Die Übereinstimmung von Denken und Sein kann sich nicht in unserem wie auch immer gearteten »Inneren« konstituieren. Sie ist uns nicht eingegeben, sondern vorgegeben. Wodurch? Dadurch, dass die Welt ist, wie sie ist. Was heißt »vorgegeben«? Mindestens zweierlei, nämlich einmal dass zwischen dieser Vorgabe und unserem Nach-Denken irgend etwas Zeitliches Bestand haben muss; und zum zweiten, dass die Vorgabe ein Moment der Freiheit enthalten muss, das von uns verlangt, nicht aber uns zwingt, uns nach ihr zu richten. Was uns als Wahrheit vorgegeben ist, zeigt sich, ob wir wollen oder nicht, indirekt auch wenn wir es verfehlen, also in Irrtum und Lüge. Der Schein, dem wir irrend erliegen und den wir lügend erwecken, verdankt sich derselben Quelle wie die Wahrheit, also der möglichen Übereinstimmung zwischen unserem Denken und dem, was ist. Wenn nun diese Quelle nicht in unserem »Inneren« sein soll, dann gibt es nur eine Alternative: Sie muss in der Welt selbst entspringen. Es muss also zur wirklichen Welt ein Moment gehören, das mit ihrer Wirklichkeit nicht identisch ist, sondern in ihr in Erscheinung tritt als die uns durch sie vorgegebene Übereinstimmung mit ihr, also als eine Möglichkeit, zu der wir uns durch sie aufgerufen, aber nicht gezwungen sehen. Was aber heißt hier nun »gehören«? Was heißt es, dass zu Wirklichem mehr gehört als seine Wirklichkeit, dass es über sich hinaus verweist auf sein Anerkanntwerden in freier, gegen die Möglichkeit ihrer Verweigerung gegebener Zustimmung eines anderen Wirklichen zu seinem Sein? Die Antwort, die allein mir die Aussicht zu bieten scheint, der Schwierigkeiten Herr zu werden, die sich stellen, wenn man begreifen will, was eine »Übereinstimmung« des Denkens mit dem, was ist, sein soll, die Antwort also auf die Frage, was es heißt, dass Wirkliches die Übereinstimmung mit ihm selbst durch anderes Wirkliches erfordert, lautet: *genau das heißt »Sein«.* Ihm Sein zuzusprechen heißt, sich durch Wirkliches angewiesen zu erkennen auf seine Anerkennung als das, was es ist. Nicht in uns, sondern in der Wirklichkeit, zu der wir gehören, muss also die Möglichkeit konstituiert sein, auf die wir uns durch Seiendes hin- und angewiesen sehen, eine Möglichkeit, die aus sich selbst den, der sie erblickt, schon frei bewegt hat, die also jene Eigentümlichkeit an sich trägt, nicht ein Vorgang, wohl aber ein Übergang in uns zu sein, wie ihn der Direktor des Welttheaters in Goethes Worten proklamiert: »Das Mögliche soll der Entschluß/Beherzt sogleich beim Schopfe fassen/Er will es dann nicht fahren lassen/Und wirket weiter, weil er muß.«[6]

Die Reziprozität im Verhältnis zwischen Denken und Wahrheit gründet deshalb in der Reziprozität des Wirklichen selbst, die wir ihm zusprechen, wenn wir von ihm sagen, dass und was es »sei«. Hier zeigt sich, dass die Kategorie des »Bildes« an sich durchaus nicht irreführend ist, wenn wir die Übereinstimmung zwischen Denken und Sein zu begreifen versuchen. Nur dürfen wir das Bildsein des Wirklichen nicht in uns suchen. Sondern wir müssen das Bildsein – nein: wir *sollen* es in ihm, dem Wirklichen selbst, suchen. Von allem, das ist wie wir, sollen wir uns Bilder machen: wir sollen, denn wir können es, es ist uns durch es erlaubt. Das genau heißt Übereinstimmung mit dem Sein und heißt also Denken: *Antwort auf den Anspruch des Wirklichen, als das, was es ist, erkannt zu werden.* Es ist allein dieser Anspruch und unser freier Gehorsam ihm gegenüber, was uns davor bewahrt, uns in dem Bild, das wir uns von der Welt machen, zu der wir gehören, selbst zu bespiegeln. Wenn die Wirklichkeit, so könnte man sagen, nicht an sich Bild wäre, so würde sie der List spotten, uns eines von ihr zu machen.

Aber was ist mit dem Einwand, den ich anfangs gegen die Vorstellung von Bildern »in uns« gemacht habe? Ist es nicht eben die schlecht metaphysische Weltverdoppelung, von der Welt als Bild zu reden? Nicht, wenn man das Wort »Bild« im normalen Sinne verwendet, so wie es uns aus der Kunst geläufig ist. Denn da ist es uns intuitiv völlig klar, dass das Bild kein Double des Abgebildeten sein kann, weil es sonst ein zweites Ding wäre und eben kein Bild. Das ist es, was Gottfried Boehm den »ikonischen Kontrast«[7] genannt hat, die Differenz zwischen dem, was im Bild und dem, als das es durch es erscheint, das Unsichtbare im Sichtbaren. Wer das aus dem Bild verbannen möchte, stellt, wie Boehm sagt, »überrascht fest, dass die vollendete Abbildlichkeit, d. h. der *Illusionismus*, mit der perfekten *Ikonoklastik* konvergiert. Mitten im gelungenen Abbild nistet eine bildaufhebende Kraft.«[8] Man könnte einen kulturellen Grundzug unserer gegenwärti-

---

[6] Johann Wolfgang von Goethe, »Faust I: Vorspiel auf dem Theater«, in: *Faust*, Jubiläumsausgabe, München 1986, S. 15, Z. 227–230.
[7] Gottfried Boehm, »Die Bilderfrage«, in: Ders. (Hrsg.): *Was ist ein Bild?* München 1994, S. 325–343, hier S. 335; vgl. dazu Walter Schweidler, »Das Bild der Wirklichkeit und die Perspektive der Freiheit«, in: Ders. (Hrsg.): *Weltbild-Bildwelt*, Sankt Augustin 2007, S. 21–58.
[8] Ebd., S. 336.

gen Gesellschaft durchaus in Richtung der hier markierten Dialektik analysieren: Der seiner Perfektion zustrebende Illusionismus, von der verabsolutierten Selbstdarstellung als Lebensziel bis hin zur möglicherweise kurz bevorstehenden Erzeugung eines Massenheeres von menschenähnlichen Robotern zur Befriedigung all unserer gegenseitig nicht mehr zu stillenden Bedürfnisse, wäre wohl der adäquate Ausdruck der solipsistischen Vorstellung von unserem »Ich« als dem Bild nur dessen, was in ihm vorgeht im Sinne des Humeschen »we never really advance a step beyond ourselves«.[9]

Jean-Luc Marion, der bedeutendste Phänomenologe in der Philosophie der Gegenwart, hat diesen entscheidenden Gegensatz im Verständnis dessen, was das Bildsein der Welt für uns bedeutet, als den zwischen dem Idolischen und dem Ikonischen charakterisiert.[10] Gerade die Grenze, die jeder Perfektionierung unserer Übereinstimmung mit der Welt gezogen ist, bewahrt einen davor, sich in der Perfektionierung des Bildes, das man von sich entwirft, zum Idol seiner selbst zu machen. Und diese Grenze ist es, die durch den Gehorsam gegenüber dem Anspruch gezogen wird, mit dem die Wirklichkeit von uns verlangt, uns von ihr nicht unser, sondern ihr Bild zu machen. Erst von ihr, dieser Grenze her kann man nun präzise bestimmen, was Übereinstimmung zwischen Denken und Sein, was also Wahrheit heißt. *Das Denken ist die Antwort, mit der wir den unsichtbaren Anspruch erfüllen, der allem Sichtbaren innewohnt.* Es ist also genau das, was jeder normale Mensch, wenn er nicht von einem als Hirnforscher oder sonstwie maskierten schlechten Metaphysiker irregemacht wird, darunter versteht: Übersetzung des Sichtbaren in Sprache. Es ist also, wie jede Übersetzung, keine Kopie, sondern eine Auslegung. Es ist so frei, wie eine gute Übersetzung frei sein kann und deshalb sein muss, weshalb man natürlich über das Denken auch in den Wissenschaften, die mit Übersetzung und Auslegung zu tun haben, immer etwas erfahren wird, woran kein Biologe oder Psychologe je herankommt. Die gute Übersetzung aus einer Sprache in eine andere ist immer auch die ikonische Spur des originären Übergangs, mit dem das Sichtbare überhaupt in Sprache

---

[9] David Hume, *A Treatise on Human Nature,* Auckland 2009, S. 117. Vgl. dazu Robert Spaemann, *Schritte über uns hinaus. Gesammelte Reden und Aufsätze II,* Stuttgart 2011, S. 340.
[10] Jean-Luc Marion, »Idol und Bild«, in: Bernhard Casper (Hrsg.): *Phänomenologie des Idols,* Freiburg/München 1981, S. 107–122.

übersetzt wird. Und in diesem ursprünglichen Übergang, der im Kern das ausmacht, was die Formel von der Übereinstimmung von Denken und Sein meint, finden wir nun auch den fundamentalen zeitlichen Aspekt begründet, unter dem Wahrheit und Person zusammengehören. Der große Bochumer Kunsthistoriker Max Imdahl hat den Begriff des Ikonischen exakt als die Bezeichnung des Übergangs in Sprache bestimmt, den ein Bild aufgrund der Beziehung verlangt und verlangen muss, in der es zu uns als zeitlichen Wesen steht, nämlich des Übergangs von Simultaneität in Sukzession. Was das Bild, so Imdahl, »als hochkomplexe szenische Simultaneität zur unmittelbaren Anschauung vergegenwärtigt, ist im Medium der Sprache weder als empirische Tatsache zu beschreiben noch auch als imaginierte Vorstellung zu erzeugen. Andererseits ist [...] die Interpretation jeden Bildes an Sprache, das heißt an sukzessive Beschreibung und mehr noch an sukzessive Argumentation gebunden.«[11] Wenn Wahrheit wesentlich im Übergang des durch die Wirklichkeit des Seienden konstituierten Vermögens in die ihm frei entsprechende Wirklichkeit unseres Denkens geschieht, dann vollzieht sich in diesem Übergang auf die ihm und nur ihm eigene Weise immer auch dasjenige, worin jeder von uns sich in seinem, dem uns allen spezifischen zeitlichen Sein erfährt.

Damit erst kann uns nunmehr deutlich werden, welche Bedeutung die Zeit für das uns als Menschen spezifische Sein hat, das wir das personale, das Sein der Person nennen. Wir müssen dazu den Übergang, als den wir den Zusammenhang von Wahrheit und Person erblickt haben, das heißt: wir müssen die für unser Sein spezifische Zeit, in der dieser Übergang geschieht, selbst im Licht jener Reziprozität denken, in der die Wahrheit zu dem steht, was wir sind. Wahrheit haben wir bestimmt von dem Vermögen her, dem die Wirklichkeit unseres Denkens entspricht und das durch die Wirklichkeit dessen, was ist, konstituiert, aber mit dieser nicht identisch ist. Und wir haben die »Entsprechung«, in der die Wirklichkeit unseres Denkens zu der alles Seienden steht, als Antwort auf den unsichtbaren Anspruch verstanden, der dem Sichtbaren innewohnt. Wenn nun unser Denken wesentlich in dieser Antwort besteht, also, wie wir sagten, in der Übersetzung des Sichtbaren in Sprache, in unser Wort, dann muss die Beziehung, die den Anspruch in das Sichtbare hineingetragen hat, ihm als eine

---

[11] Max Imdahl, »Ikonik«, in: G. Boehm (Hrsg.): *Was ist ein Bild?* S. 300–324, hier S. 310.

Beziehung vorausgegangen sein, die auch jeder uns möglichen Antwort schon innewohnt; der Anspruch kann nicht einer Antwort entsprungen sein, die wir auf unsere Art ihm schon gegeben hätten, denn diese müsste ja schon wieder ihn voraussetzen. Es muss daher zwischen dem Vermögen, ihn zu beantworten, dem Vermögen also, das durch die Wirklichkeit der Dinge im Gesamtgeflecht ihrer Beziehungen konstituiert ist, und der wirklichen Beziehung, die zwischen dem durch sie an uns gerichteten Anspruch und seiner Beantwortung durch uns besteht, noch einmal unterschieden werden. Es zeigt sich hier, dass wir, indem wir zur Kennzeichnung der Eigenart unseres Denkens auf den aristotelischen Begriff der Wirklichkeit im Unterschied zu allem, was Vorgang ist, zurückgegriffen haben, auch die systematische Implikation dieses Wirklichkeitsbegriffs mit übernommen haben, die Aristoteles als das Prinzip formuliert, dass die für ein Vermögen konstitutive Wirklichkeit ontologisch »früher« als es sein, ihm also in diesem Sinne vorausgehen müsse.[12] Welcher Art aber ist die Beziehung, die der Beantwortung einer Frage durch einen, dem sie gestellt ist, ontologisch vorausgeht? Nun, eine Sprachbeziehung und, wenn die Sprechenden, wie wir es ja sind, endliche Wesen sind und also eine zeitliche Natur haben, ein *Sprachgeschehen*. So müssen wir den Übergang, in dem durch jede uns mögliche Beantwortung des unsichtbaren Anspruchs alles Sichtbaren auch dieser Anspruch selbst noch einmal in uns übergeht, als die Verzeitlichung einer Zeichenbeziehung denken, in der wir, vermittelt durch das Sichtbare, mit dem Unsichtbaren selbst stehen, das sich in seiner Übersetzung in unser Wort zeigt. Genau dies aber: der Rückgriff auf die Kategorie, mit der die Grammatiker die Beziehung fassen, in welcher Sprechende jenseits aller propositionalen Gehalte ihrer Äußerungen zueinander stehen, die Beziehung also der qualitätsunabhängigen, rein numerischen Differenz der nur relativ aufeinander unterschiedenen Sprechenden in einer Sprechsituation, ist der geschichtliche Ausgangspunkt des Personbegriffs in seiner philosophischen Bedeutung gewesen.[13]

Das Wort »Person« ist, Jahrhunderte vor seiner bis heute grundlegenden Definition durch Boethius, in dieser formal grammatischen Bedeutung, in der wir von der ersten, zweiten und dritten Person spre-

---

[12] Aristoteles, *Metaphysik*, Buch IX, S. 204, 1049b10–12.
[13] Vgl. Robert Spaemann, *Personen. Versuche über den Unterschied zwischen ›etwas‹ und ›jemand‹*, Stuttgart 1996, S. 35 f.

chen, in der christlichen Theologie zum Schlüsselbegriff der Kennzeichnung des göttlichen Seins und seines Verhältnisses zum menschlichen geworden. Und es hat diese philosophisch fundamentale Bedeutung unabhängig von jenem theologischen Hintergrund bis heute behalten. Sprechen ist, analog wie das Denken, immer Sprechen *über etwas*, aber es ist ebenso immer Sprechen *mit jemandem:* In dieser Einsicht erfüllt sich, so könnte man sagen, erst konkret der phänomenologische Begriff von Intentionalität. Wenn ich mich sammle, um sprechend mein Sein bei mir zu verlassen, dann ist es, so sagt Merleau-Ponty in seiner *Prosa der Welt*, nicht das »Wort oder der Satz, den ich anpeile, sondern es ist die Person«[14]. In diesem Grundverhältnis liegt, wie Merleau-Ponty hier klar gesehen hat, das Urparadox der menschlichen Zeichenhaftigkeit begründet. »Sich auszudrücken, das ist«, so heißt es ebenfalls in der *Prosa der Welt*, übrigens inhaltlich identisch mit den Sätzen von und nach § 4.03 des Wittgensteinschen *Tractatus*, »ein paradoxes Unterfangen, da es einerseits einen Hintergrund verwandter, schon festliegender und unbestrittener Ausdrücke voraussetzt und da sich andererseits die jeweils gebrauchte Figur von diesem Grund abhebt und so neuartig bleibt, dass sie die Aufmerksamkeit weckt«[15]. Exakt als dieses Urverhältnis, worin ein Ganzes es selbst erst wird, in dem es ganz noch einmal da ist, also ein *Verhältnis des sich spiegelnden Ergänzens zu sich selbst*, scheint mir letztendlich die denkende Übereinstimmung, das heißt die wiederum metonymische Beziehung zwischen der Wahrheit des Seienden und dem Sein der Person allein fassbar zu sein. Von diesem Verhältnis her wird man auch die Auseinandersetzung um einen ontologischen Begriff der Differenz zwischen göttlicher und menschlicher Person zu führen haben, die mir wesentlich eine Auseinandersetzung zwischen dem Vermittlungsprinzip der Analogie, exemplarisch konzipiert in Thomas von Aquins Diktum, wonach Gott die Ähnlichkeit der Dinge ist,[16] einerseits und andererseits der Zuspitzung der Platonischen Paradoxie des *epekeina tes ousias* zu sein scheint, wie wir sie etwa bei Lévinas finden, für den der Inbegriff der Aufgehobenheit des Seienden in dem, was jenseits des

---

[14] Maurice Merleau-Ponty, *Die Prosa der Welt*, München ²1993, S. 42; vgl. dazu Walter Schweidler: »Die ontologische Bedeutung des Leibes nach Merleau-Ponty«, in: Ders.: *Das Uneinholbare. Beiträge zu einer indirekten Metaphysik*, Freiburg/München 2008, S. 341 ff.
[15] Ebd., S. 57.
[16] Thomas von Aquin, *Summa Theologica*, I, Q. 14, A. 11.

Seins ist, »nichts anderes ist als die Zeit, jener erstaunliche Abstand des Identischen zu sich selbst«[17], durch den »das ›Ganze‹, das sich vom ›Ganzen‹ abhebt [...] ein Wiedererlangen, durch das nichts verloren geht«[18], ermöglicht.

Mit dieser Kennzeichnung der Übereinstimmung von Denken und Sein als eines Verhältnisses des spiegelnden Ergänzens zu sich selbst schließt sich so am Ende der Kreis, der sich durch unsere Aufmerksamkeit auf die Eigenart der Frage, was Wahrheit ist, aufspannte. Unser Sein, das Sein von Personen, steht zu dem alles anderen in der uns einschließenden und uns enthaltenden Welt analog wie die Frage nach der Wahrheit zu allen Fragen nach von uns gesuchten Wahrheiten: Es schließt nicht seinerseits die Welt ein, zu der und in die wir inklusive unseres Denkens gehören, aber es steht zu allem anderen in einem gewissermaßen metonymischen Verhältnis, in welchem es die Beziehung, in der alles Seiende einschließlich seiner selbst zu allem anderen Seienden steht, in genau diejenige Beziehung wendet, durch die es sich vom Sein aller anderen Wesen konstitutiv unterscheidet. Was es für jedes Seiende heißt, zu sein, was es ist und nicht ein anderes, geschieht, indem wir es als das denken, was es ist und nicht ein anderes, noch einmal und verkörpert sich anders als in jeder anderen exklusiv in der Beziehung, in der wir dadurch zueinander stehen. Dies scheint mir die Interpretation dessen zu sein, was Übereinstimmung von Denken und Sein heißt, durch die allein man den Aporien zu entkommen vermag, die sich unweigerlich einstellen, wenn man sie in einem eindimensionalen Vorgang verorten will. Allerdings gilt auch das nur unter einer dafür unabdingbaren Voraussetzung. Das spiegelnde Ergänzen zu sich selbst beschreibt eine Denkfigur, deren metonymische Pointe sich sofort wieder aufhebt im idolischen Zirkus unendlicher Selbstbespiegelung, wenn man zwischen *pars* und *totum* nicht eine eindeutige und unrelativierbare Grenze zieht. Der Begriff eines Teils, welcher für das Ganze steht, vernichtet sich selbst, wenn es zwischen dem so charakterisierten Teil und allem anderen, wofür er auf seine Weise stehen soll, nicht eine Grenze gibt, die seinem Denken als ein blinder Fleck und seinem handelnden Zugriff als ein Tabu entzogen bleibt. Genau an dieser Grenze erfüllt sich das Wesen des ikonischen

---

[17] Emmanuel Lévinas, *Jenseits des Seins oder anders als Sein geschieht*, übsetzt v. Thomas Wiemer, Freiburg i. Br./München 1992, S. 75.
[18] Ebd.

im Gegensatz zu jedem idolischen Verständnis unseres Bildseins im Rückbezug des uns gegebenen Blicks über den Horizont alles Seienden zu einem simplen Faktum innerhalb eben dieses Horizonts. Dieses simple Faktum besteht darin, dass wir innerhalb des Sichtbaren, aus dem wir das Vermögen hervorgehen sehen, dem die Wirklichkeit unseres Denkens entspricht, auch uns selbst vorfinden als Wesen in der Welt, die eben nicht mit ihrem Denken identisch sind, sondern die eine Natur haben, aus der eben dieses Denken wesentlich hervorgegangen und ohne die seine Wirklichkeit nicht zu begreifen ist. Die Natur, so sagt Merleau-Ponty, »ist ein rätselhafter Gegenstand; sie liegt nicht völlig vor uns. Sie ist unser Boden, nicht das, was vor uns liegt, sondern das, was uns trägt.«[19] In dieser fundamentalen Dimension liegt genau der Schritt von der grammatischen zur ontologischen Bedeutung des Personenbegriffs beschlossen, den wir tatsächlich erst in der klassischen Definition des Boethius niedergelegt finden: Die Person als »das individuelle Dasein einer vernünftigen Natur«, *naturae rationabilis individua substantia*.[20] Die vernünftige Natur genau ist es, wodurch jeder von uns sich von allem, das nicht ist wie wir, auf diejenige Weise unterscheidet, die ich als die metonymische Beziehung zwischen Denken und Sein zu fassen versucht habe. Wer statt vom *animal rationale* eher vom *animal symbolicum* sprechen will, nimmt im Rückbezug auf diese Natur nur eine Aspektverschiebung vor, aber bekräftigt nicht weniger, dass es das Zeichenhafte und damit immer auch das Unsichtbare und Unhörbare an uns ist, wodurch wir zur Gemeinschaft der Personen verbunden sind. So glasklar wie diese Einsicht ist dann aber auch die Folgerung, dass der Gipfel der Irrationalität im Verhältnis zwischen Menschen darin besteht, diejenigen von uns, die dieses Unsichtbare und Unhörbare zu äußern vermögen, gegen diejenigen auszuspielen, die das nicht oder noch nicht oder nicht mehr können. Es gibt Menschen, die Jahrzehnte in einem Zustand gefangen sind, der ihrer Umgebung als ein pflanzenhafter erscheint, während sie sich dessen, was in dieser Umgebung vorgeht so deutlich bewusst sind wie dessen, was sie mit aller Kraft artikulieren möchten und einfach nicht können. Unser

---

[19] Maurice Merleau-Ponty, *Die Natur. Vorlesungen am Collège de France 1956–1960*, München 2000, S. 20 (Vorlesungsmitschrift).
[20] A. M. S. Boethius, *Contra Eutychen et Nestorium*, Kap. 3,74; vgl. Boethius, »A Treatise Against Eutyches and Nestorius«, in: *The Theological Tractates*, übersetzt v. Hugh Fraser Stewart, London/New York 1918, III, S. 34; vgl. Robert Spaemann, *Personen*, S. 9, 265.

aller Anspruch, nicht in ein Verhältnis zu uns selbst hineinzufallen, das genau einem derartigen Zustand gleichkäme, also ein Verhältnis des Eingeschlossenseins in ein Ganzes, in dem wir uns und anderen nicht mehr als Teile verstehbar sind, die für eben dieses Ganze stehen, hängt an unserer, das heißt der Fähigkeit derer unter uns, die sich artikulieren und rational wahrnehmbar machen können, den stummen Schrei der anderen unserer Art zu Wort kommen zu lassen.

Metonymische Herausforderungen in der Wahrnehmung und Darstellung von Personen – Fragmentierung und Ganzheit, (Un)Mittelbarkeit und (Un)Vergleichbarkeit

Katharina Bauer (Bochum)

1) Metonymische Denkanstöße

Bei der rhetorischen Figur der Metonymie handelt es sich ihrem Wortsinne nach um eine ›Namensvertauschung‹. Was passiert, wenn die vertauschten Namen Personen zugeschrieben werden? Was besagt eine solche Austauschbarkeit der sprachlichen Identifizierung für das Problem der personalen Identität? Welche Relevanz besitzt sie für unser Verständnis des Personenbegriffs und für unsere konkrete Wahrnehmung anderer Personen? Was kann die Denkfigur der Metonymie für die Annäherung an eine möglichst adäquate Wahrnehmung und Darstellung von Person, Persönlichkeit und Interpersonalität leisten? Ohne den Anspruch zu vertreten, eine metonymische Theorie der Person zu etablieren, werde ich vor dem Hintergrund der linguistischen Debatte über die Metonymie und ihrer Auswirkungen auf den philosophischen Diskurs ›metonymische Denkanstöße‹ aus folgenden, häufig genannten Grundstrukturen der Metonymie generieren:

a. Die Metonymie bezieht sich im Unterschied zur Metapher auf eine Beziehung der Kontiguität, nicht der Similarität.
b. Die Metonymie bedarf keines *tertium comparationis*, wie es in der Metapher als Bezugsgröße des Vergleichs benötigt wird, sondern verweist auf eine unmittelbare, nicht über ein drittes vermittelte Beziehung.
c. Eine Form der Metonymie, die häufig in der Auseinandersetzung mit dieser sprachlichen Struktur als leitendes Paradigma aufgegriffen wird, bildet die Synekdoche, in der ein Wort durch ein anderes mit entweder geringerem oder umfassenderem Bedeutungsumfang ersetzt wird. Eine Spezialform ist das *pars pro toto*, die Beziehung der Kontiguität ist dann eine Teil-Ganzes-Beziehung.

Katharina Bauer

Ausgehend von diesen drei Strukturmerkmalen der Metonymie (deren Problematik in der Definition und Abgrenzung von anderen rhetorischen Mitteln in diesem Band an anderer Stelle diskutiert wird) sind folgende Übertragungen auf wichtige Fragestellungen zu intra- und interpersonalen Beziehungen denkbar:

a. Die Thematik der Ähnlichkeit verweist auf die Frage nach der Vergleichbarkeit oder Unvergleichbarkeit von Personen und nach den Vergleichsmaßstäben der Personalität.

b. Die Fokussierung auf die Kontiguitätsbeziehung ohne Verweis auf ein *tertium comparationis* lässt sich als Hinweis auf die Frage nach der Mittelbarkeit oder Unmittelbarkeit menschlicher Beziehungen sowie auch des unmittelbaren oder über verschiedene Vorannahmen vermittelten Zugriffs auf die Identifizierung von Personen aufnehmen.

c. Die Spezifizierung als Synekdoche verweist u. a. auf Beziehungen zwischen Gattung und Art sowie in der Unterform des *pars pro toto* auf die Beziehung zwischen Teil und Ganzem. Dies lässt sich als ein Anstoß zu Fragen nach der Gattungszugehörigkeit des Menschen aufgreifen, nach dem Verhältnis zwischen Mensch und Menschheit, individueller Persönlichkeit und ›der Person‹ als Abstraktum. Zugleich stellt sich die Frage nach der inneren Ganzheit und den Teilstrukturen und Einzelaspekten einer individuellen Person.

Ich werde diese drei Strukturmerkmale und Bedeutungsebenen zunächst als Impuls für die Auseinandersetzung mit der Frage nach der Fragmentierung oder Ganzheit der Identität von Personen in den Blick nehmen, dann als Anstoß zur Reflexion über die Unvergleichbarkeit oder Vergleichbarkeit und die Unmittelbarkeit oder Unmittelbarkeit im Kontext interpersonaler Beziehungen. Der dritte Aspekt (c.) ließe sich als Anstoß zu einer Reflexion über gesellschaftliche Strukturen politischer Stellvertretung aufgreifen, verbunden mit Fragen der Gerechtigkeit, die wiederum mit dem Aspekt der Vergleichbarkeit (a.) zusammenhängen. Ich werde mich hier aber vor allem auf die *Verwendung metonymischer Strategien in der künstlerischen Darstellung von Personen* konzentrieren. Ausgangspunkt ist ein literarisches Beispiel in Roman Jakobsons berühmter Studie über den *Doppelcharakter der Sprache*, das meines Erachtens sowohl dort als auch in der Rezeption dieses Textes unterschätzt wird. Jakobsons Studie ist zunächst eine linguistische Untersuchung und ein wichtiger Baustein für die Entwicklung strukturalistischer Theorien, auch wenn der Text stellenweise eher skizzenhaft bleibt. Freigelegt wird jener Doppelcharakter der Sprache, der für Jakobson darin besteht, dass Similaritäts- und Kontiguitätsoperationen – die Grundprinzipien von Metapher und Metonymie – die Kernprinzipien der Strukturierung sprachlicher Äußerungen bilden. Die Gewichtung dieser beiden Pole variiert nach Art der Äußerung sowie gemäß der individuellen Stilistik des Sprechers, dennoch wird in der theoretischen Betrachtung sprachlicher Strukturen üblicherweise ein größeres Gewicht auf das metaphorische Denken gelegt. Diese Gewichtung will Jakobson korrigieren. Für ihn ist es, wie es im Titel seiner kleinen aber wirkmächtigen Untersuchung hervorgehoben wird, ja gerade der *Doppelcharakter der Sprache* als *Polarität zwischen Metaphorik und Metonymik*, in deren Spannungsfeld sich sprachliche Ausdruck entfaltet. Sprachliche Zeichen werden (ausgehend von Ferdinand de Saussure) in der Schnittmenge zweier Operationen gebildet:

1. In der *Kombination* werden die Elemente »zu einer höheren Einheit« zusammengesetzt, es wird ein *Kontext* hergestellt und bei der Verwendung der Zeichen berücksichtigt.[1] Zwischen den einzelnen Elementen, die in den Kontext eingebunden sind, besteht ein »*Kontiguitäts*verhältnis«.[2] Auf der Ebene dieser Operation ist die Metonymie angesiedelt.

2. In der *Selektion* erfolgt eine »Entscheidung zwischen zwei Möglichkeiten«, die für Jakobson voraussetzt, »daß die eine Möglichkeit für eine andere, welche der ersten in einer Hinsicht gleichwertig und in einer anderen Hinsicht ungleichwertig ist, eingesetzt werden kann«.[3] Die Selektion ist also mit der *Substitution* verbunden. Vorausgesetzt ist dazu eine *Similarität*, die jedoch in ihren Graden stark variieren kann – von der Gleichartigkeit von Synonymen bis zum Antonym. Auf dieser Ebene wirkt die Metapher.

Von der Auswahl und Gewichtung eines Sprechers hinsichtlich metonymischer oder metaphorischer Operationen »kann man auf sei-

---

[1] Roman Jakobson, »Der Doppelcharakter der Sprache und die Polarität zwischen Metaphorik und Metonymik«, in: Haverkamp, Anselm (Hrsg.): *Theorie der Metapher*, Darmstadt 1966, S. 163–174, hier S. 165.
[2] Ebd., S. 166.
[3] Ebd.

nen persönlichen Stil und auf seine Vorlieben für bestimmte sprachliche Ausdrücke schließen«.[4] Indirekt wird hier also der Gebrauch der Sprache bereits auf die Persönlichkeit des Sprechers bezogen, der in seiner Art zu sprechen auch sich selbst bzw. sein eigenes Selbstverständnis zum Ausdruck bringt. Besonders ausgeprägt ist das Streben nach einer unverwechselbaren persönlichen Stilistik im literarischen Diskurs. Unter anderem in der Gattung des realistischen Romans spielt für Jakobson die Metonymie eine wichtige Rolle. Ein wesentliches Stilmittel ist dort die Fokussierung auf Einzelheiten, die für einen größeren Gesamtzusammenhang stehen. Synekdochisch verweist ein Element, das für sich genommen einen geringeren Bedeutungsumfang besitzt, auf einen umfassenderen Bedeutungszusammenhang, der jedoch wie in einem Kristallisationspunkt erst in der Fokussierung auf das Einzelelement deutlich sichtbar wird. Letztlich vollzieht sich so also eine wechselseitige Aufladung mit Bedeutung. Diese Art und Weise, Bedeutung und Sinn in einem Blickwechsel zwischen Einzelheit und Allgemeinem zu verorten, lässt sich, auch vor dem Hintergrund hermeneutischer Theorien, als wesentliche Weise des Verstehens betrachten. Sie ist demnach auch essentiell für das Verstehen als personales Selbst- und Fremdverständnis. Zu fragen ist, ob der Sinnzusammenhang – auch als Zusammenhang, Sinneinheit, Bedeutung, Ganzheit oder Integrität einer Person – durch den Prozess der wechselnden Perspektivierung von Einzelheit und Gesamtheit lediglich nachträglich verstanden wird oder ob ein Zusammenhang vielmehr erst konstituiert oder generiert werden soll. Wie ›ganz‹ sind Personen? Es ist ein zutiefst menschliches Bedürfnis, nicht nur als eine oberflächliche Einheit wahrgenommen zu werden, sondern im Vollzug eines Lebens, das zahlreiche Veränderungen mit sich bringt, möglichst ›ganz‹, vollkommen oder integer zu sein und in einem konsistenten Sinnzusammenhang zu existieren. Dieses Bedürfnis nach Ganzheit prägt das Verstehen ebenso wie den Ausdruck, in dem Personen sich selbst (re)präsentieren. Sie versuchen, ausgehend von ihrem Anspruch, selbst als Sinneinheit betrachtet zu werden, auf die Wahrnehmung anderer Personen einzuwirken, um von diesen ›als Ganzes‹ verstanden zu werden.

---

[4] Ebd., S. 169.

2) Autometonymie und literarische Personendarstellung – Herausforderung zu Reflexionen über Fragmentierung und Ganzheit des Phänomens Person

Roman Jakobson beschäftigt sich in seiner Auseinandersetzung mit der Metonymie mit einem Beispiel, das sehr deutlich über die Strukturen der Sprache hinaus auf das Problem der personalen Identität und der individuellen Persönlichkeit verweist. Für Jakobson bieten Aphasien, also Störungen des Sprachgebrauchs, einen entscheidenden Untersuchungsgegenstand, um die Funktionen von Kombination und Substitution im regulären Sprachgebrauch zu verdeutlichen. Vor dem Hintergrund des Verlustes der Fähigkeit zu einer der beiden Operationen wird umso deutlicher, wie beide ineinandergreifen müssen, um eine Mitteilung sinnvoll zu machen. Der russische Schriftsteller und Journalist Gleb Iwanowitsch Uspenskij (1840–1902), der für seine genauen dokumentarischen und sozialkritischen Darstellungen der Lage der russischen Bauern bekannt wurde, litt an einer psychischen Erkrankung. Diese ließ sich, so Jakobson, im Hinblick auf die damit verbundenen Besonderheiten der Sprachverwendung als eine ›Similaritätsstörung‹ beschreiben, also als eine Störung in der Wahrnehmung und dem sprachlichen Ausdruck von Ähnlichkeiten. Sie äußerte sich in der »Unfähigkeit des Patienten, zwei Symbole für dasselbe Ding zu verwenden«.[5] Ein Anzeichen dieser Erkrankung stand in einer sehr spezifischen Beziehung zum ursprünglichen Wortsinn der Metonymie als *Namensvertauschung:* Für den Schriftsteller bestand eine Spaltung zwischen seinem Vornamen Gleb und dem Vaternamen Iwanowitsch, die er als getrennte Elemente seiner Identität und Persönlichkeit empfand und nicht mehr auf die Einheit einer – und zwar seiner eigenen – Person beziehen konnte. Den beiden Namen wies er positive und negative Elemente seines eigenen Charakters zu, die er auf diese Weise strikt voneinander trennen und seinem jeweiligen aktuellen Selbstverständnis entsprechend gegeneinander austauschen konnte.

Die Namensvertauschung wird hier auf *einen* Namensträger angewandt und zwar durch diesen selbst, so dass in gewisser Weise eine *Selbstvertauschung* stattfindet, eine *Autometonymie*. Es scheint, als stünde die Person dabei in sich selbst schon im Austausch mit anderen. Ihre Einheit ist aufgebrochen und in Namensbestandteile zerlegt wor-

---

[5] Ebd., S. 172.

den. Was im Falle Uspenskijs eine Persönlichkeitsstörung darstellt, nutzt Jakobson zunächst, um deutlich zu machen, wie sich die Wahrnehmung und sprachliche Darstellung der Welt verändert, wenn das Prinzip der Ähnlichkeit nicht mehr das leitende Paradigma bildet. Die Anwendung des Beispiels lässt sich jedoch in Jakobsons Sinne und ausgehend von seiner positiven Bewertung der Metonymie durchaus produktiv auf die reguläre, ungestörte Selbst- und Fremdwahrnehmung bzw. auf eine gelingende Darstellung von Personen übertragen.

Interessant ist für Jakobson am Beispiel Gleb Iwanowitsch Uspenskijs nicht nur die medizinisch dokumentierte Diagnose der Persönlichkeitsstörung und ihrer Symptome, sondern auch das literarische Selbstzeugnis des Schriftstellers. Darin macht Jakobson schon vor der Erkrankung (bzw. vor ihrer Diagnostizierung) Hinweise auf die Similaritätsstörung aus.[6] Er erkennt in Uspenskijs Werk ein Übergewicht metonymischer bzw. synekdochischer Stilelemente, das seiner Ansicht nach nicht mehr allein durch die Orientierung an der Stilrichtung des Realismus zu erklären ist. Interessant sind diese besonders im Hinblick auf die Darstellungen anderer Personen. Jakobson zitiert zum Beleg seiner These eine »zersplitterte Portraitierung«, in der zahlreiche Details insbesondere der Kleidung einer Person genannt und beschrieben werden:

»Unter einem alten Strohhut mit einem weißen Flecken auf der Krempe, schauten da zwei Strähnen wie die Fangzähne eines Wildebers hervor; ein reichlich fettgewordenes Kinn hing mit seiner ganzen Breite über den speckigen Kragen des Baumwollatzes herab und lag in einer dicken Schicht auf dem groben Kragen des netzleinernen, am Hals fest zugeknöpften Mantels. Unterhalb des Mantels zeigten sich den Augen des Betrachters massive Hände mit einem Ring, der sich in den fetten Finger eingegraben hatte, ein Spazierstock mit einer Kupferspitze, ein beachtlich vorgewölbter Leib und sehr weite Hosen, deren Qualität nicht ganz an die eines Musselinstoffes heranreichte, und an deren weitem unteren Saum die Stiefel kaum mehr zu sehen waren.«[7]

Die portraitierte Person wird in Teilaspekte aufgespalten (der Hut, der Kragen, der Mantel, die Hände, der Spazierstock, die Hosen, die Stiefel etc.) und mit diesen identifiziert – das dominierende metonymische

---

[6] Jakobson bezieht sich hier auf: Anatolij Kamegulov, *Stil Gleba Uspenskogo*, Leningrad 1930.
[7] Jakobson, »Der Doppelcharakter der Sprache«, S. 172, Anm. 8.

Prinzip ist hier also das des *pars pro toto*. Dadurch, so Jakobson, bleibt die Darstellung der Figur in ihrer Gesamtheit unscharf, die Portraitierung misslingt, da »der Leser durch die Menge der Einzelheiten, die auf ihn in einem relativ engen Redeumfang einstürmen, geradezu erdrückt wird und das Ganze nicht zu erfassen vermag«.[8] Verfehlt wird also nicht die korrekte Darstellung der Einzelaspekte, sondern die Möglichkeit, aus diesen in der Rezeption der sprachlichen Darstellung *das Ganze der Person* angemessen zusammenzusetzen. In der literarischen Figurendarstellung Uspenskijs erfolgt eine Fragmentierung von Identität. Dieser Aspekt der Fragmentierung durch die Konzentration auf das Detail bildet auch für Michel Le Guern ein wesentliches Merkmal der Metonymie.[9] Was insbesondere in der Postmoderne zu einem Kernelement literarischer Ausdrucksformen wird – und zwar in Verbindung mit einer Problematisierung der Frage nach der Ganzheit und Identifizierbarkeit des Subjekts – wird also bei Uspenskij in gewisser Weise vorweggenommen, wenn auch, folgen wir Jakobsons Darstellung, unfreiwillig, ja sogar pathologisch.

Lässt sich aber Jakobsons These, dass das zitierte Portrait den Leser mit seinen Einzelaspekten überfordert und keinen Gesamteindruck der beschriebenen Person ermöglicht, tatsächlich halten? Nimmt man die kurze von Jakobson zitierte Passage aus dem Kontext des Romans herausgelöst noch einmal genauer in den Blick, so fällt schnell auf, dass die Details der Personenbeschreibung durchaus einen starken Gesamteindruck hinterlassen – und zwar keinen besonders sympathischen. Die Kleidung ist ungepflegt, die Hände sind massig, die ganze Erscheinung erweckt den Widerwillen des Betrachters. Die fokussierten Einzeleindrücke wirken sowohl für sich genommen als auch in ihrem Zusammenspiel grotesk. Der ›überquellende‹ Körper scheint nur noch durch die ebenfalls eher fadenscheinige Kleidung zu einer Einheit zusammengehalten zu werden. Die Art der Kleidungsstücke, der Spazierstock, der Ring, scheinen einen gewissen Grad des Reichtums und eine entsprechende Attitude zu vermitteln, die sich beim genaueren Blick auf die Einzelheiten als Täuschung erweisen. Uspenskijs Beschreibung verfolgt explizit nach, wie der Blick des Betrachters über den Körper der beschriebenen Person wandert und dabei an besonders unangeneh-

---

[8] Ebd., S. 172.
[9] Michel Le Guern, *Sémantique de la Métaphore et de la Métonymie*, Paris 1973, S. 105.

men Details haften bleibt. So wird also bewusster, als es Jakobson behauptet, der Blick des Lesers auf eben jene Einzelheiten gelenkt, die in der Begegnung mit einer Person auf den ersten Blick manchmal massiv von der Gewinnung eines Gesamteindrucks ihrer Persönlichkeit oder gar von einem Eindruck der Integrität ablenken können und gerade dadurch entblößend wirken. Klassisch (wenn auch nicht im literarischen Sinne) ist hier Loriots berühmte Nudel im Gesicht, hinter der die Liebeserklärung des verzweifelt um die Aufmerksamkeit seiner von dem Detail vollständig in den Bann gezogenen Partnerin ringenden Mannes verschwindet. Letztlich kann aber gerade aus der Kontiguitätsbeziehung der Einzelheiten auch der Kontext eines besonders intensiven Gesamteindrucks hergestellt werden. Muss Uspenskijs Augenmerk auf die äußerlichen Einzelheiten und Fragmente einer Figur und den Mangel ihrer Harmonie tatsächlich unbedingt Ausdruck seiner Persönlichkeitsstörung sein, oder ist damit – möglicherweise als Reaktion auf die selbst erfahrene Problematik der eigenen Identität – vielmehr eine bewusste literarische Reflexion der Frage nach der Ganzheit von Personen verbunden? Jakobson berücksichtigt hier die Aspekte der literarischen Darstellung und Komposition, die auch im realistischen Roman nicht mit einem unmittelbaren und auf keine Weise modifizierten Abbild der Realität zu verwechseln sind, nicht hinreichend. Es ist nicht auszuschließen, dass eine bewusste literarische Überspitzung oder Verfremdung der Personenwahrnehmung anvisiert wurde.

Die Darstellung in Uspenskijs Text könnte darauf abzielen und ist, unabhängig von der Intention des Autors, in jedem Fall geeignet, den Leser über die Auseinandersetzung mit dem Charakter der konkret portraitierten Person hinaus zu einer ganzen Reihe von Fragen herauszufordern: Was für eine Person steckt hinter dem dargestellten Eindruck? Weshalb wirkt sie so unsympathisch, beziehungsweise *nicht integer*? Wie ganz kann ein Mensch sein, der aus so vielen in sich widersprüchlichen Details zusammengesetzt ist? Welche Rolle spielen dabei die Einzelaspekte seiner Körperlichkeit? Wie ist die Ganzheit und Identität einer Person für sie selbst und für andere erfahrbar? Wo wird die selbstverständliche Voraussetzung unserer Wahrnehmung der Einheit *einer* Person, die wir auf den ersten Blick wohl selten in Frage stellen, sofern Sinnestäuschungen auszuschließen sind, eventuell doch fragwürdig, weil verschiedene Elemente der Persönlichkeit nicht recht zusammenpassen wollen? Wo nehmen wir die Elemente einer Persönlichkeit tatsächlich als eine in sich konsistente, harmonische Ganzheit wahr, wo bleibt die Identifizierung als Einheit oberflächlich? Wo ist tatsächlich eine Ganzheit im positiven oder besonders auch im moralischen Sinne als *Integrität* festzustellen? Inwiefern ist eine Person mehr als die Summe ihrer Teile?

Dass die Verwendung von Metonymien eine Herausforderung zu so komplexen Fragestellungen bilden kann, lässt sich mit Hartmut Kubczak begründen, der darauf hinweist, dass Metonymien (zunächst gleichermaßen wie Metaphern) eine »sinnerzeugende Überwindung der konstitutiven Inkompatibilität«[10] zwischen den in Beziehung gesetzten Elementen einfordern, wobei »dem Hörer eine verstärkte Mitarbeit am Sinnganzen« zugemutet wird.[11] Hierin liegt für Kubczak »ein zutiefst kommunikativer Reiz«.[12] Über Kubczak hinausgehend scheinen mir dieser kommunikative Reiz und dieses herausfordernde Element bei der zuvor beschriebenen metonymischen Darstellung noch größer zu sein als bei der Metapher, weil eben kein Bezug auf ein *tertium comparationis* impliziert wird, sondern eine unmittelbarere Konfrontation *divergierender* Einzelaspekte vorliegt. Eine metonymische Personendarstellung, wie sie Uspenskij vollzieht, stellt demnach eine besondere Herausforderung dar, wenn es darum geht, die Einzelelemente in der Rezeption zur Sinneinheit der dargestellten Person zusammenzusetzen. Die alltäglichen Gewohnheiten der Wahrnehmung einer Person als Einheit werden in Frage gestellt. Inwiefern ist diese Herausforderung anders geartet als diejenige, die in Personendarstellungen mit der Interpretation von Metaphern verbunden ist?

Da in der Metapher das *tertium* des Vergleichs nicht unmittelbar gegeben ist, sondern erst hergeleitet werden muss, scheint darin zunächst doch eine größere Herausforderung zu bestehen als im Umgang mit der unmittelbareren metonymischen Beziehung. René Dirven betont in seinem Aufsatz *Metonymy and metaphor. Different mental strategies of conceptualisation*[13], dass bei der Metapher anders als bei

---

[10] Hartmut Kubczak, »Metapher und Metonymie unter besonderer Berücksichtigung der metonymiespezifischen Sinnerzeugung«, in: *Zeitschrift für romanische Philologie*, 119 (2003), H. 2, S. 203–221, hier S. 209.
[11] Ebd., S. 215.
[12] Ebd.
[13] René Dirven, »Metonymy and metaphor. Different mental strategies of conceptualisation«, in: René Dirven/Ralf Pörings (Hrsg.): *Metaphor and Metonymy in Comparison and Contrast*, Berlin/New York 2003, S. 75–112.

Katharina Bauer

der Metonymie zumeist die Beziehung auf eine Abstraktion wesentlich ist. Der metaphorische Ausdruck ›er ist ein Löwe im Kampf‹ verlangt zu seiner Auflösung nicht nur einen unmittelbaren Vergleich mit einem Löwen als konkretem Tier oder als Idealtypus des Löwen. Verwiesen wird darüber hinaus auf den gemeinsamen Nenner der Stärke, des Mutes oder des Königtums, die mit dem Löwen verbunden werden. Demnach würde die Metapher also ein höheres Abstraktionsvermögen voraussetzen als die Metonymie, die wiederum stärker auf das Konkrete verweist – hiermit erklärt sich auch die Verwendung im realistischen Erzählen –, indem einzelne Aspekte hervorgehoben werden.

Kommen wir auf Uspenskijs fragmentiertes Portrait zurück, so verlangt dieses vom Leser jedoch eine besonders intensive Mitarbeit an der Zusammensetzung der dargestellten Details zu einer Sinneinheit. Solche Fragmentierungen stellen für die übliche Wahrnehmung eine Provokation dar und verlangen damit eine Überprüfung der eigenen Erkenntnis, die sich von der Auseinandersetzung mit dem literarischen Werk auf die Wahrnehmung realer Personen übertragen lässt. Inspiriert von der Lektüre kann das Augenmerk des Betrachters auf die Überflutung mit den Eindrücken verschiedenster Einzelheiten des Phänomens *Person* gelenkt werden sowie auch auf mögliche Widersprüchlichkeiten und Inkongruenzen.

3) Die Person als gesättigtes Phänomen – Perspektiven und Portraits

Im Sinne Jean-Luc Marions ist die Person (ebenso wie auch das Kunstwerk, also auch das literarische Werk) ein *gesättigtes Phänomen*, das durch die Fülle seiner phänomenalen Gegebenheit jede begriffliche Umgrenzung und Interpretation unendlich überbordet. Marion unterscheidet vier Modi der gesättigten Phänomene: das Ereignis (Beispiel hierfür ist das historische Ereignis), das Idol (ein solches ist insbesondere das Kunstwerk), den Leib und die Ikone – das gesättigte Phänomen ist hier der Blick des personalen Anderen, der mich ansieht und zu seinem Zeugen macht. Jedes gesättigte Phänomen stellt für Marion aufgrund folgender Besonderheiten eine Herausforderung für unsere Wahrnehmung dar: Es lässt sich nicht anvisieren oder vorhersehen *(invisable)*, es ist nicht sukzessiv zu synthetisieren, sondern erscheint augenblicklich *(instantanée)*, seine Intensität ist unerträglich *(insup-*

portable), es entzieht sich jedem Maßstab und Vergleich – also auch dem indirekten Vergleich der Metapher – und ist daher absolut *(absolu)*. Da es jeden einzelnen Wahrnehmungshorizont übersteigt, ist es nur in einer komplexen Überschneidung verschiedener Horizonte und Perspektiven annäherungsweise zu interpretieren. Es führt die Wahrnehmung durch seine Maßlosigkeit an die Grenzen der Erfahrbarkeit. Letztlich müsste demnach also die Begegnung mit jeder Person genau jene Überforderung mit Einzeleindrücken nach sich ziehen, die Uspenskijs Text literarisch vermittelt. Die Augenblicklichkeit des Eindrucks, die sich der sukzessiven Synthese entzieht, kann auch in der metonymischen Darstellung sprachlich nur sukzessiv, nämlich Wort für Wort, wiedergegeben werden. Damit kann jedoch indirekt gerade ein Widerspruch zwischen dem sinnlichen Gesamteindruck einer Person und dem Versuch aufgezeigt werden, dieses Phänomen nachträglich in Sprache zu fassen oder gar auf abstrakte Begriffe zu bringen. Die Sättigung der Wahrnehmung kann durch die metonymische Darstellung annäherungsweise zum Ausdruck gebracht werden. Dies gilt besonders für die Grenzen der Similarität.

Ausgehend von diesen komplexen metonymischen Effekten der Personendarstellung stellt sich die Frage, ob die von Jakobson beobachtete Verfehlung der Ganzheit der Figuren durch eine Aufhebung der ihnen (möglicherweise) zu Grunde liegenden *Similaritätsstörung* tatsächlich vollständig aufgelöst würde. Vorauszusetzen wäre dazu, dass der Vergleich mit anderen Personen und die Feststellung ihrer Ähnlichkeit zur Erkenntnis der Einheit *Person* führen würde. Ist dazu nicht gerade ein möglichst komplexes Ergänzungsverhältnis verschiedener Kontiguitätsbeziehungen erforderlich bzw. fundamentaler als der Vergleich? Interessant ist in dieser Hinsicht Renate Bartschs Vorschlag, dass prinzipiell ein Großteil aller Metaphern letztlich in eine Kette von Metonymien aufzulösen sind, da die Similaritätsbeziehung über zahlreiche Kontiguitätsbeziehungen vermittelt wird.[14] Wenn ich etwa den Kämpfer metaphorisch mit einem Löwen gleichsetze, dann kann ich nur die Verbindung zum Abstraktum der Stärke oder des Mutes herstellen, indem ich zuvor den Blick auf verschiedene Einzelaspekte des Kämpfers und des Löwen richte und diese dann synekdochisch mit den Prädikaten *Kämpfer* und *Löwe* belege. In diesem Fall benenne ich

---

[14] Vgl. Renate Bartsch, »Generating polysemy: Metaphor and Metonymy«, in: Dirven/Pörings (Hrsg.): *Metaphor and Metonymy in Comparison and Contrast*, S. 49–74.

mit diesen Begriffen einen bestimmten Teil ihres Verhaltens, beziehe mich jedoch beispielsweise nicht auf ihr Äußeres. Ich behaupte nicht, dass der Kämpfer ein Fell oder Krallen hätte. Ich muss also, bevor ich die beiden Elemente vergleiche, zunächst beide unter einer bestimmten Perspektive betrachten und dabei – in einem metonymischen Denkprozess – ihre Einzelaspekte und deren innere Relation der Kontiguität in den Blick nehmen, bevor ich in der Lage bin, zwischen beiden die Relation der Ähnlichkeit festzustellen. Ausgehend von Renate Bartsch findet die Metapher als Ausdruck von Ähnlichkeit besonders im Hinblick auf Objekte und Situationen Anwendung, während die Metonymie als Verweis auf eine Kontiguität zur Erfassung der Identität von Individuen und Ereignissen besonders geeignet ist. Schon Claude Lévi-Strauss behauptet ausgehend von Jakobson »die Metonymie entspräche der Ordnung des Ereignisses, die Metapher der der Struktur«.[15] Da auch für Marion das Ereignis zu den gesättigten Phänomenen gehört, bestätigt sich hiermit also die Intuition, dass eine metonymische Personendarstellung ihren ereignishaften, vorgegebene Deutungsmuster und Strukturen überbordenden Charakter besonders gut erfassen könnte.

Auch Bartsch vertritt die von Jakobson und Lévi-Strauss ausgehende These, dass nicht nur unsere sprachlichen Äußerungen, sondern unser Verstehen im Allgemeinen durch die Prinzipien der Metapher und Metonymie bestimmt sind:

»*Understanding* a situation means two things: 1) imbedding it into stabilising sequences of growing similarity sets of data, keeping intact stability, which is classification by general concepts; and 2) imbedding it into contiguity sets of data, keeping intact coherence, which is identification of situations by historical concepts, especially individual concepts of events, objects and persons.«[16]

Sowohl metaphorisches als auch metonymisches Denken erfordern laut Bartsch jeweils einen Perspektivwechsel, einen Sprung aus der üblichen Wahrnehmung, um das wahrgenommene Objekt unter einer neuen Beziehung der Ähnlichkeit oder der Kontiguität zu betrachten. Ihrer Ansicht nach bildet jedoch eben der metonymische Perspektivwechsel – im Uspenskij-Beispiel der Blick auf die Einzelaspekte – erst die Grundlage für die Herstellung der Similaritätsbeziehung.

---

[15] Claude Lévi-Strauss, *Das Ende des Totemismus*, Frankfurt a.M. 1965, S. 40.
[16] Renate Bartsch, »Generating polysemy: Metaphor and Metonymy«, in: Dirven/Pörings (Hrsg.): *Metaphor and Metonymy in Comparison and Contrast*, S. 55.

Was bedeutet dies nun für das Verstehen des gesättigten Phänomens der Person? Diesem ganz besonderen Phänomen lässt sich für Jean-Luc Marion nicht durch die Reduktion auf einen Stereotyp gerecht werden. Ein künstlerisches Portrait kann, da es sich beim Kunstwerk selbst um ein gesättigtes Phänomen handelt, hingegen als Annäherung an die Sättigung der Phänomenalität verstanden werden. In jedem Fall verlangt die Annäherung an das Phänomen Person für Marion eine unendliche Arbeit der Hermeneutik, die niemals in *einen* Horizont überführt und darin vervollständigt werden könnte.[17] So können beispielsweise die Gesichtsausdrücke des anderen eine Vielzahl von Bedeutungen vermitteln, die sich nicht eins zu eins in Begriffe übersetzen lassen: »L'expression du visage exprime une infinité de significations.«[18] Das Gesicht ist für Marion daher mit der Lüge verbunden, nicht im Sinne einer bewussten Täuschung, sondern weil seine Art sich zu äußern stets mehrdeutig und ›uneigentlich‹ bleibt. Es kann keine Wahrheit als Adäquation oder Evidenz beanspruchen, aber einer anderen Ordnung der ›Wahrheit‹ entsprechen:

»Un visage ne dit la vérité sur ce qu'il exprime – vérité qu'en un sens il ignore toujours – que si je le crois et qu'il croit que je le crois. La confiance, pour ne pas dire la foi, offre le seul accès phénoménologiquement correct au visage d'autrui.«[19]

Dieser spezifische Charakter des Gesichts*ausdrucks* lässt sich auf den künstlerischen Ausdruck übertragen, dessen spezifisches Verhältnis zu Wahrheit und Lüge der Status der Fiktionalität ist, der wiederum im Kunstwerk mit durchsichtig gemacht werden kann. Die hermeneutische Arbeit, die durch das gesättigte Phänomen des Antlitzes herausgefordert wird und auf der Basis dieses Vertrauens in die ›Wahrheit‹ seiner Ausdrücke erfolgt, kann nicht in ein letztgültiges Urteil überführt werden. Sie erfolgt aus verschiedenen Perspektiven, wird von verschiedenen Zeugen ausgeführt und kann so ganz unterschiedliche Interpretationen beinhalten.

Die Ganzheit und Geschlossenheit der Identität einer Person – sofern diese tatsächlich vollständig vorauszusetzen ist – wird auch in

---

[17] Vgl. Jean-Luc Marion, »L'icône ou l'herméneutique sans fin«, in: Ders., *De Surcroît. Études sur les phénomènes saturés*, Paris 2001, S. 125–153.
[18] Ebd., S. 144.
[19] Ebd., S. 145.

Katharina Bauer

einem künstlerischen Portrait, sei es literarisch oder ganz klassisch ein Gemälde, gerade durch die Hervorhebung individueller Besonderheiten und die genaue Darstellung von Details hergestellt sowie durch einen Kontext, zu dem der Portraitierte in Beziehungen der Kontiguität gesetzt wird. Das Kunstwerk lenkt, wie Uspenskij in seiner Beschreibung, den Blick des Betrachters. Dies macht für Marion prinzipiell einen wesentlichen Aspekt der Gegebenheit künstlerischer Phänomene aus. Gerade in der modernen Malerei müssen für ein Portrait der Vergleich und die Ähnlichkeit mit der realen Person nicht maßgeblich sein, wobei zu beachten ist, dass das künstlerische Ideal der Similarität nicht von vornherein eine metaphorische, sondern zunächst eine mimetische Darstellungsweise impliziert.

Der Kubismus ist Jakobsons zentrales Beispiel der metonymischen Methode in der bildenden Kunst. Picassos fragmentierte Portraits, die ähnlich wie Uspenskijs Beschreibungen Einzelheiten des Gesichts und des Körpers hervorheben, können nun, obwohl oder gerade weil sie das mimetische Prinzip zum Teil außer Kraft setzen und mit (Un-)Ähnlichkeiten spielen, durchaus als besonders gelungene Formen der Wiedergabe einer Persönlichkeit betrachtet werden. Diese wird mit ihren Brüchen und Widersprüchen dargestellt oder eben in jener Überforderung oder Herausforderung des Blicks, die sie für den Betrachter bildet, und sie ist dennoch im *Rahmen* des Kunstwerkes in eine Sinneinheit und in einen Kontext eingebunden. In Bezug auf die bildende Kunst ist als Kontext zudem auch das Museum zu betrachten, in dem die Gemälde zwar durchaus nach Maßgabe ihrer Ähnlichkeit zusammengestellt und verglichen werden können, primär treten sie jedoch in eine Kontiguitätsbeziehung. Diese Kontextualisierung lässt sich auch auf die Gesamtheit des Kunstbetriebes bzw. der Kunstgeschichte erweitern.

Andy Warhols seriellen Portraits, die sich als Ikonographien der Ähnlichkeit betrachten lassen, arbeiten trotz dieser Similarität nicht nach einem metaphorischen Prinzip. Interessant ist nicht die Ähnlichkeit zwischen den verschiedenfarbigen Siebdrucken des Gesichts von Marilyn Monroe, ebenso wenig die Ähnlichkeit der farblich verfremdeten Gesichter zur Person Marilyn Monroe. Erst recht geht es nicht darum, dem Star Marilyn in ihrer individuellen Persönlichkeit als Norma Jeane Baker gerecht zu werden, also hinter die Fassade des Starkultes zu blicken. Die Serien Warhols zielen auch nicht wie die Monets auf eine Darstellung desselben Motivs aus verschiedenen Blickwinkeln. Vielmehr wird das einzelne, für sich genommen nicht übermäßig aussagekräftige Bild, das durch die farblichen Akzentuierungen in grobe Segmente aufgeteilt wird, erst durch seinen Anteil an der Serie mit Bedeutung aufgeladen. Nicht nur jedes einzelne Farbsegment steht im Kontext der Gesamtheit des Bildes, sondern jedes einzelne Bild der Serie ist erst im Verhältnis zum Ganzen – und zwar im Gesamtkontext der Popkultur – zu deuten. Es geht nicht darum einen Aspekt einer Persönlichkeit hervorzuheben oder von dieser einen möglichst realistischen und umfassenden Eindruck zu vermitteln, sondern darum, das Einzelbild in den Kontext der Reproduktion zu stellen und zugleich durch die Vervielfältigung ein Idol zu schaffen, das letztlich immer weniger auf die reale Person zurückverweist. Der Persönlichkeitskult, auch die Darstellung des Privaten wird als Inszenierung offengelegt, das tatsächlich ›Persönliche‹ wird dahinter unsichtbar bzw. bewusst verborgen, das Individuelle wird einer Typisierung unterzogen. Der Kult und die Reproduktion machen, wie Warhols Serien ironisch zeigen, letztlich keinen Unterschied zwischen einer Dose Tomatensuppe und dem Gesicht einer Schauspielerin. Verwiesen sei auch hier auf die Terminologie Marions, der das gesättigte Phänomen der Person als *Ikone* von gesättigten Phänomenen vom Typus des *Idols* abgrenzt – Beispiel für diesen Typus sind die Kunstwerke. Die Ikone zeichnet sich dadurch aus, dass sie nicht nur erblickt wird und dabei durchaus sehr aktiv den Blick des Betrachters lenkt, sondern dass das Gesicht einer anderen Person den Wahrnehmenden anblickt. Eine Vervielfachung dieses Blicks, eine Marilyn, die uns von jeder Wand oder medial verbreitet quasi von überall her mehrfach ansieht, ohne dass wir uns auf einen Blick wirklich einlassen könnten, überführt die Ikonizität in eine Art künstlerisch gebrochene *Übersättigung*, die die eigentliche Sättigung des Phänomens der Person aufhebt und zugleich auf diesen Verlust aufmerksam machen kann.

4) Verfehlte (metonymische) Personendarstellungen und Stereotypen

Die Unterschiede zwischen einer Portraitierung über die Hervorhebung von Einzelaspekten, wie sie Picasso vornimmt, oder über die (serielle) Typisierung lassen sich mit grundlegenden Beispielen und den damit illustrierten Grundstrukturen der Metonymie parallelisieren, die Lakoff und Johnson im Kontext ihrer Theorie des metaphorischen Denkens anführen[20]: Einerseits wird der Ausdruck *She's just a pretty face* als Beispiel herangezogen, um zu verdeutlichen, dass hier ein Teilaspekt für die ganze Person steht. Andererseits dient das Stereotyp der *Hausfrau und Mutter* als Beispiel, um zu verdeutlichen, wie eine Einzelperson, also eine individuelle Frau, die Mutter ist, von vornherein in eine übergeordnete Kategorie eingeordnet wird, auf die metonymisch Bezug genommen wird. Günter Radden und Zoltán Kövecses wählen nun wiederum diese Beispiele, um zu verdeutlichen, dass hier nicht einfach eine rhetorische Figur zu Grunde liegt, sondern dass vielmehr das metonymische Denken (ihrer Ansicht nach ähnlich wie bei Bartsch noch fundamentaler als das von Lakoff und Johnson ebenso charakterisierte metaphorische Denken) eine kognitive Grundstruktur bildet. Diese These einer metonymischen Strukturierung der Wahrnehmung und Erkenntnis bildet eine wichtige Position in der Strömung der kognitiven Linguistik. Die metonymische Wahrnehmung wird ausgehend von den genannten Beispielen immer dann wirksam, wenn wir einen Teilaspekt zu einer Ganzheit oder ein Einzelexemplar zur übergeordneten Kategorie in Verbindung setzen. Im ersten Fall steht der Einzelaspekt *(pretty face)* für das Ganze, im zweiten tritt das Allgemeine als Stereotyp *(Hausfrau und Mutter)* an die Stelle des Einzelnen. In beiden genannten Beispielen geht es um unsere Wahrnehmung von Personen. Diese Wahrnehmung ist einerseits in unserem Kulturkreis primär auf das Gesicht konzentriert, das im ersten Fall ebenso für die Schönheit der Gesamtperson steht, wie umgekehrt diese Gesamtschönheit nicht ohne eine Schönheit des Gesichts denkbar ist. Andererseits ist unsere Wahrnehmung generell auf eine Strukturierung durch wiederkehrende Figuren und Muster angewiesen und damit auf Stereotypen oder Idolatrien.

Diese Grundstrukturen der Wahrnehmung gelten im Kontext der Theorien der kognitiven Linguistik für jede Art der Wahrnehmung. Sie sind jedoch im Hinblick auf die Wahrnehmung von Personen von besonderem – auch ethischem – Interesse, weil wir hier zugleich einen außergewöhnlich hohen Grad von Individualität und Einzigartigkeit voraussetzen. Auch wenn die von Lakoff und Johnson ebenso wie von Radden und Kövecses angeführten Beispiele also keinesfalls auf die

---

[20] Vgl. Günter Radden und Zoltán Kövecses, »Towards a Theory of Metonymy«, in: Klaus-Uwe Panther/Günter Radden (Hrsg.), *Metonymy in Language and Thought*, Amsterdam/Philadelphia 1999, S. 18.

Wahrnehmung von Personen begrenzt sind, besitzen gerade diese Beispiele eine besondere Brisanz: Der Gebrauch von Metonymien kann in der Darstellung von Personen individuelle, partikulare Aspekte und Merkmale hervorheben. Ebenso kann damit aber eine gewisse Kategorisierung oder Typisierung verbunden sein, ohne zwingend zu einer Verfehlung der Erfassung der Gesamtperson in ihrer Einzigartigkeit zu führen. Es ist hochgradig interessant, Personen in den (Kontiguitäts-)Beziehungen darzustellen, in denen sie auf verschiedenste Art und Weise in Kontakt zu anderen Personen treten, auf ihre gesellschaftliche Rolle und Zugehörigkeit zu einer Gruppe bezogen sind etc. Dennoch scheint es eine intuitive Grenze zu geben, an der die Fokussierung auf Einzelaspekte ebenso wie die vorschnelle Einordnung in eine Personengruppe oder gar die Unterordnung unter ein Stereotyp dazu führen, dass die Persönlichkeit der Person verfehlt wird. Und mit dieser Intuition ist wiederum die ethische Intuition verbunden, mehr als nur einen künstlerischen oder literarischen Fehler zu machen, wenn eine Person zu unvollständig, zu fragmentarisch oder aber zu vereinfacht oder schablonenhaft dargestellt wird – wenn die individuelle *Sättigung* ihrer Phänomenalität nicht vollständig erfasst wird. Das Vorhandensein von Stereotypen ist prinzipiell eine Voraussetzung für eine erfolgreiche Verständigung zwischen Personen. Auch Jakobson verweist gleich zu Beginn seiner Abhandlung darauf, dass wir einen »Karteischrank mit vorangefertigten Vorstellungen« brauchen, der demjenigen anderer Personen ähnelt, damit Kommunikation als »optimale(r) Informationsaustausch« möglich ist.[21] Wo aber wiederum Stereotypen als Gefahr empfunden werden – sowohl für die Erkenntnis als auch im ethischen Sinne –, weil sie so komplexe Phänomene wie Personen *in einen Karteischrank sperren*, kann eine andere, literarische Art der Verständigung dazu beitragen, dass wir unsere Karteischränke immer wieder neu sortieren und Vorurteile in Frage stellen. Gerade ein bewusstes Spiel mit Stereotypen kann als Herausforderung zu einer solchen kritischen Hinterfragung hilfreich sein.

Um dies zu verdeutlichen, lohnt es sich, noch einmal das Loriot-Beispiel aufzugreifen. Loriot lässt sich ein ganz eigener, *ironischer Realismus* des Erzählens zuschreiben, der nach einem metonymischen bzw. synekdochischen Prinzip verfährt. Deutlich wird in der Szene der misslingenden Liebeserklärung gerade durch die Fixierung auf das un-

---

[21] Jakobson, »Der Doppelcharakter der Sprache«, S. 165.

Katharina Bauer

stimmige Detail, auf das der Blick des Betrachters durch den nahezu paralysierten Blick der angebeteten Dame gelenkt wird, eine Diskrepanz zwischen der Selbstdarstellung des von Vicco von Bülow verkörperten Mannes und seinem tatsächlichen Verhalten. Er ist geradezu unangenehm bemüht, sich als perfekten zukünftigen Ehemann zu verkaufen, seine beruflichen Erfolge, seine politische und moralische Integrität anzupreisen. Die Nudel, die er im Verlauf des Sketches mit der Serviette auf verschiedenen Stellen seines Gesichts platziert, findet er am Ende der Szene als *Haar in der Suppe* im Espresso wieder und erkennt darin ein Indiz für die seiner Ansicht nach anscheinend landestypische Unsauberkeit eines italienischen Restaurants. Während er sich selbst durch das unkorrekte Detail lächerlich macht, das sein Idealbild des absolut korrekten Mannes ins Wanken bringt, wird ein kleiner Mangel im Verhalten anderer für ihn zum Stein des Anstoßes, um Stereotypen und Vorurteile abzurufen. So selbstgerecht er ist, so intolerant und engstirnig erweist er sich gegenüber anderen. Durch die Fokussierung auf die Einzelheit, die eine Störung des Gesamteindrucks darstellt, wird der Hinweis auf die Disharmonien und Mängel in der Persönlichkeit, besonders im Abgleich mit der Selbstdarstellung, metonymisch vorweggenommen, verdichtet und hervorgehoben. Und doch setzt die tragische Komik der unfreiwilligen optischen Selbstverunstaltung diese Mängel für den Betrachter zugleich in ein milderes Licht. Das peinliche Detail bleibt ein dezenter Hinweis, der indirekt sogar die Bloßstellung der charakterlichen Mängel in gewisser Weise wieder abmildert, indem Empathie für das Missgeschick geweckt wird. Würde die Szene ohne diesen komischen Effekt dargestellt, würde das Urteil, das man über die betrachtete Person fällt, vermutlich drastischer ausfallen. Die komische Verfremdung durch die metonymische Darstellung fordert in gewisser Weise also indirekt den Zuschauer dazu heraus, auch die eigenen Stereotypen in Frage zu stellen.

Ein Denken in Metonymien und Synekdochen kann sicherlich einerseits die Ordnungsmuster verfestigen, in die wir in unserem kulturellen, sozialen und historischen Kontext sowie auch im Kontext unserer individuellen Erfahrungen Personen einordnen. Jedoch kann eine Reflexion auf verschiedene metonymische Denk- und Wahrnehmungsstrategien oder ihre stilistische Überspitzung in künstlerischen Ausdrucksformen gleichermaßen dazu beitragen, eben diese Strukturen offenzulegen und durchsichtig zu machen, wo wir uns zu sehr auf Details fokussieren (sei es beispielsweise auf die Kleidung oder den

Körperumfang einer Person) oder vorschnell auf Stereotypen zurückgreifen, anstatt Personen und interpersonale Beziehungsstrukturen in ihrer ganzen Komplexität wirken zu lassen, der keine Darstellung vollständig gerecht werden kann. Durchsichtig gemacht und hervorgehoben werden können gleichermaßen unsere Sehnsucht nach Ganzheit wie auch die Brüche und Widersprüche, mit denen dieses Ideal konfrontiert ist.

5) (Un-)Vergleichbarkeit und (Un-)Mittelbarkeit – Annäherungen an Personalität und Interpersonalität im Spannungsfeld zwischen Metaphorik und Metonymik

Ist nun die metonymische Operation der Kombination, Kontextualisierung und Hervorhebung von Details prinzipiell besser zur Darstellung von Personen geeignet als eine metaphorische Herangehensweise? Neben dem direkten Vergleich und der Suche nach Ähnlichkeit bei anderen Personen lässt sich ein anderer Ansatz dafür finden, um in der Wahrnehmung und Darstellung von Personen das Prinzip der Metapher zu seinem Recht kommen zu lassen. Wenn als Maßstab von Personalität ein *tertium comparationis* anzunehmen ist (z. B. *die Menschheit, die Person, der Andere, das [transzendentale] Subjekt*), dann kann die Erkenntnis einer Einzelperson als Gesamtperson über diesen Vergleichsmaßstab vermittelt werden und das Prinzip der Similarität ist leitend. Die *metonymische Alternative* müsste darin bestehen, ein *binäres Modell* zwischen Personen zu favorisieren sowohl im Hinblick auf ihre tatsächlichen interpersonalen Beziehungen (Selbst und Anderer) als auch im Hinblick auf einen fortgesetzten unabschließbaren Prozess der Identifikation. Wäre, wenn man eine solche metonymische Alternative zu stark macht, überhaupt noch eine *Philosophie* der Person möglich, da der Platz des Philosophen – frei nach Emmanuel Lévinas – immer der Ort des Dritten ist, also eine Beobachterperspektive, die aus der unmittelbaren Kontiguitätsbeziehung heraustritt?

An das Problem der Vergleichbarkeit oder Unvergleichbarkeit von Personen und der Mittelbarkeit oder Unmittelbarkeit interpersonaler Begegnungen und gegenseitiger Identifizierung schließt sich eine ganze Reihe offener Fragen an: Muss Personalität im doppelten Sinne *von Person zu Person* bestimmt werden, also im Einzelfall und im Austausch miteinander? Wie unmittelbar kann und soll dieser Austausch sein, in dem sich Personen gegenseitig identifizieren? Wie stark ist dabei sowohl kognitiv als auch normativ stets der Bezug auf kulturell vermittelte Typisierungen und Ideale des Personseins ebenso wie der Persönlichkeit und des Charakters leitend sowie schließlich doch eine Abstraktion, die ein *tertium* des Vergleichs voraussetzt? Ein ethisch motiviertes Streben nach interpersonaler Gemeinsamkeit, nach einer Gleichheit der Rechte und der Freiheit, verlangt es, Personalität trotz aller Individualität wesentlich entweder durch einen gemeinsamen Kern des Personseins oder durch eine Gattungszugehörigkeit und damit durch das Prinzip der Ähnlichkeit zu bestimmen. Einerseits ist also das, woran sich das Personsein bemessen lässt an einem Maßstab der Vergleichbarkeit zu orientieren, andererseits ist die Unvergleichbarkeit, Unverrechenbarkeit und Einzigartigkeit jedes Einzelnen zu berücksichtigen. Die Vermittlung über ein universales Paradigma des Personseins, also über ein *tertium comparationis*, ist wesentlich, um universale ethische Grundregeln aufzustellen, die eine Berücksichtigung der Würde aller Personen ermöglicht. Die Unmittelbarkeit persönlicher Begegnungen macht (auch als künstlerisch vermittelte Unmittelbarkeit) wiederum die menschliche Würde als unvergleichlichen Wert erfahrbar.[22]

---

[22] In der Frage nach der (Un-)Vergleichbarkeit von Personen im Hinblick auf Fragen der Gerechtigkeit besteht eine Parallele zwischen den Differenzen von metaphorischem und metonymischem Denken und den Fragestellungen, die in der philosophischen Auseinandersetzung mit der Thematik der Gabe problematisiert werden. In dieser Diskussion wird eine Unterscheidung zwischen dem ökonomischen Austausch und einem unmittelbareren Austausch von Gaben getroffen. Im ökonomischen Tausch steht nicht die Beziehung zwischen den beteiligten Personen, sondern das Dritte der ausgetauschten Güter im Mittelpunkt, deren Wert wiederum über den möglichst neutralen Maßstab eines tertium comparationis vermittelt wird: über das Geld. Und dennoch wird der Preis über den Markt und das Wechselspiel von Angebot und Nachfrage in Beziehungen zwischen Personen immer wieder neu bestimmt. Die Vergleichsgröße ist also einerseits möglichst universal, dennoch flexibel. Im Diskurs der Gabe wird wiederum das Prinzip der ›Preislosigkeit‹ hervorgehoben ebenso wie der wechselseitige Austausch von Anerkennung in einer Überschreitung der Prinzipien der Reziprozität. Paul Ricœur betont in seiner Auseinandersetzung mit verschiedenen Theorien der Gabe in *Wege der Anerkennung* den Unterschied zwischen den universalen Regeln der Reziprozität, die aus einer der unmittelbaren Interaktion übergeordneten, neutralen Perspektive angewendet werden müssen, und den unmittelbareren Prozessen der Wechselseitigkeit: Im zeremoniellen Austausch von Gaben geht es nicht um die Anwendung der Regel eines möglichst reziproken Austauschs von Gütern, sondern es geht darum, dass die beteiligten Personen einander in ihrer Individualität erkennen und anerkennen. Fortgesetzt wird

Abstrahierende Theorien der Person oder des Subjekts begegnen der besonderen Herausforderung, der Partikularität des Individuums gerecht zu werden. Andererseits stellt sich ethisch der Anspruch einer Universalisierung moralischer Regeln und Bewertungsmaßstäbe, die eben doch den Verweis auf einen gemeinsamen Maßstab und einen unverletzbaren Kern des Personseins erfordern. Der Raum des ethischen Miteinanders lässt sich ebenso wie die Sprache als strukturiert durch Beziehungen der Similarität und der Kontiguität beschreiben. Kontiguität im Sinne einer unmittelbaren interpersonalen Begegnung ist hierbei ebenso wie eine Ähnlichkeit im Sinne der Teilhabe an einem gemeinsamen Code Voraussetzung für jede gelungene Kommunikation, jedes gemeinsame Handeln, sei es sprachlich oder nicht-sprachlich.

Emmanuel Lévinas, der wie kein anderer Denker die Einmaligkeit des menschlichen Antlitzes und die ethische Forderung der Begegnung mit dem anderen herausarbeitet, konstatiert eine »Zerstörung der Sprache«[23] in der Moderne, die mit einer Verleugnung der Einmaligkeit der Person verbunden ist. »Niemand ist mit sich identisch. Die Menschen haben keine Identität. Die Gesichter sind Masken«, beschreibt Lévinas diese Destruktion.[24] »Ich bin quasi eingesperrt in das Porträt von mir«, in Stereotypen, die die Ikonizität und Sättigung des Phänomens Person verfehlen, und zugleich wird »die wirkliche Welt […] zur poetischen Welt, […] in der man denkt, ohne zu *wissen*, was man *denkt*«.[25] An die Stelle des Gesprächs, das *zwischen uns* geschieht, tritt ein seine eigenen Bedingungen liefernder »Diskurs ohne Gesprächspartner«.[26] Für Lévinas ist dieser »unpersönliche Diskurs ... ein nekrologischer Diskurs«[27], der den Menschen als Teil der Geschichte, nicht als lebendige Person mit Gesicht und Stimme, Gewissen und Freiheit und im Bezug auf den Anderen und Dritten wahrnimmt.

---

eine beständige Kette des Gebens und Weitergebens. Wichtig ist für die Parallele zum metonymischen Denken diese binäre Beziehung der Wechselseitigkeit, die zwar über ein Drittes, nämlich über die ausgetauschten Gaben vermittelt wird, jedoch nicht über einen universalen Vergleichsmaßstab der Reziprozität.

[23] Emmanuel Lévinas, »Ich und Totalität«, in: Ders.: *Zwischen uns. Versuche über das Denken an den Anderen,* übers. v. F. Miething, München/Wien 1995, S. 24–55, hier S. 37.
[24] Ebd.
[25] Ebd., S. 38.
[26] Ebd., S. 39.
[27] Ebd.

Katharina Bauer

Nicht nur der Mensch, auch die Sprache stirbt daran. Als Gemeinsamkeit zwischen den Menschen, die ganz in kantischer Tradition auf einer allen gemeinsamen Vernunft basiert, setzt die Sprache dennoch »in ihrer Absicht, zum Ausdruck zu kommen [...] auch Verschiedenheit und Dualität voraus. Sie ereignet sich zwischen Menschen«.[28]

Letztlich ist für Lévinas jedes Denken poetisch, als »reines *Tun*, ohne Verbindung zum Prinzip, ohne Anfang«, so wie der Andere angerufen wird und in der Anrufung ohne Anfang immer schon erscheint.[29] Er wendet sich gegen einen reinen Rationalismus und auch gegen eine Denunziation des Poetischen. Die Literatur als explizit poetisches Sprechen könnte somit als ein privilegierter Versuch betrachtet werden, das Ereignis der Begegnung mit dem Anderen zu erfassen. Lévinas schreibt der Literatur diese Rolle nicht zu und würde sie wohl keineswegs über die direkte zwischenmenschliche Begegnung, das gesellschaftliche Miteinander und den politischen Diskurs stellen wollen. Dennoch: wenn jedes Denken poetisch ist, wäre wohl auch Lévinas Philosophie des Anderen immer schon eine *Poesie des Anderen*, aus der sich durchaus auch eine Poetik und ein spezifisches Verständnis des Wesens und der Aufgabe von Literatur ableiten lassen könnte. Wie gezeigt wurde, können dabei metonymische Ausdrucksformen eine besondere Rolle spielen, wenn es um die Erfassung der Einzelheiten und der Einzigartigkeit von Personen geht. Andererseits ist für ein Denken, das eben doch *wissen* will, was es denkt, gerade um sich vor Stereotypen und Vereinfachungen zu schützen, auch die *metaphorische* Abstraktion und der Bezug auf einen universalen Vergleichsmaßstab wesentlich. Die Rezeption von Literatur, als Hineindenken in eine andere Perspektive, als Hören auf die Stimme eines Anderen, ermöglicht es, nicht nur den Anderen in der Sättigung seines phänomenalen Gehaltes wahrzunehmen, dem ich von Angesicht zu Angesicht begegne. Literarischen sowie generell künstlerischen Portraits kann es gelingen, Ähnlichkeiten zur portraitierten Person ebenso wie zu anderen sichtbar zu machen und zugleich die Unmittelbarkeit einer Kontiguitätsbeziehung zu simulieren. Das Kunstwerk selbst ist in dieser Begegnung wiederum ein *tertium*, das keine reine begriffliche Abstraktion darstellt, sondern eine vermittelte Unmittelbarkeit. Sowohl die Wahrnehmung als auch die künstlerische Darstellung von Personen kann gerade in der Berück-

---
[28] Ebd.
[29] Ebd., S. 46.

sichtigung des *Doppelcharakters der Sprache* und der *Polarität zwischen Metaphorik und Metonymik* erfolgreich sein: Gefordert ist damit ein Ergänzungsverhältnis zwischen *kombinatorischen* und *selektierenden* Operationen einer möglichst umfassenden Zusammensetzung und präzisen Fokussierung der Wahrnehmung; zwischen einer *Kontextualisierung,* einer Einordnung in Sinnzusammenhänge, und *substituierenden Verfahren* der Stellvertretung oder des Hineinversetzens in andere Perspektiven; zwischen der *Similiarität* – der Erkenntnis der Ähnlichkeit, dem Wiedererkennen von Gemeinsamkeiten und der Abstraktion auf universale Prinzipien – und der *Kontiguität* im unvergleichlichen Ereignis der Begegnung.

Der Eine für den Anderen.
Der Mensch als Metonymie.

Franziskus v. Heereman (München)

In der Trope »Metonymie« wird ein Begriff für einen anderen gesetzt, und dies nicht aufgrund einer Ähnlichkeit (»Similarität«), dies wäre eine Metapher, sondern aufgrund einer Verbindung und Zusammengehörigkeit (»Kontiguität«).[1] Diese Grundfigur lässt sich innerhalb der Linguistik aus der Tropenlehre auf allgemeine semantische Theorien ausdehnen und mag sich dort als fundamentale Struktur erweisen, die dann auch für die philosophische Erkenntnistheorie fruchtbar gemacht werden kann.[2]

Sie lässt sich aber auch als *Wirklichkeits*struktur betrachten, in der dann nicht mehr Begriffe füreinander stehen, oder Begriffe für Realitäten, sondern Realitäten für Realitäten.

Eine Realität vertritt eine andere. So kann ein Hund die Gattung Hund vertreten, die er nicht selbst ist und die doch nur im wirklich-konkreten Hund gegeben ist; herausgehobener noch vertritt der Mensch die Menschheit oder gar das Ganze der Wirklichkeit – kraft seiner Seele, »die gewissermaßen alles ist«[3].

Eine besondere Weise dieses Stehens von Etwas für etwas Anderes ist die ethische. Hier ist das Etwas ein Jemand, dessen Stehen-für-etwas ein *Ein*stehen-für-jemanden und dessen Vertreten ein *Ein*treten ist. Wenn der Gedanke des Metonymischen sich auch hier bewähren soll,

---

[1] Für die Begriffsklärungen bin ich dem Artikel von A. Schlitte in diesem Band zu Dank verpflichtet.

[2] Summarisch, Armin Burkhardt, »Zwischen Poesie und Ökonomie. Die Metonymie als semantisches Prinzip«, in: *Zeitschrift für germanistische Linguistik* 24 (1996), S. 175–194; hier S. 192: »Die Metonymie […] ist nicht bloß ein rhetorischer Tropus – das ist sie freilich auch –, sondern ein wesentliches semantisches Prinzip der Sprache und anderer semiotischer Systeme sowie der kognitiven Prozesse, die an sie gebunden sind.« Vgl. auch Günter Radden/Zoltán Kövecses, »Towards a Theory of Metonymy«, in: Klaus-Uwe Panther/Günter Radden (Hrsg.): *Metonymy in Language and Thought*, Amsterdam/Philadelphia 1999, S. 17–59.

[3] »Anima est quodammodo omnia« (Thomas von Aquin, Sth I, 14/1).

dann müsste der Eintretende denjenigen, für den er eintritt, zur Erscheinung bringen und/oder umgekehrt. Indem der Eine *für* den Anderen ist, müsste der Eine die Gegenwart des Anderen und/oder der Andere die Gegenwart des Einen sein.[4]

Dies soll hier untersucht werden: Zunächst horizontal im Einstehen der Menschen für einander, sodann vertikal im Füreinander von Gott und Mensch. Anhand dieses Ergebnisses lässt sich dann in einem letzten Schritt die Relevanz und Eignung des Metonymiebegriffes für eine Theorie des Menschen als Gegenwart eines Anderen bewerten (wobei wir uns dann auf die Gott-Mensch-Beziehung fokussieren werden).

I) Zwischenmenschliche Metonymie

1) *Der Andere versichtbart den Einen*

Schauen wir uns drei Weisen des »der Eine für den Anderen«[5] an: Die Gabe, die Elternschaft und das Retten.

---

[4] »Der Eine« und »der Andere« bezeichnet hier nicht mehr als den Eintretenden (der Eine) und den, für den eingetreten wird (der Andere), – und zwar aus der Perspektive eines Dritten. Es geht also weder um eine Priorisierung von Ich oder Du noch um den Einen als Gottesnamen.

[5] Zu diesem Grundwort Emmanuel Lévinas' vgl. ders., *Jenseits des Seins oder anders als Sein geschieht*, Freiburg/München 1992, bes. S. 29 ff. u.128 ff. Dass das hier Bedachte stark von Lévinas beeinflusst ist, dürfte offen zutage liegen: Sein bedingungsloses Denken der Verantwortung für den Anderen, der Ethik als erster Philosophie und des Guten als der Güte halte ich für eine fundamentale Korrektur der Aufgabe und Sinnrichtung von Philosophie überhaupt (»Weisheit der Liebe« statt Liebe zur Weisheit – ebd., S. 353.) Zugleich bestehen nicht weniger offensichtliche Differenzen: Sie liegen vor allem darin, dass bei ihm an die Stelle der *imago dei* der Begriff der Spur tritt. Gott zeigt sich nicht in der Form des Bildes, in der, so der Vorwurf, die Präsenz des Anderen von der Präsenz Gottes verdrängt wird, sondern allein als Spur: Er ist schon vorübergegangen, und geblieben ist meine unabwälzbare Verantwortung für den Anderen. Im Dienst der Verantwortung für den Anderen als Anderen, muss ein Gottesfehl eintreten: denn weder darf Gott den Anderen verdrängen, noch mir durch seine Gegenwart meine Verantwortung nehmen. Dagegen wird hier versucht, eine Gegenwart des Einen im Anderen zu denken, die gegeben ist, ohne ihn zu verdrängen, ja, *indem* sie ihn nicht verdrängt, sondern ihm sein Selbstsein einräumt und jeden zu dieser Einräumung des Anderen verpflichtet.

a) *Gabe*. In der Gabe – und nur in dieser – ist der Geber Geber und als Geber präsent. Insofern steht die Gabe für den Geber als Geber. Der Geber erscheint in einer Wirklichkeit, die Anderes ist als er. Diese Andersheit besteht zunächst schlicht darin, dass die Gabe nicht der Geber ist. Dann aber vertieft sie sich, indem die Gabe den Bereich des ihm Zugehörigen verlässt. Sie ist nicht nur nicht der Geber, sondern auch nicht mehr das Seine. Und nur *indem* sie sich dergestalt vom Geber ablöst, steht sie für ihn als Geber. Als Nicht-der-Geber ist sie dessen Gegenwart.[6]

b) Diese metonymische Struktur radikalisiert sich nun im Blick auf die *Elternschaft*, die auch eine Form des Gabegeschehens ist, aber dergestalt, dass das Gegebene nicht mehr etwas ist, sondern jemand, und Gabe und Empfänger zusammenfallen (das Kind ist zunächst und vor allem *sich* gegeben). Zwar geben die Eltern das Kind nicht, sondern empfangen es ihrerseits (natürlich, indem sie es zeugen, aber was sie zeugen, übersteigt dasjenige, was sie geben können[7]). Aber sie empfangen es so, dass sie als Erhalter, Ernährer und Erzieher zu Mitgebern seines Lebens werden, und, indem sie das tun, sind sie in ihm da als Eltern. Nur im Kind sind die Eltern Eltern und als Eltern da.[8] Es gibt kein Elternsein ohne ein Kind. Dasjenige also, was ganz und gar nicht die Eltern ist, macht sie zu Eltern. Und mehr noch: Je mehr sie gute Eltern sind, desto mehr ist das Kind nicht die Eltern (als deren Verlängerung und willfähriges Objekt), sondern freies Selbst.

Wir sehen: das Metonymische steigt mit der Liebe.[9] Sucht man

---

[6] Ihr entspricht zunächst nicht etwa die Gegengabe, sondern die Dankbarkeit, nach Franz v. Baader definiert als »die Praesenz des Gebers in der Gabe Anerkennen« (*Sämtl. Werke*, Leipzig 1851–1860, Bd. IX, S. 387). Zu Gabe und Metonymie im Zusammenhang des zeitgenössischen Gabe-Diskurses siehe den Beitrag von P. Morsbach in diesem Band.

[7] Keiner der beiden Gameten (weder Ei- noch Samenzelle) ist für sich ein freies Würdewesen. Und so wie ein solches keine Hälften kennt (In-dividuum), sind sie es auch nicht zur Hälfte.

[8] So dass – nach dem frühen Lévinas – der Vater sagen kann: »ich *bin* auf gewisse Weise mein Kind« (Emmanuel Lévinas, *Die Zeit und der Andere*, Hamburg 1984, S. 62. Vorzuziehen wäre freilich das »Wir *sind*« der Eltern, denn Vater ist der Vater nicht ohne die Mutter). Solche Ineinssetzung bedeutet aber gerade nicht Verschmelzung: »Sie ist eine Beziehung zum *Anderen*, wo der Andere radikal anders ist, und wo er dennoch, in einer gewissen Weise, Ich ist; das Ich des Vaters hat mit einer Andersheit zu tun, welche die seinige ist, ohne Besitz oder Eigentum zu sein« (Ders., *Ethik und Unendliches. Gespräche mit Philippe Nemo*, Wien ^{4}2008, S. 53).

[9] Zwar zeigt auch ein zerstörtes Kind die zerstörenden Eltern, aber nie positiv in einer

nun die Weise, wie hier eins auf das andere verweist, stößt man gerade nicht zuerst auf die Ähnlichkeit. Mag sie in der Lebenswelt ein beherrschendes Thema von Eltern- und Kindschaft (»ganz der Vater/die Mutter«) sein, sie ist gegenüber dem eigentlichen Wesen von Elternschaft um ein Unendliches sekundär, und dies deshalb, weil das innerste Ziel des Elternseins das Selbstsein des Kindes ist, und das bedeutet nicht Ähnlichkeit, sondern die totale – weil nicht akzidentelle, sondern substantielle – Anderheit eines Selbst.[10]

Das macht den Begriff der Metonymie hier so passend: Es ist ein anderes Verhältnis als das metaphorische der Ähnlichkeit oder das des Bildes, dessen Sinn das Dasein des Gebildeten im Bild ist. Die Gegenwart, um die es hier geht, wird überhaupt nicht direkt intendiert, aber gerade deshalb ist sie gegeben: Das Kind mag den Eltern ähnlich sein, aber die Pointe ihres Elternseins liegt darin, dass das Kind gerade nicht ihr Sich-Abbilden ist, sondern das von diesem Bildsein sich ablösende Selbstsein[11]. Deshalb ist das Verhältnis ein metonymisches.

Was aber konstituiert dieses metonymische Verhältnis? Keine Synekdoche, denn hier geht es nicht um eine Teil-Ganzes- oder Gattung-Art-Beziehung, sondern um jene Gruppe von Beziehungen innerhalb metonymischer Strukturen, die mit dem etwas vagen Begriff der Kontiguität benannt wird: eine Form der Berührung oder der realen Beziehung. Diese können recht unterschiedlicher Natur sein: Ursache-Wirkung bzw. Grund-Folge, Autor-Werk, Gefäß-Inhalt, Substanz-Form oder Ort-Institution. Unseren Zusammenhang trifft am ehesten

---

eigenen Wirklichkeit, sondern nur in deren Zerstörtheit, und nur solange die Zerstörung nicht total wird, also ein Rest an Dasein-für gegeben ist: Denn, wenn diese total wird – im Mord –, ist das Opfer verschwunden und damit auch jegliche Möglichkeit der Repräsentanz des Täters im Opfer. Während der Stift da ist im Geschriebenen, ist der perfekte Radierer mit der radierten Schrift verschwunden.

[10] Von dorther heißt es bei Hegel: Im Kind schauen die Eltern »ihr Aufgehobenwerden an [...] und sie erzeugen ihren Tod« (Georg Wilhelm Friedrich Hegel, *Gesammelte Werke*, Hamburg 1968 ff., Bd. VI, S. 303).

[11] Auch wenn diese Ablösung dialogisch geschieht, und das Kind so die freilassenden Eltern nur deshalb im Rücken haben kann, weil es sie lange genug vor Augen hatte. Vgl. dazu Jörg Splett, *Freiheits-Erfahrung. Vergegenwärtigungen christlicher Anthropo-Theologie*, Frankfurt a. M. 1986, Kap. 7: »Kindsein«. Dort (S. 176) das schöne Ferdinand Ulrich-Wort: »Wie Mann und Frau, so wächst auch das Kind vom Anderen her mit sich zusammen, wandert es durch das elterliche Du in die Landschaft seines Daseins hinein«; s. Ferdinand Ulrich, *Der Mensch als Anfang. Zur philosophischen Anthropologie der Kindheit*, Einsiedeln 1970, S. 67.

das Ursache-Wirkung-Verhältnis. Denn die Eltern sind im Bezug auf das Kind eine notwendige verursachende Bedingung: auf alle Fälle im Zeugen, sodann – freilich (inzwischen auch pränatal) ersetzbar – in der Erhaltung und in der körperlich-geistigen Entwicklung.

Eine Ursache nun determiniert, soweit sie Ursache ist und im Verein mit anderen Ursachen, Da- und Sosein der Wirkung.[12] Hier geht es allerdings um eine Ursache, deren Determination darin besteht, die Wirkung von aller Determination zu befreien, und ihr so ermöglicht, ihrerseits nun selbst zur anfangenden Ursache (ihrer selbst[13]) zu werden. Es ist ein Geben, das so in der Gabe terminiert, dass diese nicht nur ihren Besitzer wechselt, sondern sich dem Geben entzieht ins Eigene.[14]

c) *Retten*.[15] Im Geretteten ist der Retter da. Es gibt keinen Retter, der nicht rettet, und es gibt kein Retten ohne Geretteten. Der Gerettete ist aber gerade nicht der Retter. Was der Retter gerettet hat, ist das Leben des Anderen, und so wird das Leben eines anderen zu seiner Manifestation als Retter.

Insofern sein Retten vollendet ist, also nicht mehr in actu, verschwindet er aus dem Blickfeld, und doch ist das Leben des Geretteten bleibend die metonymische Gegenwart des Retters. Mehr noch, sogar in actu kann der Retter bereits abwesend sein, ja nur durch Abwesenheit retten: Der gute Kapitän zeigt sich in einem Rettungsboot, in dem nicht *er* sitzt.

Und noch einmal verschärft sich diese Abwesenheit da, wo die Rettung das Leben des Retters gekostet hat. Der Retter ist dann über-

---

[12] Man nenne dieses Propter-hoc, wie man will; klar ist, dass der Bereich des Interpersonalen nicht ohne ein solches angemessen zu denken ist. Ein Für-einander kann es nur geben, wenn dieses Für Fakten schaffen kann.

[13] »Liber enim dicitur qui causa sui est« (Thomas von Aquin, Sent., lib. 2, dist. 25, quaest. 1, art. 1, ad 6).

[14] Insofern mag J.-L. Marion recht haben, dass das Kind sich als Zeugnis des Liebesschwures entzieht (»Das Kind überlässt per definitionem die Liebenden sich selbst.«), aber bezeugt es gerade darin nicht etwas Tieferes? Die *gemeinsame* Güte der Eltern, die es nun seinerseits zur Güte befreien – in der Tatsache, dass es »das Geschenk seiner Geburt ... niemals denen zurückgeben wird, die es ihm gegeben haben, sondern vielmehr stets demjenigen, der es ihm auch nicht zurückgeben wird – nämlich seinem Kind.« (Jean-Luc Marion, *Das Erotische. Ein Phänomen. Sechs Meditationen*, Freiburg/München 2011, S. 295).

[15] Gemeint ist: In den Lauf der Dinge eingreifen, um dem Anderen ein schwerwiegendes Übel zu ersparen oder ihn aus einem schwerwiegenden Übel zu befreien. Wir betrachten hier vor allem die Spitzenform: die Errettung vor dem Tod.

haupt nicht mehr an sich selbst sichtbar, sondern nur noch im Leben dessen, zu dessen Bewahrung er das seine verloren hat. Indem der Gerettete nicht der Retter ist, zeigt er dessen Opfer. Die Selbstlosigkeit des Retters zeigt sich nur im Nicht-der-Retter-sein des Geretteten.

2) Der Eine versichtbart den Anderen?

Wir haben gezeigt, wenn der Eine für den Anderen eintritt, dann ist der Eine im Anderen gegenwärtig. Fragen wir uns nun umgekehrt: Zeigt sich in dem Einen, der für den Anderen ist, ebenso dieser? Im Geber die Gabe, in den Eltern das Kind, im Retter der Gerettete? Schauen wir dies wieder an den einzelnen Fällen an:

a) Der Geber zeigt sich, so hatten wir gesagt, in der Gabe. Zeigt sich nun die Gabe ebenso im Geber? Ich meine, nein. Aus dem Geber, rein als ihm selbst, lässt sich weder ablesen, dass er gibt, noch was er gibt. Dies ist nur da in der Gabe. Sein Gebersein ist nicht ohne Gabe und nur in ihr ist es da.

b) Wie ist es nun mit der Elternschaft? Das Kind, so sagten wir, zeigt die Eltern. Zeigen die Eltern auch das Kind? Natürlich: Sie können es zeigen, indem sie *es* zeigen. Aber nicht, indem sie *sich* zeigen. Denn, wie bei der Gabe: rein aus ihnen heraus ergibt sich nicht ihr Kind. Während das Kind nämlich nicht sein kann ohne die Eltern – somit das Elternsein der Eltern ihm quasi inhäriert (freilich so, wie bedacht, dass es inhäriert, indem es nicht okkupiert, sondern freigibt), so gilt das nicht in der Umkehrung: Die Eltern sind Mensch, ja sind ein Paar auch ohne das Kind. Wer die Eltern ansieht, sieht das Kind nur, indem er ihrer Blickrichtung folgt, und die geht auf das Kind, so dass es wieder eben das Kind ist, das die Eltern zeigt.[16]

---

[16] Ein Einwand mag sich erheben: Der Andere zeigt den Einen doch meist nur, wenn man um seine Beziehung zum Einen weiß. Man benötigt also eine Zusatzinformation: Das Fahrrad ist das Geschenk von Onkel X, das Kind Kind der Eltern Y, der Gerettete wurde von Z gerettet. Das ist insofern wahr, als dass der Eine, der für den Anderen eintritt, häufig erst so *thematisch* wird, dennoch ist er im Anderen – auch anonym – da (mit Fichte gesagt: Im »Bild«, aber noch nicht in einem verstehenden »Bild des Bildes«); und gerade das zeigt sein von sich weisendes Für-den-Anderen. Diese thematisch abwesende, aber reale Anwesenheit ist also nicht eine Defizienz des Zeigens, sondern gerade seine Erfüllung: Es zeigt sich darin das Zurückgetretensein für den Anderen.

c) *Ähnlich mit dem Retter.* Zunächst: Nach dem Retten ist er nicht mehr beim Geretteten. Die Beziehung zum Geretteten ist zwar nicht abgebrochen, sondern vollendet. Aber dies so, dass der Retter ihn in sein gerettetes Leben hinein freigegeben hat: Deshalb gibt es am Retter den Geretteten nicht zu sehen. Der Gerettete lässt sich im Retter nur in actu sehen, aber auch hier nicht einfachhin im Blick auf den Retter, sondern nur entlang seines Rettens.[17] So aber *ist* und bleibt der Gerettete das Sein und Dasein des Retters als Retter, und dieser ist nicht von sich her das Dasein des Geretteten, weil er ihn verabschiedet hat in *sein* – gerettetes – Leben.

Es zeigt sich also summarisch eine bemerkenswerte Asymmetrie der metonymischen Beziehung in der von uns behandelten Form interpersonalen Eintretens für den Anderen. Während realiter der Eine für den Anderen einsteht, steht idealiter der Andere für den Einen. Der für den eingetreten wird, vertritt metonymisch denjenigen, der für ihn eingetreten ist. Dies ist zum einen die bekannte Umkehrung von Seins- und Erkenntnisursächlichkeit[18], zum anderen aber und tiefer bestätigt sich in dieser Umkehrung dasjenige, was auf der Seinsebene geschieht: Die metonymische Umkehrung ist die *ideale* Bestätigung *realer* Selbstvergessenheit. So wie der Eine dem Anderen Sein und Leben tatkräftig einräumt, räumt er zugleich die Bühne der Präsenz – und zeigt, unintendiert, gerade so unausweichlich sich als für den Anderen.[19]

Gibt es nun Fälle, wo dem Gesagten zum Trotz sich im Einen der Andere zeigt? Mir zeigt sich zumindest ein solcher Fall: die interpersonale Stellvertretung.

d) *Ausnahme: Stellvertretung.* Jemand steht an einer Stelle, an der ihn Schlimmes erwartet. Ein Anderer stellt sich für ihn an diese Stelle und erspart ihm sein Schicksal, indem er es dort auf *sich* nimmt. Zunächst – schlicht als Rettung gedacht – wiederholt sich das schon Be-

---

[17] Mit einer hilfreichen Unterscheidung von C. S. Lewis nicht im »looking at«, sondern im »looking along«; C. S. Lewis, »Meditation in a Toolshed«, in: Ders: *Undeceptions. Essays on Theology in Ethics*, London 1971, S. 171–174.

[18] Feuer verursacht das Sein/Werden des Rauches, Rauch aber begründet die Erkenntnis von Feuer.

[19] So zeigt sich das Licht nicht an sich, sondern nur am Beleuchteten. Statt dies primär unter den Kategorien einer negativen Theologie zu deuten, die unablässig die Verborgenheit, das Geheimnis und das Nicht-Wissen beschwört, wäre herauszustellen, dass das Nicht-sich-Zeigen des Lichtes nicht nichts von sich zeigt, sondern seine selbstvergessene Einräumung des Beleuchteten.

dachte: der Entronnene versichtbart als Entronnener seine Rettung und mit dieser den Retter. Wenn wir aber auf die Weise der Rettung schauen, zeigt sich ebenso eine umgekehrte Richtung: An der Stelle, wo wir das vorgesehene Opfer vermuten, finden wir es nicht. Während die Leere der Zelle nur die *Möglichkeit* seines Entronnenseins anzeigen kann,[20] wird diese zur Gewissheit in der Präsenz des Stellvertreters. Er ist das personale Signum seiner Rettung.[21]

Anscheinend nur ein Spezialfall von Rettung, aber einer, in dem metonymisch etwas Neues geschieht: der Retter ist hier die Gegenwart des Geretteten als Geretteter, indem er sichtbar sein Schicksal übernommen hat.

II) Gottmenschliche Metonymie

1) Der Mensch als Bild Gottes

Drehen wir den Gedanken einen Schritt weiter. Dorthin, wo es seit Urzeiten heißt, der Mensch sei Bild Gottes.[22]

Der Mensch steht metonymisch für Gott hieße nun: In ihm ist Gott präsent, ohne dass der Mensch Gott wäre, ja gerade, indem er es nicht ist, kann er für Ihn stehen. Dies lässt sich nun – und zwar a

---

[20] Denn sie könnte z. B. auch für seine Exekution stehen. Dies ist vergleichbar mit der unvollständigen Zeichenhaftigkeit des leeren Grabes am Ostermorgen. Tertullian spricht von der möglichen Deutung, der Gärtner habe den Leichnam »beiseite geschafft [...], damit nicht durch die Menge der Besucher sein Salat beschädigt würde«. (*Bibliothek der Kirchenväter. Tertullian*, Bd. I, S. 136).
[21] Aus der Fülle möglicher Beispiele, hier nur ein Literaturhinweis: Was jeder aus der Bürgschaft Schillers kennt, hat Erich Kästner – nicht bloß für Kinder – mit dem ihm eigenen Sinn für den Primat und den nüchternen Glanz von Anstand und Güte im *Fliegenden Klassenzimmer* beschrieben; in der Episode, in der ein Junge für den Anderen in den Karzer geht, um ihm den Besuch seiner kranken Mutter zu ermöglichen; Erich Kästner, *Kästner für Kinder*, Bd. 2, Zürich 1985, S. 56 f.
[22] Siehe den systematisch-geschichtlichen Überblick von Heinrich Schmidinger, »Der Mensch in Gottebenbildlichkeit. Skizzen zur Geschichte einer einflussreichen Definition«, in: Ders./Clemens Sedmak (Hrsg.): *Der Mensch – ein Abbild Gottes? Geschöpf, Krone der Schöpfung, Mitschöpfer*, Darmstadt 2010, S. 7–42. Die wohl reichhaltigste Textsammlung zum Menschen als Bild Gottes ist nach wie vor Leo Scheffczyk (Hrsg.): *Der Mensch als Bild Gottes*, Darmstadt 1969.

fortiori – in den Begriffen zeigen, die wir bereits zwischenmenschlich untersucht haben.

a) *Die Gabe*. Es gibt keinen Geber, hatten wir gesagt, ohne ein Geben, und es gibt kein Geben ohne eine Gabe. Während menschliches Geben das zu Gebende vorfindet oder es aus Vorgegebenem zusammensetzt, mithin die Gabe nicht schafft, sondern das an ihr, was sie zur Gabe macht, ist Gottes Geben – im Horizont des Schöpfungsdenkens – restlos in der Gabe da, weil sie ganz – nicht bloß als Gabe – seinem Geben entspringt.[23]

Und hier wiederholt sich, dass nur durch die Gabe der Geber ein Geber ist und da ist: Der Schöpfer ist nur Schöpfer durch die Schöpfung. Wir merken, wie sich der hegelsche Gedanke einer notwendigen Schöpfung förmlich aufdrängt. Denn, wenn Schöpfer nur durch die Schöpfung Schöpfer ist, dann nicht auch Geber nur durch die Gabe, Liebender nur durch das Geliebte? Wenn aber die Liebe keine kontingente Eigenschaft ist, sondern die Mitte seines Wesens ausmacht, ja präzise dieses Wesen *ist*, dann ergibt sich zwingend: »ohne Welt ist Gott nicht Gott«[24]. Es sei denn, man denkt Gott schon *in sich* als Liebe – im Festhalten der Göttlichkeit Gottes, der durch Schöpfung nicht werden kann, was er nicht in sich schon wäre, *und* der Freiheit des Menschen, der nicht geboren ist, um Gott seine Göttlichkeit zu ermöglichen, sondern um seiner selbst willen. Dann muss Gott schon *in sich* diejenige Wirklichkeit sein, die er *für uns* ist. Seinem Für-uns muss dann ein In-sich entsprechen, das nicht der Selbstbezug des aristotelischen *noesis noeseos* sein kann, sondern die Struktur des gütigen Für-den-Anderen-Seins, die es nicht geben kann ohne eine Form der

---

[23] Der Horizont des Schöpfungsdenkens kann hier nicht eigens hergeleitet werden. Eingeführt wird die creatio ex nihilo jedoch nicht als Glaubenssatz, sondern als philosophisches Theorem, das zunächst einmal im philosophischen Diskurs nicht weniger legitim ist als andere rationale Antworten auf das Wovonher endlicher Wirklichkeit. Wem es sich in den *Beweisen* nicht zeigen will, der mag vielleicht im Blick auf seine Anwendungen und Durchführungen zumindest von dem fichteschen Urteil Abschied nehmen, »eine Schöpfung [lasse] sich gar nicht ordentlich denken« (Johann Gottlieb Fichte, *Die Anweisung zum seligen Leben*, Sämmtliche Werke [I. H. Fichte], Bd. V, S. 479).

[24] »Gott ist die Bewegung zum Endlichen und dadurch als Aufhebung desselben zu sich selbst; im Ich, als dem sich als endlich Aufhebenden, kehrt Gott zu sich zurück und ist nur Gott als diese Rückkehr. Ohne Welt ist Gott nicht Gott.« Georg Wilhelm Friedrich Hegel, *Vorlesungen über die Philosophie der Religion*, Teil I, Frankfurt a. M. 1986 (Suhrkamp Werke-Ausgabe Bd. 16), S. 192 (Nachschrift Hotho).

Der Eine für den Anderen. Der Mensch als Metonymie

Dialogizität in Gott – womit wir bereits philosophisch in ein Nachdenken über eine Bezüglichkeit Unterschiedener in Gott kommen.[25] Liebe ist Gott schon in sich. Schöpfer aus Liebe zu sein, vollendet nicht sein Wesen, sondern vollzieht ungezwungen einer endlichen Wirklichkeit gegenüber, was in ihm immer schon vollzogen wird: für den Anderen sein. Als Schöpfer aber ist er nur da im Geschöpf.

2) *Vaterschaft*. Das schaffende Geben verdichtet sich dort, wo es Freiheit schafft, zur Vaterschaft. Hier ist die Macht des Schaffens auf höchste Weise da (Anfangen Anfangen, Erwirken Erwirken ist Macht in Potenz: Macht der Macht[26]), und zugleich gänzlich zurückgetreten, indem das Geschaffene – durch das Schaffen – nun selbst ein Handelnder ist (weswegen sich der Gedanke des *Zimzum* so nahelegt, wie er falsch ist[27]).

Weil der Mensch nicht Gott ist, sondern ein Anderer (nicht nur der anderen, sondern Gottes), versichtbart er den Einen, der ihm dies ermöglicht und gönnt. So erweisen sich die scheinbar kontradiktorischen Gottesnamen des »Ganz-Anderen« wie des »Nicht-Anderen« als zwei Hinsichten desselben Verhältnisses: Gott ist so im Geschöpf (nicht-anders), dass er ihm ermöglicht, es selbst zu sein und nicht Er

---

[25] Ohne dies jetzt ausführen zu wollen, sei verwiesen auf die Trinitäts-Philosophie Jörg Spletts. Deren Extrakt findet sich in Jörg Splett, *Leben als Mit-Sein. Vom trinitarisch Menschlichen*, Frankfurt a. M. 1990, Kap. 5. Siehe auch die Hinweise in R. Spaemann, *Personen. Versuche über den Unterschied zwischen ›etwas‹ und ›jemand‹*, Stuttgart 1996, S. 36 u. 49.

[26] Kierkegaard: »Das Höchste, das überhaupt für ein Wesen getan werden kann, höher als alles, wozu einer es machen kann, ist, es frei zu machen. Eben dazu gehört Allmacht […]. Die Allmacht bleibt nicht liegen in einem Verhältnis zum andern, denn da ist nichts anderes, zu dem sie sich verhält, nein, sie kann geben, ohne doch das mindeste ihrer Macht aufzugeben, nämlich: sie kann unabhängig machen. Dieses ist das Unbegreifliche, dass die Allmacht nicht bloß das Imposanteste von allem hervorbringen kann: der Welt sichtbare Totalität, sondern das Gebrechlichste von allem hervorzubringen vermag: ein gegenüber der Allmacht unabhängiges Wesen. Dass also die Allmacht, die mit ihrer gewaltigen Hand so schwer auf der Welt liegen kann, zugleich so leicht sich machen kann, dass das Gewordene Unabhängigkeit erhält« (Sören Kierkegaard, *Die Tagebücher 1834–1855*, München ⁴1953, S. 239 f.).

[27] Darauf greift z. B. H. Jonas bei seinem Versuch, Gott nach Auschwitz zu denken, zurück: »Die Schöpfung war der Akt der absoluten Souveränität, mit dem sie um des Daseins selbstbestimmender Endlichkeit willen einwilligte, nicht länger absolut zu sein« (Hans Jonas, »Der Gottesbegriff nach Auschwitz. Eine jüdische Stimme«, in: Ders.: *Philosophische Untersuchungen und metaphysische Vermutungen*, Frankfurt a. M. 1992, S. 206.) Es geht nicht um »Macht*entsagung*« (S. 207), sondern um deren *Ausübung* im Schaffen von Freiheit.

(der Ganz-andere). Und dies erst recht noch einmal dadurch, dass die Weise, wie er Person schafft, der Anruf ist, womit sich noch einmal Ganz-Anderheit (er der Rufende, das Geschöpf der Gerufene) und Nicht-Anderheit (mein Name *ist* ursprünglich sein Rufen – nicht Echo, aber herausgerufene Antwort; ein Rufen, das ohne Dazwischenkunft eines Dritten sich Antwort erwirkt in einer Stimme, die nicht mehr die des Rufenden ist) verstärken. Zuhöchst, wenn man ansetzt, dass der Ort dieses Rufes das Gewissen ist, in dem die endgültige Unterscheidung zwischen dem Guten schlechthin und der endlichen Person als zu gehorchen habender geschieht.[28]

Wir sehen, wie sich das Geheimnis der Elternschaft potenziert: Das Kind Gottes ist ganz und gar und restlos Produkt (nichts, was es nicht empfangen hätte – sogar dieses Empfangen selbst) und doch und zugleich ist es ganz frei.

Zugleich verschärft sich in dieser Dimension, dass das Metonymische nicht umkehrbar ist. Der Mensch steht für Gott, nicht aber steht Gott für den Menschen. Zunächst, weil er an sich für uns gar nicht sichtbar ist, sondern nur in seinen Taten, die Welt und Mensch sind. Sodann aber, weil rein aus ihm – wie bei den Eltern – sein Schöpfersein überhaupt nicht folgt. Ein Gott, der schaffen *muss*, ist nicht Gott. Deswegen muss man einerseits denken, dass er die Liebe ist, aber keineswegs, dass er sie einem Endlichen gegenüber sein *müsse*. Wenngleich, so es uns gibt, kein anderer Grund dafür in Frage kommt als seine Güte – eben weil es nicht der Zwang der Notwendigkeit ist. Es

---

[28] Welches letztere hier nur angerissen werden kann: Es geht um die Zusammennahme zweier Einsichten. a) Nur ein Sollen erhebt über den Zwang faktischer Strebungen: »Ein freier Wille und ein Wille unter sittlichen Gesetzen [ist] einerlei« (Immanuel Kant, *Grundlegung zur Metaphysik der Sitten*, Akademie-Ausgabe Bd. IV, S. 447). b) Das Wovonher des Sollens aber ist präzise dasjenige absolut Gute, das hier Gott genannt wird: »der einzige offene Punkt, durch den der Himmel hereinscheint […] ist unser Herz oder, richtiger zu reden, unser Gewissen« (Friedrich Wilhelm Joseph Schelling, *Philosophische Untersuchungen über das Wesen der menschlichen Freiheit*, 1809, SW I/7, S. 392. Weitere Zeugen [v. a. Fichte und J. H. Newman] in Josef Schmidt, *Philosophische Theologie*, Stuttgart 2003, S. 153 ff. Zur Diskussion mit Kant, dem der Gedanke des Sittengesetzes als Erscheinung Gottes – solange er nicht die *Gültigkeit* des Sittengesetzes beweisen soll – zumindest nicht so völlig fremd ist, wie es den Anschein hat: Jörg Splett, *Denken vor Gott. Philosophie als Wahrheitsliebe*, Frankfurt a. M. 1996, Kap. 3, S. 96–124). c) Damit gilt: Sein Anruf bringt Freiheit hervor. Kurz: »Die Dinge entstehen aus Gottes Befehl: die Person aus seinem Anruf« (Romano Guardini, *Welt und Person. Versuche zur christlichen Lehre vom Menschen*, Paderborn ⁶1988, S. 144).

ist also einzig das Geschöpf und zwar in seinem Eigenstand (und nicht als bloßer Schleier der Maya), das seinen Schöpfer offenbart. Nur weil es nicht Er ist, ist es seine Gegenwart als Gebender. Und dies verdichtet sich dann noch einmal, wenn der Mensch seine Freiheit nimmt, um selbst Gebender zu werden. Gegeben zum Geben, befähigt zum Befähigen, befreit zum Befreien, beschenkt mit Schenken. Damit zeigt er metaphorisch das Wesen Gottes (liebend wie Er), aber doch auch metonymisch, indem er nicht Er ist, sondern er, und sich gerade darin Seine exponentielle Güte zeigt: Er will Mitgeber[29], weil Er ihnen Sein Höchstes gönnt: Er gönnt Gönnen.

3) Die *Rettung* sei nur kurz angerissen, weil wir hier am Übergang in die nicht mehr philosophisch erschwingliche, konkrete Heilsgeschichte stehen, der im nächsten Abschnitt eingehender thematisiert wird. Auch in dieser herrscht eine metonymische Struktur: Gott zeigt sich als der, der er ist, in denen, an denen er handelt. Deswegen heißt er Gott Abrahams, Gott Isaaks, Gott Jacobs (Ex 3,6). Er ist der Retter des Geretteten im Leben des Geretteten, der Schutz der Witwen und Waisen in ihnen als Geschützten.

2) Gott als Bild des Menschen

Eine Ausnahme gibt es jedoch auch hier, eine Sprengung der metonymischen Asymmetrie: Gott tritt an die Stelle des Menschen und befreit ihn, indem er am Kreuz an seiner statt sein Schicksal übernimmt. Das ist nicht mehr philosophisch zu erschließen, weil dies nur unableitbar frei geschehen kann. Die Philosophie hört hier auf, indem sie aufhorcht auf das mögliche Ergehen einer Botschaft, die sie sich selbst nicht geben kann. Sie öffnet sich für eine Wirklichkeit, die nicht notwendig geschieht (jenseits allgemeiner Vernunftgründe) und die nicht jedem erscheint (jenseits einer allgemeinen Phänomenologie): Die Vernunft

---

[29] Duns Scotus: »*quia vult condiligentes*« (Johannes Duns Scotus, Opus Oxoniense III d. 32 q. 1 n. 6.). Im Gegensatz zu uns, die, wenn sie schon einmal etwas zu geben haben, alleine Geber zu sein begehren – oder gehört es nicht zum Schwersten, einem anderen dasjenige Beschenken eines geliebten Dritten zu überlassen (oder gar zu ermöglichen) und zu gönnen, das uns selbst möglich wäre? Das preist auch Aristoteles: »Auch Handlungen kann [der gute Mann] dem Freund überlassen, und es gibt Fälle, wo es schöner ist, den Freund eine Tat ausführen zu lassen, als sie selbst auszuführen« (Aristoteles, *Nikomachische Ethik* 1169a, 34 f.).

vernimmt. Sie tut das, weil sie von innen heraus an Fragen stößt, die sie sich selbst nicht beantworten kann, und sie kann und darf das, weil sie ihrerseits noch einmal prüfen kann, ob die angebotenen Antworten Sinn ergeben: als Antwort auf ihre Fragen – wobei sich freilich zeigen mag, dass die Antwort den Fragehorizont derartig sprengt, dass sie nicht bloß genügt, sondern einen solchen Überfluss bringt, dass sie die Vernunft aus allem, was ihr hätte genügen können, herausreißt: Damit würde die Antwort ihrerseits zur Anfrage.[30] So aber bleibt auch und gerade die (im Doppelsinn) »aufhörende«[31] Philosophie sich selbst treu: So an ihre Grenze gehend, dass sie über sie hinaus horcht. Über sich hinaus offen für die Wahrheit, die sich *ihr* zeigen mag.[32]

Im christlichen Bekenntnis also tritt Gott selbst an die Stelle des Menschen, und wird so zur Repräsentanz dessen, den er vertritt. Wie in einem Brennspiegel zusammengefasst, erscheint dies im Pilatuswort: »Ecce homo!« (Joh 19,5). Knotenpunkt der gottmenschlichen Metonymie: Der Mensch, wie er sein sollte, – vertreten in dem *einen* Gerechten. Der Mensch, der Unschuldige foltert und unschuldig gefoltert wird, – sichtbar im leidenden Gottesknecht. Der Mensch – der gerettet ist, weil hier an seiner Stelle ein anderer steht.[33] Das Kreuz ist so die Metonymie der zugleich gerechten, ungerechten, leidenden und erlösten Menschheit.[34]

---

[30] Und so zum Anlass des Ärgernisses: »Des natürlichen Menschen Engherzigkeit vermag sich nicht das Außerordentliche zu gönnen, das Gott ihm zugedacht hat; so nimmt er denn Ärgernis.« (Sören Kierkegaard, *Die Krankheit zum Tode*, Gesammelte Werke 24/25, Düsseldorf 1954, S. 85).

[31] Vgl. Jörg Splett, »Hegel und das Geheimnis«, in: *Philosophisches Jahrbuch 75/2* (1968), S. 317–331, hier S. 331.

[32] Verwiesen sei dafür noch einmal auf Jörg Splett: »Christologie – philosophisch?«, Kap. V, in: Ders.: *Person und Glaube. Der Wahrheit gewürdigt*, München 2009, S. 113–136, sowie auf Xavier Tilliette, *Philosophische Christologie. Eine Hinführung*, Einsiedeln/Freiburg 1998. Zum »Streit um die christliche Philosophie in seinem Zusammenhang« Heinrich Schmidinger in: Emerich Coreth/Walter M. Neidl/Georg Pflingersdorffer (Hrsg.): *Christliche Philosophie im katholischen Denken des 19. und 20. Jahrhunderts*, Band 3: *Moderne Strömungen im 20. Jahrhundert*, Graz u.a., S. 23–48.

[33] Ganz unmittelbar: Barabbas (Mt. 27,26). Zum theologischen Stellvertretungsbegriff im Horizont der Metonymie siehe in diesem Band F. Bruckmann.

[34] Einen theologischen Durchgang durch einen siebenfachen Verweis des Kreuzes »als Schlüssel, Pforte, Weg und Glanz der Wahrheit« (151) findet man bei Bonaventura, *De triplici via/Über den dreifachen Weg*, Freiburg u.a. 1993, III/4, S. 147–151. Das Kreuz als Kundgabe der Weisheit, Gerechtigkeit und Barmherzigkeit Gottes (1); als Offen-

III) Fazit: Was vermag der Metonymiebegriff für ein Denken der imago dei?

Das Durchdachte ermöglicht nun eine Einordnung der Metonymie in das Bild-Denken überhaupt, näherhin auf dasjenige Bild, um das es still geworden ist und das doch – zumeist unthematisiert – den existentiellen Hintergrund der vielfältigen Diskussionen um den *iconic turn* abgibt: die »imago dei«, die der Mensch ist.[35] Urbiblisch grundgelegt[36] und durch das Neue Testament bestätigt und ausgeweitet[37], Grundkategorie Platons und des Neuplatonismus[38] ist sie die »– jedenfalls in der europäisch-westlichen Hemisphäre – vermutlich [...] nachhaltigste Aussage über den Menschen überhaupt«[39].

Dabei spricht man meist vom Menschen als »Abbild« oder »Ebenbild« Gottes und verhandelt die Weise seines Zeigens unter dem Begriff der Ähnlichkeit. Dabei ist diese Terminologie der graduellen

---

barung des Wesens der geistbegabten Geschöpfe (»die Größe des Wohlwollens« der Engel, »die Größe der Würde« des Menschen, die »Größe der Grausamkeit« der »bösen Geister«) (2); die Welt als Ort der »Verblendung« (3); angesichts der Höhe des bezahlten Preises zeigt sich im Kreuz das Paradies als »Gipfel aller Herrlichkeit, das Schauspiel aller Freude, die Schatzkammer allen Reichtums« (»denn um uns diese Wohnung zu bereiten, wurde Gott ein missachteter, beklagenswerter und armer Mensch«) (4); die Schrecklichkeit der Hölle (5); die Preiswürdigkeit der Tugend (6); die Abscheulichkeit der Sünde (7). Es wäre reizvoll, diese Verweise auf ihre metonymischen bzw. metaphorischen Strukturen hin zu untersuchen.

[35] Welcher existentielle Hintergrund bisweilen mit Wucht zutage tritt. Etwa, wenn Jean-Luc Nancy programmatisch formuliert: »Das Bild zieht sich [...] als Bild von zurück, als Bild von etwas oder von jemandem, das oder der selbst kein Bild ist. Es verschwindet als Simulakrum oder als Abbild des Seins, als Schweißtuch oder Glorienschein Gottes, als Abdruck einer Matrix oder Ausdruck eines Unvorstellbaren. (Nebenbei bemerkt, verschwindet als erstes ein ganz besonderes Bild, das des Menschen als Ebenbild Gottes)« (Jean-Luc Nancy, *Die Musen*, Stuttgart 1999, S. 138).

[36] Gen 1,26 f.; 5,3; 9,6.

[37] In der Überbietung allen endlichen Bildseins in »Jesus« *dem* Bild des unsichtbaren Vaters (2 Kor 4,4 f; Kol 1,15; Hebr 1,3), der sagen kann: »Wer mich gesehen hat, hat den Vater gesehen« (Joh 14,8), sowie in der Teilhabe des Menschen an diesem vollendeten Bildsein Jesu: »Wir alle spiegeln mit enthülltem Angesicht die *Herrlichkeit des Herrn* wider und werden so in sein eigenes Bild verwandelt, von Herrlichkeit zu Herrlichkeit, durch den Geist des Herrn« (2 Kor 3,18; vgl. 1 Kor 15,49; Kol 3,10).

[38] Georgia Mouroutsou, »Εἰκών bei Platon: Die Metaphysik des Bildes«, in: Simone Neuber, Roman Veressov (Hrsg.): *Das Bild als Denkfigur. Funktionen des Bildbegriffs in der Geschichte der Philosophie*, Paderborn/München 2010, S. 33–49. Jens Halfwassen, »Schönheit und Bild bei Plotin«, in: Ebd., S. 67–78.

[39] Schmidinger, »Der Mensch in Gottebenbildlichkeit«, S. 21.

Franziskus v. Heereman

Similarität alles andere als unproblematisch: Denn das, was sich zeigt, sieht nicht irgendwie aus bzw. sein Aussehen ist eben gerade dieses Sich-Zeigen im Bild. Das Wort Abbild verweist zwingend auf ein Urbild. Was aber nicht aussieht, ist kein Urbild und kann daher auch kein Abbild haben,[40] wohl aber ein Bild. Statt um Ähnlichkeit geht es um Erscheinen, um »Versichtbarung des Unsichtbaren«[41]. So nicht erst im Verhältnis von Gott und Gottesbild, sondern in allem symbolischen Geschehen: Der Leib ist der Seele nicht ähnlich. Er ist ihre Versichtbarung, die Weise, wie die Seele da ist. Das Wort ist dem Gedanken nicht ähnlich, sondern drückt es aus. Ein Kuss sieht nicht aus wie die Liebe, sondern macht sie sichtbar. So auch in der Kunst: »Kunst gibt nicht das Sichtbare wieder, sondern macht sichtbar«[42]. Und deshalb gibt es auf dieser Ebene von Bildlichkeit auch kein Zurückbleiben des Bildes vor dem Original, aufgrund dessen das Original, wenn habhaft, immer dem Abbild vorgezogen wird.[43] Zum einen, weil es jenseits des Bildes nichts zu sehen gibt (dem Überstieg über das Sich-Zeigen des Gezeigten zeigt sich nichts mehr), zum anderen, weil das Bild genau die Weise ist, wie das Gezeigte sich zeigen will. Radikal im Falle Gottes (ihn hält keine Sperrigkeit des Materials auf, weil auch dieses rein sein Produkt ist), das Bild entspricht restlos seinem Sich-bilden: Es ist genau die Weise, wie das Absolute da sein will. Der Mensch ist nicht Kopie, sondern Bild: Weise der Sichtbarkeit Gottes.

Wie aber ist er das? Frei. Und das heißt: Er hat frei demjenigen zu entsprechen, der sich in ihm zeigen will.[44] Und hier betreten wir dann

---

[40] So dass es sachlich widersinnig ist, wenn Luther und die Einheitsübersetzung vom »Ebenbild des *unsichtbaren* Gottes« (Kol 1,15 – Hervorh. F. H.) sprechen. Die Elberfelder Bibel spricht dagegen korrekt vom »Bild«.
[41] Karl-Heinz Volkmann-Schluck, *Nicolaus Cusanus*, Frankfurt a. M. 1968, S. 72 f. Was beim Cusaner grundgelegt wird, das Bild als reines Da-sein des Abgebildeten, statt seiner Verstellung, ist der Mittelpunkt der Spätphilosophie Fichtes, deren bildtheoretisches Niveau bis heute unerreicht ist: »Alles was da ist, *außer* Gott […], ist *Erscheinung*« (Akademie-Ausgabe, II/11, 294). »Gottes Seyn außer seinem Seyn: seine Aeußerung, in der er ganz sey, wie er ist, und doch in ihm selbst auch ganz bleibe, wie er ist. Aber eine solche Aeußerung ist ein Bild« (I/10, 336). Vgl. zu der Spannung zwischen Medialität und Freiheit des Bildes: Verf., *Selbst und Bild. Zur Person beim letzten Fichte (1810–1814)*, Amsterdam/New York 2010.
[42] Paul Klee, *Schriften. Rezensionen und Aufsätze*, Köln 1976, S. 118.
[43] Platonisches Programm und allezeit christliche Gefahr.
[44] Im Gegensatz zu anderen Bildern, die allenfalls die Tücke des Materials dem Bildgeschehen entgegensetzen (der Leib dem Geist seine Erdenschwere, das Material dem Künstler seine Sperrigkeit, das Wort dem Dichter seinen Mangel an Exaktheit etc.), ist

doch den Boden der – zumindest gesollten – Similarität. Die Liebe Gottes als Grund des Sich-Zeigens zeigt sich nicht nur darin, *dass* sie sich zeigt[45], sondern darin, *was* sie zeigt: In der selbstgewählten, selbsthaften Liebe des Menschen zeigt sich, wie *die* Liebe ist. Hierfür aber ist der Begriff der Similarität noch zu schwach, es geht um restlose Angleichung in der Liebe. Kein perennierendes Sollen in unendlicher Annäherung, sondern ein – prinzipiell – einlösbarer Auftrag. Die Liebe kennt ein Maximum: »Es gibt keine größere Liebe, als wenn einer sein Leben hingibt für die Freunde« (Joh 15,13). »Maiorem hac dilectionem nemo habet.«[46] Was hier anliegt ist restlose Angleichung, und die zerstört nicht das Bildsein, sondern vollendet es, indem das Dasein des Absoluten rein seinem Wesen entspricht (ohne doch dadurch aufzuhören, sein Dasein und nicht es selbst zu sein). So ist es mehr als Ähnlichkeit und doch zugleich, weil es dies beständig verfehlt, von je größerer Unähnlichkeit – dies jedoch nicht aufgrund seines Wesens, sondern seines Unwesens.

Bleibt noch ein Element an der *imago dei*, das weder Medialität noch Similarität bezeichnen können, und das ist dasjenige der restlos gültigen dialogischen Differenz: Als freies Selbst ist das Bild nicht nur

---

es hier das Bild selbst, das frei entscheidet, ob es sich zur Gegenwart des Sich-versichtbarenden gestalten lassen will. Und dieser Gegensatz verschärft sich da, wo wir im Bereich des Religiösen auf andere (Real-)Symbole schauen: Die materielle Ikone kann nicht anders, als Gegenwart des Abgebildeten zu sein. Brot und Wein im Eucharistiegeschehen setzen ihrer Verwandlung nichts entgegen. Anders eben der Mensch: Ihm ist gesagt »Wer euch hört, der hört mich« (Lk 10,16), aber das kann sich nur in dem Maße verwirklichen, wie er seine Existenz frei dafür zur Verfügung stellt. Während die Beziehung des Sich-zeigenden zu seinem Bild sonst monologisch ist, insofern als der Sichbildende sein Bild zum Objekt hat, ist sie hier strikt dialogisch, weil das Bild selbst Subjekt ist. Deshalb ist das Erscheinen hier derartig vom Scheitern bedroht und eingeholt, dass der Augenschein zumeist anderes nahelegt als die Gottbildlichkeit des Menschen. Was er zeigen sollte, wie nichts sonst, ver- und entstellt er, wie nichts sonst. Und dies – wohlgemerkt – nicht weil er *bloß* Bild ist, sondern weil er es gerade nicht ist.
[45] Noch einmal Baader: »Nur die Liebe spricht« (XII, 416).
[46] Das Gute sagt: sei gut! Und nicht: aber nicht so gut wie ich. Und es sagt: »Du kannst, denn Du sollst.« Das ist insofern kein Angriff auf das Deus semper major, als dass diese prinzipielle Möglichkeit auch dann, wenn sie wirklich würde, immer umgriffen wäre von der Bildhaftigkeit des in der Liebe gleich Gewordenen: Dass er darin vollkommen sein *soll* und *kann* wie Er, verdankt er restlos. Zu diesem Zugleich von Selbigkeit und abgründiger Verschiedenheit in menschlicher und göttlicher Liebe siehe vom Verfasser, »Analogia Amoris. Zur (Un-)Ähnlichkeit von göttlicher und menschlicher Liebe«, in: Berthold Wald/Thomas Möllenbeck (Hrsg.), *Liebe und Glück – Annäherungen mit C. S. Lewis und Josef Pieper*, Paderborn 2012, S. 72–86.

deshalb nicht die gezeigte Sache, weil sie eben deren Bild ist, sondern ebenso deshalb, weil es eine Wirklichkeit ist, die in ihrer Eigenheit nicht aufgehoben werden kann, ohne dabei vernichtet zu werden: Person.[47] Bleibt so ein Rest, der sich der Bildlichkeit entzieht, indem er nur *sich* zeigt? Nein: Gerade in diesem wirklichen (und nicht bloß erscheinenden) Selbstsein der Erscheinung vervollkommnet sich die Erscheinung der Güte in der Güte der Erscheinung. Die Güte erscheint *aus Güte* in einem *Bild der Güte*, dessen Güte ihm als die *eigene*, weil frei vollzogene, gütig geschenkt ist. Dieses Zeigen in der bleibend unaufhebbaren Differenz des Zeichens zum Gezeigten bringt der Begriff der Metonymie auf den Punkt. Der Andere steht für den Einen, gerade weil er ein anderer ist: Indem der Andere nicht der Eine ist, zeigt er dessen Freigabe zum gütigen Selbstsein.

Fazit: In der Rede vom Menschen als imago dei ermöglicht der Begriff der Metonymie eine Benennung der dialogischen Differenz von Mensch und Gott, die herausstellt, dass gerade *die Differenz zeigt*. Sie ersetzt damit nicht den Gedanken der Medialität (Bild) und der Similarität (Ebenbild/Metapher), aber sie benennt eine Dimension des Menschen als Bild Gottes, ohne welche seine freie Personalität verloren ginge – und somit zugleich das im Menschen eigentlich gezeigte: ein Selbst (Metonymie: nicht Gott), das gerade in seiner unaufhebbaren Selbsthaftigkeit versichtbart (Bild), dass Gott die Güte ist, weil Er ihm gönnt, selbsthaft gütig zu sein (wie Er: Metapher).

---

[47] Hier kann Negation weder Conservation noch Elevation sein: Ein Selbst lässt sich in keine noch so große Wirklichkeit aufheben, ohne verloren zu gehen.

Welt verstehen

Robert Meißner (Eichstätt)

Die Metonymie ist die Bezugsetzung einer Entität A auf eine Entität B über die Kontiguität[1]. Die Rede von der »Berührung« ist zugleich das entscheidende Kriterium zur Abgrenzung der Metonymie gegenüber der Metapher. Denn auch diese ist eine Bezugsetzung zwischen zwei Entitäten, wobei allerdings der Bezug aufgrund von Similarität eine zumindest teilweise »reale« Entsprechung der beiden Glieder aufweisen soll. Hier schon liegt auch das in der vorliegenden Untersuchung zu behandelnde Kernproblem des übertragenen Sprechens bzw. von Sprache überhaupt: nämlich in jener Unterscheidung zwischen der Berührung irgendwelcher Entitäten durch (auch vergleichende) Sprache und der »realen« Entsprechung von Entitäten und Sprache. Denn diese Unterscheidung kann in philosophischer Hinsicht nur dann fortbestehen, wenn sie durch die denkende Erfahrung mit der eigentlichen Sprache zu begründen ist. Andernfalls, wenn also keine »reale« Entsprechung der sprachlichen Überschneidung zwischen Entitäten oder sogar allgemein zwischen dem Wort und der Entität zugrunde gelegt werden kann, wäre die Metonymie das Paradigma schlechthin für Sprache als eine wie auch immer zu denkende »Berührung« von Wort und Ding.

Neben der eher unbestimmten Rede von der »Berührung« wird die Kontiguität nach herkömmlichem Verständnis auch ausführlicher beschrieben als »das unmittelbare Nebeneinander zweier Gegenstände oder Ereignisse in Raum und Zeit, ohne dass ein Prinzip (z. B. ein kausales) der Bindung angenommen wird«.[2] Kubczak wiederum kommt zu dem Ergebnis, dass man die metonymische Kontiguitätsbeziehung zwischen zwei »Entitäten« A und B »einfach als den Umstand explizie-

---

[1] Hartmut Kubczak, »Metapher und Metonymie unter besonderer Berücksichtigung der metonymiespezifischen Sinnerzeugung«, in: *Zeitschrift für romanische Philologie* 119 (2003), S. 209.
[2] Peter Prechtl/Frans-Peter Burkard (Hrsg), *Metzler Lexikon Philosophie*, 2008, S. 311.

ren [sollte], dass A mit B etwas zu tun hat«[3], wobei eine Beziehung auf dem Boden der metaphertypischen Similarität auszuklammern ist. Unter Zugrundelegung dieser Beschreibung ergibt sich für die Metonymie als Ausdruck in sprachlich-diskursiver Form die folgende Definition: Die Metonymie ist ein sprachlicher Ausdruck, in welchem ein Ausgedrücktes, also ein in der Form der Rede gefasstes Seiendes, »etwas zu tun hat mit« einem anderen ausgedrückten Seienden. Die Unvereinbarkeit dieser unterschiedlichen Verständnisformen der Metonymie, nämlich einerseits diejenige als eines Umstandes, dass ein Seiendes »etwas zu tun hat mit« einem anderen Seienden, mit jener Form als eines »unmittelbaren Nebeneinander« zweier Seiender in Raum und Zeit ohne ein (z. B. kausales) Prinzip der Verbindung wie auch das zunächst sehr unbestimmte Verständnis der Kontiguität als einer *Berührung*, weisen sehr deutlich auf die eigentliche, durch die Metonymie explizit herausgekehrte Schwierigkeit: diejenige der Erfassung der Beziehung zwischen den Seienden. Neben den geschilderten Verständnisformen gibt es Überlegungen, dass die metonymische Kontiguitätsbeziehung eine solche der Stellvertretung, des pars pro toto oder des totum pro parte sein kann, wobei im Fall der beiden letztgenannten Beziehungstypen die »Entitätsproblematik« ins Spiel kommt.

Mit Heidegger ist Seiendes nicht nur als dasjenige zu begreifen, das ist, sondern auch als dasjenige, das möglich ist, insofern folgt mit Hinweis auf das Vorherige: Die Metonymie bringt durch die genannten Bezugsetzungen (»zu tun haben mit«, »unmittelbares Nebeneinander«, »Berührung«, »Stellvertretung« usw.) die Beziehung zwischen den Seienden so zum Ausdruck, dass sich diese Beziehung in erster Annäherung als eher zufällig oder sogar notwendig unmöglich erweist. So ergibt sich die entscheidende Frage: Ist diese zufällige oder notwendig unmögliche Beziehung zwischen den Seienden *durch* das herkömmliche Denken im Rahmen des Metonymiegebrauchs *gesetzt*, oder ist eine solche metonymische Beziehung zwischen den Seienden dem herkömmliche Denken überhaupt *vorgegeben*?

Diesbezüglich ist von entscheidender Wichtigkeit, dass nach Kubczak im Gebrauch der Metonymie herkömmlicherweise eine »sinnerzeugende Überwindung« der der Metonymie impliziten »In-

---

[3] Kubczak, »Metapher und Metonymie unter besonderer Berücksichtigung der metonymiespezifischen Sinnerzeugung«, S. 212.

kompatibilität« zweier Entitäten geschieht[4]. Kubcak macht dies deutlich am metonymischen Beispiel einer Rede, durch die ein Kellner seinen Wirt informiert: »Der Herr an Tisch sieben ist eine Pizza«[5], wobei klar ist, dass die Entität Herr nicht zugleich die Entität Pizza sein kann. Die Nicht-Entsprechung ihrer Bezugsetzung ist hier anhand der Bedeutungen von Herr und Pizza gegeben. Die Überwindung der Inkompatibilität geschieht, »indem eine [...] Bezugsetzung der [...] Entität A mit der ersten Qualifizierung [...] auf eine zweite Entität B mit der zweiten Qualifizierung [...] gedanklich (re-)konstruiert wird«[6]. »Diese (Re-)Konstruktion erfüllt immer den Zweck, A über die erste Qualifizierung hinaus näher zu charakterisieren«[7]. Anders gewendet: Ein Seiendes (»A«) wird durch die Bezugsetzung auf ein anderes Seiendes (»B«) über es (»A«) hinaus ausgedrückt. Dies geschieht nach Kubczak »unter Beachtung des größeren Zusammenhangs«, welche Beachtung die »passende Aufladung«[8] jenes abstrakten »etwas zu tun haben mit« bzw. jenes »unmittelbaren Nebeneinander« herbeiführt. »[Dann wird] der Satz insgesamt verstanden«[9].

Die angesprochene Bezugsetzung der einen Entität A auf die andere Entität B ist zwar in der herkömmlichen Rede gegeben, sie legt aber, wenn sie die eine Entität A unter Beachtung des größeren Zusammenhangs über die erste Qualifizierung hinaus charakterisiert, letztendlich der Bezug*setzung* von A auf B die *Möglichkeit* der Beziehung zwischen den Seienden (A und B) zugrunde. Das herkömmliche Denken (die herkömmliche Rede) setzt also, wenn es ein Gedachtes (der Herr: allgemein Vorgestelltes) unter Beachtung des größeren Zusammenhangs *über* dieses Gedachte (Vorgestellte) *hinaus* zu denken (vorzustellen) versucht, die Möglichkeit der Beziehung zwischen den Seienden *und* die Möglichkeit derer Beziehungen zum größeren Zusammenhang voraus. Die folgenden Kriterien rücken in das Zentrum der Frage nach der *ontologischen Struktur* der metonymischen »Berührung« (»zu tun haben mit« usw.):

- Die Beziehung zwischen den Seienden, in welcher Beziehung das eine Seiende durch das andere *über es hinaus* auszudrücken ist,

---

[4] Ebd., S. 204.
[5] Ebd., S. 203.
[6] Ebd., S. 204.
[7] Ebd.
[8] Ebd., S. 213.
[9] Ebd., S. 213.

- die *passende Aufladung* des abstrakten »etwas zu tun haben mit«,
- die Beachtung des *größeren Zusammenhangs* für diese Aufladung,
- das *Verstehen* des größeren Zusammenhangs.

Dies *Verstehen des größeren Zusammenhangs* wird sich als der Kern jeder metonymischen Berührung zwischen den Seienden erweisen, anders gewendet: Nur im »Verstehen« des größeren Zusammenhangs gelingt die passende Aufladung der herkömmlich gesetzten Metonymie.

Zum Zwecke des Verstehens dieses größeren Zusammenhangs ist also die vorherige Aufladung der Metonymie von entscheidender Bedeutung. Hierzu bemerkt Kubczak: »die traditionellen Darstellungen der Metonymie waren im Grunde nichts anderes als mehr oder weniger exhaustive Typologien jener Aufladungen«[10]. »Aber wirkliche Exhaustivität im Hinblick auf die Aufladungsmöglichkeiten überhaupt dürfte nie erreicht worden sein«[11]. Es bleibt an dieser Stelle zunächst unklar, ob die Vermutung der »nie erreichten wirklichen Exhaustivität« sich auf die Vollständigkeit der einzelnen Aufladungsmöglichkeit oder die Vollständigkeit der Aufladungsmöglichkeiten bezieht. Bei umfassender Betrachtung ergibt sich jedoch, dass die genannte Vermutung auf beide *Formen der Vollständigkeit* (Allheit und Ganzheit) zu beziehen ist. Denn beide Hinsichten legen es nahe, diese Feststellung einer nie vollständigen Aufladung als die Position zumindest der Möglichkeit eines semantischen Realismus einzuordnen, wobei die Einstufung der Nie-Vollständigkeit schon eigene Zweifel an einer solchen Position zum Ausdruck bringt. Insbesondere ist es aber gerade die Unvollständigkeit der Aufladung, die tiefgreifend ins Zentrum der Frage des Verstehens der Metonymie, allerdings *auch* der Metapher und von Sprache schlechthin führt. Diese Unvollständigkeit ist deshalb so besonders hervorzuheben, weil sie vor aller Feststellung von »Berührung«, »Ähnlichkeit« und anderen Beziehungen zwischen den Seienden diesen Beziehungen als das eigentlich Bestimmende *zugrunde liegt*. Denn im Hintergrund der Thematisierung dieser Unvollständigkeit und ihrer möglichen Folgen lauert – als die eigentliche Erklärung solcher Unvollständigkeit – die Feststellung Heideggers: Was den Rea-

---

[10] Ebd.
[11] Ebd., S. 213.

lismus auszeichnet, ist ein »ontologisches Unverständnis«, indem er versucht, »Realität ontisch durch reale Wirkzusammenhänge zwischen Realem zu erklären«[12]. Das heißt: Das Verstehen einer Metonymie oder Metapher oder auch von Sprache schlechthin geschieht erst in der vollständigen berechtigten Aufladung der jeweils zugrundeliegenden Berührung, Ähnlichkeit usw. zwischen den Seienden bzw. des Wortes für das Ding. Können alle diese nicht berechtigterweise vollständig aufgeladen werden, ist auch das jeweilige Verstehen zumindest nicht vollständig.

Insofern ist auch die Metonymie, im Ausgang von ihrer nie wirklich exhaustiven Aufladung, nie vollständig zu verstehen, und es folgt, dass die durch die Metonymie ausgedrückte Beziehung zwischen den Seienden allenfalls *zufällig oder sogar notwendig unmöglich gegeben* ist. Was aber bedeutet dies für jenen »größeren Zusammenhang«, von dem es ja heißt, dass nur »unter seiner Beachtung« die Metonymie passend aufzuladen ist? Da der größere Zusammenhang letztendlich den Weltbegriff meint, ist das Verstehen der jeweiligen *Welt* der eigentliche *Leitfaden* für das herkömmliche Verstehen der Metonymie. Entsprechend sind, aufgrund ihrer Abhängigkeit von diesem Leitfaden, die unvollständige Aufladung und somit das unvollständige Verstehen der Metonymie usw. die Folge einer Unvollständigkeit des in ihrem Verstehen vollzogenen *Verstehens* der jeweiligen Welt.

Entscheidend kommt nun hinzu, dass besonders die Metonymie diese allem Verstehen durch Sprache zugrundeliegende Unmöglichkeit eines vollständigen Weltverstehens deshalb überaus deutlich hervorhebt, weil sie die Beziehung zwischen den Seienden nur als eine *Berührung* usw. vorstellt – also nicht einmal als eine *Ähnlichkeit* wie bei der Metapher, schon gar nicht als eine logische *Übereinstimmung* wie beim Wort für das Ding. Gerade hierdurch überträgt sie die Frage nach dem vollständigen Weltverstehen, also dem vollständigen Verstehen von Wirklichkeit, auch auf den Zusammenhang mit der Frage nach dem Verstehen durch Sprache überhaupt. Es ist demnach gerade dieses Einschränkende respektive Verbindungslose der Berührung usw. zwischen den Wirklichkeitsbereichen, also nicht deren Überschneidung oder Übereinstimmung, wodurch die Metonymie eine Ent-fernung der Beziehung zwischen den Seienden vorstellt und dies wiederum, in der Hinwendung zur Welt, den Anlass für die Frage nach der Vollständig-

---

[12] Martin Heidegger, *Sein und Zeit*, Tübingen 1986, S. 207.

keit des der Sprache überhaupt zugrundeliegenden Weltverstehens gibt.

Hierbei ist davon auszugehen, dass auch dem Gebrauch der Metapher, die die besagte Beziehung durch eine Überschneidung der jeweiligen *Wirklichkeitsbereiche* enger knüpft, kein anderes oder gar vollständiges Verstehen von Wirklichkeit zugrundeliegt, ebenso nicht dem Gebrauch des Wortes und seiner zumindest logischen Übereinstimmung mit dem Ding. Denn was das Weltverstehen bzw. die Wirklichkeit in allen drei »Denkfiguren« angeht, so ist diese *Wirklichkeit* im Rahmen der traditionellen Metaphysik herkömmlicherweise die *objektive Entsprechung* zur semantischen Berührung, Überschneidung usw. Anders ausgedrückt: Das Ausmaß der Aufladung durch ein allerdings nie vollständiges Weltverstehen ist der Gradmesser des Ausmaßes der semantischen Überlappung und umgekehrt. Nicht aber vervollständigt die zunehmende Überlappung der Wirklichkeitsbereiche das zugrundeliegende Verstehen von Wirklichkeit, denn dies Verstehen hat nur einen einzigen, *eindimensionalen Gradmesser:* die ausschließlich objektive Entsprechung der semantischen Überlappung.

Die Naturwissenschaften, die seit ihrer Gründung diesen Gradmesser der objektiven Entsprechung zunächst so umfassend gefördert haben, gelangen, je weiter sie an die äußersten Grenzen der von solcher objektiver Entsprechung beherrschten Forschungsgebiete vorstoßen, seltsamerweise in einen grundentziehenden Zweifel an genau diesem Gradmesser: »Unter dem starken Einfluß der Naturwissenschaft [...] haben wir uns daran gewöhnt, unsere Wahrnehmung von der Wirklichkeit mit der Wirklichkeit gleichzusetzen und diese Wirklichkeit sogar im Sinne einer fundierten, in Teile zerlegbaren Realität zu interpretieren. Die moderne Physik hat uns da jedoch eine interessante Lektion erteilt, die zu einer tiefgreifenden Korrektur dieser Vorstellung führte. Sie hat uns bedeutet, dass die Vorstellung einer objektiven Realität, einer materiell ausgeprägten Wirklichkeit wohl in einer gewissen Näherung angemessen, aber als absolutes Naturprinzip unzulässig und falsch ist, ja, dass diese Vorstellung uns sogar einen tieferen Einblick in das Wesen der eigentlichen Wirklichkeit verwehrt«[13]. Die Rede von der objektiven Realität als einer »in gewisser Näherung angemessenen Vorstellung« zeigt eindeutige Parallelen zu jener nach Kubczak unvoll-

---

[13] Hans Peter Dürr auf der Tagung Geist und Natur, zit. n. Fritz Schäfer, *Der Buddha sprach nicht nur für Mönche und Nonnen*, Heidelberg-Leimen 2000, S. 10.

ständigen Aufladung der Denkfiguren. Aber Dürrs Rede vom *Wesen der eigentlichen Wirklichkeit* geht doch weiter und gibt, mit dem Gedanken an die Überwindung einer solchen Verwehrung, den Blick frei auf Heideggers »anderen Anfang« durch ein nicht mehr objektives, sondern *wesentliches Denken.*

Und wie die Naturwissenschaft sich einerseits nur an der Oberfläche ihres Gebietes der objektiven Entsprechung als der Methode ihres Weltzugangs bedienen kann und andererseits diese Entsprechung ihr jeden tieferen Einblick in die eigentliche Wirklichkeit in nicht nur relativer Weise, also durch unzureichende Kenntnisse, sondern eben »absolut« verwehrt, so kann genau jeder in dieser objektiven systematischen Weise vollzogene geschichtliche Einblick in das Verstehen des Weltzugangs nur an »allem Oberflächlichen« seine Geltung erfahren: »Die Historie verbreitet eine Täuschung der völligen Beherrschbarkeit alles Wirklichen, sofern sie an allem Oberflächlichem entlang trägt und die Oberfläche verschiebt als die einzig genügende Wirklichkeit«[14]. Dies geschieht »z. T. ›ontologisch‹: die geschichtliche Wirklichkeit als Werde-Wirklichkeit, z. T. ›erkenntnistheoretisch‹: die Geschichte als das feststellbare Vergangene. Beide Auslegungen sind abhängig von dem, was ›Ontologie‹ und ›Erkenntnistheorie‹ möglich machte, d. h. von der *Metaphysik*«[15]. Damit der Mensch endlich geschichtlich *ist* und nicht nur eine Geschichte *hat,* muss endlich das Sein fragwürdig werden, und zwar das Wesen des Seins selbst und so zugleich sein Bezug zum Menschen.[16] »*Das Seyn als Er-eignis ist die Geschichte; von hier aus muß deren Wesen, unabhängig von der Werdens- und Entwicklungsvorstellung, unabhängig von der historischen Betrachtung und Erklärung, bestimmt werden.* Daher läßt sich das Wesen der Geschichte auch dann nicht fassen, wenn man, statt vom historischen (erkundenden) ›Subjekt‹ auszugehen, sich auf das historische ›Objekt‹ und den Gegenstand richtet«[17]. Heidegger fragt weiter, was denn Gegenstand der Historie sein soll und ob *objektive Historie* ein *un-erreichbares* Ziel ist. Die Antwort fällt klar und deutlich aus: Sie ist überhaupt kein mögliches Ziel und so gibt es auch keine subjektive Historie,

---

[14] Martin Heidegger, *Beiträge zur Philosophie (Vom Ereignis),* Frankfurt am Main 1949, S. 493.
[15] Ebd., S. 492.
[16] Vgl. ebd.
[17] Ebd., S. 492.

sondern es »[liegt] im Wesen der Historie, dass sie sich auf das Subjekt-Objekt-Verhältnis gründet; sie ist objektiv, weil sie subjektiv ist, und insofern sie dieses ist, muss sie auch jenes sein«[18].

So wie Naturwissenschaft und Geschichte in der objektiven *Entsprechung* als der Methode ihres verstehenden Weltzugangs nicht zur vollständigen oder eigentlichen Wirklichkeit gelangen, so gelangt auch die vollkommene semantische Überlappung der Wirklichkeitsbereiche, i. e. die objektive Übereinstimmung von Wort und Ding nicht zur vollständigen oder eigentlichen Wirklichkeit. Wird das Wort für das Ding wie im herkömmlichen Denken als eine objektive Beziehung vorgestellt, dann ist das Wort, auch wenn uneingestanden weil nicht bedacht, als diese Beziehung schon eine Metonymie, nämlich das *Verstehen* einer objektiven Realität (Wort für das Ding) unter Beachtung des größeren Zusammenhangs, nämlich des Dings als der eigentlichen Wirklichkeit Ding. Dies genau ist der überaus wertvolle Nutzen der philosophische Auseinandersetzung mit der Metonymie, dass diese dann den Blick nicht nur, wie oben erwähnt, auf das allem herkömmlichen Denken zugrundeliegende unvollständige Verstehen von Wirklichkeit lenkt, sondern gerade auch auf diese seltsame, objektive Beziehung von Wort und Ding. Die Schwierigkeit dieser Beziehung, die Findung des Wortes für das Ding, bleibt *die* metonymie-typische, nämlich einerseits zwar die Verstehbarkeit der zueinander bezogenen Glieder – Verstehbarkeit als logische Überein-stimmung durch Beachtung der zugrundeliegenden objektiven Realität –, andererseits die dem herkömmlichen Denken eigene Nicht-Verstehbarkeit der eigentlichen Wirklichkeit.

Es drängen sich die folgenden Fragen auf: Wenn die objektive Entsprechung der semantischen Überlappung *das System* des herkömmlichen Denkens ist, das zwar zu einem *wirklichen* Weltzugang führt, aber zugleich verhindert, dass die zugrundeliegende Wirklichkeit vollständig oder eigentlich ist, ist diese Verhinderung die Folge eines obersten Prinzips, genauer einer obersten dieses System leitenden Metonymie, die durch eben dieses Denken nicht vollständig aufgeladen werden kann und die *gerade wegen* dieser fehlenden Exhaustivität das Metonymische *in allem* herkömmlichen Verstehen respektive Weltverstehen aufzeigt? Ist möglicherweise gerade erst durch den Verzicht

---

[18] Ebd., S. 494.

auf die objektive Entsprechung als dem systematischen Zugang zur Wirklichkeit der Anfang eines Verstehens der vollständigen, weil eigentlichen Wirklichkeit möglich? In diesem Sinne sind die Bewandtnis von Metonymie und Weltverstehen füreinander und die hieraus möglicherweise hervorgehende Aufdeckung einer obersten Metonymie des herkömmlichen Weltverstehens die Eckpunkte der nachfolgenden Überlegungen.

Die Bewandtnis der Metonymie für das Weltverstehen

J. Grondin grenzt in einer für das Begreifen der Metonymie äußerst hilfreichen Untersuchung das von Heidegger aufgewiesene Verstehens-Geschehen, gerade auch sein spätes Ereignisdenken, gegen das von dessen Schüler Gadamer ab. Er stellt zunächst die beiden Autoren gemeinsame Erkenntnis heraus, »dass dies Verstehen nicht primär die zu methodischer Sicherheit zu führende Erkenntnisweise der Geisteswissenschaften, sondern viel ursprünglicher noch die Grundweise unseres In-der-Welt-seins bildet«[19]. Zudem bestimmt Heidegger: »Verstehen ist immer gestimmtes«[20]. Verstehen ist wie die Befindlichkeit ein »fundamentales Existenzial«, also ein »Grundmodus des Seins des Daseins«[21]. »Befindlichkeit und Verstehen charakterisieren [...] die ursprüngliche Erschlossenheit des In-der-Welt-seins«[22]. Zu dieser Erschlossenheit im gestimmten Verstehen heißt es: »Erschlossen besagt nicht, als solches erkannt. [...] Das pure ›daß es ist‹ zeigt sich, das Woher und Wohin bleiben im Dunkel«[23]. Hier erweist sich eine erste deutliche Anknüpfung an das Verstehen im Gebrauch einer Metonymie, denn in deren passender Auflagung wird der Satz zwar »verstanden«, zeigt sich in Anlehnung an Heidegger »das pure ›daß es ist‹«, vollständige Exhaustivität der Auflagung wird aber nie erreicht, »das Woher und Wohin bleiben im Dunkel.«

---

[19] Jean Grondin, »Heidegger und Hans-Georg Gadamer, Zur Phänomenologie des Verstehens-Geschehens«, in: Dieter Thomä (Hrsg): *Heidegger Handbuch, Leben – Werk – Wirkung*, Stuttgart/Weimar 2003, S. 384–390; hier S. 385.
[20] Martin Heidegger, *Sein und Zeit*, S. 142.
[21] Ebd., S. 143.
[22] Ebd., S. 148.
[23] Ebd., S. 134.

Robert Meißner

Das Verstehen bezieht Heidegger in *Sein und Zeit* noch auf die ontische Rede von einer Sache »gewachsen sein«, »etwas können«[24]. Heidegger, so Grondin, sieht in jedem Verstehen »ein Seinkönnen und damit ein Seinsverständnis, das der Auslegung [...] harrt«[25]. Für Gadamer dagegen vermittelt – von einem Vers Rilkes inspiriert – das Verstehen ein Können, Grondin interpretiert: »wer versteht, dem erschließt sich eine Welt (Rilke: erst dann ist Fragen-können ein Vermögen, -/ Nicht Deines, einer Welt). Wer etwas versteht und damit etwas ›kann‹, wird [...] in ein Wahrheitsgeschehen einbezogen, über das er nicht Herr ist«[26]. Dieser Gedanke Gadamers ist, so Grondin weiter, kein Eigengewächs Gadamers, sondern fußt auf dem Ereignisdenken des späten Heidegger, dem »Ereignis« als dem Sichschenken des Seins, das sich offenbart, indem es sich verbirgt. Für Gadamer ist das Ereignisdenken allerdings nicht ein Sichschenken des Seins, sondern die »Grenze der Subjektphilosophie«, Grondin gibt Gadamers Sicht so wieder: »Das Verstehen ›geschieht‹, und wir kommen zu spät, wenn wir diesen Vorgang methodisch zu beherrschen trachten«[27].

Die Sichtweisen beider Autoren bestätigen den von Kubczak aufgezeigten Mangel des Verstehens in der durch die Metonymie ausgedrückten Kontiguitätsbeziehung zwischen den Seienden; denn sowohl das Sich-offenbaren-sich-verbergen Heideggers als auch die genannte philosophische Subjektgrenze Gadamers verweisen, im Harren der Auslegung des Seinsverständnisses einerseits und im Zuspätkommen der Beherrschung des Verstehens-Vorgangs andererseits, auf jene wohl nie erreichte Vollständigkeit des Verstehens der metonymischen Beziehung.

Wie aber geschieht nun jene geforderte Beachtung, die *Verbindung* der beiden unterschiedlichen Sichtweisen des Verstehens mit jenem größeren Zusammenhang »Welt«? Geschieht die Verbindung durch die Sprache und »woher und wohin« geschieht sie? Gadamer spricht sich, so Grondin, sehr wohl für »die sprachliche Einbettung des menschlichen Verstehens« aus: »er verstieg sich dabei zu der These: ›*Sein, das verstanden werden kann, ist Sprache*‹«[28]. In diesem Sinn

---

[24] Ebd., S. 143.
[25] Grondin, »Heidegger und Hans-Georg Gadamer, *Zur Phänomenologie des Verstehens-Geschehens*«, S. 385.
[26] Ebd., S. 385.
[27] Ebd., S. 385.
[28] Ebd., S. 386.

sind sowohl das Geschehen als auch der Gegenstand des Verstehens sprachlich bestimmt. Der sprachliche Charakter des Verstehens macht die Hermeneutik Gadamers aus, die somit eine »Hermeneutik der Sprachlichkeit mit ontologischem Anspruch«[29] ist. Das Verstehen wird dabei von einer Wirkungsgeschichte, einer positiven Bedeutung von Tradition und Autorität, getragen, welche Geschichte *offene* Horizonte des Verstehens vorzeichnet.

Bei Heidegger hingegen ist die *Sprache der Metaphysik* eher geschlossen und engt die Möglichkeiten des Denkens im Voraus ein. Die abendländische Tradition respektive die herkömmliche Metaphysik sind daher zu überwinden, gerade damit Sprache, so der späte seinsgeschichtliche Heidegger, zu dem Ort werden kann, wo Sein verstanden wird und Sein sich bekundet. Im Grunde geht es Heidegger »um eine angemessene Sprache, in der das Ereignis des ›da‹ auszusprechen ist, ohne dass es zu einem ›verständlichen Gegenstand‹ gemacht wird«[30].

Demgegenüber betont Gadamer den dialogischen Charakter der Sprache. In der Sprache als Gespräch, im Spiel von Frage und Antwort, wird Sinn konstatiert und nachvollzogen. Eine Aussage ist das Verstehen einer Frage im Sinne ihrer Antwort. Sprache ist nicht wie bei Heidegger die »epochale Bestimmung der Seinsgeschichte«, sondern »das verstehensermöglichende Geschehen des Weltkönnens [...], das seine wahre Stätte im dialogischen Beisammensein der Menschen hat«[31]. Die humanistische Tradition, die Heidegger ablehnt, weil sie den Menschen auf sich und seine Bedürfnisse zentriert, ist für Gadamer sehr bedeutsam für »die Begriffe der Bildung, des sensus communis, der Urteilskraft, des Geschmacks, die für die Konstitution seines Verstehens- und Wahrheitsbegriffs ausschlaggebend sind [...]: in unserem sprachlichen Miteinandersein geht es um die Bildung von Menschen, die im Dialog über ihre eigene Beschränktheit hinauswachsen und damit anders werden. Das war in der Tat ein Gegenentwurf zu Heidegger«[32]. Dieses *Hinauswachsen des Menschen über seine eigene Beschränktheit*, und zwar durch den Bezug auf die humanistischen Traditionsbegriffe von sensus communis, Urteilskraft und unter Be-

---

[29] Ebd.
[30] Ebd., S. 389.
[31] Ebd., S. 386.
[32] Ebd., S. 387.

Robert Meißner

achtung des größeren Zusammenhangs der Welt, in diesem Fall der humanistischen Tradition, zeigt eine auffällige Parallele zum Verstehensanspruch der Metonymie, die durch Bezugsetzung des einen Seienden auf ein anderes und unter Beachtung des größeren Zusammenhangs dieses eine Seiende *über es hinaus* auszudrücken bezweckt.

In diesem Sinne zeigt sich das *verstehensermöglichende Geschehen des Weltkönnens* als ein Sprechen, welches der im Gebrauch der Metonymie bezweckten Verstehensermöglichung des einen Seienden *über es hinaus* sehr nahekommt. Am Beispiel des Herrn, der eine Pizza ist, wird dieser Herr durch die Bezugsetzung auf die Pizza und unter Beachtung seines Weltkönnens, unter dem Verstehen *seiner* Welt, über ihn hinaus verstanden. Das verstehensermöglichende Geschehen von Welt kann insofern als Paradigma für das auch in der Metonymie angesprochene Verstehen angesehen werden. Heideggers destruktiver Weg des Ringens um eine angemessene Sprache ist verstehensermöglichend eher dort, wo es um das Metonymische im Verstehen von *Welt überhaupt* und von *philosophischen Sätzen überhaupt* geht (s. u.).

Es schließt sich die Frage an: Wie weit reicht jene Ermöglichung des Verstehens eines Seienden *über es hinaus* im Gebrauch der Metonymie, und zwar sowohl in ihrem alltäglichen Gebrauch als auch in ihrem Gebrauch respektive in ihrer Bedeutung für das traditionell-*metaphysische* (über-hinaus-) Denken? Zur Erinnerung: Ihrem Endzweck gemäß wird die Metonymie nach »passender Aufladung« »unter Beachtung des größeren Zusammenhangs« »dann verstanden«[33]. Die passende Aufladung des metonymischen Verstehens geschieht unter der Beachtung des größeren Zusammenhangs, i. e. indem das Verstehen auch die jeweilige Welt versteht. Am Beispiel der Metonymie vom »Herrn, der eine Pizza ist« zeigt sich, dass die herkömmliche Metonymie unterschiedlich passend aufgeladen werden kann, je nachdem ob der Herr einer ist, der eine Pizza bestellt hat, hergestellt hat, besonders mag usw. Die geeignete, passende Aufladung hängt eben vom jeweiligen größeren Zusammenhang, von der jeweiligen Welt des Herrn ab. Das Verstehen der Metonymie wird möglich im Verstehen der *jeweiligen Welt*. Dieses Verstehen aber ist wiederum in entscheidender Weise nur möglich im Verstehen von *Welt überhaupt* – genau an dieser Stelle kommt das Verstehen des späten Heidegger ins Spiel.

---

[33] Kubczak, »Metapher und Metonymie unter besonderer Berücksichtigung der metonymiespezifischen Sinnerzeugung«, S. 213.

Die im Verstehen der Metonymie zu verstehende jeweilige Welt spiegelt zunächst das aus dem dialogischen Zusammensein von Menschen entwickelte Sprachkonzept Gadamers wider, wonach Sprache das »verstehensermöglichende Geschehen von Weltkönnen« ist. Mit anderen Worten: Die Diskussion der Frage nach der Bewandtnis der Metonymie für das Weltverstehen zeigt, dass der herkömmliche Gebrauch der Metonymie zunächst einmal wie jenes verstehens-ermöglichende Geschehen des jeweiligen Weltkönnens in Erscheinung tritt. Jedoch erweist die Feststellung Kubczaks der fehlenden Exhaustivität jener Aufladung gerade das unvollständige Verstehen auch der jeweiligen Welt und zwingt so in die Frage nach dem Verstehen von Welt überhaupt. Die Metonymie erweist sich aufgrund der fehlenden Exhaustivität und besonders auch wegen der durch sie so ausdrücklich hervorgehobenen Frage nach der Beziehung zwischen den Seienden als eine – zumindest bis hierher – hervorragende Möglichkeit, gegenteilig zu dem geschilderten Sprachkonzept Gadamers gerade das *Scheitern* von Sprache als verstehensermöglichendes Geschehen von Weltkönnen aufzuzeigen.

Wenn aber die Sprache gerade auch als Metonymie das Verstehen scheitern lässt, dann gilt es umgekehrt zu fragen, ob nicht auch alles Verstehen die Sprache metonymisch scheitern lässt. Es rückt jetzt die Frage nach der Bewandtnis des Verstehens für das Metonymische des jeweiligen Weltkönnens und der Zugänglichkeit von Welt überhaupt in den Mittelpunkt.

Die Bewandtnis der Verstehens für das Metonymische des jeweiligen Weltkönnens und der Zugänglichkeit von Welt überhaupt

Grondin weist unter Bezugnahme auf Gadamer darauf hin, dass die transzendental-phänomenologische Selbstauffassung von *Sein und Zeit* nicht überzeugend war. Heideggers Annahme, dass »das Dasein als transzendentaler Urgrund«[34] alle Grundstrukturen des Seinsverständnisses erklären kann, bezeichnet Grondin als das »transzenden-

---

[34] Grondin, »Heidegger und Hans-Georg Gadamer, *Zur Phänomenologie des Verstehens-Geschehens*«, S. 388.

tale Selbstmißverständnis«[35] von *Sein und Zeit*. Dann aber wird Heidegger umgehend rehabilitiert; es ging ihm, so Grondin, von vornherein – nach *Sein und Zeit* in einer Art Rückkehr zu früheren Einsichten – um etwas anderes, »nämlich um die Grunderfahrung des ›da‹«[36]. Diese Grunderfahrung des *da* ist wesentlich für alles Verstehen von Welt. Grondin schildert es im Sinne Heideggers so: »daß wir da sind, aber nur für eine kurze Weile, daß wir so weilen (›wesen‹ im verbalen, Heideggerschen Sinne) in einer atemberaubenden Helligkeit, in der Lichtung des ›da‹ und um dieses ›da‹ wissen. Darin liegt die grundsätzliche Faktizität des Menschen: das Geworfensein in ein ›da‹.«[37] Gegensätzlich schildert Grondin dasjenige, was – auch in unserem Kontext – *nicht* der Grund des Verstehens ist: »Was sind im Vergleich dazu die transzendentalen Begründungsversuche aller Art anders als Verdeckungsmanöver der sich selbst täuschenden Faktizität? Und was ist dann die ›Metaphysik‹, verstanden als eine Niederhaltung des Nichts, anders als ein solcher Versuch, die Grunderfahrung des Seins für unser Dasein zu überspringen (oder zu ›vergessen‹)? Darin liegt die unüberbietbare Radikalität des Heideggerschen ›Ansatzes‹«[38].

Ist jedoch mit dieser Antwort, mit der genannten Helligkeit und Lichtung, schon die passende Aufladung der Metonymie unter Beachtung jenes geforderten größeren Zusammenhangs erreicht? Dies gerade nicht, denn diese Helle, das zeigt eine den gesamten Denkweg Heideggers begleitende Einsicht, gibt es nie solitär, sondern immer nur »in der Gegenwendigkeit von Helle und Dunkel«[39]. So hebt Gadamer hervor, dass Wahrheit und Irre, Wesen und Unwesen, Entwurf und Geworfenheit für Heidegger unausweichlich zusammengehören.[40] Heidegger selbst sagt es so: »Das Wesen der Wahrheit ist die Lichtung für das Sichverbergen«[41]. »Das Sichverbergen durchragt die Lichtung, und nur wenn dies geschieht, wenn das Strittige in seiner Innigkeit das ›Da‹ durchherrscht, kann es glücken, aus dem unbestimmten und als solchen gar nicht gefaßten Bereich des Vor-stellens und Er-lebens aus-

---

[35] Ebd., S. 388.
[36] Ebd., S. 388.
[37] Ebd., S. 388.
[38] Ebd., S. 388.
[39] Ebd., S. 389.
[40] Hans-Georg Gadamer, »Die Sprache der Metaphysik«, in: Ders.: *Gesammelte Werke*, Bd. 3, Tübingen 1987, S. 229–237; hier S. 233.
[41] Heidegger, *Beiträge zur Philosophie (Vom Ereignis)*, S. 348.

zurücken und die Inständigkeit des Da-*seins* zu versuchen: Wenn erst das Sichverbergen alle Bezirke des Erzeugten und Gehandelten und Geopferten, sie ineinanderwesend, durchherrscht und die Lichtung bestimmt und so zugleich dem Sichverschließenden innerhalb dieser entgegenwest, erst dann ersteht *Welt* und zugleich mit ihr (aus der ›Gleichzeitigkeit‹ von Seyn und Seienden) rückt die *Erde* herauf. Jetzt ist ein Augenblick *Geschichte*«[42].

Durch diese Einsicht Heideggers gelangt schließlich auch Gadamer zu dem, was er als die Grenzen der Sprache achtet und was letztendlich das Metonymische in allem philosophischen Verstehen ausmacht: das Zurückbleiben der Sprache hinter dem, was auszusagen ist[43], anders ausgedrückt,»daß das Wesen der Sprache nicht in ihrer totalen Ausgesagtheit liegt«[44]. Jedes Wort, so interpretiert ihn Grondin, weist *über* sich selbst *hinaus* und führt Verbergung bei sich, und so gibt Sprache das wieder, was für Heideggers gesamte Denkerfahrung prägend war,»das Ineinander von Entbergung und Verbergung«[45].

Mit dem Zurückbleiben des Ausgesagten, mit dem Ineinander von Entbergung und Verbergung der Sprache stellt sich allerdings die Frage, ob und wenn ja wie dieses Zurückbleiben und Ineinander noch zu vereinbaren sind mit jener Feststellung Gadamers, wonach Verstehen sprachlich eingebettet und Sprache »versehensermöglichendes Geschehen des Weltkönnens« ist. Kann Sprache zugleich das Ineinander von Entbergung und Verbergung wiedergeben und Verstehensermöglichung des Weltkönnens sein? Die Antwort auf diese Frage kennzeichnet das Verstehensgeschehen der Metonymie *und* das Metonymiegeschehen des eigentlichen Verstehens und es erweist sich, dass zwischen der Metonymie und ihrer Bewandtnis für das Verstehen in der herkömmlichen Rede einerseits und dem philosophischen Verstehen und seiner Bewandtnis für das Metonymische der Zugänglichkeit von Welt überhaupt andererseits strikt zu unterscheiden ist.

In der herkömmlichen Rede wird ja keine Exhaustivität der Aufladungsmöglichkeit der Beziehung zwischen den Seienden und somit schon gar *kein Verstehen von Welt überhaupt* erreicht. Die herkömm-

---

[42] Ebd., S. 349.
[43] Vgl. Grondin,»Heidegger und Hans-Georg Gadamer, *Zur Phänomenologie des Verstehens-Geschehens*«, S. 389.
[44] Ebd.
[45] Hans-Georg Gadamer,»Die Sprache der Metaphysik«, in: Ders.: *Gesammelte Werke*, Bd. 3, S. 229–237, hier S. 233.

Robert Meißner

liche Rede erreicht lediglich, entsprechend der von Kubczak dargelegten gängigen Theorie, die mehr oder minder exhaustive Aufladung der Beziehung zwischen den Seienden, so dass diese *dann verstanden* wird. Die herkömmliche Rede *versteht* den Herrn und die Pizza und den Herrn, der eine Pizza ist, und zwar als denjenigen, der eine Pizza bestellt, hergestellt hat, mag usw. Dies *Verstehen* der Metonymie in der herkömmlichen Rede ist aber auch, aufgrund der nicht wirklich erreichten Exhaustivität der Aufladung und der nicht wirklich verstandenen jeweiligen Welt, schon das Siegel alles metaphysischen, über sich hinausweisenden Verstehens, welches Verstehen in seinem Übersich-hinaus alle Sprache metonymisch scheitern lässt. Der Gipfel dieses Scheiterns liegt im Verstehen von Welt überhaupt.

Zusammengefasst ergibt sich folgende Sachlage: Die Metonymie in alltäglicher Rede wird nach passender Aufladung unter Beachtung des größeren Zusammenhangs, sprich der jeweiligen Welt, verstanden. Wird jedoch dies *Verstehen* im Rahmen einer Philosophie des Verstehens hinterfragt, dann zeigt sich, dass auch das herkömmliche *Verstehen* im Sinne des »dialogischen Zusammenseins« Gadamers nie vollständig ist, weil es zwar die *Ermöglichung* von jeweiligem Weltkönnen durch herkömmliche Sprache geschehen lässt, zugleich aber doch auch über das hinausweist, was zur Aussage gelangt. Das herkömmliche *Verstehen* der Metonymie, i. e. das Verstehen des einen Seienden über es hinaus, und sein nicht-exhaustives jeweiliges Weltkönnen einerseits und jenes metaphysische Verstehen einschließlich seines Zurückbleibens hinter dem Auszusagenden andererseits imponieren nur wie die beiden Pole einer Verstehensskala, aber diese Skala hat keine Unterbrechung. Beide *Formen* des Verstehens haben die Ursache ihres Scheiterns im Unvermögen des herkömmlichen Denkens zum Gelingen des Verstehens von Welt überhaupt, d. h. in einem Unvermögen der Ermöglichung von Weltkönnen überhaupt durch Sprache. Dieses Unvermögen zeigt:

Alles Verstehen, soweit es sich als Sprache in den Bahnen des herkömmlichen Denkens, also der traditionellen Metaphysik hält, ist nur möglich unter Hinnahme der Hervorbringung einer Metonymie. Das herkömmliche Denken birgt in sich *notwendig* das Metonymische in allem Verstehen von Welt überhaupt.

Mit dieser Einsicht ist im Hinblick auf jene o. g. Frage einer obersten Metonymie der traditionellen Philosophie dasjenige erarbeitet, was das Metonymische in allem Verstehen von Welt ausmacht. Die Untersuchung wendet sich deshalb jetzt der Welt und ihrem Verhältnis zur Metonymie zu.

Die Welt und ihre Bewandtnis für die Metonymie

Welt ist in *Sein und Zeit* noch »das, worin ein faktisches Dasein lebt«[46]. »Nichts«, »Zeit« und »Welt« sind für Heidegger die Leitpunkte seiner neuen Frage nach dem Sinn von Sein und kommen »auch nirgends in der früheren Philosophie in einem vergleichbaren Zusammenhang vor«[47]. Der Weltbegriff unterliegt auf Heideggers Denkweg einem steten Wandel. Ruth Sonderegger hat diesen Wandel umfassend untersucht und zieht folgendes Fazit: Heideggers Erläuterung des Weltbegriffs ist gescheitert, aber seine Erkundung der Welt fördert doch auch einen Wahrheitskern zutage.[48] Dieser Wahrheitskern wird sich für die Metonymie und das aus ihr hervorgehende Fragen nach dem *verstehensermöglichenden Geschehen des Weltkönnens* als wesentlich erweisen. Nach Sonderegger ist Heideggers Charakterisierung von Welt als das »Worin des Daseins« zwar ein »entscheidender Schritt in Richtung auf die gesuchte Ganzheit der Welt«, gleichzeitig aber tauchen neue Fragen auf: »wie stark [wird] die Welt auf diese Weise zu einem Konstitutionsprodukt des Daseins« und »ob und wie [ist] die umgreifende Welt dem Dasein in ihr überhaupt zugänglich«[49]?

Gerade für den Gebrauch der Metonymie, die auf der nicht wirklich exhaustiven Beziehung zwischen den Seienden beruht, ist diese Entwicklung des Weltbegriffs in *Sein und Zeit* als das »Worin des Daseins« sehr wesentlich. Für Heidegger ist es zunächst der Verweisungszusammenhang des Zeugs, des Zuhandenen, aus dem uns die Welt begegnet.[50] Auch durch verschiedene Ansätze gelingt Heidegger aber kein Weg vom genannten Zeugzusammenhang hin zum ontologischen Verständnis des Weltphänomens, so dass er fragt: »Führt denn überhaupt ein Weg vom Sein dieses Seienden zur Aufweisung des Welt-

---

[46] Heidegger, *Sein und Zeit*, S. 65.
[47] Ernst Tugendhat, *Der Wahrheitsbegriff bei Husserl und Heidegger*, Berlin 1970, S. 271.
[48] Ruth M. Sonderegger, »Welt. Ihre Erschlossenheit und ihr Entzug«, in: Dieter Thomä (Hrsg): *Heidegger Handbuch*, Stuttgart 2003, S. 92–98, hier S. 98.
[49] Ebd., S. 92.
[50] Heidegger, *Sein und Zeit*, S. 71.

Zeichen – Person – Gabe

phänomens«?[51] Sonderegger weist darauf hin, dass es kurz darauf umgekehrt die Welt ist, aus der Zuhandenes zuhanden ist. Dem Denken der Welt als dem Ermöglichenden des Zeugs folgt dann das der Konstituierung des Daseins als eigentlicher Grund der Welt. Nach Sonderegger eröffnet Heidegger mit dieser These vom »Dasein als Grund« einen »widersprüchlichen Status des Daseins im Verhältnis zur Welt: Wo Heidegger gefragt hat, wie Welt zugänglich wird, behauptet er, daß nichts diesem Seienden verborgener bleibt als gerade die Welt. Dort hingegen, wo er die Konstitutionsfrage stellt, soll das Dasein [...] das Fundament der Welt sein«[52]. Die Bedeutung der Metonymie im Hinblick auf einen solch widersprüchlichen Status eines Seienden ist ihre Wirkung als Stil- und Argumentationsmittel im Rahmen der Philosophie des Verstehens, da zwar einerseits die nicht-exhaustive Auflagung der metonymischen Beziehung eine »*partielle Phänomenalität der Leere*«[53] nach sich zieht, andererseits diese »partielle Phänomenalität der Leere« durch die *passende* Auflagung gegebenenfalls neue Sinnstrukturen eröffnen und so den aufgezeigten Widerspruch überwinden helfen kann.

»Warum die Welt gerade ihrem Urheber so gar nicht transparent sein soll«[54] fragt Sonderegger und findet die Antwort in Heideggers »Mitsein«: Das Dasein ist wesentlich »Man«, das Welt nur hat und versteht, indem es die gemeinsame Welt der anderen zunächst einmal anerkennt. Sonderegger sieht hierin ein »dezidiert anti-kulturkritisches Verständnis des Man« seitens Heideggers, der dadurch wesentlich über Wittgenstein hinausgeht, indem die »Naturgeschichte der Abrichtung« nicht auf Sprache begrenzt wird, sondern »nie endgültig überwindbare Dimension menschlichen Daseins«[55] ist. Diese Geschichte ist aber auch kein nicht zu hinterfragendes Faktum, sondern es folgt gerade daraus »die Notwendigkeit der immer wieder neuen und selbständigen Aneignung der Welt«[56]. Diese *Notwendigkeit der immer neuen Aneignung der Welt* ist der Ausweis eines nicht mehr her-

---

[51] Ebd., S. 72.
[52] Sonderegger, »Welt. Ihre Erschlossenheit und ihr Entzug«, S. 94.
[53] Karl Wagner, *Weiter im Blues. Texte und Studien zu Peter Handke*, Bonn 2010, S. 147.
[54] Sonderegger, »Welt. Ihre Erschlossenheit und ihr Entzug«, S. 94.
[55] Ebd., S. 95.
[56] Ebd., S. 95, zit. n. John Haugeland, »Truth and Finitude. Heidegger's Transcendental Existencialism«, in: Mark A. Wrathall/Jeff Malpas (Hrsg.): *Heidegger, Authenticity and*

kömmlichen Verstehens, das die metonymischen Strukturen des herkömmlichen Verstehens und ihre genannte »partielle Phänomenalität der Leere« durch die passende und vor allem *ganze* Aufladung zu überwinden sucht. Das nicht mehr herkömmliche Verstehen überwindet schließlich auch diese Notwendigkeit, die Welt immer wieder neu anzueignen, und gelangt so dahin, durch eine *ganze* Aufladung endlich, in Gadamers Worten, die Welt zu können.

Diese aber weiterhin nicht überwundene Notwendigkeit zwingt schließlich Heidegger zu einer dauerhaften Zurückstellung einer hinreichenden Erklärung des Weltbegriffs. Diese Zurückstellung ist einem bestimmten Problem mit der Welt geschuldet, dem der Ganzheit, und gipfelt in der Frage: Wie kann die Welt überhaupt als Ganze erfahren und aufgewiesen werden? Genau dieses Problem beherrscht nach Sonderegger das Weltdenken des späten Heidegger. In *Der Ursprung des Kunstwerks* ist die Welt als Ganze unkontrollierbares Geschehen von Verbergung und Entbergung, noch später »Weltspiel des Seins«[57], in dem die Mitspieler zur Passivität verdammt sind und sich nur bewährend einfügen können.[58] Sonderegger fasst die in ihren Augen herausragende Leistung von Heideggers Spätphilosophie für das Problem der Welttotalität in folgender Frage zusammen: »Von wo aus und wie kann man auf die in jeder Handlung vorausgesetzte Totalität überhaupt Bezug nehmen und was ist unter Welt zu verstehen, wenn nicht länger eine distanzierbare Einheit innerhalb einer Welt gemeint sein soll?«[59] Heidegger liefert nach Sonderegger die begrifflichen Mittel für das Verstehen eines Paradoxes: Das Ganze einer Welt scheint zum einen nur von außen, aus der »kritischen Distanz anderer Welten«, zu verstehen zu sein, zum anderen gibt es den Versuch, »aus der Innenperspektive von der Welt zu sprechen, die die Regionen innerhalb einer Welt vereint«[60]. Heideggers exemplarische Analyse der Angst, so Sonderegger, zeigt, dass gerade die Sicht aus der Innenperspektive keine Illusion und keine einfach nur vorgestellte Summe solcher Regionen ist, denn die Angst *ist* eine relevante Erfahrung *aller* Weltbewohner

---

Modernity. Essays in Honour of Hubert L. Dreyfus, Bd. 1, Cambridge (Mass.)/London 2000, S. 43–77.
[57] Martin Heidegger, »Wozu Dichter?«, in: Ders.: *Holzwege*, Frankfurt am Main 1994, S. 282.
[58] Sonderegger, »Welt. Ihre Erschlossenheit und ihr Entzug«, S. 96.
[59] Ebd., S. 97.
[60] Ebd.

und meint nie nur einen einzelnen Gegenstand, sondern immer das Ganze des In-der-Welt-seins. Sonderegger resümiert, dass diese Erfahrung von Ganzheit Heidegger zunächst zu der Einsicht führt, dass *die Welt aufgrund ihres Entzugs von Bezügen zwar nicht herkömmlich verstanden werden kann, dass aber dennoch mit einer bestimmten Welt etwas grundsätzlich nicht stimmt.* Die Erfahrung der *Welt des Entzugs von Bezügen,* die Erfahrung der Weltangst führt Heidegger zu der radikaleren Einsicht in die »unheimliche Fremdheit gegenüber der eigenen Welt«[61]; für solche Fremdheit muss Sprache erst noch gefunden werden, ohne die Sicherheit, sie je zu finden, insofern ist sie eine »Fremdheit gegenüber Welt überhaupt«[62].

Das *Verstehen* eines Seienden über es hinaus – als ein Verstehen der Beziehung zwischen den Seienden – verweist letztlich auf die Unmöglichkeit der Aufladung des Metonymischen im Verstehen von Welt überhaupt, so wie die gestimmte Erfahrung des Ganzen der Welt verweist auf die Welt des Entzugs der Bezüge. Anders: So wie das Metonymische in allem Verstehen von Welt überhaupt jener *Unmöglichkeit der Aufladung* unterliegt, so unterliegt das Metonymische in aller gestimmten Erfahrung vom Ganzen der Welt jenem *Entzug der Bezüge*. Weil zum Metonymischen des Verstehens diese Unmöglichkeit und zum Metonymischen der Stimmung dieser Entzug gehört, deshalb *gehört* zu beiden, Stimmung und Verstehen, jene o. g. Verweisung auf Fremdheit gegenüber Welt überhaupt. Das durch den expliziten Gebrauch einer Metonymie hervorgehobene Metonymische allen Weltverstehens hat somit denselben kognitiven Mehrwert wie Heideggers Stimmung der Angst, nämlich die Einsicht in die »Fremdheit gegenüber Welt überhaupt«. Anders: *Die Fremdheit gegenüber Welt überhaupt ist für beide, Stimmung und Verstehen, die Bestimmung ihres metonymischen Wesens.*

Das *Verstehen* der Beziehung zwischen Seienden – und so eines Seienden über es hinaus – ist nur metonymisch möglich; denn in allem Verstehen des Daseins (genitivus subjectivus), i. e. in aller Aufladung der Beziehung zwischen dem Dasein und dem Seienden unter Beachtung von Welt, versteht das Dasein zwar sich selbst über es hinaus herkömmlich, aber gerade deshalb nicht vollständig, weil jene *Fremdheit gegenüber Welt überhaupt* die Beziehung zwischen Dasein und

---

[61] Ebd., S. 97.
[62] Ebd.

Seiendem metonymisch bestimmt. Die Überwindung dieser Fremdheit ist unmöglich, *so bleibt auch Welt unvertraut.*

Die in jedem Verstehen waltende Unvertrautheit von Welt leitet über zu der Frage nach einer obersten Metonymie der herkömmlichen Philosophie.

Die oberste Metonymie des herkömmlichen Denkens

Sie lautet: nihil est sine ratione. In bejahender Form sagt der Satz nach Heidegger: »Jedes Seiende hat notwendig einen Grund«.[63] Heidegger folgert, dass dieser Satz nach den Maßstäben des herkömmlichen Denkens sogar als der oberste aller Grundsätze bezeichnet werden muss. Im Widerspruch zu diesen Maßstäben kommt er jedoch zu der Einsicht: »Allein niemand wird die Behauptung wagen, daß der Satz vom Grund bedingungslos unmittelbar einleuchte in dem, was er aussagt«[64]. Daraus hervorgehend ist es die nachfolgend aufzuweisende Einsicht der vorliegenden Untersuchung: Niemand wird dieses *Wagnis* eingehen, weil dieser Satz eine Metonymie, genauer die oberste, alles leitende Metonymie des herkömmlichen Denkens ist. Denn wird dieser Satz, wie im Folgenden aufzuzeigen ist, bei seinem eigenen Wort genommen, dann ist er – in Anlehnung an Kubczak und Dürr – nur so zu sagen: Jedes Seiende wird durch die Bezogenheit auf den Grund »in gewisser Näherung« verstanden, aber das Verstehen *dieses* Grundes der objektiven Entsprechung als eigentlicher Grund, i. e. seine »Beachtung als größerer Zusammenhang«, verhindert den tieferen Einblick in eben das Wesen des eigentlichen Grundes.

Der Aufweis beginnt mit der Frage: »Wo hat der Satz vom Grund selber seinen Grund«[65]? In der Antwort gehen wir auf den »Grund des Grundes« zu, denn es gibt zwei mögliche Antworten: Entweder der Satz vom Grund ist »dasjenige Etwas, was einzig nicht von dem betroffen wird, was der Satz sagt, [...] der Satz vom Grund bliebe ohne Grund«[66]. Oder dieser Satz hat notwendig auch einen Grund, der dann aber, so vermutet Heidegger, nicht nur einer neben vielen anderen sein

---

[63] Martin Heidegger, *Der Satz vom Grund*, Stuttgart 1997, S. 18.
[64] Ebd.
[65] Ebd., S. 18.
[66] Ebd., S. 27.

kann. Von jenem »Grund des Grundes« sagt er: »überall ist unser Aufenthalt in der Welt, ist unser Gang über die Erde unterwegs zu Gründen und zum Grund, [...] bisweilen wagen wir uns auch an das Hintergründige und selten genug bis an den Rand der Abgründe des Denkens«[67]. Dort, wo es um den Grund des Grundes geht, um das Denken eines Seienden über es hinaus, kommt es also auf den Mut zum Wagnis *des Abgrundes* an. Der Abgrund – zögernde Versagung des Grundes –, der die Beziehung zwischen der Welt und dem Denken ins Wagnis stellt, zeigt wiederum eine bestätigende Parallelität zu jener allenfalls angemessenen Näherung, die die Beziehung zwischen der Welt und der Metonymie als jenem nicht verstehensermöglichenden Geschehen des Weltkönnens auszeichnet. Heidegger findet Bestätigung für diese Einsicht in den Grund als die zögernde Versagung bei Novalis, der über den Satz vom Grund dichtet:

»Sollte das höchste Prinzip das höchste Paradoxon in seiner Aufgabe enthalten? Ein Satz sein, der schlechterdings keinen Frieden ließe, der immer anzöge und abstieße, immer von neuem unverständlich würde, so oft man ihn auch verstanden hätte?«[68]

Obwohl also doch niemand wagt zu behaupten, dass dieser Satz bedingungslos unmittelbar einleuchtet, bleibt der Satz dennoch seltsamerweise fast jederzeit herkömmlich *verstanden*, deshalb zwar, weil nur selten genug sich jemand an den Rand der Abgründe des Denkens wagt. Genau in der Schwebe zwischen diesen beiden nicht oder selten eingegangenen Wagnissen hält sich der Satz vom Grund in dem, was er aussagt. Genau wegen dieser Schwebe eignet ihm auch jene partielle oder – dort, wo wir uns dennoch *an* die Abgründe des Denkens wagen – auch die vollständige Phänomenalität der *Leere*, einer Leere, die, wenn sie denn *wesentlich* gedacht wird, keine ist, was hier aber nicht näher erläutert werden kann. Genau wegen dieser im herkömmlichen Denken sich ergebenden Phänomenalität der *Leere* ist dieser Satz der oberste aller Grundsätze und zugleich auch die oberste Metonymie der herkömmlichen Philosophie.

Die geläufige Metonymie, so heißt es bei Kubczak, wird durch die passende Aufladung der Abstraktion »dann verstanden«, allerdings ist

---

[67] Ebd., S. 26.
[68] Novalis, *Schriften*, hrsg. von Jacob Minor, Bd. 3, Jena 1923, S. 171, zit. n. Martin Heidegger, *Der Satz vom Grund*, Stuttgart 1997, S. 30.

wegen der nicht exhaustiven Aufladung das Verstehen unvollständig. Dementsprechend führt die passende, aber nicht exhaustive Aufladung jenes obersten Grundsatzes zu einem nicht vollständigen Verstehen des Seienden über es hinaus und der Welt überhaupt. »Nichts ist ohne Grund.«[69] »Jegliches, was in irgendeiner Weise ist, hat notwendig einen Grund.«[70] Im Satz vom Grund stehen jegliches, was in irgendeiner Weise ist, jegliches Seiende und der Grund auch unter Beachtung der Welt in einer für die Metonymie bezeichnenden inkompatiblen Beziehung, weil der Satz selbst – »bei seinem eigenen Wort genommen« – grundlos bleibt. Der Grund des Grundes bleibt ungenannt. Jegliches Seiende, das »in irgendeiner Weise ist«, kann demnach, durch die Beziehung zwischen ihm und dem Grund und unter Beachtung von Welt überhaupt, zwar über es hinaus, aber nicht vollständig verstanden werden. Die Metonymie als Ausdruck setzt zwar jene zufällige oder notwendig unmögliche Beziehung zwischen den Seienden, aber das Wagnis an die Abgründe des Denkens zeigt, dass die Beziehung zwischen den Seienden überhaupt-metonymisch *gegeben* ist.

Insofern ist der Satz vom Grund die oberste aller Metonymien, denn er bringt die Metonymie als die allem herkömmlichen Denken zugrundeliegende Denkfigur darin zum Ausdruck, dass die in ihm dargelegte Beziehung zwischen dem Seienden und dem Grund herkömmlich nicht vollständig aufzuladen ist und so auch das Verstehen eines Seienden über es hinaus gerade auch unter Beachtung von Welt nicht vollständig ist. Gerade wegen dieser fehlenden Exhaustivität zeigt der Satz das Überhaupt-Metonymische in allem jeweiligen Weltverstehen und im Verstehen von Welt überhaupt. Jegliches Seiende wird, gerade durch die Beziehung zwischen ihm und dem Grund und gerade auch unter Beachtung der jeweiligen Welt, nicht, zumindest nicht vollständig verstanden. Denn Welt überhaupt wird nicht verstanden, weil der Satz vom Grund den Einblick in das Wesen der eigentlichen Wirklichkeit verwehrt.

Eigentliches Verstehen wird, so Heidegger, durch dasjenige ermöglicht, was im Satz vom Grund durch das »ist« (Nichts *ist* ohne Grund) genannt wird: »Das ›ist‹ nennt, wenngleich völlig unbestimmt, das Sein des je und je Seienden [...] Der Satz vom Grund sagt vom Sein

---

[69] Martin Heidegger, *Der Satz vom Grund*, S. 26.
[70] Ebd., S. 26.

des Seienden«, sagt also: »Zum Sein des Seienden gehört dergleichen wie Grund«.[71]

»Sein und Grund: das Selbe«.[72] Solches Verstehen überwindet zwar die Inkompatibilität von jeglichem Seienden, was irgendwie ist, und dem grundlosen Grund, weil nun – indem wir sagen: Sein und Grund: dasselbe – der Satz vom Grund in seinen eigenen Machtbereich fällt. Vollständige Exhaustivität der Aufladung wird allerdings auch so nicht erreicht; zwar gehören Sein und Grund zusammen, empfängt der Grund sein Wesen aus dieser Zusammengehörigkeit. Allerdings dürfen, wie überhaupt im bisherigen Denken, Sein und Seiendes nicht gleichgesetzt werden, denn: »Sein ›ist‹ im Wesen Grund. Darum kann Sein nie erst noch einen Grund haben, der es begründen sollte. Demgemäß bleibt der Grund vom Sein weg. Der Grund bleibt ab vom Sein […] Sein: der Ab-Grund«.[73] Deshalb fällt das *Sein* auch nicht in den Machtbereich des Satzes vom Grund, sondern nur das Seiende. In diesem Sinn ermöglicht das *eigentlichere* Verstehen *mit zunehmender Aufladung* den folgenden Einblick in die Beziehung zwischen dem Seienden und dem Grund und somit in das Seiende über es hinaus unter Beachtung des größeren Zusammenhangs:

Nichts ist ohne Grund.
»Ist« nennt das Sein des je und je Seienden.
Sein und Grund: das Selbe.
Sein: der Ab-Grund.

Dann ist Weltverstehen *eigentlicher,* dann ist das Verstehen des Satzes vom Grund das Verstehen des Metonymischen überhaupt in allem Verstehen von Welt und ist es die schrittweise Hinwendung zum wesentlichen Denken. Der erste Schritt ist – noch im Sinne des herkömmlichen Verstehens der Metonymie – das Hinauswachsen des Menschen über seine eigene Beschränktheit[74] durch das »verstehensermöglichende Geschehen des Weltkönnens«[75], welche Ermöglichung geschieht durch ein dialogisches Miteinandersein unter Beachtung des größeren

---

[71] Martin Heidegger, *Der Satz vom Grund*, S. 90.
[72] Ebd., S. 93.
[73] Ebd., S. 93.
[74] Vgl. Grondin, »Heidegger und Hans-Georg Gadamer, Zur Phänomenologie des Verstehens-Geschehens«, S. 387.
[75] Ebd., S. 386.

Zusammenhangs der humanistischen Tradition. Der nächste Schritt *begreift* das in allem herkömmlichen Verstehen inbegriffene *notwendig* Metonymische des Verstehens von Welt. Schließlich ist es die Einsicht in die *Fremdheit gegenüber Welt überhaupt,* die in allem Verstehen des Ganzen der Welt und auch in der Hineingehaltenheit in das Nichts und deren Verweisung auf das entgleitende Seiende im Ganzen das notwendig Metonymische in sich birgt.

Es ist letztlich diese Fremdheit, in der sich das von Novalis genannte höchste Paradoxon eines höchsten Prinzips offenbart. Denn die Vergeblichkeit der Antwort des herkömmlichen Denkens auf die Frage, wo denn der Satz vom Grund selber seinen Grund habe, zeigt: je »höher«, d. h. je grund-legender und also je vollständiger nach der Nähe der Beziehung eines jeglichen Seienden, wie es in irgendeiner Weise ist, zu einem anderen Seienden herkömmlich gefragt und diese Nähe gedacht wird, um so weniger entsprechend ist die betreffende Beziehung und umso unüberwindbarer ist der Mangel der Entsprechung. Anders gewendet: die herkömmliche Aussage offenbart, besonders in ihrer Form als »höchster« aller Grundsätze, in der objektiven Entsprechung der Beziehung ihrer Glieder, die fernste Nähe beider zueinander. Die *passende* Auflagung jener obersten Metonymie des herkömmlichen Denkens endet im *Münchhausentrilemma:* weil der Satz vom Grund – auf sich selbst bezogen – den Grund des Grundes verlangt und dieser Grund als Seiendes gleichwie jegliches, was in irgendeiner Weise ist, herkömmlich gesetzt ist; deshalb auch endet der Satz im infiniten Regress oder im logischen Zirkel oder in der Dogmatisierung eines letzten Grundes.

Das seinsgeschichtliche Denken hat demgegenüber keinen solchen dogmatisierten letzten Grund, vielmehr *ist* das Seyn selbst das Sichentziehende und west so als die Verweigerung.[76] Eine Dogmatisierung liegt auch schon deswegen nicht vor, »weil es so etwas wie den ›Sinn von Sein überhaupt‹ für den späten Heidegger nun nicht mehr [gibt]«.[77] Was vielmehr im *wesentlichen* Denken »beide, Zeit und Sein, in ihr Eigenes, d. h. in ihr Zusammengehören drängt, nennen wir: *das*

---

[76] Vgl. hierzu Heidegger, *Beiträge zur Philosophie (Vom Ereignis),* S. 246 f. Ebd., S. 246: »Wie aber, wenn das Seyn selbst das Sichentziehende wäre und als die Verweigerung weste? Ist dies ein Nichtiges oder höchste Schenkung? Und ist kraft *dieser* Nichthaftigkeit des Seyns selbst das ›Nichts‹ voll jener zuweisenden ›Macht‹, deren Beständnis alles ›Schaffen‹ (Seinerwerden des Seienden) entspringt?«

[77] Günter Seubold, »Ereignis. Was immer schon geschehen ist, bevor wir etwas tun«,

Ereignis«.[78] »Die Gabe von Anwesen ist Eigentum des Ereignisses. Sein verschwindet im Ereignis«[79]. Sein überhaupt ist un-sinnig, es gibt, so beschreibt Seubold Heideggers Einsicht, nur jeweils geschichtliche Wandlungen des Seins, dabei handelt es sich um die abendländischen Großepochen: die Geordnetheit als das dem Chaos Abgerungene, die Kreatürlichkeit als die Geschaffenheit von einem obersten Schöpfer, der Wille als die willentliche Übernahme und Steigerung ins Unabsehbare durch den Menschen. Allen genannten Großepochen und ihren Seinsbegriffen ist ein Verständnis gemeinsam: »Sein als Anwesenheit, Sich-Durchhalten in der Zeit, Präsenz, aber dieser gemeinsame Sinn ist nicht der Sinn von ›Sein überhaupt‹, sondern der Sinn nur aller bisherigen metaphysischen Seinsbegriffe«.[80]

Im Ausgang von diesen Wandlungen der Seinsgeschichte *und* angesichts eines Seins, das im Ereignis verschwindet, ist – unter Vermeidung eines letzten dogmatisierten Grundes – die Lösung des Novalis-Paradoxons zu suchen, jenes Paradoxons also, das in der höchsten Metonymie enthalten ist, in dem Satz, »der immer von neuem unverständlich würde, sooft man ihn auch verstanden hätte.«

Eine solche Lösung, die zu einer zunehmenden Vollständigkeit eines eigentlichen verstehens-ermöglichenden Geschehens des Weltkönnens beiträgt, gelingt tatsächlich mit der Herausarbeitung eines Topos, der eine Zeitgestalt wie z. B. das moderne Zeitalter umfasst[81]. Dieser Topos ist das von Heidegger im Nachwort zur Metaphysikvorlesung genannte »geschichtliche Menschentum«, denn dieses ist es, das dem Sein der Wahrheit seine Stätte bietet[82]. Und indem Heidegger hier auch vom »geschichtlichen Menschen« und vom »geschichtlichen Wesen« des Menschen spricht, gibt es eben mehrere geschichtliche Zeitgestalten, welche die Menschen so miteinander verbinden, dass sie dem Sein der Wahrheit seine Stätte bieten. Mit dieser Einsicht und unter

---

in: Dieter Thomä (Hrsg.): *Heidegger Handbuch*, Stuttgart 2003, S. 303; ›Sinn von Sein überhaupt‹, Zitat nach: Martin Heidegger, *Sein und Zeit*, S. 17.

[78] Martin Heidegger, »Zeit und Sein«, in: Ders.: *Zur Sache des Denkens*, Tübingen 1988, S. 20.

[79] Ebd., S. 22.

[80] Seubold, »Ereignis. Was immer schon geschehen ist, bevor wir etwas tun«, S. 303.

[81] Walter Schweidler, »Das Menschenunmögliche: zur Abgrenzung von Phänomenologie und Metaphysik nach Heidegger«, in: *Archivio di Filosofia: Archives of Philosophy*, Bd. 78, 2010, S. 322.

[82] Martin Heidegger, »Nachwort zu: ›Was ist Metaphysik?‹«, in: Ders.: *Wegmarken*, Frankfurt am Main 2004, S. 303–312, hier S. 311.

Welt verstehen

Beachtung des Nichts als dem eigentlichen Thema der Metaphysikvorlesung lässt sich nun *das Paradoxon des menschlichen Daseins* erarbeiten, genauer der paradoxe Kern des Verhältnisses von menschlichem Dasein und Metaphysik: die Bestimmung des Menschen als »Platzhalter des Nichts«[83]. Weil von der Metaphysik gilt, dass sie »ist, was sie ist: das Vorstellen des Seienden als des Seienden. Der Metaphysik bleibt keine Wahl. Als Metaphysik ist sie von der Erfahrung des Seins durch ihr eigenes Wesen ausgeschlossen«[84], deshalb geschieht uns durch sie im »modernen Weltalter«, wie jedem Menschentum, eine alles entscheidende Konsequenz: »*Genau dasjenige, wodurch das Sein der Wahrheit seine Stätte im menschlichen Dasein hat, [schließt] uns von der Erfahrung dieses Seins [aus]*«.[85] Das heißt aber auch, dass in allen durch uns möglicherweise erschlossenen Wahrheiten wesentlich das erscheint, was uns vor die Unmöglichkeit der Erfahrung des Seins der Wahrheit stellt.[86]

Dieser *paradoxe Kern des Verhältnisses von menschlichem Dasein und Metaphysik* lässt dann – in der Reflexion auf die Metonymie – den Bogen zum Novalis-Paradoxon schlagen. In diesem Sinne ist ein zunächst überraschendes Resümee Heideggers zu beachten: »Die Metaphysik ist im Denken an die Wahrheit des Seins überwunden [...] Doch diese ›Überwindung der Metaphysik‹ beseitigt die Metaphysik nicht.«[87] Dies Denken macht, gerade indem es die Metaphysik nicht beseitigt, bei dem genannten Paradoxon nicht Halt, sondern ist *wesentliches Denken*, i. e. Denken des Wandels, in dem über den Satz vom Grund hinaus etwas *erscheint*, das durch ein gewandeltes Wesen *sich zeigt*: Das Unmögliche. Denn wird die Wahrheit erst einmal als das durch die Metaphysik mir ihr Verwechselte und das durch ihre Geschichte Gewandelte begriffen, dann kann die Philosophie aus dieser Geschichte nur herausfinden, indem das Denken den Wandel, der diesem Denken zugrunde liegt, erst herbeiführt. Erst durch diese Lösung jenes Urparadoxes kann Philosophie die Bedingung seiner Möglichkeit nicht trans-

---

[83] Martin Heidegger, »Was ist Metaphysik?«, in: Ders.: *Wegmarken*, S. 103–122, hier S. 117.
[84] Martin Heidegger, »Einleitung zu: ›Was ist Metaphysik?‹«, in: Ders.: *Wegmarken*, S. 365–383, hier S. 379.
[85] Schweidler, »Das Menschenunmögliche: zur Abgrenzung von Phänomenologie und Metaphysik nach Heidegger«, S. 322.
[86] Ebd., S. 322.
[87] Heidegger, »Einleitung zu: ›Was ist Metaphsyik?‹«, S. 367.

zendental, sondern geschichtlich einholen, sie also nicht in einer transzendentalen Realität jenseits der Zeit, sondern in einer geschichtlichen Zeitgestalt offenlegen. Denn das Wesen der transzendentalen Einholung macht diese Offenlegung gerade unmöglich und muss, durch eben diese Offenlegung, selbst geschichtlich untergehen.[88] Genau in diesem Untergang »erscheint« das Unmögliche, in einem doppelten Sinn: Was dies Unmögliche war, das bis zum geschichtlichen Eintritt dieses Wandels diesen Wandel ausschloß, kann *sich* im gewandelten Wesen *zeigen*, und zwar allein in ihm und von ihm her; und die Unmöglichkeit des Wandeleintritts wird durch den Wandel zu einer, die dies nur zu sein *schien* und deren Schein durch das gewandelte Wesen verloren ging.[89] Das philosophische Urphänomen des sich geschichtlich wandelnden Menschseins ist also der Schritt vom unmöglich Erscheinenden zum erscheinenden Unmöglichen. Weil »Philosophieren Arbeiten am Erscheinen des Unmöglichen« ist und Erscheinen den Doppelsinn von Anschein und Sichzeigen der Wahrheit hat, findet an deren Überkreuzung »die Philosophie ihre Identität in der Voraussetzung und Einholung der Differenz von Wahrheit und Unmöglichkeit«.[90] Das heißt aber: Das als Inbegriff alles möglicherweise Wahren der vorgestellten und vorstellbaren Welt Erscheinende kann sich nur in einem geschichtlichen Übergang zu einer neuen Zeitgestalt als das Unmögliche zeigen, »das allein in dem und durch das hindurch erscheinen konnte, was mit ihm und durch es untergegangen ist.«[91] Der Kern dieses geschichtlichen Übergangs lautet: »Das erscheinende ist insofern notwendig *erschienenes* Unmögliches«.[92] Mit ihm enthüllt sich das »spezifisch *zeitliche* Wesen des Zusammenhangs zwischen Notwendigkeit und Unmöglichkeit«[93] und somit der wegweisende Anschluss an Heideggers Einsicht, dass »das Sein selbst im Wesen endlich ist«.[94]

Metaphysikvorlesung und geschichtlicher Aufweis sind unterschiedliche Wege und sie gelangen dennoch zu derselben Endlichkeit: Gemäß der Vorlesung ist das Wesen des Seins endlich, weil das Sein

---

[88] Schweidler, »Das Menschenunmögliche: zur Abgrenzung von Phänomenologie und Metaphysik nach Heidegger«, S. 324.
[89] Ebd., S. 324.
[90] Ebd.
[91] Ebd., S. 324.
[92] Ebd.
[93] Ebd., S. 324.
[94] Heidegger, »Was ist Metaphysik?«, S. 120.

»sich nur in der Transzendenz des in das Nichts hineingehaltenen Daseins offenbart« und deshalb Sein und Nichts zusammengehören.[95] Der durch den Wandel des Denkens herbeigeführte geschichtliche Aufweis der Endlichkeit geschieht durch einen Wandel im Sinne der Freilegung einer geschichtlichen Zeitgestalt, »deren Wesen gerade darin besteht, diese Freilegung unmöglich zu machen und deshalb durch diese Freilegung geschichtlich untergehen zu müssen«.[96]

Die Ausgangsfrage nach dem Verstehen der Metonymie durch die sinnerzeugende Überwindung der ihr impliziten Inkompatibilität der Bezogenen kommt im Hinblick auf jenes Zusammengehören von Sein und Nichts und jenen Wandel des Denkens zu folgender Antwort: Über und durch das Metonymische alles Verstehens, die Fremdheit gegenüber Welt überhaupt, das Paradoxon des obersten Grundsatzes, das Urparadox und das Nichts des Daseins findet das Verstehen der Metonymie seine *Lösung* im endlichen Wesen des Seins.

Die für die Philosophie als Arbeit am Erscheinen des Unmöglichen dargelegte Notwendigkeit eines Denkens des Wandels erfüllt sich im *wesentlichen* Denken, dieses unterliegt dem Wandel des Seins, dieser wird ereignet durch das *Ereignis*. Das Ereignis ist das »Urphänomen«, das auf nichts anderes zurückgeführt werden kann.[97] Seubold zeigt auf, dass Heidegger eine Radikalität dieses wesentlichen Denkens entwirft, die einem Denkschnitt gleichkommt: »Sein ohne das Seiende denken, heißt: Sein ohne Rücksicht auf die Metaphysik denken«[98]. Selbst die noch aus dem Herkömmlichen gedachte ontologische Differenz gilt es notwendigerweise hinter sich zu lassen: »Die Hauptschwierigkeit liegt darin, dass es vom Ereignis her nötig wird, dem Denken die ontologische Differenz zu erlassen. Vom Ereignis her zeigt sich dagegen dieses Verhältnis nun als das Verhältnis von Welt und Ding«[99]. Dasjenige, was mit der Erlassung der ontologischen Differenz durch das Ereignis ereignet wird, sind »Ereignete«:

»So wird im Identitätsvortrag, wenn er von seinem Ende her ge-

---

[95] Ebd., S. 120.
[96] Schweidler, »Das Menschenunmögliche. Zur Abgrenzung von Phänomenologie und Metaphysik nach Heidegger«, S. 324.
[97] Günter Seubold, »Ereignis. Was immer schon geschehen ist, bevor wir etwas tun«, S. 302 f.
[98] Ebd., S. 303, zit. n. Heidegger, *Zeit und Sein*, S. 25.
[99] Ebd., S. 303, zit. n. Martin Heidegger, »Protokoll zu einem Seminar über den Vortrag ›Zeit und Sein‹«, in: Ders.: *Zur Sache des Denkens*, Tübingen 1988, S. 41.

dacht ist, gesagt, was das Ereignis ereignet, d. h. ins Eigene bringt und im Ereignis behält: nämlich das Zusammengehören von Sein und Mensch. In diesem Zusammengehören sind dann die Zusammengehörenden nicht mehr Sein und Mensch, sondern – als Ereignete –: die Sterblichen im Geviert der Welt«[100].

Das Ereignis ereignet nun nicht mehr Sein und Mensch, sondern Welt als das Geviert von Sterblichen, Unsterblichen, Erde und Himmel.[101] Die *Zusammengehörenden, Sterbliche im Geviert der Welt*, beziehen auch das zum Sein gehörende Nichts mit ein, weil die Sterblichen den Tod als Tod vermögen und dieser wiederum »der Schrein des Nichts ist, dessen nämlich, was in aller Hinsicht niemals etwas bloß Seiendes ist, was aber gleichwohl west, sogar als das Geheimnis des Seins selbst«.[102]

Das *Zusammengehören* der Ereigneten hat nun eine wesentliche Bewandtnis für das Metonymische in allem Verstehen und deshalb auch für die Lösung des Novalis-Paradoxons, also der Beziehung zwischen den inkompatibel Seienden im obersten Grundsatz des herkömmlichen Denkens. Im Geviert der Welt spiegelt jedes der Vier in seiner Weise das Wesen der übrigen im Sinne eines ereignenden Vereignens wider.[103] Dies Ereignen ist das Welten von Welt. Und nur wenn Welt als Welt weltet wird das Ding ereignet; dieses wird so nicht mehr als das Seiende jener Beziehung zwischen den inkompatibel Seienden nur vorgestellt. Das Welten ist weder erklärbar noch ergründbar, es ist, so Heidegger, das »Unmögliche« und kommt daher, »dass so etwas wie Ursachen und Gründe dem Welten von Welt ungemäß bleiben.«[104] Dieses wesentlich zu denkende Unmögliche Heideggers hat nun eine wegweisende Koinzidenz mit dem genannten geschichtlichen Menschenunmöglichen. Während aber das wesentliche Unmögliche nicht mehr herkömmlich als ein Seiendes und nicht mehr durch die Beziehung zwischen den Seienden und unter Beachtung von Welt über es hinaus zu verstehen ist, sondern als Ding aus der weltenden Welt anwest, ist das »Menschenunmögliche« *noch* geschichtlich zu verstehen, und zwar aus dem spezifisch zeitlichen Wesen des Zusammen-

---

[100] Ebd., S. 304, zit. n. Heidegger, *Zur Sache des Denkens*, S. 45.
[101] Ebd., S. 304.
[102] Martin Heidegger, »Das Ding«, in: Ders.: *Vorträge und Aufsätze*, Stuttgart 2000, S. 171.
[103] Ebd., S. 172.
[104] Ebd.

hangs von Notwendigkeit und Unmöglichkeit. Dieses »noch« ist jedoch, wie es auf den ersten Blick scheinen mag, keine Abqualifizierung, denn immerhin ist gerade so, nämlich geschichtlich, *Wahrheit* bis an die Abgründe des herkömmlichen Denkens zu *verstehen*. Heidegger verweist allerdings, um wesentlich über jenes »noch« geschichtlich bestimmte Unmögliche hinaus zu denken, nur auf »den Schritt zurück aus dem nur vorstellenden, d. h. nur erklärenden Denken in das andenkende Denken.«[105] Zur zeit-räumlichen *Dimension* dieses Denkens, in welcher der Mensch nicht mehr Geschichte hat, sondern geschichtlich ist[106], heißt es, dass »erst wenn, jäh vermutlich, die Welt als Welt weltet«[107], die Einfalt der Vier in ihr Eigenes freigegeben wird. Es ist, so liegt es nahe, wohl diese Jähe, die im Denken des Menschenunmöglichen jenem »spezifisch zeitlichen Wesen des Zusammenhangs zwischen Notwendigkeit und Unmöglichkeit« entspricht. Denn mit dieser Jähe gelingt Heidegger der Schritt zurück in die Abgründe des Denkens, in die auch das geschichtlich aufgewiesene Menschenunmögliche reicht: Im Andenken des Nichts, im Andenken der Innigkeit des Nicht im Wesen des Seins, gelingt dem Menschen als *Sterblicher* nämlich, *nur* als Sterblicher aber, das Wohnen in der Welt als Welt, gelingt ihm das Verstehen von Welt. Denn dies Gelingen versteht, dass das Nichts das Geheimnis des Seins selbst ist, der Tod aber dies Wesende des Seins in sich birgt. Deshalb ist der Tod der Schrein des Nichts und sind die Sterblichen, die den Tod vermögen, wesend im Gebirg des Seins. Deshalb müssen die vernünftigen Lebewesen, als welche die Metaphysik die Menschen vorstellt, erst zu Sterblichen *werden*.[108] »Erst die Menschen als die Sterblichen erlangen wohnend die Welt als Welt.«[109]

Insofern ist das Metonymische in allem Verstehen erst dann überwunden, sind das Novalis-Paradoxon und jenes Urparadoxon erst dann gelöst, wenn das Verstehen eines Seienden »über es hinaus« wesentlich ist, d. h. vom Ereignis ereignet ist als das Verhältnis von Welt und Ding und als die Zusammengehörenden; mit Bezug auf den Menschen will das sagen: Sterbliche sein im Geviert der Welt.

Der Satz vom Grund als die oberste Metonymie des Denkens ist

---

[105] Ebd., S. 174.
[106] Vgl. hierzu: Heidegger, *Beiträge zur Philosophie (Vom Ereignis)*, S. 492.
[107] Heidegger, *Das Ding*, S. 174.
[108] Ebd., S. 171.
[109] Ebd., S. 175.

erst »dann verstanden«, und zwar »Geschichte habend« verstanden, wenn sich das Denken als »verstehensermöglichendes Geschehen des Weltkönnens« nicht durch die transzendentale, sondern durch die geschichtliche Einholung der Bedingung seiner Möglichkeit an »den Rand der Abgründe des Denkens wagt« und das versteht, als was das Sein west: als Ab-Grund. In dieser Hinsicht ist jenes »Menschenunmögliche« abgrund-weisend: Das erscheinende, aber notwendig erschienene Unmögliche erweist fundamental von der »Seite« des Seienden her das zeitliche Wesen des Zusammenhangs zwischen Notwendigkeit und Unmöglichkeit und bestätigt so in derselben Weise genau das, was auch Heidegger in seinem Vortrag *Was ist Metaphysik?* anhand der »Hineingehaltenheit des Daseins in das Nichts auf dem Grunde der verborgenen Angst« aufweist. Zum einen führen die beiden, wenn auch unterschiedlichen Wege von der gleichen »Seite« her zu jener Einsicht von der Endlichkeit des Wesens des Seins.

Zum anderen aber denkt Heidegger ab den *Beiträgen* die Einmündung auf diesen von der »Seite« des Seienden her eingeschlagenen Weg, von der »Seite« des Abgrundes her, i. e. von der »Seite« der »vollen Wesung des Seyns in der Wahrheit des Ereignisses.«[110] Das Andenken an diese Wesung führt Heidegger zu der ›Ahnung‹, »*daß die Verweigerung die höchste Schenkung des Seyns, ja dessen anfängliche Wesung selbst ist*«.[111] Aus dieser Verweigerung wiederum ist das Nichts zu verstehen »*als das Übermaß der reinen Verweigerung. Je reicher das Nichts, umso einfacher das Seyn.*«[112] Die *Ahnung* der Verweigerung als der höchsten Schenkung des Seins von der *Seite* des Seins her ist die Ermöglichung desjenigen Weges, der seine Entsprechung von der anderen *Seite* her (der Seite des Wagnisses bis an die Abgründe des Denkens) in Heideggers Nichts des Daseins und im »Geschichte habenden« Menschenunmöglichen hat.

Daher heißt es – in diesem Sinne scheinbar *analog* zum Nichts des Daseins und zum Menschenunmöglichen – auch in den *Beiträgen:* »das Seyn ist endlich.«[113] Aber die Endlichkeit des Seins durchbricht, abgründigerweise, diese Analogie. Denn im Streit der Sätze: das Sein ist endlich/das Sein ist unendlich werden Endlichkeit und Un-endlichkeit

---

[110] Martin Heidegger, *Beiträge zur Philosophie (Vom Ereignis)*, S. 472.
[111] Ebd., S. 241.
[112] Ebd., S. 245.
[113] Ebd., S. 268.

nicht mehr »als vorhandene Größenbegriffe genommen«, sondern der Satz: das Sein ist endlich meint eine »*Qualität*«, er ist »gemeint als übergängliche Abwehr eines Idealismus jeglicher Art.«[114] Heidegger erklärt die Sachlage so: »Bewegt man sich aber im Streit jener Sätze, dann wäre zu sagen: Wenn das Seyn als unendlich gesetzt wird, dann ist es gerade bestimmt. Wird es als endlich gesetzt, dann wird seine Abgründigkeit bejaht. Denn das Un-endliche *kann* ja nicht gemeint sein als das verfließende, nur sich verlaufende End-lose, sondern als der geschlossene *Kreis*! Dagegen steht das Ereignis in seiner ›Kehre‹! (strittig).«[115] Die Ab-Gründigkeit des Seins, des Ur-Grundes, west als das Weg-bleiben des Grundes. Dies Weg-bleiben des Grundes ist der Ab-Grund und somit die ursprüngliche Wesung des Grundes. Der Streit der Sätze ist aus der Innigkeit des Nicht im Sein zu verstehen. Das Nichts wird nicht mehr vorgestellt als die vorstellende Verneinung des Etwas, sondern »die Zusammengehörigkeit von Seyn und Nichts [ist] ursprünglicher zu bestimmen«.[116] In diesem Sinne kommt Heidegger wieder auf die »Verweigerung als die anfängliche Wesung selbst des Seyns« zurück, denkt aber darüber hinaus: »Wie aber, wenn das Seyn selbst das Sichentziehende wäre und als die Verweigerung weste? Ist diese ein Nichtiges oder höchste Schenkung? Und ist gerade kraft dieser Nichthaftigkeit des Seyns selbst das ›Nichts‹ voll jener zuweisenden Macht, deren Beständnis alles Schaffen (Seienderwerden des Seienden) entspringt«?[117] Wenn demgemäß das Denken die Geschiedenheit zwischen dem metaphysischen Nichts als der vorstellenden Verneinung des Etwas und der Abgründigkeit des Seins als der ursprünglichen Wesung des Grundes als Abgrund *vorerfährt*, dann versteht es den Satz vom Grund wesentlich: *Nichts ist ohne Ab-Grund*. Dieser Satz kann nicht mehr, wie man verleitet sein möchte, ins Positive gewendet werden. Denn dieser Satz folgt nicht mehr ausschließlich der Grammatik der Logik. Das Subjekt, das Nichts, und sein Prädikat, das *ist*, sind noch dem *herkömmlichen* Denken verpflichtet. Das Endliche des Satzes, der Ab-Grund, ist jetzt eine Qualität, die hilft, das Metonymische in allem Verstehen von Welt zu überwinden. Dieser Satz, der eigentlich keiner mehr ist, sondern etwas, worin sich eine

---

[114] Ebd., S. 268.
[115] Ebd., S. 269.
[116] Ebd., S. 246.
[117] Ebd., S. 246.

Robert Meißner

Wendung vollzieht, ist der Grund von Heideggers Kehre des Wesens der Wahrheit zur Wahrheit des Wesens und von der geschichtlichen Einholung des Übergangs des erscheinenden Unmöglichen zum notwendig erschienenen Unmöglichen.

III GABE

hingegeben für die Vielen – Stellvertretung zwischen Metonymie und Kontiguität

Florian Bruckmann (Dresden)

Wir wissen nicht, wie alles begonnen hat. Niemand war dabei. Deshalb sind wir auf Rekonstruktionen angewiesen. Diese Rekonstruktionen sollen uns helfen, eine Entwicklung verständlich zu machen, die unsere jetzige Lage erklärt, und gleichzeitig etwas an den Anfang stellen, dessen Auswirkungen bis heute zu spüren sind. Je nach Blickwinkel und Interpretationsintention fällt die Rekonstruktion des Anfangs anders aus. So fragt z. B. die Soziologie nach den Anfängen menschlicher Interaktion und kommt zu unterschiedlichen Antworten. Während René Girard den Neid und die aus ihm abgeleitete gewalttätige Aggression als Keimzelle der Gesellschaft sieht und mit ihr die Notwendigkeit, mit dieser Aggression umzugehen,[1] geht Marcel Mauss davon aus, dass die Gabe und mit ihr vielleicht sogar der Tausch bzw. der Zwang zur Gegengabe der Beginn von Gemeinschaft sind.[2] Biblisch stoßen wir zuerst auf die Schöpfung und die in ihr mögliche, geglückte Beziehung zwischen Gott und Mensch. Allerdings hält dieser paradiesische Idealzustand nicht lange an und die Sünde kommt in die Welt, was Gottes Gnadenhandeln und Erbarmen provoziert. Gleichzeitig ist es von weitreichender Konsequenz, wie eine systematische Theologie (präzise eine theologische Anthropologie) aufgebaut ist: Beginnt sie gleichsam im Paradies und betrachtet den Menschen zuerst einmal so, wie er (vermeintlich) von Gott her gedacht ist, oder geht sie davon aus, wie Menschen faktisch sind und ihr Leben erfahren, und fragt dann, was dies zu bedeuten hat? Man könnte aber auch bei Jesus Christus ansetzen und von ihm her bedenken, was es heißt über Gott, Mensch und Welt zu

---

[1] René Girard, *La Violence et le sacré*, Paris 1972; *Das Heilige und die Gewalt*, übers. v. Elisabeth Mainberger-Ruh, Ostfildern ²2011.
[2] Marcel Mauss, *Essai sur le don: forme et raison de l'échange dans les sociétés archaïques*, préfaces de Florence Weber, Paris 2010; *Die Gabe. Form und Funktion des Austauschs in archaischen Gesellschaften*, übers. v. Eva Moldenhauer, Frankfurt 1990.

reden und diese drei Größen in Beziehung zu setzen. So zeigt sich, dass der Anfang nicht nur Anfang ist, sondern gleichzeitig die bewusste Entscheidung des Systematikers widerspiegelt, wo er beginnen will. Aus jedem Anfang ergibt sich ein ganz eigenes Textgefüge, so dass der Anfang nicht nur Anfang ist, sondern gleichzeitig auch systematischer Ansatzpunkt und damit Kern der Problemstellung. Somit ist der Anfang Anfang und Kern in einem. Kann er rein zeitlich gedacht werden oder handelt es sich bei ihm nicht vielmehr um eine logische Konstruktion, von der her alles ausgeht und auf die hin alles zuläuft?

Es zeigt sich, dass der Anfang nicht beliebig ist, sondern von höchster Komplexität, weswegen es auch schwer fällt, anzufangen. Die folgenden Überlegungen gehen davon aus, dass die sprachliche Figur der Metonymie etwas von dem offenbart, wie Menschen denken, so dass sich von ihr her das Verstehen von Welt besser erfassen lässt. Um diese These zu erhärten, wird (1.) darauf hingewiesen, dass auch zeitlich konstruierte Anfänge logische Rekonstruktionen sind, die vom denkenden Subjekt verantwortet werden müssen. Danach wird versucht (2.), die sprachliche Figur der Metonymie und die mit ihr zusammenhängende Kontiguität als menschliches Muster der Weltinterpretation zu verstehen. Im Anschluss (3.) wird gefragt, ob der so erarbeitete Begriff der Metonymie innerhalb der Theologie gewinnbringend angewandt werden kann. Dazu werden einige Überlegungen zur Sünder- bzw. Rechtfertigungspersönlichkeit angestellt, wie sie im fünften Kapitel des Römerbriefes vorkommen (3.1). Von hierher ergibt sich ein Zusammenhang mit dem Problem der Stellvertretung (3.2), das anhand konzentrierter Hinweise auf die Einsetzungsworte und deren schöpfungstheologische Implikationen in einem gabetheoretischen Horizont erörtert werden soll. Zum Schluss (3.3) wird in Anknüpfung an Emmanuel Lévinas darauf hingewiesen, dass das Denken des Anfangs auch immer ein Denken des Endes ist und dass deshalb Stellvertretung innerhalb der Eschatologie von Bedeutung ist. Ein kurzes Fazit (4.) beendet die Ausführungen.

1. Zur Rekonstruktion des Anfangs

Die Fragen nach der Metonymie und der Kontiguität sollen im Folgenden als eine Frage nach dem logisch rekonstruierbaren Ausgangspunkt verstanden werden. Dies impliziert zweierlei: Einerseits werde ich versuchen, einen systematischen Knotenpunkt zu finden, von dem her es mir möglich sein wird, ein tragfähiges Begriffsnetz zu knüpfen, das mit so viel Evidenz ausgestattet ist, dass es mit seiner Hilfe gelingt, etwas zu verstehen, was ohne es nicht verstanden oder verknüpft werden könnte. Andererseits bin ich mir bewusst, dass ein Netz nur funktionsfähig ist, wenn es zum größten Teil aus Löchern besteht, weil sonst das Überflüssige nicht hindurchrauschen könnte, und gleichzeitig der erfahrene Fischer sein Netz so knüpft, dass er genau die Fische fängt, die er fangen will. Deswegen bleibt das Folgende stark subjektiv und steht vor dem nicht zu lösenden Dilemma, dass auf eigene Verantwortung hin ein Begriffsnetz geknüpft wird, wo es vielleicht überhaupt nicht möglich ist, etwas zu verknüpfen, und wo es vor allem hermeneutisch u. U. überhaupt nicht möglich ist, einen hypothetischen Anfang zu rekonstruieren. Denn es stellt sich doch die Frage, mit welchem Recht ein Subjekt behauptet, dass die ihm einleuchtenden Denkregeln auch dort und dann gelten, wo es selbst (noch) nicht ist. Hier wird deutlich, dass das Subjekt diese Denkregeln selbst nicht herstellt. Es ist zwar für das eigene Denken verantwortlich, aber es kann seinen eigenen Anfang nicht verantworten, so dass ihm dieser entzogen bleibt und es selbst zu diesem Anfang hindenkt, ohne diesen Anfang setzen zu können. Dies impliziert, dass das Hindenken an den Anfang eine rückschreitende Konstruktion, also eine Rekonstruktion ist, die selbst von der Idee getragen ist, dass es so etwas wie Verknüpfung, Entwicklung oder gar Fortschritt gibt. Gäbe es keine Möglichkeit der Verknüpfung oder Rekonstruktion, dann wäre philosophisches und theologisches Denken nicht möglich. Wird allerdings die Fähigkeit des Menschen, seine Anfänge zu rekonstruieren, überbewertet, dann versucht er einen Standpunkt außerhalb des Bedeutungsgeflechtes einzunehmen, was ihm nicht möglich ist. Deshalb muss sich jede Rekonstruktion, jedes Verknüpfen und jede Erzählung bewusst bleiben, welchen Erkenntnisbedingungen sie unterliegt, weil der Mensch als ein sich selbst reflektierendes und interpretierendes Wesen bzw. Tier[3] einem der genannten Netzknoten gleicht, auf den hin Bedeutungsstränge zulaufen, die er aufnehmen kann, ohne immer zu wissen, was alles damit zusammen-

---

[3] Charles Taylor, *Human agency and language* (Philosophical papers 1), Cambridge 1985, S. 45–76; ders., *Interpretation and the sciences of man*, (Philosophical papers 2), Cambridge 1985, S. 15–57.

hängt oder was er damit fangen wird. Das meiste wird an ihm vorbeirauschen.

2. Metonymie und Kontiguität als Interpretationsmuster

Metapher und Analogie erfreuen sich innerhalb der Theologie größter Beliebtheit.[4] Der Grund dafür liegt trotz der unterschiedlichen Intention im Gebrauch von Metapher und Analogie in der von ihnen bezeugten Differenz. Diese Differenz eignet sich, um der Unterschiedenheit von Gott und Mensch sprachlichen Ausdruck zu verleihen. Der Differenz zwischen Gott und Mensch wird die Tatsache gerecht, dass die Metapher bei aller Ähnlichkeit mit Übertragung arbeitet und die Analogie ganz direkt von der noch viel größeren Unähnlichkeit trotz aller Ähnlichkeit Zeugnis ablegt. In beiden Fällen geht es also darum, dass eine Differenz und ein Unterschied hervorgehoben werden,[5] es gleichzeitig aber aufgrund von Ähnlichkeit bzw. Vergleichbarkeit möglich bleibt, über das Andere zu reden. So machen es Metapher und Analogie möglich, über etwas zu reden, das anders nicht ausgedrückt werden kann. Aufgrund dieser Sprachermöglichung, die von der Differenz in Ähnlichkeit bzw. Unähnlichkeit ausgeht, eignen sich Metapher und Analogie, um mit ihnen innerhalb der Gotteslehre etwas anzudeuten, das ohne die sprachlichen Hilfskonstruktionen Metapher und Analogie unausgesprochen bleiben müsste.

Dies ist – auf den ersten Blick – bei der Metonymie ganz anders.[6] Sie operiert nicht mit der übertragenen oder klar bezeichneten Differenz, sondern bewegt sich aufgrund eines erkannten kausalen Zusammenhangs auf ein und derselben logischen Ebene und speist ihre Aussagekraft aus der Kontiguität.[7] Mit Kontiguität wird eine Nachbar-

---

[4] Paul Ricœur/Eberhard Jüngel, *Metapher. Zur Hermeneutik religiöser Sprache*, mit einer Einführung von Pierre Gisel, EvTh Sonderheft, München 1974. Karl Rahner, »Erfahrungen eines katholischen Theologen«, in: Albert Raffelt (Hrsg.): *Karl Rahner in Erinnerung*, (Freiburger Akademieschriften 8), Düsseldorf 1994, S. 134–148. Florian Bruckmann, *Die Schrift als Zeuge analoger Gottrede. Studien zu Lyotard, Derrida und Augustinus*, Freiburg 2008.
[5] DH 806.
[6] Heinrich Lausberg, *Handbuch der literarischen Rhetorik. Eine Grundlegung der Literaturwissenschaft*, Stuttgart ⁴2008, S. 292–295.
[7] Calixto F. Filho, »Symbolisme et métonymies du sensible au divin chez Denys l'Aréopagit«, in: RSPhTh 95 (2001) S. 275–286, hier S. 277: »D'autre part, pace que fondée sur

schaftsbeziehung bezeichnet,[8] die logisch erkannt worden ist,[9] ohne dass es sich um eine direkte räumliche oder sprachinterne Relationierung handelt.[10] Weil die Metonymie mit bekannten Beziehungen arbeitet, ermöglicht sie im Vergleich zur Metapher keinen Erkenntnisfortschritt, wohingegen mit einer Metapher eine bisher unbekannte Tiefenstruktur erschlossen werden kann.

»A metonymy [...] relies wholly upon those relations between objects that are habitually and conventionally known and accepted. We must *already know* that the objects are related, if the metonymy is to be devised or understood. Thus, metaphor *creates* the relation between its objects, while metonymy *presupposes* that relation. This is why metonymy can never articulate a newly discovered insight, why it lacks the creative depth of metaphor.«[11]

Gemäß der beibehaltenen logischen Ebene bezeichnet Lausberg die Metonymie als Verschiebungstrope, wohingegen die Metapher eine Sprungtrope ist: Eine Verschiebung bewegt sich auf ein und derselben logischen Ebene, wohingegen ein Sprung eine Vergleichbarkeit bei Ungleichheit und damit den Unterschied der Ebenen anzeigt.[12] Die sprachwissenschaftliche Forschung in der zweiten Hälfte des letzten

---

la simple contiguïté mental, une relation métaphorique entre deux sens est totalement contigente, alors que dans le cas c'une relation métonymique, il y a une contiguïté réelle entre le sens premier (le sinsible – lorsqu'il désigne une chose réelle) et le sens second (le sensible lorsqu'il désigne Dieu).«

[8] Beate Kern, *Metonymie und Diskurskontinuität im Französischen* (Linguistische Arbeiten 531), Berlin u. a. 2010, S. 15: »Kontiguität wurde als Nachbarschaftsbeziehung oder als Verbindung zwischen Konzepten eingeführt [...] Sie bildet damit das Gegenstück zur Similarität, der Ähnlichkeitsrelation.« Vgl. Hans Schwarz, Art. Metonymie II. Neuzeit, in: *HWPh* 5 (1980) Sp. 1387 f., hier Sp. 1387.

[9] Walter Schweidler weist in der Einleitung dieses Bandes auf den Zusammenhang zwischen der zu erkennenden Sache, der Erkenntnis und ihrer Ausdrucksgestalt hin.

[10] Kern, *Metonymie* (s. Anm. 8), S. 24: »Kontiguität als Beziehung zwischen sprachlichen Bedeutungen ist demnach ebenso wenig plausibel wie Kontiguität zwischen realen Objekten; sie spielt sich somit eindeutig auf konzeptueller Ebene ab.«

[11] Hugh Bredin, »Metonymy«, in: *Poetics Today* 5 (1984) S. 45–58, hier S. 57. Zur weiteren Abgrenzung von Metapher und Metonymie vgl. Dan Fass, *Processing metonymy and metaphor*, (Contemporary studies in cognitive science and technology 1), Greenwich u. a. 1997, S. 46–52.

[12] Heinrich Lausberg, *Elemente der literarischen Rhetorik. Eine Einführung für Studierende der klassischen, romanischen, englischen und deutschen Philologie*, Ismaning [10]1990, S. 75–78. George Lakoff/Mark Turner, *More than cool reason: A field guide to poetic metaphor*, Chicago 1989, S. 103.

Jahrhunderts, speziell die sogenannte kognitive Linguistik[13], tendiert allerdings dahin, die Metonymie nicht mehr nur als Trope und damit als rhetorisches Stilmittel zu begreifen, sondern ihr eine sehr viel zentralere Rolle im menschlichen Weltverstehen zukommen zu lassen.[14] Eine vergleichbare Tendenz ist auch innerhalb der Metaphernforschung feststellbar:[15]

»In their view [Lakoff and Johnson; FB], metaphor is not simply a matter of words or linguistic expressions but of concepts, of thinking of one thing in terms of another […] In this view, metaphor ceases to be the sole device of creative literary imagination; it becomes a valuable cognitive tool without which neither poets nor you and I as ordinary people could live.«[16]

Metapher und in ihrer Folge auch die Metonymie erhalten in dieser Blickrichtung einen sehr weitgehenden Analysewert für menschliches Verstehen und Begreifen, die grundsätzlich sprachlich sind.[17]

---

[13] Vgl. z.B. John R. Taylor/Robert E. MacLaury (Hrsg.), *Language and the cognitive construal of the world* (Trends in linguistics: Studies and monographs 82), Berlin u.a. 1995. Zoltán Kövecses, *Metaphor. A practical introduction*, Oxford 2002, S. 145; S. 160.
[14] Vgl. Kern, *Metonymie* (s. Anm. 8), S. 24–42; S. 54.
[15] Vgl. z.B. George Lakoff/Mark Johnson, *Metaphors we live by*, London 1980; *Leben in Metaphern. Konstruktion und Gebrauch von Sprachbildern*, übers. v. Astrid Hildenbrand, Heidelberg ⁴2004. Dazu: Markus Buntfuß, *Tradition und Innovation: Die Funktion der Metapher in der theologischen Theoriesprache* (TBT 84), München 1996, S. 62–64. Christa Baldauf, »Sprachliche Evidenz metaphorischer Konzeptionalisierung. Probleme und Perspektive der kognitivistischen Metapherntheorie im Anschluss an George Lakoff und Mark Johnson«, in: Ruben Zimmermann (Hrsg.): *Bildersprache verstehen: Zur Hermeneutik der Metapher und anderer bildlicher Sprachformen*, München 2000, S. 116–133, hier S. 132. Dies., *Metapher und Kognition. Grundlagen einer neuen Theorie der Alltagsmetapher*, Frankfurt u.a. 1997. Jens Schröter, »Metaphorische Christologie. Überlegungen zum Beitrag eines metapherntheoretischen Zugangs zur Christologie anhand einiger christologischer Metaphern bei Paulus«, in: Jörg Frey u.a. (Hrsg.): *Metaphorik und Christologie*, Berlin u.a. 2003, S. 53–73, hier S. 58–61.
[16] Kövecses, *Metaphor* (s. Anm. 12), IX. Vgl. John R. Taylor, *Linguistic categorization* (Oxford textbooks in linguistics), Oxford ³2003. S. 125 f.: »These examples suggest that the essence of metonymy resides in the possibility of establishing connections between entities which co-occur within a given conceptual frame. This characterization suggests a rather broader understanding of metonymy than that given by traditional rhetoric. The entities need not be contiguous, in any spatial sense, neither, as we shall see, is metonymy restricted to transferred reference. On this broader view, metonymy turns out to be one of the most fundamental processes of meaning extension, more basic, perhaps, even than metaphor.«
[17] Lakoff/Johnson, *Leben* (s. Anm. 14), S. 48.

Zusätzlich zu der Abgrenzung von Analogie und Metapher muss die Metonymie auch von der Synekdoche unterschieden werden.[18] Mit ihr hat sie gemeinsam, dass beide eine Teil-Ganzes-Relation ausdrücken,[19] wohingegen es der Synekdoche allein zu eigen ist, eine Gattung-Art-Relation zur Sprache zu bringen.[20] Trotz dieser Einschränkung bleibt deutlich, dass die Metonymie auf eine bestehende Nachbarschaftsbeziehung aufmerksam macht und damit über sich selbst hinausweist, weil sie selbst trotz der nur geringen Differenz auf etwas verweist, das sie nicht selbst ist.[21] Offensichtlich ist trotz größtmöglicher Nähe auch bei der Metonymie die Differenz das ausschlaggebende Kriterium; die Differenz macht den Reiz der Metonymie aus und ohne Differenz gäbe es keine Metonymie, sondern nur Identität. So operiert die Metonymie z. B. mit der Differenz zwischen Erzeuger und Erzeugnis, indem das eine mit dem anderen bezeichnet werden

---

[18] Zur komplexen Geschichte der Verhältnisbestimmung von Metapher, Metonymie und Synekdoche im Hinblick auf Ähnlichkeit und Kontiguität und der Frage, ob speziell die Metonymie mit einer Substitution oder Übertragung arbeitet, vgl. Ekkehard Eggs, Art. Metonymie, in: *Historisches Wörterbuch der Rhetorik* 5 (2000) S. 1196–1223. Klaus-Uwe Panter/Günter Radden (Hrsg.): *Metonymy in Language and Thought* (Human Processing Cognitive 4), Amsterdam u. a. 1999. Als Grundlagentext der Diskussion gilt immer noch Roman Jakobson, »Zwei Seiten der Sprache und zwei Typen aphatischer Störungen«, in: Ders., *Aufsätze zur Linguistik und Poetik*, hg. u. eingel. v. Wolfgang Raible, München 1974, S. 117–141.
[19] Aufgrund dieser Teil-Ganzes-Relation ist es Walter Schweidler (s. den Beitrag »Wahrheit und Person« in diesem Band) möglich, die eine als wahr beantwortete Frage in ein metonymisches Verhältnis zu allen als wahr zu beantwortenden Fragen zu setzen und die personale Sicherheit zu beschreiben, die sich aus der Übereinstimmung von Fakten und Erkanntem ergibt. An diesem Punkt könnte sich eine spannende Diskussion mit der aus der analysis-fidei bekannten Unterscheidung zwischen der absoluten Gewissheit des Glaubens (certitudo fidei) und der bloß moralischen Gewissheit der Glaubwürdigkeitserkenntnis (certitudo credibilitatis) ergeben; vgl. dazu: Florian Bruckmann, »Glaubwürdigkeitserkenntnis und Letztbegründung – Zwei Dauerbrenner der Theologie«, in: *ThGl* 101 (2011), S. 211–235, bes. S. 213 f.
[20] Kern, *Metonymie* (s. Anm. 8), S. 53.
[21] Ronald Schleifer, *Rhetoric and Death. The Language of Modernism and Postmodern Discourse Theory*, Urbana u. a. 1990, S. 4 f.: »Metonymy, of course, is the figure of speech that substitutes something that is contiguous to whatever is being figured for that thing itself ... In this way, metonymies have an underlying common denominator by which the link with their tenor is understood: metonymies, insofar as they make sense, present what I am calling a transcendental signification – a meaning that transcends the particular instance and example.«

kann²² – freilich ohne die beiden im Letzten zu identifizieren oder zu verwechseln.²³

Aus diesen Überlegungen zur Metonymie ergeben sich zwei Punkte, die für die nachfolgenden Überlegungen wegweisend sein werden: Die Metonymie soll (1.) als Muster behandelt werden, mit dessen Hilfe der Mensch als sprachlich verfasstes Wesen Welt versteht und auf diese zugreift, indem er in ätiologischer Absicht Teil-Ganzes-Relationen benennt. Dieser Zugriff des Menschen sinkt deshalb nicht zu despotischer Beherrschung herab, weil (2.) auch die Metonymie von der Differenz und nicht der Identität lebt.

3. Gewinnbringende Anwendung innerhalb der Theologie?

Weil die Metonymie ihre Kraft daher bezieht, dass sie eine Teil-Ganzes-Beziehung aufdeckt oder einen kausalen Zusammenhang zwischen zwei Worten bezeichnet, die nahe beieinander liegen (Kontiguität), soll sie im Folgenden nicht im Hinblick auf die Gotteslehre angewandt werden. Für diese eignet sich die Analogie am besten, weil sie die Unähnlichkeit zwischen Gott und Mensch auszudrücken hilft und mittels der Analogie der Mensch nicht gegen das Bilderverbot verstößt. Aufgrund ihres Entdeckungscharakters bietet sich andererseits die Metapher am besten dafür an, das Offenbarungsgeschehen ins Wort zu fassen. Aus theologischer Sicht können metonymische Beziehungen vor allem dort

---

²² Sigmund Reichenberger, *Die Entwicklung des metonymischen Gebrauchs von Götternamen in der griechischen Poesie bis zum Ende des alexandrinischen Zeitalters*, Karlsruhe 1891, S. 1: »Jedermann kennt bei den alten Autoren die sprachliche Erscheinung, dass der Name eines göttlichen Wesens gesetzt wird, um den Gegenstand zu bezeichnen, mit dem die religiöse Vorstellung der Alten *dasselbe* in Verbindung bringt, indem sie glaubt, dass der Gott jenen Gegenstand hervorbringe oder ihn beherrsche. Jedermann weiss, dass so Ἄρης und *Mars*, Κύπρις und *Venus*, Βάκχος und *Liber*, Δημήτηρ und *Ceres* genannt werden, um Krieg, Liebe, Wein, Getreide zu bezeichnen.« (*Sperrung* FB)

²³ Zu krankhaft bedingten Problemen mit Kontiguität und Similarität vgl. Roman Jakobson, »Zwei Seiten der Sprache und zwei Typen aphatischer Störungen«, übers. v. Georg Friedrich Meier, in: Ders./Morris Halle: *Grundlagen der Sprache* (Schriften zur Phonetik, Sprachwissenschaft und Kommunikationsforschung 1), Berlin 1960, S. 49–70 (»Two Aspects of Language and Two Types of Aphasic Disturbances«, in: Ders.: *Selected Writings*, Bd. II, The Hague u.a. 1971, S. 239–259). Dazu: Günter Bader, *Die Emergenz des Namens. Amnesie Aphasie Theologie*, (HUTh 51), Tübingen 2006, S. 192–232, bes. S. 211–216.

ausgemacht werden, wo verursachte Abhängigkeiten in den Blick genommen werden.[24] Diese verursachten Abhängigkeiten sind insofern kausal, als dass das Eine aus dem Anderen folgt, ohne dass es sich dabei aber streng um zeitliche Abfolgeereignisse handeln muss. Metonymische Abhängigkeit besagt hier mehr und anderes als ein mechanisch verkürztes Kausalverhältnis ausdrücken kann. Obwohl mit Hilfe der Metonymie also keine Berechnung eines vorherigen Zustandes möglich ist, kann mit ihrer Hilfe der erfahrene Jetzt-Zustand mit Sinn und Bedeutung gefüllt werden, weil er auf Vergangenes verweist, von dem er bedingt ist.

3.1 Durch den einen: Von der ätiologischen Erbsünde zur futurischen Stellvertretung

Als erstes Beispiel für metonymische Abhängigkeit soll die paulinische Erklärung dienen, wie durch *einen* Menschen der Tod und deshalb auch durch *einen* Menschen die Gerechtigkeit in die Welt kam. Es geht im Folgenden also um Erbsünde und Erbgnade bzw. einen kleinen Ausschnitt aus der großen Diskussion darum, was Sünde ist und wie der Mensch gerechtfertigt werden kann. Innerhalb der theologischen Debatte zeigt sich, dass häufig ein verkürzendes naturwissenschaftlich-kausales Abhängigkeitsverhältnis zum Tragen gekommen ist, das leider nicht auf metonymische Abhängigkeit rekurriert hat. So basiert der neuzeitliche Streit um den sogenannten Monogenismus (neben offenbarungstheologischen Fragestellungen) auf der naturalistisch reduzierenden Annahme, dass Erbsünde gleichsam materialistisch wie die DNA weitergegeben wird. Vor dem Hintergrund dieser Vererbungstheorie musste dann angenommen werden, dass es mit Adam und Eva geschichtlich verifiziert nur ein einziges Elternpaar am Ursprung gegeben habe, das gesündigt und diese Sünde weitergegeben habe. Diese Theorie ist nicht nur aus naturwissenschaftlichen Gründen sehr schlecht nachvollziehbar, weil es in einem evolutiven Weltbild mit sei-

---

[24] Für den Zusammenhang zwischen Metonymie und Christologie, vor allem der Inkarnation als Kenose und der durch sie möglichen »Darstellung« Gottes im Modus der Unähnlichkeit vgl. Dirk Uffelmann, *Der erniedrigte Christus. Metaphern und Metonymien in der russischen Kultur und Literatur*, (Bausteine zur slavischen Philologie und Kulturgeschichte, Reihe A: Slavistische Forschungen; NF 62), Köln u.a. 2010, bes. S. 45–251.

nen notwendigen Entwicklungsstufen nicht klar auszumachen ist, wann genau der Sprung zwischen einer affenähnlichen Vorstufe des Menschen und dem Menschen selbst angenommen werden muss. Auch ist nicht auszuschließen, dass es nur bei einem einzigen Elternpaar diesen Sprung gegeben hat, sondern es mehrere Urhorden bzw. -familien gab, die diese Entwicklung vollzogen haben.

Aber muss Paulus naturwissenschaftlich reduktionistisch verstanden werden oder wäre es auch möglich, dass er sowohl für das Sünden- als auch das Rechtfertigungsgeschehen ein metonymisches Abhängigkeitsverhältnis annimmt?

»[12] Durch einen einzigen Menschen kam die Sünde in die Welt und durch die Sünde der Tod, und auf diese Weise gelangte der Tod zu allen Menschen, weil alle sündigten. [13] Sünde war schon vor dem Gesetz in der Welt, aber Sünde wird nicht angerechnet, wo es kein Gesetz gibt; [14] dennoch herrschte der Tod von Adam bis Mose auch über die, welche nicht wie Adam durch Übertreten eines Gebots gesündigt hatten; Adam aber ist die Gestalt, die auf den Kommenden hinweist. [15] Doch anders als mit der Übertretung verhält es sich mit der Gnade; sind durch die Übertretung des einen die vielen dem Tod anheimgefallen, so ist erst recht die Gnade Gottes und die Gabe, die durch die Gnadentat des einen Menschen Jesus Christus bewirkt worden ist, den vielen reichlich zuteil geworden. [16] Anders als mit dem, was durch den einen Sünder verursacht wurde, verhält es sich mit dieser Gabe: Das Gericht führt wegen der Übertretung des einen zur Verurteilung, die Gnade führt aus vielen Übertretungen zur Gerechtsprechung. [17] Ist durch die Übertretung des einen der Tod zur Herrschaft gekommen, durch diesen einen, so werden erst recht alle, denen die Gnade und die Gabe der Gerechtigkeit reichlich zuteil wurde, leben und herrschen durch den einen, Jesus Christus. [18] Wie es also durch die Übertretung eines einzigen für alle Menschen zur Verurteilung kam, so wird es auch durch die gerechte Tat eines einzigen für alle Menschen zur Gerechtsprechung kommen, die Leben gibt. [19] Wie durch den Ungehorsam des einen Menschen die vielen zu Sündern wurden, so werden auch durch den Gehorsam des einen die vielen zu Gerechten gemacht werden. [20] Das Gesetz aber ist hinzugekommen, damit die Übertretung mächtiger werde; wo jedoch die Sünde mächtig wurde, da ist die Gnade übergroß geworden. [21] Denn wie die Sünde herrschte und zum Tod führte, so soll auch die Gnade herrschen und durch Gerechtigkeit zu ewigem Leben führen, durch Jesus Christus, unseren Herrn.«[25]

---

[25] Röm 5,12–21; vgl. 1 Kor 15,21.45–49. Im vorliegenden Zusammenhang kann ich nicht auf das paulinische Gesetzesverständnis zu sprechen kommen, das für die Verse 13–15 und 20 f. ausschlaggebend ist.

hingegeben für die Vielen

Warum kann Paulus in V 12 unumwunden behaupten, dass durch einen Menschen die Sünde in die Welt kam und deshalb alle Menschen gesündigt hätten? Zwei metonymische Aspekte sind für diese ätiologische Erklärung ausschlaggebend: (1.) das Verursachungsverhältnis und (2.) die Teil-Ganzes-Relation.

Zu 1.: Paulus drückt das Verursachungsverhältnis auf zwei Arten aus: Entweder durch die griechische Präposition dia (διά: V 12; 16 f.; 18 f.) oder durch den Dativ (V 15; 17). Ein Unterschied ist dabei eigentlich nicht zu erkennen. Wichtig bleibt aber, dass hier ein Verhältnis von Kausalität herrscht, allerdings von metonymischer und nicht naturwissenschaftlicher, linear-zeitlicher Kausalität. Es geht vielmehr darum, den jetzigen Zustand der Welt zu beschreiben (alle Menschen müssen sterben) und ihn auf eine theologische Anfangstat zurückzuverfolgen. Dies gelingt mit dem Hinweis auf Adams Tat, woraus sich die Hoffnung ergibt, dass die Gerechtsprechung Jesu sich auf das Geschick aller Menschen auswirken wird. Ihretwegen ändert sich für Paulus die Perspektive: Der erschreckte Blick in die Vergangenheit wird abgelöst durch einen hoffnungsfrohen Blick in die Zukunft. Dieser Perspektivenwechsel ergibt sich durch eine spezifische Wendung innerhalb des Teil-Ganzes-Verhältnisses.

Zu 2.: Adam sündigt. Die Folge der Sünde ist der Tod, so dass durch Adams Tat das Todesschicksal der Menschheit vorbestimmt ist. Adam ist der erste Mensch, der Urmensch. In Adam sind gleichsam alle Menschen eingefaltet, sie sind in ihm vorgezeichnet. Adam ist die Zusammenfassung des Menschen, er ist das Vorausbild bzw. das Urbild der gesamten Menschheit. Dabei handelt es sich nicht um eine zeitlich-kausale Anfangsvorstellung. Dies wäre viel zu kurz gegriffen. Adam ist gleichsam als Korporativpersönlichkeit gefasst, er ist *der* Mensch schlechthin, so dass er als Teil der Menschheit für die gesamte Menschheit steht.[26] Hier zeigt sich, dass mindestens drei Gedanken in der Adams-Vorstellung des hl. Paulus zusammenkommen: Diese ist metonymisch zu verstehen, was bedeutet, dass hier eine Teil-Ganzes-Relation vorliegt. Als Teil der Menschheit steht Adam für die gesamte Menschheit. Diese Relation hat ätiologischen Charakter: Es wird ein idealer Anfangszustand (Adam im Paradies) gedanklich (re)konstruiert, dessen Auswirkungen bis heute spürbar sind, der also von heute

---

[26] Für das zeitgenössische jüdische Adamverständnis vgl. Ulrich Wilckens, *Der Brief an die Römer, I: Röm 1–5*, (EKK VI/1), Zürich u. a. ³1997, S. 310–313.

Florian Bruckmann

her in die Vergangenheit hineingedacht werden kann. Allerdings ist es wichtig, dass Paulus die Adam-Christus-Typologie nur deshalb einführt, um zu erklären, wie durch den einen Menschen die Gerechtmachung aller Menschen ermöglicht werden wird. Adam ist nur bedingt wichtig; wichtiger ist Christus. Bei Christus liegt aber keine ungebrochene Teil-Ganzes-Relation vor, wie bei Adam.[27] Man könnte auf die vollkommene Parallelität der Relationen durch die Parallelität der Verse 18 f. schließen. Dagegen steht allerdings V 17: Durch die Übertretung des einen begann die Herrschaft des Todes. Die Parallele wäre: Durch den Gehorsam bzw. die Gerechtsprechung des anderen beginnt die Herrschaft des Lebens. Aber die Parallele zwischen Ungehorsam (παρακοή) und Gehorsam (ὑπακοή) wird erst in V 19 gezogen, wohingegen in V 18 der Fehltritt (παράπτωμα) des einen mit der Gerechtsprechung (δικαίωμα) des anderen parallelisiert wird. V 17 verläuft hingegen anders. Hier wird der Beginn der Herrschaft des Todes mit dem Fehltritt des einen begründet. Wer wird auf der anderen Seite durch Jesus Christus zu herrschen beginnen? Das Leben? Es ist nicht das Leben, sondern die werden herrschen, die den Überfluss der Gnade und den Überfluss des Geschenkes der Gerechtigkeit empfangen. Nicht das Leben beginnt zu herrschen, sondern diejenigen, denen das Leben als Gabe Gottes, als Heilsgabe zuteil wird. Natürlich hat die Herrschaft des Todes den Tod der Menschen zur Folge. Trotzdem ist es bedeutsam, dass an dieser Stelle die Parallelität durchbrochen wird. Dies geschieht auf der einen Seite durch den Tempuswechsel[28] und auf der anderen Seite durch den Perspektivenwechsel: Während der Tod gleichsam anonymisiert, personalisiert die Gnade. Vor dem einen sind alle gleich, vor der anderen hat jeder seinen eigenen Wert.

Vielleicht ist es nicht allzu abwegig, zu behaupten, dass der Bruch der Parallelität durch den Gedanken der Stellvertretung hervorgerufen wird. Wegen der Tat des einen müssen alle sterben, wegen der Gerechtsprechung des anderen dürfen alle auf Leben hoffen. So weit herrscht einmütig die Parallele. Allerdings haben in Adam bereits alle gesündigt, weswegen alle sterben müssen. Adam hat nicht stellvertretend als Repräsentant der Menschheit gesündigt, sondern in ihm haben

---

[27] Wilckens, *Brief* (s. Anm. 26), S. 327.
[28] V 17: die Herrschaft des Todes hat begonnen (Aorist); die Herrschaft der Begnadeten wird beginnen (Futur). Vgl. V 19: die Sünder sind verurteilt worden (Aorist); die Gerechten werden gerecht gesprochen werden (Futur).

alle Menschen bereits gesündigt, weswegen auch alle anderen Menschen sündigen, was daran erkennbar ist, dass alle sterben. Auch Jesus von Nazareth ist gestorben. Aber der Tod hatte keine letztgültige Macht über ihn. Während Adam eine Korporativpersönlichkeit ist, weil in ihm alle Menschen zusammengefasst sind, ist Jesus von Nazareth eine reale Person in konkreter Geschichte gewesen. Deshalb unterscheidet er sich von Adam, der Korporativpersönlichkeit, und deshalb kann Paulus sagen, dass Jesus stellvertretend gestorben ist. Das bedeutet nicht, dass die anderen Menschen fürderhin nicht mehr sterben müssten. Es bedeutet, dass durch seinen Tod und vor allem durch seine Auferweckung den anderen Menschen Heil zuteil wird, weil Gott Jesus als den ersten der Entschlafenen aus den Toten auferweckt hat. In Adam haben faktisch alle gesündigt, in Christus werden sie durch Gott gerecht gemacht werden, weil Jesus für sie gestorben ist, weswegen ihnen von Gott her das Geschenk der Rechtfertigung angeboten wird. Auch hier liegt ein metonymisches Abhängigkeitsverhältnis vor. Allerdings wird der kausal-ätiologische Aspekt der Metonymie durch den Gedanken der Stellvertretung, also den Gedanken des pars pro toto verändert und angereichert: Neben ihrem ätiologisch-gnadenhaften Aspekt kommt auch ein futurisch-gnadenhafter Aspekt zum Tragen. Ätiologisch bleibt auch die Stellvertretung, weil Paulus nur so seine Gemeindemitglieder als Heilige ansprechen kann – sie sind in Christus schon gerechtfertigt. Andererseits haben wir gesehen, dass mit dem Gnadenaspekt auch die Zeitperspektive wechselt: Der Mensch hofft auf Leben.

Was ergibt sich aus den bisherigen Überlegungen? Mithilfe der Metonymie kann eine Teil-Ganzes-Relation ausgedrückt werden, die sich in der Theologie besonders im Gedanken der Stellvertretung wiederfinden lässt. Es zeigt sich, dass die Metonymie als Welterklärungsmuster über zwei unterschiedliche Zeitperspektiven verfügt: Sie kann entweder rückblickend-ätiologisch (in Adam haben alle gesündigt) oder hoffend-eschatologisch (in Christus werden alle gerechtfertigt werden) verwendet werden.

Diese beiden Aspekte der Metonymie finden sich exemplarisch im Taufverständnis des hl. Paulus: Die Christen sind auf den Tod Christi getauft, um mit ihm mit zu sterben, in der Hoffnung, dass sie mit ihm leben werden (vgl. Röm 6,8). Auch hier greift das metonymische Abhängigkeitsverhältnis, das eine Korporativpersönlichkeit in einer Teil-Ganzes-Relation denken lässt; und auch hier ändert sich die Zeitperspektive durch den Gedanken der personalen Stellvertretung durch ein konkretes geschichtliches Individuum. Diese Stellvertretung entfaltet in der Taufe sakramental ihre Wirkung.

3.2 Das Letzte Abendmahl Jesu: Stellvertretung durch Bundesblut und Lebensgabe

Günter Bader hat in einer intensiven Interpretation darauf hingewiesen, wie hilfreich es ist, Jesu Tod und dessen Deutungen mithilfe der Metapher zu beschreiben.[29] Vor diesem Hintergrund stellt sich die Frage, ob es u. U. ähnlich hilfreich ist, mit der Metonymie ein Licht auf das stellvertretende Sterben Jesu zu werfen. Dies geschieht hier nicht im großen Blick,[30] sondern ganz konkret in einer Beschäftigung mit den sogenannten Einsetzungsworten, also Jesu deutenden und erklärenden Worten beim Letzten Abendmahl mit seinen Jüngern vor seinem Tod.

Nur die synoptischen Evangelien kennen den Bericht vom Letzten Abendmahl Jesu mit dem Hinweis auf die Einsetzung eines Gedenkmahles; das Johannesevangelium berichtet lediglich von der Fußwaschung als letzter Symbolhandlung Jesu. Im Folgenden soll vor allem das Kelchwort im Mittelpunkt der Betrachtung stehen, wie es bei Markus und Matthäus überliefert ist. Dieser Überlieferungsstrang unterscheidet sich erheblich von der lukanisch-paulinischen Überlieferung, was anhand eines einfachen Textvergleiches sofort einleuchtet.

---

[29] Günter Bader, *Symbolik des Todes Jesu*, (HUTh 25), Tübingen 1988.
[30] Aus der vielfältigen Literatur zur Stellvertretung sei hingewiesen auf: Christof Gestrich, *Christentum und Stellvertretung. Religionsphilosophische Untersuchungen zum Heilsverständnis und zur Grundlegung der Theologie*, Tübingen 2001; Bernd Janowski, *Ecce homo. Stellvertretung und Lebenshingabe als Thema Biblischer Theologie*, Neukirchen-Vluyn ²2009; Johanna Chr. Janowski u. a. (Hrsg.), *Stellvertretung. Theologische, philosophische und kulturelle Aspekte* (Bd. 1: Interdisziplinäres Symposion Tübingen 2004), Neukirchen-Vluyn 2006; Karl-Heinz Menke, *Stellvertretung. Schlüsselbegriff christlichen Lebens und theologische Grundkategorie*, Einsiedeln u. a. 1991; Stephan Schaede, *Stellvertretung. Begriffsgeschichtliche Studien zur Soteriologie*, Tübingen 2004.

hingegeben für die Vielen

Mk 14,23 f.	Mt 26,27 f.	Lk 22,20	1 Kor 11,25
Dann nahm er den Kelch, sprach das Dankgebet, reichte ihn den Jüngern, und sie tranken alle daraus. Und er sagte zu ihnen:	Dann nahm er den Kelch, sprach das Dankgebet und reichte ihn den Jüngern (und) sagte: Trinkt alle daraus;	Ebenso nahm er nach dem Mahl den Kelch und sagte: Dieser Kelch ist der Neue Bund in meinem Blut, das für euch vergossen wird.	Ebenso nahm er nach dem Mahl den Kelch und sprach: Dieser Kelch ist der Neue Bund in meinem Blut.
Das ist mein Blut, das Blut des Bundes, das für viele vergossen wird.	das ist mein Blut, das Blut des Bundes, das für viele vergossen wird zur Vergebung der Sünden.		Tut dies, sooft ihr daraus trinkt, zu meinem Gedächtnis!

Nur bei Markus und Matthäus spricht Jesus ein Dankgebet vor dem Kelchgestus und nur bei ihnen tut er es gleich im Anschluss an den Brotgestus; bei Lukas und Paulus liegt zwischen den beiden Gesten ganz offensichtlich noch ein Sättigungsmahl. Bei Markus trinken zuerst alle aus dem Kelch, bevor Jesus etwas dazu sagt; bei Matthäus sagt Jesus offenbar sofort etwas, also vor dem gemeinsamen Trinken. Markus und Matthäus formulieren dann gemeinsam: »Das ist mein Blut, das Blut des Bundes, das für viele vergossen wird.« Matthäus deutet und interpretiert das Vergießen des Bundesblutes noch aus, indem er hinzufügt: »zur Vergebung der Sünden.« Ganz anders überliefern Lukas und Paulus das Kelchwort: »Dieser Kelch ist der Neue Bund in meinem Blut.« Nur Lukas kennt noch »das für euch vergossen wird«. »Das ist mein Blut, das Blut des Bundes« steht dem »dieser Kelch ist der Neue Bund in meinem Blut« gegenüber. Lukas und Paulus sprechen vom Bundes*kelch*, Markus und Matthäus vom Bundes*blut*. In strenger Parallelität zur Aufforderung beim Brotgestus, dies zu seinem

Zeichen – Person – Gabe

Gedächtnis zu tun, fügt Paulus eine gleichlautende Aufforderung an den Kelchgestus an, die nur er überliefert.

Es wäre jetzt durchaus möglich, die Worte Jesu selbst darauf hin zu untersuchen, ob sie Metonymien enthalten. Dies ist offenbar bei Lukas und Paulus der Fall, denn der Kelch ist ja nicht selbst der Bund, sondern das Geben, Nehmen und Trinken aus dem Kelch bewirkt den Bundesschluss. Auch könnte gefragt werden, ob nur die sich aktuell im Kelch befindliche Flüssigkeit als Jesu Blut bezeichnet wird, oder ob es sich um eine Teil-Ganzes-Relation handelt, weil ja deutlich ist, dass die hier überlieferten Worte bereits in einem kultisch-liturgischen Zusammenhang überliefert worden sind,[31] so dass die aktuell im Kelch befindliche Flüssigkeit pars pro toto für alle Flüssigkeiten steht, die bei Abendmahlfeierlichkeiten im Kelch sein werden. Diese Fragen verbleiben auf der sprachlichen Ebene. Im Folgenden soll allerdings untersucht werden, ob neben dieser sprachlichen Ebene auch eine metonymische Struktur gefunden werden kann, von der her das Gesprochene eine weitere Sinndimension erhält. Um diese Sinndimension aufzudecken, wird zuerst die Rede vom Bundesblut näher beleuchtet, bevor eine Deutung der Abendmahlsworte in einem gabetheoretischen Rahmen unternommen wird. Es geht bei dieser Art der Untersuchung gleichsam darum, zuerst eine heilsgeschichtliche Ätiologie aufzudecken, die danach mit einer schöpfungstheologischen Ätiologie angereichert wird. Beide Ätiologien ermöglichen wiederum die Verbindung von Metonymie und Stellvertretung.

1. Heilsgeschichtliche Ätiologie: Bundesblut

Was soll man sich unter Bundesblut oder einem Kelch des Neuen Bundes vorstellen, der mit Blut geschlossen wird – hier offensichtlich mit der auf der Textebene impliziten Aufforderung verbunden, das Bundesblut aus dem Kelch zu trinken?

Die Fassung des Kelchwortes, die wir bei Markus finden, bezieht sich nach einer einschlägigen Interpretation von Josef Wohlmuth[32]

---

[31] Vgl. Dirk Uffelmann, *Der erniedrigte Christus. Metaphern und Metonymien in der russischen Kultur und Literatur*, Köln 2010, S. 192 f.
[32] Josef Wohlmuth, *An der Schwelle zum Heiligtum. Christliche Theologie im Gespräch mit jüdischem Denken*, (Studien zu Judentum und Christentum), Paderborn u. a. 2007, S. 282–288.

ganz offensichtlich auf Ex 24,8, was ich anhand einer Synopse zwischen Markus und der LXX-Fassung von Ex 24,8 vor Augen führen möchte:

Ex 24,8 (LXX)	Mk 14,23f
Da nahm Mose das Blut, besprengte damit das Volk	Dann nahm er den Kelch, sprach das Dankgebet, reichte ihn den Jüngern, und sie tranken alle daraus.
und sagte:	Und er sagte zu ihnen: Das ist mein Blut,
Das ist das Blut des Bundes,	das Blut des Bundes, das für viele vergossen wird.
den der Herr aufgrund all dieser Worte mit euch geschlossen hat.	

Die Gemeinsamkeiten und Unterschiede fallen direkt auf: Um den Bund zwischen Gott und dem Volk zu schließen, nimmt Moses am Sinai nach der Verlesung des Gesetzes Blut, das beim Opfern angefallen ist, und besprengt damit das Volk. Hier wird nichts getrunken, sondern das Volk wird mit Blut besprengt,[33] es kommt gleichsam zu einer äußerlichen Anwendung. Im Gegensatz dazu nimmt Jesus einen Becher, spricht eine eucharistia, ein Dankgebet, reicht den Kelch den Jüngern und diese trinken daraus. Die Worte allerdings, die gesprochen werden, sind auffällig gleich gewählt. In Exodus wird vom »Blut des Bundes« gesprochen, Markus präzisiert, dass es sich um »*mein* Blut« handelt, so als wolle er sagen, dass bei ihm nicht das Blut eines Opfertieres vergossen wird und das Volk nicht mit dem Rest des Opferblutes besprengt wird, sondern dass hier das Trinken aus einem Becher die Funktion übernimmt, die am Sinai durch Besprengen ausgedrückt worden ist. Das Trinken aus einem Becher ist die Art und Weise, in der bei Jesus der Bund geschlossen wird, und erst im Nachsatz wird deutlich, dass dieser Gestus des gemeinsamen Trinkens aus einem Becher mit dem blutigen Kreuzestod Jesu in Verbindung gebracht wird. Erst mit diesem Nachsatz kommt es zu einer Verknüpfung des unblutigen Gestus des gemeinsamen freundschaftlichen Trinkens aus einem Becher

---

[33] Hier könnte man durchaus eine stellvertretende Metonymie finden, denn es wird womöglich nur ein Teil des Volkes mit einem Teil des Blutes besprengt.

mit dem ganzen Ernst des Geschehens, der sich für die Jünger wohl auch erst im Nachhinein erschlossen hat.

Warum unternimmt Markus diese Rückbindung an den Sinaibund, diese heilsgeschichtliche Ätiologie? Nach dem Erlebnis von Kreuzigung und Auferweckung deutet Markus das letzte Mahl Jesu mit seinen Jüngern und ordnet das ganze Geschehen um Jesus von Nazareth in die Heilsgeschichte ein. Auf diese Weise gibt er dem letzten Abendmahl eine theologische Tiefenstruktur, die sich für ihn nur erschließt, wenn er an die Offenbarung Gottes auf dem Sinai und den Bund zwischen Gott und seinem Volk am Gottesberg denkt und der dort erfolgten (Selbst)Verpflichtung auf das Gesetz. Josef Wohlmuth schreibt:

»*Markus rezipiert die Sinaitradition interpretierend für die Jesusgemeinde, um ihr ein großes theologisches Gewicht zu geben. Ohne Rückbezug auf das Offenbarungsgeschehen am Sinai, wäre Jesu Tod Markus zufolge in seiner Heilsbedeutung nicht hinreichend erfasst.*«[34]

Jesu Tod erschließt sich für Markus erst, wenn er mit der Sinaioffenbarung in Verbindung gebracht wird und wenn er vom Sinai her gedeutet wird. Dort verpflichtet sich das Gottesvolk auf das Halten der Gebote Gottes, so dass es zu einer besonderen Nähe zwischen Gott und seinem Volk kommen kann: Der eine Teil des Opferblutes wird auf die Altäre aufgebracht, mit dem anderen Teil besprengt Mose das Volk. Das Opfern eines Tieres stellt gewöhnlich die zerstörte Relation zwischen Gott und dem Opfernden wieder her. Diese Funktion hat im Volke Gottes aber nicht mehr nur das Opfer, sondern die Funktion der versöhnenden Nähe zu Gott übernimmt auch das Volk selbst, das Volk, das die Gebote Gottes hört und hält. Deshalb wird das Blut zu einer Hälfte auf die Altäre gegeben und zur anderen Hälfte wird damit das Volk besprengt. Durch diese Handlung wird das Volk selbst zum Ort der Nähe Gottes. Diese Nähe zwischen Gott und Volk ereignet sich aber nicht schlechthin, sondern nur dort und dann, wenn Gottes Gebot gehalten wird, wenn es in die Tat umgesetzt wird. Markus sieht ganz offensichtlich in Jesus einen, der das Gebot Gottes gehalten hat, was nun auch diejenigen, die von seinem Bundesblut getrunken haben, darauf verpflichtet Gottes Gebot zu halten.

Der Rückbezug von Markus auf die Sinaioffenbarung und den dort geschlossenen Bund bekommt vor dem Hintergrund der Zerstö-

---

[34] Wohlmuth, *An der Schwelle* (s. Anm. 31), S. 286.

rung des Tempels im Jahre 70 n. Chr. eine noch wichtigere und gesteigerte Bedeutung. Wenn das Markusevangelium wirklich kurz nach 70 entstanden sein sollte, dann haben wir in der Bezugnahme von Markus auf die Sinaioffenbarung und den dort geschlossenen Bund zwischen Gott und seinem Volk eine Stellungnahme vorliegen, wie in der Zeit nach der Zerstörung des Tempels Nähe zwischen Gott und Mensch zum Ausdruck gebracht werden kann: Im Tempel wurden Tiere geschlachtet, die zur Versöhnung zwischen Gott und Mensch und der Menschen untereinander geopfert, in Teilen verbrannt und zum Großteil gegessen wurden. Nach 70 n. Chr. gibt es diesen Ort der Versöhnung nicht mehr. Für Markus übernehmen das Mahl Jesu mit seinen Jüngern und der Tod Jesu die Rolle der Versöhnung. Es können keine Lämmer mehr geschlachtet und dargebracht werden und auch am Versöhnungstag kann kein Bock mehr in die Wüste geschickt werden, auf dass er die Sünde aus Israel wegträgt und mit ihm auch die Sünde stirbt. Markus bindet das Letzte Abendmahl an den Sinai zurück, so dass es von dort her seine Bedeutung erhält: Das gemeinsame Trinken aus dem Becher versöhnt die Menschen untereinander und mit Gott. Gleichzeitig kommt es zu einer Ausweitung und Universalisierung des Versöhnungsgeschehens, weil der Bund speziell nach der Zerstörung des Tempels nicht mehr an den Kult in Jerusalem und damit auch nicht mehr auf das Ersterwählte Gottesvolk eingegrenzt bleibt, sondern auch den Heiden ein Zugang zum Bund möglich wird.

Aus dem Dargestellten wird deutlich, dass das Bundesblut versöhnende Funktion hat, weil es eine heilsgeschichtliche Dimension aufdeckt: Entweder wird nach überbrachtem Ritual im Tempel ein Tier geschlachtet, um im Essen des Zerteilten das Zerteilte wieder zusammenzufügen, oder es wird am Versöhnungstag ein Bock stellvertretend für das Volk in die Wüste geschickt, damit er die Sündenlast aus Israel wegträgt und selbst mit ihr stirbt. Mit der Zerstörung des Tempels wird dieses kultische Geschehen allerdings empfindlich gestört, so dass die Jesusgemeinde beginnt, den Tod Jesu auch in seiner sühnenden Dimension zu deuten. Dies geschieht allerdings nicht in einem einseitigen Rekurs auf kultische Vorstellungen, sondern wird in einem sehr viel größeren Rahmen gedacht. Ich versuche dies verständlich zu machen, indem ich das bisher Dargestellte in einem vertiefenden Diskurs mit Emmanuel Lévinas deute.[35] So werde ich die ethisch-zwischen-

---

[35] Emmanuel Lévinas, *Jenseits des Seins oder anders als Sein geschieht*, übers. v. Tho-

menschliche Dimension des Stellvertretungsgedankens herausarbeiten,[36] was allerdings erst im Zusammenhang mit der Eschatologie erfolgen soll.[37] Zunächst wird der Versuch unternommen, das Abendmahlgeschehen in einem eher gabetheoretischen Diskurshorizont schöpfungstheologisch rückzubinden. Es wird damit vor allem auf den kausalen Aspekt metonymischer Strukturen Wert gelegt, die wiederum nicht auf linear-zeitliche Abhängigkeitsverhältnisse reduziert werden dürfen, weil Schöpfung ein anderer Vorgang als Verursachung ist.

2. Schöpfungstheologische Ätiologie: Lebensgabe

Besonders im Rückgriff auf Röm 5,17 wurde deutlich, dass Versöhnung nicht einfach hergestellt werden kann: Versöhnung (oder kultisch gesprochen: Sühne) ist Geschenk, sie wird von Gott geschenkt, so dass das gemeinsame Trinken aus dem Becher nur von Gott her mit Sinn und Bedeutung gefüllt werden kann. Gott ermöglicht das gemeinsame Trinken, weil er dem Menschen seine Schöpfungsgaben zur Verfügung stellt und gleichzeitig der Mensch so geschaffen ist, dass er des Trankes bedarf. Versöhnung ist also dort, wo der Mensch sich selbst als Bedürftigen erfährt, als einen, der nicht ganz ist, als einen, der des anderen bedarf, der vom anderen her sein Leben empfängt und vom anderen durchdrungen wird. Diese notwendige Offenheit des Menschen auf den anderen hin wird im Reichen und Nehmen des Bechers angezeigt, so dass sich hier eine Verbindung zwischen der schöpfungstheologischen Angewiesenheit des Menschen auf die Gaben der Schöpfung mit der Hinwendung des Menschen zu einem anderen Menschen verbindet: Ja, ich brauche Speise und Trank, ich bin mir nicht selbst genug und ich bin auf die anderen und anderes angewiesen. Dieses andere kann ich mir aber nicht einfach nehmen, sondern es wird mir gegeben, ich kann es nur empfangen. Die schöpfungstheologische

---

mas Wiemer, Freiburg ²1998, S. 219–288. Im Folgenden: JS. Dazu: Hans P. Lichtenberger, »Stellvertretung und Verantwortung bei Dietrich Bonhoeffer und Emmanuel Lévinas«, in: Johanna Chr. Janowski (Hrsg.): *Stellvertretung: theologische, philosophische und kulturelle Aspekte*, Bd. 1., Neukirchen-Vluyn 2006, S. 287–312. John van den Hengel, »One for All Others. Lévinas's Notion of Substitution and the Figure of Christ«, in: *EeT* 30 (1999), S. 111–135.

[36] Christoph Böttigheimer, »Der Verantwortungsbegriff Lévinas' und der Stellvertretertod Jesu«, in: *ThGl* 96 (2006), S. 420–436.

[37] S. u. 3.3.

hingegeben für die Vielen

Einsicht, dass der Mensch darauf angewiesen ist, zu essen und zu trinken, wird hier dahingehend geöffnet, dass der Mensch auf den anderen Menschen verwiesen ist, mit dem zusammen er Gottes Nähe erfahren kann. So steht der Mensch nicht alleine vor Gott, sondern im versöhnenden Umgang der Menschen miteinander kann man Gottes Nähe erfahren. Gleichzeitig wird besonders bei Markus durch den Rückbezug auf das Sinaigeschehen diese Erfahrung der Nähe Gottes an das Halten der Gebote zurückgebunden. In den Geboten zeigt sich der Wille Gottes für den Menschen, so dass im Hören und Halten der Gebote Gottes Wille zum Ausdruck kommt. Sowohl die Schöpfung als auch die Öffnung der Schöpfungsordnung auf den Anderen hin, also die ethische Interpretation der Schöpfung, haben mit Gott zu tun und sind damit keine Realitäten der Beliebigkeit. Gott ist nicht beliebig, so dass im Durchblick auf Gott hin der Ernst des Lebens deutlich wird: Der Mensch ist auf Nahrung angewiesen, ist sich selbst nicht genug, sondern verweist über sich hinaus auf die Materialität der Schöpfung. Gleichzeitig ist der Mensch auf andere Menschen verwiesen, weil er sich selbst nicht genug ist, sondern erst im Anderen zu sich selbst kommt und nur mit dem Anderen Gottes Nähe erfahren kann. Sowohl Schöpfung als auch der Verweis auf den anderen Menschen hin sind *todernst*. Markus reflektiert über das Letzte Abendmahl aus dem nachösterlichen Blickwinkel, so dass er weiß, dass dieses Mahl auf den Tod Jesu am Kreuz vorausweist. Historisch gesehen dürfte sich Jesus bewusst geworden sein, dass seine Verkündigung der Reich-Gottes-Botschaft nicht in der Weise Anklang und Zuspruch findet, wie er das wohl anfangs gehofft hatte (Galiläische Krise). Jesus hat wohl den Konflikt geahnt und ist trotzdem nach Jerusalem gezogen. Dort kam es dann genau im Tempel, also dem Ort der Versöhnung, zum Zwischenfall, der ihn das Leben kosten sollte. Hier kulminiert das Geschehen, er weiß um seine Ablehnung, bleibt aber seiner Sendung treu und geht auch dem Tod nicht aus dem Weg. Jesus sucht nicht den Konflikt, er provoziert ihn nicht mutwillig oder blindlings und doch weicht er ihm auch nicht aus, sondern geht ihm in der Kenntnis überkommener prophetischer Kultkritik sehenden Auges entgegen. Hier zeigt sich der tödliche Ernst seiner Botschaft, seiner Botschaft der Nähe und Vergebungsbereitschaft Gottes und dies zeigt sich auch im Mahlgeschehen: Der Mensch ist auf Nahrung angewiesen und Nahrung bedeutet oft, dass anderem ein Ende bereitet wird, damit es mich nähren kann. Ich lebe vom Leben anderer.

Zeichen – Person – Gabe

Dies wird besonders deutlich im Fleischgenuss, weil für diesen wirklich getötet werden muss. So macht das Blut deutlich, dass ich eines anderen bedarf, dass ich mich nicht selbst am Leben erhalten kann und dass mein Leben davon abhängt, dass u. U. ein anderer für mich sein Leben gibt.[38] Blut wird für den anderen vergossen, so wie man sein Herzblut für etwas gibt, auch wenn es den eigenen Tod bedeutet.

Ich will, dass Du lebst und deshalb gebe ich Dir alles, was ich habe, auch wenn dies bedeutet, dass mein Leben dadurch verkürzt wird. Ich gebe nicht nur, was ich habe, sondern was ich bin; ich gebe mich, mit Leib und Blut. Ich bin ein sterbliches Wesen und ich wende mich Dir zu, ich gebe Dir, Du empfängst von mir, und hier wird deutlich, wenn wir uns der Ernsthaftigkeit und Tiefe dieses Geschehens wirklich bewusst werden, dass ich mich für Dich gebe, weil ich meine Zeit an Dich verschwende. Dies ist Liebe, dies ist Freundschaft, dies ist Hinwendung zum notleidenden Anderen hin: Ich habe nur dieses eine Leben und ich habe nur eine sehr begrenzte Anzahl von Minuten und Sekunden. Jede einzelne verfliegt und ist unwiederbringlich verschwunden, wenn sie vorbei ist. Jede Sekunde, die ich Dir widme, kann ich nicht einem anderen Menschen widmen, so dass ich mich in jeder Hinwendung zu Dir verschwende, Dich wert schätze und anderen meine Zeit vorenthalte. Du bist mir so teuer und wichtig, dass ich mich auf Dich hin weggebe. Ich widme Dir meine Zeit, meinen Atem, mein Leben. Man könnte sogar so weit gehen, zu sagen, dass ich es Dir opfere.

Hier zeigt sich der ganze Ernst der Zuwendung, auch der freundschaftlichen und liebenden Zuwendung zu einem anderen Menschen: Ich habe nur dieses eine Leben, diese eine Zeit. Ich kann diese Zeit nicht anhalten, sie entgleitet mir, ich bin nicht Herr über meine Zeit. Deshalb ist jede Sekunde für Dich mein Geschenk an Dich, mein Leben. So kann Jesus Brot und Kelch nehmen, sie seinen Jüngern geben und dazu sagen: »Nehmt, das ist mein Leib; nehmt, das ist mein Blut.«

Aufgrund des gewaltsamen Endes Jesu konnten diese schöpfungsätiologischen Zusammenhänge nun auch auf die kultische Ebene übertragen werden (s. o.), so dass der Opfergedanke und die Stellvertretung noch einmal zu größerem Gewicht kommen konnten. Während Paulus an die Korinther schreibt, brennen die Altäre im Mittelmeerraum und ist vor allem der Jerusalemer Tempelkult noch in vollem Gange. Die-

---

[38] Während hier betont wird, dass man im Geben erhält, was man gibt, denkt Klaus Hemmerle in umgekehrter Richtung: »Geben hält nicht fest, was es hat, aber enthält, was es gibt« (Klaus Hemmerle, *Thesen zu einer trinitarischen Ontologie*, (Kriterien 40), Einsiedeln 1976, S. 47).

sem Geschehen in den Tempeln kommt aber für die Jesusgemeinde keine echte Bedeutung mehr zu, weil Jesus sein Leben gegeben hat, sein Leben für die Vielen. Er hat nicht an sich gehalten, er hat sein Leben nicht verteidigt und sich nicht an es geklammert. Er hat die Verantwortung für seine Botschaft der Nähe und Vergebungsbereitschaft Gottes übernommen und ist für diese Botschaft in den Tod gegangen.

Was bedeuten in diesem Zusammenhang Stellvertretung und der Neue Bund? Ich habe die *verba testamenti* sehr stark als Gebeworte interpretiert, als die Gabe Jesu an seine Jünger, als Ausdruck seiner Liebe und seiner Selbstverschwendung an sie. Stellvertretung ist hier wohl der Punkt der Übernahme der Verantwortung. Es ist die Frage nach dem Anfang, einem Anfang, der vor allem Anfang ist und den das Subjekt denkerisch nicht einholen kann.[39] Wenn das Subjekt davon lebt, dass es in sich zuerst einmal passiv ist und empfängt und dass es auf die Speise angewiesen ist, wie es auch darauf angewiesen ist, dass es sich sowohl der Nahrung öffnet als auch sich selbst auf den anderen Menschen hin öffnet, dann stellt sich die Frage, wer damit anfängt. Wer ist das erste Subjekt, das gibt? Schöpfungstheologisch würde man sagen, dass dies Gott ist; christologisch ist auf Christus hin und von ihm her die ganze Schöpfung gestaltet, so dass er zum ersten Geber wird. Rein phänomenologisch könnte man sagen, dass die Mutter im Schmerz der Geburt ihrem Kind etwas gibt, das dieses nur empfangen kann. Geburt hat dabei unweigerlich mit Tod und vor allem mit Blut zu tun. Das Geben ist *todernst* und keine Gabe ist ohne Blut, weil jede Gabe zumindest ein Opfer meiner Zeit bedeutet. Stellvertretung ist also, dass jemand damit beginnt – sei es die Mutter, die für ihr Kind Leid auf sich nimmt, – sei es Gott, der in sich Raum schafft, um nicht alles in allem zu sein, sondern die Möglichkeit der Schöpfung zu

---

[39] Josef Wohlmuth, *Mysterium der Verwandlung. Eine Eschatologie aus katholischer Perspektive im Gespräch mit jüdischem Denken der Gegenwart*, (Studien zu Judentum und Christentum), Paderborn u. a. 2005, S. 61: »Das nicht mit sich identische Subjekt erhält seine Identität gleichsam *extra se*, indem es als Geschöpf dem schöpferischen Wort – unvordenklich – schon gehorcht hat, ehe es zum synthetisierenden Zeitbewußtsein kam. Erst so ist es erwählt zur Verantwortung vor aller Freiheit und erhält gerade so seine Einzigkeit und Freiheit. Die Verantwortung für den Anderen ist nicht auf das eigene Zeitbewußtsein zurückzuführen, sie ist älter als das Subjekt. Erst als verantwortliches Subjekt ist es nicht der zeitlichen Endlichkeit preisgegeben. Im Gutsein hat das Subjekt Zeit für den Anderen und nimmt so teil am Gutsein eines gastfreundlichen Schöpfers.« Vgl. ebd., S. 230.

haben,[40] – sei es Jesus von Nazareth, der mit dem Geben beginnt, weil er sein Leben nicht für sich selbst behält. Jesus ist in christologischer Konzentration der erste Geber, gibt als Geber sich selbst in Brot und Wein und tritt damit für die anderen ein, die hier zu Empfängern werden. Mit seiner Gabe ist Jesus damit auch der erste Sterbende, der, der sich in den Tod gibt, der aber nicht im Tod bleibt, sondern aus diesem auferweckt wird. Hier beginnt der Neue Bund, weil Endzeit anbricht und gleichsam Neuschöpfung stattfindet. Jeremia berichtet von dem endzeitlichen Neuen Bund. In Tod und Auferweckung Jesu hat das Ende der Zeit begonnen, weil Gott diesen einen nicht dem Tod überlassen hat, sondern ihn von den Toten erweckt hat. Hier ist Neuschöpfung, hier zeigt sich Gottes Macht. Damit beginnt, was seit Ostern im Beginnen begriffen ist und dessen Durchsetzung und Vollendung die Christenheit immer noch so sehnsüchtig erwartet: Es beginnt Gottes Hinwendung zum Menschen. Diese Hinwendung zeigt sich für den Propheten Jeremia vor allem darin, dass Gottes Gebot nichts ist, das von außen dem Menschen entgegentritt, sondern das im Mensch selbst zur Verwirklichung kommt.

»[33] Denn das wird der Bund sein, den ich nach diesen Tagen mit dem Haus Israel schließe – Spruch des Herrn: Ich lege mein Gesetz in sie hinein und schreibe es auf ihr Herz. Ich werde ihr Gott sein, und sie werden mein Volk sein.« (Jer 31,33)

Gottes Gebot ist nie etwas, das sich der Mensch selbst zurechtmacht. Der Mensch ist Geschöpf, ist auf einen anderen verwiesen, er ist Hörer des Wortes, er ist auf den anderen hin geschaffen, so dass die Endzeit davon gekennzeichnet sein wird, dass der Mensch so sehr auf den anderen hin lebt, dass die Offenbarung und mit ihr das Gesetz dem Menschen nicht entgegentritt, sondern durch den Menschen selbst sich ereignet: »Umkehrung der Ordnung: die Offenbarung geschieht durch denjenigen, der sie empfängt, durch das inspirierte Subjekt«.[41] Der Neue Bund hat mit der Umkehrung der Offenbarungsrichtung zu tun: Geschaffen auf den Anderen hin, bricht dieser in mich ein, was aber in der Endzeit keine Vernichtung meiner Subjektivität mehr bedeutet, sondern einem Erwachen und Erstarken meiner Selbst durch die Hin-

---

[40] Emmanuel Lévinas, *Totalität und Unendlichkeit. Versuch über die Exteriorität*, übers. v. Krewani, Wolfgang N., Freiburg u. a. 1987, S. 148. Im Folgenden: TU.
[41] Lévinas, JS, S. 341.

wendung zum Anderen hin gleichkommt. »Nicht mehr ich lebe, sondern Christus lebt in mir.« (Gal 2,20)

3.3 *Eschatologie*

Mit dem Hinweis auf den Neuen Bund ist schon das Thema Eschatologie angeklungen. Der futurische Aspekt metonymischer Stellvertretung tauchte bereits im Rahmen des Rechtfertigungsgeschehens auf. Trotz aller Kausalität und Kontiguität hat sich herausgestellt, dass es eine unzulässige Verkürzung und Reduzierung von Komplexität wäre, die Metonymie in einem zeitlich-linearen Abhängigkeitsverhältnis zu deuten, wie dies innerhalb der Naturwissenschaften getan werden müsste. Metonymie legt immer auch Zeugnis ab für Differenz, für Unterbrechung, für die Verwiesenheit auf anderes hin. Im Folgenden soll vor allem der Zeitaspekt metonymischer Strukturen im Mittelpunkt stehen, weil innerhalb der Theologie die Eschatologie die Pflicht hat, das Denken der Zeit nicht aus den Augen zu verlieren.

Georg W. F. Hegel wagt einen Blick in die Entwicklung der Geschichte und beschreibt, dass im Preußischen Staat die Entwicklung der Freiheit an ihr glückliches Ende gekommen sei.[42] Von daher nimmt er einen Standpunkt ein, von dem her er den gesamten Zeitlauf der Geschichte überblickt:[43] Er sieht in die Vergangenheit, lebt in der Gegenwart und weiß, dass die Zukunft nichts Besseres mehr bringen kann. Hegel vereint alle drei Zeitmodi – Vergangenheit, Gegenwart, Zukunft – in seinem Geist und bedient sich eines synthetisierenden Bewusstseins: in einem solchen fließen die genannten Zeitmodi zusammen. Ein Subjekt, das über ein synthetisierendes Bewusstsein verfügt, kann sowohl die Vergangenheit als auch die Zukunft in die Gegenwart hereinholen, und ist damit auch Herr über das, was war, und das, was sein wird. Wie kommt es zu dieser Herrschaft? Bei Hegel zeigt es sich sehr deutlich: Er weiß um den Sinn des Vergangenen – er sieht die stete Höherentwicklung der Freiheitsgeschichte – und er weiß um die Zukunft, weil er davon ausgeht, dass die Geschichte nicht mehr weitergehen kann, immerhin ist sie ja bereits auf ihrem Höhepunkt angelangt.

---

[42] Vgl. Georg W. F. Hegel, *Vorlesungen über die Philosophie der Geschichte*, hg. v. Eduard Gans, Berlin ²1840, S. 525 f.
[43] Ebd., S. 14.

Florian Bruckmann

Emmanuel Lévinas wehrt sich gegen das synthetisierende Zeitbewusstsein, weil es nicht der Tatsache entspricht, dass das Subjekt Herr seiner selbst ist: Es unterliegt dem Älterwerden und ist damit weder Herr über seine Zeit noch Herr über die Zeit schlechthin. Es gibt Zeit, über die das Subjekt nicht verfügen kann, weil es eine Zeit gibt, die das Subjekt nicht kausal zeittheoretisch einholen kann: Das Subjekt ist sich gegeben, ist sich übergeben, ist sich geschenkt, ist sich aufgegeben, weil es nicht gefragt wurde, ob es sein will. Am Anfang des Subjektes liegt also die Grenze, die das Subjekt nicht überspringen kann und deshalb auch nicht einfach so tun kann, als könnte es diese Grenze mit dem eigenen Geist überbrücken. Es muss sich bewusst sein, dass dieser Anfang von außen gesetzt worden ist. Und das Gleiche zeigt sich im Hinblick auf das Ende: Das Subjekt könnte sich zwar selbst ein Ende setzen, aber es kann nicht darüber verfügen, dass es ein Ende haben muss. Das Ende, also der Tod, ist dem Subjekt vorgegeben, ist ihm aufgegeben, und das Subjekt muss diesen Tod übernehmen, ob es will oder nicht. Der Tod lässt sich vielleicht hinauszögern, man kann den Tod verdrängen, man kann aber nicht nicht sterben. Somit verfügt das Subjekt weder über den eigenen Anfang noch über das eigene Ende und deshalb verfügt es noch weniger über den Anfang der Welt noch über deren Ende.

Lévinas spricht sich gegen das Gebaren einer philosophischen Tradition aus, die meint, man könne ohne hermeneutische Probleme Aussagen über Anfang und Ende treffen und man könne aus dem Wissen über Anfang und Ende und aus dem Wissen dessen, was sich dazwischen entwickelt hat, Schlussfolgerungen ziehen, die sich auf das Ganze beziehen. Lévinas geht noch einen Schritt weiter und gibt zu bedenken, was von Menschen angerichtet worden ist, die glaubten, über ein Wissen über die Geschichte zu verfügen: Er weist auf die Opfer der Geschichte hin, vor allem auf die, die um einer höheren Idee willen umgebracht worden sind – sei diese Idee nun der Kommunismus oder der Nationalsozialismus. Wer über ein Wissen über den Gesamtsinn der Geschichte verfügt, der ist bereit, für diese Idee Opfer zu bringen, nicht nur persönliche Opfer, sondern Opfer zu produzieren, Leichen zu häufen. Somit identifiziert Lévinas die Zeit der Geschichte mit der Zeit der Opfer und der Zeit des Krieges. In der Zeit gibt es Krieg und Krieg ist schlecht.

Hier setzt Lévinas mit seiner Totalitätskritik an: Totalitäre Ideologien sind davon gekennzeichnet, dass sie den Sinn der Geschichte kennen und für diesen Sinn bereit sind, zu opfern, Menschen auf die Schlachtfelder der Geschichte zu führen. In diesem Sinne kritisiert Lévinas Hegel scharf, der – wie gezeigt – eine Kollektivgeschichte entwirft (Orientalen, Griechen, Römer, Germanen)[44], weil hier die Individualität des Einzelnen übergangen wird und nicht mehr vorkommen kann:

»Der Krieg zeigt nicht die Exteriorität und das Andere als anders; er zerstört die Identität des Selben. Das Gesicht des Seins, das sich im Krieg zeigt, konkretisiert sich im Begriff der Totalität. Dieser Begriff beherrscht die abendländische Philosophie. In der Totalität reduzieren sich die Individuen darauf, Träger von Kräften zu sein.«[45]

Nach Lévinas ergeben sich zwei Möglichkeiten: Entweder die Menschen achten auch im Denken die Andersheit des Anderen oder sie achten diese Andersheit nicht. Totalitär ist das Subjekt, das sich über alle Differenzen erhebt und weiß, was am Ende für alle gut sein wird – auch wenn dies vielleicht das eine oder andere Opfer kostet. Dieser Weg ist für die Theologie besonders innerhalb der Eschatologie nicht gangbar. Man darf sich nicht über die Opfer der Geschichte erheben und sagen: Ach, irgendwie wird am Ende doch alles gut werden. Das wäre ein Hohn und eine Verachtung derer, die in den Öfen derjenigen verbrannt sind, die sich sicher waren, dass sie im Namen der von ihnen erkannten höheren Idee über alle möglichen Opfer gehen dürfen. Wer diesen Einwand von Lévinas ernst nimmt, der muss sich auf das von ihm vorgeschlagene Modell einlassen, dass es in der Eschatologie nicht darum geht, auf einen jüngsten Tag zu warten. Es geht nicht darum, sich bis zu einem weit entfernten Tag hinauszuzögern, sondern es geht um das Durchbrechen der Totalität im jeweiligen Augenblick, es geht also um den »Bruch der Totalität«[46]. Dieser Bruch der Totalität, also des Versuches, über den Anderen zu verfügen und ihn meiner eigenen Idee zu unterwerfen, ihn unter das zu zwingen, was ich für gut halte, und durch diese Unterwerfung die Andersheit des anderen nicht zu achten, dieser Bruch der Totalität hat bei Lévinas mit dem zu tun, was außerhalb der Totalität angesiedelt werden muss. Dieses Außerhalb hängt bei ihm mit der Güte und der Transzendenz zusammen. Das Gute erlebt Lévinas immer als Unterbrechung der eigenen Kreise, als

---

[44] Hegel, *Vorlesungen* (s. Anm. 41), S. 23.
[45] Lévinas, TU, S. 20.
[46] Lévinas, TU, S. 23.

Hinwendung zum anderen, der eigentlich stört, der meinen eigenen Wünschen und Bedürfnissen entgegensteht.

»Die Eschatologie setzt uns in Beziehung mit dem Sein *jenseits der Totalität* oder der Geschichte [...] Sie ist Beziehung zu *einem Mehr, das immer außerhalb der Totalität ist* [...] Freilich ist die Beschreibung dieses ›Jenseits‹ der Totalität und objektiven Erfahrung nicht bloß negativ. Das ›Jenseits‹ spiegelt sich wider *innerhalb* der Totalität und der Geschichte, *innerhalb* der Erfahrung. Das Eschatologische, als das ›Jenseits‹ der Geschichte, entzieht die Seienden dem Richterspruch der Geschichte und der Zukunft – es läßt die Seienden zu ihrer vollen Verantwortung entstehen, es ruft sie zur vollen Verantwortung auf. Indem das Eschatologische die Geschichte als ganze dem Urteil unterwirft, indem es sogar außerhalb der Kriege ist, die ihr Ende bezeichnen, gibt es jedem Augenblick seine volle Bedeutung in eben diesem Augenblick zurück: Jede Sache ist reif, um vor Gericht gehört zu werden. Nicht auf das Jüngste Gericht kommt es an, sondern auf das Gericht all der Augenblicke in der Zeit, in der man über die Lebenden urteilt.«[47]

Lévinas hat ein sehr klares Konzept von Eschatologie. In seiner Eschatologie geht es nicht um ein zukünftiges Gericht – denn dieses verleitet immer zur Vertröstung aufs Jenseits –, sondern um das Gericht in jedem Augenblick. Dieser muss gemeistert werden; hier, jetzt und heute findet das Gericht statt, hier wird das Subjekt zu seiner vollen Verantwortung gezogen und hier entsteht es gleichsam in seiner vollen Freiheit, die nichts ist als Verantwortung für die gesamte Menschheit – Stellvertretung. Es geht also nicht um die Gesamtbetrachtung der Geschichte, sondern um jeden einzelnen kleinen Augenblick. Diese einzelnen Augenblicke können als kleine Öffnungen auf das Jenseits hin verstanden werden, denn mit diesem Jenseits kann es zu einer Beziehung kommen. Diese Beziehung ist gekennzeichnet von einem Bruch der Totalität, weil diese dazu verleiten würde, den anderen in mein System einzugliedern und ihn gegebenenfalls diesem meinem System zu opfern. Das darf nicht sein. Du wirst nicht morden – so steht es im Dekalog.

Du wirst nicht morden. Dieses Gebot ist eigentlich nicht als Aufforderung formuliert, es steht nicht geschrieben: Du sollst nicht morden. Sondern es steht geschrieben: Du wirst nicht morden. Denn wenn Du mordest, dann bist Du nicht mehr Du. Ein Subjekt, das mordet, ist nicht weiter ein Du, es verliert nicht nur den Anderen als Gegenüber,

---

[47] Lévinas, TU, S. 22.

es missbraucht seine Handlungsoption und ist damit nicht mehr zur Freiheit fähig. Freiheit ist Offenheit auf den anderen hin. Ein Subjekt, das mordet, verliert seine bzw. ihre Freiheit und existiert als unfreier Sünder bzw. als unfreie Sünderin. Es ist ein anderes Subjekt geworden, das erlöst werden muss. Von daher wird formuliert: Du wirst nicht morden, denn mit dem Mord verliert nicht nur das Opfer sein Leben, sondern Du verlierst Deine Seele.

Aber wie kommt es zu einer Beziehung mit dem Jenseits?

»Eine solche Situation ist das Erstrahlen der Exteriorität oder der Transzendenz im Antlitz des Anderen.«[48]

Lévinas konzipiert die Eschatologie also vom Verhalten zum Anderen her, er konzipiert eine moralische bzw. ethische Eschatologie. Bei ihm geht es weniger um das Wissen um das zukünftige Gericht, sondern bei ihm geht es um das Tun der Wahrheit, die Hinwendung zum Anderen, das Eintreten für ihn, das Sich-in-Beschlag-nehmen-lassen. Lévinas geht sogar so weit, dass er von der Geiselschaft spricht: Das Subjekt wird zur Geisel des Anderen, weil es auf ihn verpflichtet ist, noch bevor es war,[49] und weil es für ihn eintreten muss.[50] Hier kommt es dann auch zur Übernahme der Verantwortung durch das Subjekt: Das Ich wird verantwortlich für den anderen, oder besser: Das Ich *ist* nichts als Verantwortung für den Anderen. So wird deutlich, dass auch die Eschatologie keinesfalls ohne den Gedanken der Stellvertretung auskommt: Ich für den anderen. »Die Identität des Subjekts hat hier in der Tat ihren Grund in der Unmöglichkeit, sich der Verantwortung, der Sorge und des Einstehens für den Anderen zu entziehen.«[51]

---

[48] Lévinas, TU, S. 25.
[49] Lévinas, JS, S. 126: »Verantwortlichkeit für den Anderen, die älter ist als jedes Engagement.« Ebd., S. 272: »Diese Vorzeitigkeit der Verantwortung im Verhältnis zur Freiheit bedeutet die Güte des Guten.« Vgl. ders., *Gott, der Tod und die Zeit*, übers. v. Astrid Nettling u. Ulrike Wasel, (Edition Passagen 43), Wien 1996, S. 184–187.
[50] Lévinas, JS, S. 42.
[51] Lévinas, JS, S. 48; vgl. S. 254; S. 258 f.; S. 280: »*Meine* Stellvertretung. Die Stellvertretung für den Nächsten vollzieht sich immer als *meine* Stellvertretung [...] Niemand kann für mich die Stellvertretung übernehmen, der ich die Stellvertretung für alle habe [...] Ich *für* den Nächsten [...], vorgeladen, für ihn Verantwortung zu tragen. Denkt man solche Beziehung zu Ende, bedeutet sie die nicht vernarbende Wunde des Sich im Ich, das durch den Anderen angeklagt wird bis hin zur Verfolgung und das auch für seinen Verfolger noch verantwortlich ist. Unterwerfung und Erhebung, die sich in der Geduld *über* die Unfreiheit erhebt. Unterwerfung in der Verpflichtung auf das *Gute*.«

Das Ich kann sich der Sorge um den Anderen nicht entziehen. Es ist auf ihn verpflichtet und es hat diese Verpflichtung nicht gewählt, sondern ist Subjekt eigentlich nur, indem es für den Anderen Verantwortung übernimmt.[52] Natürlich ist der andere in seinem Tod nicht vertretbar[53], aber Ich kann für ihn in den Tod gehen. Pater Kolbe hat dies getan und damit auf den verwiesen, auf den das Christentum ständig verwiesen ist: Jesus von Nazareth. Es ist möglich, für den Anderen zu sterben, an seiner Stelle zu sterben, auch wenn dies nicht bedeuten kann, dass der andere dann auf ewig vor dem Tod gerettet ist. Hier zeigt sich der Unterschied zwischen der kontinuierlich ablaufenden Zeit und der diskontinuierlichen, der unterbrochenen oder unterbrechenden, der einbrechenden Zeit: In der Unterbrechung der normalen Zusammenhänge und Systemzwänge ist es möglich, für den anderen einzustehen. Das enthebt ihn aber nicht der weiterhin ablaufenden physikalischen Zeit. Nur als Phänomen der Diachronie erhält Stellvertretung einen Sinn, nur hier kann sie verstanden werden. Und hier wird auch der Unterschied zwischen Wiederbelebung und Auferstehung deutlich: Lazarus wurde durch das Gebet Jesu wiederbelebt, musste aber später sterben. Dies ist ein Vorgang in der kontinuierlichen Zeit. Im Gegensatz dazu ist die Auferweckung Jesu ein Phänomen der unterbrochenen Zeit: Jesus wird von Gott auferweckt; hier kommt die Zeit an ihr Ende, sie wird unterbrochen und damit ist der Auferweckte nicht mehr Teil der Zeit, er ist ihr enthoben, so dass hier eine Differenz aufscheint zwischen physikalisch-linearer und metonymisch-unterbrechender Zeit. Diese Differenz darf nicht übersehen werden.

4. Fazit

Als sprachfähiges Wesen greift der Mensch interpretierend auf die Welt zu. Er kann in der Folge sowohl seine Sprache als auch seinen

---

[52] Lévinas, JS, S. 47: »Stellvertretung als die eigentliche Subjektivität des Subjekts [...] Unterbrechung dieser Identität in der Übernahme der Verantwortung, die mir aufgebürdet wird, unausweichlich.«

[53] Diese Unmöglichkeit, anstelle des anderen zu sterben, ist vielleicht auch der Grund dafür, dass sich Lévinas gegen die Möglichkeit der Sühne ausspricht; vgl. Lévinas, *Gott* (s. Anm. 48), S. 188: »Das Ich, das alles Sein sühnt, ist kein Seiendes, das fähig wäre, für alle Anderen zu sühnen.«

sprachlich verfassten Weltzugang untersuchen. Dies ist im vorliegenden Beitrag mit dem sprachlichen Phänomen der Metonymie versucht worden. Sie wurde weniger als rhetorische Stilfigur bedacht, sondern vielmehr als ein menschliches Weltinterpretationsmuster aufgefasst. Wenn menschliches Weltverstehen sprachlich verfasst ist, dann ist dieses Weltverstehen nicht nur metaphorisch – was gut belegt ist –, sondern zu einem guten Teil auch metonymisch. Wenn diese These stimmt, dann lohnt es sich, menschliches Weltverstehen von der Metonymie her in den Blick zu nehmen und dies ist im Hinblick auf drei Problemkreise innerhalb der Theologie getan worden. Es hat sich gezeigt, dass es ein sehr fruchtbares Unterfangen ist, nach metonymischen Strukturen innerhalb des theologischen Denkens Ausschau zu halten. Anfanghaft ist dies hier im Hinblick auf das Rechtfertigungsgeschehen, die Lebenshingabe Jesu und im Rahmen der Eschatologie unternommen worden. Viele Detailfragen müssten noch geklärt werden. Bisher ist deutlich geworden, dass sich die Metonymie weder für die Gotteslehre noch für die Frage der Offenbarung eignet. Sie zeigt ihre Stärken dort, wo es um kausale Abhängigkeitsverhältnisse geht. Dabei muss allerdings darauf geachtet werden, dass naturwissenschaftlich zeitlich-lineare Kausalität von metonymischer Kausalität unterschieden wird, weil diese Zeugnis ablegt von Differenz und Unterbrechung bzw. Unterbrochenheit. Metonymische Kausalität steht somit auch immer unter dem eschatologischen Vorbehalt, so dass in ihr die Hoffnungsstruktur menschlichen Weltverstehens aufleuchtet: Trotz aller Gebrochenheit weiß der Mensch darum, dass er nicht auf das rein Materielle reduziert werden kann, weswegen er darauf hofft, dass die von ihm erkannten Sinnzusammenhänge von dem herrühren, dessen Walten er hinter allem erkennt. In systematischer Hinsicht hat es sich gezeigt, dass metonymische Strukturen vor allem dort auftauchen, wo die Frage der Stellvertretung in den Blick kommt: Der Mensch lebt nicht für sich allein, sondern von einem anderen her, für den er Verantwortung übernehmen muss, will er Mensch sein. So zeigt sich in aller Kontiguität, dass der eine für den anderen einstehen kann.

Die Gabe des Anderen als Schöpfung des Geringsten

Peter Morsbach (Eichstätt)

1. Der Name Gottes und die Individualität der Person

Einen möglichen Gegenentwurf zu dem mit Leid und Verlust konnotierten Opfer könnte die Gabe darstellen. »Was ihr dem Geringsten meiner Brüder getan habt, das habt ihr mir getan«, heißt es im Matthäusevangelium.[1] Dieses Bibelwort lässt sich folgendermaßen verstehen: Zunächst gilt die Gabe der konkreten Person, welche die Gabe empfängt, zugleich wird damit aber auch ein Zeichen gesetzt, das der Gabe einen exemplarischen Charakter verleiht. Der Akt des Gebens ist vorbildlich und fordert zum Nachahmen auf, wenn man Gott bzw. Christus als Repräsentanten jeder Einzelperson versteht, als das eine vollkommene Vorbild jeder unvollkommenen Person. Dem Theologen Martin M. Lindner zufolge mündet die philosophische Reflexion der Gabe oftmals in eine »metonymisierte Theologie«, worin »Gott als Name für den ganz/absolut Anderen und hierin für den absolut Einzigen und für jeden Anderen zugleich steht.«[2] Eine so verstandene Gabe gilt nicht einem fiktiven Kollektiv wie das mit physischer Gewalt oder psychologischer Manipulation erzwungene Opfer, und das Zeichen, das mit ihr gesetzt wird, beschränkt sich nicht auf eine soziale Gruppe, es schließt niemanden aus, auch nicht den Geringsten. Die metonymische Funktion des Bibelwortes ist somit grundverschieden von jeder Rhetorik, die sich im Dienste einer kollektivistischen Ideo-

---

[1] Matth. 25,40.
[2] Martin M. Lindner, *Eine Ethik des Schenkens: von einer anthropologischen zu einer theologisch-ethischen Deutung der Gabe und ihrer Aporien*, Wien 2006. Vgl. Walter Schweidlers Beitrag über den Zusammenhang von Art- und Personennamen in der Einleitung zu diesem Band, Abschnitt 2 (Die Metonymie als Bild zeichenhaften Lebens); vgl. Florian Bruckmanns Beitrag zur Totalitarismuskritik von Lévinas: Florian Bruckmann, »Hingegeben für die Vielen, Stellvertretung zwischen Metonymie und Kontiguität«, Abschnitt 3.3 (Eschatologie) in diesem Band, S. XY.

logie die Einzelperson als Element einer kollektiven Gesamtperson einverleibt und unterordnet. Dieser Vorgang wird erleichtert durch die tendenzielle Bereitschaft jeder Einzelperson, sich mit Objekten ihrer Wahrnehmung zu identifizieren. »Das Ich ist«, so Lévinas »nicht ein Wesen, das immer dasselbe bleibt, sondern dasjenige Seiende, dessen Existieren darin besteht, sich zu identifizieren, seine Identität durch alle Begegnisse hindurch wiederzufinden.«[3] Alles, was eine Person in ihrem Selbstverständnis ausmacht, ist Veränderungen unterworfen, ihre Körperlichkeit, ihr leibliches Empfinden, ihre Erinnerung, ihre Gefühle und Gedanken, alles unterliegt einem Wandel, der unter Umständen so radikal und total ist, das nichts mehr bleibt, worauf die Person sich noch bewusst und ausdrücklich beziehen könnte. So kann es gerade in einer Situation der Krise, in der Suche nach Identität zu einer Vereinnahmung der Einzelperson kommen, zu einer bewussten Identifizierung mit der Fiktion einer Kollektivperson. Zwar gibt es einen ursprünglichen, sich selbst offenbarenden Bereich der Individualität – Michel Henry spricht von einer aller Intentionalität entgegengesetzten Selbst-Affektivität des Lebens (»L'affectivité est l'essence de la vie.«[4]), und Emmanuel Lévinas von einer »Affektivität als Selbstheit des Ich«[5], aber dieser Quell- und Bezugspunkt des Ich genügt sich nicht, er strebt nach einer Form der Ich-Organisation, der auf der Ebene des Leibes und der Körperlichkeit jedoch Grenzen gesetzt sind. Insofern die Selbst-Affektivität des Lebens, das Selbst-Empfinden oder Selbst-Fühlen jeder bewussten Reflexion und damit auch jeder vorgestellten oder narrativen Identität vorausgeht, ist hier auch die menschliche Individualität als das Unteilbare, das Einzigartige und in diesem Sinne auch das »Geringste« zu verorten. Eine Differenz zwischen mir und anderen besteht auf dieser Ebene ebenso wenig wie in der Identifikation mit einer imaginären Gesamtpersönlichkeit, solange jedenfalls bis ich an eine Grenze stoße, in ein Erleben, das mich ernüchtert und den Rausch des Aufgehens in einem übergeordneten Organismus auf schmerzliche Weise als Illusion entlarvt und mich auf meine eigene Leiblichkeit zurück und in das Bewusstsein einer materiellen Abgeschiedenheit führt. Dann erfahre ich die Selbst-Affektivität des Lebens als eine unmittelbare Affektivität des Leibes, während die Körper der anderen mir nur

---

[3] Emmanuel Lévinas, *Totalité et Infini*, Dordrecht/Boston u.a. 1994, S. 394.
[4] Michel Henry, *L'essence de la manifestation*, Paris 1963, S. 596.
[5] Emmanuel Lévinas, *Totalität und Unendlichkeit*, Freiburg/München 2003, S. 164.

mittelbar als belebte Körper, d. h. als Leiber zugänglich sind. Nur auf der Ebene des eigenen Empfindens, der Selbst-Affektivität des Leibes kann ich das Absolute und Einmalige der Individualität erleben, das mich in die Lage versetzt, den Wert einer jeden Person zu erkennen. Nur auf dieser leiblichen Ebene ist eine »Verschmelzung«, ein Sich-Einfühlen in andere Personen denkbar. Kollektive und totalitäre Ideologien ignorieren jedoch die Eigenständigkeit des Leibes, indem sie ihn wie einen leblosen Körper behandeln, der in das Gefüge der Macht einzugliedern oder zu eliminieren ist. Nach Marc Richir handelt es sich dabei um eine politische Theologie, eine symbolische Stiftung von Kultur durch eine übergeordnete Instanz. Richir sieht darin eine verhängnisvolle Vermengung von symbolischen, gleichsam unsterblichen Institutionen und den Menschen, die sie verkörpern,[6] bzw. eine Vermengung von »incarnation« und »incorporation«, von Verleiblichung und Verkörperung.[7] Dabei bezieht er sich auf die Thesen von Ernst Kantorowicz, wonach die juristische und politische Vorstellung von den zwei Körpern des Königs als der Prozess einer Säkularisierung der Vorstellung von der Kirche als dem Leib Christi zu verstehen ist.[8] Die Vermengung von »incarnation« und »incorporation« ist nach Richir eine Folgeerscheinung dessen, was er als »das zentrale Paradox des Christentums« bezeichnet.[9] Dabei bezieht er sich auf den Mythos von der Auferstehung und Fleischwerdung Christi. Das Verschwinden der Leiche Christi nach seiner Grablegung wertet Richir als einen Hinweis darauf, dass der auferstandene Christus ein Leib ohne Körper sei. Richir spricht von einem »umherirrenden Fleisch« (»chair errante«), das ohne die Fixierung auf einen bestimmten Körper in jedem Antlitz, auch dem bescheidensten, aufscheinen könne.[10] Michel Henry zufolge stellt ein so verstandener Christus nicht nur die inkarnierte Individualität Gottes, sondern die Inkarnation von Individualität überhaupt dar, stellvertretend nicht für eine fiktive Gesamtperson, sondern für jeden Einzelnen, auch für den Geringsten.[11]

---

[6] Marc Richir, *Du sublime en politique*, Paris 1991, S. 39.
[7] Ebd., S. 91.
[8] Ernst Kantorowicz, *Die zwei Körper des Königs*, übersetzt von Walter Theimer und Brigitte Hellmann, München 1990.
[9] Richir, *Du sublime en politique*, S. 89–91.
[10] Ebd., S. 469.
[11] Vgl. Michel Henry, *Inkarnation. Eine Philosophie des Fleisches*, Freiburg/München 2003, Kap. 33–36.

2. Die Gabe als Fremderfahrung und anerkennende Antwort

Insofern Individuen nicht austauschbar sind und der Wert einer Person nicht aufrechenbar ist, darf niemand für die Belange eines Kollektivs geopfert werden. Diesem Anspruch wird die Gabe gerecht, denn in ihr bleibt das Bewusstsein für die Einzigartigkeit des Anderen erhalten. Dabei sehen wir uns mit dem Paradox konfrontiert, dass uns das Andere in seiner Eigenheit fremd und verschlossen bleibt, obwohl wir es uns auf verschiedene Weise aneignen und vertraut machen können. »Eigenes begegnet uns im Fremden und Fremdes im Eigenen«[12], heißt es bei Waldenfels, der zwischen Formen kulturell geordneter und radikaler Fremdheit unterscheidet. Innerhalb einer kulturell vereinbarten Ordnung ist die Fremdheit strukturbedingt und aufhebbar, jenseits dieser Ordnung ist sie radikal und absolut. Eine wirkliche Auseinandersetzung mit dem Anderen ist also nur in der Anerkennung des Anderen in seiner Andersheit möglich – eine Vorbedingung jeder Reflexion, denn Denken ist nach Emmanuel Lévinas, der sich dabei ausdrücklich auf Martin Buber und Gabriel Marcel bezieht, wesentlich *Antwort*.[13] So ist das Andere im Denken stets präsent, aber doch uneinholbar. Mehr noch: das Eigene befindet sich in einer interlokutionären Struktur, es befindet sich vor jeder Selbstsetzung in einer Anrufsituation, der *Fremdbestimmung*, die nach G. H. Mead den Wechsel vom »I« zum »Me« bedingt[14] und die nach Jean-Luc Marion den Schluss auf eine ethische Dimension zulässt: »*je* devenu un *moi* ne demande ni de connaître, ni même d'être connu, mais d'être reconnu, c'est à dire aimé.«[15] So ist also die Eigenliebe, die Anerkennung der eigenen Person untrennbar verbunden mit der Anerkennung des Anderen. Gleichwohl stellt dieser strukturelle Zusammenhang noch keine personale Identität dar, denn es ist ja nicht eine bestimmte Person oder die Gesamtheit

---

[12] Bernhard Waldenfels, »Phänomenologie des Eigenen und des Fremden«, in: Herfried Münkler (Hrsg.): *Furcht und Faszination. Facetten der Fremdheit*, Berlin 1997, S. 73.
[13] Lévinas, *Totalität und Unendlichkeit*, Freiburg/München 2003, S. 91 f.
[14] Vgl. Charles W. Morris (Hrsg.), *Mind, Self, and Society*, Chicago 1934 (Deutsche Übersetzung: *Geist, Identität und Gesellschaft aus der Sicht des Sozialbehaviorismus*, Frankfurt am Main 1968).
[15] Jean-Luc Marion, *Sur le prisme métaphysique de Descartes*, Constitutions et limites de l'onto-théologie dans la pensée cartésienne, Paris 1986, S. 345. (»Das Ich, das ein Mich geworden ist, verlangt nicht danach erkannt oder auch nur gekannt, sondern danach anerkannt – das heißt geliebt zu werden.«)

aller Personen, mit der wir tatsächlich eine organische Einheit bilden, es ist vielmehr die Idee, die Vorstellung von der Möglichkeit des Anderen, die in uns lebt und wirkt, hervorgerufen durch die Erfahrung, die wir mit anderen machen oder gemacht haben. Der Einzelne bestimmt sich sowohl von den konkreten wie auch von einem generalisierten Anderen, also von der Idee des Anderen, her, und als Einzelner ist er zugleich der »Geringste«, die kleinste, aber einzig wirkliche Person, die als Individuum nicht in einer imaginären Kollektivperson aufgehoben wird bzw. untergeht. Indem der Andere sich ganz bewusst nicht einer anonymen Gesamtheit, sondern einer konkreten Person, einem der »Geringsten« hingibt, wird er selbst zu einer konkreten Person, zu einem der »Geringsten«, vergleichbar mit der Menschwerdung Gottes, die sich ja ebenfalls in einem Menschen mit Leib, Seele und Geist offenbart. Mit der Öffnung eines der Geringsten für die Gabe eines Anderen, der sich im Geben ja auch stets selbst gibt, ist über diese konkrete Paarung hinaus, auch die Öffnung für die Gesamtheit aller Personen gegeben: Indem jeder Einzelne für die mögliche Selbstwerdung eines jeden Anderen steht, befinden wir uns alle in einem zeichenhaften Verhältnis zueinander, als konkrete Person und zugleich als Zeichen für- und voneinander. Selbstwerdung ist jedoch nur auf der Basis von Freiwilligkeit möglich, in der freiwilligen Gabe, die ja sonst ein Opfer wäre, und in der Möglichkeit, eine angebotene Gabe auch abzulehnen. Die Freiwilligkeit des Gebens ist damit die einzige Erwartung, die im Einklang mit den unveräußerlichen Rechten der Person steht. Andererseits ist mit der Gabe als Prozess der Selbstwerdung auch die Anerkennung einer prinzipiellen Unbestimmbarkeit des Anderen und damit auch des Gebenden verbunden, insofern er sich vom Anderen her bestimmt. Ein umfassendes Bild vom Menschen ist uns damit verwehrt, denn es gibt weder einen direkten Zugang zum Anderen noch ist es uns möglich, den Anderen aufgrund von Analogien zu uns selbst zu bestimmen. Gleichwohl sind wir grundsätzlich offen für das, was den Anderen für uns ausmacht, für seine Andersheit und seinen Anspruch, seine Eigen- und Widerständigkeit, denn beides ist uns in der Erfahrung der eigenen Fremdheit unmittelbar vertraut, die sich aus der Differenz von Leib und Körper ergibt. Der von Selbstbewusstsein erfüllte Leib erfährt sich in der Selbstberührung zugleich als ein Fremdes, als Fühlendes und Gefühltes. Dabei kann der erfühlte Körper durchaus im Widerspruch zu den Ansprüchen und Bedürfnissen stehen, die einen wesentlichen Bereich dessen charakterisieren, was

Die Gabe des Anderen als Schöpfung des Geringsten

wir als unser eigenes Ich begreifen, nämlich dann, wenn etwas die angestrebte, innere Harmonie aus dem Gleichgewicht bringt, wenn wir an physische Grenzen stoßen, eine Funktionsstörung oder eine unerwünschte Erscheinung an uns selbst wahrnehmen. Dem einfühlenden Übergang vom Ego zum Alter Ego entspricht, so Natalie Depraz, die »Apperzeption meiner selbst als Leib«.[16] Damit stellt sich Depraz dem »Paradigma des Ganz Anderen« bei Lévinas ebenso entgegen wie der von Henry vertretenen Notwendigkeit einer »Entäußerung« als einzig möglichem Zugang in die intentionale Verfasstheit des Anderen wie auch der Kritik von Marion an Husserls »Egologie«, die keinen Zugang zu der »radikalen Andersheit« erlaube.[17] Die Begegnung mit dem Anderen ist nach Depraz als eine Begegnung »von Körper zu Körper« zu begreifen, die in der »Apperzeption meiner selbst als Leib«, die von »einer einfachen äußerlichen formalen Ähnlichkeit zu ›innerer‹ Ähnlichkeit« wird.[18] Einer Verleiblichung des Anderen sind jedoch Grenzen gesetzt. Während ich mich im eigenen Körper durch Verleiblichung unmittelbar selbst erfahre, ist die »Einverleibung« einer anderen Person nur in der Analogie zum eigenen Verhältnis von Körper und Leib möglich. Während die »Analogie« von Husserl noch vorwiegend kognitivistisch aufgefasst wird[19], erfolgt das »Einverstehen« in ein fremdes Ich nach Richir nicht primär über einen Denk- oder Imaginationsvorgang, sondern ganz unmittelbar. Richir bezieht sich auf Husserls Beispiel der Wahrnehmung einer fremden Hand, deren Bewegung im Betrachter unter Umständen den Impuls auslöst, die eigene Hand in ähnlicher Weise zu bewegen.[20] Nachvollziehbarer vielleicht sind emotional geladene Reflexe wie die spontane Erwiderung eines Lächelns. Ein anderes bekanntes Phänomen ist das ansteckend wirkende Gähnen. In dieser spontanen Form der Empathie spiegeln wir den Anderen ohne eine vorhergehende Überlegung oder Imagination. Der von Husserl geprägte Begriff des spontanen »Einverstehens« be-

---

[16] Natalie Depraz, *Transcendance et incarnation. Le statut de l'intersubjectivité comme alterité à soi chez Husserl*, Paris 1995, S. 25 f. Siehe auch: Hans-Dieter Gondek/László Tengelyi, »Leiblichkeit und Intersubjektivität bei Natalie Depraz«, in: Dies.: *Neue Phänomenologie in Frankreich*, Berlin 2011, S. 604 ff.
[17] Ebd., S. 605.
[18] Ebd., S. 25 f.
[19] Edmund Husserl, *Zur Phänomenologie der Intersubjektivität, Erster Teil: 1905–1920*, hrsg. von Iso Kern, Husserliana Bd. 13, Den Haag 1973, Nr. 10, S. 288–313.
[20] Ebd., S. 311 f.

schreibt also einen Vorgang des unreflektierten Fremderlebens, nach Richir eine »*aktive, innere und nicht spiegelbildartige Mimesis* des menschlichen Leibes«[21]. Für Richir ist dieses mimetische Erleben ein Akt der Phantasie, kein wirkliches, aber durchaus eigenständiges Erleben. Indem ich die Bewegungen des Anderen als mimetischen Impuls in mir selbst wahrnehme, erfahre ich die fremde Subjektivität in einer Art Zwischenleib, einem Gebilde der Phantasie.[22] In dem plötzlichen Hereinbrechen sinnstiftender Phänomene wie etwa dem Phantasieleib, der uns in der Gestalt eines Zwischenleibes den unmittelbaren Zugang zu einem fremden Leib zu ermöglichen scheint, sieht Richir darüber hinaus den Ursprung aller Kultur und Symbolik. Intersubjektivität, Empathie und Mitgefühl stellen somit eine ursprüngliche und natürliche Haltung dar, einen Akt des unmittelbares Erlebens, dessen Vollzug jedoch aufgrund der Widerständigkeit des Anderen, der meinen Erwartungen in irgendeiner Hinsicht widerspricht, unterbunden werden kann, indem das Mitgefühl verdrängt und abgespalten wird. Die Eigen- und Widerständigkeit des Anderen in und außerhalb meiner selbst, setzt mir Grenzen, die ich allerdings übernehmen kann, sodass ich nicht mehr daran stoße – vorausgesetzt, es gibt nicht etwas in mir, dass dieser Übernahme entgegensteht. So gesehen sind die Anderen zwar kein Hindernis für den Entwurf des Einzelnen[23], wohl aber die Grenzen, die dem Ego von sich aus vorgegeben sind. Diese Grenzen stehen einer bedingungslosen Akzeptanz des Anderen ebenso entgegen wie das Unvermögen, den Anderen unmittelbar anders als in seiner radikalen Andersheit zu erkennen. Während der eigene Körper sich einer Verleiblichung nur teilweise verwehrt, ist eine wirkliche Verschmelzung mit anderen Personen nur in der Vorstellung als empathische Apperzeption möglich, als spontane oder explizite Analogie zur eigenen Selbsterfahrung. Die Ansprüche des ursprünglich Anderen, wie ich sie in der Vorgegebenheit meiner Triebe und Bedürfnisse erfahre, existieren zugleich mit den Ansprüchen des internalisierten Anderen und stehen diesen oftmals entgegen, sodass das Gewissen als die Stimme des Anderen immer wieder in Konflikt mit dem Selbst gerät, das

---

[21] Marc Richir, *Phénomenologie en esquisses. Nouvelles fondations*, Grenoble 2000, S. 145.
[22] Ebd.
[23] Vgl. Jean-Paul Sartre, *Das Sein und das Nichts. Versuch einer phänomenologischen Ontologie*, Reinbek bei Hamburg 1991, S. 845 f.

sich in derartigen Situationen der vom Ich angestrebten Harmonie ebenso widersetzt wie dem Anspruch anderer Personen, sodass die narrative Identität einer Person oft nur um den Preis einer Verdrängung der Ansprüche des inneren oder äußeren Anderen zu erzielen ist. Dabei sind beide aufeinander angewiesen: Die Anerkennung der Anderen ist nur zu erreichen, wenn ich die Anderen ebenfalls anerkenne, denn einer Person ihren Wert abzusprechen, heißt sie abzulehnen, womit ich mir die Möglichkeit verstelle, von ihr anerkannt zu werden oder ihre Anerkennung als solche wertzuschätzen. Nur wer auch den Geringsten als gleichwertige Person anerkennt, ist in der Lage, die Isolation und die Einsamkeit einer ausschließlich auf sich selbst bezogenen Existenz zu überwinden. Diesem heroischen Anspruch kann jedoch nicht immer entsprochen werden, auch nicht um den Preis einer Selbstverleugnung, der ja eine Entfremdung von sich selbst bedeutet. Wichtig ist jedoch die Erkenntnis, dass es in Konfliktsituationen nicht bloß um materielle Werte geht, sondern immer auch um ein wechselseitiges Ringen nach Anerkennung. Damit ist der Zugang zu einem Verständnis des Anderen gegeben, der weit über die ökonomischen Belange der Existenzsicherung hinausgeht, denn auch der schrecklichste Despot hat ein Verlangen nach Anerkennung, die er mit Gewalt zu erzwingen versucht, was ihm aber bestenfalls bloße Unterwürfigkeit beschert, aus der eine Unzufriedenheit resultiert, die nicht selten in eine Spirale der Gewalt mündet. Insofern ist die Anerkennung, die Liebe, auch zu dem in moralischer Hinsicht Geringsten, der einzige Weg zur Versöhnung. Ohne wechselseitige Anerkennung, ohne die Auflösung von Repression und Herrschaft, findet der Kampf um Anerkennung kein Ende und fordert immer neue Opfer. Während Thomas Hobbes dafür plädiert, sich freiwillig einem Leviathan unterzuordnen, um dem Streben nach materiellen Gütern, nach Geltung, Macht und Ruhm auf diese Weise entgegenzuwirken, vertritt Hegel die Auffassung, dass das Streben nach Anerkennung stärker sei als das Bedürfnis der Menschen nach Sicherheit. Das Verhältnis von Herrschaft und Knechtschaft ist ein zentrales Motiv seiner Philosophie, das er in seiner *Phänomenologie des Geistes* von 1807 ausführt. Der Kampf um Anerkennung ist für Hegel wie später auch für Marx die treibende Kraft der Geschichte und damit auch der Ursprung von Selbstbewusstsein und Identität. Erzwungene Anerkennung ist jedoch unbefriedigend. In Hegels Gedankenspiel einer historischen Ursituation – dem Kampf zweier Menschen, der mit der Unterwerfung des einen endet – opfert der Knecht seine Freiheit. Um sein Leben zu retten, erkennt er den Sieger als seinen Herrn an. Dieser möchte aber von anderen, freien Menschen, anerkannt werden, und so sucht er sich neue Gegner, während der Knecht durch seine Arbeit Herrschaft über die Natur und damit ein gestärktes Selbstbewusstsein gewinnt, aus dem heraus er den Aufstand wagt. Einer verbreiteten Auffassung zufolge ist der Mensch ein triebhaftes und träges Raubtier, das ohne Herrschaft in einen chaotischen und grausamen Urzustand zurückfallen würde. Betrachtet man die Geschichte, so scheint sich dieser Eindruck auf den ersten Blick zu bestätigen. Schaut man genauer hin, verliert diese These an Überzeugungskraft, denn offensichtlich ist es ja selten oder nie die Mehrheit der Menschen gewesen, die für Unterdrückung, Ausbeutung, Krieg und Folter verantwortlich zeichnet, sondern eine verantwortungslose und verbrecherische Minderheit, welche die Masse mit ihrer Unmoral vergiftet. Insofern ließe sich mit Lévinas sagen: »Es ist nicht sicher, daß im Anfang der Krieg war.«[24] Im Anfang steht vielmehr das Wechselspiel von Anerkennung und Verantwortung, von Liebe und Gegenliebe. Bei Lévinas ist es das Antlitz das Anderen, das uns in die Verantwortung nimmt, das nach liebender Zuwendung verlangt. Sinnvolle Erkenntnis beginnt auch für den Theologen Hans-Urs von Balthasar in dieser Ursituation.

Wenn das Lächeln der Mutter von ihrem Kind erwidert wird, hat sie, so Balthasar, »im Herzen des Kindes die Liebe geweckt, und indem das Kind zur Liebe erwacht, erwacht es zur Erkenntnis: die leeren Sinneseindrücke sammeln sich sinnvoll um den Kern des Du.«[25] Die Zuwendung, die das Kind erfährt, ist somit die Quelle seiner Identität, die Vorbedingung jeder Selbst- und Fremderfahrung. Indem das Kind in seiner Bedürftigkeit anerkannt wird, gewinnt es Vertrauen in sich und die Welt. Vor allem aber macht es die Erfahrung einer bedingungslosen Wertschätzung, auf die es seinerseits mit einem Ausdruck von Anerkennung reagiert. Erst wenn das kindliche Urvertrauen erschüttert wird, wenn dem Kind die erwartete Anerkennung versagt wird, beginnt es, darum zu kämpfen. Es fühlt sich betrogen und verlangt nach

---

[24] Emmanuel Lévinas, En découvrant l'existence avec Husserl et Heidegger, Paris 1974, S. 234 (eigene Übersetzung).
[25] Hans-Urs von Balthasar, Glaubhaft ist nur Liebe, Einsiedeln ⁵1985, S. 49. Vgl. auch ders., »Der Zugang zur Wirklichkeit Gottes«, in: MySal, Bd. II, Einsiedeln/Zürich/Köln (1967) S. 15–45; hier S. 15 ff., S. 25 ff., S. 36 f.

Wiedergutmachung, indem es beginnt, andere zu unterdrücken. Damit setzt nicht selten ein Teufelskreis ein, der immer neue Opfer fordert.

3. Die Gabe als soziales Band und Lebensschuld

Erst in der wechselseitigen Anerkennung in Form einer umfassenden symbolischen oder materiellen Zuwendung finden die Tauschpartner zu ihrer eigentlichen Bestimmung, zur Erfüllung ihrer selbst: Sie werden zu einer vollständigen Person und einem vollwertigen Mitglied der Gemeinschaft. Das Bedürfnis nach Anerkennung ist somit der Antrieb der Persönlichkeitsbildung. Dabei ist zu beachten, dass wir nicht allein durch andere Personen, sondern auch von uns selbst Anerkennung erfahren. Es genügt nicht, von anderen Wertschätzung zu bekommen, ebenso oder noch wichtiger ist die Anerkennung, die wir uns selbst geben. In dieser Verdopplung der Person, dem Ich, das sich etwas gibt, findet sich ebenfalls ein Bezug zum Anderen, dem Anderen, den ich in der Anerkennung meiner selbst erfahre. Es sind also sowohl die eigene konkrete Person, das Selbst oder Ich, wie auch der Andere in Gestalt eines anderen Leibes, die mich konstituieren, die mich zu dem machen, was ich bin, zu einer Schöpfung des Anderen, auch wenn ich selbst dieser Andere bin. Erst in der Anerkennung meiner selbst nehme ich den »Anderen in mir« wirklich an. In diesem Sinne ist auch Marions *l'adonné* zu verstehen, die Vorstellung vom Menschen als eines sich selbst Gegebenen, der sich als gegebenes Selbst nur annehmen kann, indem er sich der Selbstgebung seiner selbst hingibt.[26] In der Anerkennung der eigenen Person ereignet sich die Übereinstimmung von Geben und Empfangen in einer ursprünglichen Weise, die uns auch den Zugang zur »übrigen« Welt ermöglicht, indem wir die Erfahrung der Gegebenheit als einer Zugehörigkeit machen, die nach Anerkennung verlangt. Jedes sich gebende Phänomen verlangt nach einer anerkennenden Hingabe, nach einem Subjekt, das sich dieser Gabe hingibt, d. h. im Empfangen der Gabe werden wir zu ihrem Subjekt. Und geben können wir nur, was wir zuvor selbst empfangen haben. Mit jeder Gabe, die wir weiterreichen, geben wir auch uns selbst. Der Kreislauf des Gebens ist somit eine permanente Schöpfung, an der jedes einzelne Element, auch das Geringste, seinen unverzichtbaren Anteil hat. Wenn

---

[26] Vgl. Jean-Luc Marion, *Etant donnée*, Paris 1997, S. 360.

das Ganze auch mehr ist als die Summe seiner Elemente, kann es doch nur ein Ganzes sein, wenn keines seiner Elemente fehlt. In diesem Sinne ist die von Marcel Mauss beschriebene Kula-Zeremonie[27] durch drei Elemente gekennzeichnet: durch die Gabe selbst, die Verpflichtung zur Annahme der Gabe und die Gegengabe, die zur Wahrung der Kontinuität immer zeitversetzt zu erfolgen hat. Und sie muss einen höheren Wert haben als die Erstgabe, damit die »Schuld« erhalten bleibt, denn Sinn und Zweck des Kula-Handels ist vor allem die Aufrechterhaltung der sozialen Bande. Halsketten werden als Symbole des Männlichen und Armbänder als Symbole des Weiblichen getauscht. In Form eines Ringtausches wechseln die Halsketten den Besitzer im Uhrzeigersinn, die Armbänder werden gegenläufig getauscht. Eine Zeit lang bleiben diese Schmuckstücke im Besitz des »Beschenkten«, müssen dann aber gemäß dem festgelegten Kula-Rhythmus weitergegeben werden. Die Halsketten und Armbänder haben eine Bedeutung, die weit über ihren materiellen Wert als Schmuckstück hinausgeht. Sie haben eine Persönlichkeit, eine Geschichte und einen Namen, der vom Beschenkten gelegentlich übernommen wird. Damit ist die Gabe mehr als eine symbolische Stiftung oder Bekräftigung von Zusammengehörigkeit. In der Gabe sind der Vorgang des Gebens und der Gebende selbst enthalten. Diesem Ursprung gibt sich der Empfänger der Gabe hin, indem er diese annimmt und somit zu ihrem Subjekt wird. Da in der Gabe zugleich auch der Gebende anwesend ist, verlangt die Gabe nach Anerkennung in Form einer Erwiderung der Gabe, auch dann, wenn die Gabe nach mehrfachem Weiterverschenken zum ursprünglichen Geber zurückkehrt.

Die Frage, warum Gaben erwidert werden müssen, beantwortet Mauss unter Bezugnahme auf die Mythologie der Maori damit, dass es der »hau« genannte Geist der Sachen, insbesondere des Waldes und der Tiere sei, der zu seinem ursprünglichen Eigentümer zurückkehren will. Daraus folgert Mauss, »dass im Maori-Recht die durch die Sache geschaffene Bindung eine Seelen-Bindung ist, denn die Sache selbst hat eine Seele, ist Seele. Woraus folgt, dass etwas geben soviel heißt, wie etwas von sich selbst geben.«[28] In diesem Sinne ist Geben also kein Verlust, sondern eine Bereicherung. Erst wenn der Kreislauf des Ge-

---

[27] Marcel Mauss, *Die Gabe. Form und Funktion des Austauschs in archaischen Gesellschaften*, Frankfurt am Main [4]1999.
[28] Ebd., S. 26.

bens unterbrochen wird, wenn dem Gebenden die Anerkennung versagt wird, ist das Seelenheil der Menschen in Gefahr. Erstaunlicherweise gibt es bei den Trobriandern auch Gegenstände von besonderem Wert, die vom Gabenaustausch und damit natürlich auch von der Warenzirkulation ausgeschlossen sind. Auf diese eigenartige Sitte hat – in der Nachfolge von Bronislaw Kasper Malinowski – als erste die Ethnologin und Feldforscherin Annette Weiner hingewiesen. Maurice Godelier, der Begründer der französischen ökonomischen Anthropologie, vertritt in seinem jüngsten Buch *L'énigme du don* die Ansicht, Marcel Mauss habe vor diesem Rätsel »kapituliert«. Die Trobriander sind nicht die einzigen, die eine derartige Sitte pflegen. So dürfen besonders wertvolle Kupferplatten der nordamerikanischen Kwakiutl niemals in Umlauf gebracht werden. Dasselbe gilt auch für Talismane und sogar für bestimmte Kenntnisse und Riten, die nach Godelier – im Anschluss an Weiner – jeweils die »Identität« der Klane und Gesellschaften verbürgen. Entscheidend ist dabei, dass diese heiligen Objekte den Menschen nach ihrer eigenen Auffassung nicht gehören. Für sie handelt es sich um Gegenstände, die ihre Ahnen aus den Händen ihrer Götter empfangen haben, in deren Macht es steht, diese Gaben jederzeit wieder an sich zu nehmen. Trotz ihrer Unveräußerlichkeit haben diese heiligen Objekte, so Godelier, eine Wirkung auf den Austausch anderer Gaben. In diesen anderen, ebenfalls kostbaren und unverkäuflichen Objekten, soll sich die ursprüngliche Wohltat der Götter fortsetzen. Und sie müssen zurückkehren, weil sie von den Göttergaben »abstammen«, denn die Dankesschuld gegenüber den Göttern kann nicht abgetragen werden. In dieser Haltung kommt die Vorstellung einer ursprünglichen Schöpfung zum Ausdruck, einer Lebensschuld, die zur Weitergabe und damit zum Aufrechterhalten der Schöpfung verpflichtet. In *La Monnaie souveraine*[29] wenden Michel Aglietta und André Orléan den Begriff der »Lebensschuld«[30] auf alle Gesellschaften an. Diese ursprüngliche, den Fortbestand der Gesellschaft garantierende Schuld ist ihrer Meinung nach konstitutiv für das Verhältnis von Individuum und Gesellschaft und geht damit auch jeder Art von Sozialvertrag

---

[29] Michel Aglietta/André Orléan, *La Monnaie souveraine*, Paris 1998.
[30] Vgl. dazu die Begriffe »Todesopfer«, »Lebensopfer«, »Zeichenopfer«, erörtert in: Walter Schweidler, »Opfer in Leben und Tod, Ausgangsbemerkungen«, in: Ders. (Hrsg.): *Opfer in Leben und Tod, Sacrifice Between Life and Death, Ergebnisse und Beiträge des Internationalen Symposions der Hermann und Marianne Straniak-Stiftung*, Weingarten 2008, S. 11ff.

voraus. Diese Ursprünglichkeit besitzt den Anspruch einer absoluten, nicht mehr hintergehbaren Wahrheit. Das heißt: Die Anerkennung einer Lebensschuld basiert auf dem Glauben an ihre Selbstverständlichkeit. Den Göttern und Vorfahren als Gläubigern steht der Schuldner als einer gegenüber, der das in ihn gesetzte Vertrauen mit dem Glauben an die traditionellen Werte erwidert. Damit stellt sich die Tradition als ein subtiles System von Herrschaft dar, ein sich selbst immunisierendes System, das sich moralischer Appelle in Gestalt von religiösen oder quasi-religiösen Erzählungen bedient, die mit dem Verweis auf eine angebliche Selbstverständlichkeit jede Kritik unterbinden. Die zentrale Figur dieser Erzählungen ist immer ein höheres Wesen, ein Gott, der Staat oder die Nation, dem das Individuum sich unterzuordnen hat. Die Anerkennung dieser Autorität mag auf einer Gedankenlosigkeit beruhen, die sich aus einer Art von kindlichem Vertrauen ergibt oder auch aus Angst, die – wie Freud gezeigt hat – unter Umständen zu einer Verinnerlichung der Autorität führt, um deren Übermacht zu entkommen. In diesem Fall beruht das Schuldbewusstsein auf der Angst des Ichs vor dem Über-Ich. So wird der Schuldner zum Opfer, und die Erwiderung der Gabe zur Pflicht. Damit ist die Gabe kein Selbstzweck mehr, sie unterliegt dem Zweck, einer drohenden Sanktion zu entkommen. Selbstzweck ist die Gabe auch dann nicht, wenn sie in ökonomischer Absicht erfolgt. Dann ist sie Gegenstand eines Tauschhandels und ebenfalls mit der Erwartung einer Erwiderung verbunden. In der religiösen Struktur, die Godelier an der Existenz einer unabtragbaren Schuld gegenüber dem Göttlichen festmacht, erhält die Gabe einen Doppelcharakter: Die Götter haben den Menschen offensichtlich mehr gegeben als sie jemals zurückzahlen könnten. Auch wenn man den Begriff der Lebensschuld so eng fasst, dass alles Seiende, alles, was ›es gibt‹ zu seinem Ursprung zurückzukehren hat – bei Anaximander ist es die metaphysische Schuld, wonach alles aus dem Ungesonderten, dem Apeiron, entsteht und in dieses zurückzufließen hat –, auch dann ist die Gabe im Ursprung frei von aller Zweckrationalität, denn die Götter erhalten nicht mehr und nichts anderes als sie gegeben haben. In diesem Sinne ist eine »Rückkehr des Heiligen«, wie Georges Bataille feststellt, gleichbedeutend mit einer Abkehr von aller Zweckrationalität.[31] Insofern aber auch die Götter schon ein gewisses gottgefälliges Verhalten erwarten, ist die Gabe auch hier kein Selbstzweck. Wirklich

---

[31] Vgl. Georges Bataille, *Theorie der Religion*, München 1997.

»heilig« wäre die Gabe aber nur unter der Voraussetzung einer absoluten Bedingungslosigkeit.

4. Profan oder heilig? Zwei Aspekte der Gabe

4.1. Die Gabe und das »Gift« der Zweckrationalität

Für Jacques Derrida darf die Gabe, um Gabe zu sein, nicht zum Geber zurückkehren, sie darf nicht zirkulieren oder getauscht werden. Darüber hinaus behauptet Derrida, dass eine Gabe ohne Erwartung einer Gegengabe bzw. ohne irgendeine weitere Absicht unmöglich sei.[32] »Damit es Gabe gibt«, sagt Jaques Derrida, »darf es keine Reziprozität, keine Rückkehr, keinen Tausch, weder Gegengabe noch Schuld geben. Wenn der andere mir zurückgibt oder mir schuldet oder mir zurückgeben muß, was ich ihm gebe, wird es keine Gabe gegeben haben.«[33] Derrida spricht davon, dass jede Gabe vergiftet sei, wobei er das englische Wort für Gabe mit dem deutschen Gift zusammenbringt. Was eine vergiftete Gabe ist, erläutert Derrida anhand von Baudelaires Erzählung *Das falsche Geldstück*. Es geht darum, wie ein Freund des Erzählers einem Bettler ein unerwartet großes Geldstück schenkt, um sich an der Verwunderung des Bettlers zu ergötzen, zumal das Geldstück falsch ist. Daraus kann jedoch nicht geschlossen werden, dass eine Gabe nie um ihrer selbst willen erfolge – es sei denn, man würde auch in der Freude, die es macht, jemanden zu beschenken, eine Nebenabsicht sehen. Die Gabe – oder besser gesagt: das Geschenk, denn in diesem Sinne gebraucht Derrida den Begriff der Gabe – ist allerdings etwas, das ohne die Erwartung einer Gegenleistung des Beschenkten erfolgen muss, um die Bezeichnung Geschenk zu verdienen. Das heißt aber nicht, dass mit dem Geschenk überhaupt keine Erwartung verbunden sein darf – im Gegenteil: Die Freude, die man sich und anderen mit einem Geschenk zu machen beabsichtigt, bestimmt ja gerade den Wert der Gabe als Selbstzweck. Wenn mit dem Geben überhaupt keine Absicht und auch keine Erwartung verbunden wäre, dürfte man richtigerweise gar nicht von einer Gabe reden, dann wäre es auch keine Hand-

---

[32] Vgl. Jacques Derrida, *Zeit geben*, übersetzt von Andreas Knop und Michael Wetzel, München 1993.
[33] Ebd., S. 22 f.

lung, sondern nur ein zufälliges und sinnloses Geschehen. Nach Marcel Hénaff setzen Derrida und auch Jean-Luc Marion[34] allerdings zwei unterschiedliche Bedeutungen des Begriffs der Gabe miteinander gleich. Auf diesen Unterschied weist Hénaff in seiner Arbeit über den *Preis der Wahrheit* hin: auf die bedingungslose Gabe als reiner Selbstzweck, wie sie wohl zuerst von Seneca in dessen Abhandlung *De Beneficiis – Über die Wohltaten* – dargestellt wurde, und die zeremonielle Gabe, die Marcel Mauss beschrieben hat.[35] Welchen Charakter eine Gabe trägt, hängt jedenfalls von der Intention des Gebenden und der Einschätzung dessen ab, der die Gabe erhält. Vielleicht ist es ja gerade der Mythos von der Zweckrationalität aller menschlichen Handlungen, der eine selbstlose Gabe im Nachhinein zu dem macht, was sie nie sein wollte: eine Verpflichtung zur Dankbarkeit. Zum einen mag dieser Mythos auf einem Misstrauen gegenüber der menschlichen Natur gründen, zum anderen könnte die Verbreitung einer solchen Anschauung auch von den Interessen derer geleitet sein, die das Aufkommen einer Mentalität des Schenkens fürchten, weil sie annehmen, dass dadurch ihre ökonomische Macht ins Wanken geraten könnte. Allerdings ist dieses Misstrauen nicht wirklich unbegründet, denn im Laufe der Zeit kann eine Gabe sehr wohl ihren Charakter verändern, dann nämlich, wenn der Gebende im Nachhinein doch eine Erwiderung, einen Dank erwartet, oder wenn der Beschenkte dies annimmt. Für Derrida, der den Unterschied von Gabe und Tausch betont, besteht zwischen Zeit und Gabe ein enger struktureller Zusammenhang. Derrida sagt: »Dort, wo es die Gabe gibt, gibt es die Zeit.« Und das, was die Gabe von einem gewöhnlichen Tauschvorgang abhebt, »ist die Zeit, aber diese Gabe der Zeit ist zugleich ein Verlangen nach Zeit.«[36]

4.2. Die Gabe als Ursprung und Schöpfung

Jean-Luc Marion hingegen hebt die Ursprünglichkeit der Gabe hervor. Während Derrida die These vertritt, dass jede Gabe einen Geber und damit eine wie auch immer geartete Intention voraussetzt, verweist

---

[34] In Jean-Luc Marion, *Etant donné. Essai d'une phénoménologie de la donation*, Paris 1997.
[35] Marcel Hénaff, *Der Preis der Wahrheit*, Frankfurt am Main 2009, S. 218.
[36] Jacques Derrida, *Zeit geben*, S. 58 f.

Marion auf den phänomenologischen Status der Gabe als ein dem Bewusstsein uneinholbar Vorgegebenes.[37] Was erscheint, ist so, wie es erscheint, also bar aller intentionalen Bewusstseinsakte, »reine Gegebenheit«, »es erscheint ohne Rückhalt und Rest«. Das phänomenologische Prinzip bringt Marion dementsprechend auf die Formel: »Wieviel Reduktion, soviel Gegebenheit«.[38] Marion unterscheidet zwischen »donation«, dem unvorhersehbaren Prozess des Gebens, und »donné«, dem Gegebenen als Faktum bzw. Datum, dessen »urpassivster« Empfänger das Subjekt ist. Damit fasst Marion den Begriff der Gabe allerdings äußerst weit: Jede Erscheinung und alles Erscheinen ist darin als Gabe oder ein Prozess des Gebens charakterisiert. Sogar der Mensch selbst, das empfangende Subjekt, erfährt sich vor aller Reflexion als l'adonné, als sich-gegeben bzw. sich zugeeignet.[39] Das Subjekt findet sich als ein »Gerufenes« vor, ohne zu wissen, woher der »Ruf« stammt. In dieser umfassenden Perspektive bleibt die Herkunft der Gabe für Marion ein Mysterium, ein uneinholbares Ereignis. Zwar »verzichtet« Marion darauf, einen Geber zu benennen bzw. die Herkunft der Gabe zu bestimmen, Marions suggestive Wortwahl jedoch, die Gleichsetzung von Gabe und Erscheinung sowie die Vorstellung vom »gerufenen« Subjekt verleiten zu der Annahme, es könne sich hinter den Erscheinungen doch eine Absicht verbergen, ein metaphysisches Prinzip mit menschlichen Zügen, die Vorstellung eines personalen Gottes also. Marion beschreibt in seiner Phänomenologie der Gabe eine Grundhaltung des Menschen gegenüber seiner Welt, die sich in einer Reihe von Redewendungen offenbart. So reden wir ganz selbstverständlich von »Gegebenheiten«, von »Daten«, wir sagen »es gibt« oder »es hat«, weil wir aus unserer eigenen Erfahrung und aufgrund der Struktur unserer Sprache jedem Phänomen einen Urheber, jedem Objekt ein Subjekt unterstellen. Dabei haben wir die Wahl, uns für ein anonymes Subjekt, das »es« zu entscheiden, womit die Vorstellung eines zentralen meta-

---

[37] Vgl. die Diskussion von Marion und Derrida in: John D. Caputo/Michael J. Scanlon (Hrsg.), *God, the Gift and Postmodernism*, Indiana University Press, Bloomington and Indianapolis 1999.
[38] Vgl. Jean-Luc Marion, »Eine andere, ›Erste Philosophie‹ und die Frage der Gegebenheit«, in: Michael Gabel/Hans Joas (Hrsg.): *Von der Ursprünglichkeit der Gabe*, Freiburg/München 2007, S. 22–25; sowie: *Réduction et donation*, Paris 1989, S. 303.
[39] Vgl. dazu Jean-Luc Marion/Josef Wohlmuth, *Ruf und Gabe. Zum Verhältnis von Phänomenologie und Theologie*, Bonn 2000, S. 64–65.

Peter Morsbach

physischen Prinzips, eines allmächtigen Gottes begünstigt wird, oder wir beschränken uns auf die Subjektivierung von Prozessen, indem wir das eigentliche Geschehen künstlich verdoppeln, wenn wir beispielsweise sagen, der Blitz schlägt ein oder der Donner grollt. Es ist also schon die Struktur der Sprache, die uns dazu verleitet, jedem Geschehen einen Urheber zu unterstellen. Von den Erscheinungen als Gaben zu sprechen, ist verführerisch und gefährdet die Anwendung des phänomenologischen Prinzips, das Ausklammern von Interpretationen. Gleichwohl lässt sich jede »wirkliche« Gabe, also alles, wozu sich ein Geber benennen lässt, auch unabhängig von der Intention des Gebers betrachten. Im Prozess des Gebens bilden der Geber und die Gabe eine strukturelle Einheit, sodass der ursprüngliche Charakter der Gabe, ihre »Gegebenheit«, auch dann erhalten bleibt, wenn sie Gegenstand eines Tauschhandels wird, wenn also an ihre Weitergabe eine Erwartung geknüpft wird. Diesen uneinholbaren »Rest«, diese Ursprünglichkeit der Gabe, sieht Marion in der phänomenologischen Reduktion. Und schließlich wird der Wert einer Gabe ja nicht allein von der Intention des Gebers bestimmt, sondern auch von der Reaktion des Empfangenden. Wenn etwa jemand aus reinem Profitstreben eine wirkungslose Medizin verkauft, kann diese sich aufgrund eines Placeboeffektes dennoch als Wohltat erweisen. Diese ist jedoch eher zufällig zustande gekommen. Zur Gabe als Ausdruck einer sozialen Beziehung gehören jedoch Absichten und Erwartungen. Beide müssen berücksichtigt werden, wenn die Gabe mehr sein soll als eine zufällig zustande gekommene Wohltat. Im Begriff der »Zufälligkeit« kommt jedoch nur unser Nichtwissen hinsichtlich einer denkbaren Intention zum Ausdruck.

5. Die Schöpfung des Geringsten als Gabe der eigenen Natur

Es ist eine Frage der Willkür, Intentionalität auf bewusst agierende Wesen zu beschränken, d. h. in letzter Konsequenz auf das wollende, denkende und entscheidende Subjekt. Die suggestive Wortwahl, die Marion mit dem Begriff der Gabe und dem Begriff des »gerufenen« Subjektes verbindet, das sich selbst als ein Gegebenes vorfindet, gibt Anlass, darüber nachzudenken, ob nicht auch außerhalb und vor jeder Subjektivität so etwas wie Intentionalität existiert. Insofern wir uns selbst als ein vor aller Sozialisation gegebenes Wesen empfangen, als

Die Gabe des Anderen als Schöpfung des Geringsten

l'adonnée, wie Marion sagt, empfangen wir uns selbst als Geschöpf unserer eigenen Natur. Diese bestimmt nicht nur unser Sein, sie gibt auch die Richtung vor, in der wir uns zu dem verhalten, was uns mit der eigenen Natur gegeben ist. Bewusste Entscheidungen können wir dabei nur im Hinblick auf den »sichtbaren« Teil unserer Natur treffen. Der unsichtbare Teil offenbart sich nur vermittelt durch die Regungen, von denen wir annehmen, dass sie »irgendwoher« kommen. Weit entfernt von animistischen Traditionen haben wir uns an die Vorstellung gewöhnt, dass Zwecke immer an bewusste Entscheidungen bzw. an ein zweckgerichtetes Handeln gebunden sind. Doch erstens können wir gar nicht feststellen, ob außerhalb unserer eigenen Subjektivität überhaupt ein Bewusstsein existiert und ebenso wenig können wir mit Gewissheit sagen, das außerhalb unseres Bewusstsein kein anderes existiert, weder im Tierreich noch sonst irgendwo. Und zweitens gibt es keinen stichhaltigen Grund für die Annahme, dass Zwecke überhaupt an Bewusstsein gebunden sind. Robert Spaemann verdeutlicht dies an der Trieberfahrung. »Wir können«, so Spaemann, »überhaupt nur Absichten entwickeln, wenn wir schon Zwecke in uns vorfinden in der Weise von Bedürfnissen und Trieben, seien diese nun natürlich oder gesellschaftlich vermittelt. Wer sich nicht als schon wünschend und wollend vorfindet, dem kann nicht einmal die Vorstellung eines Zweckes verständlich gemacht werden.«[40] Wir finden uns als ein von Natur aus zweckgerichtetes Wesen vor. Freiheit ist die Art und Weise, wie wir uns zu dieser Vorgegebenheit verhalten, zu unserer eigenen, menschlichen Natur und zur Natur im allgemeinen. Wie aber können wir uns der eigenen Natur gegenüber verhalten? Doch nur, indem wir uns für oder gegen das entscheiden, was uns mit und in uns gegeben ist. Dabei steht dem Ich als singulärem Bezugspunkt die Komplexität der eigenen Natur gegenüber, die Vielfalt der Regungen, die aus den Gliedern des eigenen Leibes und der Spontaneität unserer Vorstellungen hervorgeht. Nach Hans-Dieter Gondek und László Tengelyi versucht die neue französische Phänomenologie, »die Welt auf Sinnbestände zurück(zu)führen, ohne diese Sinnbestände von einem sinngebenden Bewußtsein herzuleiten.«[41] So vertritt Marc Richir die These, das Bewusstsein sei

---

[40] Robert Spaemann, »Naturteleologie und Handlung«, in: Ders.: *Philosophische Essays*, erweiterte Ausgabe, Stuttgart 1994, S. 51.
[41] Hans-Dieter Gondek/László Tengelyi, *Neue Phänomenologie in Frankreich*, Berlin 2011, S. 37.

überhaupt erst aus dem sich selbst erzeugenden Sinn, dem »sense se faisant« zu erklären.[42] Damit stellt sich Richir gegen die von Husserl vertretene Auffassung vom Cogito als einer unzweifelhaften Gewissheit und gegen die Evidenz eigener Erlebnisse. Richir plädiert stattdessen für das Abenteuer einer über das jeweilige Erleben hinausweisenden Bedeutung. Dabei kommt dem sich selbst erzeugenden Sinn in Gestalt der Phantasie als einer wilden Urschicht des Bewusstseins eine zentrale Bedeutung zu. Intentionalität entsteht für Richir durch die Verwandlung der selbstständig agierenden Phantasie in Imagination, in willkürlich erzeugte Vorstellungen und Begriffe, die den schöpferischen Prozess der Sinnbildung zu einem vorläufigen Stillstand bringen. Während der Bezug zur Transzendenz bei Marion am Begriff der Gabe festgemacht wird, behauptet Richir, dass jeder Hinweis auf einen Horizont jenseits des Erscheinenden auf den schöpferischen Impuls der Phantasie zurückzuführen sei. Gemeinsam ist beiden, dass sie das Phänomen als etwas beschreiben, das unabhängig von jeder Erwartung entsteht und als solches über sich selbst hinausweist. Insofern sind die bedeutungsgebenden Impulse immer die eines Anderen, Impulse, die im Erleben eine feste Form annehmen und in eine strukturierte Beziehung zueinander treten, solange bis ein neuer Impuls die Konstruktion in Frage stellt und Anlass zu einer Umstrukturierung oder Neubildung gibt. Das sich selbst empfangende Subjekt ist somit die Schöpfung eines noch Geringeren und zugleich weitaus Größeren. Damit ist der einzelne Mensch individuelle Person und Vielheit zugleich. Jedes seiner Elemente ist konstitutiv und stellvertretend für die Gesamtheit der Phänomene, die als Person in Erscheinung tritt. Das Große und Ganze, aus dem die Vielfalt der Elemente hervorgeht, ist nichts anderes als die Welt und damit selbst eine Schöpfung des Geringsten, eine Vielheit der Erscheinungen. Individualität ist somit eine Frage der Fokussierung. In der Hingabe, der Konzentration auf etwas, das uns vereinnahmt, wird die Hingebung zum Ganzen. Dann reden wir etwa davon, »ganz Ohr« *oder* »ganz Auge« zu sein, die Vielheit wird dann zu einer erlebten Einheit. Im Schauen oder Hören sind wir mit »Leib und Seele« oder auch »mit ganzem Herzen« dabei. Das Einzelerlebnis und das Gesamterleben stehen hier in einem metonymischen Zusammenhang, wobei sich das Ganze im Individuellen wiederfindet oder aufhebt. Leben wir

---

[42] Vgl. Marc Richir, *Das Abenteuer der Sinnbildung. Aufsätze zur Phänomenologie der Sprache*, übersetzt von László Tengelyi und Jürgen Trinks, Wien 2000.

Die Gabe des Anderen als Schöpfung des Geringsten

in vollendeter Harmonie mit einer anderen Person, sind wir gleichsam »ein Herz und eine Seele«. Diese Art von Identität ist jedoch unbeständig, da jederzeit ein Ereignis auftreten kann, in dem sich das Subjekt neu empfängt, weil etwas oder jemand unseren Erwartungen nicht mehr entspricht, oder weil wir die Erfahrung machen, dass in unserer Brust mehr als eine Seele wohnt, dass unsere Natur widersprüchlich ist und uns eine Entscheidung abverlangt, die Aufschub oder Verzicht bedeutet. Die widerständige und bedrohliche Fremdheit der eigenen Natur können wir nur überwinden, indem wir widersprüchliche Regungen auf- und unerwünschte Teile der eigenen Natur von uns abspalten bzw. verdrängen oder zurückstellen. Nur indem wir eine Auswahl hinsichtlich der Regungen treffen, denen wir folgen möchten, können wir die Vielfalt unserer Impulse zum Ausgleich bringen und mit uns selbst in Übereinstimmung kommen, sodass wir uns als eine harmonische Ganzheit empfinden und begreifen. Das Ich nimmt dabei die Rolle eines Stellvertreters ein: Als singulärer Bezugspunkt, als das Geringste und zugleich Bedeutsamste, steht es für die ganze Person, einschließlich ihrer natürlichen Vorgaben, und ist zugleich die Antwort auf den Anspruch auch der kleinsten erfahrbaren Regung. Was für die eigene Natur gilt, betrifft ebenso die uns umgebende Natur. Jedes noch so geringe Ereignis bietet Anlass, unser Weltbild zu erweitern oder umzubilden. Es kann unser Selbstbild bestätigen oder in Frage stellen, sodass wir uns genötigt sehen, unser Verhältnis zur Welt neu zu bestimmen. Indem sich etwas Unerwartetes ereignet, richtet es schon den Anspruch einer Sinnbildung an uns, die uns nach Marion mit dem Ereignis selbst gegeben ist oder jener wilden Urschicht des Bewusstseins entspringt, die Marc Richir als Phantasie bezeichnet. Prinzipiell haben wir zwei Möglichkeiten, diesem Anspruch zu begegnen: Wir können der äußeren Natur, also dem, was unseren Leib tangiert, ohne Teil unseres Leibes zu sein, die Möglichkeit einer Subjektivität, einer ihr innewohnenden Zweckgerichtetheit, zugestehen oder sie objektivieren und eine Kausalität annehmen, die auf der Erfahrung gründet, dass Systeme dazu neigen, sich selbst zu reproduzieren. Doch was zeichnet derart gerichtete Prozesse vor ungerichteten Prozessen aus, vor solchen also, die wir als zufällig erfahren? Nach Spaemann kann dies »nur die Invarianz der jeweiligen Endzustände« sein. »Invarianz aber, Identität, ist ein Gesichtspunkt, den wir an die Resultate von Prozessen heranbringen und wodurch sie allein uns zu einem System werden. *Wir* sind es, die Endzustände vergleichen und ihre Gleichheit feststellen«, sagt

Spaemann und stellt fest: »Es ist deshalb System *für uns*.«[43] Was aber hat zu einer Entsubjektivierung der Natur geführt, was hat die teleologische Interpretation zum Erliegen gebracht? Nach Spaemann steht dahinter das Interesse an der Naturbeherrschung. »Kausales Wissen ist Herrschaftswissen.«[44] Was keine eigenen Interessen verfolgt, steht damit zu unserer beliebigen Verfügung, es nimmt keine Rücksicht auf uns, und wir müssen keine Rücksicht auf die seelenlose Materie nehmen. Die Kehrseite der Medaille ist jedoch die damit verbundene Isolation des Menschen, die Verlorenheit inmitten einer leblosen und gleichgültigen Welt. Die Entfremdung von der Natur führt darüber hinaus auch zu einer Entfremdung von uns selbst, denn schließlich finden wir uns ja auch als Naturwesen vor. Unsere Identität ist mehr als nur eine sozial vermittelte Identität. Dies ist eine Grunderfahrung, die über alle Veränderungen hinweg erhalten bleibt und sich jeder positiven Bestimmung entzieht. Andernfalls wäre jede Sorge, jedes Vorwegnehmen der Zukunft ohne Sinn. Dann wäre auch unser Dasein so starr und tot wie wir uns die »leblose« Materie vorstellen. Um eine derartige Vorstellung vom Seienden zu erhalten, müssen wir es zerstückeln, seine Bewegung, seine Veränderung in Einzelteile zerlegen, um sie mithilfe der Infinitesimalrechnung beherrschbar zu machen, um nicht genötigt zu sein, die Bewegung des Seienden teleologisch zu interpretieren, in Analogie zu uns selbst. Nach Spaemann kann man letztere Vorgehensweise »einen Anthropomorphismus nennen; aber der Verzicht auf anthropomorphe Naturansicht führt unvermeidlich dazu, daß der Mensch sich selbst zum Anthropomorphismus wird.«[45]

6. Die Hingabe des Geringsten als Schöpfung und Selbstwerdung

Ob wir uns die Welt nun in einer Analogie zu uns selbst, zu unserer Intentionalität denken, oder ob wir das Sein im Sinne von Marion als den »phänomenologischen Rest« von etwas empfinden, das sich uns als Gegebenheit darstellt, es bleibt noch zu erörtern, von welcher Art diese

---

[43] Robert Spaemann, »Naturteleologie und Handlung«, in: Ders.: *Philosophische Essays*, erweiterte Ausgabe, Stuttgart 1994, S. 51.
[44] Ebd., S. 52.
[45] Ebd., S. 57.

Die Gabe des Anderen als Schöpfung des Geringsten

Gabe ist, und wie sie sich vom Opfer unterscheidet. Wird das Seiende durch sein bloßes Vorhandensein schon zur Gabe? Die Frage ist zu bejahen, wenn wir sagen, dass es sich, indem es ist, an die Welt gibt, sich ihr in gewisser Weise »ausliefert«. Dieses Ausgeliefertsein, diese Hingabe, ist jedoch kein Verlust, sondern eine Art von Selbstrealisierung und insofern vom Opfer fundamental verschieden, denn sich einem Wesen oder einer Sache hinzugeben, bedeutet nicht, sich zu opfern – es bedeutet keinen Verlust, sondern einen Gewinn für sich selbst, weil das Gegebene als Hingabe zu sich selbst findet, zu seiner eigentlichen Bestimmung, d. h. zur Übereinstimmung. Und Glück ist nach stoischer Tradition Übereinstimmung, d. h. Übereinstimmung mit sich selbst, mit den vielfältigen Affekten und Bestrebungen, und Übereinstimmung mit der Natur insgesamt. Damit ließe sich ein erfülltes Leben nur in der Konvergenz von Eigensinn und Gemeinsinn finden, wenn also das Gute für mich zugleich auch das Gute für die Welt bedeutet. Diese Vorstellung vom philosophischen Glück ist eng verbunden mit der Aufgabe, uns selbst und die Welt als ein sinnhaftes Ganzes zu erkennen und jedes seiner Elemente als einen Selbstzweck, der dem Ganzen nicht untergeordnet, sondern gleichrangig zugeordnet ist. Diese Anschauung vom Glück als Übereinstimmung und Erkenntnis hat eine lange Tradition. Wir finden sie zuerst bei Aristoteles, dann in der Stoa bei Zenon und Seneca, und in der neueren Zeit bei Spinoza, Max Scheler oder Wittgenstein. In der Hingabe an die Welt geht es nicht nur um das Große und Ganze, sondern ebenso sehr um das Kleinste und Individuellste, um den »Geringsten«, wie es in dem eingangs zitierten Bibelwort heißt. Ein so verstandenes Geben stellt keinen Verlust dar, sondern ganz im Gegenteil eine Bereicherung, ein Geben aus dem Überfluss der eigenen Existenz, eine Symbiose, ein harmonisches Verhältnis, das jedoch nur zustande kommt, wenn der Zweck der Gabe nicht allein vom Gebenden, sondern auch vom Empfangenden her bestimmt wird. Damit ist die Gabe weder Opfer noch Almosen oder eine zufällige bzw. launenhafte Gnade, die allein in der Entscheidungsbefugnis der Gebenden liegt, sondern eine Art von Naturrecht. Gaben dürfen wir nicht nur annehmen, wir dürfen sie auch einfordern, insoweit unsere Ansprüche auch den Ansprüchen des Geringsten gerecht werden. Die Hoffnung von Marcel Mauss, im System des Gabentausches eine Alternative zur profit- und kapitalorientierten Industriegesellschaft zu finden, kann sich also nur erfüllen, indem es sich konsequent am Geringsten orientiert.

Peter Morsbach

7. Zusammenfassung

Die Gabe des Anderen als Schöpfung des Geringsten ist doppeldeutig: Es ist die konkrete Einzelperson, das kleinste Element jeder Gemeinschaft, also der »Geringste«, der sich uns als ein Anderer gibt, und zugleich empfangen wir mit ihm die Gabe der eigenen Identität, durch ihn werden wir selbst zu einer konkreten Person, zu einem der Geringsten, sodass diese Gabe in doppelter Weise als Schöpfung des Anderen und meiner selbst in Erscheinung tritt. Das Verhältnis einzelner Personen zueinander ist somit stellvertretend für das schöpferische Verhältnis aller Personen zueinander. Als Ganzes können wir uns jedoch nicht geben, da wir immer nur Teil eines Ganzen sind, das von einem anderen mitbestimmt ist. Als Einzelperson befinden wir uns somit in einem metonymischen Verhältnis zum »Rest« der Welt. Sich zu geben heißt deshalb immer nur, etwas von sich selbst zu geben, und sich in diesem symbolischen oder materiellen Etwas mitzugeben. Jede Gabe, auch die geringste, steht somit in einem metonymischen Verhältnis zu uns und damit auch wieder zum »Rest« der Welt. Ein Geben, das sich an der konkreten Einzelperson, am »Geringsten«, orientiert, gilt nicht einem fiktiven Kollektiv wie das mit physischer Gewalt oder psychologischer Manipulation erzwungene Opfer, und das Zeichen, das mit ihm gesetzt wird, beschränkt sich nicht auf eine soziale Gruppe, es schließt niemanden aus, auch nicht den Geringsten. Dieser sozialen Harmonie entspricht das Verhältnis der Person zu sich selbst als einer Vielheit, die nur zu einer harmonischen Einheit werden kann, wenn auch die geringste Regung als sinnstiftendes Element anerkannt wird, als etwas, das mir auch im Widerspruch Identität gibt. Die metonymische Funktion des Bibelwortes vom »Geringsten« ist somit grundverschieden von jeder kollektivistischen Rhetorik, welche die Person oder Teile ihrer Persönlichkeit und damit auch die schöpferische Freiheit des Geringsten für die personale Identität des Ganzen ignoriert.

Von verschrobenen Menschen, ersetzbaren Dingen und den Namen der Eisblumen.

Metonymie und Metapher bei Lacan

Robert Ziegler (Würzburg)

> »Schon als Tier hat der Mensch Sprache.«
> Herder, *Abhandlung über den Ursprung der Sprache*

Die psychoanalytische Theorie Jacques Lacans lässt sich in aller Oberflächlichkeit, die ersten Worten zustehen mag, als eine Verbindung der »Entdeckung Freuds« (»la découverte freudienne« ist eine Formel, die bei Lacan häufig begegnet) mit den sprachwissenschaftlichen Erkenntnissen Saussures beschreiben. Die berühmte Formel, in der sich dieses Bemühen ausdrückt, lautet: »Das Unbewusste ist strukturiert wie eine Sprache.« (»L'inconscient est structuré comme un langage.«) Schon in diesem kurzen Satz stecken viele wichtige Elemente dessen, worum es Lacan geht. Zum einen sagt er nicht, das Unbewusste *sei* eine Sprache; es ist lediglich strukturiert *wie* eine Sprache. Weiter ist es nicht strukturiert wie diese oder jene Sprache *(langue)*, sondern wie Sprachlichkeit allgemein *(langage)*. (Allerdings kommt es in der »Praxis«, d. h. in der konkreten Durchführung der Analyse – sei es eine tatsächlich klinische oder ihre philosophische Entwendung und Anwendung auf grundsätzlichere Fragen – durchaus darauf an, welche Sprache dort wirksam wird. Diese Konkretion von »Sprache« kann dabei von der Nationalsprache über Dialekt und Jargon bis zum Idiom hinabreichen.) Und schließlich verweist die *Strukturierung* des Unbewussten eben auf jene Quelle Lacans, die ihm die Mitgliedschaft im Club der »Strukturalisten« eingetragen hat – ein Club, der mittlerweile aufgelöst wurde, weil niemand recht wusste, wer die Ausweise ausstellt –, nämlich die Linguistik Saussurescher Prägung.

Ich möchte im Folgenden der Verbindung von Begehren und Metonymie in Lacans Psychoanalyse nachspüren und diese Gelegenheit vor allem auch dafür nutzen, um ein paar Distinktionen oder zumindest eine gewisse Gliederung in diese Theorie einzuführen, die schon stilistisch oft recht hermetisch erscheint.

Robert Ziegler

Wenn ich dabei das *Begehren* ins Zentrum der Analyse mit aufnehme, dann hat das einen doppelten Grund. Zum einen sollte man meinen, dass mit dem, was dieser Begriff bezeichnen soll, gerade das Gegenteil, der Widerpart jener »sprachlichen Strukturierung« genannt ist. Sprachlichkeit, Logos im Vollsinn hat seit jeher eine Nähe zur Vernunftnatur des Menschen und seiner Auszeichnung im All des Seienden, so dass man immer geneigt war, es dem Affektiven, dem Streben, dem Leiden und der Lust, mit einem Wort: dem »Natürlichen« einfach entgegenzusetzen. Noch jüngere, aller moralischen oder religiösen Dienstbarkeit unverdächtige Philosophien sehen gerade im Sprachlichen das eigentlich Auszeichnende des Menschen, das Anthropologische *par excellence*. Allerdings wird man mit Lacan sehen, wie sich Vernünftigkeit und quasi-animalische Natur[1] nicht einfach als Gegensätze zueinander verhalten, die man erst vereinen müsste, sondern wie sie sich vielmehr auseinander ergeben, wie sie auseinander erst verständlich werden. Der Lacansche Begriff des Begehrens *(désir)* beerbt in systematischer Hinsicht den Freudschen Triebbegriff.[2] Aber während dieser seine Herkunft aus dem Biologischen (oder Pseudo-Biologischen) nicht ganz verleugnen konnte, durchtrennt Lacan den gordischen Knoten, indem er diese »Triebhaftigkeit«, das Begehren eben von Anfang an in den Kontext der Sprachlichkeit des Menschen rückt. Dann wird aber auch die Vernünftigkeit selbst als ein Ergebnis, ein »Produkt« gefasst, dessen Ursprung in einem selbst nicht »Vernünftigen« (aber eben auch nicht Irrationalen) gesucht werden muss.

Zum anderen ergibt sich genau hieraus eine anthropologische Theorie, die den Philosophen angeht. Ich will hier nur in aller Kürze die Elemente aufzählen, die sie m. E. attraktiv erscheinen lässt: Diese Anthropologie ist eine immanente, d. h. eine, die auf die Voraussetzung einer wie auch immer gearteten Transzendenz (Gott, aber auch Idealität allgemein) Verzicht leisten kann; es gelingt ihr, Materialität und Sinn zu einer Einheit zusammenzuführen, oder doch zumindest, sie zueinander in ein verständliches Verhältnis zu rücken, ebenso auch, wie erwähnt, die Aspekte des vorrationalen Strebens und Wollens

---

[1] Die Betonung liegt hier auf dem »quasi«, denn eine animalische Natur des Menschen ist eine beständig wiederkehrende Illusion. Die Tatsache ihrer regelmäßigen Wiederkehr allerdings ist bezeichnend.

[2] In terminologischer Hinsicht ist er dagegen der Erbe nicht des Trieb-, sondern des Wunschbegriffs. Schon hier deutet sich also eine charakteristische Verschiebung und Verdichtung an.

Von verschrobenen Menschen, ersetzbaren Dingen und Eisblumen

einerseits und der Rationalität anderersetts; und sie führt letzten Endes zu einer Theorie des Menschen, in der sich die Sensibilität für die Sprache zu einer neuen Form von Transzendentalphilosophie auswächst.[3] Ich will daher nach einem ersten Teil, in dem ich Lacans Theorie zu umreißen und verständlich zu machen suche, deren »Verwertbarkeit« für eine gewisse Form von Anthropologie überprüfen.

I. Metonymie und Metapher in Lacans Theorie des Begehrens

Eine Vorbemerkung ist noch nötig: In Bezug auf Lacan lässt sich die Metonymie niemals für sich behandeln, sondern sie fordert immer die Metapher als ihre Ergänzung. Metapher und Metonymie sind die beiden aufeinander verweisenden und einander bedingenden Aspekte ein und derselben Struktur. Weshalb das so ist, wird schon in einem ersten Schritt deutlich werden.

Saussure unterscheidet bekanntlich in seinem *Cours de linguistique générale* zwischen zwei Dimensionen der Sprache, die er Syntagma und Assoziation nennt. Das Syntagma bezeichnet gewissermaßen die horizontale Dimension, die Linearität der Sprache, als das Nacheinander der Signifikanten (und Signifikate). Saussure bringt es auf die schlichte Formel, dass in dieser Linearität jede sprachliche Einheit, egal welchen Niveaus, ihren *Wert* aus dem Vorangegangenen und dem Nachfolgenden erhält. Das Syntagma operiert also *in praesentia* und in einer gewissen »Objektivität«, insofern nämlich, als jede gegebene Sprache gewisse Verknüpfungsformen vorgibt, andere zunächst einmal ausschließt. Das Syntagma bewegt sich so zwischen *langue* und *parole*. Dagegen existiert die Assoziation, wie Saussure schreibt, nur im »Gehirn« des Sprechenden. Mit der Assoziation bezeichnet Saussure die möglichen Anknüpfungspunkte an eine bestimmte Einheit der

---

[3] »Anthropologie« ist ein höchst problematischer Ausdruck, gegen den sich Lacan vehement verwahrt hätte. Ich verwende ihn mit der entsprechenden Vorsicht, und er soll nur eine Theorie andeuten, die die Seinsweise jenes Subjekts beschrieben wird, das sich sinnhaft und im Begehren einer Welt zuwendet, die sich ihm in eben dieser Bewegung eröffnet. In diesem Sinne leiten die Transzendentalphilosophie Husserls, die Fundamentalontologie Heideggers und eben die psychoanalytische Theorie Lacans – aus verschiedenen Richtungen und mit unterschiedlichen Gewichtungen – auf eine solche gesuchte »Anthropologie« hin.

Sprache. Diese Anknüpfungspunkte können grob solche der Formähnlichkeit oder der semantischen Verbindung sein.[4]

Bekannt ist außerdem, dass sich Saussures Unterscheidung in Signifikat und Signifikant ganz auf der Ebene der Sprache abspielt. Der Signifikant ist die materiale Wortgestalt,[5] das Signifikat ist das Vermeinte, der »Sinn«. Die Ebene der »Realität« bleibt ganz außen vor, was einem Sprachwissenschaftler nun keineswegs zum Vorwurf gemacht werden kann.

Eine Adaption dieser Begriffe, die das Feld der Linguistik überschreitet, kann hierbei aber nicht einfach stehen bleiben. Und in der Tat führt Lacan sofort eine folgenreiche Verschiebung der Begrifflichkeit ein: Für Lacan ist nämlich letztlich das Ganze des Zeichens, das bei Saussure in Signifikat und Signifikant zerfällt, der Signifikant. Meine Behauptung, wonach Lacan als Transzendentalphilosoph zu lesen ist, stützt sich letzten Endes hierauf. Denn, so kann man Lacans Überlegung nachzeichnen, wenn sich »Realität« immer nur gibt durch das Netz der differentiellen Struktur der Sprache, dann ist die Frage nach dem An-sich dieser Realität gegenstandslos. Sie ist eben nur in dieser Vermittlung, die ihren *Sinn* bestimmt. Dieser Sinn ist es allein, der den Namen des Signifikats ganz verdient.[6]

Was bedeutet das aber für die Aufnahme des Syntagmas und der Assoziation in diese Theorie? Der umfassendere, eben transzendentalphilosophische Rahmen, in den Lacan die Erkenntnisse Saussures ein-

---

[4] Ferdinand de Saussure, *Cours de linguistique générale*, publié par Charles Bally et Albert Séchehaye avec la collaboration de Albert Riedlinger. Édition critique préparée par Tullio de Mauro, postface de Louis-Jean Calvet. Paris 2005, S. 170–175.

[5] Dass das eine schwer zu umgehende Verkürzung ist, wird aus der schlichten Tatsache deutlich, dass wir ein und dasselbe Wort *wiedererkennen* können. Das wäre nicht möglich, würden wir nicht immer schon die in vielen Varianten ausgesprochene Wortgestalt zu einer niemals gegebenen idealen Einheit in Beziehung setzen. Dieses Oszillieren des Signifikanten zwischen Materialität und Idealität begründet sicher zu einem Teil seine Attraktivität für Lacan.

[6] Vgl. etwa Jacques Lacan, »Fonction et champ de la parole et du langage en psychanalyse«, in: Ders.: *Écrits I. Nouvelle édition*, Paris 1999, S. 235–321; hier S. 274. »Par ce qui ne prend corps que d'être la trace d'un néant et dont le support dès lors ne peut s'altérer, le concept, sauvant la durée de ce qui passe, engendre la chose. […] C'est le monde des mots qui crée le monde des choses, d'abord confondues dans l'*hic et nunc* du tout en devenir, en donnant son être concret à leur essence, et sa place partout à ce qui est de toujours: κτῆμα ἐς ἀεί.« Die Herausforderung, die sich für eine »Transzendentalphilosophie« im Zeichen der Zeichen stellt, verdeutlicht bereits der nächste Satz: »L'homme parle donc, mais c'est parce que le symbole l'a fait homme.«

fügt, macht es verständlich, dass auch Syntagma und Assoziation in einer imposanteren Gestalt auftauchen. Das Syntagma weitet sich dabei zu dem, was Lacan die Signifikantenkette nennt und was nicht nur größere Diskurse – etwa die Selbstauskunft eines Subjekts – sondern sogar, wie noch zu zeigen sein wird, das Leben dieses Subjekts selbst umfasst, insofern dieses Leben eines ist, das vom Begehren getrieben ist.

Die Assoziation lädt sich hingegen mit dem ganzen Gehalt der Kultur auf, die im Begehrensleben eines solchen Subjekts eine Rolle spielen kann. Daher empfiehlt Lacan seinen Hörern auch beständig, sich eine möglichst umfassende Bildung anzueignen, da in dem kulturellen Erbe sowohl paradigmatische Ausprägungen menschlicher Begehrenssituationen vorgelegt sind – die psychoanalytische Bezugnahme auf literarische Werke ist ja bekannt – als auch und vor allem die zukünftigen Patienten aus diesem Fundus schöpfen werden, um ihr Begehren zu symbolisieren.[7] Diese »Polyphonie« muss der Psychoanalytiker hören können.

Lacan stellt nun diese Aneignung von Syntagma und Assoziation unter die Begriffe von Metonymie und Metapher. Das genaue Verständnis der so bezeichneten Prozesse steht aber noch aus. Wieso also Metonymie und Metapher als neue Namen von Syntagma und Assoziation?

Folgt man Roman Jakobson, auf den sich Lacan hier immer wieder bezieht, dann ist die Metonymie gekennzeichnet durch die Verbindung zweier Zeichen nach Nachbarschaft, Berührung, die Metapher hingegen durch Ähnlichkeit und Kontrast.[8] Die neue Benennung mag so schon etwas besser einleuchten. Allerdings kann man sich des Ver-

---

[7] Zum Kursus einer »idealen psychoanalytischen Fakultät« vgl. Lacan, »Fonction et champ«, S. 285–287. Auch ebd., S. 293 f.
[8] Zu Metonymie und Metapher bei Jakobson siehe Roman Jakobson, »Vom Stummzum Tonfilm: Verfall des Films«, in: Ders.: *Semiotik. Ausgewählte Texte 1919–1982*, hrsg. von Elmar Holenstein, Frankfurt am Main 1992, S. 256–266; »Randbemerkungen zur Prosa des Dichters Pasternak«, in: Ders.: *Poetik. Ausgewählte Aufsätze 1921–1971*, hrsg. von Elmar Holenstein und Tarcisius Schelbert, Frankfurt am Main 1979, S. 192–211. Und für das vorliegende Thema besonders wichtig: »Zwei Seiten der Sprache und zwei Typen aphatischer Störungen«, in: Ders.: *Aufsätze zur Linguistik und Poetik*, hrsg. und eingeleitet von Wolfgang Raible, Frankfurt am Main 1979; S. 117–141. Deleuze erkennt die Bedeutung der Prozesse für den »Strukturalismus« allgemein, als Bewegung innerhalb einer Serie und als Vermittlung zwischen zwei Serien, vgl. Gilles Deleuze, »A quoi reconnaît-on le struturalisme«, in: Ders.: *L'île déserte. Textes et entre-*

Robert Ziegler

dachts nicht erwehren, dass da etwas schief ist; denn schließlich wird hier ja in Bezug auf die Metonymie die Beziehung von Signifikaten zueinander in eine solche der Signifikanten umgedeutet. Zum Beispiel fußt die Metonymie »Tiara« für »Papst« auf der »räumlichen Nähe« von Person des Papstes und seiner »Kopfbedeckung«, d. h. sie bezieht sich auf eine Kontiguität des Gemeinten, der »Dinge«. Lacans Interpretation der Metonymie aber scheint doch die *Reihung der Worte*, also die Nähe der Signifikanten zueinander zu betreffen. Darin liegt, so scheint es, eine Verwechslung der Ebenen.

Aber das ist vielleicht nur ein kleineres Problem einer Theorie, die verdächtig an solche postmodernen Thesen erinnert, wonach sich alles in Diskurse auflöst. Ist es so gemeint: Alles ist Sprache und wir können uns mit einer Philologie der Signifikanten begnügen? Wenn man aber verstehen will, warum Lacan die Ordnung der Signifikanten derartig ausdehnt und warum das Signifikat, die »Bedeutung« im Übrigen als ein Produkt, ein Effekt der Signifikanten aufgefasst wird, muss man sich zunächst eine ganz andere Frage stellen: Warum sprechen wir überhaupt? Lacans Antwort auf diese Frage lässt sich zunächst in Bezug auf die Sprache so formulieren: Wir sprechen, allgemeiner: es gibt Diskurse, weil die Sprache selbst nicht so geordnet ist wie ein Wörterbuch. Wäre sie es, dann gäbe es keinen Anlass zu sprechen, denn dann würde die Bedeutung der Worte schlichtweg gegeben sein und jede dieser Bedeutungen wäre gleichwertig oder, um einen besonders suggestiven Ausdruck der deutschen Sprache zu verwenden: gleich-gültig. Nun gelten uns aber die Bedeutungen (und übrigens auch die Worte) keineswegs alle gleich viel. Vielmehr dreht sich unser Denken und Streben um ganz bestimmte, individuell verschiedene Bedeutungen. Wie ist das möglich?

Lacan argumentiert hier in einer Weise, die anthropologische, ontologische und transzendentalphilosophische Elemente zusammenführt, indem er behauptet, dass am »Ursprung« des menschlichen Seins ein *Mangel* an Sein *(manque à être)* steht.[9] In erster Annäherung könnte man sagen, damit ist die fundamentale Grundlosigkeit des

---

tiens 1953–1974. Édition préparée par David Lapoujade, Paris 2002, S. 238–269; hier S. 258.

[9] Zum Thema von Metonymie und Metapher sind vor allem einschlägig: Jacques Lacan, »L'instance de la lettre dans l'inconscient ou la raison depuis Freud«, in: Ders.: *Écrits I*, S. 490–526; *Seminaire III. Les psychoses*, texte établi par Jacques-Alain Miller, Paris 1981; »La direction de la cure et les principes de son pouvoir«, in: Ders.: *Écrits II. Nou-*

Von verschrobenen Menschen, ersetzbaren Dingen und Eisblumen

Seins gemeint, die schon der Existentialismus erkannt hatte, sowie die Tatsache, dass der Mensch dasjenige Wesen ist, das sich der Grundlosigkeit seines Seins gegenüber zu verhalten hat. Es ist letztlich eine Art existentieller Leere, die es auszufüllen gilt. Freuds Todestrieb sagt nichts anderes: Er ist das Streben zu jenem einen Punkt, an dem alles an seinen Platz fällt, an dem alles »stimmt«, die Sehnsucht also nach dem Augenblick, zu dem man sagen könnte: »Verweile doch, du bist so schön!« Das Leben mag danach zwar weiter gehen, aber ob es weitergeht oder nicht, ist dann nicht mehr entscheidend.[10] Diese Sehnsucht nach einer »Erfüllung« (der *jouissance*)[11], deren Kompromisslosigkeit den Untergang des Individuums in Kauf nimmt (sei es z. B. in Gestalt mystischer oder orgiastischer Vereinigung oder im Drogenkonsum), räumt mit den illusorischen Ideen des Menschen als eines von aufgeklärtem Eigeninteresse geleiteten Wesens auf.

Zugleich ist im gegebenen Kontext klar, dass dieser Mangel auch im Bereich des Sprachlichen sein Korrelat haben muss: Wenn gesagt wurde, dass das Wörterbuch keine Bedeutung hat (selbst wenn jedes seiner Wörter eine hat), wenn wir uns andererseits ebenfalls mit dem Mangel einer solchen Bedeutung abfinden müssen, dann scheint das Wörterbuch doch wieder dem menschlichen Begehrensleben genau analog zu sein. Das ist aber ein Irrtum, denn das Nicht-Vorhandensein einer Bedeutung des Wörterbuchs, d. h. dass seine Elemente sich nicht zu einem Diskurs ordnen, ist gerade die leitende Idee der Erstellung eines Wörterbuchs, die damit auch die Beschränkung auf eine synchrone Perspektive verbindet. Wir können uns aber weder mit der Fragmentierung noch mit der Feststellung, dem Einfrieren unserer Diskurse abfinden. Mit anderen Worten: Der Mangel, von dem die Rede war,

---

velle édition, Paris 1999, S. 62–123. Zum »manque à être« als »Ursprung« der Metonymie vgl. »L'instance de la lettre«, S. 526; »La direction de la cure«, S. 100, S. 117.

[10] Daher spricht Lacan, etwa im Seminar VII: *L'éthique de la psychanalyse*, von einem »zweiten Tod«, der von dem ersten Tod, dem Ende des Lebens im »biologischen Sinn« streng zu unterscheiden ist.

[11] Lacan bezeichnet diese *jouissance* meist nicht als unmöglich, sondern als untersagt *(interdit)*. Damit ist nicht gemeint, sie sei prinzipiell möglich, und nur durch ein Verbot (etwa des Über-Ich) verboten. Die Terminologie ist hier streng: Zum einen bezeichnet Lacan als unmöglich immer das Reelle, also jenes, was innerhalb der symbolischen Ordnung der Sprache keinen Platz finden kann und dennoch seine Wahrheit verteidigt (z. B. das unverständliche und widerspenstige Symptom); zum anderen ist die *jouissance* eben nicht einfach verboten, sondern *unter-sagt (inter-dit)*, d. h. durch die Tatsache der Sprache kastriert.

wird von uns *als solcher erlebt* und zwar als Mangel an einem Signifikanten, der in der Lage wäre, dem Ganzen dieses Lebens Bedeutsamkeit zu geben. Einen solchen Signifikanten, dem die Rolle zugeschrieben wird, zum Zentrum der Organisation von Bedeutung zu werden, nennt Lacan den »signifiant maître«.[12] Seine Struktur lässt sich gut anhand eines Zitats von Saussure veranschaulichen. Dieser schreibt zur Verdeutlichung der Assoziation: »Ein gegebener Term/Begriff ist wie das Zentrum einer Konstellation, der Punkt, an dem andere ihm koordinierte Termini, deren Zahl unbegrenzt ist, zusammentreffen.«[13] Entscheidend ist mit Lacan, dass ein solches Zentrum der Diskurse *natürlicherweise* nicht existiert; es ist nur in seinem Mangel erfahrbar; man könnte sagen, das Zentrum ist durchgestrichen, oder es ist ein

---

[12] Ich simplifiziere in gröbster Weise. Die Theorie des »signifiant maître« wird besonders ausführlich in dem späteren Seminar XVII entwickelt (Jacques Lacan, *L'envers de la psychanalyse 1969–70*, texte établie par Jacques-Alain Miller, Paris 1991). Dort kommt dem »signifiant maître« keineswegs eine so schlichte Funktion zu, wie die vorigen Sätze es suggerieren. Er muss vielmehr immer in einer funktionellen Zusammengehörigkeit zu drei anderen Termini gesehen werden, denn neben dem »signifiant maître« (S_1) steht das Wissen (S_2) als dessen Explikation; ihnen zugrunde liegt dabei das Objekt *a* als die Ursache des Begehrens *(cause du désir)*. In der Spannung zwischen dominierendem Signifikanten und Wissen einerseits und dem Objekt *a* besteht dann ganz eigentlich das Subjekt, wie es realistischer Weise zu sehen ist, nämlich als ein gespaltenes ($\cancel{S}$). Indem Lacan diese vier Termini innerhalb eines einfachen Schemas rotieren lässt, erhält er vier Diskursarten, die als Matrizen allem wirklichen Sprechen *(parole)* vorausliegen (S. 194): den Diskurs des Herrn *(du maître)*, des Hysterischen, des Analytikers und des Universitären. Diese Unterscheidungen geben Anlass zu differenziertesten Reflexionen. (So sind etwa die Analysen zum universitären Diskurs, in dem sich ein Wissen rein für sich, und unter Maßgabe des bloßen Imperativs: Wisse immer mehr! konstituiert und wo die Integration durch einen *signifiant maître* problematisch wird, wohl von zeitloser Prägnanz.) Wenn ich mich doch auf den Diskurs des Herrn beschränke und diesen aus dem Kontext herauslöse (wenn auch nicht von ihm ablöse), dann ist das durch die Absicht gerechtfertigt: Insofern als es um das Verständnis des »Menschen« geht, dient dieser Diskurs tatsächlich als der grundlegende, da sich in ihm die Illusion eines mit sich selbst identischen Subjekts bildet, dem eine Konstanz der Objekte des Begehrens gegenübersteht; beides – Konstanz und Identität des Subjekts wie der vermeintlichen Objekte des Begehrens – stützt sich natürlich gegenseitig. Insofern wir mit dieser Illusion so oder so zurande zu kommen suchen, steht der Diskurs des Herrn tatsächlich in einer Position der Grundlegung; auch der Diskurs des Hysterischen – der im Gegensatz zum Diskurs des Analytikers und des Universitären noch eine gewisse »Natürlichkeit« hat – ist nur die aggressiv um Liebe buhlende Abwandlung jenes. Außerdem – das ist besonders wichtig für das Vorliegende – führt Lacan die gesamte Philosophie auf diesen ersten Diskurs zurück.

[13] De Saussure, *Cours de linguistique générale*, S. 174. Übersetzung RHZ.

»Loch«.¹⁴ Genau deswegen muss aber anderen Begriffen diese Würde zugesprochen werden (z. B. »Gott«, »Wahrheit«, »Freiheit«, »Liebe«, »Familie«, »Spaß« oder was man sonst so alles vorbringt, um *sich* zu erklären). Der eigentliche, der ursprüngliche Sinn der Leere, des Nichts ist somit ein sprachphilosophischer und kein existentialistischer, nämlich das Faktum¹⁵ der Sprache selbst als »Mord an den Dingen«¹⁶: dass es keine natürliche Bedeutung gibt und dass die Sprachlichkeit zwischen Ich und Welt einen Abgrund, eben ein Nichts aufreißt.¹⁷ Die »existentielle« Lesart ist höchstens (wenn überhaupt) eine nachfolgende Auslegungsmöglichkeit einer strukturellen Bestimmung.

Es gibt also eine Sehnsucht, nicht aber deren Erfüllung.¹⁸ Diese ist selbst ein Mythos, und das wiederum aus strukturellen Gründen. Ein erster Grund hierfür ist, dass wir zur Ermöglichung dieser Erfüllung ein Ziel haben müssen, das entweder ein Gegenstand oder eine Handlung oder ein wie auch immer gefasster Erfolg ist. Wäre ich dort, hätte ich das, dürfte ich jenes von mir sagen, dann wäre ich »glücklich«, so meinen wir. Wir versuchen so, mit dem Nichts, auf dem unser Sein beruht, Schluss zu machen. Aber alles, was wir so anstreben können, sind doch wieder nur irgendwelche empirischen Gegenstände (»Gegenstände« hier im weitesten Sinn genommen). Damit sie also diese Rolle und Funktion, die wir ihnen so zuschreiben, erfüllen können, müssen wir ihnen eine Würde erteilen, die sich auf nichts Empirisches reduzieren lässt. Genau in dem Maße, in dem wir sie »sublimieren« – denn das

---

¹⁴ Vgl. z. B. Jacques Lacan, »Place, origine et fin de mon enseignement«, in: Ders.: *Mon enseignement*, Paris 2005, S. 9–73; hier S. 40 f.: »C'est quand vous avez trouvé le mot qui concentre autour de lui le plus grand nombre de fils de ce mycélium que vous savez que c'est là le centre de gravité caché du désir dont il s'agit. Pour tout dire, c'est ce point dont je parlais tout à l'heure, ce point-noyau où le discours fait trou.«
¹⁵ Man sieht, dass »Faktum« hier nicht nur die »Tatsache«, sondern auch das meint, was von der Sprache »getan« wurde.
¹⁶ Lacan, »Fonction et champ«, S. 317.
¹⁷ Zwischen dem *signifiant maître*, der die Leere zu füllen berufen ist, und dem Objekt *a*, jenem wahren, aber für sich nirgends fasslichen Gegenstand meines Begehrens (weil er kein *Gegenstand* ist) spielt sich das eigentliche Drama jenes Subjekts ab, das als Mensch ein gespaltenes ist. Die (wiederum strukturelle) Unmöglichkeit, beide zur Deckung zu bringen, treibt eben jenes metonymische Begehrensleben an.
¹⁸ Nach dem, was schon ausgeführt wurde, erstaunt es wohl nicht, dass solche Begriffe so weit von einem »psychologischen« Verständnis ferngehalten werden müssen wie möglich. Überhaupt bedarf es nur einer sehr geringen Überspitzung, um zu sagen, dass zumindest Lacans *Theorie* der Psychoanalyse mit nichts so wenig gemein hat wie mit einer Psychologie. Sie ist primär Ontologie/Transzendentalphilosophie.

ist Lacans Interpretation der Freudschen Sublimierung[19], – werden sie also unerreichbar: vielleicht nicht insofern sie empirische Gegenstände sind, wohl aber insofern sie diejenigen sind, die uns unsere metaphysische Erfüllung gewähren sollen.

So starten wir gewissermaßen von einem Nicht-Ort, von einer Leere, einem Mangel an Sein. Und das Schicksal will es, dass wir eben dieser Mangel an Sein zu sein haben; damit klärt sich der Doppelsinn des französischen *manque à être*. Von diesem Mangel kommend, suchen wir seine Ausräumung. Und damit das möglich ist, müssen die Dinge der Welt eine Bedeutsamkeit erlangen, die ihnen an sich nicht zukommt und nicht zusteht.[20]

Gerade die letzte Formulierung lenkt mit ihrer fast unvermeidlichen Ungenauigkeit den Blick auf die transzendentalphilosophische These Lacans, die seine Verschiebung der Begriffe von Signifikant und Signifikat rechtfertigt: »An sich« käme den Dingen nicht jene Würde zu, die wir ihnen zuschreiben, hieß es eben. Nun ist aber der entscheidende Schritt, den die Transzendentalphilosophie mit Husserl macht, die Einsicht, dass die Rede von einem An-sich der Welt nicht primär deswegen falsch ist, weil sie die subjektiven Funktionen der Etablierung dieses An-sich ignoriert, sondern weil schon die Idee des An-sich eine *Sinnzuschreibung* ist. Aber nicht nur diese Idee, vielmehr muss alles, was wir als Realität begreifen, als eine aus einer Vielzahl von Schichten geschaffene Sinnarchitektur begriffen werden. (Solche Bauten können besser oder schlechter gelingen; manche kommen

---

[19] Jacques Lacan, *Séminaire VII. L'éthique de la psychanalyse*, texte établie par Jacques-Alain Miller, Paris 1986, S. 133: »Et la formule la plus générale que je vous donne de la sublimation est celle-ci – elle élève un objet […] à la dignité de la Chose.«

[20] Diese Schilderung darf keinesfalls mit einem in der Anthropologie verbreiteten Kompensationsgedanken verwechselt werden. Es ist vielmehr so, dass sich mit Lacans Theorie die Herkunft dieses Gedankens erklären lässt, denn eine ursprüngliche Fülle, die verloren gegangen ist, und die defizitäre Seinsweise, die kompensiert werden müssten, werden von ihm als *Mythen* gefasst. Diese entstehen – gleich ob in einem im engen Sinn mythischen Diskurs oder in einem wissenschaftlichen – mit Notwendigkeit, und insofern müssen sie ernstgenommen werden; nicht aber darf man diese Idee einer verlorengegangenen Fülle für bare Münze nehmen. *Erlebt* wird nur der *manque à être*. Insofern ist bereits der Mythos der Geburt des Eros in Platons *Symposion* eine Metareflexion über den zuvor von Aristophanes vorgetragenen Mythos, denn im zweiten ist der Verlust bereits Tatsache. Was bleibt, ist nur der Versuch, dem Mangel *(Penia)* mit dem (Er)Finden *(Metis*: die Mutter des *Poros)* von Mitteln und Wegen *(Poros)* beizukommen, eben den Wegen, die sich das Begehren überall bahnt (vgl. Smp. 203a ff.).

Von verschrobenen Menschen, ersetzbaren Dingen und Eisblumen

kaum über das Fundament hinaus, andere stürzen, wie biblische Türme, ein, gerade wenn sie den Himmel erreichen zu können meinten.) Alles Sein ist Sinn[21] – was übrigens nicht ausschließt, dass dieses Sein »keinen Sinn haben« kann. Die Realität lässt sich nicht von den sinnkonstituierenden Zugängen, in denen sie mir bewusst wird, abtrennen und, sei es auch nur hypothetisch, als neutrale Basis vorstellen, an die sich meine oder unsere Auffassungen anknüpfen wie neue Straßen an eine Stadt. Nein: die Stadt entsteht da, wo sich Straßen kreuzen.

Lacan verbindet nun diese Einsicht mit jener anderen, wonach diese Sinnzugänge wesentlich sprachliche sind. Und dann kann die Bedeutung tatsächlich nur noch als Effekt jener Prozesse begriffen werden, in denen sich Sprache realisiert – Sprache als Verweisungszusammenhang der Worte und *ihrer* Bedeutungen, die aber eben noch keine Bedeutung im Sinn der *Bedeutsamkeit* ausmachen. Bedeutsamkeit heißt also: Etwas muss in irgendeiner Weise wichtig sein, um dann auch eine echte, sprachliche Bedeutung erlangen zu können. Die Wörterbuchsicht auf die Sprache kann also zwar für gewisse Forschungen fruchtbar sein; sie bleibt letztlich aber eine Abstraktion und »bloße Theorie« angesichts des konkreten menschlichen Sprachseins.

Anders formuliert: Unser Begehren, das »einem anderen« angehört, nämlich dem Unbewussten, arbeitet sich durch die symbolische Ordnung hindurch, den großen Anderen.[22] Nur dadurch treffen sich die Anerkennung des Begehrens und das Begehren nach Anerkennung,[23] da dieses Begehren überhaupt nur je zu meinem werden kann, da es überhaupt erst seine Wirklichkeit und Sichtbarkeit erlangt, indem es »einem Anderen« angetragen wird: Die »intersubjektive« Dimension der Sprache (die Tatsache, dass mir die Sprache immer von anderen geschenkt wird) und die Objektivität, die durch sie gestiftet wird, lassen sich nämlich in der konkreten Erfahrung ebenso wenig trennen wie die Aktivität eines unbewussten Begehrens, das meines zu werden strebt,

---

[21] Vgl. besonders deutlich und nachdrücklich Edmund Husserl, *Ideen zu einer reinen Phänomenologie und phänomenologischen Philosophie. Erstes Buch: Allgemeine Einführung in die reine Phänomenologie*, neu hrsg. v. Karl Schuhmann, Dordrecht 1995 (Hua III/1), §55.

[22] Der große Andere ist der »Ort des Sprechens« *(lieu de la parole)*, also jene transzendentale Voraussetzung des Verstehens und der Wahrheit, die in jedem Sprachakt mitwirkt. Sucht man eine philosophiehistorische Parallele, wird man sich wohl an Descartes' *Idea dei* verwiesen sehen, die ganz ähnliche Funktionen zu erfüllen hat.

[23] Vgl. Lacan, »L'instance de la lettre«, S. 522.

Robert Ziegler

und die Bitte *(demande)* um Akzeptanz und Liebe, die an einen Adressaten gerichtet wird, der nirgends empirisch angetroffen wird und den Lacan eben den großen Anderen nennt.[24] Und nur darin verwirklicht sich Bedeutung in ihrem Vollsinn, denn dass wir mit unseren Reden dies oder das auch meinen können, liegt daran, dass uns dies oder das *in Bezug auf etwas* wichtig ist. (Das schließt nicht aus, sondern vielmehr ein, dass wir oft auch reden, *um nichts zu sagen*, um uns selbst der Realität des eigenen Begehrens zu entziehen, dass wir also das tun, was Lacan eine »parole vide« nennt, ein »leeres Sprechen«.)[25]

---

[24] Dieser große Andere ist somit ein Element der Struktur jedes Subjekts, das ein gespaltenes ist (d. h. das den Mord an den Dingen miterleben musste). Dass Intersubjektivität und Objektivität zusammengehören (was ebenfalls eine vor allem in der *Fünften Cartesianischen Meditation* entwickelte Einsicht Husserls ist) und dass das Begehren in ein und derselben Bewegung zu meinem wird und um die Anerkennung des großen Anderen buhlt, heißt im Übrigen gerade nicht, dass es hier jemals zu einer vollständig gelingenden Synthese kommen könnte. Das liegt daran, dass die Termini je doppeldeutig sind: Zwar ist die Intersubjektivität als transzendentale Forderung in jeder Erkenntnis von Wahrheit enthalten, und so ist der große Andere in aller Strenge als transzendentale Funktion zu verstehen; die konkreten anderen Subjekte aber, denen ich begegne, neigen dazu, die Einlösung derselben zuschanden zumachen. Und die Bitte um Anerkennung fällt allzu oft und leicht von ihrem wahren Subjekt ab – nämlich dem eines Begehrens, das zwar meines ist, aber nie vollständig eingeholt werden kann –, um sich zur Tendenz eines zweifelhaften Ich zu machen (das sich seinem Begehren nur selten zu stellen weiß). Subjekt und anderer sind so wesentlich ambivalent. Aus den Verwerfungen, die solche Diskrepanzen verursachen, entsteht das, was Lacan das *Reelle* nennt.

[25] So lautet der Titel des ersten Abschnitts von »Fonction et champ«: *Parole vide et parole pleine dans la réalisation psychanalytique du sujet*. Daher kann die von Lakoff und Johnson (in: George Lakoff/Mark Johnson, *Leben in Metaphern. Konstruktion und Gebrauch von Sprachbildern*, aus dem Amerikanischen übersetzt von Astrid Hildenbrand, Heidelberg ⁵2007) vorgelegte Theorie der Metaphern (verstanden als unausdrückliche Metasysteme, die unsere einzelnen Ausdrücke und damit unser Denken und Handeln leiten) auch lediglich die Lexik einer Sprache beschreiben, insofern diese zur Grundlage eines leeren Sprechens wird. Aber kein Subjekt geht in dieser Lexik auf, ganz im Gegenteil: Es entsteht und besteht in der Spannung zu ihr. Daher *verrät* sich das Subjekt auch, sei es im bewussten Bemühen, die Konventionen der Sprache zu untergraben, um Neues, Anderes zu sagen, sei es in der unbemerkten aber bezeichnenden Inkongruenz der gewählten Ausdrücke. Wir leben also nicht nur, wie Lakoff und Johnson behaupten, in den Metaphern, sondern vor allem in ihren Zwischenräumen und an den Bruchstellen. (Immerhin erkennen Lakoff und Johnson auf S. 161 ff. die Bedeutung der neuen Metapher. Aber ihre Beschreibung derselben wie deren Leistung in Begriffen wie »Ableitung« und »kohärentes Ganzes« verrät die unzureichende philosophische Einbettung, ein etwas schlichter Rationalismus, der den Phänomenen in ihrer Gegebenheit das unterstellt, was die Reflexion über sie entdeckt. Um den ganzen Abstand zwischen ihnen und Lacan zu ermessen, genügt es, sich die »neuen« Meta-

Von verschrobenen Menschen, ersetzbaren Dingen und Eisblumen

So nimmt die Bewegung des Menschseins, das Anthropologische, seinen Ausgang in einem ontologischen Mangel, den man vergeblich zu überwinden versucht. Doch in diesem vergeblichen Versuch wendet sich das Begehren, vermittelt durch den großen Anderen der symbolischen Ordnung, allererst diesem anderen zu, das die Welt, die Dinge und Menschen in ihr, ist. Aus dieser Hinwendung, aus der Ausspannung der Signifikantenkette, die die Leere zu füllen berufen ist, entwindet sich eine Bedeutsamkeit, die eine wirkliche Bezugnahme auf Objektives erst möglich macht, da es eben Objektivität nicht unabhängig von der Sinnzuschreibung gibt, in der sie sich eröffnet.

Damit sind die wesentlichen Elemente versammelt, um die Funktion von Metonymie und Metapher genauer zu bestimmen. Man sieht dabei, wie man verschiedene Ebenen unterscheiden muss. Auf der fundamentalsten Ebene verortet Lacan den *manque à être*, der zugleich die Signifikantenkette aus sich entlässt, als den Versuch, den Mangel zu überwinden. Es ist diese Bewegung, letzten Endes der Diskurs selbst (sowohl im sprachlichen wie im anthropologischen Sinn)[26], den Lacan als Metonymie bezeichnet. Wir haben schon gesehen, dass diese Verwendung des Begriffs höchst ungewöhnlich ist, ja sogar offenbar völlig unsauber. Denn was in der Metonymie, betrachtet als Trope, für die Signifikate gilt, wird hier auf die Signifikanten übertragen. Das Nebeneinander der Wörter ist für Lacan die Grundbedeutung von Metonymie. Allerdings verstehen wir nun, wie Lacan zu dieser Umbenennung kommt: Beschränkt man den Blick zunächst einmal abstraktiv auf die Signifikantenkette, dann ist wirkliche Bedeutsamkeit, der eigentlich der Name des Signifikats zukäme, noch fern. (Dass diese Beschränkung des Blicks zwar eine abstraktive ist, der aber dennoch ein reales Phänomen korrelieren kann, zeigt das von Lacan selbst herangezogene Beispiel der Wernicke-Aphasie. Die Kranken sind da in der Lage, komplexe

---

phern anzusehen, die beiderseits angeführt werden: Bei jenen ist »Die Liebe ein gemeinsam geschaffenes Kunstwerk« – eine wenig spektakuläre, aber der Rationalisierung offene Metapher – was sich von Lacans Beispiel kaum sagen lässt: »L'amour est un caillou riant dans le soleil.« Z. B.: Lacan, *Séminaire III*, S. 257. Man muss aber zugeben, dass die Wahrheitstheorie von Lakoff/Johnson einen deutlichen Fortschritt gegenüber den meisten der englischsprachigen Philosophie geläufigen Konzeptionen darstellt.)

[26] Mit dem »Diskurs im anthropologischen Sinn« ist schlicht gemeint, dass die Gegenstände unseres Begehrens eine Struktur sukzessiver und in irgendeiner Weise geordneter Beschäftigung fordern. Noch der Briefmarkensammler *durchläuft* seine Sammlung immer wieder.

syntaktische Konstruktionen zu entwerfen, sie schaffen es aber nicht, »auf den Punkt zu kommen«, d. h. wirklich bedeutungsvolle Sätze zu sagen. Ebenso sind sie außerstande, Synonyme, Umschreibungen oder Definitionen eines Wortes zu geben. Die Intention auf Bedeutung ist da und treibt das Sprechen an, sie kann aber nicht erfüllt werden.[27] Ein weniger dramatisches Beispiel ist etwa im Smalltalk oder dem bewusst leeren Sprechen mancher öffentlicher Personen gegeben: Auch dort vertreibt die schiere Übermacht der Signifikantenkette jede echte Bedeutung.) Daher vollzieht Lacan eine Metonymie an der Metonymie selbst und überträgt das, was »eigentlich« für die Signifikate gilt auf die Signifikanten.

Eine andere Ebene ist die der Bedeutungen insgesamt. Diese werden durch das gestiftet, was Lacan einerseits Metapher nennt und andererseits mit der Formel ausdrückt: »ein Wort für ein anderes«.[28] Allerdings gilt diese sehr allgemeine Formel doch ebenso für die Metapher wie auch für die Metonymie oder andere Formen von Tropen, die man nennen könnte.[29] Hier ist also ganz offensichtlich auch

---

[27] Diese Unfähigkeit, eine metasprachliche Position einzunehmen, die sich in den so charakterisierten Aphasien zeigt, hat ihre Entsprechung sogar noch in den konkreten Symptomen. Denn wenn die Patienten auch keine Metaposition einnehmen können, so verwenden sie doch die Sprache auch im »übertragenen« Sinn (auch wenn sie darüber nicht wieder Rechenschaft ablegen können). Allerdings nicht in der Form der Metapher, wohl aber in metonymischen Ausdrücken – eine Tatsache, die die von Lacan betonte Verschiedenheit der beiden Prozesse auch von dieser Seite belegt. Vgl. dazu Jakobson, »Zwei Seiten der Sprache und zwei Typen aphatischer Störungen«, S. 128 f. Lacan verweist auf diesen Artikel und auf die Beispiele der Wernicke-Aphasie allgemein im Seminar über die Psychosen; Lacan, Seminaire III. Les psychoses, S. 248 f.
[28] Lacan, »L'instance de la lettre«, S. 504. Man könnte so mit einer gewissen griffigen Überspitzung sagen, die Metonymie bezeichnen den syntaktischen Aspekt, die Metapher den semantischen Aspekt der Sprache.
[29] Auf einem anderen Niveau kann diese Unterscheidung aber für die Psychoanalyse in der Praxis wieder sehr wichtig sein. So kann der Patient, der zur freien Assoziation gebeten wird (also zu einem, sprachlich gesehen, metaphorischen Akt), hierauf im Einzelnen wieder mit Metaphern oder mit Metonymien antworten (z. B. kann er im Ausgang von »Hütte« mit »Bude« oder mit »Armut« antworten). Andererseits kann es wichtig sein, welche Worte der Patient in der Erzählung z. B. eines Erlebnisses verwendet, d. h. welche »metaphorischen« Mechanismen er in einer »metonymischen« Situation zum Einsatz bringt: metaphorische oder metonymische (diesmal wieder im rhetorischen Sinn verstanden). Nun wird spätestens auch deutlich, dass die wirkliche positive Sprache als solche (die *langue*) nicht eine nur akzidentelle Dreingabe zur Struktur von Sprache allgemein *(langage)* ist, sondern dass sie als wesentlich mit berücksichtigt werden muss.

eine grundlegendere Ebene angesprochen. Während die Signifikantenkette jenes Fortspinnen des Diskurses selbst ist, so aber, dass ich immer wieder und immer noch etwas sagen muss, gilt in Bezug auf die Ersetzung, dass ich immer ein anderes sagen kann als das, was schon längst gesagt wurde. Wann immer ich etwa versuche, tatsächlich etwas Bedeutsames auszudrücken, stehe ich vor dem Problem, dass dies bislang entweder noch gar keinen Ausdruck gefunden hat oder aber dass alle möglichen vorliegenden Ausdrücke das Wesentliche nicht recht treffen oder es zu einer Banalität herabwürdigen. Auf der Objektseite, um hier phänomenologisch zu sprechen, entspricht dem eine charakteristische Unschärfe des Auszudrückenden. Will ich also zu einem Ausdruck gelangen, der einem bedeutsamen Gegenstand Gestalt zu geben vermag, muss ich mich gewissermaßen gegen die Bahnungen der Sprache wenden und wehren. Und nur dort geschieht dann wirklich Bedeutung, so dass für Lacan die Formel »ein Wort für ein anderes« als Definition der »Metapher« in diesem grundlegenden Sinn den Prozess anzeigt, in dem sich die Sinnkonstitution effektiv vollzieht.[30] Wenn Lacan dann nicht mehr zwischen Metapher und Metonymie auf der nachgeordneten Ebene der jeweils konkreten Erfüllung solcher Sinnintention unterscheidet, dann deswegen, weil er am Begriff der Metapher eine Metapher vollzieht, so wie er zuvor an der Metonymie eine Metonymie vollzogen hat. Denn die Ähnlichkeit der Struktur einer Ersetzung, bei der, wie noch zu sehen sein wird, die Spannung zwischen dem Ersetzten und dem Ersatz das Wesentliche ist, erlaubt ihm die Ausbreitung des Metaphernbegriffs auf sämtliche Tropen.

Auch überrascht es dann nicht mehr, dass in den Reihungen, die Lacan vorschlägt, die Metonymie mit dem Mangel an Sein, die Metapher hingegen mit dem Sein verbunden ist, dann nämlich, wenn Sein als Effekt einer Sinnbemühung, einer Sinnkonstitution begriffen wird. (Man sieht wohl, dass der Begriff des Sinns hier eine sehr weite, vielleicht zu weite und zu ungenaue Ausdehnung und Verwendung erhält. Ob oder wie legitim diese Verwendung ist, lässt sich noch nicht wirklich absehen. Wichtig ist aber, dass man alle idealisierenden Interpretationen fernhält.)[31]

---

[30] Lacan, »L'instance de la lettre«, S. 505: »On voit que la métaphore se place au point précis où le sens se produit dans le non-sens [...].«
[31] Lacan sieht diese grundlegende Unterscheidung schon bei Freud vorgeformt. Er liest dessen *Traumdeutung* konsequent als eine Unterweisung in der Semiotik des Unbe-

Robert Ziegler

Lacans Auslegung der so gekennzeichneten Prozesse bleibt aber dort nicht stehen. Denn die Metonymie ist mit dem Begehren verbunden, oder, wie Lacan schreibt: »Das Begehren ist eine Metonymie«, und er beeilt sich hinzuzufügen, dass dies, diese Aussage also, selbst keine metaphorische ist.[32] Was damit gemeint ist, wird klar, wenn man betrachtet, was dem *manque à être* auf der Seite der Objekte des Begehrens entspricht. Die epochale Neuausrichtung, die die Theorie des Begehrens seit Schopenhauer und Nietzsche, und dann in aller Konsequenz durch Freud und Lacan durchläuft, ist die Einsicht in die Tatsache, dass es kein natürliches und auch kein transzendentes Objekt des Begehrens gibt, von dem unser endliches Streben nur nachträglich, etwa durch die Verbindung unseres Geistes mit dem Körper oder durch einen Sündenfall, abgelenkt wäre. Da also theoretisch alles zum Gegenstand des Begehrens werden kann, da sogar insgesamt besehen tatsächlich alles zum Gegenstand irgendjemandes Begehren wird, da aber andererseits jeder Einzelne nicht alles Mögliche begehrt, braucht es ein Erklärungsprinzip, das diesen Tatsachen Rechnung zu tragen vermag. Für Lacan ist dies das Zusammenspiel von Begehren und Objekt *a*. Dieses letztere ist jene Ausprägung, die ein individuelles Begehren in Bezug auf seine Gegenstände erhält, also gewissermaßen der Operator der Regelmäßigkeit meines Begehrens. Alle meine Begehrensobjekte sind in einer Weise, die wohl wiederum auf die fundamentalen sprachlichen Prozesse verweist, miteinander verbunden. Sie bilden untereinander ein metonymisches und metaphorisches Geflecht, aber nicht so, dass neuen oberflächlichen Typisierungen damit das Feld eröffnet wäre. Die Metonymie bezeichnet so die Rastlosigkeit eines Begehrens, das immer weiter geht, das sich immer neue Objekte eröffnet, das wesentlich »Begehren von etwas anderem« ist.[33]

Es fällt auf, wie hieraus eine gewisse Theorie der *Verkennung* folgen muss: Schon Platon stellt fest, dass ich den Gegenstand meines

---

wussten, und die beiden vorherrschenden Prozesse, die die Entstehung der Träume im Ausgang von den latenten Traumgedanken leiten, sind – neben der eher pragmatischen »Rücksicht auf Darstellbarkeit« – die *Verschiebung* und die *Verdichtung*. Die völlige Übereinstimmung dieser beiden Prozesse mit denen der Metonymie und der Metapher, die Lacan immer wieder herausstellt (z. B. in Lacan, »L'instance de la lettre«, S. 508), ist in der Tat frappierend.

[32] Lacan, »L'instance de la lettre«, S. 526.
[33] Vgl. Lacan, »L'instance de la lettre«, S. 515 f. Das Begehren ist gefangen in den »rails, – éternellement tendus vers le *désir d'autre chose* –, de la métonymie«.

Eros nicht schlicht um seiner selbst willen, sondern um seiner Schönheit willen liebe.[34] Und ebenso lässt wohl auch das psychoanalytisch gefasste Begehren die Idee einer Liebe, die sich in ungebrochener Einfachheit, in Einfalt *(simplicitas)* auf ihren Gegenstand richtet, nicht zu. Im Gegenteil: Ich kann nur begehren, indem und insofern ich meinen Gegenstand verfehle. Eine schöne Illustration davon ist Buñuels letzter Film *Dieses obskure Objekt der Begierde,* in dem ein alternder Mann in leidenschaftlicher Hingabe für eine junge Frau entbrennt. Die Pointe des Films liegt darin, dass diese Frau immer abwechselnd von zwei Schauspielerinnen gespielt wird, und somit auf filmischer Ebene eben das Missverständnis vollzogen wird, das das Verhältnis des Mannes zur Frau dort ausmacht. Auch der Titel des Films ist hier ganz präzise, denn »obskur« ist seit Descartes der Name für jene Vorstellungen, die in der Bestimmung der Grenzen ihres Gegenstands versagen.

Aber mit diesem letzten Punkt sind wir bereits zur Metapher übergegangen. Das Symptom ist eine Metapher, so schreibt Lacan, und er betont auch hier, dass er diesen Satz keineswegs metaphorisch verstanden wissen will.[35] Wir können, wegen der Gleichheit der bedingenden Struktur auch sagen: Ebenso ist jedes *konkrete* Begehren eine Metapher. Die Metapher ist definiert als »ein Wort für ein anderes«. Dabei ist aber nun entscheidend, dass das ersetzte Wort sich eine Präsenz erhält, wenn auch keineswegs zwingend sicher ist, welches Wort da ersetzt wurde. Genauer noch: Wäre diese Ersetzung einfach und eindeutig und ohne Verlust rückgängig zu machen, dann hätte man wohl keine echte Metapher vor sich.

Eben diese Struktur findet sich nun aber, wie schon angedeutet, auch in der Wahl der Objekte des Begehrens oder im Symptom: Indem sich mein Begehren auf gewisse Objekte richtet, ist es gewissermaßen auf der Suche nach jenem ursprünglichen Objekt, das es zwar nie gegeben hat, das aber in einer notwendigen Mythifizierung als ein wiederzufindendes oder auch wiedergefundenes erscheint. Die gesamte

---

[34] Nur aufgrund dieser »Verkennung« ist die Geschichte des Aufstiegs bis zur Schau des Schönen selbst möglich, den das *Symposion* beschreibt. Und ebenso führt der *Phaidros* in seinem Mythos eine erste Erklärung für die Verschiedenheit der erotischen/liebenden Orientierungen ein: Jeder liebt nach Maßgabe der Ähnlichkeit derer, denen er begegnet, mit dem Gott, den seine Seele zwischen den beiden Inkarnationen geschaut hat. Diese Götter sind demnach eine erste Annäherung an das, was Lacan als Objekt *a* zu fassen zu bekommen sucht.

[35] Lacan, »L'instance de la lettre«, S. 526.

Rhetorik der Liebe oder der Religiosität zeugt hiervon.[36] Ein Objekt für ein anderes also: Ein Objekt wird gefunden, es verbleibt aber in einer Spannung zu einem selbst nicht gegebenen Objekt, das es ersetzt und das es damit immerhin negativ, in Anbetracht des ganzen Begehrenslebens gewissermaßen *in Umrissen*, als *Leerstelle* andeutet.

Das Begehren erhält sich so immer einen Überschuss, durch den eine Differenz in jedes noch so leidenschaftliche Wollen eingeschrieben ist, eine Differenz, die es schließlich ermöglicht, auch dieses Wollen eventuell für ein anderes einzutauschen. Diesen Überschuss nennt Lacan das *Reelle*.[37]

Aber Lacan geht noch weiter. Denn die psychoanalytische Tradition kennt einen Satz, der der beschriebenen Struktur der Metapher genau analog ist: »Wo Es war, soll Ich werden.«[38] Diesen Freud'schen Satz interpretiert Lacan ganz konsequent in der Richtung einer Hervorbringung des Ich durch ein Begehren, das durch das Sprachliche

---

[36] Diese Vorstellung der unmittelbaren Berührung bestimmt im Übrigen auch immer wieder die Theorien der Sprache, nämlich überall dort, wo sie eine Ausdrucksform annehmen, die keinerlei Distanz zwischen Bezeichnendem und Bezeichnetem zuließ und die nur nachträglich verloren gegangen ist. Solche Vorstellungen finden sich in vielen Mythen und Religionen ebenso wie in der Philosophie. Auch die Literatur kann hiervon handeln, wenn auch zunehmend in einer gewissen Brechung: So zirkuliert Paul Austers Roman *City of Glass* um diese Idee und auch das Zitat von Arno Schmidt (s. u.) hat sie noch zum Gegenstand. Außerdem hat sie ihre Entsprechung in der Sprachursprungstheorie der Stoiker, wie der aufschlussreiche Text von Michael Rasche in diesem Band zeigt. Die Ironie will es, dass der dort zitierte Barwick in seinem Bemühen, die ursprüngliche stoische Theorie zu rekonstruieren, eben derselben Aporie unterliegt wie diese Theorie selbst. Diese Aporie beschreibt schließlich auch den kritischen Punkt, um den sich der Wandel der Ontologie in der Moderne dreht – ein Wandel, der zwangsläufig auch den Tropen eine neue Position zuweist, wie Rasche klar aufzeigt. Lacan ist ein gutes Beispiel für diese gewandelte Ontologie und »Rhetorik«. Unter etwas anderer Perspektive, aber mit ähnlicher Stoßrichtung wird dieses Verhältnis von Ontologie und Rhetorik auch von Annika Schlitte im vorliegenden Band untersucht.

[37] Man könnte einwenden, dass etwa Formen besonders intensiver religiöser Begeisterung von solcher Differenz keine Spur aufweisen. Das ist aber keineswegs richtig, denn gerade die sich dem Monotheismus stellende Frage, wie von Gott zu sprechen sei, die Tatsache, dass von ihm zu sprechen ist und dass doch kein Wort, kein Satz, kein Hymnus auch nur annäherungsweise *adäquat* sein kann, die Ausflucht schließlich des Schweigens, die den gordischen Knoten zerschlagen soll – all das sind Beispiele für diese Differenz, die Derrida, von anderer Richtung auf denselben Sachverhalt stoßend, *différance* genannt hat.

[38] Sigmund Freud, *Neue Folge der Vorlesungen zur Einführung in die Psychoanalyse*, Gesammelte Werke 15, Frankfurt am Main ³1961, S. 86.

Von verschrobenen Menschen, ersetzbaren Dingen und Eisblumen

hindurchmuss[39] (und nicht etwa, wie die meisten Nachfolger Freuds, als eine Aufforderung, die »Souveränität« des Ich gegenüber der anarchischen Triebhaftigkeit des Es schrittweise zu stärken)[40]. Wenn Lacan den Begriff des Subjekts terminologisch streng verwendet, dann spricht er damit immer das Unbewusste an; dann setzt sich aber im Begehren das Ich an jene Stelle, die in ihrer wirklichen »Motivation« von einem anderen herkommt, eben von diesem Unbewussten. Die Metapher ist eine Frage der Position; eben deswegen setzt sie die Metonymie voraus. Und hier behauptet sich also ein scheinbar souveränes Ich an der Stelle, die noch negativ von ihrem wahren Subjekt zeugt, die das Unbewusste durch dessen Abwesenheit anzeigt. Aus dieser Dialektik eines abwesenden Subjekts und eines präsenten Effekts ergibt sich eigentlich erst das, was man als menschliche Psyche bezeichnen könnte. Ihre anschauliche Illustration finden diese scheinbar sehr abstrakten Thesen in der Diskrepanz zwischen den immer sehr stimmigen und kohärenten Rationalisierungen unseres Tuns einerseits und der offensichtlichen Unabhängigkeit dieses selben Tuns von den rationalen Theorien, die wir darüber entwerfen. Nicht selten gelingt es uns ja sogar, unser Tun und Wollen nicht nur als sehr vernünftig, sondern sogar als das einzig vernünftige überhaupt darzustellen. (Es hilft natürlich, dass wir uns gerne Gesellschaft suchen, die unsere Auffassungen teilt, aber im Ernst: Wie »vernünftig« oder »an sich« erstrebenswert ist denn schon z. B. die Erstellung eines solchen Textes über Begehren und Metonymie?!)

---

[39] Lacan kommt immer wieder darauf zu sprechen, z. B. auch in »L'instance de la lettre«, S. 504 ff., S. 521 ff. Daraus erklärt sich auch, dass der *signifiant maître*, wie Lacan im *Seminar XVII*, a.a.O., S. 31 und dann immer wieder schreibt, ein Subjekt für jeden anderen Signifikanten repräsentiert: Der *signifiant maître*, um den sich mein Diskurs dreht, bestimmt ja zugleich, *wer* und *was* ich bin, er bringt mich als ein so und so *bestimmtes* Subjekt hervor. Nur von einem solchen herausgehobenen Signifikanten aus lässt sich das Verhältnis eines Subjekts – von dem man »für sich genommen« nichts wissen kann – zu allen anderen Signifikanten bestimmen und festlegen.
[40] Diese letztere Absicht, auf die eine »ego psychology« aus ist, ruft regelmäßig Lacans Polemiken hervor. Denn das »starke Ich« setzt ja immer schon eine Vorstellung davon voraus, wie ein Ich zu sein habe, womit kontingente, im schlimmsten Fall einmal eigens befragte Ideen leitend für eine Praxis werden, die, recht verstanden, keinerlei »Ethik« außerhalb der Anerkennung des eigenen Begehrens selbst haben darf (vgl. Lacan, *L'éthique de la psychanalyse*, v. a. Kap. XXIII). Daher ist es eine durchaus ernstgemeinte Spitze, wenn Lacan sagt, die Absicht einer Stärkung des Ich bringt allerdings etwas hervor, nämlich gute Angestellte! (Lacan, »Place, origine et fin de mon enseignement«, S. 30).

Zeichen – Person – Gabe

Noch ein weiteres Strukturmoment zeigt sich hier: Die Metapher ist immer von zwei Seiten gehalten. Dies ist eine Formel, die sich auch bei Freud zur Kennzeichnung des Symptoms findet, das ja vom Trieb einerseits, vom Ich andererseits gehalten und damit überdeterminiert ist.[41] Das Ich hält am Symptom fest, da es ihm die Möglichkeit einer akzeptablen, d. h. durch die Zensur gegangenen Realisierung des Triebs erlaubt (vom sekundären Krankheitsgewinn ganz abgesehen). Das Symptom ist so ein »Kompromiss«. Das Gleiche gilt aber auch für alle Phänomene, die nach Lacan die Struktur einer Metapher haben, denn auch in ihnen realisiert sich ein anonymes und unterbestimmtes, aber überschüssiges Begehren im Durchgang durch den großen Anderen der symbolischen Ordnung, so zwar, dass sich das Begehren auf eine Welt zu öffnen vermag – nichts anderes heißt ja Sprachlichkeit – und im Kontext dieser symbolischen Ordnung einen Platz zu finden vermag. Freilich mag dieser Platz einerseits zu einer Rekonfiguration der symbolischen Ordnung Anlass geben, andererseits wird das Begehren sich an diesem Platz keineswegs festschreiben lassen. Das Reelle des Begehrens und das Symbolische der welteröffnenden Sprachlichkeit spielen so zusammen, um dem Objekt des Begehrens ebenso wie dem Symptom, dem Traum u. ä. ihre Bedeutsamkeit zu erteilen.

II. Philosophie und Psychoanalyse?

Dieser erste Teil war im Grunde einer Zusammenfassung und Aufdröselung der Lacan'schen Thesen zum Verhältnis von Begehren einerseits, Metonymie und Metapher andererseits gewidmet. Nachdem wir mit Lacan gefragt hatten: Warum wird gesprochen?, drängt sich nun diese Frage auf: Weshalb wird in der Philosophie nach Lacan gefragt oder von ihm gesprochen?

Eine Antwort darauf wurde schon angedeutet: Es geht um Hinweise auf eine spezifische Fassung von Anthropologie und Transzendentalphilosophie, die den Menschen als grundsätzlich von einem

---

[41] Z. B. in Sigmund Freud, »Das Unbewusste«, in: Ders.: *Werke aus den Jahren 1913–1917*, Gesammelte Werke Bd. 10, Frankfurt am Main ³1963, S. 263–303; hier S. 284: »Dies zum Symptom erlesene Stück erfüllt die Bedingung, dass es dem Wunschziel der Triebregung ebenso sehr Ausdruck gibt wie dem Abwehr- oder Strafbestreben des Systems *Bw*; es wird also überbesetzt und von beiden Seiten gehalten wie die Ersatzvorstellung der Angsthysterie.«

nicht-rationalen Grund bestimmt sieht, der sich nicht anders als in der oder zumindest gegen die Dimension des Sprachlichen äußern kann und genau hierdurch der Welt ihre Sinne zuschreibt. Aber ob sich das Ausgeführte hierzu wirklich eignet, ist wohl noch zweifelhaft. Es fällt ja sofort auf, wie allgemein und abstrakt diese Zusammenfassung geblieben ist. Und all die suggestiven und modischen Formulierungen – etwa, dass das Subjekt nur ein Effekt sei[42] – sollten nicht nur deswegen unsere Aufmerksamkeit auf sich ziehen, weil sie in ihrer provokativen Abkehr von der Tradition glauben machen, man würde nun angebliche Naivitäten abschütteln. Diesen Thesen muss sich ein präziser Sinn geben lassen, wenn sie nicht als großkalibriges Kanonenfutter philosophischer Besserwisser enden sollen.

Ein zweites grundsätzliches Problem war schon angedeutet worden: Wird hier nicht überall der Sprache eine viel zu große Rolle zugewiesen? Es wurde ja immer behauptet, das Ausgeführte würde sich auf alles menschliche Streben anwenden lassen, doch davon bildet das im engen Sinn »sprachliche Verhalten« ja nur einen kleinen Teil. Wie verhalten sich also Sprachlichkeit und Handeln etwa?

Ich möchte mich zum Abschluss mit diesen beiden Problemen – der Abstraktheit und Allgemeinheit und der vermeintlichen oder wirklichen Überschätzung der Sprache – beschäftigen, um die Fruchtbarkeit der Lacan'schen Thesen für die Philosophie näher bestimmen zu können.

Die Frage, wie abstrakt eine philosophische Theorie sein darf, klingt zwar wie jenes Vorgeplänkel, mit dem man philosophische Bücher einleitet, das aber bald zugunsten der »Sacharbeit« verlassen werden darf und sogar muss. So einfach ist es aber leider nicht. Zunächst einmal muss die Tatsache in aller Klarheit festgestellt werden: Wenn im Kontext der Philosophie ein Autor wie Lacan gelesen wird, dann bleibt es kaum aus, dass man ihn als »so etwas Ähnliches wie« einen Philosophen liest. Lacan hätte diese letzte Einschätzung mit Nachdruck von sich gewiesen, und man muss sich darüber bewusst bleiben, dass man ihm damit Gewalt antut. Aber gerade weil man sich dessen be-

---

[42] Nämlich ein Effekt des Signifikanten. Vgl. Jacques Lacan, »Mon enseignement, sa nature et ses fins«, in: Ders.: *Mon enseignement*, S. 75–112; hier S. 100. Die geforderte präzise Bedeutung ist freilich durch das Vorangegangene, durch Lacans Analyse des Prozesses der Metapher im Kontext der Entstehung von Bedeutung einerseits und der Situierung des Subjekts andererseits, zumindest angedeutet.

wusst ist und bleibt, kann man ihn so lesen.[43] Dieses Bewusstsein wird nicht zuletzt dadurch wach gehalten, dass sich dem psychologisch nicht geschulten Leser bei Lacan, ebenso auch bei Freud, Teile des Verständnisses immer entziehen; dies aber auf andere Weise als bei der Lektüre eines Philosophen (von dem man ja auch nie behaupten wird, ihn »ganz« verstanden zu haben). Was hier fehlt, was hier eine spürbare Grenze bildet (die aber auch produktiv eine neue Aneignung erzwingt), ist der Mangel einer klinischen Erfahrung, auf der ein psychoanalytischer Diskurs notwendig fußen muss.

Nun ist dies aber eine Dimension, die dem Problem der Abstraktheit begegnen kann. Der Psychoanalytiker, der sich auf Freud oder Lacan stützt – die Rede von einer »Anwendung« wäre sicher irreführend –, findet die Wirksamkeit des von ihnen Beschriebenen nämlich gelingendenfalls in höchster Konkretion vor sich, eine Konkretion, die es ihm eventuell auch erlaubt und nötig werden lässt, die Theorie zu modifizieren. Für den Praktiker sind die Theorien also alles andere als abstrakt. Sie müssen es aber werden, wenn sie in den philosophischen Diskurs eintreten. Vor allem solche Theorieteile wie das Objekt *a* etwa wollen im Kontext einer philosophischen Aussage nicht so recht ihre Kontur gewinnen.[44]

---

[43] Auch hier wird metonymisch und metaphorisch gearbeitet: Man verschiebt einen Diskurs in einen anderen, in eine andere Diskursordnung, die ihren eigenen Gesetzen unterliegt; und deswegen (und wegen der sogleich erwähnten Grenze) ist man gezwungen, die Worte durch andere, zumindest aber ihr Verständnis durch ein anderes zu ersetzen. Canetti hat das Problem der »Übersetzung« in eine treffende Formel gebracht: »Eine Sprache durch eine andere *sieben*, Sinn und Unsinn der Übersetzung.« (Elias Canetti, *Nachträge aus Hampstead. Aufzeichnungen*, Frankfurt am Main 1999, S. 122) Gerade im Kontext einer Philosophie, die sich als transzendental versteht, ist das mehr als ein schönes Bonmot; es ist vielmehr präziser Hinweis auf die Probleme und Bedingungen des Verstehens überhaupt (auch des »intersubjektiven«).

[44] Ein ganz eigenes Problem wird von dem gestellt, worauf die Pathologie zu stoßen vermag. So redet ich überall von »Sinn«, von »Sinnkonstitution« oder »-zuschreibung«. Dass es eine grundsätzliche Sinnhaftigkeit gibt, die nur so oder so »ausgeprägt«, artikuliert sein kann, ist dabei unbefragt vorausgesetzt. Was aber tun z. B. mit einem Psychotiker, der zwar von Erlebnissen erzählen kann und das halbwegs akkurat, der dabei aber weder Gewichtungen noch (für sich selbst) verständliche Auslegungen vornehmen kann, dem sich seine Welt also in eine Ansammlung unzusammenhängender und tatsächlich »sinnloser« Ereignisse fragmentiert. Man sieht, wie hier der Begriff des Sinns ausgedünnt werden müsste, würde man ihn noch anwenden wollen. Allerdings darf nicht vergessen werden, dass Sinn hier vor allem eine Struktur und Beziehung und keine Eigenschaft von Objektivem meint. (Das Beispiel des Psychotikers ist insofern

Von verschrobenen Menschen, ersetzbaren Dingen und Eisblumen

Überhaupt ist das alles in dieser Formulierung aber nicht nur zu abstrakt, sondern auch zu allgemein. Was soll man von einer Theorie halten, die einfach überall das Begehren am Werk sieht? Ist es etwa nicht das unabänderliche Schicksal aller Theorien, die alles erklären wollen, dass sie letztlich nichts erklären? Was hat es denn mit meinem Begehren zu tun, ob ich lieber Bier oder Wein trinke, lieber barfuss oder im Lackschuh einhergehe? Stehen mir im Rahmen eines philosophischen Diskurses denn die Mittel zur Verfügung, hierüber halbwegs verständlich Auskunft zu geben? Müsste ich nicht vielmehr in die Fallbeschreibung oder aber in die Literatur übergehen?

Diese Einwände wiegen schwer und ich werde ihnen hier nur ansatzweise begegnen können. Ich will es versuchen, indem ich auf das zweite Problem näher eingehe. Ist nun wirklich alles Diskurs, wenn man Lacan folgt und daraus sogar eine Anthropologie und Transzendentalphilosophie stricken will? Ist man nicht gezwungen, viel zu viel in banalste Akte hineinzulesen?

Dieser Vorwurf, der häufig dieser und ähnlichen Theorien gemacht wird und den Lacan selbst unter dem Titel des »Intellektualismus« zum Kennzeichen derjenigen macht, die Freud nicht recht verstanden haben, beruht tatsächlich auf einer irrigen Auslegung des Charakters der Sprache. Es geht ja nicht primär um die Behauptung, dass jeder unserer Akte ein sprachlicher wäre oder aber eine sprachliche Begleitmusik, einen Kommentar habe. Viele unserer Handlungen und Wollungen sind keineswegs mit sprachlicher Sofortspiegelung oder Vorwegnahme versehen.[45]

In der fundamentalsten Bedeutung, die die These von der sprachlichen Verumständung aller menschlichen Phänomene erlangen kann,

---

schwerwiegender als das der Melancholie, weil in dieser ja gerade die Sinnlosigkeit zum Leitfaden des Weltzugangs erhoben ist, eine Sinnlosigkeit, die sehr bewusst erlebt und erlitten wird. Dagegen stellt sich für den erwähnten Psychotiker die Frage nach irgendeinem Sinn gar nicht.)

[45] Allerdings sind solche Phänomene doch wichtiger als man zumeist meint. So geben die als unabhängig erfahrenen Stimmen, die der Psychotiker hört, und die Hyperreflexion des Neurotikers bereits Hinweise darauf, dass die Versprachlichung häufiger und ausführlicher geschieht, als man meist annimmt. Aber auch jenseits der Pathologie lehrt ein wenig aufmerksame Selbstbeobachtung, dass wir durchaus vieles von dem, was wir tun, denken, wollen halbbewusst verbalisieren, dass durchaus eine fast ununterbrochene »Signifikantenkette« wirkt, die aus Sätzen, Satzteilen, Wortfetzen, Melodiefragmenten etc. bestehen kann und die auch nicht unbedingt etwas mit dem Gegenstand der bewussten Handlung gemein haben muss.

muss sie so verstanden werden: Insofern einerseits der Sinn von Welt Ergebnis einer Konstitution ist, insofern wir andererseits sprachliche Wesen sind, also solche, die dank ihrer Sprachlichkeit eine Welt auf Distanz halten, die eben dadurch vielfältige Bedeutungen erlangen kann – insofern muss auch die spezifische Weise, wie uns Welt erscheint, als eine sprachlich vermittelte begriffen werden. Was heißt das konkret?

Welt ist uns immer Korrelat einer Auffassungsleistung. Dabei verstehe ich Auffassung als »etwas als etwas auffassen«. Das »als« dieser Struktur ist dabei weder in der Natur des Menschen als solcher noch der Realität eingeschrieben. Damit hängt zusammen, dass das erste etwas, das aufgefasste, für sich nirgends gegeben ist. Das »als« der Auffassung ist nun nicht zwangsläufig ein Diskurs oder ein Begriff, also nicht unbedingt selbst schon sprachlicher Natur. Aber es wirkt wie ein Fluchtpunkt, auf den sich alle Erscheinungen hin zu ordnen haben. So können wir etwa in der Überzeugung leben, dass die Welt wesentlich ein Gegenstand von Verrechnungen, von kalkulierenden Abwägungen ist, dass auch Beziehungen zumindest strukturell einem Geschäft gleichzustellen sind, dass Abläufe, und seien es die alltäglichsten, gefälligst ökonomisch vorzunehmen sind, dass daher Planung das eigentlich Wichtigste ist, sogar beim abendlichen Abspülen etc. Mir ist nun nicht wichtig, dass manch einer solche Ansichten haben kann, sondern *dass sich ihm ganz konkret die Welt anders darstellt als einem anderen*.[46] So ist ja dem sparsamen Kleinbürger die Verschwendungssucht des Neureichen nicht nur ein Graus; er kann sie in einem ganz emphatischen Sinn *nicht verstehen*. Wir haben im Deutschen einen schönen Ausdruck dafür: Wenn jemand, den wir schätzen, Interesse an einer Person zeigt, die uns unerträglich ist, sagen wir: »Ich frage mich, was er/sie in ihm/ihr *sieht!*« Die Sprache hat hier recht: Der

---

[46] Und schon muss die Einschränkung erfolgen, die aber wiederum in der Struktur dessen beschlossen ist, was ich zu beschreiben versuche: Es gibt nie nur *eine* solche Funktion, die unsere Auffassungen leitet. Sonst würde man nichts weiter tun, als einen Umweg beschreiben, der letztlich auf eine Theorie des Instinkts, der natürlichen Objekte und Neigungen, zurückführt (diesmal nur »individualisiert«). (Auch sehen wir ja, mit einem gewissen Recht, in der Fähigkeit, eine Pluralität von Standpunkten zu meistern, gerade ein Kennzeichen »geistiger Gesundheit«.) Hier muss die fundamentale Rolle der »Unvollständigkeit« der Auslegungsweisen angesetzt werden, die eine Transzendentalphilosophie näher erklären muss.

Betroffene sieht ganz ohne Zweifel etwas anderes in der Person als wir, ja wir können sagen: Er sieht eine andere Person als wir. Das wird an einem anderen, naheliegenden Beispiel deutlich: Wenn wir jemanden lieben, dann können wir dabei durchaus ein vollkommen scharfes Bewusstsein seiner oder ihrer Schwächen, Unzulänglichkeiten, Macken und Bosheiten haben. Wir lieben dann aber trotzdem, nach manchen, besonders romantischen Theorien sogar genau deswegen. Aber wenn die Liebe ihr Ende findet, vielleicht auch in einer tiefen Enttäuschung, werden uns dieselben Eigenheiten, die wir vordem liebten oder doch akzeptierten, zu unausstehlichen Merkmalen einer Person, die keinerlei Liebe verdient. Sie erscheint gewissermaßen in anderer »Beleuchtung«,[47] mehr: Es fällt nun tatsächlich schwer, sie als dieselbe Person zu erkennen, die man zuvor liebte, ganz so wie in Buñuels Film das Begehren seinen Gegenstand verfehlt.

Dieses Beispiel zeigt auch an, dass erstens die »Realität« nicht von sich aus die Sinnhaftigkeiten vorgibt, in der sie uns erscheint, und dass in dieser Perspektive auch die Einheit und Identität dieser »Realität« problematisch wird. Immer aber ordnet sich die erscheinende Welt in Hinsicht auf einen Blickpunkt, eine Perspektive, eine »Auffassungsfunktion«, die *durch Selektion und Gravitation* Welt erst zur Erscheinung bringt. Damit ist gemeint, dass die Sichtweise bestimmt, was gesehen werden kann und welchen Wert es erhält (sowohl »als was« es gesehen werden kann als auch in welcher Nähe oder Ferne es zu den Zentren unserer Weltauslegung steht).[48]

Diese Standpunkte und Sichtweisen lassen sich aber nur in begrenztem Maße frei wählen. Genau hierfür bedarf es des Begriffs des Begehrens, denn was wir wie zu sehen imstande sind, hängt immer auch davon ab, was welche Bedeutsamkeit für uns erlangen kann, ohne dass wir uns von den Gründen dieser Bedeutsamkeit noch weiter Rechenschaft ablegen könnten. Wir tun dies, wie gesagt, zwar meist, aber in einer so hastigen Weise, gewöhnlich mit Kurz-Schlüssen, die auf irgendeine behauptete Selbstverständlichkeit verweisen und damit jede

---

[47] Vgl. zum Begriff der Beleuchtung auch Robert Pfaller, *Wofür es sich zu leben lohnt. Elemente materialistischer Philosophie*, Frankfurt am Main [5]2011, S. 15 ff.

[48] Als bedürfte die Fruchtbarkeit der Prozesse von Metonymie und Metapher noch der Bestätigung, könnte man schon wieder auf sie verweisen: Auch der Entwurf von Serien (Selektion) und die Gewichtung ihrer Elemente (Gravitation) ließen sich mit ihnen beschreiben.

weitere Frage unterbinden, dass es fast ehrlicher wäre zu sagen: »weil halt«.

Dazu passt auch, dass unsere Sichtweisen sich so gut wie nie zu einem kohärenten Ganzen ordnen, dass vor allem Widersprüche zwischen einer offiziell heilig gehaltenen Doktrin und tatsächlichem Handeln geradezu allgegenwärtig sind. So kann der empirische Psychologe, dem alles, was sich nicht durch Experiment bestätigen lässt, als unwissenschaftlich und damit in dieser wichtigen Hinsicht inexistent gilt, dennoch selbst in eine psychoanalytische Therapie gehen.

Der Vorteil einer psychoanalytisch gegründeten Theorie gegenüber gängigen philosophischen »Anthropologien« liegt sichtlich darin, dass jene ihren Ausgangspunkt von der Pathologie nehmen muss. Die Pathologien müssen sich dann, in ihrer konkreten Gestalt, als *Möglichkeiten* des Menschen verständlich machen lassen. Damit verkompliziert sich zwar die Theorie, sie unterläuft aber auch andererseits allzu selbstverständliche Gewissheiten, nicht zuletzt die einer schlicht gegebenen »Realität«, der ein mit sich selbst identisches Subjekt gegenübersteht. Somit führt sie schon ihrer ureigensten Problematik nach auf die transzendentale Frage und erweist zudem – angesichts des Methodengegensatzes zwischen Phänomenologie und Psychoanalyse in sehr paradoxer Weise – ihre phänomenologische Stärke in der Beschreibung jenes Subjekts, auf dessen Brüchigkeit und Abgründigkeit sie den Blick lenkt.[49] So macht sie allererst solches *sichtbar*, anschaulich, und zugleich als relevant verständlich, was in klassischen Theorien leicht und leichtfertig *übersehen* wird.

Es klärt sich also auch, wofür der Begriff des Begehrens gut sein kann. Im Gegenteil etwa zu Schopenhauers Wille ist das Begehren bei Lacan nicht ein einfacher Begriff, der ein Metaphysikum bezeichnet, über das man entweder gar nichts mehr oder nur biologische Trivialitäten sagen könnte. Das Begehren ist zum einen immer in einen strukturellen Zusammenhang eingebunden, nämlich in eine komplexe Form seiner Realisierung, die zum anderen gerade auf das angewiesen ist, was ihm üblicherweise entgegengestellt wird, nämlich die Sprach-

---

[49] Aber solche Abgründe sind doch nur die akzidentellen Probleme eines empirischen Subjekts! So sagt man. Wenn es aber stimmt, dass sich die Konstitution von Sinn immer auch und sogar ganz zentral in Brüchen, Widersprüchen, Verkennungen, Verdichtungen etc. abspielt, dann fällt auch diese strenge Unterscheidung eines empirischen und eines transzendentalen Subjekts – eine Herausforderung, nicht ein Dementi für die Transzendentalphilosophie.

lichkeit. Das macht aber ein weiteres und unbestimmt weites Nachforschen nach den Gründen und Prinzipien möglich. Zugleich ist dieses Nachforschen, zumindest nach psychoanalytischer Logik, auf jene Prozesse verwiesen, die das Funktionieren der Sprache verantworten, und das sind nicht primär die logischen Prinzipien, sondern eben Metapher und Metonymie. Das Logische im engen Sinn erscheint so durchaus als eine sehr späte – vielleicht auch im historischen, vor allem aber im systematischen Sinn verstanden – Ordnungsweise der Bedeutungen.[50]

Aber da wir als Wissenschaftler nun einmal auf diese Ordnungsweise zu achten haben, fällt jetzt auch auf, dass die beiden Vorwürfe, die zu Eingang dieses zweiten Teils gemacht wurden – der der zu großen Abstraktheit und Allgemeinheit der Konzeption des Begehrens einerseits, der der Überbewertung des Sprachlichen, des Intellektualismus also andererseits – in einen formalen Widerspruch zueinander treten! Entweder ist alles Begehren oder alles ist Sprache, entweder Irrationalismus oder Intellektualismus – beides zugleich geht nicht. Das weist aber nur darauf hin, dass diese Theorie von Anfang an die tatsächlich gefährlichen Einseitigkeiten gegeneinander in Position bringt. Und hier finden wir genau die Prozesse wieder, die uns die ganze Zeit beschäftigen: Das Begehren, als Grundkategorie einer Anthropologie, ist jene metonymische Bewegung, die uns antreibt und damit am Ursprung des Menschlichen steht. Da dieses Begehren aber immer schon, so oder so, durch die symbolische Ordnung hindurch muss, verlangt es nach der metaphorischen Dimension, in der Welt das »als« ihrer Auffassung realisiert und aus der sich eine Transzendentalphilosophie ergibt.

Denn keineswegs soll behauptet werden, dass die Weltlichkeit und die Subjekte nur deswegen schon sprachlich erschöpfbar oder gar erschöpft wären, weil sie sich in sprachlichen Prozessen artikulieren (im vollen Sinn des Wortes). Das genaue Gegenteil ist der Fall. Die anthropologische wie die transzendentalphilosophische Dimension kennen denselben Widerspruch wie die Theorie im Ganzen. Am Anfang steht eine fundamentale Unbestimmtheit, eine Unterdetermination sozusagen, sowohl des Begehrens als auch korrelativ der Welt. (»Anfang« ist

---

[50] Lacan selbst spricht in Bezug auf die Funktionsweise des Unbewussten von einer »schwächeren Logik« (Lacan, *Mon enseignement*, S. 45 f.), wobei die »Schwäche« kein Defizit, sondern eine präzise Form der Entschränkung im Vergleich zu einer formalen Logik andeuten soll.

hier rein systematisch verstanden.) Nur deswegen, weil nichts »an sich« bedeutsam ist (wieder im wertenden wie semantischen Doppelsinn), kann alles Bedeutung annehmen. Und gerade im Ausgang von der Psychoanalyse wird deutlich, wie diese dann erteilte Bedeutung ihrerseits überbestimmt ist, da sie immer zugleich auf eine verborgene libidinöse Quelle und auf ihre Rationalisierung in irgendeinem Diskurs verweist (ganz zu schweigen davon, dass sie für denselben Menschen zugleich verschiedenste Bedeutungen haben kann, als Anknüpfungspunkt für eine vielfältige Assoziation im Sinn Saussures dient). Genau daraus, aus dem Zusammenspiel einer *grundsätzlichen Unbestimmtheit*, einer *tatsächlichen Überbestimmung* und der *Neigung aller Theorie zur eindeutigen Bestimmung* ergeben sich die Sinneffekte, die wir beobachten können und die wir unter anderem auch Philosophie nennen. Man sieht schon, wie so zumindest zwei Grenzen oder Bruchstellen der Diskurse aufscheinen, die sie zu etwas wesentlich Vorläufigem machen: Zum einen treibt das Begehren immer weiter in der Ergreifung von Gegenständen und lässt vor allen Dingen auch immer Neues an ihnen zur Erscheinung kommen, je nachdem in welches Verhältnis zum Objekt *a* es sie setzt (Metonymie). Zum anderen aber wehrt sich durchaus auch die Welt immer wieder gegen manche Sinnzuschreibungen, finden sich in ihr Irritationen, Verunsicherungen, fundamentale Uneindeutigkeiten, die das Sprechen dazu auffordern, seine bisherigen Grenzen zu überwinden und der Sprache mithilfe der Metapher neue Wege zu eröffnen.[51] Damit erhält aber die sonst in modischer Beliebigkeit schwelgende These von der Unendlichkeit der Diskurse ihre Begründung in einer Anthropologie des grundlosen Be-

---

[51] Während alle naive »Erkenntnistheorie«, aller »Empirismus« zumal hier den Ursprung und Auslöser des Denkens sieht, stellt sich die Sache für eine etwas reflektiertere Sichtweise keineswegs so einfach dar. Ohne noch einmal die grundsätzlichen Schwierigkeiten zu wiederholen, reicht der Hinweis auf eine schlichte »Tatsache«: Alle Diskurse, und hielten sie sich für noch so »erfahrungsoffen«, haben ihre metaphysischen Voraussetzungen und verschließen sich dadurch gegen die Erfahrungen, die sie zu widerlegen drohen. »Tatsachen« gibt es nirgends schon an sich; erst eine bestimmte Haltung entscheidet, was Tatsache ist und was nicht. Man muss nicht zu extremen Beispielen greifen (wie einer Psychose oder dem religiösen Fanatismus), um das zu illustrieren; es reicht, sich gängige Auffassungen von Erkenntnis, Denken, Sprache etc. anzusehen, z. B. aus dem Kreis der analytischen Philosophie, um die »Seelenblindheit« zu erfassen, die überall droht. (Der Ausdruck ist von Husserl, *Ideen I*, S. 48: »man ist durch Vorurteile unfähig geworden, was man in seinem Anschauungsfelde hat, in das Urteilsfeld zu bringen.«)

gehrens und einer Transzendentalphilosophie der unbestimmten Welt, weil wir so beständig gezwungen sind, den Gegenständen Konturen und Namen zu geben, die wir bislang höchstens ahnen.

Die Stärken und die Attraktivität einer so gefassten Philosophie – die sich wahlweise und je nach betrachtetem Aspekt als Anthropologie des Begehrens, als Ontologie oder als Transzendentalphilosophie bezeichnen lässt – sind wohl deutlich geworden. Es besteht aber die grundsätzliche Frage, ob sich denn zwei so grundverschiedene Ansätze wie eine psychoanalytisch inspirierte Anthropologie und eine Husserl weiterführende Transzendentalphilosophie überhaupt zusammenführen lassen, ohne den Diskurs diesmal einfach explodieren zu lassen. Die Antwort kann nur die durchgeführte Theorie selbst liefern.

Ihre Relevanz mag aber die Literatur immerhin doch andeuten. Denn diese leistet nicht einfach auf das Mittel des wissenschaftlichen Begriffs Verzicht, das die Philosophie in Bezug auf die gesuchte Theorie so in Verlegenheit bringt; sie *problematisiert* ihn vielmehr und lässt damit die zugrundeliegende Dimension der Sinnstiftung zur Anschauung kommen.[52]

Die folgende Passage aus Arno Schmidts Erzählung *Schwarze Spiegel* lässt in der Tat jene transzendentalphilosophische Problematik der Erschließung von Welt – die eben immer nur einzig und unaustauschbar sein kann – im besten phänomenologischen Sinn »anschaulich« werden; in ihr kommt die Zusammengehörigkeit einer affektiv geladenen Welteröffnung, der Unzulänglichkeit herkömmlicher sprachlicher Mittel und die ihr korrelative Unbestimmtheit der Gegenstände zu einem starken Ausdruck, der dadurch noch gesteigert wird, dass der Text performativ jene Umdeutung und neue Auffassung vollzieht, die er auf der Erzählebene noch sucht. Außerdem wird darin das Diskursive des Ausdrucks gerade von jener Sehnsucht nach einer

---

[52] Damit wird die Literatur zu einer der möglichen Erfahrungen im emphatischen Sinn, die für die Philosophie das zu leisten haben, was die Klinik für die Psychoanalyse schafft: Abstraktion und Konkretion zu vermitteln. In diesem Sinn wird es verständlich, wenn Heidegger Dichten und Denken in einer Nachbarschaft zueinander sieht, deren »Nahnis« durch die Bezogenheit auf dasselbe Problem, das Gestelltsein in die Sprache, besorgt ist, freilich eine Bezogenheit aus verschiedenen »Richtungen«, die sich nur im Unendlichen treffen könnten (nämlich an dem Punkt, wo die Sprache in einem absoluten Ausdruck – Widerspruch in sich – aufgehoben wäre). Vgl. etwa Martin Heidegger, »Das Wesen der Wahrheit«, in: Ders.: *Unterwegs zur Sprache*, Stuttgart [14]2007, S. 157–216.

nicht-diskursiven, präadamitischen Beziehung zu den Dingen angetrieben, als deren Verlust die Sprache selbst erscheint. Schmidt bettet dort in die Ich-Erzählung eine zweite ein, einen Text, den der Erzähler über die eigene Kindheit verfasst (allerdings nur genötigt von seiner Freundin). Diese auch stilistisch aus dem Rahmen der Erzählung fallende Passage[53] besteht hauptsächlich aus herbstlichen und winterlichen Impressionen. Das Kind weist in einer von ihnen seine Mutter auf das »Schauspiel« an der vereisenden Fensterscheibe hin, das diese einfach der bestimmenden Urteilskraft unterwirft: »Hm – Eisblumen.« Für das Kind ist das eine Enttäuschung, geradezu eine Provokation und eine Unverschämtheit, denn es fühlt, dass dieser Begriff das *tötet*, was dort ist und was in ihm lebendig bleiben wollte und musste. Der nackte Begriff wird dem Erlebten einfach nicht gerecht. Es ist der *falsche Name!*

»Er hätte gern gewusst, wie die stolzen fremden Pflanzen hießen – nicht, wie sie genannt wurden – das war etwas ganz verschiedenes; denn er hatte wohl gemerkt, dass man manche Dinge richtig und manche falsch rief. ›Eisblumen‹ war falsch; sicher hatte auch jede davon ihren eigenen Namen: aber recht wohl war ihm bei dieser Vermutung nicht; denn er erinnerte sich mit Schrecken daran, dass ja auch die Blumen, Gräser, selbst die hohen Bäume des Sommers, angeblich keine eigenen Namen hatten. Oft begegnete ihm im Treppenhaus ein großer leicht warziger Mann, mit einem lauten, roten Gesicht, der Pfeiffer hieß: warum hieß er Herr Pfeiffer, und warum hatten die sechs schlanken geliebten Pappeln am Bauerberg mit ihren munteren Blättern und den langen schönen Zweigen keine Namen? Er wollte ihnen keine ›geben‹, er wollte nur ihre richtigen hören!«[54]

---

[53] Zwar konnte ich dafür keine sicheren Belege finden, aber es ist nicht ausgeschlossen, dass Schmidt hier in eine spätere Erzählung Textstücke eines Jugendwerks eingefügt hat, wie er es gelegentlich tat.
[54] Arno Schmidt, »Schwarze Spiegel«, in: Ders.: *Bargfelder Ausgabe. Werkgruppe I: Romane, Erzählungen, Gedichte, Juvenilia*, Studienausgabe Bd. I, Zürich 1987, S. 199–260; hier S. 256.

Der metonymische Augenblick.

Ein Augenblick, der für das ganze Leben steht,
bei Walter Schweidler
und das gesättigte Phänomen als Moment für eine endlose
Hermeneutik
bei Jean-Luc Marion

(Lasma Pirktina, Eichstätt)

a. Vorwort: Den Augenblick als metonymisch denken

Die Metonymie gehört ursprünglich zu den rhetorischen Figuren. Als »*Namensvertauschung*« ist sie also zuerst ein sprachliches Phänomen – sie zeigt sich in der Rede, in der Sprache, wenn auch die Faktoren, die sie ermöglichen, auf keinen Fall nur sprachlich sind. Sie zeigt sich in der Rede, wenn ein Wort ein anderes ersetzt, wobei die Bedeutungen beider Wörter in einer *realen Beziehung* – zum Beispiel derjenigen eines Autors zu seinem Werk, eines Landes zu seinen Einwohnern – stehen. Wir können zum Beispiel sagen: »*Deutschland* gewinnt,« damit aber meinen: »*Die deutsche Nationalmannschaft* gewinnt.«

In diesem Beispiel, wie auch in vielen anderen Fällen, ist es schwierig zu unterscheiden, ob es sich hier um die Metonymie oder Synekdoche – eine andere Trope – handelt. Der Unterschied soll durch die Art dieser realen Beziehung definiert werden, und die Synekdoche ist vor allem dann der Fall, wenn die Beziehung zwischen beiden Bedeutungen als *Teil-Ganzes-Beziehung* bestimmt werden kann. Trotzdem bleibt die Grenze zwischen beiden Figuren unklar.[1] Mehr noch: Synekdoche kann auch als Unterart der Metonymie angesehen werden.[2] Im folgenden Beitrag werden wir uns nicht in diese Diskussion vertiefen. Wir setzen voraus, dass die Synekdoche eine Variante des Metonymischen im weiten Sinne ist, und sprechen von dem »*metony-*

---

[1] Siehe dazu den Beitrag von Annika Schlitte in diesem Band - insbesondere die Abschnitte 1 und 2a. Und den Beitrag von Michael Rasche – insbesondere den Abschnitt 2.
[2] Siehe dazu die Beiträge von Annika Schlitte (Abschnitt 2b) und Michael Rasche (Abschnitt 4) in diesem Band.

mischen Augenblick« in dem Sinne, dass hier eine Beziehung im Sinne von *ein Teil steht für ein Ganzes* vorliegt. Wir merken aber gleich, dass, wenn wir von dem »metonymischen Augenblick« sprechen, nicht von der Namensvertauschung die Rede ist, sodass wir statt »Leben« »Augenblick« oder statt »unendliche Auslegung« »ein gegebenes Phänomen« sagen würden. *Es geht nicht um sprachliche Äußerungen und die Metonymie als eine Figur darin, sondern um reale metonymische Verhältnisse, die sich im menschlichen Leben konstituieren.* Viele und verschiedene Phänomene (im weitesten Sinne des Wortes) sind an sich und miteinander metonymisch konstituiert – auch der Augenblick des Lebens und das Leben als Ganzes oder ein nicht objekthaftes Phänomen und seine Auslegung. Das Metonymische ist somit eine wesentliche Konstituierungs- und Strukturierungseinheit der menschlichen Welt und nicht nur ein Phänomen der Rede.[3] Im Folgenden möchten wir uns einer Variante des Metonymischen zuwenden – dem metonymischen Augenblick.

b. Zwei Zugangsweisen zum Zeitverständnis

Wenn wir von der Zeit, von den Modi der Zeit – und auch der Augenblick stellt einen Modus der Zeit dar – sprechen, können wir grundsätzlich eine von zwei Haltungen einnehmen – entweder abstrahieren wir die Zeit von uns und versuchen sie als ein Objekt, ein Gegenüber zu analysieren oder wir fragen, wie wir die Zeit erleben, wie wir von der Zeit »betroffen« sind.

Wenn von der Zeit als einem Gegenstand der wissenschaftlichen oder theoretisch-philosophischen Forschung die Rede ist, dann ist es durchaus möglich und üblich, von solchen *abstrakten* Einheiten wie Gegenwart, Zukunft, Vergangenheit, Jetzt-Punkt, Kontinuität, Zeit-Fluss oder von Zeitmessung, Zeitkoordinaten etc. zu sprechen. Das ist die Rede über die Zeit als ein separates und inhaltlich selbstständiges Forschungsobjekt, obwohl gleichzeitig auch sein besonderes Verhältnis zu anderen Objekten anerkannt wird, nämlich, dass die anderen Dinge in der Zeit sind, dass ohne die Erfahrung der Zeit die Welt nicht so

---

[3] Das wird klar in der Einleitung von Walter Schweidler zu diesem Band sowie auch in den hier enthaltenen Beiträgen.

aussehen würde, wie sie aussieht etc. Trotzdem bleibt in dieser abstrahierenden Haltung die Zeit ein Forschungsobjekt unter anderen. Wenn dagegen von unserer *Betroffenheit*, von der Erfahrung der Zeit die Rede ist, stellt sich heraus, dass alle diese abstrakten und leeren Einheiten der Zeit in diesem Kontext fast gar keine Rolle spielen. Es stellt sich heraus, dass die Zeit, die wir suchen, nicht in diesen von uns in der theoretisch-philosophischen und wissenschaftlichen Forschung ausgedachten Gegenständen zu finden ist, sondern in unterschiedlichen Phänomenen, die uns im Leben begegnen und die für eine wissenschaftliche Einstellung nur eine untergeordnete Rolle spielen. Um dies zu verdeutlichen, können wir uns auf einen früheren Text von Martin Heidegger berufen, nämlich auf seinen Vortrag *Der Begriff der Zeit* (1924). Zum Schluss seines Vortrages sagt er:

Zusammenfassend ist zu sagen: Zeit ist Dasein. Dasein ist meine Jeweiligkeit, und sie kann die Jeweiligkeit im Zukünftigen sein im Vorlaufen zum gewissen aber unbestimmten Vorbei. […] Das Dasein ist sein Vorbei, ist seine Möglichkeit im Vorlaufen zu diesem Vorbei. In diesem Vorlaufen bin ich die Zeit eigentlich, habe ich Zeit. Sofern die Zeit je meinige ist, gibt es viele Zeiten. *Die* Zeit ist sinnlos; Zeit ist zeitlich.[4]

Eine solche Behauptung, dass der Mensch (Dasein) selbst Zeit sei, klingt zuerst befremdend. Das kann doch keine Definition sein! Ist sie dann damit ein metaphorischer Ausdruck oder schlicht ein Wortspiel? Weder das Eine noch das Andere. Es wird lediglich gezeigt, dass die Zeit nur dann als Zeit verstanden wird, wenn der *jeweilige* Mensch *sein* Vorlaufen in den Tod (sein Vorbei), den Prozess und die Fortbewegung seines Lebens also, *versteht*. Verstehen heißt aber nicht, eine Erkenntnis und eine Definition zu haben, sondern selbst von einer Erfahrung betroffen zu sein – in diesem Fall von der Erfahrung des eigenen Todes. Irgendeine allgemeine Zeit ist dagegen »sinnlos« – die Zeit, die sich zum Beispiel in der »Veränderung in der Zeit«[5], oder in der »Messung«[6] der Zeit und in der »durchgängig gleichartigen, homogenen«[7] Zeit, die aus Jetzt-Punkten besteht, zeigt, gibt uns kein wahres Zeitverständnis. Nur die uns selbst betreffende Zeit – die Zeit unseres Lebens

---

[4] Martin Heidegger, *Der Begriff der Zeit* (Vortrag 1924), in: GA Bd. 64, S. 123 f. Siehe auch: ebd., S. 118.
[5] Ebd., S. 109.
[6] Ebd., S. 110.
[7] Ebd.

und Todes – ist die Zeit im eigentlichen Sinne. Für eine Wissenschaft ist sie wahrscheinlich nicht brauchbar.

c. Der Augenblick und sein metonymischer Charakter

Dass der frühe Heidegger in seinem Vortrag über den Begriff der Zeit behauptet, dass das Zeitverständnis durch das Verstehen des eigenen Todes erfolgt, müssen wir nicht unbedingt als das letzte Wort der Philosophie der Zeit hinnehmen – weder in Bezug auf Heidegger selbst, der in *Sein und Zeit* (1927) und dann in seiner Spätphilosophie den Begriff der Zeit uminterpretiert hat, noch in Bezug auf andere Philosophen. Es ist *nur eine* Weise, wie die Zeit, die uns betrifft, zu der wir uns verhalten und verhalten können, verstanden werden kann.

In Bezug auf den Augenblick als einen Zeitmodus gilt dasselbe – wir können von dem Augenblick als einem gegenüber uns neutralen Jetzt-Punkt in dem homogenen Zeitfluss sprechen oder von unserer Erfahrung des Augenblickes, unserem Verhältnis zum Augenblick. Bezüglich des zweiten Falles wäre es durchaus möglich, dass ein *Augenblick für uns ein Einbruch von einem besonderen Ereignis in die relativ einheitliche Geschichte unseres Lebens* bedeutet. In diesem Sinne wäre der Augenblick weder ein Zeit-Punkt ohne Ausdehnung, noch ein neutraler Jetzt-Punkt in der einheitlichen Zeit, in dem inhaltlich alles Mögliche geschehen kann, sondern genau ein *besonderes Geschehnis unserer Lebenszeit*.

Wie könnte diese Besonderheit des uns betreffenden Augenblickes näher beschrieben werden? Eine mögliche Variante, die von Walter Schweidler in seinem Buch *Geistesmacht und Menschenrecht* (1994) angeboten wird, wäre: Es gibt im Leben solche »entscheidende[n] Momente«[8], die aus dem Leben »nicht hinweggedacht werden können«[9], die alles, was zu diesem Leben gehört, dieses Ganze erfüllend »repräsentieren«[10] und »zusammenfassen«[11]. Mit anderen Worten: Es gibt

---

[8] Walter Schweidler, *Geistesmacht und Menschenrecht. Der Universalanspruch der Menschenrechte und das Problem der Ersten Philosophie*, Freiburg/München 1994, S. 370.
[9] Ebd., S. 372.
[10] Ebd.
[11] Ebd., S. 373.

Der metonymische Augenblick

solche *Momente, die für das ganze Leben stehen*, »metonymische Augenblicke« also, wie Schweidler sie bezeichnet. Sie sind »feststellbar« in unserem Verhältnis zu unserem Leben als Ganzem.

Interessanterweise kann der metonymische Charakter des Augenblickes auch in Bezug auf den gegenüber uns neutralen, homogenen Zeitbegriff thematisiert werden – ohne Zugriff auf das Leben und seine besonderen Momente. *Der Augenblick ist grundsätzlich metonymisch, da er in sich den ganzen Zeitfluss trägt und konzentriert.* Wir können uns diesbezüglich an die fundamentalen Ausführungen Edmund Husserls erinnern. In seinen *Vorlesungen zur Phänomenologie des inneren Zeitbewusstseins* (1905–1910) beschreibt er die Konstitution der »Zeitobjekte [...] im speziellen Sinn, die nicht nur Einheiten in der Zeit sind, sondern die Zeitextension auch in sich enthalten«[12]. Ein solches Zeitobjekt ist zum Beispiel eine Melodie:

»›Der Quellpunkt‹, mit dem die ›Erzeugung‹ des dauernden Objektes einsetzt, ist eine Urim-pression. Dies Bewußtsein ist in beständiger Wandlung begriffen: stetig wandelt sich das leibhafte Ton-Jetzt (*scil.* bewußtseinsmäßig, ›im‹ Bewußtsein) in ein Gewesen, stetig löst ein immer neues Ton-Jetzt das in die Modifikation übergegangene ab. Wenn aber das Bewußtsein vom Ton-Jetzt, die Urimpression, in Retention übergeht, so ist diese Retention selbst wieder ein Jetzt, ein aktuell Daseiendes. Während sie selbst aktuell ist (aber nicht aktueller Ton), ist sie Retention *von* gewesenem Ton.«[13]

»Die Rede von ›Wahrnehmung‹ bedarf allerdings hier noch einiger Erläuterung. Bei der ›Wahrnehmung der Melodie‹ scheiden wir den *jetzt gegebenen* Ton und nennen ihn den ›wahrgenommenen‹, und die *vorübergegangenen* Töne und nennen sie ›nicht wahrgenommen‹. Andererseits nennen wir die *ganze Melodie* eine wahrgenommene, obschon doch nur der Jetztpunkt ein wahrgenommener ist. Wir verfahren so, weil die Extension der Melodie in einer Extension des Wahrnehmens nicht nur Punkt für Punkt gegeben ist, sondern die Einheit des retentionalen Bewußtseins die abgelaufenen Töne noch selbst im Bewußtsein ›festhält‹ und fortlaufend die Einheit des auf das einheitliche Zeitobjekt, auf die Melodie bezogenen Bewußtseins herstellt. Eine Objektivität derart wie eine Melodie kann nicht anders als in dieser Form ›wahrgenommen‹, originär selbst gegeben sein. Der konstituierte, aus Jetztbewußtsein und retentionalem Bewußtsein gebaute Akt ist *adäquate Wahrnehmung des Zeitobjekts*. Dieses will ja zeitliche Unterschiede ein-

---

[12] Edmund Husserl, *Vorlesungen zur Phänomenologie des inneren Zeitbewusstseins*, Hua, Bd. 10, S. 23.
[13] Ebd., S. 29.

schließen, und zeitliche Unterschiede konstituieren sich eben in solchen Akten, in Urbewußtsein, Retention und Protention.«[14]

Daraus ist zu entnehmen, dass kein Jetzt des Zeitbewusstseins für sich allein steht und stehen kann – es ist immer verbunden mit anderen Jetzt, die zwar nicht wirklich gegenwärtig sind, sondern nur vergegenwärtigt werden, aber trotzdem in der Gegebenheitsweise der Retention *da sind*. Diese Verbindung zwischen einzelnen Jetzt-Punkten ist aber *keine* bloße *Verkettung* oder *Summe* von mehreren Jetzt, sondern in jedem neuen Jetzt befindet sich die *Einheit* aller früheren Jetzt, sodass dieses Jetzt die gesamte Zeitstrecke als ein *Ganzes* in sich enthält – jede jetzige, besonders die letzte, Wahrnehmung der Melodie steht für die Wahrnehmung der ganzen Melodie als eines Zeitobjektes.

Aus dieser abstrakten Untersuchung über das Zeitbewusstsein und die Konstitution von Zeitobjekten lässt sich natürlich nicht schließen, dass *jeder* Augenblick des Lebens für das ganze Leben steht. Noch weniger ist daraus zu schließen, *welche* Augenblicke in einem Leben überhaupt metonymisch sein können. Um solche *Sinnfragen* zu beantworten, braucht man eine andere Betrachtungsweise.

d. Das Leben als Inbegriff des Erlaubten bei Walter Schweidler

Die Augenblicke, die für das ganze Leben stehen, werden bei Schweidler im Kontext einer »politischen Anthropologie«, einer »Idee eines politischen Selbstverhältnisses der menschlichen Person, die in der Herrschaft über ihr Leben zugleich die Basis der Verständigung mit ihresgleichen erringt,«[15] thematisiert. Es geht um eine hermeneutisch, politisch und ethisch ausgerichtete Anthropologie, die unter anderem das Selbstverhältnis zum eigenen Leben, die Interpretationen und Uminterpretationen der Ereignisse des Lebens, das Schreiben der biographischen Lebensgeschichte, den Umgang mit einzelnen Momenten des Lebens und dem Lebensganzen, so wie auch die Problematik, die mit der Lebensführung zusammenhängt, strukturell zu fassen versucht.

Sofern es hier um ein *reflexives Selbstverhältnis zum Leben* geht, wird das Leben in seinem Ganzen von Schweidler als »Inbegriff des mir

---

[14] Ebd., S. 38.
[15] Schweidler, *Geistesmacht und Menschenrecht*, S. 2.

Erlaubten«[16] oder auch als »biographische Einheit«[17] definiert. Aus einem anderen Gesichtspunkt – zum Beispiel aus einem naturwissenschaftlichen oder theoretisch-philosophischen – wäre es natürlich möglich, das menschliche Leben auch anders zu definieren, zum Beispiel als »Aneinanderreihung von Zuständen eines sich selbst erhaltenden Organismus«[18]. Aber der Punkt ist ja genau der, dass wir hier *nicht abstrakt theoretisch* denken, sondern *aus unserem Selbstverhältnis* zu dem, was wir thematisieren.[19] Mein Leben für mich ist eine von mir selbst erlebte und geschriebene Geschichte über das, was mir erlaubt worden ist, sowie auch das, was ich für mich als das zukünftig Erlaubte entwerfe.[20] Dieses Leben »existiert« gar nicht ohne mein Verhältnis zu ihm. Und dieses Verhältnis zu meinem Leben ist *hermeneutisch*, da es hier um die Auslegung von Geschehenem geht.[21]

Die selbstreflexive Auslegung meines Lebens entsteht aber nicht innerhalb eines »beobachtenden«[22] Verhältnisses zu meinem Leben, sondern gehört zum *politischen*[23] Umgang mit dem Leben. Das heißt: Ich interpretiere und beherrsche nicht irgendwelche bloße Tatsachen, nachdem sie geschehen sind, sondern diese »Tatsachen« als Geschehnisse meines Lebens entstehen erst durch die Auslegung, die mein Verhältnis zu meinem Leben als Ganzem in sich verbirgt. Die Lebensführung ist also ohne das Lebensverständnis nicht möglich.[24] Aber auch umgekehrt: Die Auslegung, die Vorstellung vom Leben als Ganzem entsteht, *indem ich lebe*, durch die »Führung« des Lebens, »Durchsetzung von Chancen«, »Meisterung der Aufgaben«[25]. Das hermeneutische und politische Verhältnis bedingen sich also gegenseitig:

»*Geführtes Leben ist Orientierung am Inbegriff des mir Erlaubten.*«[26]

---

[16] Ebd., S. 357, 363.
[17] Ebd., S. 21, 358.
[18] Dieses Beispiel gibt Schweidler: Ebd., S. 21.
[19] Vgl. ebd., S. 391.
[20] Siehe dazu ebd., S. 382 f.
[21] Geschichtsschreibung und Selbstauslegung sind wichtige Themen in der Philosophie Paul Ricœurs – zum Beispiel in seinen Werken *Zeit und Erzählung* (3 Bände, 1983–1985) oder *Das Selbst als ein Anderer* (1990).
[22] Schweidler, *Geistesmacht und Menschenrecht*, S. 359, 396 f.
[23] Ebd., S. 359, 367.
[24] Ebd., S. 371.
[25] Ebd., S. 359 f.
[26] Ebd., S. 368.

»Den Inbegriff des Erlaubten nehme ich wahr, indem ich mein Leben *führe*.«[27]

Da das Leben als biographische Einheit für uns ausschließlich durch die Auseinandersetzung mit dem Leben gegeben ist, ist das Leben als Ganzes für uns niemals etwas schon konstituiertes, fertiges, abgeschlossenes und klar vorstellbares, sondern wird erst im Prozess fortwährend konstituiert. So wird die Zukunft immer nur vage entworfen und die Vergangenheit ständig uminterpretiert. Die eigene Biographie wird ständig geschrieben und neu geschrieben; das schon Erlaubte wird in die Biographie einbezogen, das zukünftig Erlaubte steht offen und wird erst durch seine Durchsetzung konstituiert und verwirklicht.[28]

e. Der Augenblick, der für das ganze Leben steht

Mein Leben als Ganzes ist nicht im Voraus konstituiert oder sogar determiniert – sowohl das schon Erlaubte als auch das Zukünftige ist offen. Wenn ich aber in einem bestimmten Zeitpunkt meine Lebensgeschichte erzähle, dann enthält diese Geschichte *notwendige* Momente des Lebens, die miteinander durch *Notwendigkeit* verbunden sind:

»Wir stellen keine triviale ex-post-Behauptung auf, wenn wir sagen, daß unser Leben ohne bestimmte Ereignisse nicht das Leben geworden wäre, das wir führen. Es gibt Ziele, die erreicht, und Widerfahrnisse, die erlitten werden mußten, damit ich die Fragen stellen konnte, die heute entscheiden, was zu meinem Leben weiterhin gehört und was nicht. Mein Leben hat eine Struktur der Verbindung von Erzählenswertem, und diese Struktur wird mir zugänglich als die Notwendigkeit, hinsichtlich seiner weiteren Führung Irrtum zu vermeiden und Einsicht zu erreichen.«[29]

Es gibt also Augenblicke, die notwendig zu unserem Leben gehören, ohne die unser Leben nicht so wäre, wie es ist. Diese Notwendigkeit ist aber keine kausale oder logische, die vorausgerechnet werden konnte,[30] sondern »geschaffene Notwendigkeit«[31], die nur im Nachhinein als notwendig bestimmt werden kann. In diesem Sinne: Wenn mein Leben so ist, wie ich es wahrnehme, dann kann mein Leben ohne diese

---

[27] Ebd., S. 369.
[28] Ebd., S. 359f., 371, 382f.
[29] Ebd., S. 365. Siehe auch: Ebd., S. 370.
[30] Ebd., S. 365.
[31] Ebd., S. 364.

Der metonymische Augenblick

Augenblicke nicht gedacht werden. Genau das bedeutet hier »notwendig«. Außerdem ist diese Notwendigkeit nur für mich wahrnehmbar – nicht für die anderen.[32] Der Notwendigkeitscharakter ist nur ein Merkmal, das solche Lebensmomente kennzeichnet. Wir sprechen im Vordergrund vom *metonymischen Charakter solcher Augenblicke*, was deutlich schwieriger zu verstehen ist. Schweidler schreibt diesbezüglich:

»Der Inbegriff des Erlaubten ist keine Summe einzelner Elemente, die unter ihn subsumiert werden könnten. Vielmehr gilt für ihn – so wie für das Verhältnis zwischen ihm und dem, was ihm bei anderen entspricht –, *daß alles, was zu ihm gehört, ihn auf seine und nur seine Art repräsentiert*. Das jeweilige Moment meines Lebens, das ich als eines erkenne, welches aus ihm nicht hinweggedacht werden konnte, steht zu allen anderen ihm entsprechenden Momenten in derselben strukturellen Beziehung und ist inhaltlich zugleich von ihnen strikt unterschieden. Es wäre töricht, eine Reihenfolge nach dem Grad aufstellen zu wollen, in dem bestimmte Ereignisse oder Widerfahrnisse meines Lebens es geprägt haben. Das Erlaubte bringt, indem es eintritt und mir erkennbar wird, gerade erst die Art hervor, auf die ich es in den Gesamtzusammenhang meines Lebens integriere, und das unterscheidet eben seinen Inbegriff von aller subsumtiv gedachten Totalität. Die Kategorie des Inbegriffs ist nur im Sinne von Repräsentation, nicht von Subsumtion zu denken. *Das Ereignis, das mein Leben prägt, steht zu diesem Leben in ein und demselben Verhältnis wie andere prägende Ereignisse, wie ganze Abschnitte und auch, wie es als Ganzes zu sich steht.* Darum kann man sagen, in einem entscheidenden Punkt sei mein ganzes Leben ›zusammengefaßt‹ gewesen, wobei doch klar ist, daß dieser nur zusammenfassen konnte, was außer ihm zu dem Zusammengefaßten gehörte. Zusammengefaßt werden hier niemals Teile, sondern die beiden je zueinander im Verhältnis stehenden Seiten meines Lebens, die es gelebt sein und erleben lassen.«[33]

Dies könnte folgendermaßen interpretiert werden: Wenn ich mein Leben als Ganzes denke, denke ich an *verschiedene* für mein Leben bedeutsame Momente. *Das Ganze kann nicht noch mehr »zusammengepresst« werden als* bis zu diesen Momenten – ansonsten würden sie inhaltlich verschwinden und ich würde vor einem einheitlichen und »totalen« und deswegen ziemlich allgemeinen und leeren Lebensbegriff stehen. Eine solche *zu kurze* Lebensgeschichte wäre zum Beispiel in dem Fall denkbar, wenn ich sagen würde: »Ich habe mein ganzes

---

[32] Ebd., S. 367. Siehe auch: Ebd., S. 372.
[33] Ebd., S. 373.

Leben für dich gelebt.« Wenn ich alle Ereignisse, die mir erlaubt worden sind, unter diesem einen Sinn subsumieren kann, dann ist mein Leben leer gewesen, es ist eigentlich schon immer vorbei gewesen. Über eine *Erfüllung* der Lebenszeit, über irgendeinen Gewinn der Zeit zu sprechen, wäre hier ausgeschlossen, denn was sonst sollte das Leben erfüllen als das Leben selbst und kein ausgedachter leerer Sinn? Nur eine Geschichte, in der die Augenblicke zwar notwendig und strukturell miteinander verbunden sind, deren konkreter Inhalt aber *unangetastet* bleibt, kann über ein erfülltes Leben berichten:

»Durch die Geschichte meines Lebens wird Zeit vom Prinzip seines Ablaufs zu dem seiner Erfüllung gewendet. Einem Leben, das die Notwendigkeit seines Zusammenhanges zu einem einzigartigen und unverwechselbaren Weg schafft, kann kein Tag etwas nehmen, sondern jeder nur mehr und etwas Neues über es selbst erzählen.«[34]

»Einem geführten Leben entdeckt sich das ihm Erlaubte, so daß ihm seine Zeit nicht zerrinnt, sondern von ihm gewonnen wird.«[35]

Eine erfüllte Lebenszeit bedeutet aber nicht, dass sie einfach viele Ereignisse enthält – wenn keine Geschichte daraus entstehen kann, gibt es auch nichts, was erfüllt werden könnte. Genau bestimmte, zu einem Leben notwendige Ereignisse und Widerfahrnisse erfüllen das Leben. Mit anderen Worten: Die Summe irgendwelcher Ereignisse ohne mein Verhältnis zu diesen Ereignissen hat mit dem Lebensbegriff nichts zu tun.[36]

Jedes einzelne besondere Ereignis trägt zur Erfüllung des Lebensganzen bei. Schweidler spricht diesbezüglich auch von »*Repräsentation*« und »*Zusammenfassung*« des ganzen Lebens durch die einzelnen Augenblicke. Wie kann das verstanden werden? Man darf hier auch nicht vergessen, dass jeder Augenblick das Ganze »auf seine und nur seine Art repräsentiert«. Obwohl er in der Repräsentation für den Inbegriff des Erlaubten steht, bleibt er er selbst – er verschwindet nicht in der Ganzheit, sondern – im Gegenteil – *lässt die ganze Aufmerksamkeit auf sich wenden, als ob er diese Ganzheit auch wirklich wäre, als ob nichts anderes noch erwähnenswert wäre.* In dem Moment, in dem

---

[34] Ebd., S. 368.
[35] Ebd., S. 370.
[36] Dazu siehe auch: Ebd., S. 391, 397.

ich mich an diesen einem Augenblick erinnere, ist er absolut *allein*, er ist *alles*, er ist *Verkörperung, Verwirklichung von allem* und deswegen auch unvergleichlich mit anderen (genau deswegen »wäre es töricht, eine Reihenfolge nach dem Grad aufstellen zu wollen«). Eine Frau kann zum Beispiel nicht die Geburt ihres Kindes mit ihrem Sieg im Marathon in einer Weltmeisterschaft vergleichen – diese *beiden* Augenblicke sind ihr ganzes Leben, *beide* – die Erfüllung ihres ganzen Lebens, *beide* – nicht hinwegdenkbar aus ihrem Leben. Weil jeder solcher Augenblick *alles* ist, weil er als solcher notwendig zum Inbegriff des Erlaubten gehört, ihn mit wirklichem Leben erfüllt, und mit seiner Konkretion repräsentiert und zusammenfasst, ist er *metonymisch*.

f. Der Augenblick der Gegebenheit des Anderen bei Jean-Luc Marion

Wir sprechen über besondere Ereignisse in unserem Leben. Sofern wir ein Selbstverhältnis zu unserem Leben haben, kennt jeder von uns seine eigenen solchen Augenblicke. Philosophisch können solche Momente aus unterschiedlichen Sichtpunkten thematisiert werden. Schweidler interessiert sich – wie wir gesehen haben – für den metonymischen Charakter dieser Augenblicke im Kontext eines hermeneutischen und politischen Umganges mit unserem Leben. Wir können auch den Blickwinkel ändern und fragen, inwiefern solche Lebensmomente ihren metonymischen Charakter auch anderswo aufweisen. So können wir zum Beispiel die »Kategorie« des außergewöhnlichen Ereignisses in der Philosophie Jean-Luc Marions finden, und auch hier – in seiner phänomenologischen Philosophie der Gegebenheit *(donation)* der irreduziblen Andersheit – ist es möglich, über den metonymischen Charakter des Augenblickes solcher Ereignisse zu sprechen.

Jean-Luc Marion ist einer der bekanntesten gegenwärtigen Religionsphilosophen und Phänomenologen weltweit. Und man könnte sagen, dass sich in seiner Philosophie alles um *besondere Momente des Lebens* dreht. Allerdings – und das muss besonders betont werden – es geht in solchen Momenten bei Marion *nicht um mich, um mein Leben, sondern um die Andersartigkeit des Anderen*, die ja genau die Besonderheit eines solchen Augenblickes bestimmt. Noch genauer gesagt: Es geht sogar nicht so sehr um diese Augenblicke als um das Andere, dem ich begegne. Es wird nicht danach gefragt, was *ich* erlebt habe, was *mir* erlaubt war, wie *ich* etwas in mein Lebensganze einordne, wie *ich* mein Leben entsprechend dem Erlaubten führe. Die Frage ist mehr, wie *das Andere* ins Leben *einbricht* und das Lebensganze *zerteilt*, wie *es sich* manifestiert, bestimmte Interpretationen *aufzwingt* und die Sichtweise *verändert*, wie *es* die Identität *zersplittert* und zur *Hingabe* auffordert.

Natürlich stellt sich die Frage, was hier mit *dem Anderen* zu verstehen sei, wobei es zu beachten ist, dass die Formulierung *das* Andere und nicht *der* Andere lautet. Das Andere ist ein besonderes Phänomen, das *nicht von uns* konstituiert, produziert und hervorgerufen wird, sondern *sich uns mitsamt seiner eigenen Logik* gibt und ein ständiges und unaufhebbares Relationsverhältnis zwischen uns und ihm auslöst. Marion nennt ein solches Phänomen ein »*gesättigtes Phänomen*« *(phénomène saturé)*, wobei dieser Begriff einer der zentralsten in seiner Philosophie ist. Ein ausgezeichnetes, aber auf keinen Fall das einzige, Beispiel dieser Art Phänomene stellt für Marion die *Offenbarung Gottes* dar. Die Frage nach der Offenbarung Gottes ist auch der Ausgangspunkt und das Zentrum seiner ganzen Philosophie, die, anfangend mit dieser religionsphilosophischen Frage – präsentiert in den Werken *L'idole et la distance* (1977) und *Dieu sans l'être* (1982) –, in die reine Phänomenologie übergehend – mit den Hauptwerken *Réduction et donation* (1989), *Étant donné* (1997), *De surcroît* (2001), *Certitudes négatives* (2010) und *Figures de phénoménologie* (2012) – trotzdem die Behandlung dieses Phänomens niemals verlässt – *Le phénomène érotique* (2003) muss hier unbedingt erwähnt werden.

Zum Augenblick des Ereignisses der Gegebenheit vom gesättigten Phänomen kommt Marion also durch die Thematisierung der Offenbarung Gottes. Wenn man die Offenbarung Gottes problematisiert, gibt es prinzipiell zwei Möglichkeiten: Entweder nimmt man die transzendente Existenz Gottes an und behandelt die Fragen in der Theologie (in der metaphysischen Ontotheologie); oder man sieht den letzten Ursprung des Göttlichen im Menschen, in der Kulturwelt o. Ä. Keine dieser Zugangsweisen stellt Marion zufrieden. Das absolut Transzendente kann nicht ein »Produkt« des Menschlichen sein, aber es wird auch dann noch zu einem solchen gemacht, wenn der Mensch einen Anspruch erhebt, das Göttliche mit *seinen* Begriffen, mit *seiner* Logik erkennen zu können. In beiden Fällen haben wir – laut Marions Terminologie – mit »Idolatrie« zu tun – genau deswegen, weil der Andere seine »Selbstständigkeit« verliert und nur zur Widerspiegelung des Menschlichen gemacht wird.[37]

Für Marion bietet sich noch eine dritte Möglichkeit an, die er in seiner Phänomenologie der Gegebenheit *(phénoménologie de la donation)* entwickelt: Um solchen Phänomenen wie der Offenbarung Gottes näher zu kommen, können und dürfen wir nicht bei unseren Begriffen und Interpretationen der entsprechenden Phänomene bleiben, sondern wir müssen versuchen, zum Phänomen, zum Anderen selbst zu kommen, zum *Moment, in dem es sich selbst uns gibt, bevor unsere Interpretationen schon eingegriffen haben.* Dieses momentan konkrete Ereignis des Sich-Selbst-Gebens ist genau das, was Marion mit dem Wort »*donation*« – *Gegebenheit* – bezeichnet:

»Givenness does not colonize from outside the givens of the given; it is inscribed therein as its irreparable character, the articulation of its coming forward, inseparable from its immanence to itself.«[38]

»Givenness opens as the fold of the given: the gift given insofar as it gives itself in terms of its own event. Givenness unfolding itself articulates the gift given […] along the progress of its advent […].«[39]

»[…] ›giving itself‹ is here equal to ›letting appear without reserve and in person,‹ to ›abandoning itself to sight,‹ in short to the pure appearing of a phenomenon.«[_pet_][40]

Die Gegebenheit als Augenblick des Erscheinens des Phänomens würde uns also zum gesättigten Phänomen als ihm selbst – dem Anderen – führen. Wie bekannt, beansprucht die Phänomenologie seit ihren Anfängen bei Husserl[41] und Heidegger[42], zu den »Sachen selbst« zu gelangen. Für Marion bedeutet dies, zur Gegebenheit des Selbst des Phä-

---

[37] Siehe Jean-Luc Marion, *The Idol and Distance*, übers. und eingeleitet v. Thomas A. Carlson, New York 2001, S. 5 ff. Im Original: Jean-Luc Marion, *L'idole et la distance.* Cinq études, Paris 1977, S. 23 ff. Siehe auch die entsprechenden Stellen in einem ins Deutsche übersetzten Aufsatz von Marion: Jean-Luc Marion, »Idol und Bild«, in: Bernhard Casper (Hrsg.): *Phänomenologie des Idols*, Freiburg/München 1981, S. 110 ff. und 119 f.
[38] Jean-Luc Marion, *Being given*, übers. von Jeffrey L. Kosky, Stanford/California 2002, S. 64. Im Original: Jean-Luc Marion, *Étant donné. Essai d'une phénoménologie de la donation*, Paris 1997, S. 95.
[39] Ebd., S. 65 u. 96.
[40] Ebd., S. 74 u. 107.
[41] Siehe z. B. Edmund Husserl, *Logische Untersuchungen II*, Hua, Bd. XIX/1, S. 10.
[42] Martin Heidegger, *Sein und Zeit* (1927), Tübingen ¹⁹2006, S. 27 f., 34.

nomens zurückzukommen – zum Anderen, so wie es sich im Moment der wirklichen lebendigen Erfahrung gibt. Wenn wir also vom Moment der Gegebenheit des Anderen bei Marion sprechen, sprechen wir von der Begegnung mit einem gesättigten Phänomen. Und diese Begegnung stellt einen besonderen Augenblick unseres Lebens dar.

g. Das gesättigte Phänomens als Moment für eine endlose Hermeneutik

Es gibt Augenblicke, die uns »erwecken«. Sie zwingen uns, uns an sie zu erinnern, bestimmen die Interpretation unserer Lebensgeschichte und unserer Identität. Dass es solche Ereignisse gibt, klingt plausibel. Es geht bei Marion aber nicht um die konstituierende Funktion solcher Augenblicke, sondern um die Ereignisse, die *nicht begreiflich* sind, weil mit ihnen das Andere ins Leben einbricht. Aber interessanterweise sind diese Ereignisse noch bedeutsamer für uns als unsere eigenen, noch entscheidender. Ihre Wichtigkeit zeigt sich unter anderem darin, dass sie eine »*endlose Hermeneutik*« (*l'herméneutique à l'infini*) auslösen und so das Leben des Betroffenen bestimmen. Und genau in Bezug auf ihre Unbegreiflichkeit und daraus folgende »endlose Hermeneutik« zeigen sie ihren metonymischen Charakter. Doch wie ist das Prinzip einer »endlosen Hermeneutik« bei Marion zu verstehen? Wir können das mit einem Beispiel veranschaulichen.

Jemand kann sich zum Beispiel dessen bewusst sein, dass er begabt in Physik ist. Er kann sich auch als ein Physiker verstehen. Zu den bedeutsamsten Ereignissen seines Lebens werden bestimmt auch solche gehören wie der Einfall der Lösung für ein Problem, die Veröffentlichung seines Buches etc. Es wäre aber auch möglich, dass er während seiner Karriere auf einen Gedanken kommt, der von anderen Physikern nicht verstanden bzw. akzeptiert wird. Er selbst weiß, dass an diesem Gedanken etwas dran ist, kann aber niemanden davon überzeugen, weswegen hier von einem »Wissen« auch gar nicht die Rede sein kann – niemand, nichts auf dieser Welt kann doch bestätigen, dass dieser Gedanke wichtig oder sogar wissenschaftlich ist. Es gibt also diesen Gedanken, er ist aber nirgendwo einzuordnen. Er lässt diesen Physiker jedoch nicht los, er versucht immer wieder seine Idee zu explizieren und zu verteidigen, obwohl er auch selbst denkt, dass das sinnlos und sogar töricht ist. Er befindet sich also in einer ständigen Gesprächssituation mit dem ihm unbekannten und unbegreiflich Gegebenen, das jetzt sein Leben bestimmt. Dieser Gedanke als ein gesättigtes Phänomen hat also eine »endlose Hermeneutik« ausgelöst.

Wir merken in diesem Beispiel, dass seit dem Einfall dieser andersartigen Idee die ganze Rolle, die ganze *Existenzweise* dieses Wissenschaftlers *sich geändert hat*. Er wird aus dem Interpreten und Führer seines Lebens zum »Zeugen« *(témoin)* von dem, was mit ihm geschehen ist, was er aber *nicht begreifen kann*. Marion schildert eine solche Situation folgendermaßen:

»Wir schlagen dabei vor, erneut die Gestalt des Zeugen zu betrachten. Um das Wesentliche festzuhalten, kann man sich abermals den paradoxen Zustand des Zeugen vor Augen halten. Der Zeuge sieht das Phänomen, aber er weiß nicht, was er sieht und wird nicht erfassen, was er gesehen hat. Unstrittig sieht er es, in vollkommener Klarheit, in der ganzen erforderlichen Anschaulichkeit, oft mit einem Überschuss an Anschauung, der ihn tief und anhaltend affiziert, vielleicht verletzt hat. Er weiß, dass er es gesehen hat und er weiß es so gut, dass er bereit ist, wieder und wieder, oft auch gegen sein unmittelbares Interesse, dafür Zeugnis zu geben. Bezeugen wird ihm zu einer zweiten Natur, zu einer Beschäftigung und zu einer gesellschaftlichen Aufgabe, die ihn für andere ermüdend oder abstoßend werden lässt. Sie erinnern sich [dann] nur noch aus Pflicht an ihn. Und dennoch kommt der Zeuge niemals dahin, das zu sagen, zu verstehen oder verstehbar zu machen, was er gesehen hat. […] Nur der Begriff könnte dieses Erfassen [ja] garantieren. Aber der Zeuge verfügt, genau genommen, nicht über einen oder mehrere Begriffe, die der auf ihn einströmenden Anschauung adäquat wären.«[43]

Der Zeuge verliert seine Identität, zu seiner neuen »Identität« wird seine *Relation* mit dem Anderen, von dem er sich empfängt und dem er sich hingibt. Da aber das Andere *unbegreiflich* ist, bleibt auch diese »Identität« *unbestimmt*.[44] Den sich empfangenden und sich hingeben-

---

[43] Jean-Luc Marion, »Sättigung als Banalität«, in: Michael Gabel und Hans Joas (Hrsg.), *Von der Ursprünglichkeit der Gabe. Jean-Luc Marions Phänomenologie in der Diskussion*, Freiburg/München 2007, S. 136 f. Der Text ist etwa um 2004 entstanden und übersetzt. Die Figur des Zeugen finden wir schon in: Marion, *Étant donné*, §§ 22, 25. Und dieser Gedanke wird auch weiterentwickelt zum Beispiel in: Jean-Luc Marion, *Figures de phénoménologie. Husserl, Heidegger, Lévinas, Henry, Derrida*, Paris 2012, S. 168 ff.
[44] Siehe dazu: Marion, *Being given*, S. 268 ff. Im Original: Marion, *Étant donné*, S. 369 ff. Oder auch: Jean-Luc Marion, *Das Erotische. Ein Phänomen*, übersetzt von Alwin Letzkus, Freiburg/ München 2011, S. 43.

den Menschen nennt Marion »*adonné*«.⁴⁵ Der *adonné* ist derjenige, der das gesättigte Phänomen empfängt, das als das Andere unbegreiflich bleibt.

Die Begegnung mit dem unbegreiflichen gesättigten Phänomen ist also kein Ende, sondern erst der *Anfang* – der Anfang des Versuchs, das *Unbegreifliche zu begreifen*, der Anfang der »endlosen Hermeneutik«.

Marion gibt auch eine phänomenologische Beschreibung vom gesättigten Phänomen, die erklärt, wie es eine Auslegungsgeschichte auslöst und auslösen kann. Dadurch wird klar, in welchem Sinne der Augenblick der Gegebenheit des Selbst des Phänomens als metonymisch beschrieben werden kann. Das gesättigte Phänomen unterscheidet sich von üblichen Phänomenen genau dadurch, dass es gesättigt ist. Es ist gesättigt mit der Anschauung *(intuition)*⁴⁶ – *mit so viel Anschauung, dass es mit keinem bestimmten Begriff (concept) mehr bezeichnet und so erkannt werden kann. Wir können uns diesen Sachverhalt folgendermaßen vorstellen*⁴⁷ : Wenn uns ein Phänomen begegnet, befinden wir uns in einem intentionalen Erlebnis. Dies bedeutet: Wir haben Anschauungen, die sich auf eine Bedeutung *(signification)* – das transzendente Moment – beziehen. Es gibt Phänomene, bei denen die Anschauung einer Bedeutung entspricht. Im Falle eines Tisches zum Beispiel entspricht unsere subjektive, aber konkrete, bestimmte und eindeutige Anschauung dem Tisch als einem konkreten, bestimmten, klar unterscheidbaren und mit einem Begriff eindeutig definierbaren Objekt. Marion nennt ein solches Phänomen »*armes Phänomen*« *(phénomèn pauvre)*. Es ist arm, weil mit nur einem einzigen Anschauungs-, Verständnis-, Erkenntnisakt wir das Gegebene im Griff haben können.

Neben solchen »armen« Phänomenen, die uns überall umgeben, gibt es aber auch solche, bei denen wir merken, dass wir zwar auf etwas gerichtet sind, aber keine Bedeutung klar einschränken und bestimmen können. Wir wissen einfach nicht, *was* wir erfahren. Trotzdem bilden wir Anschauungen. Aber zwischen der Anschauung und der Bedeutung gibt es eine Verschiebung. Im Resultat bilden wir viele Anschauungen von »Etwas«, doch sie scheinen nicht das zu treffen, was wir

---

[45] Marion, *Étant donné*, §§ 25, 26. Es muss hier bemerkt werden, dass der Begriff »*adonné*« im Deutschen bisher noch keine einheitliche Übersetzung erhalten hat.
[46] Marion, *Being given*, S. 199. Im Original: Marion, *Étant donné*, S. 279.
[47] Den folgenden Gedankengang kann man finden in: Marion, *Das Erotische*, S. 141 ff.

anzielen, von dem wir gar nicht wissen, was das ist. Wenn jemand zum Beispiel einen Geschmack beschreiben wollte, so hätte er genau diese Situation: Er wäre intentional auf den Geschmack gerichtet, aber seine Beschreibungen wären sehr ungefähr, fließend, vorläufig, ohne Ende, und letztendlich würde er wahrscheinlich sagen, dass er gar nicht begreifen kann, was das ist, was er wahrnimmt, obwohl doch dieser Geschmack in einer absoluten Evidenz und Deutlichkeit da ist. Dasselbe gilt auch für den Physiker in unserem Beispiel: Der Gedanke ist zwar da, lässt sich aber nicht in den bekannten Erfahrungshorizont der Wissenschaften einordnen, lässt sich nicht in den traditionellen Denkkategorien denken und mit der üblichen Begrifflichkeit beschreiben. Kurz: Dieses Phänomen als ein Anderes entzieht sich der Erkenntnis und für den Betroffenen bleibt keine andere Möglichkeit übrig, als mit vagen Erfahrungen und Begriffswörtern zu operieren.

Der Versuch, die unbekannte Bedeutung durch die Fülle der Anschauungen zu bestimmen, geht aber immer weiter – als Prozess der »endlosen Hermeneutik«[48]. Über das erotisch gesättigte Phänomen zum Beispiel schreibt Marion:

»Wirklich und tatsächlich in das Gesicht des anderen zu schauen, oder genauer dieses unersetzbaren anderen, als dessen Liebenden ich mich erkläre, dies verlangt von mir, dass ich den Anschauungen, die ich unaufhörlich von ihm erhalte, ständig einen neuen Sinn verleihe, dass ich also alle nur möglichen Wörter und Namen mobilisiere oder sogar neue erfinde, um meine vage Deutung derselben möglichst zu konkretisieren. [...] Der Liebende muss angesichts der Anschauungen, die der Geliebte in ihm hervorruft, eine endlose Hermeneutik in Gang setzen, ein Gespräch ohne Ende; er braucht also eine endlose Zeit, um sein Sprechen über ihn, das nie zu einem Abschluss kommen wird, in Gang zu halten. Die Liebe verlangt die Ewigkeit, weil der Liebende niemals damit zu Ende kommt, das Mehr der Anschauung gegenüber der Bedeutung in ihm selbst sich selbst gegenüber zum Ausdruck zu bringen. Ich werde erst in letzter Instanz wissen, wen ich liebe – durch den eschatologischen Vorgriff auf die Ewigkeit, die die einzige Bedingung ihrer endlosen erotischen Hermeneutik ist.«[49]

---

[40] Wir zitieren hier Marions Werk *Das Erotische* aus dem Jahr 2003. Die Idee einer »endlosen Hermeneutik« wird schon in *Étant donné* (1997) angedeutet: Marion, *Being given*, S. 295, 303. Im Original: Marion, *Étant donné*, S. 407, 417. Und auch später in: Jean-Luc Marion, *De surcroît. Études sur les phénomènes saturés*, Paris 2001. Die englische Version: Jean-Luc Marion, *In Excess. Studies of Saturated Phenomena*, übers. von Robyn Horner and Vincent Berraud, New York 2002.
[49] Ebd., S. 302 f.

Jetzt sehen wir, worin der metonymische Charakter des Ereignisses der Gegebenheit des gesättigten Phänomens liegt – in einem Moment wird eine *Fülle* gegeben, die sich wellenartig in den verschiedensten Auslegungen entfaltet. *Ein kurzer, aber gesättigter Augenblick steht für die absolute Fülle des Anderen*, für das, was alles von ihm noch berichtet sein wird, ohne es aber fangen zu können.[50] Das soll ein *kurzer* Augenblick sein – so kurz, dass der Mensch noch nicht schafft, in die Gegebenheit des Anderen einzugreifen und dieses Andere als ein Anderes zu zerstören. Das können auch mehrere kurze Augenblicke sein. Diese werden aber immer kurze, voneinander unterschiedene Augenblicke sein, von denen *jeder die ganze Fülle* geben wird. Das Verhältnis zwischen dem Moment der Gegebenheit des Phänomens und der Fülle der damit gegebenen Sättigung der Erfahrung, die sich in einer »endlosen Hermeneutik« entfaltet, ist also durch die Figur der *Metonymie* denkbar.

h. Schlusswort

Der Augenblick als ein Zeitmodus oder Modus der Zeitlichkeit des Lebens lässt sich innerhalb eines metonymischen Verhältnisses denken. Ein wirkliches Jetzt steht für eine Jetzt-Gesamtheit, in der ein Zeitobjekt oder ein ständiges Objekt in der Zeit als Ganzes konstituiert wird. Ein erlebter Moment des Lebens konzentriert in sich die erlebte Vergangenheit und entwirft alle weiteren zukünftigen Momente – auch den Tod. Wäre das nicht so, gäbe es kein Leben als Ganzes, keine

---

[50] Einen ähnlichen Gedanken finden wir bei Walter Schweidler: Jede soziokulturelle Gemeinschaft wiederholt – unbewusst oder reflektierend – in ihren symbolischen Formen den Anfang, Ursprung, Grund, der sie zu der gemacht hat, was sie ist. Dieser Ursprung bleibt aber uneinholbar, da er diese symbolischen Formen erst ermöglicht hat und jeder kulturelle Akt – auch die Wiederholung des Ursprungs – setzt ihn schon voraus. Was bleibt, sind nur viele Auslegungsmöglichkeiten des Ursprungs. Also: Der ursprüngliche Moment löst verschiedene Antworten aus, bleibt selbst uneinholbar und doch ist er als Ganzes auch gleichzeitig in jeder konkreten Antwort anwesend, weil er sie ermöglicht hat. Dasselbe Schema gilt auch für das Denken, das den letzten Grund zu denken versucht, und die Person, die ihren Anfang einzuholen versucht. In allen diesen Fällen ist also das Ganze in einem »Teil« gegeben, sodass auch der jeweilige »Teil« für das Ganze steht, zu stehen versucht. Siehe dazu die Einleitung von Schweidler zu diesem Band.

Lebensgeschichte und auch kein Todesverständnis, keine Erkenntnis, dass wir sterblich sind. Manche besondere Momente im Leben tragen in sich nicht nur den ganzen Zeitfluss, sondern verkörpern auch den Lebenssinn, stehen für das ganze Leben als ein Inbegriff all dessen, was in einem Leben bedeutsam ist. Diese Momente sind die Fülle des Sinnes des Lebens und erfüllen so das ganze Leben. Und noch mancher Augenblick konzentriert in sich unendliche Auslegungsmöglichkeiten seines Selbst als des Anderen. Der unerschöpfliche Reichtum der Begegnung mit dem Anderen ist in einem einfachen Moment gegeben, in dem und durch den sich eine unendliche Auslegungs- und Gesprächsgeschichte entfaltet. In einem Moment kann also alles gegeben sein, und dies zeichnet ihn als *metonymisch* aus.

Das ökonomische Problem der Gewalt: Metonymische Aspekte in René Girards Mimetischer Theorie

Adrián Navigante (Eichstätt)

Einleitung: Die Textur des Gründungsmordes

Die Frage der Gewalt scheint bei René Girard von einem besonderen *Realismus des Ursprungs* gekennzeichnet zu sein, angesichts dessen jeder Form von Hermeneutik – der Riten, Mythen, Religionen und Kunstwerke – ein gemeinsamer Boden zugrunde liegt: der sogenannte Gründungsmord [*meurtre fondateur*][1]. Verschiedene symbolische Vorgänge, die anthropologisch betrachtet eine gewisse Relevanz für das Verständnis der Ursprünge unserer Kultur haben, werden auf das außersymbolische Ereignis eines Gründungsmordes zurückgeführt. Dies gilt als streng referenzielle Verankerung und impliziert eine hermeneutische Reduktion, wenn es darauf ankommt, die Struktur und den Inhalt archaischer Kulturen zu erschließen. Hinter dem mythologischen Gedankengut der Sumerer, Inder, Chinesen, Griechen und Germanen verbirgt sich für Girard ein einzelnes und all diesen Kulturen gemeinsames Ereignis, das von dem gewaltsamen Ursprung der menschlichen Kultur *im Allgemeinen* zeugt. So lassen sich die verschiedenen Riten der archaischen Religionen – von Menschen- zu Tieropfern, von Initiationszeremonien zu *rites de passage* – auf eine musterhafte Wiederholung dieses Ereignisses zurückführen. Die griechi-

---

[1] Dieser Gründungsmord wird von Girard als transmythologisches Phänomen definiert (vgl. René Girard, *Je vois Satan tomber comme l'éclair*, Paris 1999, S. 115). Es handelt sich um einen Lynchmord, d. h. die kollektive Gewalttat einer Gruppe gegen ein Einzelindividuum, die in verschiedenen Mythen und Erzählungen (von der Bibel bis zur klassischen Dichtung) thematisiert wird. Die Tatsache, dass dieser Gründungsmord nicht in allen Mythen und Erzählungen vorkommt, ist für Girard kein Argument gegen seine Hypothese über den gewalttätigen Anfang eines jeden kulturbildenden Prozesses, denn diese Erzählungen wurden ursprünglich aus der Perspektive der Henker erzählt und die *reale Tat* deswegen manchmal verheimlicht (vgl. René Girard, *Des choses cachées depuis la fondation du monde*, Paris 1978, S. 157).

sche Tragödie, innerhalb derer Sophokles' *König Ödipus* eine paradigmatische Stelle aufweist, bildet nach Girard eine Art Lehrbuch der verschiedenen Motive, die über das Textgewebe hinaus und bis zum realen Ereignis (dem sozialen Tod des Angeklagten) führen.[2] Selbst die französische Dichtung des 14. Jahrhunderts, die Girard am Beispiel von Guillaume de Machauts' *Jugement du Roy de Navarre* in seine Argumentation einbezieht, nimmt Bezug auf das Ereignis eines der literarischen Dimension des Textes zugrundeliegenden Lynchmordes (in diesem Fall die Ermordung der Juden als soziale Auswirkung des Schwarzen Todes). Dass dieser Bezug einen *fiktiven* Charakter hat, ist keineswegs von dem realen Ereignis unabhängig, ganz im Gegenteil: Die literarische Verbergungstaktik Machauts ist für Girard als das Zeugnis dessen geschichtlich sedimentierter Unaufrichtigkeit [*mauvaise foi*] zu lesen, die sich von der Perspektive der Henker nicht distanzieren konnte und auf eine Verschleierung der Wirklichkeit zurückgegriffen hat.[3] Kurz gesagt: Jeder Text mit einer besonderen kulturellen Prägnanz – sei es ein Mythos, eine Tragödie, ein Epos oder eine heilige Schrift – fungiert für Girard in irgendeiner Weise als Zeugnis eines gewalttätigen Ereignisses, das sich ausgehend von besonderen Textstellen rekonstruieren lässt, dessen Wirklichkeit aber auf ein Jenseits des Textes hindeutet, in dem jeder sinnstiftende und kulturbildende Prozess seine Geburtsurkunde erhält.

Ist René Girards These über die gewaltsamen Ursprünge der menschlichen Kultur reduktionistisch? Aus einer gewissen Perspektive sieht es so aus, und man braucht im Prinzip kein Strukturalist zu sein, um den Vorwurf zu äußern, dass er sich bei der Analyse von Texten einen etwas problematischen Sprung von der Immanenz des sprach-

---

[2] Selbst wenn diese Motive (Vatermord, Inzest, Pest) das eigentliche, hinter dem Text und den mythologischen Schichten anzutreffende Ereignis eines realen Lynchmordes verschleiern, besteht Girard auf einen sorgfältigen Abbau dieser textuellen Überlagerungen und – in entschlossener Opposition zur strukturalistischen Textauslegung – der Entdeckung des wahren Motivs, das hinter dem Text verborgen liegt. Hierzu vgl. René Girard, *La violence et le sacré*, Paris 1972, insbesondere S. 113–117. Im Falle des Ödipus entspricht das (gewaltsame) Ausgestoßen-Werden von seinen Mitmenschen (den Thebanern) für Girard einem Lynchmord; trotzdem vollzieht sich der Zyklus erst in der zweiten Ödipustragödie des Sophokles, *Ödipus auf Kolonos*, wenn Ödipus tatsächlich stirbt und sein Leichnam zu »einer Art Talisman [wird], um den sich Kolonos und Theben verbissen streiten« (Girard, *La violence et le sacré*, S. 125). Auf die religiöse Bedeutung des Gründungsmordes werde ich im zweiten Teil dieser Arbeit eingehen.
[3] Vgl. René Girard, *Le bouc émissaire*, Paris 1982, S. 15.

lichen Gewebes – das *an sich* eine relationale Wirklichkeitsbezogenheit bietet – zu einem transzendenten Determinanten der textuellen Bedeutungsvielheit erlaubt. Das Problem wäre nicht der außersprachliche Status des Gründungsmordes, sondern die Tatsache, dass das, was nicht in der Sprache anzutreffen ist, nicht nur die Elemente und die Beziehung zwischen den Elementen, sondern auch das Entstehen der Sprache als »interessierte[s] Simulacrum«[4] der Wirklichkeit bedingt. Daraus könnte vielleicht sogar Folgendes abgeleitet werden: René Girards Hypothese des Gründungsmordes – oder mehr noch, seine ganze mimetische Theorie – beachtet zu wenig die konstitutive Zeichenhaftigkeit unseres Verstehens und leugnet das mittlerweile weit anerkannte Faktum, dass Sinnstiftung tropisch (metonymisch und metaphorisch) erfolgt, dass die Übertragung oder Umbenennung kein *sensus derivativus*, sondern vielmehr die Gründung – und daher die Möglichkeitsbedingung – eines Bedeutungsfeldes ist. Bei genauerer Betrachtung ist aber die Sache nicht so einfach. Girards Hypothese des Gründungsmordes ist zunächst keineswegs auf ein Ereignis fixiert, das vollkommen getrennt von *allen* Strukturen ist. Durch die Behauptung des Lynchmords *an sich* als eines Schlüsselereignisses in der Geschichte der Gattung *Mensch* bleibt das Problem der Gewalt, ihre intrinsische Beziehung zur Religion und ihre Relevanz für die Herausbildung verschiedener Kulturformen vollkommen unverständlich. Die Hypothese des Lynchmordes hat letztlich »nichts Unmittelbares an sich«[5], sie ist »keine illegitime Zeugung einer ungenügenden Kritik, sondern ganz im Gegenteil die letzte Etappe der radikalsten Kritik.«[6] Girard bemüht sich in diesem Sinne, zu zeigen, dass die Berücksichtigung eines Sinnzusammenhangs nicht unbedingt nach dem Imperativ eines »textuellen Nihilismus«[7] erfolgen muss. Die *Textur* liegt nicht

---

[4] Roland Barthes, »Die strukturalistische Tätigkeit«, in: Hans Magnus Enzensberger (Hrsg.): *Kursbuch 5*, Frankfurt 1966, S. 190–196, hier S. 190.
[5] Girard, *Des choses cachées depuis la fondation du monde*, S. 169.
[6] Ebd.
[7] Ebd., S. 171. Der Nihilismus einer textimmanenten Analyse besteht für Girard eigentlich nicht in der methodologischen Berücksichtigung von Sprachstrukturen, sondern in der Verabsolutierung des Wertes dieser Strukturen als Vorschrift für jede hermeneutische Aufgabe. Diese Blickverengung trübt das Deutungsfeld und führt manchmal dazu, dass strukturierende Elemente, die auf der Textebene nicht unmittelbar sichtbar sind, aus den Augen verloren gehen. Diese Blickverengung beschränkt sich aber nicht nur auf die strukturalistische Methode. Sie herrscht über die ganze Text- bzw. Literaturkritik, insbesondere wenn es auf die Unterscheidung zwischen fiktionaler

unbedingt in der Immanenz der analysierten Texte, sondern vielmehr in einer anderen (breiteren) Struktur, in die das Ereignis des Gründungsmordes eingebettet wird: *jene des mimetischen Begehrens.* Ein adäquates Verständnis der Gewalt in der Geschichte der Gattung Mensch sollte die Komplexität des mimetischen Begehrens berücksichtigen, anders gesagt: Gewalt kann letzlich nicht ausgehend von einer Feststellung der in verschiedenen anthropologisch relevanten Überlieferungstexten identifizierbaren Gewalt-Taten verstanden werden, sondern vielmehr durch die richtige Auslegung der *dynamischen* Struktur des Begehrens. Dynamisch ist diese Struktur zunächst einmal, weil sie diachronischen Charakter hat in dem Sinne, dass sie verschiedene Stadien der Entwicklungsgeschichte der Menschheit – bis in ihre vorsprachliche Vergangenheit – umfasst. Darüberhinaus taucht mit dieser Struktur ein spezifisches Problem auf, das ich als *ökonomisches Problem der Gewalt* bezeichnen möchte. Ich verwende diesen Ausdruck in Anlehnung an Sigmund Freuds Aufsatz von 1924 *Das ökonomische Problem des Masochismus*, in dem er die Struktur und Dynamik der masochistischen Strebung im menschlichen Triebleben als rätselhaft charakterisiert.[8] Auf eine ähnliche Weise zeigt Girard das Paradoxon der Gewalt: Wenn Kultur ein harmonisches – oder zumindest erträgliches – Zusammenleben von Menschen impliziert, setzt sie eine gute Dosis von Gewaltverzicht bzw. die Aufhebung der kollektiven Aggression voraus.[9] Diese Voraussetzung wird nicht nur nicht erfüllt,

---

und historischer Erzählung ankommt. In Bezug auf eine historische Tatsache wie die Ermordung der Juden in Machauts Gedicht, grenzt sich die Literaturkritik drastisch davon ab, diese Referenz *im* Text zu erkennen, zunächst weil sie *als solche* unsichtbar ist, aber insbesondere deshalb, weil sie ein Fremdkorpus für die auf textueller Ebene feststellbare und letztlich *rein* fiktionale Kohärenz des Ganzen wäre. Diesbezüglich schreibt Girard: »j'affirme une chose qui ne figure pas dans le texte [...]. Le bouc émissaire [les juifs] qu'il nous faut dégager nous-mêmes est le bouc émissaire *du* texte. Il ne peut pas apparaître dans le texte dont il gouverne tous les thèmes; il n'est jamais mentionné en tant que tel. Il ne peut pas devenir le texte qu'il *structure*. Ce n'est pas un thème mais un mécanisme *structurant*« (ebd., S. 170).
[8] Und zwar ausgehend von folgendem Widerspruch: »Wenn das Lustprinzip die seelischen Vorgänge in solcher Weise beherrscht, daß Vermeidung von Unlust und Gewinnung von Lust deren nächstes Ziel wird, so ist der Masochismus unverständlich. Wenn Schmerz und Unlust nicht mehr Warnungen, sondern selbst Ziele sein können, ist das Lustprinzip lahmgelegt, der Wächter unseres Seelenlebens gleichsam narkotisiert« (Sigmund Freud, »Das ökonomische Problem des Masochismus«, in: Ders., *Studienausgabe, Band III: Psychologie des Unbewußten*, Frankfurt 1997, S. 339–354, hier S. 343.
[9] Die kollektive Aggression wurde von Konrad Lorenz als eine archaisch-instinktive

sondern vollkommen umgekehrt: Was auf den ersten Blick als Gewaltverzicht erscheint, ist in Wirklichkeit eine Gewaltverdichtung, und mehr noch: Die Logik, die aus Girards mimetischer Theorie des Begehrens ableitbar ist, deutet auf keine Verdrängung, Aufhebung oder Überwindung, sondern vielmehr auf eine *Verdichtungs-* und anschließend auf eine *Verteilungsdynamik* der Gewalt, deren metonymischer Charakter ein noch tieferes Problem ans Licht bringt: die permanente Konfrontation des Menschen mit dem Heterogenen. Kultur ist gewalttätig, Gewalt ist kulturbildend. Diese wechselseitige Bestimmung (im Rahmen derer auch die Religion in einem anderen Licht erscheint), aus der ein etwas schockierendes anthropologisches Universales hervorgeht, hat eine besondere Dichte, die bisher kaum berücksichtigt worden ist. Was die Gewaltökonomie betrifft, ist die Grenze des Metonymischen nicht das reale Ereignis eines Gründungsmordes, sondern das durch die Darlegung der Struktur und Dynamik des mimetischen Begehrens Offenbarte: das *rein Heterogene*, woran nur indirekt – und unter dem Risiko eines Versagens der Sprache – herangegangen werden kann.

Erster Teil: Struktur des mimetischen Begehrens und Dynamik der Gewalt

Die Entstehung der menschlichen Kultur (ausgehend von der religiösen Handlung) erklärt sich für Girard durch eine Analyse der Gewalt, und zwar als unhintergehbares Faktum. Das heißt: Diese Frage kann auf kein anderes Phänomen zurückgeführt werden, das vor der Gewaltentfesselung stattgefunden hätte und ausgehend von dem die Gewalt-Taten – als Auswirkung von etwas *Früherem, Ursprünglicherem* – sich vollzögen. Das mimetische Begehren ist in diesem Sinne ein Modell, wodurch einige paradoxe Aspekte der zwischenmenschlichen Beziehungen plausibel gemacht werden können: nicht nur, dass Gewalt »zu den Grundkonstituanten jeder Gesellschaft gehört, daß sie eine

---

Form von Aggressivität definiert, die schon bei jeder prä-kulturellen und über die Familie hinauswachsenden Gruppenbildung vorhanden ist (hierzu siehe das Gespräch über menschliche Aggressivität zwischen Friedrich Hacker und Konrad Lorenz in: Friedrich Hacker, *Aggression. Die Brutalisierung der modernen Welt*, Hamburg 1973, S. 133–142, insbesondere S. 133).

Das ökonomische Problem der Gewalt

anthropologische Determinante ist«[10], sondern – und das ist der wichtigste Aspekt – dass sie eine Art Matrix menschlichen Begehrens bildet und gleichzeitig als Schwelle des Heterogenen fungiert. Um den mimetischen Charakter des Begehrens zu erklären, greift Girard auf ein Schema zurück, angesichts dessen die tradierte Deutung des Verhältnisses zwischen Subjekt und Objekt geändert wird: »In addition to the appetites we share with animals, we have a more problematic yearning which lacks any instinctual object: *desire*«.[11] Die Unterscheidung zwischen Instinkt und Begehren ist seit der Entstehung der Psychoanalyse eine Art gemeinsamer Grund innerhalb der Humanwissenschaften geworden. Sie impliziert aber bei Girard keine absolute Trennung. Die Labilität des Begehrensobjektes im Falle des Menschen wird nicht – wie in der Psychoanalyse – aus ontogenetischer Sicht thematisiert, daher ist das Problem des Begehrens in seinen Wurzeln alles andere als individualpsychologisch zu deuten; es bildet vielmehr die theoretische Grundlage einer kollektiven Gewaltökonomie, die nur ausgehend von der Mimesis[12] verständlich wird. Die Tätigkeit der Nachahmung ist die erste Ausdrucksweise des Begehrens und setzt schon von Anfang an eine Beziehung, eine Bewegung, einen Kreislauf zweier sich wechselseitig bestimmender Lebensformen voraus. Man könnte sich vielleicht rasch dazu geneigt fühlen, von einem intersubjektiven Charakter des Begehrens zu sprechen[13], was auch nicht ganz falsch ist. Trotzdem kann solch eine Bezeichnung der Komplexität, dem Umfang und der Reichweite des Nachahmungsphänomens kaum gerecht werden. Nach-

---

[10] Paul Hugger, »Elemente einer Kulturanthropologie der Gewalt«, in: Ders./Ulrich Stadler (Hrsg.): *Gewalt. Kulturelle Formen in Geschichte und Gegenwart*, Zürich 1995, S. 17–27, hier S. 19.
[11] René Girard, »Violence and Religion: Cause or Effect?«, in: *The Hegdehog Review*, Vol. 6, N° 1, Spring 2004, Institute for Advanced Studies in Culture, University of Virginia, S. 8–20, hier S. 9.
[12] Es muss an dieser Stelle darauf aufmerksam gemacht werden, dass sich Girards Terminus *Mimesis* deutlich von dem platonischen Erbe des Begriffs abgrenzt. Selbst wenn Girard die seit Platon immer wieder (auf verschiedene Weise) thematisierte *repräsentative* Dimension der Mimesis nicht leugnet, betont er die Aneignungsdimension dieses Phänomens, etwas, das in der platonischen Deutung nicht berücksichtigt wird (hierzu vgl. Girard, *Des choses cachées depuis la fondation du monde*, S. 17).
[13] So zum Beispiel François Lagarde: »la relation intersubjective girardienne est d'abord triangulaire pour devenir progressivement duelle, à mesure que l'objet disparaît et que la rivalité mimétique augmente« (François Lagarde, *René Girard ou la christianisation des sciences humaines*, New York 1994, S. 51).

ahmung ist nicht nur bei Menschen, sondern auch bei Tieren anzutreffen, und es ist wissenschaftlich bewiesen, dass diese Tätigkeit auch bei Tieren – deren Spontaneitätsradius durch eine instinktive Objektwahl sehr stark beschränkt ist – Aneignungskonflikte verursacht.[14] Aus diesem Grund stellt Girard fest, dass das Begehren zunächst »eine biologische Angelegenheit [*une affaire biologique*] ist«[15] und das Problem der *menschlichen* (d. h. abgründigen) Gewalt grundsätzlich mit einer Überschreitung des instinktiven Rahmens zusammenhängt. Worin besteht dieses Problem?

Schlicht und einfach in der Tatsache, dass mit der Überschreitung des instinktiven Rahmens die sogenannten *dominance patterns*, die das tierische Zusammenleben bestimmen und starke Antagonismen ohne Weiteres bändigen, aufgehoben werden und die ganze Konsistenz der Gruppe durch eine unzusammenhängende Dissemination der Gewalt gefährdet wird.[16] Der mimetische Mechanismus im Menschen ist ein Prozess, der grundsätzlich drei Elemente – in Form einer Progression oder Intensivierung des Gewaltpotentials – beinhaltet: 1. Das mimetische Begehren im Sinne eines Begehrens nach einem Objekt, insofern dieses Objekt als solches vom Begehren eines Anderen (eines Vorbildes) bestimmt ist. 2. Eine mimetische Rivalität, die sich als logische Konsequenz der mimetischen Natur des Begehrens ergibt. Wenn ich etwas nach dem Begehren meines Vorbildes begehre, begehre ich dieses Etwas notwendigerweise im Modus des Antagonismus, d. h. als Gegenhandler oder Gegenspieler, denn ich habe auf Bewusstseinsebene letztlich kein *eigenes* Begehren.[17] 3. Eine mimetische Krise, insofern der Mangel an instinktiver Bestimmtheit der Objektwahl nicht nur in eine

---

[14] Hierzu siehe Hacker, *Aggression*, S. 143, sowie S. 145–146. Auch Konrad Lorenz, *Das sogenannte Böse*, Augsburg 1995, S. 37. Beide Autoren bilden einen wichtigen Einfluss auf Girards mimetische Theorie, insbesondere Konrad Lorenz, für den der sogenannte Kampf ums Dasein in erster Linie »die Konkurrenz zwischen Nahverwandten [ist]« (ebd., S. 37). Zur Beziehung zwischen Konkurrenz und Mimesis, vgl. Girard, »Violence and Religion: Cause or Effect?«, S. 9.
[15] René Girard, *Les origines de la culture*, Paris 2004, S. 62.
[16] »La stabilisation des *dominance patterns* empêche les dissensions au sein du groupe animal, elle empêche les rivalités mimétiques des se poursuivre interminablement« (Girard, *Des choses cachées depuis la fondation du monde*, S. 122).
[17] Damit hängt die Tatsache zusammen, dass die Struktur und Dynamik des Begehrens ursprünglich durch eine Verkennung [*méconnaissance*] sowohl des Begehrten als auch des Aktes des Begehrens gekennzeichnet sind. Das ist der Grund, warum die ganze Ökonomie des Begehrens in einer Täuschung hinsichtlich der Situation der Gruppe

antagonistische Nähe zum Vorbild bzw. Gegner führt, sondern darüber hinaus zu einer *wechselseitigen* Intensivierung des Widerstreits im Nachahmungsprozess. Beim Objektverlust wird nicht nur die Vermittlungsinstanz, sondern auch die gegenstandsbezogene Anlehnungsmöglichkeit des Begehrens aufgelöst. Die Symmetrie zweier (oder mehr) Begehren generiert eine Doppelgängerbeziehung [*rapport de doubles*], angesichts derer die Nachahmungsenergie zerstörerisch wird und in eine gewaltsame Unbestimmtheit mündet.[18] Auf dieser Ebene verliert das Begehren den Rahmen einer rein biologischen Angelegenheit. Die *dominance patterns* sind eine instinktive Schranke zur maßlosen Verbreitung der mimetischen Gewalt unter Tieren. Der Schritt über diese Schranke hinaus – den Girard »Menschwerdungsprozess« [*processus d'hominisation*]«[19] nennt – ist nicht nur die Möglichkeit der Kultur, sondern in erster Linie die Gefahr einer kollektiven Selbstzerstörung. Diese drei Komponenten des mimetischen Mechanismus: Begehren, Rivalität und Krise, bilden eine Grundstruktur. Der Ausweg aus der kollektiven Selbstzerstörung vollzieht sich durch den Opfermechanismus [*mécanisme victimaire*][20], und damit fängt die Ökonomie der Gewalt an. Die mimetische Krise, die zu einer unkontrollierten Ausbreitung der Gewalt und damit zu einem Krieg aller gegen alle führt, wird durch eine Kanalisierung der kollektiven Aggression hin zu *einem einzigen Pol* aufgehoben. Auf dieser Ebene vollzieht sich eine

---

und der Gewaltentfesselung gegen ein Opfer besteht (hierzu vgl. zum Beispiel Girard, *Les origines de la culture*, S. 88).

[18] »La violence est un rapport mimétique parfait, donc parfaitement réciproque. Chacun imite la violence de l'autre et la lui renvoie« avec usure »[…] Sous l'effet de la réciprocité violente […] tout modèle se transforme en un anti-modèle« (Girard, *Des choses cachées depuis la fondation du monde*, S. 399–400). »Quand la machine mimétique fonctionne dans la réciprocité violente, dans une double imitation, elle accumule de l'énergie conflictuelle qui, bien sûr, a tendance à la répandre de tous les côtés […]. Pour que la mimésis se transforme en pur antagonisme, il *faut* que l'objet disparaisse ou passe au second plan« (Girard, *Les origines de la culture*, S. 75–76).

[19] Girard, *Des choses cachées depuis la fondation du monde*, S. 128. Die Beziehung zwischen Menschwerdung und Mimesis erklärt Girard folgendermaßen: »Nous verrons bientôt que le désir humain c'est la mimésis se greffant sur les montages instinctuels pour les suractiver, les irriter et les désorganiser […]. Nous voyons que les sociétés humaines ne reposent pas sur des *dominance patterns*, nous voyons aussi pourquoi : les rivalités mimétiques chez les hommes débouchent aisément sur la folie et le meurtre« (ebd.).

[20] »L'homme trouve en effet dans le mécanisme victimaire un instrument pour contrôler l'escalade mimétique« (Girard, *Les origines de la culture*, S. 12).

Verdichtung, eine Intensivierung, aber zugleich eine Homogenisierung der Gewalt: nicht mehr alle gegen alle, sondern alle gegen *einen*. Der chaotische Zustand erhält eine besondere Konsistenz, die nicht nur in der Vermeidung einer selbstzerstörerischen Steigerung und Ausbreitung der Gewalt, sondern auch in einer spontanen Errichtung von Solidaritätsgefühlen unter den Gruppenmitgliedern besteht.[21] Der empfangende Pol der kollektiven Gewalt heißt Sündenbock [*bouc émissaire*] und ist kein Einzelelement der Situation; er bildet vielmehr ein »strukturierendes Prinzip [*principe structurant*]«.[22] Aus dieser Perspektive betrachtet ist der Gründungsmord, d. h. die Opferung des Sündenbocks, alles andere als ein von allen Strukturen unabhängiges Ereignis, und die These über die gewaltsamen Ursprünge unserer Kultur alles andere als reduktionistisch. Girards mimetische Konzeption schlägt nicht nur eine Brücke zwischen bestimmten Aspekten der Verhaltensforschung (insbesondere der Infragestellung der in den Humanwissenschaften selbstverständlich gewordenen Trennung zwischen Natur und Kultur, Tier und Mensch) und einigen Grundthemen der Psychologie und Anthropologie (wie der Logik der Begierde, dem Problem der Aggression und der Debatte über den Ursprung der Symbolisierung), sondern sie entwirft ein neues Bild der Religion und der Entwicklung menschlicher Institutionen. Um diesem breiten hermeneutischen Spektrum der mimetischen Theorie gerecht zu werden, bedarf es einer Berücksichtigung ihrer metonymischen Aspekte. Ausgehend von diesen Aspekten lassen sich drei Ebenen der Gewaltproblematik ableiten: 1. Der identitätsbildende und sinnstiftende Prozess, der aus der archaischen Gewaltökonomie hervorgeht. 2. Der symbolische Prozess der Opfersubstitution, durch den die Gewalt zunächst einmal reguliert und danach transformiert wird. 3. Der Sündenbock selbst als indexikalische Größe angesichts des Problems des Heterogenen.

---

[21] Diese Solidaritätsgefühle sind eine subjektiv-identitäre Entsprechung der versöhnenden Wirkung [*effet réconciliateur*] einer kollektiv gerichteten Gewalt (vgl. Girard, *Des choses cachées depuis la fondation du monde*, S. 157). Daher ist das Opfer aus solchen Solidaritätsbindungen *per definitionem* ausgeschlossen. Das Phänomen der Solidarität findet in den archaischen Gesellschaften immer unter Henkern statt.

[22] Hierzu vgl. Girard, *Le bouc émissaire*, S. 171.

Zweiter Teil: Metonymische Aspekte der Gewaltökonomie

Selbst wenn Girard auf die Untersuchungen von Christophe Boesch über die Jagdstrategien bei Schimpansen[23] Bezug nimmt und sich offen zur Schlussfolgerung zeigt, dass der Sündenbockmechanismus seine Protoform bei Tieren hat und daher kein ausschließlich menschliches Phänomen ist, besteht er trotzdem darauf, dass im Verlauf der Evolution verschiedene Formen dieses Mechanismus aufgetaucht sind.[24] Der Sündenbockmechanismus in seiner vollständigen Form hat nicht nur biologische, sondern auch semiotische Voraussetzungen: Dass einige Tiere (wie die Affen) über eine bestimmte Gehirnmasse verfügen, ist kein ausreichendes Kriterium für das Auftauchen einer symbolischen Geltungssphäre bei der Opferung des Sündenbocks – etwas, das die vollständige Form dieses rituellen Mordes kennzeichnet. Der Vorgang bedarf darüber hinaus eines Bedeutungszentrums [*centre de signification*].[25] Dieses Zentrum ist als Schauplatz des realen Mordes und Ursprungsort der Symbolisierung zu verstehen, anders gesagt: Die Vollbringung der Mordtat ist für Girard im Falle des Menschen gestaltbildend, d. h. sie erzeugt nicht nur einen Sinn *im* Realen, sondern sie fungiert gleichzeitig als Sinn *des* Realen. Innerhalb dieser *Als*-Struktur (Tötung als Opferung) entsteht die Religion:[26] Zunächst als Gefühl der Einheit und Rückbindung unter den Mitgliedern der Gruppe[27], insofern die kollektive Gewalt nicht mehr zerstreut ausgeübt, sondern auf

---

[23] Christophe Boesch, »Hunting strategies of Gombe and Thaï chimpanzees«, in: Richard W. Wrangham/W. C. Mc Grew/Frans B. M. de Waal/Paul G. Heltne (Hrsg.): *Chimpanzee Cultures*, Cambridge 1994, S. 77–91.

[24] »Certaines formes de chasse présentent également des aspects rituels. Des signes clairs rendent plausible le fait que le mécanisme du bouc émissaire soit apparu dans ces groupes [des chimpanzés]. Ceci est une autre étape du long processus de l'évolution qui mène au mécanisme dans la forme achevée« (Girard, *Les origines de la culture*, S. 155).

[25] Ebd.

[26] Hierzu vgl folgende Bemerkung von Bernhard Waldenfels: »Das winzige Als, das Religiöses als solches hervortreten läßt, fungiert [...] als Drehscheibe der Gestaltbildung, Sinngebung und Regelung. [...] Im strengen Sinne gibt es also nichts Religiöses, das schlechterdings religiös ist« (Bernhard Waldenfels, *Hyperphänomene. Modi hyperbolischer Erfahrung*, Frankfurt 2012, S. 359).

[27] Es soll hier deutlich werden, dass die erste Ebene der *religio* (im Sinne von *religare*) keine Rückbindung an etwas Transzendentes ist, sondern eine immanente Rückbindung innerhalb der Gruppe, die in einer homogenen Kanalisierung der Gewalt besteht. Die Transzendenz (als zweite Ebene der Rückbindung) erfolgt erstmals durch den Heiligungsprozess des Opfers.

ein gemeinsames Ziel gerichtet wird, und darüber hinaus als Sakralisierung des Geopferten, oder besser gesagt als nachträglich legitimierte Bedeutung des gewalttätigen Ausschlussmechanismus. Die Entstehung des Sakralen ausgehend von einem kollektiven Rückbindungsgefühl – das wiederum wesentlich mit dem Sündenbock-Mord zusammenhängt – ist eine These, die Girard gegen die tradierte Auffassung des Verhältnisses von *sacer* und *sacrificare* vertritt. Warum *sacrificium* gleichzeitig ›Heiligung‹ und ›Opferhandlung‹ im Sinne einer ›Tötung‹ bedeutet, wurde schon Ende des 19. Jahrhunderts von Henri Hubert und Marcel Mauss auf eine plausible Weise erklärt: Ein Opferritual findet statt, damit das Profane mit dem Heiligen kommuniziert. Dies setzt die Überwindung einer ontologischen Schranke voraus, weswegen die Operation drastisch sein muss: Ein profanes Wesen wird heilig, wenn es aus der Welt der Lebenden ausgeschlossen wird.[28] Bei Girard funktioniert der Mechanismus anders: Die Sakralisierung des Opfers ist kein beabsichtigter Vorgang eines *homo religiosus,* sondern das Resultat des Ausdrucksmechanismus eines *homo brutalis* – wobei der Terminus ›Resultat‹ zum Teil relativiert werden soll, und zwar deshalb, weil diese spezifische Gewalttat von Anfang an in der metonymischen Logik des Begehrens eingeschrieben ist. Der Übergang betrifft keine Bewegung von einer profanen zu einer sakralen Sphäre, sondern die Transformation der absoluten Inkonsistenz einer uneingeschränkten Gewaltentfesselung (mimetische Krise) in eine zusammenhängende Kanalisierung dieser Gewalt (Sündenbockmechanismus). An diesem Punkt sind wir mit der ersten Ebene des Metonymischen innerhalb der mimetischen Ökonomie der Gewalt konfrontiert: Aus der Verdichtung der kollektiven Gewalt entsteht ein Bedeutungszentrum, indem der Sündenbock (als Opfer) *das Ganze* der Gewalt auf sich nimmt und die Henker ein Proto-Bewusstsein der Möglichkeitsbedingung dieses Vorganges gewinnen, nämlich der ursprünglichen Zugehörigkeit des Sündenbocks zu der Gruppe, die ihn durch homogene Gewaltausübung ausschließt. Die Bedeutsamkeit des Opfers besteht in der Polarisierung Ganzes-Teil. In diesem Sinne bildet der Opfervorgang ein relationales Modell, in dem die metonymische Bedeutung – vermittelst der Kon-

---

[28] Henri Hubert/Marcel Mauss, »Essai sur la nature et les fonctions du sacrifice« (Erstveröffentlichung 1899), in: Marcel Mauss: *Œuvres, tome I,* Paris 1968, S. 193–307. Vgl. Émile Benveniste, *Le vocabulaire des institutions indo-européennes, tome II. Pouvoir, droit, religion,* Paris 1969, S. 188 (hier zitiert Benveniste u. a. Hubert und Mauss).

tiguitätsbeziehung *pars pro toto* bzw. *totum pro parte*[29] – in den Vordergrund kommt. Eine Darlegung des metonymischen Charakters dieses Vorganges ist nicht so einfach, denn die Beziehung, die zwischen dem Mob und dem Sündenbock stattfindet, lässt sich vielmehr durch den Ausdruck *totum contra partem* (statt *pars pro toto*) beschreiben. Inwiefern kann sich eine Stellvertreterbeziehung im Rahmen eines radikalen Exklusionsvorganges vollziehen? Die Antwort liegt in der Zusammenkunft zwischen der semiotischen Valenz des Sündenbocks und der Logik einer rituellen Kanalisierung der Gewalt. Die Gewalt der verschiedenen Mitglieder der Gruppe wird auf ein einziges Individuum durch eine – zu einem gewissen Grad unbewusste – Schuldzuweisung übertragen.[30] Diese Schuldzuweisung verbindet den Sündenbock mit dem Rest der Gruppe *im Modus der Negativität:* Der Einzelne steht für das, was im Ganzen anzutreffen ist, aber als solches nicht angenommen bzw. integriert werden kann, er fungiert *ex negativo* als *pars pro toto,* das heißt als das, was im Ganzen ist, aber als Ganzes nicht sein soll. Was im Ganzen zunächst *überall* ist (was das Ganze als solches, d. h. als eine in sich zusammenhängende Totalität verunmöglicht), ist ein Intensitätsgrad des Begehrens, der über alle Objektbeziehung hinausgeht und in eine zerstörerische Gewaltausübung mündet. Wenn diese Gewalt als Ganzes besteht, ist die Gruppenidentität, d. h. die Überwindung der zerstörerischen Beziehungen der Mitglieder zueinander nicht möglich. Das Ganze kann als solches keine heterogene Dissemination der Gewalt vertragen. Der Sündenbock als Verdichtungspunkt der Gewalt ermöglicht die Wahrnehmung der Gruppe als

---

[29] Das Kontiguitätsprinzip ist zweifelsohne kennzeichnend für den repräsentativen Charakter der Metonymie und betrifft nicht nur Elemente, sondern auch einen Zusammenhang: »The contiguity principle realises, among other relations, the part-for-whole and whole-for-part relations. These are taken to be the most relevant contiguity relations to the development of the textual model of metonymy« (Abdul Gabbar Mohammed Al-Sharafi, *Textual Metonymy. A Semiotic Approach*, New York 2004, S. 105–106).

[30] »Les hommes qui s'abandonnent à l'entraînement collectif de la violence sont enclins, par définition, à croire cette violence bien fondée, à voir dans leur victime le fauteur des troubles, l'assassin des différences, le fils parricide et incestueux, par exemple, tel Œdipe qu'on accuse de faire des Thébains un peuple de ‹pestiférés›« (René Girard, »Vers une définition systématique du sacré«, in: *Liberté*, Vol. 15, n° 3–4, (87–88) 1973, S. 58–74, hier S. 66). Der unbewusste Charakter dieser Schuldzuweisung muss im Sinne einer *méconnaissance* und nicht im psychoanalytischen Sinne verstanden werden, wie Girard selber sagt: »La notion de l'inconscient est indispensable, mais celle de l'inconscient qui serait comme une »boîte noire«, s'est révélée trompeuse« (Girard, *Les origines de la culture*, S. 91–92).

einer (homogenen) Ganzheit, nur unter der Voraussetzung einer Verzerrung in der Wahrnehmung des Individuums selbst, das als Sündenbock fungiert. Dieses Individuum wird als Monster betrachtet[31], d. h. als Träger der Schattenseite der ganzen Gruppe. Grundsätzlich gehört er zur Gruppe (und zwar als Teil, das sich immanent zum Ganzen verhält: *pars pro toto*), allerdings als störender Faktor, der zunichte gemacht werden muss *(totum contra partem)*, damit eine Gruppenidentität (das *totum* schlechthin) entstehen kann. Das Zunichte-Machen des Sündenbocks besitzt eine symbolische Prägnanz, schon aufgrund der Tatsache, dass sich die Verkennung [*méconnaissance*] der Wirklichkeit zugunsten einer erpressten Versöhnung vollzieht: Nach der Opferung des Sündenbocks ist keine Schuldzuweisung mehr unter den Henkern zu spüren, sondern eine Wunderzuschreibung. Das Geopferte wird geheiligt, weil die kollektive Identität, d. h. das Ganze als solches, nur vermittelst der Tötung eines Sündenbocks entstehen kann. Die Ver*nicht*ung des Opfers vertreibt das Heterogene (der Gewalt) aus dem kollektiven Schauplatz des Begehrens und verwandelt es in eine transzendente Größe, der das Wunder der Versöhnung zugeschrieben wird.[32]

Die zweite Ebene des Metonymischen betrifft nicht mehr das Konsistenz-Werden der kollektiven Gewalt durch die Ausgerichtetheit auf einen Pol, sondern die rituelle Wiederholung des Spannungsverhältnisses *pars pro toto / totum contra partem* und die Herstellung einer transzendenten Sphäre. Durch den Sündenbockmechanismus wird das Opfer vernichtet, nicht aber dasjenige, wovon dieses Opfer Träger ist, nämlich die heterogene Macht der Gewalt – denn sie ist dem Begehren inhärent und daher *an sich* unausrottbar. In diesem Sinne könnte man sagen, dass der Sündenbock Bedeutungszentrum eines Vorganges ist, der *stricto sensu* kein Zentrum hat, weil die (nachträgliche) Einschreibung des Sakralen im Tötungsakt einen indexikalischen Rahmen eröffnet, der viel mehr beinhaltet als die Bedeutung – oder besser gesagt das Symbolisch-Werden – eines Einzelereignisses. Das Opfer ist sowohl mit der Krise als auch mit der Lösung der Krise verbunden, daher kann die Versöhnung niemals endgültig sein. Vielmehr

---

[31] »La colère transfigure le double qui, selon la théorie mimétique, devient »monstrueux«« (Ebd., S. 169).
[32] Eben weil dieses Spiel des Innen und Außen (im Sinne der Schuldzufügung und Wunderzuschreibung) beide Momente als wechselseitig abhängig beinhaltet, kann Girard folgende Bemerkung äußern: »La relation intérieur/extérieur est située au cœur du mécanisme du bouc émissaire« (ebd.).

wird ein Prozess in Gang gesetzt, durch den die Gewalt die Ebene der Symbolisierung erreicht, sich aber scheinbar ins Unendliche wiederholt. Der Opfermechanismus ist nicht nur sinnbildend: Er besteht zugleich in einer Verdoppelung bzw. einer Verschiebung des Sinns, denn die Ökonomie des mimetischen Begehrens verlangt eine ständige Verteilung und Differenzierung der kollektiven Gewalt, und dies kann eigentlich nur durch das geschehen, was René Girard metonymischen Aufschub [*déplacement métonymique*][33] nennt. Dieser Aufschub impliziert für ihn eine Veränderung der Art und Weise, wie das Opfer von der Gruppe wahrgenommen wird:»Dieses Opfer wird nicht mehr verantwortlich gemacht für die Krise, und trotzdem ist es gleichzeitig noch ein *reales* Opfer [*une victime réelle*], das in der Tat getötet und zum Symbol des Ur-Ereignisses wird.«[34] Die Implikationen dieses Aufschubes sagen in jedem Fall grundsätzlich mehr als das, was Girard thematisiert. Selbst wenn im Fall der weiteren Opferreihe keine Wahrnehmung der Schuld des Opfers vorhanden ist, vollzieht sich die Wiederholung des ersten Mordes, bei dem das Opfer tatsächlich als schuldig empfunden wurde. Trotz Girards Unterscheidung zwischen dem ersten *realen* Sündenbock und den weiteren *symbolischen* Opfern kann man schon eine unleugbare Analogie zwischen beiden feststellen, denn real ist der erste Mord, das Opfer aber nennt Girard »erstes Zeichen [*premier signe*]«[35] des Prozesses, insofern das Ritual, d.h. die transzendentale Indexierung eines Sinns der Gewalt, schon bei ihm – und nicht erst bei den weiteren Opfern – anfängt. Die Indexierung eines Sinns der Gewalt ist, wie schon angedeutet wurde, wesentlich mit dem Mechanismus der Verkennung [*méconnaissance*] verbunden. Dieser Mechanismus zeigt, dass in der Tatsache des Gründungsmordes zwischen der Tat (Tötung des Sündenbocks) und der Sache (Charakter des Opfers) sich die Gewalt als sinngestaltendes Ereignis und nicht zuletzt als Riss in der kollektiven Identitätsstruktur einschreibt. Das Opfer ist in Wirklichkeit unschuldig, d.h. das, was ihm zugeschrieben wird, ist die Schuld an der Gewalt der anderen – die damit nur im Modus der Schattenprojektion[36] umgehen können, d.h. indem sie

---

[33] Girard, *Les origines de la culture*, S. 157.
[34] Ebd.
[35] Ebd.
[36] Ich entlehne diesen Terminus der tiefenpsychologischen Interpretation der kollektiven Gewalt in den archaischen Gesellschaften, die Erich Neumann in seinem Buch *Tiefenpsychologie und neue Ethik* entwickelt hat. Nach Neumann erfolgt die Verneinung

dem Opfer diese Gewalt (als Schuld) zuweisen und gleichzeitig die Evidenz ihres eigenen Widerspruchs mit (mehr) Gewalt zu vernichten versuchen. Die kollektive Identität wäre nach der Tötung des Opfers vollkommen, d. h. in sich verschlossen, wenn den Henkern keinerlei Spur der Sache im Gewissen bliebe. Das ist aber nicht der Fall, und der Riss bei dem Identitätsaufbau vollzieht sich teilweise aufgrund des Proto-Bewusstseins [*proto-conscience*][37] des unschuldigen Charakters des Opfers. Dieses Proto-Bewusstsein deutet auf die Spur im Gewissen, und eben aus diesem Grund verändert sich der Aufmerksamkeitsmodus der Henker in Bezug auf das Opfer. Das, was nach der Tötung bleibt, ist eine Leiche[38], und diese Leiche trägt immer noch die Schuld – allerdings nicht die apriorische bzw. dem Opfer zugewiesene, sondern die aposteriorische und tatsächlich feststellbare, die als Echo des Mordes weiter wirkt und eine Versöhnung erfordert. Die Wirkung der Versöhnung muss deswegen stärker sein als jene des Schuldgefühls seitens der Henker, und dies erfordert die Errichtung eines transzendenten Sinns des Tötungsaktes. Zwischen der ersten und der zweiten Ebene des Metonymischen gibt es zugleich Kontinuität und Diskontinuität: Diskontinuität, insofern die weiteren Opfer Objekt einer veränderten Aufmerksamkeit sind: Alle Beteiligten wissen von Anfang an, dass der Sündenbock, insofern er zum Opfer wird, Opfer *von allen* gewesen sein wird. Kontinuität, insofern das erste Opfer kein Erstes an sich – und daher kein Grund für die Gewalt – ist, sondern vielmehr nur ein identifizierbarer Ersatz der heterogenen Gewalt und ein erstes Zeichen des Verkennungsmechanismus, der sich in der rituellen Wiederholung perpetuiert.

---

des Schattenhaften oder Negativen durch einen Verdrängungsmechanismus, dessen Resultat ein unbewusstes Schuldgefühl ist. Die Abfuhr dieses Schuldgefühls erfolgt »in dem Phänomen der Schattenprojektion. Der Schatten […] kann nicht als negativer Teil der eigenen Struktur akzeptiert werden und wird projiziert, das heißt nach außen verlegt und als ein Außen erfahren. Er wird bekämpft, bestraft und ausgerottet als ›Fremdes draußen‹, statt als ›Eigenes drinnen‹. […] Die seelische Institution, die wir meinen, ist die Einsetzung des Sündenbocks« (Erich Neumann, *Tiefenpsychologie und neue Ethik*, Zürich 1964, S. 38). Trotz der Tatsache, dass das mimetische Begehren bei Girard anders als das Begehren in der Tiefenpsychologie funktioniert, lassen sich gewisse Parallelen zwischen ihm und Erich Neumann herstellen, insbesondere was die Gewalt in den archaischen Gesellschaften betrifft, denn »Gewalt« entspräche in Girards Konzeption dem »Negativen« oder kollektiv sedimentierten »Schattenhaften« bei Neumann.

[37] Girard, *Les origines de la culture*, S. 156.
[38] Girard, *Des choses cachées depuis la fondation du monde*, S. 134.

Dritter Teil: Zu einer qualitativen Umkehrung der Gewaltökonomie

Wenn man im Rahmen der girardschen Konzeption des Begehrens von der ersten zur zweiten Ebene des Metonymischen übergeht, scheint sich die Ökonomie der Gewalt qualitativ zu ändern: Die Logik der *pars pro toto* ist formal betrachtet ein festes Überlebensmuster, inhaltlich aber ein variables Schema, und diese Variation kennzeichnet das kollektive Gewebe der Mimesis beim Menschen. Die Wahrnehmung der Unschuld des Opfers führt mit der Zeit zu einer doppelten Verschiebung: Es steht nicht nur ein Ersatzopfer [*victime de substitution*][39] anstelle des ursprünglichen (und schon getöteten), sondern dieses Ersatzopfer wird zu einem bestimmten Zeitpunkt *vor dem Tötungsakt* ersetzt. In diesem Sinne kommt nicht nur dem Opfer, sondern auch dem ganzen Vorgang eine symbolische Mutation zu. Der metonymische Ersatz wird zu einer metaphorischen Inszenierung, in der die grenzüberschreitende Dynamik des Begehrens symbolisch *repräsentiert* wird und die Unmittelbarkeit der *reinen* Gewalt hinter der Verdichtung der institutionellen Regulierungssysteme verschwindet. Wenn mehrere Opfer (in einer chronologischen Reihe) rituell geschlachtet werden und die ganze Mordkette sich als Wiederholung eines ersten (Gründungs-)Aktes vollzieht, hat die Verschiebung der Valenz des Opfers – von dem als schuldig Empfundenen zu dem vollkommen Unschuldigen – metonymischen Charakter: Es vollzieht sich in jeder Wiederholung eine Bedeutungsübertragung, durch die das zweite Opfer (und alle anderen danach) mit dem ersten in einer spezifischen Beziehung stehen: jener der Kontiguität.[40] Wenn statt Menschen Tiere geschlachtet werden, hat der Ersatzvorgang hingegen metaphorischen Charakter, d.h. die Übertragung trägt einen ontologischen Bruch (z.B. zwischen Mensch und Tier) mit sich und im Kern des Opfervorganges steht nicht nur die konkretisierende *trans-mutatio* (Tötung – Heiligung), sondern auch die abstrahierende *in-mutatio* (Tier = Nicht-Mensch). Die Ökonomie der Gewalt wird subtiler, die

---

[39] Girard, *Les origines de la culture*, S. 157.
[40] Mag sein, dass das zweite Opfer, wie Girard andeutet, anders wahrgenommen wird. Trotzdem ist es *vom heiligen Raum aus* gesehen mit dem ersten Opfer prinzipiell in Berührung, und dasjenige, was im Opfervorgang inszeniert wird, hebt diese Kontiguität beträchtlich hervor.

Repräsentationsebene durchdringt die Dynamik des Begehrens und zwingt dazu, ein Opfer nicht mehr im Menschen, sondern im Menschen*ähnlichen* zu suchen, und dies kann als ein Versuch gelesen werden, die Brutalität des Vorganges zu depotenzieren.[41] Der griechische Mythos von Iphigenie und die Erzählung Isaaks im Alten Testament sind deutliche Beispiele dieser Art von Mutation. Trotzdem gibt es zwischen Mensch und Tier mehr als nur eine Ähnlichkeitsbeziehung, wie Georges Bataille schon erkannt hat: »Das Tier eröffnet vor mir eine Tiefe, die mich anzieht und die mir vertraut ist. In gewissem Sinne ist diese Tiefe mir bekannt: es ist die meine«.[42] Beim Opfervorgang verschwindet der Unterschied zwischen Mensch und Tier aufgrund der Intimitätssphäre, die durch die Gewaltentfesselung erreicht wird – eine Intimität, die der Mensch *als Mensch* nicht kennt. Der Tod offenbart das Leben nur, wenn die reale Ordnung, d.h. die Ordnung der Dinge, untergeht. In diesem Sinne besitzt der Moment der rituellen Gewaltausübung die Qualität einer absoluten Grenzüberschreitung: vom Leben zum Tod (Tötung) und vom Tod zum Leben (Heiligung).[43] Sowohl beim Menschen- als auch beim Tieropfer ist die symbolische Ordnung porös: Trotz der symbolischen Dichte endet der Vorgang in der höchsten Konzentration von Gewalt, welche die Identität der Gruppe ermöglicht: die *reale* Tötung eines lebenden Wesens.

---

[41] Dass ein Zuwachs an Repräsentation die Unmittelbarkeit der Gewaltausübung depotenziert, wird auch von Girard selbst thematisiert, allerdings auf zwei Ebenen, welche die komplizierte Ersatzlogik bei Ritualen nicht treffen: Die erste Ebene ist die Opposition zwischen dem konflikthaften Charakter des Begehrens und dem abstrakten Charakter der Repräsentation (vgl. Girard, *Les origines de la culture*, S. 189–190), die zweite betrifft die Beziehung zwischen Sakralisierung und Repräsentation, und zwar nicht beim Opfervorgang, sondern schon in der mythischen Aufarbeitung und (verfälschten) Rekonstruktion dieses Ereignisses (hierzu Girard, *Des choses cachées depuis la fondation du monde*, S. 147–148).
[42] Georges Bataille, *Théorie de la religion*, in: *Œuvres complètes*, Tome VII, Paris 1976, S. 294.
[43] »Souvent, les animaux furent victimes de substitution : la civilisation se développant, l'immolation d'un homme parut horrible. Mais, en premier lieu, la substitution ne fut pas l'origine du sacrifice animal : le sacrifice humain est plus récent, les sacrifices les plus anciens que nous connaissons avaient des animaux pour victimes. Apparemment, l'abîme qui sépare à nos yeux l'animal de l'homme est postérieur à la domestication, qui survit dans les temps néolithiques. Les interdits tendaient bien à séparer l'animal de l'homme : l'homme seul en effet les observe. Mais *devant l'humanité première les animaux ne se différenciaient pas des hommes*« (Georges Bataille, *L'Érotisme*, in: *Œuvres complètes*, Tome X, Paris 1987, S. 83, meine Hervorhebung).

Das ökonomische Problem der Gewalt

Eine qualitative Änderung in der Ökonomie der Gewalt vollzieht sich für Girard durch eine Umstülpung der metonymischen Logik des Sündenbocks, wenn ein Mensch sich von dem kollektiven Verkennungsmechanismus abgrenzt und den blutigen Charakter der kollektiven Identität denunziert. Es handelt sich um eine besondere Differenz *im Ganzen*, die ein neues Paradigma in die Geschichte der Menschheit einführt. Da die Konsistenz des Ganzen von der Verurteilung und Tötung des Sündenbocks abhängt, kann der Sündenbock keine bestehende Differenz sein: Er wird rituell als Differenz gesetzt, die vernichtet werden muss, um die Entstehung oder die Bewahrung eines Ganzen zu ermöglichen.[44] Im Falle der biblischen Texte sind wir mit einer anderen Art von Differenz konfrontiert: Ein Einzelindividuum hat sich vom identitären Ganzen abgelöst in dem Sinne, dass es sich der konfluierenden Gewalt der Gruppe nicht nur entzieht, sondern auch entgegensetzt. Er hätte sich – wie der Rest der Gruppe – gegen das Opfer gerichtet, er hätte Henker werden sollen, doch tut er das nicht. Die Logik des kollektiven Begehrens wird durch das Auftauchen dieser Differenz ins Schwanken gebracht.

Wie gesagt bildet diese Differenz ein neues Paradigma, und davon legen die biblischen Texte Rechenschaft ab, insbesondere die Evangelien, die – wie Girard selbst schreibt –»den mimetischen Prozess offenlegen und die Undurchsichtigkeit der Mythen durchdringen«.[45] Wenn alle Literatur Darstellung [*représentation*] von etwas ist, gibt es für Girard eine wahre und eine falsche Darstellungsweise. Die wahre Darstellungsweise, wo das Opfer nicht mehr von der Logik des Ganzen aus gezeigt wird, hebt die kollektive Verkennung [*méconnaissance*] auf und offenbart das Verborgene an der Gewaltökonomie: die Unschuld des Opfers. Das ist für Girard die Geburt einer neuen Ethik, die nicht länger auf dem Sündenbockmechanismus basiert.[46] Jesus Christus of-

---

[44] Der transzendentale Charakter des sakralisierten Opfers zeugt von der Funktionalität dieser Institution für das Aufrechterhalten des Sündenbockmechanismus als eines Gegengifts im Kontext einer Krise. Es ist letztlich die Gewinnung dieser Transzendenz, die den Sündenbockmechanismus als Annullierung der Differenzen perpetuiert und dasjenige annulliert, was die Homogenität des Ganzen in irgendeiner Weise in Frage stellt.
[45] Girard, *Je vois Satan tomber comme l'éclair*, S. 142.
[46] Eine Verbindung zwischen einer alten oder archaischen Ethik und dem Sündenbockmechanismus findet man z. B. bei Erich Neumann, der die Grundkonzeption der archaischen Weltanschauung als dualistisch erklärt, insofern sie »eine gegensätzliche Licht-Dunkel-Welt [anerkennt], […] das Dasein in zwei Hemisphären von rein und unrein

fenbart in diesem Sinne die mimetische Ökonomie der Gewalt *als Problem*, d. h. die Tatsache, dass der transzendente Sinn, der diese archaischen Gruppen zusammenhält, das Resultat einer blutigen und ungerechtfertigten Operation ist und daher abgeschafft werden soll. Das ist der Grund, warum Girard behauptet, dass die Passion Christi genau das Gegenteil von einem Opfer ist.[47] Die Evangelien sind vielmehr das Zeugnis einer Subversion der archaischen Ökonomie des mimetischen Begehrens: Jesus verlangt, dass alle Menschen auf die Perpetuierung der Gewaltökonomie verzichten. Wenn wir die metonymische Figur des Begehrens betrachten, die bisher in Bezug auf zwei Aspekte (Gründungsmord und rituelle Wiederholung) dargestellt wurde, impliziert diese Operation folgende Umkehrung der Kontiguitätsbeziehung: nicht mehr *totum contra partem sive pars pro toto*, sondern *pars contra totum sive totum pro parte*. Allerdings ist diese Umkehrung nicht bloß formell. Der Inhalt hat sich qualitativ geändert, denn der Einzelne rebelliert nicht mit Gewalt gegen die Gewalt des Ganzen, sondern mit Liebe[48], d. h. gegen die Gewalt im Ganzen und als Ganzes, und zwar ausgehend von der Tatsache, dass diese Liebe nicht nur in ihm ist, sondern potenziell in jedem Menschen, und zwar als »ausdrückliche Annahme der Grundbewegung der Freiheit als solcher«.[49] Nur in diesem Sinne ist er Teil eines Ganzen, dessen Verwirklichung den Namen *Himmelreich* trägt. Das Himmelreich hat für Girard keine eschatologische, sondern eine anthropologische Bedeutung: die Versöhnung unter den Menschen ohne Rückgriff auf Gewalt.[50] Die Botschaft des Him-

---

[...] [teilt] und dem Menschen seine Aufgabe in dieser dualistisch gespaltenen Welt zu [ordnet]« (Neumann, *Tiefenpsychologie und neue Ethik*, S. 31).

[47] »Dans les Évangiles, la passion nous est bien présentée comme un acte qui apporte le salut à l'humanité, mais nullement comme un sacrifice« (Girard, *Des choses cachées depuis la fondation du monde*, S. 252).

[48] Hier ist das Wort ›Liebe‹ als eine bindende Kraft zu verstehen, die als Kern des Gerechtigkeitsprogramms Jesu Christi fungiert, insofern sie *alle* Menschen erreicht – insbesondere diejenigen, die von der kollektiven Identität aus mimetischen Gründen ausgeschlossen werden. Im Anschluss daran sagt Girard: »il faut croire que l'amour, au sens chrétien [...], est comme le sens commun chez Descartes, la chose la mieux partagée du monde« (Ebd., S. 296).

[49] Karl Rahner, »Das ›Gebot‹ der Liebe unter den anderen Geboten«, in: Ders.: *Sämtliche Werke, Band 12: Menschsein und Menschwerdung Gottes*, Freiburg 2005, S. 59–75, hier S. 65.

[50] »Dans la première partie de la prédication de Jésus [...] il n'y a pas trace d'annonce apocalyptique; il n'est question que de la réconciliation entre les hommes qui est aussi ce

melreiches sagt den Menschen, dass Gewalt nicht unbedingt durch Gewalt unterbunden werden muss,[51] oder anders ausgedrückt: Die Schuld, die dem Opfer zugewiesen wird, ist die Schuld der Henker gegenüber Satan, insofern sie zu Verbrechenskomplizen des *Menschenmörders* gemacht werden.[52]

Vierter Teil: Kennt die Gewalt (k)ein Ende? Das unausrottbare Heterogene

Bisher habe ich zwei von den drei Ebenen der Gewaltproblematik bei Girard thematisiert, die im zweiten Teil dieses Textes erwähnt werden: den identitätsbildenden und sinnstiftenden Prozess, der aus der archaischen Gewaltökonomie hervorgeht, und den symbolischen Prozess der Opfersubstitution, durch den die Gewalt reguliert wird. Es ist dadurch deutlich geworden, dass Sinnstiftung nicht ohne Gewaltökonomie stattfindet, und dass die Regulierung der Gewalt die Homogenität der sich andernfalls selbst zerstörenden Gruppe bewahrt, aber zugleich die Perpetuierung eines Mechanismus erfordert, durch den das Negative immer in die Tötung eines Angeklagten mündet. Wenn die Botschaft der Bibel, insbesondere jene der Evangelien, ein neues Paradigma in das Universum des mimetischen Begehrens einführt, besteht das Neue in dem Hinweis auf eine mögliche Abschaffung der Gewaltökonomie, die bis zum Zeitpunkt des Wirkens Jesu Christi als notwendig und unhinterfragbar galt. Aus diesem Grund beschreibt Girard zwei Kräfte, die sich gegenseitig ausschließen und gegeneinander wirken: einerseits die mimetische Ansteckung, andererseits die entmystifizierende Kraft des biblischen Widerstandes, die sich bei Joseph, Hiob, dem Leidensknecht Gottes und Jesus auf eine exemplarische Weise kundtut.[53] Die Frage,

---

Royaume de Dieu où tous sont invités à pénétrer« (Girard, *Des choses cachées depuis la fondation du monde*, S. 272).
[51] Der archaische Opfermechanismus entspricht für Girard der Bedeutung des Reiches Satans, im Anschluss an Johannes (8:44): »Jener [Satan] war ein Menschenmörder von Anfang an und stand nicht in der Wahrheit.« Ausführliches über dieses Thema – im Anschluss an den Ausdruck Christus Victor – bei Frederiek Depoortere, »René Girard and Christus Victor: Solving the Problem of the Cross«, in: *Theory and Critique*, 52:2–3, 2011, S. 321–333, insbesondere S. 327.
[52] »Satan faisait des humains ses obligés, ses débiteurs, en même temps que les complices de ses crimes« (Girard, *Je vois Satan tomber comme l'éclair*, S. 182).
[53] Hierzu vgl. Girard, »Violence and Religion: Cause or Effect?« S. 15.

die sich aufdrängt, ist die, ob aus der Entmystifizierung des Opfermechanismus eine Abschaffung der Gewaltökonomie abgeleitet oder überhaupt erwartet werden kann. Es gibt in jedem Fall ein beunruhigendes Zeichen dafür, dass das durch die Botschaft der Bibel eingeführte Paradigma zwar neu ist, nicht aber gewaltfrei: Jesus wird, eben wegen seiner entmystifizierenden Kraft, ans Kreuz genagelt. Für Girard fängt eben die historische Wirkung dieses neuen Paradigmas nach der Kreuzigung Jesu an, d. h. in der evangelischen (d. h. gegen-mythischen) Darstellung seiner Botschaft.[54] Die Rede von der Auferstehung wäre in diesem Sinne eine traditionsbedingte Chiffre für eine tiefe und bisher verborgene Wahrheit unserer Geschichte: eine Entwicklung der Menschheit weg von der Gewalt. Heißt das, dass durch das neue Paradigma tatsächlich eine Ebene der zwischenmenschlichen Beziehungen erreicht werden kann, wo der Gewaltverzicht zu einem dominanten Faktor in der Ökonomie des Begehrens wird? Insofern Girard von einer problematischen Äquation ausgeht: ›Kultur ist gewalttätig, Gewalt ist kulturbildend‹, kann es in der Geschichte der Menschheit zu keinem Gewaltverzicht kommen. Die biblische Botschaft kann deswegen keine Abschaffung der Gewalt bedeuten. Einleuchtend ist in diesem Sinne das Beispiel der Petrusgeschichte in der Bibel. Petrus ist der Christus Bekennende, aber auch der dem Leiden Christi Widersprechende. In dieser widersprüchlichen Einstellung zum Leiden Jesu manifestiert sich das allgemein Menschliche, das mit dem Satanischen gleichgesetzt werden kann, wie Johann Baptist Metz ganz deutlich erklärt: »Satanisch ist es, den Willen Gottes zu durchkreuzen, den Leidensweg Jesu aufhalten zu wollen und damit ebendas zu tun, was alle Menschen wollen. Göttlich ist hingegen, was der Menschensohn soll und will, nämlich das viele Leiden anzunehmen, die Verwerfung zu tragen und zu sterben«.[55] Da Petrus der Fels ist, auf den sich die Botschaft Jesu Christi in der geschichtlichen Wirklichkeit nach seinem Tod stützen soll, könnte man sagen, dass die Institution der *ekklesia* von Anfang an das

---

[54] »L'événement qui se situe derrière les mythes et qui les gouverne sans que les mythes nous permettent de le repérer car ils le défigurent et le transfigurent, les Évangiles […] le *représentent* tel qu'il est, dans toute sa vérité, et mettent cette vérité jamais repérée par les hommes à la disposition de toute l'humanité« (Girard, *Je vois Satan tomber comme l'éclair*, S. 186).

[55] Johann Baptist Metz, »Messianische Geschichte als Leidensgeschichte«, in: Johann Baptist Metz/Jürgen Moltmann: *Leidensgeschichte. Zwei Meditationen zu Markus 8, 31–38*, Freiburg/Basel/Wien 1974, S. 22.

Satanische in sich trägt. In seiner Interpretation der Bedeutung des Todes Jesu sagt Girard etwas Ähnliches, nur mit anderen Worten: Die Passion ist kein Opfertod, die Kirche hat nichtdestotrotz eine christliche Kultur ausgehend von einer sakrifiziellen Lektüre des Kreuzes entwickelt.[56] Nach dem großen Paradigmenwechsel kommt der unvermeidliche Moment des Rückfalls – denn auch der Paradigmenwechsel ist ein dialektischer und kein bloß diskontinuierlicher Prozess. Das postevangelische (imperiale) Christentum ist eine Kulturform, die – trotz aller Differenzierungen bei der Auffassung der Opfer*art* – auf denselben Mechanismus angewiesen ist wie die archaischen Kulturen. Mit diesem Argument kann die auffällige Teilnahme der Kirche an verschiedenen Formen von zivilisatorischer Gewalt über mehr als fünfzehn Jahrhunderte erklärt werden.

Was mit der Botschaft Jesu eingeführt wird, ist eine sehr anspruchsvolle Vermittlungsinstanz angesichts der mimetischen Gewalt, nämlich die verborgene Wahrheit der Unschuld des Opfers aufzudecken, die ganze Gewalt in sich aufzunehmen und dadurch die Gesamtökonomie des Begehrens vollkommen zu transformieren. Ausgehend von dem Bericht der Passion Jesu, der Apostelgeschichte und den Paulusbriefen, scheinen die ersten zwei Aspekte erfüllt zu werden. Mit der vollkommenen Transformation der Gewaltökonomie ist es aber anders. Der Anspruch besteht letztlich darin, eine ganz andere generative Kraft menschlicher Kultur zu schaffen als die Opfergewalt, und die Überwindung des archaisch Sakralen durch das Christentum ist kein ausreichender Nachweis, dass solch eine Transformation stattfinden kann. Was sich mit der Botschaft Jesu vollzieht, ist die Einführung einer anderen Vermittlungsform der zwischenmenschlichen Beziehungen, durch die ein Zwangsmodell der Macht, nämlich die archaische Gewalt, aufgegeben werden kann. Nach Girard war bis zum Christentum das Aufgeben von diesem Modell mit einem sicheren Rückfall in eine mimetische Krise verbunden, mit dem Christentum steigert sich die *Vermittlungs-* im Gegensatz zur *Gewalt*intensität: Die Liebe (zur Gerechtigkeit) bindet die Menschen aneinander, ohne dass diese Bindung in die Undifferenziertheit der zerstreuten und chaotischen Gewalt mündet. Das Resultat ist hingegen eine strukturelle Streuung der Machtbeziehungen.[57] Die Utopie der modernen Institutionen – die für Girard

---

[56] Vgl. Girard, *Des choses cachées depuis la fondation du monde*, S. 252.
[57] »Non seulement Jésus reste fidèle à cette Parole d'Amour, mais il fait tout pour

sehr stark von den christlichen Idealen der Kirche beeinflusst sind – stimmt mit jener der nicht-destruktiven, nicht hemmenden Handlungsspielräume einer *kommunikativen* Machtkonstellationen überein.[58] Das Ideologische daran besteht in dem Glauben, dass der Verzicht auf die blutige Unmittelbarkeit der Gewalt (welche die elementarste Form von Machtausübung ist) die Macht selbst als Gewaltausübung überwindet. Girard war lange Zeit[59] von diesem Gedanken überzeugt, und es ist kein Wunder, dass er mehrmals darauf hingewiesen hat, dass sich unsere Welt auf dem Weg zu einer gewaltfreien Konstellation befindet, weil sie z. b. die Leibeigenschaft und die Sklaverei abgeschafft, die Strafgerichtsbarkeit und die Stellung der Frau verbessert und verschiedene Formen der Sozialfürsorge für die Schwachen und Behinderten geschaffen hat.[60] Allerdings erkennt er, wie wir schon gesehen haben, die Präsenz des Satanischen in der eigenen Bewegung der Kirche und nicht zuletzt die Tatsache, dass die Errungenschaften der modernen Zivilisation nur eine Seite der Medaille sind: »The elimination of sacrificial violence is not simply ›good‹ or ›bad‹; it is an ambiguous and ambivalent progress in the struggle against violence«[61], und sein etwas einseitiger Optimismus ist innerhalb von wenigen Jahren in eine Apokalyptik umgeschlagen, angesichts derer er seine Auffassung einer »christianisierten« Geschichte (d. h. einer positiven Dialektik des Fortschritts durch das Verständnis der Offenbarung als zivilisierende und humanisierende Vermittlungsinstanz) als Absurdität seiner eigenen Vergangenheit erklärt.[62] In der Tat, wenn man einen kritischen Blick

---

éclairer les hommes sur ce qui les attend s'ils persévèrent dans les chemins qui ont toujours été les leurs« (René Girard, ebd., S. 285).

[58] Zur kommunikativen Machtkonstellation vgl. Byung-Chul Han, *Was ist Macht?* Stuttgart 2005, insbesondere S. 15–17.

[59] Ich meine von der Zeit der Publikation von *Les choses cachées depuis la fondation du monde* (1978) bis zu seiner Apologie des Christentums in *Je vois Satan tomber comme l'éclair* (1999).

[60] Girard, »Violence and Religion: Cause or Effect?«, S. 17.

[61] Ebd., S. 19.

[62] In *Achever Clausewitz* (2007) führt Girard eine neue Interpretation von Clausewitz' *Vom Kriege* ein und wendet seine Lesart gegen die hegelsche Auffassung der Geschichte, um eine starke Selbstkritik zu äußern: »[…] Clausewitz est plus réaliste que Hegel, et […] il rend vaine sa dialectique […] par la force d'une seule intuition […]. Il a de l'histoire un sens plus juste, plus concret. Vous ne pouvez pas avoir une position de surplomb, voir les événements de haut. Je l'ai cru moi même au moment où j'écrivais *Des choses cachées depuis la fondation du monde*, et où je pensais que le christianisme nous offrait ce point de vue pour juger la violence. […] La critique d'un ‹christianisme his-

Das ökonomische Problem der Gewalt

auf die Opfer der Entwicklung unserer westlichen Zivilisation wirft, ist man dazu geneigt, das Wort »Fortschritt« in Klammern zu setzen oder bloß als utopische Möglichkeit für die Zukunft aufzuschieben.[63] Die spanischen Conquistadores waren von der rituellen Praxis der Azteken schockiert, weil sie Menschenopfer und Kannibalismus beinhalteten. Die Conquista selbst ist aber nicht frei von dem Genozidvorwurf[64], denn ungefähr siebzig Millionen Indianer fielen dem Fortschrittsglauben zum Opfer. Der Traum einer allmählichen menschlichen Emanzipation und Verbesserung der Lebensqualität durch die Entwicklung der modernen Technik wurde durch Phänomene wie die imperialistischen Kriege, die massive Herstellung von Atomwaffen und eine maßlose Ausbeutung der Naturressourcen zum Zweck des Profits zersplittert. Der französische Indologe und Musiker Alain Daniélou, der die Verdrängungsmechanismen und auch das Gewaltpotenzial der monotheistischen Religionen sehr stark kritisiert hat, stellt eine für die westliche Mentalität schockierende Verbindung her zwischen der vermeintlichen Überwindung der blutigen Rituale (wie Menschenopfer) und der Schaffung einer militärischen Ordnung, die das Rentabilitätsprinzip der Kriege ausschöpft.[65] Diese Verbindung darf nicht als bloße Provokation weg erklärt werden. Sie ist ein Hinweis darauf, dass das Pro-

---

torique› au profit d'une sorte de ‹christianisme essentiel› que j'avais cru saisir de façon hégélienne, était absurde« (René Girard, *Achever Clausewitz*, Paris 2007, S. 79–80).

[63] Zu diesem Thema sind Adornos kritische Überlegungen über die Rolle und den Status der institutionellen Vermittlung in der modernen Gesellschaft interessant: erstens seine kritische Reaktion auf die Idee, dass »die Menschheit tel quel [...] nach dem Reklamerezept des Immer-besser-und-besser [fortschreitet]«, zweitens die Behauptung, dass wenn die »Menschheit eingefangen von der Totalität, die sie selbst bildet [bleibt], so [...] ein Fortschritt noch gar nicht stattgefunden [hat]«, und drittens die christliche Vorstellung, dass sich die Menschheit aufgrund der Taten Christi »im Kontinuum der Zeit auf das himmlische Reich zu[bewege]« (Theodor Adorno, *Kulturkritik und Gesellschaft II*, in: *Gesammelte Schriften 10/2*, Frankfurt a. M. 2003, S. 619–620).

[64] Die Literatur zu diesem Thema ist sehr umfangreich. Einige Beispiele sind David E. Stannard, *American Holocaust. Columbus and the Conquest of the New World*, New York/Oxford 1993. Tzvetan Todorov, *La conquête de l'Amérique: la question de l'autre*, Paris 1991. Karl-Heinz Kohl, *Entzauberter Blick. Das Bild vom Guten Wilden und die Erfahrung der Zivilisation*, Frankfurt a. M. 1983.

[65] Alain Daniélou, *Approche de l'hindouisme*, Paris 2007, S. 136–137. Vgl. auch Alain Daniélou, *Shiva et Dionysos*, Paris 1979, S. 212–213, wo er den Aspekt der Grausamkeit am Menschenopfer von Sündenbockmotiven unterscheidet. Interessante Bemerkungen zur militärischen Ordnung und modernen Kriegsführung auch bei Georges Bataille, *Théorie de la religion*, in: Ders.: *Œuvres complètes*, Tome VII, S. 321–323.

blem der Gewaltökonomie – trotz Girards Ankündigung eines neuen Paradigmas des mimetischen Begehrens im Christentum – immer noch mit einer gewissen Dramatizität besteht. In seinem Buch *Achever Clausewitz* (2007) nennt Girard diese Tatsache die Paradoxie des Christentums: Es hat die sakrale Gewalt aufgehoben, und damit hat es den Verkennungsmechanismus entlarvt, der zugunsten einer selektiven und geschlossenen Identität die Ausübung der ungerechten Gewalt schafft und bewahrt, aber gleichzeitig hat es die Tür zu einer profanen, institutionalisierten und grenzenlosen Gewalt geöffnet. Das Sakrale bildete im Endeffekt einen mythisch-rituellen Rahmen der Gewaltausübung, während die christliche Wahrheit die Logik der Gewaltökonomie unter der Voraussetzung einer universalen Gerechtigkeit negiert.[66] Was aber sind die Wurzeln dieses Problems?

Diese Frage führt uns zum dritten Aspekt des Metonymischen: dem Sündenbock als indexikalischer Größe angesichts des Problems des Heterogenen. Die Kultur wird für Girard mit einem Mord gegründet. Dieser Mord interessiert uns jetzt nicht mehr als unhintergehbare hermeneutische Stütze der mimetischen Theorie oder als strukturierendes Prinzip für die Entfaltung der ganzen Gewaltökonomie, sondern als Exklusions- bzw. Ver*nicht*ungsakt. Die Gewaltausübung wird bei dem Sündenbockmechanismus etwas *für immer* ins Außen versetzen, deswegen wird die Wiederholung des Tötungsaktes vom sakralen Raum her niemals als Iteration empfunden; die Zeitlichkeit, die sich dort konstituiert, ist nicht mehr an die Metainstanz eines Selbst gebunden. Der Tötungsakt *an sich* ist jedes Mal absolut und die Metainstanz kommt erst später, wird nachträglich aufgebaut, kann sich aber den absoluten Charakter des Tötungsaktes nicht völlig aneignen: Die Identität, die ausgehend von der Sakralisierung des Opfers herausgebildet wird, ist porös, und die Gruppe entwickelt nach einer Zeit unbestimmte Angst und Beklemmungszustände sowie das Gefühl der Bedrohung

---

[66] Vgl. Girard, *Achever Clausewitz*, S. 57. Es ist im Rahmen dieser Arbeit unmöglich, die Implikationen von Girards Thesen in *Achever Clausewitz* ausführlich zu analysieren. Es sei an dieser Stelle nur darauf hingewiesen, dass die Aufhebung des gewaltsamen Rahmens des Sakralen durch eine Entmystifizierung seiner Wurzeln die Möglichkeit sowohl der wahren Gerechtigkeit (d. h. des Ins-Werk-Setzens der Himmelreichsbotschaft als Umkehrung des Sündenbockmechanismus) als auch der falschen Aneignung einer universalen Wahrheit im Namen der Gewalt impliziert (wie z. B. in dem religiösen – und sich gleichzeitig drastisch von den archaischen Religionen abgrenzenden – Fundamentalismus).

durch etwas Undefinierbares. Dieses Etwas ist nicht primär der Sündenbock – noch ist es eine Leidensquelle, die von außen – im Sinne der Umgebung oder der Außen*welt* – kommt. An einer Stelle seines Buches *Le bouc émissaire* erklärt Girard diese Angelegenheit ganz deutlich: »Die Bedeutung der Zeichen für die Auswahl des Opfers deutet auf keine Differenz im System hin, sondern auf eine Differenz außerhalb des Systems, d. h. sie verweist auf die Möglichkeit, dass das System vom Differenzrahmen selbst differiert, oder anders gesagt: dass es keineswegs differiert, dass es aufhört, als System zu existieren«.[67] Der Sündenbock ist nicht nur anders als die Gruppe, die sich gegen ihn als Ganzes konstituiert. Sein Anders-Sein hat eine tiefere Dimension, die mit der im Rahmen des Systems bestimmbaren Differenz wenig zu tun hat. Diese Dimension hat Girard nicht thematisiert; er bleibt hingegen auf der Ebene dessen, was diese Differenz außerhalb des Systems für das System selbst bedeutet: »seine Relativität, seine Zerbrechlichkeit, seine Sterblichkeit«.[68] An sich ist diese Differenz – weil sie nicht wie die anderen Differenzen, d. h. auf eine funktionelle Weise, differiert[69] – *keine* Differenz, d. h. sie ist schlicht und einfach eine undarstellbare oder obszöne Größe, die ich *Heterogenes* nenne. Angesichts dieses radikal Heterogenen gibt es kein Maß, das es in irgendeiner Weise in eine Logik des Allgemeinen subsumieren kann. Mit dem Heterogenen wird die Wirklichkeit als solche unterbrochen, und der Mensch wird zu einem Zeichen *(monstrum)*, das den Kontakt zum Abgrund, zu einer unwiderruflichen Sinn- und Gestaltlosigkeit hält.[70] Aus dieser Perspektive betrachtet besitzt auch der Gründungsmord, d. h. der reale Verankerungspunkt der menschlichen Kultur, einen indexikalischen Wert. Er weist auf die wahre Offenbarung: das Reale des Realen, das jede Individuation als solche erleidet und womit sie sich nicht auseinanderzusetzen vermag. Die Gewaltökonomie durchdringt die Art

---

[67] Girard, *Le bouc émissaire*, S. 35.
[68] Ebd.
[69] Ein gutes Beispiel, das Girard im Rahmen seiner Analyse des Gedichtes von Guillaume de Machaut anführt, ist jenes der indirekten Bezeichnung der europäischen Epidemie des Schwarzen Todes [*peste noire*]. Das Wort *peste* wird um jeden Preis vermieden, manchmal durch das griechische *epydimie* ersetzt, in Bezug worauf Girard von einem »sprachlichen Sündenbock« oder »Exorzismus« spricht, etwas, das zu einer temporären Verdrängung der kollektiven Angst beiträgt (ebd., S. 11).
[70] Vgl. Marcus Steinweg, *Bataille Machine*, Berlin 2003, S. 95. Zum Motiv des Monströsen vgl. auch Girard: »elle [la différence] affole autour d'elle les différences qui deviennent *monstrueuses*« (Girard, *Le bouc émissaire*, S. 35).

und Weise des Umgangs mit dem Heterogenen, weil das Heterogene die Unmöglichkeit des Menschen *im Menschen* bedeutet. Aus diesem Grund ist jede Vermittlungsinstanz als Möglichkeit einer Bezähmung der dem Menschen inhärenten Gewalt nur eine prekäre Verschiebung oder eine Variation in der Verteilung von Gewaltquanten, und jedes Gefühl einer Verminderung der Gewalt in unserer heutigen Gesellschaft steht von Anfang an unter Verdacht einer zynischen *Ideologiebildung*. Das Ende der Gewalt wäre die Möglichkeit eines *absoluten Leidens*, einer Ur-Passivität der Individuation, die sich als Ungeschehen-Machen des angeborenen Mechanismus übersetzen ließe, durch den sich jedes Individuum – immer in einem abgrenzenden Bezug auf die anderen – am Leben erhält. Auf dieser Ebene gäbe es keinen Unterschied zwischen Gewalt und Leiden, oder anders gesagt: Die Gewalt wäre nicht mehr dem Register des Begehrens zugehörig, daher von dem Mangel eines Einzelwesens abgekoppelt und stattdessen an ein Selbstbedürfnis des Lebens – *vor* der Zeugung jeder Individuation – gebunden.[71] Ob diese mystische *restauratio* des Menschen[72] die Erfahrung des Nächsten in ihrer letzten Möglichkeit bestimmen kann – auch im Hinblick auf die Möglichkeit einer gewaltfreien Integrität zwischenmenschlicher Beziehungen – ist etwas, das den Rahmen der anthropozentrischen Äquation Girards *Leben = Begehren* bei weitem sprengt, denn die Öffnung dieser Sphäre setzt einen Bruch mit der Welt – im Sinne von Bezugssinn im Horizont vielfacher Möglichkeiten – voraus. Dieser Bruch mit der Welt wäre auch das Ende des Metonymischen als Kennzeichnung der *conditio humana*.[73]

---

[71] Zu einer Gleichsetzung von Gewalt als Selbstbedürfnis des Lebens, Ur-Leiden und Gabe, vgl. Rolf Kühn, *Lebensreligion. Unmittelbarkeit des Religiösen als Realitätsbezug*, Dresden 2013, S. 12–13.

[72] *Restauratio* ist hier im Sinne von Irenäus zu verstehen, d. h. in Worten von Michel Henry: »[…] als die Wiederherstellung der ursprünglichen Bedingung des Menschen, sofern er von Gott *nach dessen Bild* geschaffen wurde, wobei diese Erschaffung mithin seine Zeugung innerhalb der Selbstzeugung des absoluten Lebens in dessen göttlichem Wort ist – seine transzendentale Geburt« (Michel Henry, *Inkarnation. Eine Philosophie des Fleisches*, Freiburg/München 2002, S. 387).

[73] »Die Epoché der Welt durch die Religion ist […] radikal, denn sie umschließt ebenfalls die Epoché jeglicher Sprache. Sprechen im Sinne von Sinnerschließung und Bedeutungsmitteilung besagt, daß innerhalb der Eröffnung einer Welt oder eines Horizontes auf Dinge und Ereignisse in derselben verwiesen wird, die dann ohne Ende im Spiel der impliziten Verweisungen ihren Sinn sich weiterhin zusprechen und absprechen« (Rolf Kühn, *Geburt in Gott. Religion, Metaphysik, Mystik und Phänomenologie*, Freiburg/München 2003, S. 12–13).

Kurzbiographien

Katharina Bauer, Dr. phil., geb. 1982 in Dortmund. Studium der Philosophie und Allgemeinen und Vergleichenden Literaturwissenschaft in Bochum. Promotion zum Thema »Einander zu erkennen geben. Das Selbst zwischen Erkenntnis und Gabe« (Karl Alber Verlag, 2012). 2011 ausgezeichnet mit dem »Preis an Studierende« der Ruhr-Universität Bochum, 2013 mit dem »LIGA-Essay-Preis« der KU-Eichstätt-Ingolstadt. Arbeitet zurzeit im Rahmen einer von der Deutschen Forschungsgemeinschaft finanzierten eigenen Stelle an einem Projekt mit dem Arbeitstitel »Ich muss das tun. Selbstzuschreibungen praktischer Notwendigkeit«.

PD Dr. Florian Bruckmann (1974) hat in Würzburg, Jerusalem und Bonn Katholische Theologie studiert und in Bonn als Stipendiat des Cusanuswerkes über ein konziliengeschichtliches Thema promoviert. Er arbeitete viele Jahre als Mitarbeiter am Lehrstuhl für Fundamentaltheologie in Eichstätt und habilitierte sich währenddessen mit einer Arbeit über die Schriftlichkeit der (hl.) Schrift bei Lyotard, Derrida und Augustinus. Nach zwei Lehrstuhlvertretungen in Regensburg (WiSe 2010/11) und Bamberg (WiSe 2011/12 – WiSe 2012/13) nimmt er derzeit eine Dilthey-Fellowship der VolkswagenStiftung zum Thema: Gabe – Leibliche Eucharistie? wahr.

Martin Hähnel hat Philosophie, Romanistik und Wirtschafts- und Sozialgeschichte an der Technischen Universität Dresden studiert. Nach dem M.A. in Philosophie (2009) war er Lehrbeauftragter an der Technischen Universität Dresden und der katholischen Universität Eichstätt-Ingolstadt, wo er im letzten Jahr seine Promotion abgeschlossen hat. Seit diesem Jahr ist er wissenschaftlicher Mitarbeiter an der Professur für Bioethik der KU Eichstätt-Ingolstadt, wo er gerade ein Habilitationsprojekt beginnt. Seine Forschungsgebiete sind die philosophische Ethik und Anthropologie, die Religionsphilosophie sowie die philosophische Ästhetik. – Publikationen (Auswahl): *Das Ethos der Ethik. Zur Anthropologie der Tugend.* Springer VS: Wiesbaden 2014. Mit Marcus Knaup, *Leib und Leben. Perspektiven für eine neue Kultur der Körperlichkeit,* WBG: Darmstadt 2014. »Systematologie des Denkens – Neue Forschungsliteratur zu Nicolai Hartmann«, in: *Zeitschrift für philosophische Forschung* 67/3 (2013), S. 452–472.

Franziskus v. Heereman, geb. 1976. Studium der Philosophie, Literaturwissenschaft und Theologie in München; 2009 Promotion zur Bildphilosophie des späten Fichte; 2010/11 wissenschaftlicher Assistent am Lehrstuhl Philosophie der katholischen Universität Eichstätt-Ingolstadt. Seit 2012 Habilitand und Lehrbeauftragter am religionsphilosophischen Institut der Hochschule für Philosophie, München, mit einer Arbeit zur Interdependenz von Bild- und Liebesbegriff. Monographie: *Selbst und Bild. Zur Person beim letzten Fichte (1810–1814),* New York-Amsterdam 2010. Aufsätze zu J. G. Fichte, Liebes- und Bildbegriff, Philosophie caritativen Handelns. Freier Referent am Geistlichen Zentrum der Malteser in Ehreshoven. Verheiratet, drei Kinder.

Konstantinos Masmanidis, geboren 1977 in Thessaloniki, ist wiss. Mitarbeiter am Lehrstuhl für Bildungsphilosophie/Systematische Pädagogik der Katholischen Universität Eichstätt-Ingolstadt.

Robert Meißner, Jahrgang 1952. Dr. med. 1972–78 Studium der Humanmedizin an der Universität Düsseldorf und am Universitätsklinikum Essen. 1978 Promotion über das Parkinson-Syndrom. 1979–1983 wissenschaftlicher Assistent an der Universitäts-Hals-Nasen-Ohren-Klinik Essen und Veröffentlichung zahlreicher wissenschaftlicher Arbeiten. 1983 Facharztanerkennung Hals-Nasen-Ohrenheilkunde. 1984–2006 Niederlassung als HNO-Facharzt. Ab 2007 Philosophiestudium an der Ruhr-Universität Bochum. Seit 2010 Mitarbeit im Doktoranden- und Habilitandenkolloquium des Lehrstuhls für Philosophie der Katholischen Universität Eichstätt-Ingolstadt. Hauptarbeitsgebiet: die ›Philosophie‹ (das Denken des Seyns) Martin Heideggers.

Peter Morsbach, M.A., geboren 1957. Studium der Philosophie, Geschichte und Politikwissenschaft an der Heinrich-Heine-Universität in Düsseldorf, Lehramtsstudium in praktischer Philosophie und Geschichte an der Universität Duisburg-Essen, tätig als Lehrer in der Sekundarstufe I und in der Erwachsenenbildung, Doktorand bei Prof. Dr. Schweidler in Bochum und Eichstätt.

Adrián Navigante (1971): Studium der Altphilologie und Philosophie. Promotion in Philosophie an der Albert-Ludwigs-Universität Freiburg im Breisgau (2008). 2008–2010: Freier Dozent an verschiedenen Universitäten in Deutschland, Österreich und der Schweiz. 2010–2012: Wissenschaftlicher Mitarbeiter Theologie in Wien, 2013–2014: Wissenschaftlicher Assistent an der KU Eichstätt-Ingolstadt (Philosophie). Mehrere Forschungsprojekte von 2004–2014 (u. a. DAAD, FWF, Straniak Stiftung) und interdisziplinäre Kooperationen (C. G. Jung Institut, Forschungskreis Lebensphänomenologie). Arbeitsschwerpunkte: Klassische Deutsche Philosophie, Phänomenologie, Poststrukturalismus und außereuropäische (hinduistische und buddhistische) Philosophie. Publikationen in verschiedenen Sprachen über Philosophie (Adorno, Heidegger, Lyotard, Marion, Henry), Literatur (Celan, Hölderlin, Büchner) und Religion (Hinduismus und Buddhismus).

Lasma Pirktina, geb. 1983, studierte Philosophie in Riga und Dresden. Zurzeit promoviert sie in Eichstätt über das Thema »Ereignis«.

Michael Rasche, geb. 1974, seit 2001 Priester des Bistums Essen, 2004 Promotion in Theologie an der Ruhr-Universität Bochum (Thema: »Augustinus: De diversis quaestionibus«), 2010 Promotion in Philosophie an der Ruhr-Universität Bochum (Thema: »Mythos und Metaphysik im Hellenismus«), seit 2012 im Habilitationsstudium an der Katholischen Universität Eichstätt-Ingolstadt (Thema: »Rhetorik und Philosophie«).

Annika Schlitte, Dr. phil., geboren 1981 in Hattingen, studierte von 2001 bis 2006 Philosophie und Deutsch an der Ruhr-Universität Bochum. Dort promovierte sie 2010 mit einer Arbeit über »Die Grundlegung von Georg Simmels Symbolphilosophie in der Philosophie des Geldes«. Von 2007 bis 2010 war sie Stipendiatin der Studienstiftung des deutschen Volkes und hatte Lehraufträge an der Ruhr-Universität Bochum sowie an der Bergischen Universität Wuppertal inne. Seit 2011 ist sie wissenschaftliche Mitarbeiterin am Lehrstuhl für Philosophie an der KU Eichstätt-Ingolstadt. Seit 2012 ist sie Habilitandin mit dem Projekt »Orte des Erhabenen – Orte des Heiligen – Orte der

Kurzbiographien

Kunst?« und seit Juni 2013 Sprecherin des Graduiertenkollegs »Philosophie des Ortes« an der KU Eichstätt-Ingolstadt.

Walter Schweidler ist seit 2009 Inhaber des Lehrstuhls für Philosophie an der Katholischen Universität Eichstätt-Ingolstadt. Von 2000 bis 2009 war er Professor für Praktische Philosophie an der Ruhr-Universität Bochum – Forschungsschwerpunkte: Gegenwärtige und neuzeitliche Ansätze der Ethik und der Politischen Philosophie; Rechtsphilosophie und Theorie der Menschenrechte; Phänomenologie, Philosophie Heideggers im Kontext der Hauptströmungen des 20. Jahrhunderts; Metaphysik und Metaphysikkritik; Interkulturelle Philosophie; Bioethik – Ausgewählte Publikationen: Die Überwindung der Metaphysik, Stuttgart 1987; Geistesmacht und Menschenrecht. Der Universalanspruch der Menschenrechte und das Problem der Ersten Philosophie, Freiburg/München 1994; Das Unantastbare, Münster 2001; Der gute Staat. Politische Ethik von Platon bis zur Gegenwart, Stuttgart 2004, Das Uneinholbare. Beiträge zu einer indirekten Metaphysik, Freiburg 2008; Über Menschenwürde: Der Ursprung der Person und die Kultur des Lebens, Wiesbaden 2012.

Robert Hugo Ziegler, geboren 1981, Studium der Philosophie, klassischen Philologie und Geschichte in Würzburg und Paris. Akademischer Rat auf Zeit am Institut für Philosophie in Würzburg. Veröffentlichungen zur Philosophie der Frühen Neuzeit, Phänomenologie, Psychoanalyse und Metaphysik.

Daniel-Pascal Zorn, M.A., geb. 1981, Philosoph, Historiker und Literaturwissenschaftler. Promotion über reflexive Strukturierungen in philosophischen Texten an der Katholischen Universität Eichstätt-Ingolstadt. Forschungsschwerpunkte: Reflexivität (Rekursion, Rückbezüglichkeit), Philosophische Komparatistik, Phänomenologie und Philosophie der Philosophie, Propädeutik philosophischer Lektüre. Veröffentlichungen zu Denkfiguren in Philosophie und Literatur, bei den Vorsokratikern, G. W. Leibniz und H. Bergson, C. Schmitt und M. Foucault.